故宮

博物院藏文物珍品全集

故宮博物院藏文物珍品全集

織繡書畫

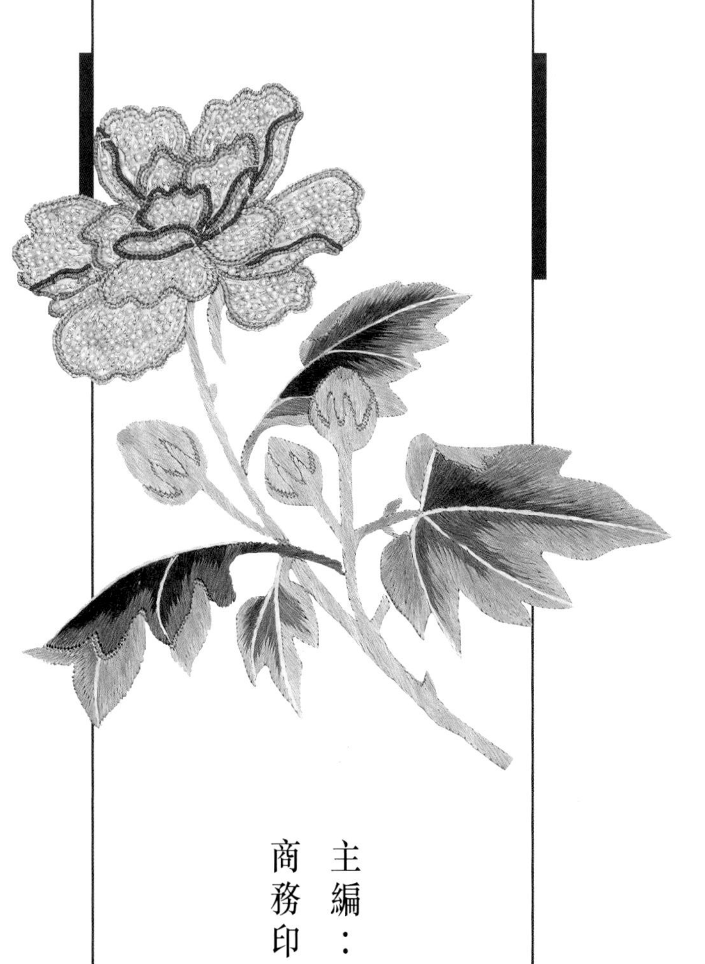

主編：單國強

商務印書館

織繡書畫

Embroidered Pictures

故宮博物院藏文物珍品全集

The Complete Collection of Treasures of the Palace Museum

主　編 ………………… 單國強
副主編 ………………… 殷安妮　嚴　勇
編　委 ………………… 阮衛萍　房宏俊
攝　影 ………………… 馮　輝

出版人 ………………… 陳萬雄
編輯顧問 ………………… 吳　空
責任編輯 ………………… 段國強
設　計 ………………… 張　毅
出　版 ………………… 商務印書館（香港）有限公司
香港筲箕灣耀興道 3 號東滙廣場 8 樓
http: // www.commercialpress.com.hk
發　行 ………………… 香港聯合書刊物流有限公司
香港新界大埔汀麗路 36 號中華商務印刷大廈 3 字樓
製　版 ………………… 深圳中華商務聯合印刷有限公司
深圳市龍崗區平湖鎮春湖工業區中華商務印刷大廈
印　刷 ………………… 深圳中華商務聯合印刷有限公司
深圳市龍崗區平湖鎮春湖工業區中華商務印刷大廈
版　次 ………………… 2005 年 9 月第 1 版第 1 次印刷

ISBN 962 07 5355 0

All inquiries should be directed to:
The Commercial Press (Hong Kong) Ltd.
8/F., Eastern Central Plaza, 3 Yiu Hing Road, Shau Kei Wan, Hong Kong.

故宮博物院藏文物珍品全集

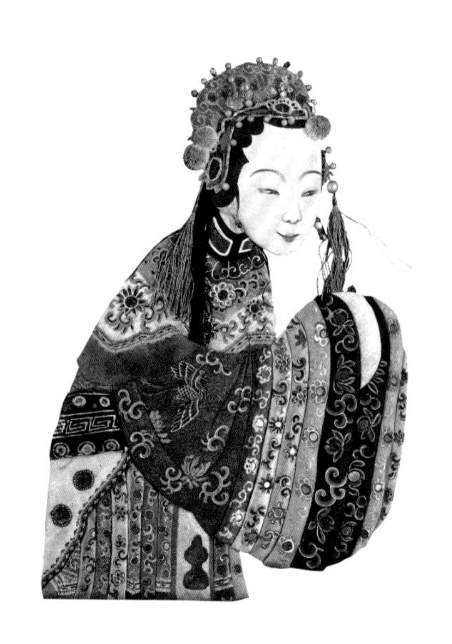

總序

楊新

故宮博物院是在明、清兩代皇宮的基礎上建立起來的國家博物館，位於北京市中心，佔地72萬平方米，收藏文物近百萬件。

公元1406年，明代永樂皇帝朱棣下詔將北平升為北京，翌年即在元代舊宮的基址上，開始大規模營造新的宮殿。公元1420年宮殿落成，稱紫禁城，正式遷都北京。公元1644年，清王朝取代明帝國統治，仍建都北京，居住在紫禁城內。按古老的禮制，紫禁城內分前朝、後寢兩大部分。前朝包括太和、中和、保和三大殿，輔以文華、武英兩殿。後寢包括乾清、交泰、坤寧三宮及東、西六宮等，總稱內廷。明、清兩代，從永樂皇帝朱棣至末代皇帝溥儀，共有24位皇帝及其后妃都居住在這裏。1911年孫中山領導的"辛亥革命"，推翻了清王朝統治，結束了兩千餘年的封建帝制。1914年，北洋政府將瀋陽故宮和承德避暑山莊的部分文物移來，在紫禁城內前朝部分成立古物陳列所。1924年，溥儀被逐出內廷，紫禁城後半部分於1925年建成故宮博物院。

歷代以來，皇帝們都自稱為"天子"。"普天之下，莫非王土；率土之濱，莫非王臣"（《詩經·小雅·北山》），他們把全國的土地和人民視作自己的財產。因此在宮廷內，不但匯集了從全國各地進貢來的各種歷史文化藝術精品和奇珍異寶，而且也集中了全國最優秀的藝術家和匠師，創造新的文化藝術品。中間雖屢經改朝換代，宮廷中的收藏損失無法估計，但是，由於中國的國土遼闊，歷史悠久，人民富於創造，文物散而復聚。清代繼承明代宮廷遺產，到乾隆時期，宮廷中收藏之富，超過了以往任何時代。到清代末年，英法聯軍、八國聯軍兩度侵入北京，橫燒劫掠，文物損失散佚殆不少。溥儀居內廷時，以賞賜、送禮等名義將文物盜出宮外，手下人亦效其尤，至1923年中正殿大火，清宮文物再次遭到嚴重損失。儘管如此，清宮的收藏仍然可觀。在故宮博物院籌備建立時，由"辦理清室善後委員會"對其所藏進行了清點，事竣後整理刊印出《故宮物品點查報告》共六編28

冊，計有文物117萬餘件（套）。1947年底，古物陳列所併入故宮博物院，其文物同時亦歸故宮博物院收藏管理。

二次大戰期間，為了保護故宮文物不至遭到日本侵略者的掠奪和戰火的毀滅，故宮博物院從大量的藏品中檢選出器物、書畫、圖書、檔案共計13427箱又64包，分五批運至上海和南京，後又輾轉流散到川、黔各地。抗日戰爭勝利以後，文物復又運回南京。隨着國內政治形勢的變化，在南京的文物又有2972箱於1948年底至1949年被運往台灣，50年代南京文物大部分運返北京，尚有2211箱至今仍存放在故宮博物院於南京建造的庫房中。

中華人民共和國成立以後，故宮博物院的體制有所變化，根據當時上級的有關指令，原宮廷中收藏圖書中的一部分，被調撥到北京圖書館，而檔案文獻，則另成立了“中國第一歷史檔案館”負責收藏保管。

50至60年代，故宮博物院對北京本院的文物重新進行了清理核對，按新的觀念，把過去劃分“器物”和書畫類的才被編入文物的範疇，凡屬於清宮舊藏的，均給予“故”字編號，計有711338件，其中從過去未被登記的“物品”堆中發現1200餘件。作為國家最大博物館，故宮博物院肩負有蒐藏保護流散在社會上珍貴文物的責任。1949年以後，通過收購、調撥、交換和接受捐贈等渠道以豐富館藏。凡屬新入藏的，均給予“新”字編號，截至1994年底，計有222920件。

這近百萬件文物，蘊藏着中華民族文化藝術極其豐富的史料。其遠自原始社會、商、周、秦、漢，經魏、晉、南北朝、隋、唐，歷五代兩宋、元、明，而至於清代和近世。歷朝歷代，均有佳品，從未有間斷。其文物品類，一應俱有，有青銅、玉器、陶瓷、碑刻造像、法書名畫、印璽、漆器、琺瑯、絲織刺繡、竹木牙骨雕刻、金銀器皿、文房珍玩、鐘錶、珠翠首飾、家具以及其他歷史文物等等。每一品種，又自成歷史系列。可以説這是一座巨大的東方文化藝術寶庫，不但集中反映了中華民族數千年文化藝術的歷史發展，凝聚着中國人民巨大的精神力量，同時它也是人類文明進步不可缺少的組成元素。

開發這座寶庫，弘揚民族文化傳統，為社會提供了解和研究這一傳統的可信史料，是故宮博物院的重要任務之一。過去我院曾經通過編輯出版各種圖書、畫冊、刊物，為提供這方面資料作了不少工作，在社會上產生了廣泛的影響，對於推動各科學術的深入研究起到了良好的作用。但是，一種全面而系統地介紹故宮文物以一窺全豹的出版物，由於種種原因，尚未來得及進行。今天，隨着社會的物質生活的提高，和中外文化交流的頻繁往來，無論是中國還是西方，人們越來越多地注意到故宮。學者專家們，無論是專門研究中國的文化歷史，還是從事於東、西方文化的對比研究，也都希望從故宮的藏品中發掘資料，以探索人類文明發展的奧秘。因此，我們決定與香港商務印書館共同努力，合作出版一套全面系統地反映故宮文物收藏的大型圖冊。

要想無一遺漏將近百萬件文物全都出版，我想在近數十年內是不可能的。因此我們在考慮到社會需要的同時，不能不採取精選的辦法，百裏挑一，將那些最具典型和代表性的文物集中起來，約有一萬二千餘件，分成六十卷出版，故名《故宮博物院藏文物珍品全集》。這需要八至十年時間才能完成，可以說是一項跨世紀的工程。六十卷的體例，我們採取按文物分類的方法進行編排，但是不囿於這一方法。例如其中一些與宮廷歷史、典章制度及日常生活有直接關係的文物，則採用特定主題的編輯方法。這部分是最具有宮廷特色的文物，以往常被人們所忽視，而在學術研究深入發展的今天，卻越來越顯示出其重要歷史價值。另外，對某一類數量較多的文物，例如繪畫和陶瓷，則採用每一卷或幾卷具有相對獨立和完整的編排方法，以便於讀者的需要和選購。

如此浩大的工程，其任務是艱巨的。為此我們動員了全院的文物研究者一道工作。由院內老一輩專家和聘請院外若干著名學者為顧問作指導，使這套大型圖冊的科學性、資料性和觀賞性相結合得盡可能地完善完美。但是，由於我們的力量有限，主要任務由中、青年人承擔，其中的錯誤和不足在所難免，因此當我們剛剛開始進行這一工作時，誠懇地希望得到各方面的批評指正和建設性意見，使以後的各卷，能達到更理想之目的。

感謝香港商務印書館的忠誠合作！感謝所有支持和鼓勵我們進行這一事業的人們！

1995年8月30日於燈下

目錄

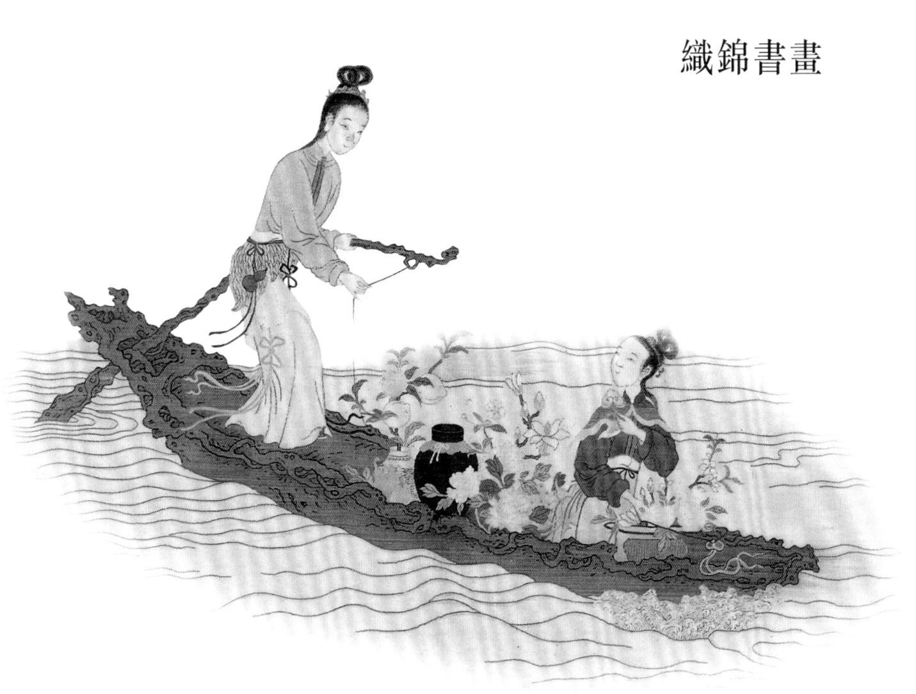

文物目錄

刺繡書畫

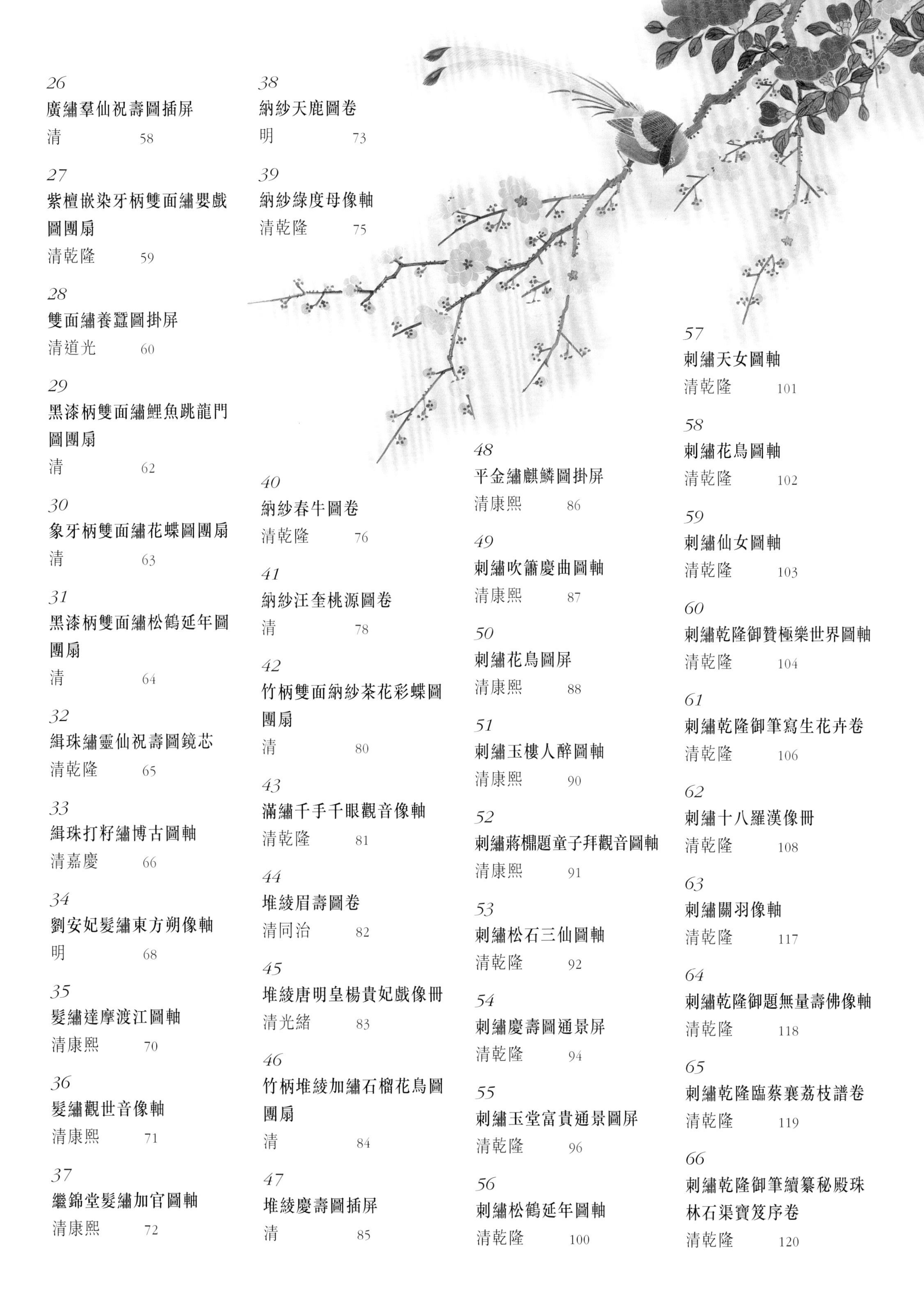

緙絲書畫

織錦書畫

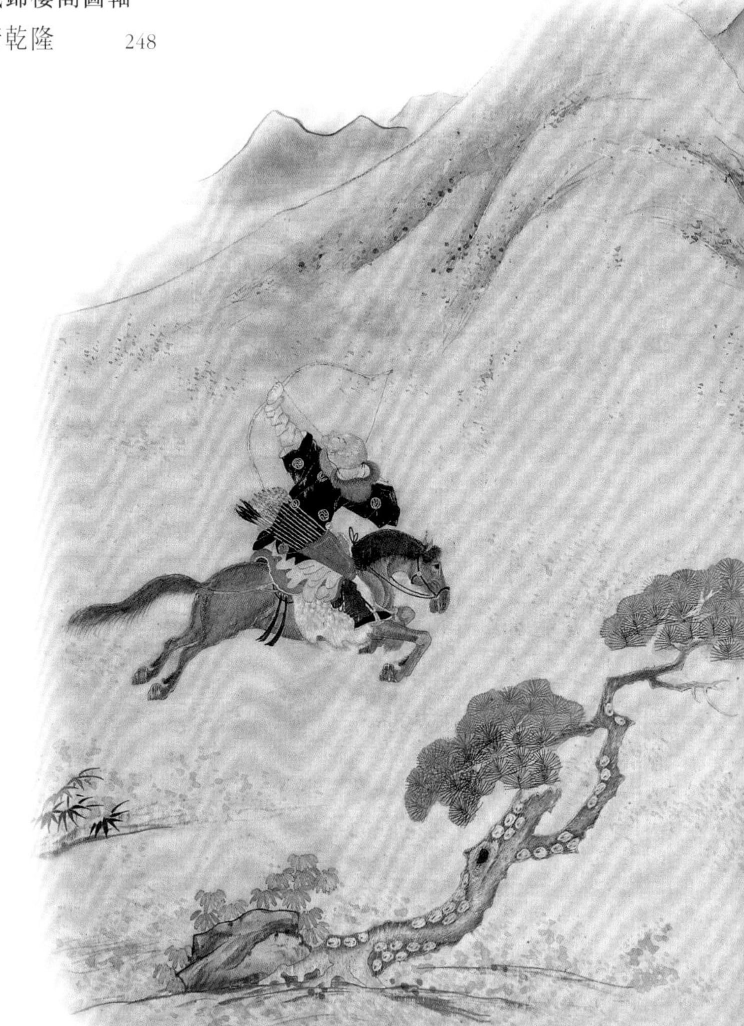

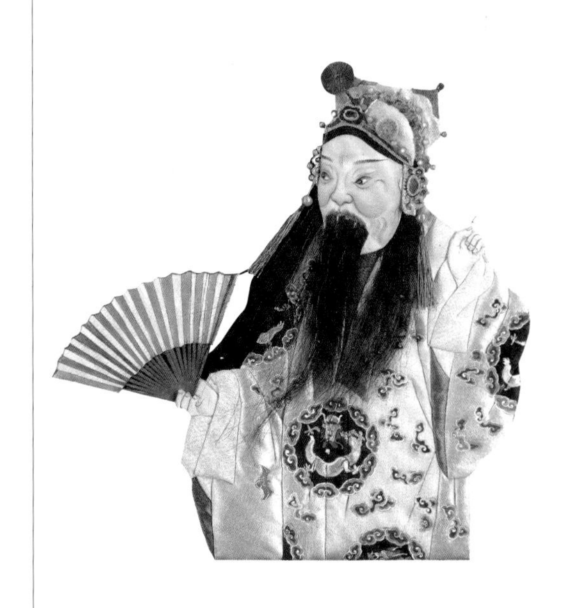

導言

單國強

筆墨趣味與織繡藝術

織繡書畫，顧名思義，是指織繡與書畫結合，用織繡的材料和方法再現書畫形象的作品，它是織繡工藝品中獨特的一類。一般的織繡品兼具實用性和藝術性，織繡書畫則帶有更強的觀賞性，可視為純粹的藝術品。織繡書畫既可歸入織繡類，也可歸入書畫類，清代皇室欽定的書畫著錄書《秘殿珠林》和《石渠寶笈》初、續、三編中，即收入織繡書畫，視其為書畫藝術的一個分科。

故宮博物院收藏的織繡書畫為數甚多，約有1680餘件，其中大部分是清宮舊藏，數量和質量在中國博物館中堪稱上乘，是故宮藏品中頗具優勢和特色的文物門類。1990年代初，故宮博物院曾舉辦《明清織繡畫展覽》，這是博物館界首次舉辦織繡書畫專題展覽，展品150餘件，多數是首次向公眾披露，令人耳目一新，嘆為觀止。本卷以織繡書畫為專題，遴選故宮所藏144件精品，按照織繡品的製作技法，分為刺繡書畫、緙絲書畫和織錦書畫三大類，每類中又分若干小類，通過不同織繡技法所呈現的不同效果，來展示織繡書畫獨特的藝術魅力。

織繡與書畫的關係

從美術發展史的角度考察，織繡與書畫關係十分密切。追根溯源，織繡肇始之時，就離不開繪畫。上古夏、商、周三代，凡繡有山川、花木、蟲鳥等圖案的絲織品，均先有圖畫作底稿，故有“繡繢共職”之說。《周禮·繢畫注》即曰：“凡繡，亦須畫，乃刺之，故畫繡二工，共其職也。”以後織繡的技藝不斷增多，紋飾也日趨豐富，然以畫為底樣的程序並沒有改變。及至後世，有織繡品專以書畫為樣稿用於觀賞，就成為了織繡書畫。

織繡是書畫十分重要的展示載體。在以紙絹為材質的卷軸書畫流行以前，即原始社會至秦漢時代，繪畫的展示主要以陶器、玉器、岩石、銅器、漆器、壁畫、石刻、磚瓦、印章等為載體，如原始社會的彩陶紋飾、狩獵岩畫刻痕、地畫炭黑遺存，以及商周青銅器上的紋飾，春秋戰國的漆畫，秦漢的壁畫、木版畫、畫像石、畫像磚、肖形印等等，儘管不少畫面屬於圖案花紋，帶有濃重的裝飾性，很多繪製方法也不以筆墨、顏料為工具，而用刀刻、漆刷、鑄造、燒製等手法表現，但仍同屬中國早期的繪畫形式。其中以織繡為材質的繪畫也廁居其間，如商周的布帛畫。近年在河南洛陽東郊的商代墓葬中，發現了“殷人畫幔”，即在布上用黑、白、紅、黃等色繪出幾何紋飾，為日常生活用品，這是現知最早的“畫繢五彩”的布帛畫。戰國楚墓發現的“龍鳳人物圖”、“御龍圖”等帛畫，更是人物形象生動、筆墨技巧熟練，堪稱正式繪畫的作品。在紙絹卷軸書畫出現並成熟之後，許多書畫依然在屬於絲織品的絹、綾上繪製；裝裱成卷、軸、冊的書畫作品，其裱邊、隔水、天地頭、包首等原料，也無一不用綾、錦、緙絲等織繡品。但此時，織繡只是提供材質，處於輔位，並未以織繡技法來替代筆墨作畫。而當書畫需要追求特殊的效果，如肖形逼真、精工富麗時，或閨閣女紅深喜繪畫，悉心尋求翰墨之趣時，織繡書畫就應運而生了。誠如清丁佩《繡譜》所述，禽鳥之羽，最宜繡成，“禽則積羽而成，繡則積絲而成，因物肖物，莫妙於此。”求物之富麗，也莫過於織繡，“物之富麗者，莫錦繡若也。”而女紅以針代筆，亦直追翰墨之意趣，“以針為筆，以縑素為紙，以絲絨為硃墨、鉛黃，取材極約，而所用甚廣，繡即閨閣中之翰墨也。”因此，織繡書畫與書畫的結合，實具異曲同工之妙。

織繡與書畫兩種手法可謂取長補短，互為表裏。就創作宗旨而言，書畫佔主位，織繡技法的選擇和運用，是為了再現書畫的效果，力求忠於書畫原作；有時畫面難以用針綫表現的部分，如人物的鬚眼、樹石的皴染、水墨的暈滲等，即用筆墨補之，相互襯托，織繪結合。然而就觀賞而言，則主要欣賞織繡技法以針代筆、以綫代墨（包括色），又酷似書畫的高超技藝，以及靈活多變、豐富多彩乃至勝似書畫的精湛工藝。也就是說，織繡書畫的藝術性是着重從工藝角度來欣賞的，即採用何種織法、繡法或緙法，來惟妙惟肖地表現出書畫的筆墨韻味和物象神韻，並達到書畫所難以企及的藝術效果。因此，能使作品酷似或勝似書畫的織繡書畫技法，以及具創新性的名家或

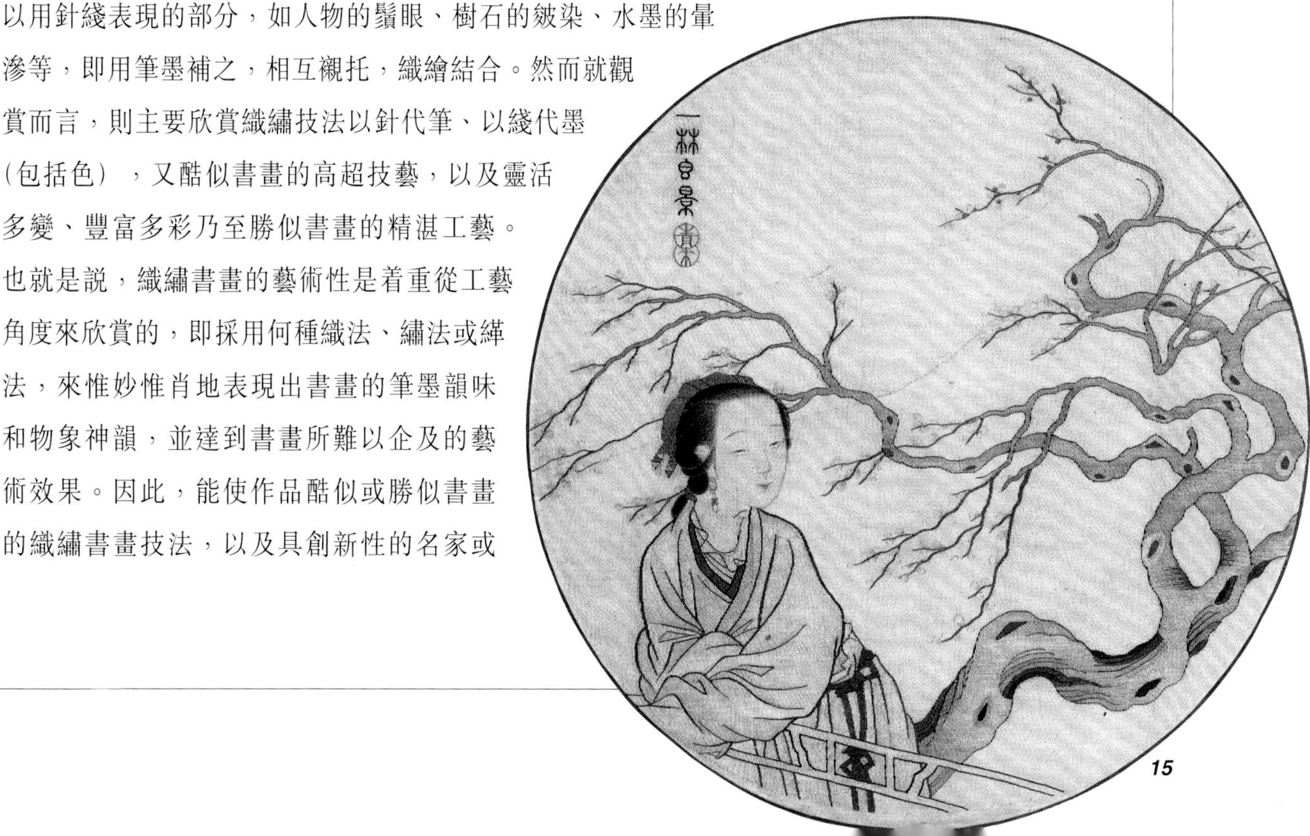

流派，尤為世人矚目和贊嘆。像宋代的緙絲畫，明代的顧繡畫，清代的雙面繡、緙絲加繡、仿真繡、漳絨畫等技藝、品類，和宋代朱克柔、沈子蕃，明代韓希孟、金淑芳，清代沈壽等名家，以及顧繡、蘇繡、湘繡、粵（廣）繡等流派，都在織繡書畫乃至織繡史上佔有重要地位。

賞析織繡書畫，應當以工藝技巧為主要切入點，凸現某種技法所擅長表現的書畫題材內容和筆墨形式，進而領略其獨具的工藝特色和藝術魅力。

流派紛呈的刺繡書畫

刺繡書畫歷史悠久，在織繡品中數量眾多。刺繡，又稱"針繡"，俗稱"繡花"，在細葛布上刺繡稱"絺繡"，在絲帛上刺繡稱"文繡"，因多為婦女所作，故又稱"女紅"。刺繡主要運用繡繃、繡架、修剪、繡針等工具，配以不同色彩、不同粗細的繡綫，以及齊針、搶針、切針、摻針、套針、活毛套針、戳紗、扣繡、網繡、平金、打籽等運針方法，來表現不同的紋樣和質感，產生不同的藝術效果。歷代女紅工師，着意追求針法的變化、色彩的配置、圖案的佈局、綫理的特徵等技法，進行藝術再創造，遂形成了各種風格和流派，如明清時期先後產生的"四大名繡"，以及各地方繡，風格各具，琳琅滿目。

傳說在四五千年前的堯、舜時代，刺繡已經出現，《尚書・虞書・益稷》記載，帝舜命禹製作衣裳，"予欲觀古人之象，日、月、星辰、山、龍、華蟲作會（繪）；宗彝、藻、火、粉米、黼、黻絺繡（刺繡）。以五彩彰施於五色作服。"這就是歷代相傳的十二章服制度，其中前六章的上衣紋飾是敷彩畫繪的，後六章的下裳紋飾是用細葛布作地刺繡的，"衣畫而裳繡"即成為古代禮服定制。至於刺繡技法用於製作書畫，在魏晉南北朝時即已出現，如記載中三國吳趙夫人曾以刺繡作山川地形軍陣之圖，敦煌莫高窟出有北魏時期的刺繡佛像和菩薩說法圖。到了唐代，刺繡佛像及佛經更是大量湧現。誠然，這些作品基本還屬於實用品，真正的觀賞性刺繡書畫，要到宋代才成熟，至明清時期獲得進一步發展。

刺繡書畫至宋代成熟，有其必然的客觀條件。首先是宋代的經濟和文化在唐代基礎上獲得進一步發展，供統治者享用和向鄰國饋贈的絲織、刺繡品需求量劇增，皇家官府對織繡品的製作也格外重視，設置了完備的生產管理機構，如在都城工部的少府監內設有文思院、綾錦院、裁造院、內染院、文繡院等。尤其在北宋後期的徽宗朝，酷愛書畫的皇帝趙佶在崇寧年間（1102—1106）特在翰林圖畫院內增設繡畫專科，集繡工三百餘人，又從全國各地挑選技藝高強的繡匠以為工師，傳授技術，遂使刺繡畫迅速崛起，相繼出現了思白、墨林、啟美等著名繡工。其次是宋代書畫藝術的全面發展，尤其是花鳥畫的盛行，為刺繡書畫提供了豐富的素材。當時畫院繡畫專科內的繡匠，就多以院體工筆花鳥畫為畫稿；一些名門閨秀，知書達理，習字作畫，閒暇也刺繡書畫以消遣，被稱為"閨閣繡"，刺繡書畫遂得以廣泛傳播。第三，是刺繡技法的長足進步，豐富多樣的刺繡針法，在宋代幾乎都已掌握，得以逼真再現書畫的筆墨技藝和物象神韻，大大提高了刺繡書畫的觀賞性。可以說，宋代刺繡書畫的成熟，標志着刺繡書畫的獨立，並開拓了刺繡工藝沿着實用性和觀賞性兩大類平行發展的局面，其意義是重大的。明董其昌《筠軒清秘錄》中即評："宋人之繡，針綫細密，用絨止一二絲，用針如髮細者為之。設色精妙，光采射目。山水分遠近之趣，樓閣得深邃之體，人物具瞻眺生動之情，花鳥極綽約嚵唼之態。佳者較畫更勝，望之，三趣悉備，十指春風，蓋至此乎！"明高濂《燕閒清賞箋》亦說："宋人繡畫山水人物、樓台花鳥，針綫細密，不露邊縫，設色開染，較畫更佳；以其絨色光彩奪目，豐神生意，望之宛然，三昧悉矣。"

刺繡書畫至明代又有新的發展。明代織繡生產的特點是官營機構膨脹龐大，經營單位之多和分佈地域之廣，是歷史上罕見的。宮廷內設有"繡作"，除繡製帝后、官員服飾外，還織繡專供觀賞的"繡字"、"繡畫"和供祝壽用的條幅。地方繡也分成南北兩大系統，南繡以顧繡為代表，北繡以魯繡為代表。南繡和北繡都繡製卷軸冊等純供欣賞用的刺繡書畫，其中以顧繡最負盛名。

顧繡是指明代上海顧氏家族之刺繡。明嘉靖三十八年（1559），進士顧名世築園於上海九畝地露香園路，穿池得一石，有元代趙孟頫手篆"露香池"三字，因以名園，其家眷善繡，有盛名，故世稱"露香園顧繡"。顧繡的先師均有較高的書畫藝術修養，作品多以名人書畫為稿本，繡製觀賞性刺繡書畫，以針代筆，難辨為繡為畫，故有"畫繡"之譽。明《松江府志》載："顧繡作花香、香囊、人物，刻畫精巧，為他郡所未有。"顧繡名手輩出，其中最傑出者為顧名世次孫媳韓希孟。韓氏的丈夫顧壽潛，別號繡佛主人，工詩善畫，師法董其昌，韓希孟受其影響，亦工畫花卉，所繡多為宋元名畫。她將畫理融合在繡技中，畫繡結合，相得益彰。本卷所收的韓希孟《顧繡宋元名跡冊》（圖1），即全面反映了她在山水、花鳥、人物諸畫繡中的風格特色和精湛技藝。所繡山水，有米氏雲山的水墨韻味；花鳥草蟲五色燦爛，有過黃筌父子之寫生；人物亦神采奕奕，呼之欲出。對頁有董其昌題詩，對其繡技高度讚賞。對於此件韓氏名冊的創作，其夫顧壽潛在冊後題跋中稱："余內子希孟氏別具苦心，居常嗤其太濫。甲戌春，搜訪宋元名跡，摹臨八種，一一繡成，匯作方冊。觀者靡不舌撟手舞，見所未曾，而不知覃精運巧，寢寐經營，蓋已窮數年之心力矣。宗伯董師，見而心賞之，詰余：'技至此乎？'余無以應，謹謂於寒銛暑溽，風冥雨晦，弗敢從事，往往天清日霽，鳥悅花芬，攝取眼前靈活之氣，刺入吳綾。師益詫嘆，以為非人力也，欣然濡毫，惠題讚語。"可見此冊是韓氏窮數年嘔心瀝血之精心傑作。

顧繡自韓希孟之後，即傳承不絕，廣為傳佈，明末已聲振天下，供不應求。清初工巧稍減，且漸從繡畫幅變為繡衣裙。至乾隆年間，繡工多以男工為之。嘉慶時，繡畫幅只偶而為之，然顧繡之稱則一直保存至今，蔚成一枝。

概括顧繡的技藝特徵，主要有以下幾點：一是半繡半繪，繡繪結合。有時是先在底面上施以筆墨和淡彩，再用針法繡出邊綫以表現物象，如《顧繡十六應真冊》（圖2），以淡墨畫出形象，再以墨色絲綫和滾針技法為基礎，繡出輪廓，山石樹林兼施筆墨皴染，猶如一幅白描人物畫。有時是先繡好大塊面，再補繪墨、彩，如《顧繡羅漢朝觀音圖軸》（圖3），採取單暈色的手法，施以纏針、滾針、平金和釘綫等針法，再用石綠、赭石、大紅等色渲染，猶如丁雲鵬的工筆重彩畫。二是針法多變，時創新意，因畫施繡，不同的物象施以不同的針法。一般常用的針法有齊針、鋪針、打籽、接針、擻和針、搶針、釘金、單套針、雙套針、刻鱗針等十餘種，有些特殊的物象則運用特殊針法，以增強表現力，如清代《顧繡花鳥草蟲圖冊》（圖12），除一般針法外，又用冰紋針繡蜻蜓翅膀，如紗如霧；滾針繡蚱蜢、蝴蝶之須，輕細且具動感；施毛針繡鳥羽，富毛茸茸質感。三是善於運用間色暈色、補色套色。顧繡為了表現畫稿層次豐富的色彩效果，多用中間色，並按照物象的自然色彩，對老嫩、深淺、濃淡等色階進行補色和套色，如清《纂組英華》所述："明繡所用之種種彩繡紗，率有為宋繡所未見之正色外之中間色綫。"如本卷所收的清初《顧繡五十三參圖冊》（圖11），配色豐富精妙，有二十餘種色綫，配色和諧又多變，生動塑造了不同人物的形象和神韻。四是取材以奇，不拘成法。為加強真實感，往往選用真材實物，使繡品之質真假難分，如人物的頭髮用真髮劈為細絲繡出，《顧繡獵鷹圖軸》（圖6）中的金飾馬具，即用盤金繡制，極富金屬的光澤。收入本卷的代表作尚有明末清初的《顧繡相國逍遙圖軸》（圖4），清康熙時的《顧繡竹林七賢圖軸》（圖5）、《顧繡一鷺芙蓉圖軸》（圖7），乾隆時的《顧繡漁樵耕讀圖軸》（圖8）、《顧繡覓藥圖軸》（圖9）等。

蘇繡也是明代出現的地方繡，至清代獲進一步發展。蘇州地區，歷來有“家家養蠶，戶戶刺繡”的傳統，蘇繡深受顧繡影響，並形成自身特色，明《姑蘇志》以“精、細、雅、潔”來評價，即運針精湛、以針代筆，絲理細膩、不露針跡，佈局高雅、悠情逸思，色彩皆潔、文靜清新。蘇繡針法豐富，有幾十種，對後世及其他繡種影響很大。繡品有“平、光、齊、勻、和、順、細、密”的效果，所繡動物和花卉尤其生動。

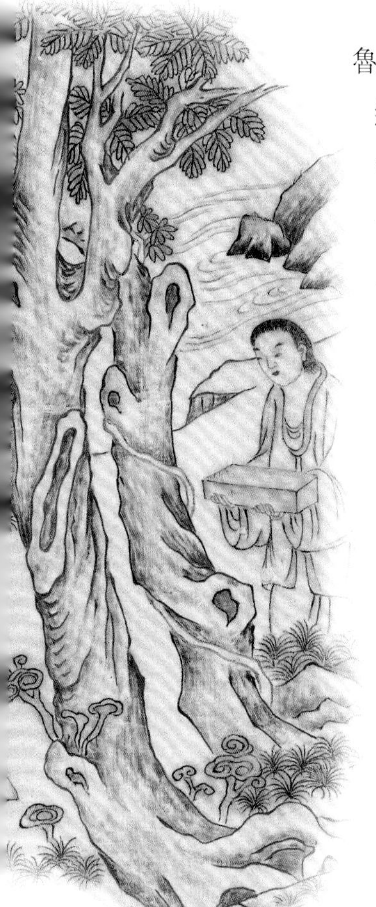

魯繡是北方刺繡的代表，在明代已形成地方特色，其觀賞性作品常以當時流行的織造精細、花紋優美的暗花綾或暗花緞作地料，上繡鮮艷的花紋圖案，明暗襯托，猶如在灑金紙上作畫，別具韻味。題材多為花鳥、人物，繡綫多為雙股合捻的較粗的衣綫，故又稱“衣綫繡”。由於魯繡質地、繡綫較堅實，故多用作繡製實用品。本卷的《衣綫繡瑤池集慶圖軸》（圖13）、《衣綫繡荷花鴛鴦圖軸》（圖14）、《衣綫繡芙蓉雙鴨圖軸》（圖15）、《衣綫繡文昌出行圖軸》（圖16）均為魯繡的代表作，風格或粗獷、豪放、質樸，或工筆、精細、華美，然均具粗中見細、拙中寓秀的特色。

清代刺繡全面發展，觀賞繡品的題材更為豐富，技藝也更見精熟。其中宮廷刺繡可稱登峯造極，地方刺繡也全國林立，最著名的為蘇繡、粵繡、湘繡、蜀繡，合稱“四大名繡”，另外，還有北京的京繡、開封的汴繡、杭州的杭繡、貴州的苗繡、溫州的甌繡、福建的閩繡等。在工藝上將傳統技法發展創新，形成了新的刺繡品類，如納紗、滿繡、髮繡、雙面繡、堆綾繡等。

宮廷刺繡以蘇繡、杭繡、南京三織造和皇宮造辦處的“織繡作”為中心，集中了全國最精良的技術力量，不惜工本，精益求精。具體來説有三方面特點，第一，宮廷刺繡主要製作觀賞性作品，題材包括歷代名人書畫，當朝皇帝或文人詩詞書畫，以及為祝壽和適應節令而專門製作的陳設品等。如在繡法的書畫兼具方面，乾隆朝諸多的御製詩文（圖65、66），均成卷成冊，以斜纏針、套針、接針、齊針等繡字，凸起、光亮的繡文，比墨書更潤雅而具立體感。一些乾隆御題畫，用不同色綫、針法繡出，書畫結合，相得益彰。第二，在作品風格上，康（熙）乾（隆）年間流行的、由西方傳教士郎世寧等人創立的中西合璧畫風在宮廷繡中盛行一時；技法上汲取各地各派之長，融會貫通，除刺繡與繪畫、還與緙絲等技法結合，創造出風格迥異、樣式眾多的刺繡精品。自乾隆朝以來，一些畫繡就分外講究寫實、立體、明暗、透視感，明顯受西方繪畫影響。如《刺繡天女圖軸》（圖57），仕女雖仿傳統的工筆淡彩法，但在運用蘇繡套針繡出面部的同時，又用鋪針釘繡法繡眉目；在套針鋪絨的衣服上，又用切針繡花紋，留出水路顯示衣紋；其他如腰帶、飄帶、花籃等採用纏針、齊針、網針、擻和針等針法，力求表現物象的真實感，作品呈現較強的凹凸立體感。及至晚清，這種吸收西法的畫風仍在刺繡畫中有所反映，如同治年間的《刺繡菊花海棠圖軸》（圖72），造型準確寫實，講究明暗透視，為加強立體感，先在圖案下墊起一層絲綫，再繡畫稿，使之有浮雕感；花葉以搶針暈色，花梗用纏針，花朵用齊針、套針，較好地表現了質感。晚清的《刺繡風景圖插屏》（圖74），效果極似西方油畫，採用焦點透視佈景，講究光綫的明暗層次和物象的凹凸立體感，為達此效果，刺繡針法摒棄傳統的規矩工整技法，而用長短不一的針腳直綫摻和繡成，針腳也不按物象絲理排列，而是巧妙利用繡綫、針腳長短不一、排列不同的特點，來表現物象的質感、光澤、遠近和虛實，看似淩亂堆砌，遠視卻具油畫般的晦明變化效果。這種繡法稱為"仿真繡"，是由晚清刺繡名家沈壽考察日本後創造的。第三，為適應宮內富麗堂皇的高大建築，還經常製作大幅作品，顯得雄偉壯觀。如《刺繡乾隆御贊極樂世界圖軸》（圖60），縱290厘米，橫148厘米，為少見的巨幅立軸，場面浩大，氣勢宏闊，人物共297人，且色彩斑斕，針法豐富，精細地展現了極樂世界的莊嚴輝煌。通景屏形式也頗流行，如《刺繡慶壽圖通景屏》（圖54）由八幅組成，連成一幅喜慶、熱鬧、宏大的慶壽場面；《刺繡玉堂富貴通景圖屏》（圖55），由十二幅組成，仿照五代院體花鳥畫"鋪殿花"風格，以石青素緞為地，滿鋪花木、禽鳥，用幾十種色絲，運十幾種針法，繡出工整細緻、鮮麗華美的花鳥圖像，極具皇家氣派。

清代地方性刺繡"四大名繡"，繡製觀賞性作品也各具特色。蘇繡在繼承明代傳統基礎上有新的發展，其中"納紗"針法尤具創意，它是蘇繡紗繡針法的一種，又稱"戳紗"、"穿紗"、"納繡"，以素紗為繡地，用彩絲繡滿紋樣，四週留有紗地，適宜繡製人物服飾，具深淺明暗質感。代表作品有乾隆時期的《納紗春牛圖卷》（圖40）、《納紗綠度母像軸》（圖39）、《納紗汪奎桃源圖卷》（圖41）等。粵繡是廣東地區刺繡，亦稱"廣繡"，特點是劈綫粗而松，有絨毛質感；針法以灑插針、松針、滾針、刻鱗針和鎖鏈針為主，繡紋重疊而隆起，且常用金綫圍刻覆蓋；針法繁複多變，色彩濃鬱鮮艷，構圖飽滿富層次，適宜於表現花鳥走獸。乾隆年間的《廣繡三陽開泰圖裱片》（圖20）為傑出代表，三羊結構準確，講求明暗，運用解剖學，立體感強，近似郎世寧畫風。《廣繡山水漁讀圖裱片》（圖21），諸景組合成遠、中、近三景，可分可合，繁而不亂；針法尤富變化，除採用廣繡的鋪針、直針、灑插針外，還用竹織針繡茅屋頂，施毛針、網針繡蓬船之蓬，方格網針繡牆面，扭針繡雲紋、水紋等，各具質感，窮其巧變。

清代刺繡還發展創新了多種刺繡傳統技法。“雙面繡”，即由宋代兩面針演變而來，正反兩面圖案完全相同，針法要點是反面不打結，而要藏好綫頭；採用散套法垂直刺針，不破反面的繡紋；用記切方法代替打結，藏好綫頭；用搶針順序分批排針，層層加色；用施毛針繡出蓬鬆感，逐步加密；參差相嵌，虛實結合，使兩面同紋同色，俗稱“兩面光”。《雙面繡養蠶圖掛屏》（圖28）及清宮舊藏的諸多團扇，如《紫檀嵌染牙柄雙面繡嬰戲圖團扇》（圖27）、《黑漆柄雙面繡鯉魚跳龍門圖團扇》（圖29）等，即為雙面繡，可供兩面觀賞。

“髮繡”，是用人髮代替絲綫的繡製品，利用頭髮黑、白、灰、黃、棕的自然色澤，以及細、柔、光、滑的特性，運接針、切針、纏針、滾針等不同針法繡制，適合表現白描的人物、山水和建築物等，以質樸素淨取勝，繡品針跡細密，色彩柔和，風格多似宋代李公麟、明代丁雲鵬等白描大家畫法。如《髮繡達摩渡江圖軸》（圖35）、《髮繡觀世音像軸》（圖36）、《繼錦堂髮繡加官圖軸》（圖37）等。

此外，還有“滿繡”，即滿地彩繡不露底色，多繡構圖飽滿、物象眾多、具有裝飾色彩的佛教繪畫，如《滿繡千手千眼觀音像軸》（圖43）等。“緝珠繡”，用米珠、玻璃珠為主要原料繡成，具有珠光燦爛、絢麗多彩的效果，如《緝珠繡靈仙祝壽圖鏡芯》（圖32），在彩繡同時，兼運緝米珠技法，用珍珠米珠緝綴菊之花朵，珊瑚米珠點綴天竹花實；《緝珠打籽繡博古圖軸》（圖33），亦兼施緝珠繡表現牡丹花瓣，打籽法繡出條帶、佛手和牡丹花蕾。“堆綾”也屬刺繡一種，唐、宋、明均稱“剪彩繡”，後亦稱“摘綾”、“貼綾”。其方法是先用各色綾、緞等剪成花樣，堆積黏貼在地料上，再沿圖案邊緣用繡綫釘牢，具有服飾逼真、質地感強、立體效果好的獨特效果，如《堆綾眉壽圖卷》（圖44）、《堆綾唐明皇楊貴妃戲像冊》（圖45）等。

有清一代出現了不少刺繡高手，但留下姓名的不多。本卷收錄署名的作品有《蔣王氏刺繡觀音大士像軸》（圖77），作者為乾隆年間的大學士蔣溥之妻王氏，此作繡綫劈絲纖細，綫條舒展流暢，風格似明代仇英畫作。《沈壽刺繡柳

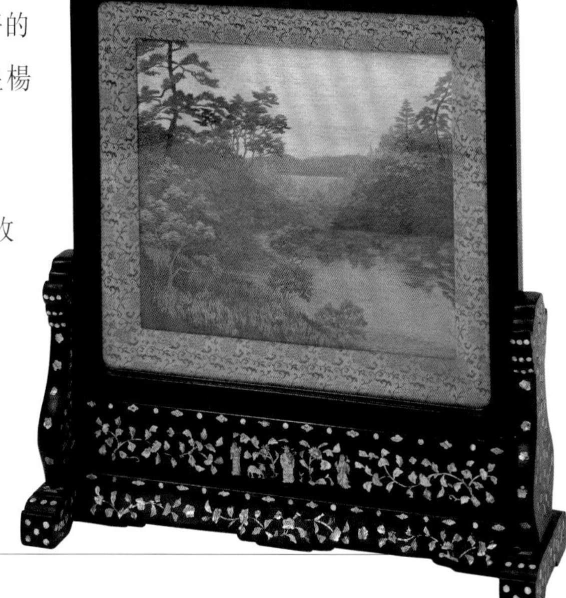

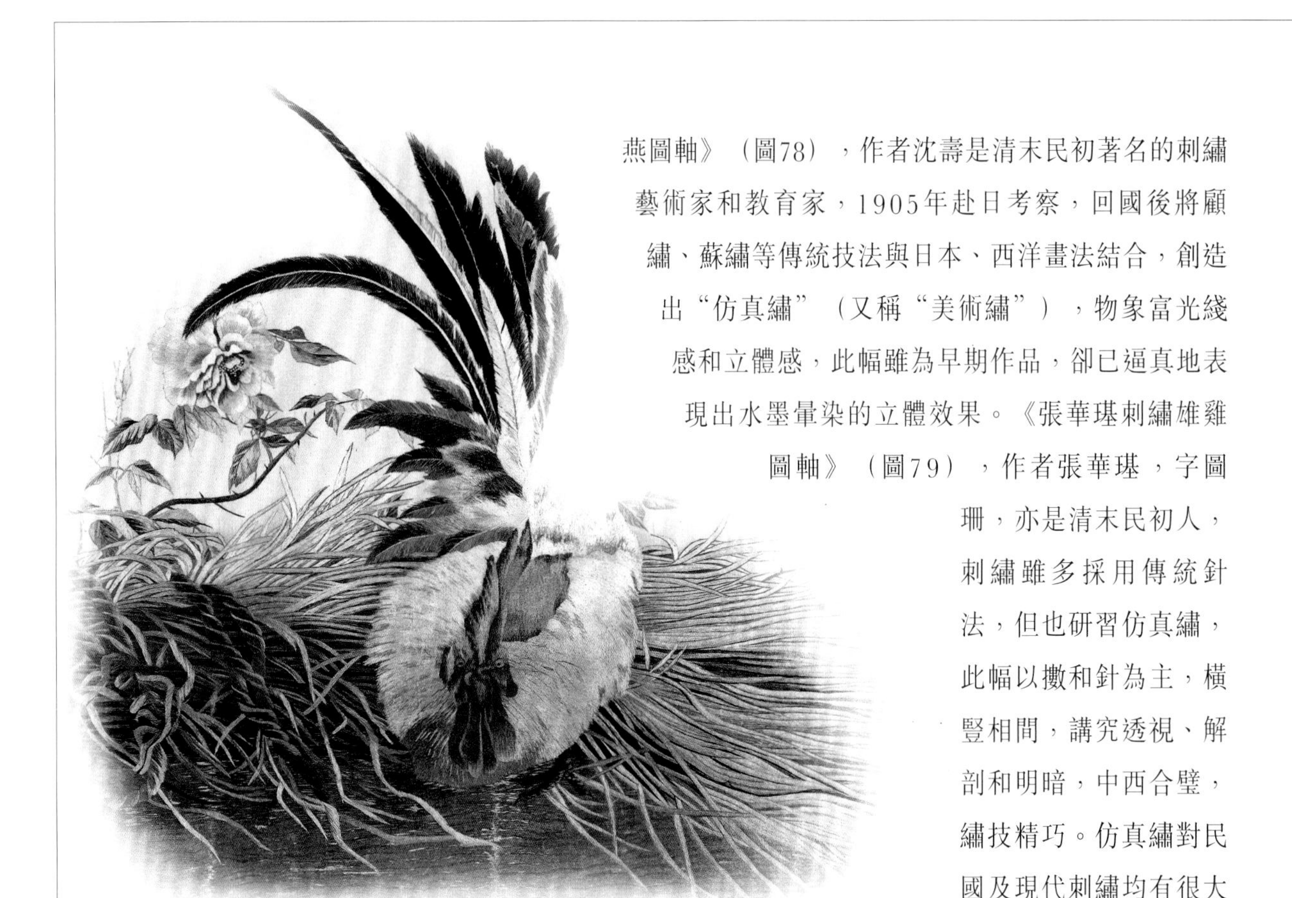

燕圖軸》（圖78），作者沈壽是清末民初著名的刺繡藝術家和教育家，1905年赴日考察，回國後將顧繡、蘇繡等傳統技法與日本、西洋畫法結合，創造出"仿真繡"（又稱"美術繡"），物象富光綫感和立體感，此幅雖為早期作品，卻已逼真地表現出水墨暈染的立體效果。《張華瑾刺繡雄雞圖軸》（圖79），作者張華瑾，字圖珊，亦是清末民初人，刺繡雖多採用傳統針法，但也研習仿真繡，此幅以擻和針為主，橫豎相間，講究透視、解剖和明暗，中西合璧，繡技精巧。仿真繡對民國及現代刺繡均有很大影響。

表現力豐富的緙絲書畫

緙絲是用絲綫以通經斷緯（或回緯）的方法織成，以彩緯顯現花紋，效果猶如雕琢鏤刻，並富雙面立體感。緙絲的起源可追溯到唐代，已創造了"摜"、"構"、"緙"、"搭梭"等基本技法。至宋代獲極大發展，日趨精細富麗，新創"結"的戧色方法，即用相近的二色或三色按退暈的色階層次順序緙織，使花紋更加立體並富裝飾性。以書畫為藍本的觀賞性緙絲也日見增多，誠如朱啟鈐在《絲繡筆記》中所述："宋人緙絲所取為粉本者，皆當時極負時名之品，其中唐之范長壽，宋之崔白、趙昌、黃居宷諸作。"當時的緙絲能手朱克柔、沈子蕃都有較高的書畫藝術修養，創作了不少緙絲畫。朱克柔是南宋高宗年間女紅名家，運用緙絲技法所作人物、樹石、花鳥，宛如用筆作畫，所創長短戧緙法，被稱為"朱緙"，沿用至今。

沈子蕃也是南宋緙絲名師，與朱克柔同時，所作緙絲畫工麗典雅，生動傳神。本卷收錄的《沈子蕃緙絲梅花寒鵲圖軸》（圖82）、《沈子蕃緙絲青碧山水圖軸》（圖83）是他僅存作品中的兩件。前圖屬北宋黃筌一路的"院體"花鳥畫風格，緙絲技法繁複，運平緙、搭梭、長短戧、環緙、攢緙、雙子母經、繞、勾邊綫等緙法，用白、灰、皂、土褐、棕、藍、月白、綠等十五、六種色絲，以梭代筆，巧妙搭配，和諧暈色，生動表現了工筆花鳥的鮮麗精美和水墨樹幹的濃淡渲染，真實再現了原畫稿的意韻。後圖為宋人"院體"青綠山水，運用平緙、構緙、長短戧和子母經等技法，設色以藍、綠兩色為主，局部織梭表現不夠細緻之處，加淡彩渲染，竭力追摹原作之韻，而肌理質感更勝原作。

收入本卷的宋代緙絲畫作品，還有兩幅《緙絲趙佶花鳥圖軸》（圖80、81）。

從存世的名家和佚名作品中，可以看到宋代在緙絲技術上的發展和創新。如"長短戧"的調色方法，利用織梭伸展的長短變化，使深色緯與淺色緯相互穿插，產生色彩空間調和的暈色效果，是一種創新，成為最常用的一種方法。又如"包心戧"，即運用長短戧的原理，從四週同時向中間戧色，使顏色由深至淺，或由淺至深，逐漸變化，以表現紋樣的立體感和轉折變化，這也是南宋新創的緙法。另外還有"木梳戧"、"參和戧"的和色方法，用來表現從左到右或從上到下的色彩深淺變化，豐富了物象的色階層次。

元代緙絲書畫傳世甚少，基本繼承了宋代傳統技藝，然而在題材內容上有所開拓，還出現了前所罕見的大型作品。《緙絲東方朔偷桃圖軸》（圖84），作壽辰慶賀之用，風格簡練豪放，其題材和畫風均迥異於宋代。《緙絲八仙圖軸》（圖85）為巨幅立軸，緙法繁複工細，還使用緙金，具有鮮明的時代特色。

明代在宣德年間（1426—1435）設內造司後，緙絲重新獲得發展。摹緙古代名人書畫頗多，也有不少巨幅作品，如《緙絲趙昌花卉圖卷》（圖87）仿宋人，《緙絲瑤池集慶圖軸》（圖89）尺幅極大。明代緙絲發展的諸多新技法，如大量緙金，用孔雀羽綫製花紋，多用極細的雙股強捻絲綫，新創"鳳尾戧"緙法等，在緙絲書畫中也有一定反映。鳳尾戧，即綫頭一粗一細相間排列，粗者短而細者稍長，狀如鳳尾，適于表現山石起伏，這一戧色法，在本卷所收的幾件明代緙絲作品中如《緙絲瑤池集慶圖軸》、《緙絲趙昌花卉圖卷》、《緙絲花卉圖冊》（圖86）中都有所運用。

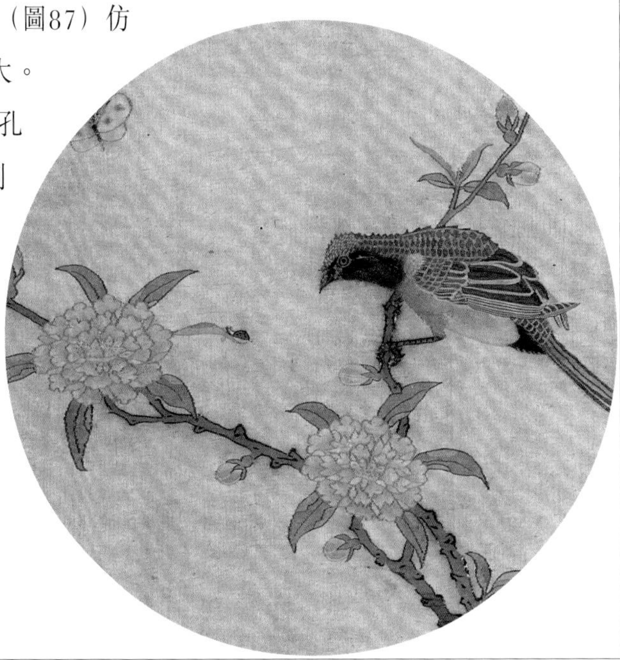

清代緙絲以繼承宋、明傳統為主體，又有相當發展。取材十分豐富，除前代名家書畫外，還有當代帝王和畫家的書畫作品，如乾隆皇帝的御筆詩文和繪畫（圖94、118）、宮廷畫家的作品等；用於祝壽、賀節和反映日常風俗的作品，如《緙絲瑤台百子祝壽圖軸》、《緙絲海屋添籌圖掛屏》（圖113）、《緙絲歲朝圖軸》（圖123）、《緙絲七夕圖軸》（圖100）、《緙絲耕織圖軸》等；以寓意、象徵、諧音等手法組成的吉祥畫，如《緙絲九龍通景圖軸》（圖91）、《緙毛大吉葫蘆掛屏》（圖131）等；仿唐卡的藏傳佛教圖像，如《緙絲阿彌陀佛極樂世界圖軸》（圖111）、《緙絲彌勒淨界圖軸》（圖112）等；還出現緙絲的印譜，如《緙絲寶典福書冊》（圖122）等。緙絲成為觀賞性織繡品中最具表現力的技藝，數量之多也是前所未有的。

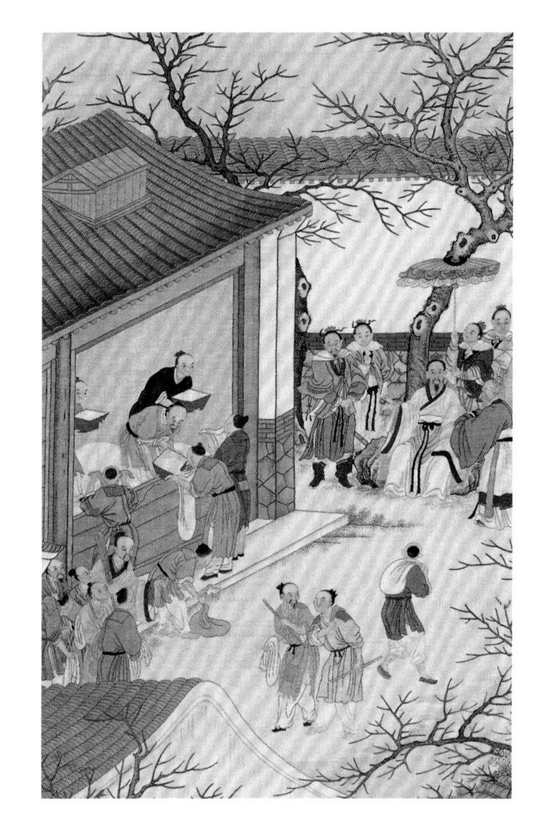

清代緙絲在技術方面，也形成了鮮明的時代特色。一是緙絲與刺繡相結合，如乾隆時的《緙絲加繡九陽消寒圖軸》（圖126）、《緙絲加繡三星圖軸》（圖127）、《緙絲加繡觀音像軸》（圖128）等，主體均用五彩絲綫刺繡而成，背景和配襯花紋則用緙絲織成。二是出現雙面緙絲，如《緙絲萬年如意圖軸》（圖102），正反兩面花紋、色彩完全一樣，且清楚、平整，看不見緙織的綫頭。三是緙、繪結合，乾隆以前主體圖案均用緙絲法，細部或局部施繪，相得益彰，如《緙絲海屋添籌圖掛屏》、《緙絲金山全圖掛屏》（圖115）、《緙絲仙舟仕女圖軸》（圖105）、《緙絲周文王發粟圖軸》（圖99）等；至清中期以後，僅構緙物象輪廓或邊緣，其餘均以筆墨勾染設色，已失去了緙絲的本色，如嘉慶時的《緙絲歲朝圖軸》。四是創新發展了一些新技法，如“合色綫”的運用，即將兩種深淺或色相不同的色綫合捻，來表現花紋的質感和明暗變化。清中期出現“三色金”緙絲法，即在深色地子上用赤圓金、淡圓金和銀三种捻綫緙出花紋，使之閃亮奪目，如乾隆時的《緙金加繡山莊人物圖掛屏》（圖129），用金綫緙織山、樹、房屋，局部用其他色綫，畫面顯得金碧輝煌，已見三色金緙法端倪。晚清出現了“三藍緙”和“水墨緙”。“三藍緙”是在淺色底子上用深藍、品藍、月白三色退暈的戧緙方法緙成各種花紋，並用白色構邊，《緙絲秋桃綬帶圖軸》（圖108）中的淺色底和以深藍、品藍、月白為主色的緙法，就類似“三藍緙”；“水墨緙”是在淺色底子上用黑、深灰、淺灰三色退暈的戧緙方法織成各種花紋，並用深色或白色構邊，頗具文靜雅致之感。其他尚有“緙毛”法，即用絲綫、捻金綫、捻絲毛綫三种不同質地的材料緙織，精緻又華麗，寫實而傳神，如《緙毛大吉葫蘆掛屏》、《緙毛雞雛待飼圖掛屏》（圖132）、《緙毛三星圖掛屏》（圖134）等。

歷史悠久的織錦書畫

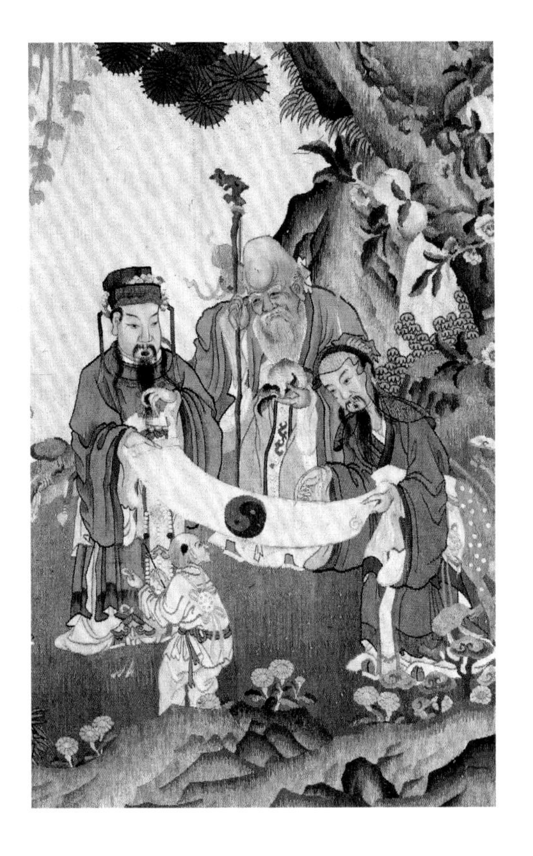

紡織品，是以葛、苧、大麻、棉、絲和毛等為原料，用機織、針織和不織布等方法製成，其中最具特色的是絲織品，其品種繁多，織錦和絲絨適宜於製作觀賞性作品，成為織繡書畫中的重要成員。

錦是多彩提花絲織物的泛稱，以精煉染色的桑蠶絲為經緯原料，常配以各種金銀綫，工藝要求很高，成品極貴重。錦已有三千多年的歷史，戰國、兩漢時流行經錦，至唐代始出現大量的緯錦。錦上織字早已見於漢錦中，織花鳥走獸紋樣則見於魏晉南北朝，歷唐、宋、元，織錦技術雖有極大發展和提高，但純粹的織錦畫並不多見，最知名的有六朝晉竇滔之妻蘇蕙織的《迴文璇璣圖錦》，以贈遠行的夫君，但似乎也是織文，未有圖。

故宮博物院收藏的織錦書畫均為明清時作品，題材包括花鳥、人物、山水各科，表現手法多寫實，注重形象的刻畫和佈局的合理，圖案化和裝飾性的因素大為削減，技術也日見精巧繁複。如康熙時的《彩織極樂世界圖軸》（圖136），用織成重錦的方式表現佛國天堂——西方極樂世界，以彩色緯綫用挖梭、長跑梭的顯花方法織成重錦畫，織工細膩，用色十幾種，構圖繁密，場面宏大，人物眾多，建築工整，為存世最大的宗教織錦畫。乾隆時的《織錦樓閣圖軸》（圖138），以緯綫顯花，梵宇樓閣四週滿飾花卉、瑞獸、海水、祥龍，呈較強圖案性，織工繁細，還施用金綫，增添了富麗堂皇的裝飾效果。《織錦百子獻壽圖軸》（圖139），則更具有圖案化和裝飾性，織造技法上也更為繁複多變。

絨綫也稱絲絨，表面有聳立的絨毛或絨圈，外觀如天鵝絨毛，故也稱“天鵝絨”。其與一般織物的經緯二維結構不同，由挺立的絨毛與經緯平面組成三維空間，故頗具立體感。絨的發端可追溯到戰國，至明清品類已較多，最主要的有創自福建漳州的漳絨和漳緞。

漳絨適合於表現繪畫，有素絨、花絨之分，花絨是將部分絨圈按花紋割斷成絨毛，以絨毛與絨圈的對比形成紋樣，其過程稱“雕花”。乾隆時的《漳絨沈銓孔雀圖軸》（圖140），花紋均割絨而成，絨毛細密簇立，與花地光度反差明顯，產生強烈的明暗立體感，淋灕盡致地重現了沈銓融中西、日本畫技於一爐的合璧畫風。清末的《漳絨山水圖軸》（圖141），將所繪物象處的絨圈割開，呈絨狀，再用筆墨渲染，產生較強的質感；其他地方則保留絨圈，淡施筆墨，用絲縷清潤的光澤突出明朗的天空；絨毛與絨圈所形成的折射光綫和強烈反差，也加強了明暗層次感。作品準確表達了吸收日本、西洋畫法後所形成的嶺南派講求明暗暈染、焦點透視的特色，極似一幅西方風景油畫。

刮絨是以劈絲細薄的絲絨，按照設計圖案鋪粘並敷彩而成，具有質感較強、絲理走向明顯和畫面光亮的藝術效果。刮絨較之漳絨稍遜明暗感，然色澤更顯鮮明。本卷所收的《刮絨花鳥圖冊》（圖144），即反映了此類織品獨特的藝術效果。

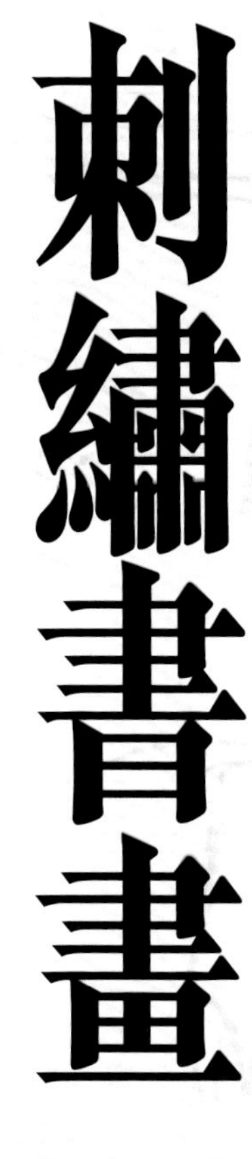

刺繡書畫

Embroidered Paintings and Calligraphy

1

顧繡宋元名跡冊

明崇禎
頁縱33厘米　橫25厘米　八開

The Masterpieces of Paintings of the Song and Yuan Dynasties, Gu's Embroidery
Chongzhen's Period, Ming Dynasty
Album of 8 leaves
Each leaf: Length: 33cm　Width: 25cm

冊為韓希孟摹宋元繪畫摹繡而成。每開繡一畫，對頁為董其昌墨書詩讚。冊尾有韓希孟夫顧壽潛跋，記述繡品製成過程。朱繡"韓氏女紅"、"希孟手製"、"武林韓氏"等印。

第一開元趙孟頫《洗馬圖》，馭馬人於河中持刷洗馬，岸邊楊柳依依。詩讚："一鑑涵空，毛龍是浴。鑑逸九方，風橫歕玉。屹然權奇，莫可羈束。 籋電追雲，萬里在目。"此圖以十餘種彩色絲綫和扁金綫，運用套針、滾針、齊針、接針和平金等針法，靈活地把握針法的疏密、輕重和逆順，輔以石綠淡彩渲染，人、馬形象傳神。

第二開《鹿圖》，一隻梅花鹿於桂花飄香的湖邊悠閒踱步。詩讚："六律分精，蒼迺千歲。角峨而斑，含玉獻瑞。 拳石天香，咸具靈意。針絲生瀾，繪之王會。"鹿身以集套針繡出，毛髮絲絲細密，紋理清晰，猶如咫尺細觀所見。水中壽石用不同藍色綫搶針暈色，間飾綠、橙、黃色，表現其質感。岸石以散套為主，輔以點染，頗具水墨效果。

第三開《補衮圖》，一女子專注地繡製龍紋袍。詩讚："龍衮煌煌，不闕何補。我后之章，天孫是組。璀璨五絲，照耀千古。孌兮彼姝，實姿藻黼。"此圖運用套針、搶針和盤金等針法，用色豐富多變，清爽明快。針法精細，於細節的刻畫上力避雷同，如上衣的皺褶以深淺橙色的搶針表現，而長裙的皺褶則以六七道淡綠色繡綫斜長拋過，使裙服衣紋綫條流暢，質感甚佳。頭髮及一隻纖手用細筆描出，畫、繡結合。

第四開《鶉鳥圖》，繡一隻低頭覓食的鵪鶉。詩讚："尺幅凝霜，驚有鶉立。毳動氄張，竦峙奇彩。啄唼青蕪，風搖露灑。睇視思維，誰得其解。"鵪鶉羽毛以施毛針細密繡出，腳爪用釘針，通過絲理變化，表現其質感。全畫以鵪鶉的絳褐色為主調，配之以鮮艷的綠葉和紅果，頓生亮麗色彩，生趣盎然。

第五開《米畫山水圖》，繡水墨山水圖景。"米畫"指宋代米芾、米友仁父子所創，以水墨點染表現煙雨迷濛之景的山水畫。詩讚："南宮顛筆，夜來神針。絲墨合影，山遠雲深。泊然幽賞，誰入其林。徘徊延佇，聞有嘯音。"為表現大寫意的水墨韻味，此圖繡法簡單，僅用套針和齊針，多為大塊面暈染，一改顧繡針法多變，色綫豐富之特色。表現傳神。

第六開《葡萄松鼠圖》，一隻松鼠爬於葡萄藤上，正欲摘取沉甸欲墜的串串果實。詩讚："宛有草龍，得之博望。翠幄珠苞，含漿作釀。文鼯睨之，翻騰欲上。慧指靈孅，玄工莫狀。"此圖松鼠運用集套針表現絨毛的質感，勝於繪畫。用色豐富，以不同色階表現果實的成熟程度。另外，注意細節刻畫，鼠鬚、葡萄葉蛀洞等，均清晰可見。

第七開《扁豆蜻蜓圖》，一枝扁豆花上，一對交尾的蜻蜓翩飛。詩讚："化身蟲天，翩翾雙羽。逍遙凌空，吸露而舞。豆葉風清，伺伏何所。影落生綃，駐以仙組。"扁豆內緣用滾針勾邊，表現出筋脈。豆籽用迭繡，使其隆鼓。葉子大面積用散套，花用平套、搶針，使花色過渡自然。用色以深淺變化，反映豆花老稚榮枯的生態。蜻蜓翼翅用冰紋針，有輕薄透明之感。

第八開元王蒙《花溪漁隱圖》，繡江渚遠山、寒江獨釣之景。繡款："花溪漁隱　仿黃鶴山樵筆　韓氏希孟"。詩讚："何必焚焚，山高水空。心輕似葉，松老成龍。經綸無盡，草碧花紅。一竿在手，萬疊清風。　董其昌"，鈐"董其昌印"印。冊尾小楷書記此冊曾流於琉璃廠。此圖繡工精細而不板滯，以攙和針與搶針繡山石樹幹，以齊針繡柳樹枝葉，松針繡松葉，編針繡船篷等。另以淡彩渲染湖石、坡地。

顧繡發軔於明嘉靖年間上海顧名世之家繡，以寫生如畫，被譽為"畫繡"。韓希孟為顧名世孫媳，工畫花卉，精於刺繡，為顧繡代表作家，以針法精妙、氣韻傳神為世人稱頌，明代書畫家董其昌曾讚其藝："技至此乎！"。此冊為其代表作。

鑑藏印記："五峯珍賞"、"淨良室秘玩"、"寶堂號五峯"、"秘晉齋印"印。朱啟鈐《絲繡筆記》、徐蔚南《顧繡考》著錄。

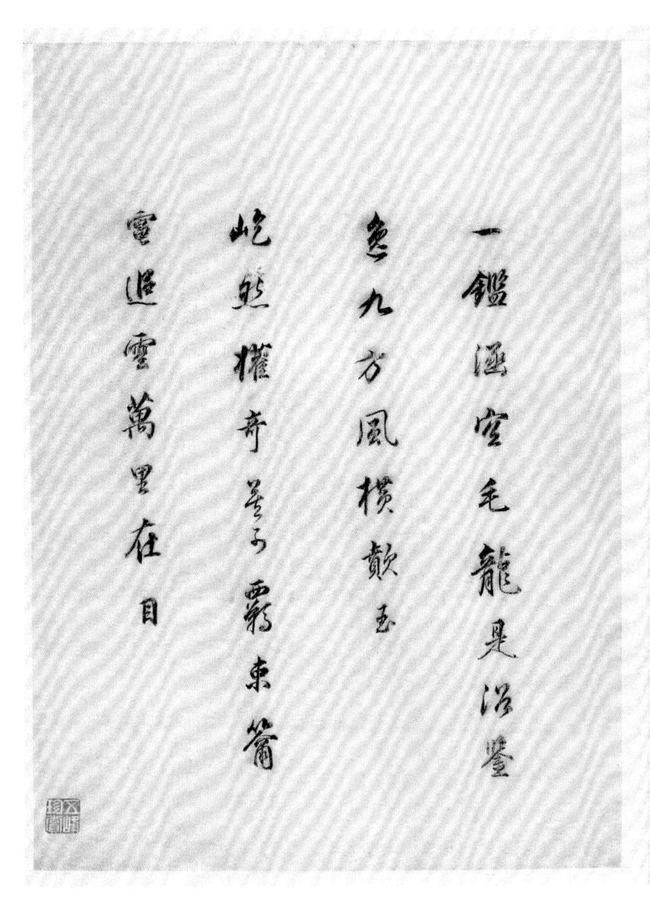

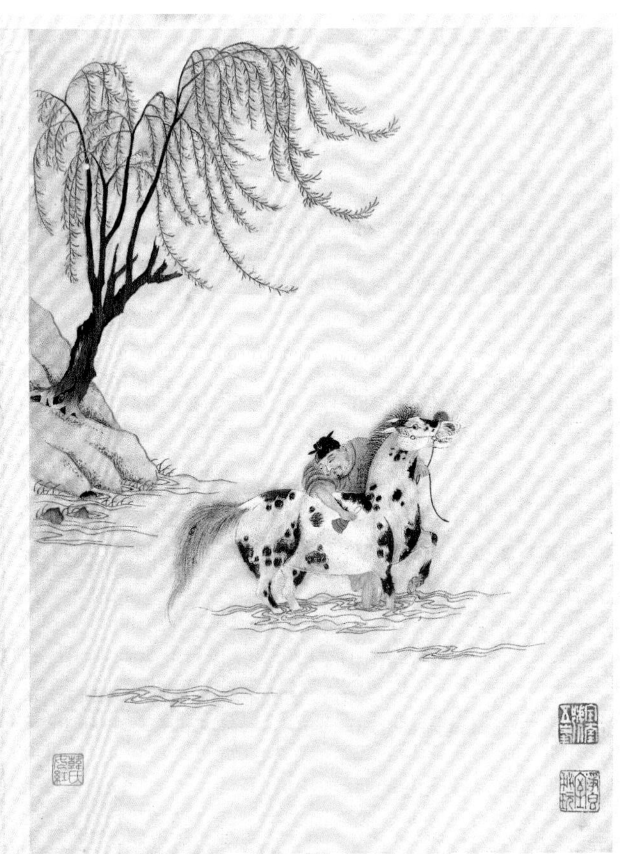

1.1

六律分精蒼廼千歲角
峩而斑含玉氣瑞
拳石天香咸具靈意針
綠生瀾繪之生會

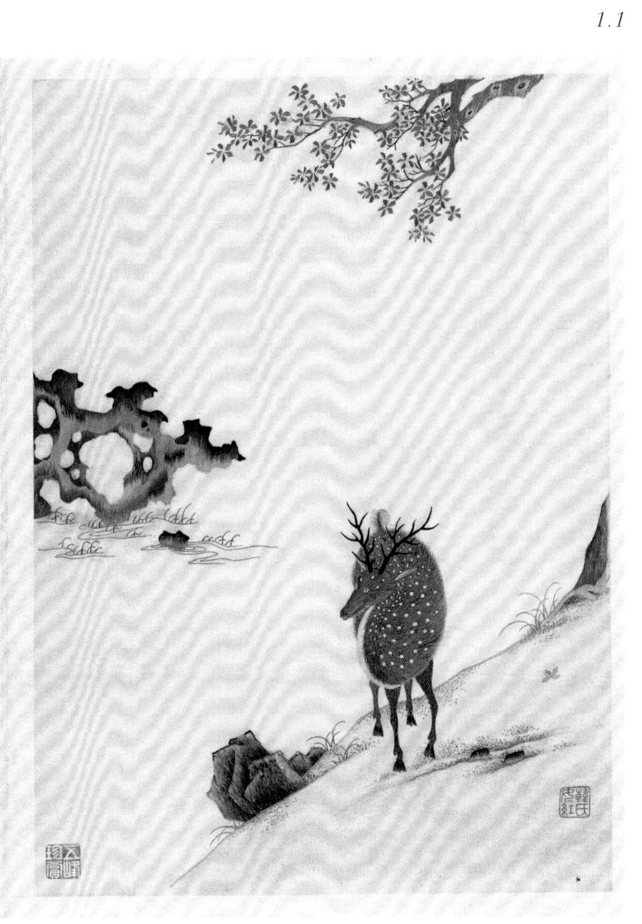

1.2

龍袞煌煌不闕何補我
后之章天孫是經
璀燦五絲照耀千古婺
兮彼姝賓姿藻黼

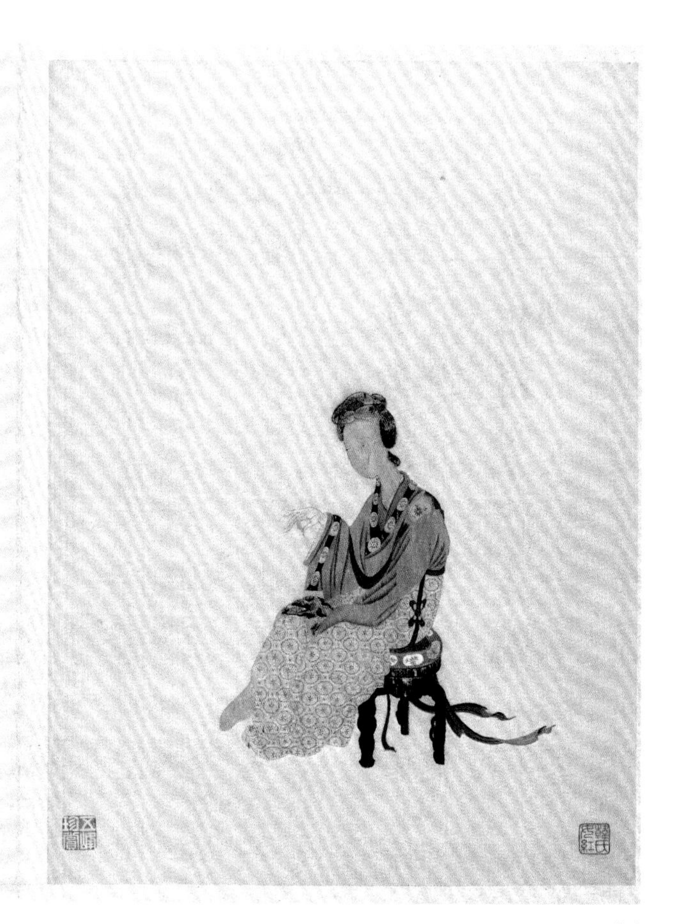

1.3

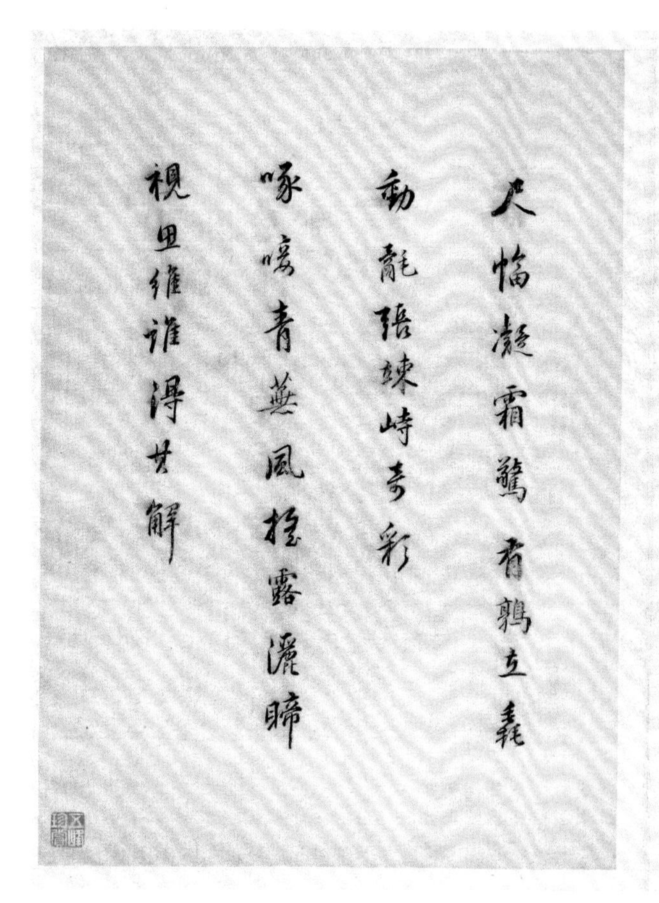

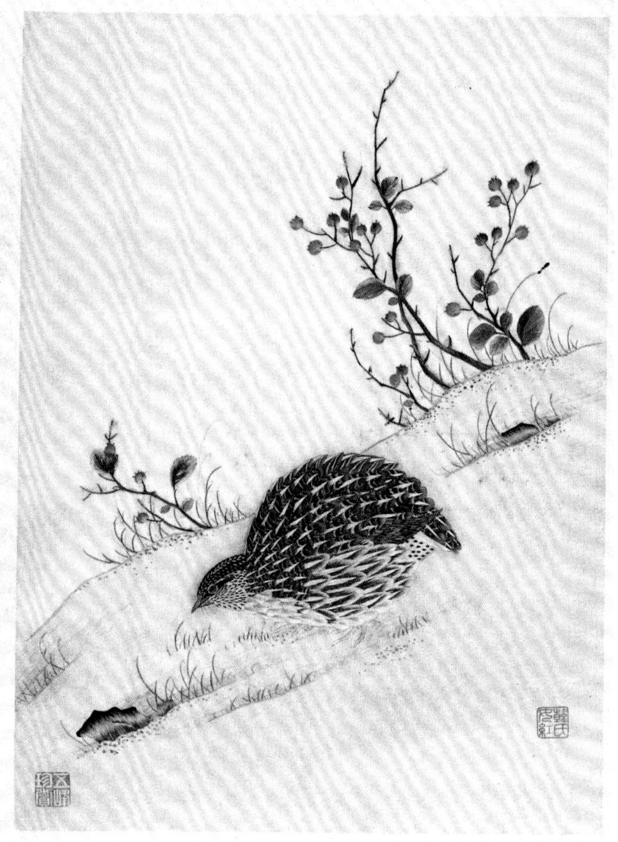

1.4

南宮顛筆夜來神針絲
墨合影山遠雲深
泊然幽賞誰入其林徘
徊延佇閒有嘯青

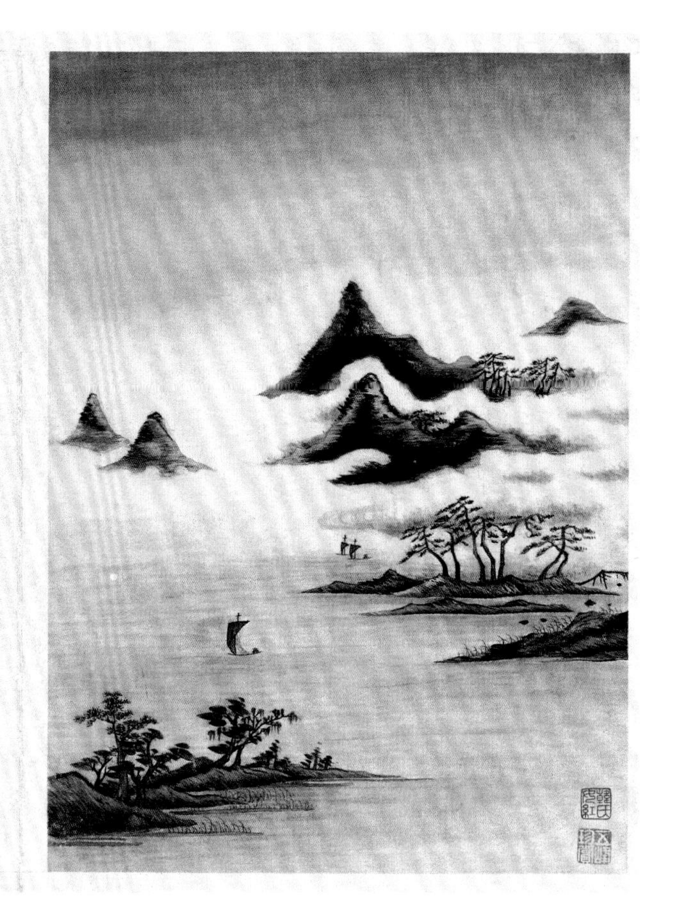

1.5

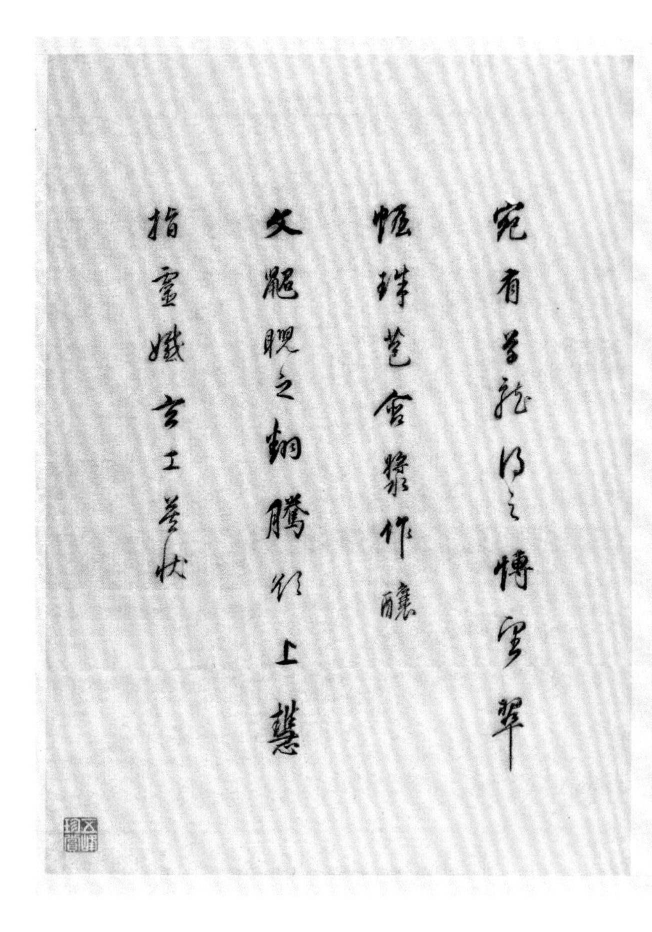

宛有蒼龍引之搏雲翠
恆珠芭金漿作釀
文犀覗之翰騰紅上慧
指靈娥玄士若杖

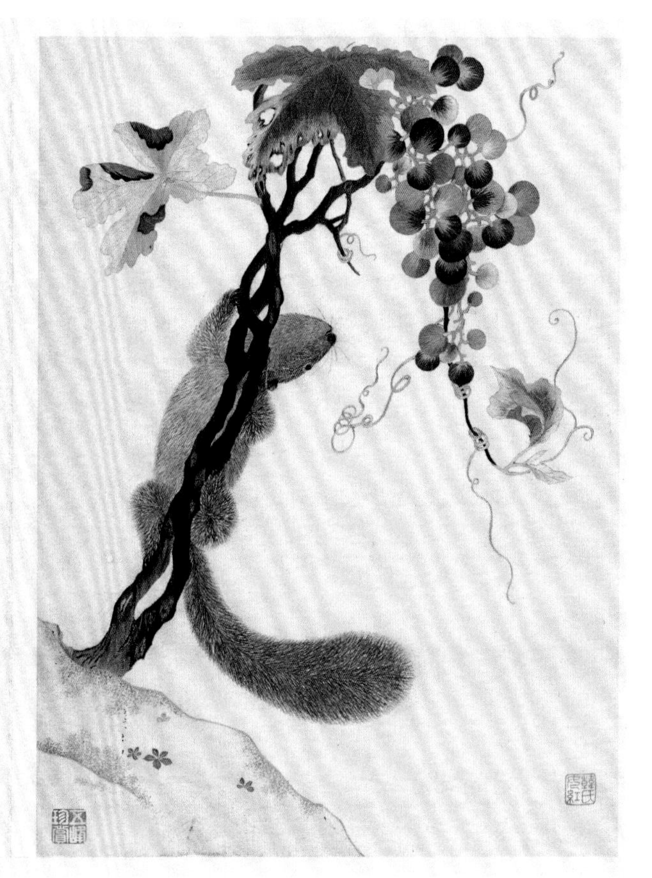

1.6

比身無天翩翩雙羽逍
遥清空吸露而舞
豈若風清伺伏何所影
落生綃駭似仙組

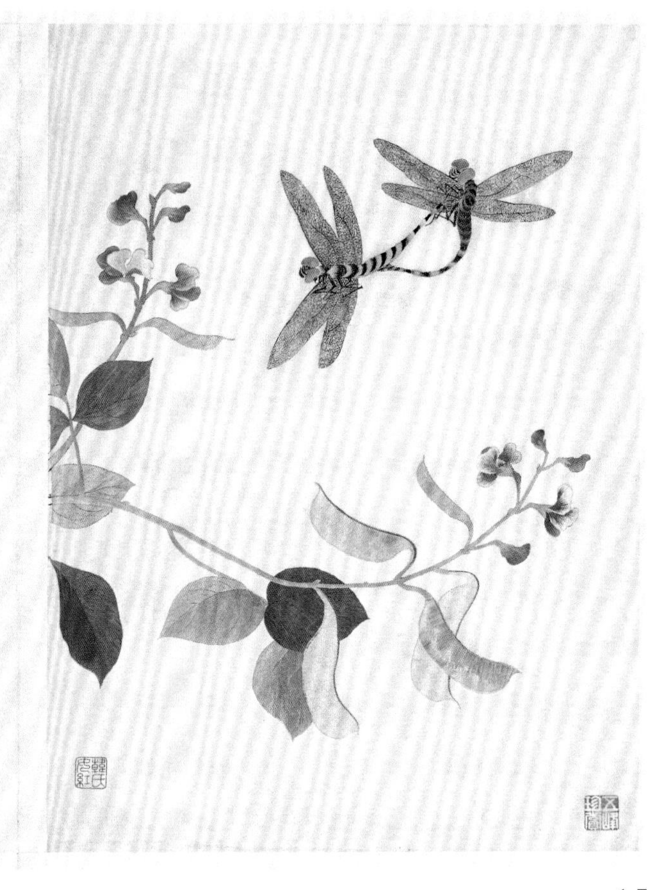

1.7

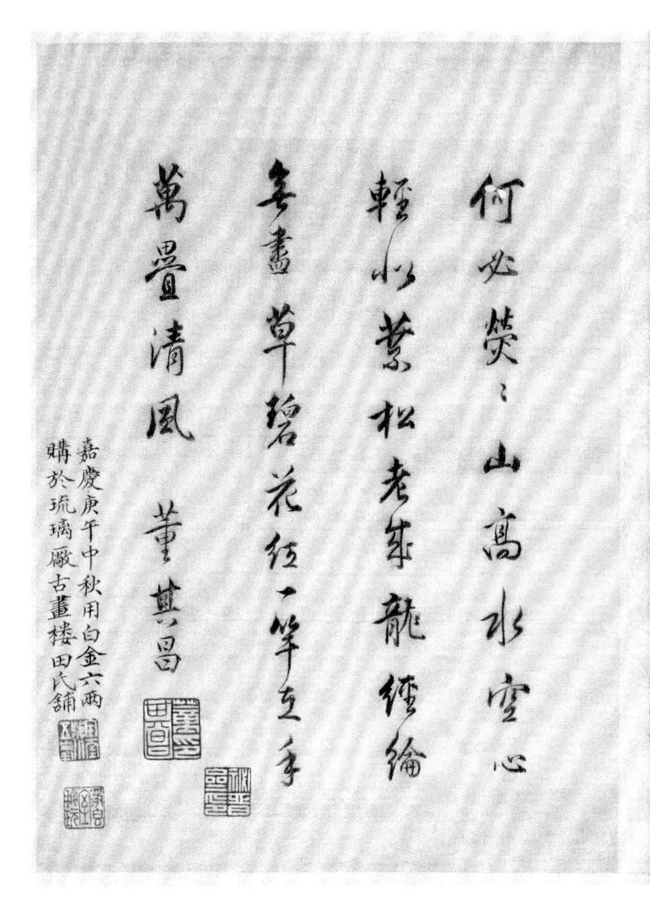

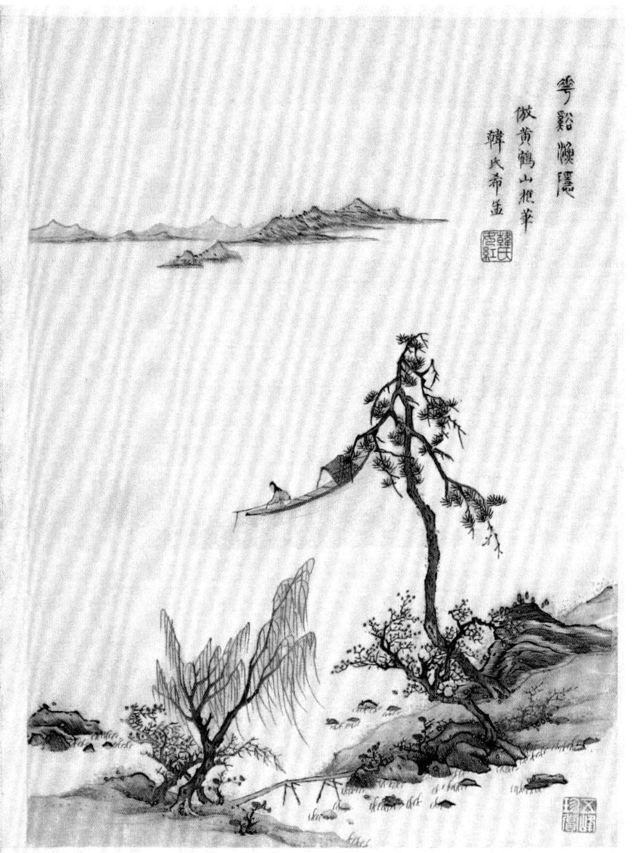

1.8

在女紅而刺繡猶之乎士行而曰雕蟲見也然古來
稱神絕稱每自不朽悉在針絲位中不足千秋
也者廿年來海內所以珍襲吾家繡蹟者佯于
鷄林價重而贗鼎飾光猶堪令百里地無寒女之
歎第五綵一脏工拙易淆余內子希孟氏別具苦心
居常以其太濫甲戌春搜訪宋元名蹟摹臨八種
一一繡成彙作方冊觀者靡不舌撟手舞見所未
曾而不知覃精運巧寢寐廢忘已窮數年
之心力矣宗伯董師見而心賞之詰余拔萃至乎余無
以宿儒經於寒銛暑溽風冥雨晦時弗敢從
事從天清日霽鳥悅花芬攝取眼前靈活之氣
刺入吳綾師益詫歎以為非人力也欣然濡毫畫
題贊謂女紅末技乃辱大匠鴻章竊謂家珍
決不効年利態而一行一正龐不與傳伏與名鉅
加之鑒賞賜以品題庶絲管常新色絲永播亦
藝苑之嘉聞匪特余誇耀于業葉而已也時在
崇禎甲戌仲冬日繡佛齋主人顧壽潛謹識

1.9

嘉慶壬申暮春之初過五峯主人
淨香室觀顧家希孟氏繡宋元名
蹟巧奪天工雖古所稱針神者
當亦不過如是也
湘林識

1.10

2

顧繡十六應真冊
明
開縱28厘米　橫28厘米　18開
清宮舊藏

Sixteen Arhats, Gu's Embroidery
Ming Dynasty
Album of 18 leaves
Length: 28cm　Width: 28cm
Qing Court collection

冊繡十六羅漢像，首開為觀音，末開為韋馱。用白描法，以綫勾描輪廓，略施淡墨暈染。朱繡"皇明顧繡"印。應真，即羅漢。

此冊人物造型多誇張變形，運筆遒勁，富有裝飾意趣。用墨色絲綫，以滾針繡物象輪廓，再針對不同畫面分別施以接針、松針、釘針、刻鱗針、雞毛針等，劈絲細過毛髮，運針靈活巧變。山石樹木則施筆墨皴染，繡、繪結合。

《清內府藏刺繡書畫錄》著錄。

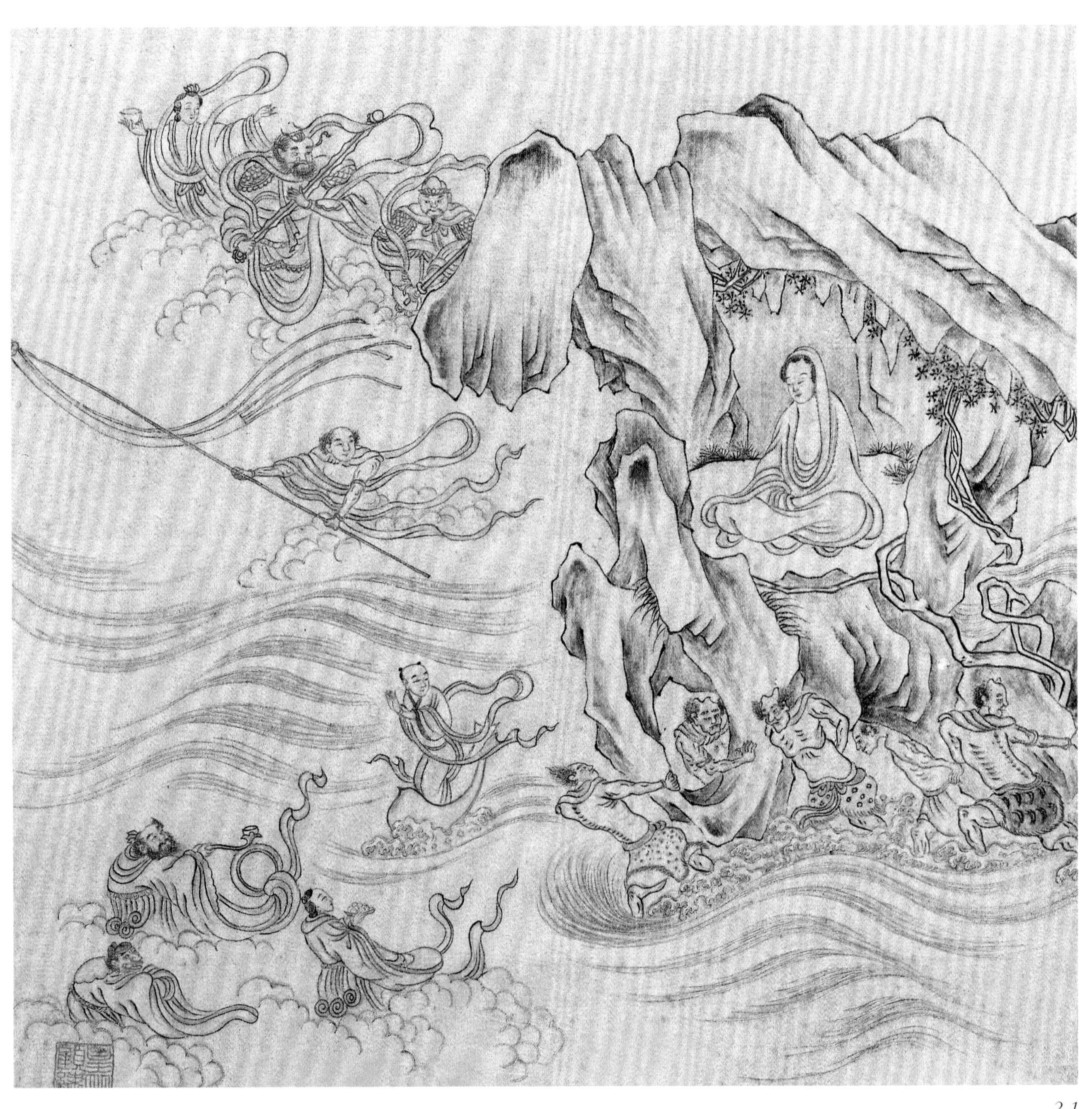

2.1

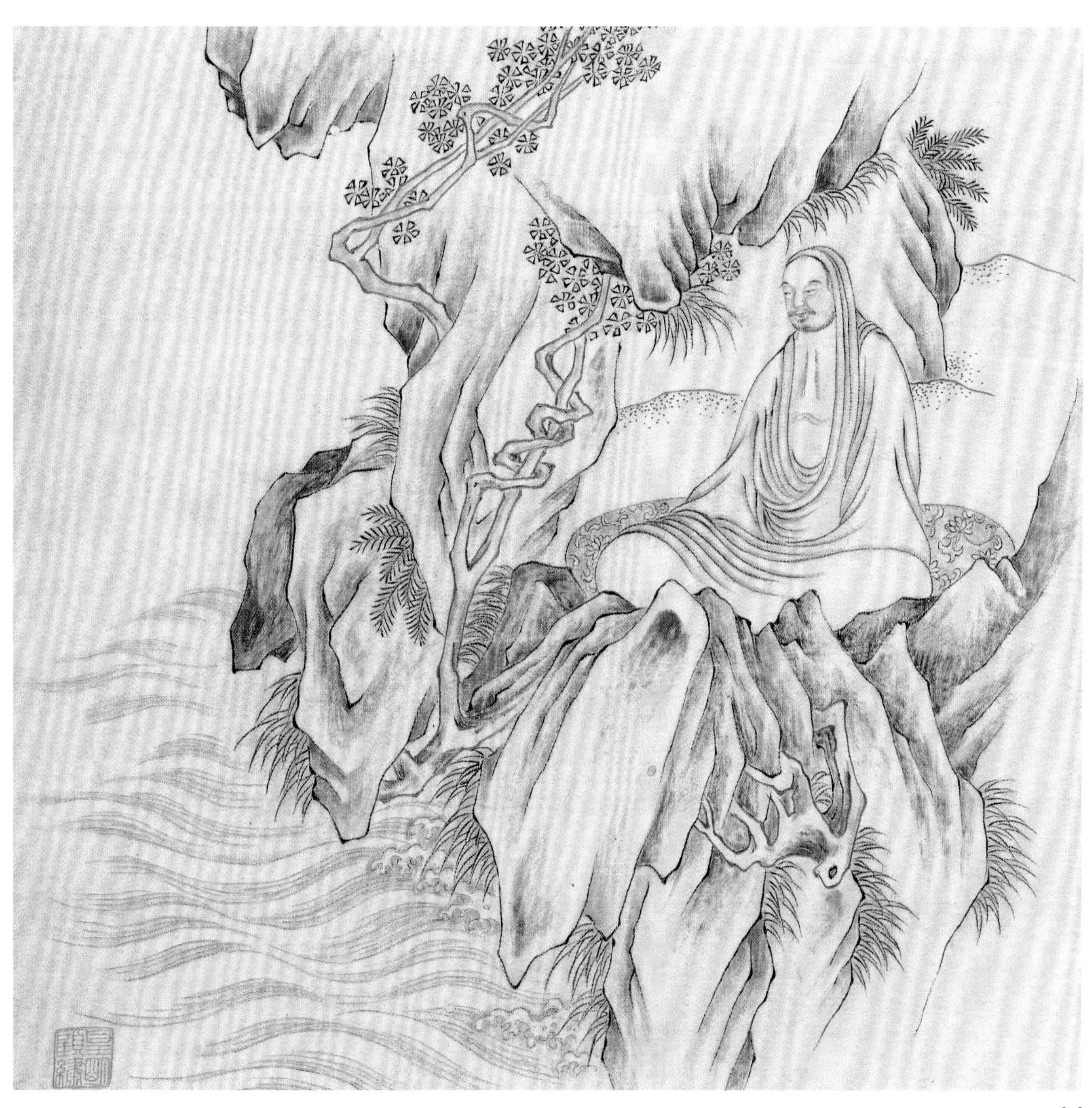

2.2

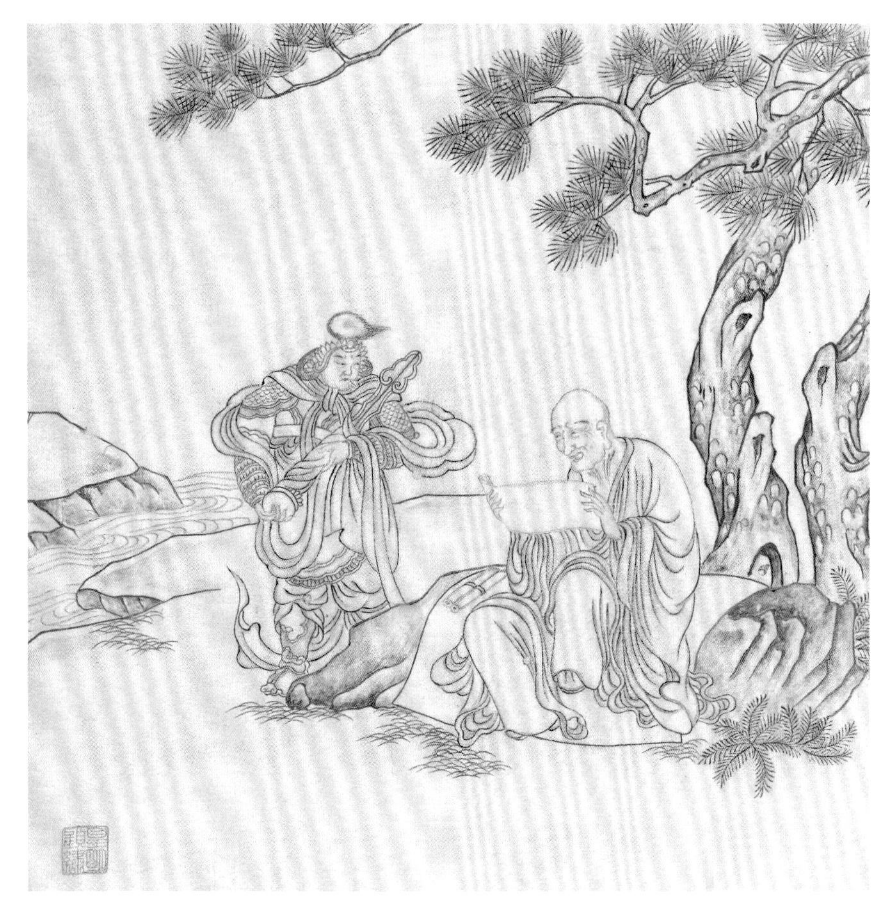

2.3

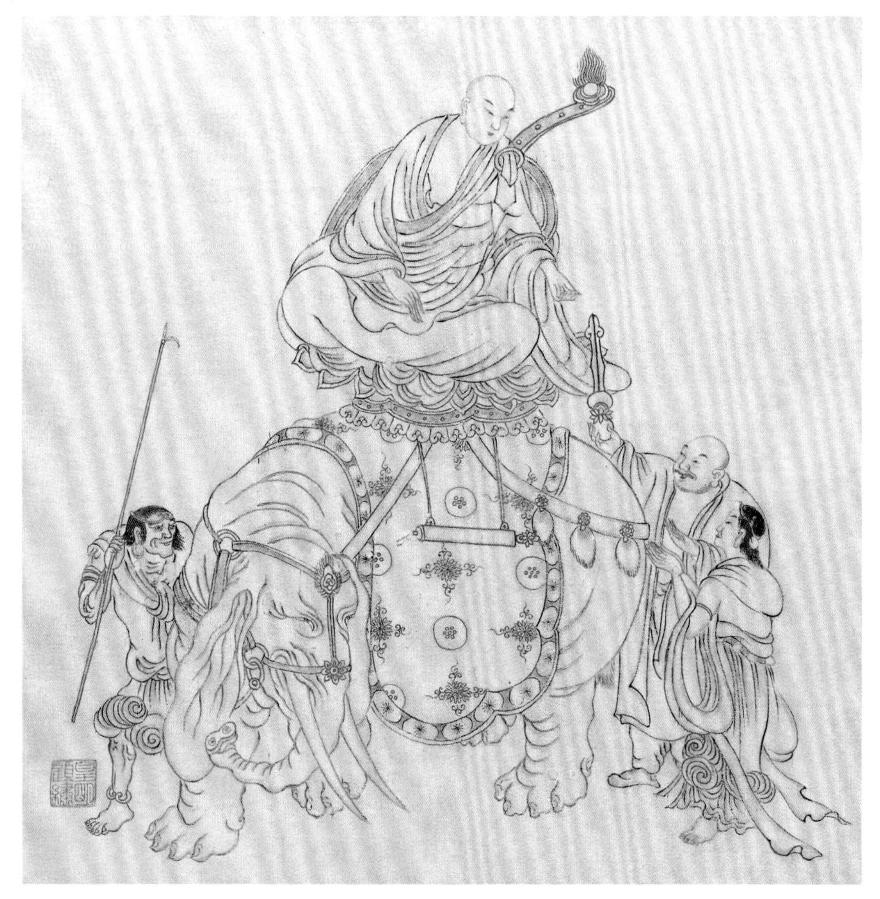

2.4

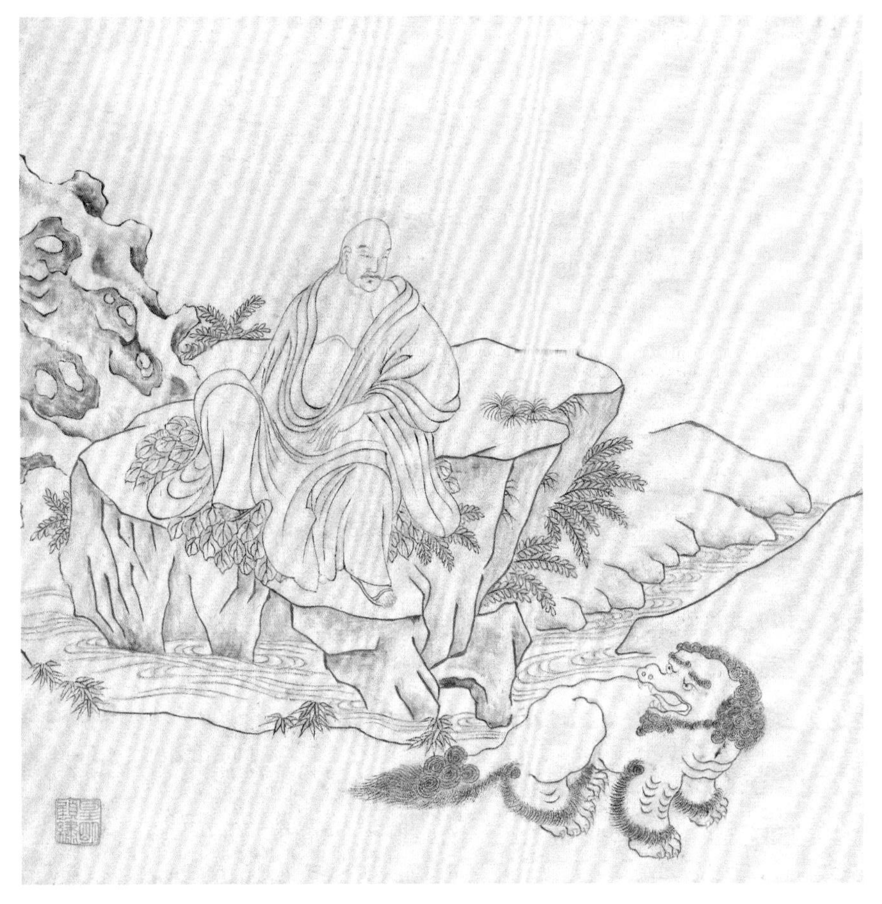

2.5

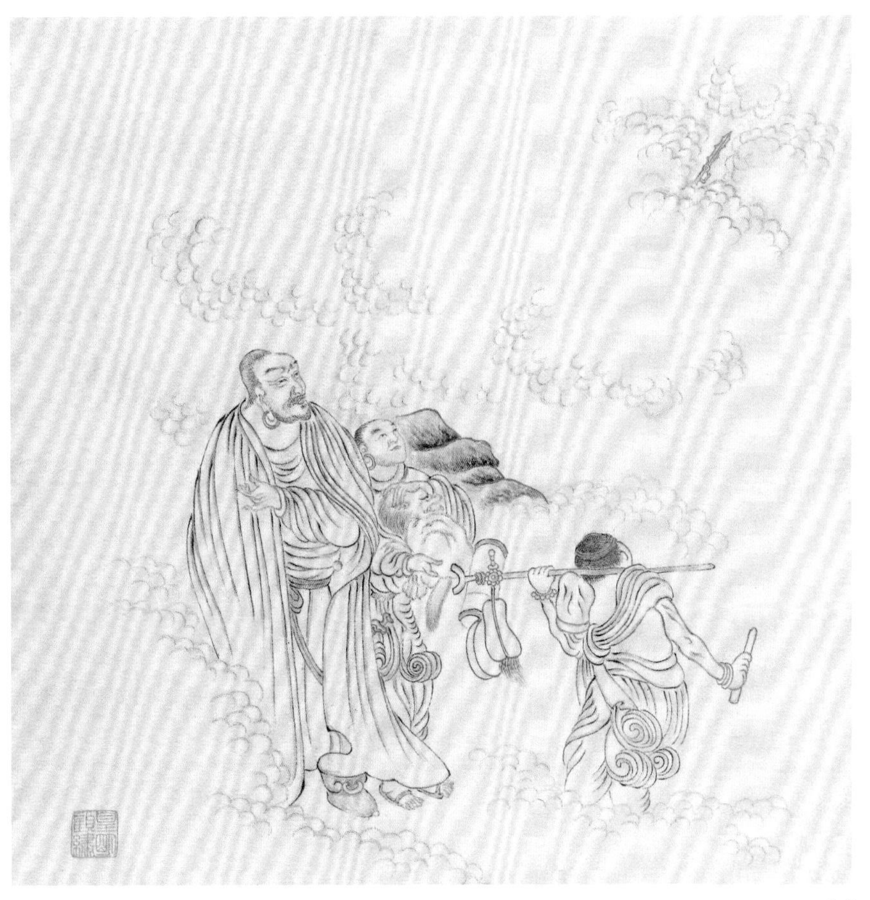

2.6

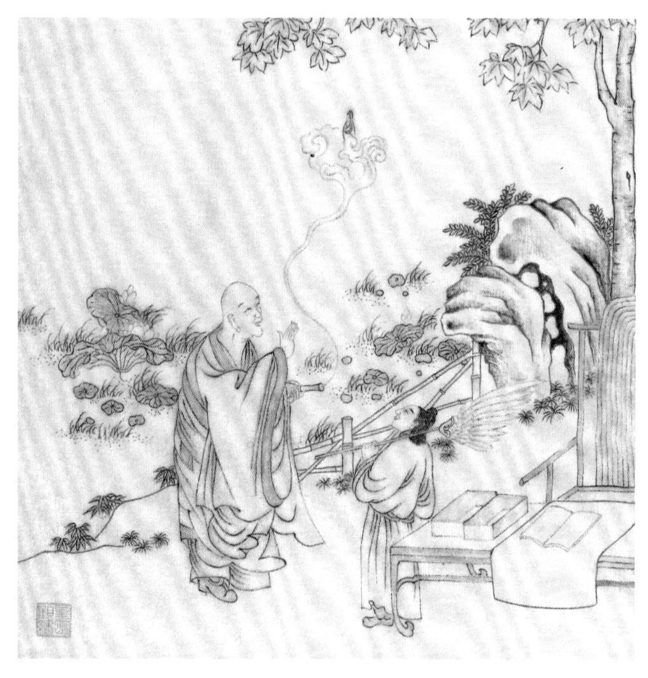

2.7

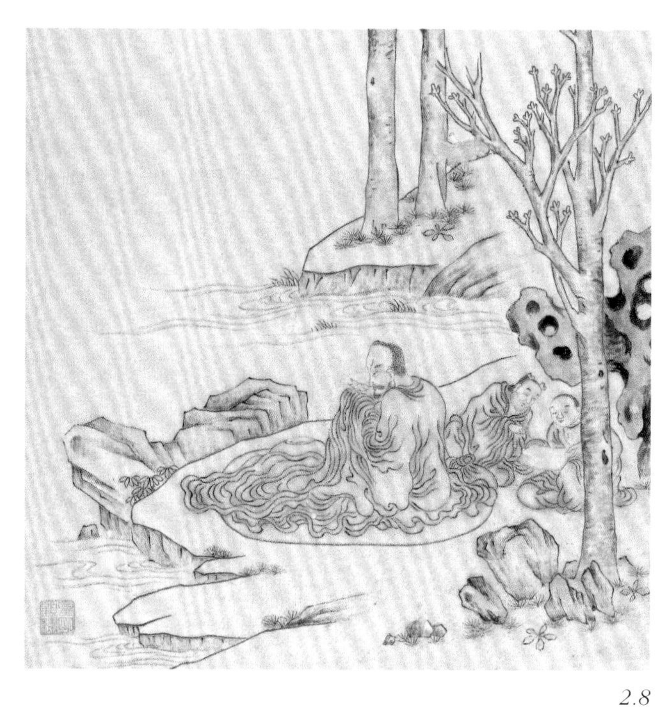

2.8

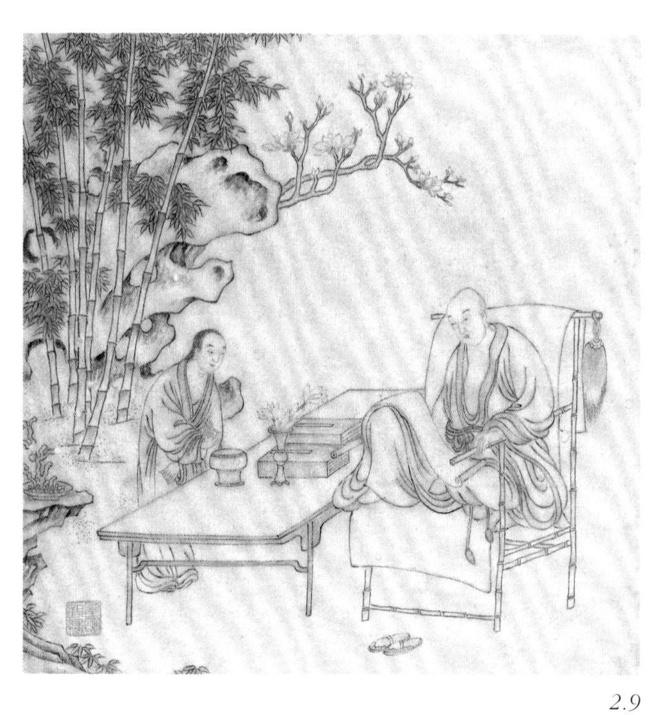

2.9

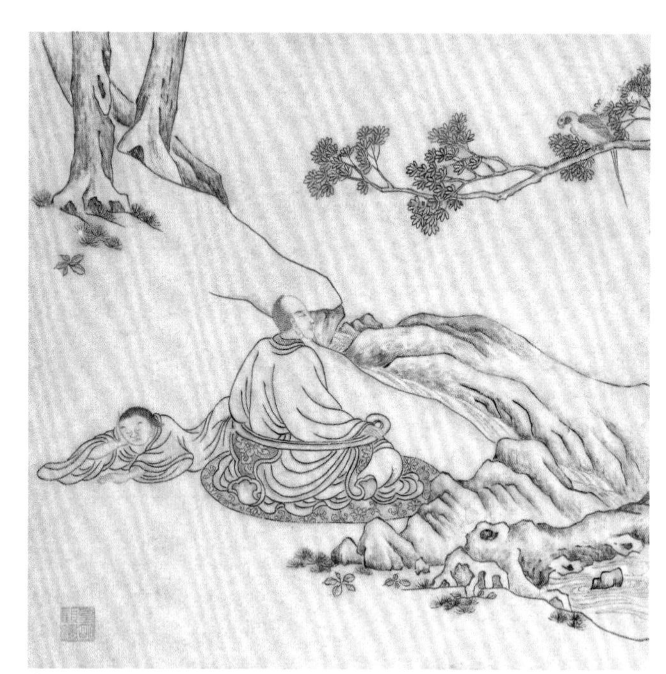

2.10

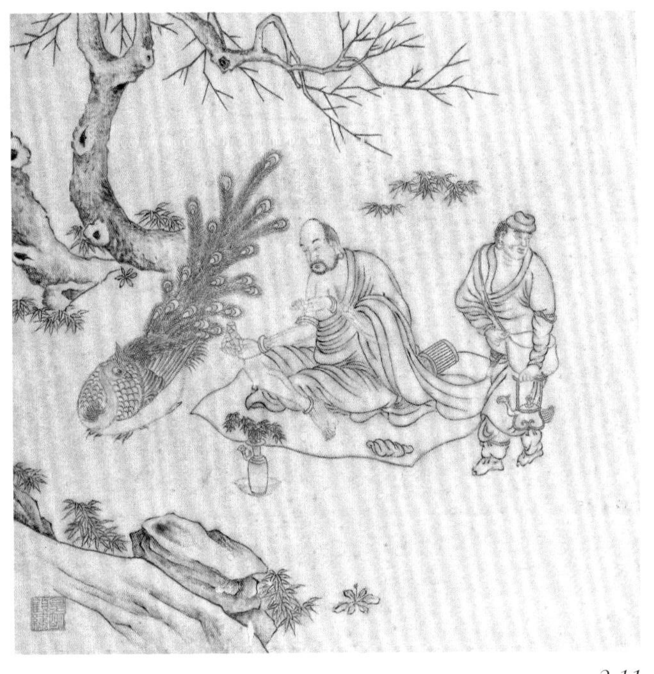

2.11

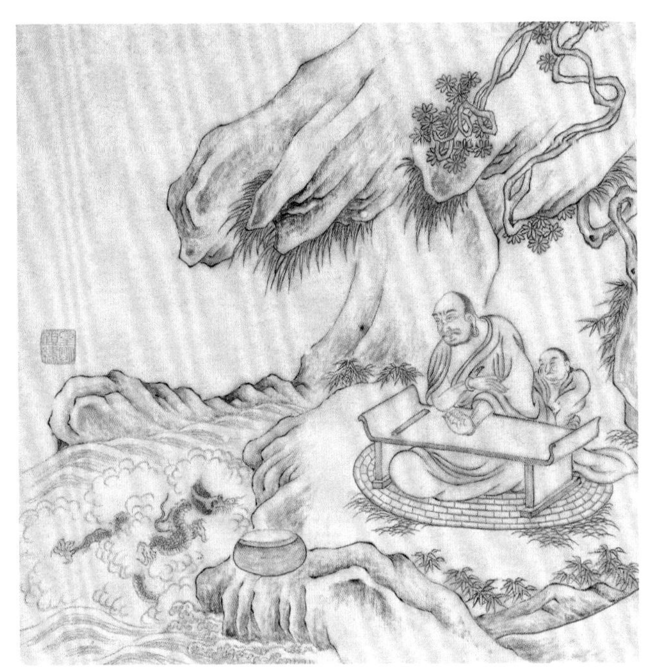

2.12

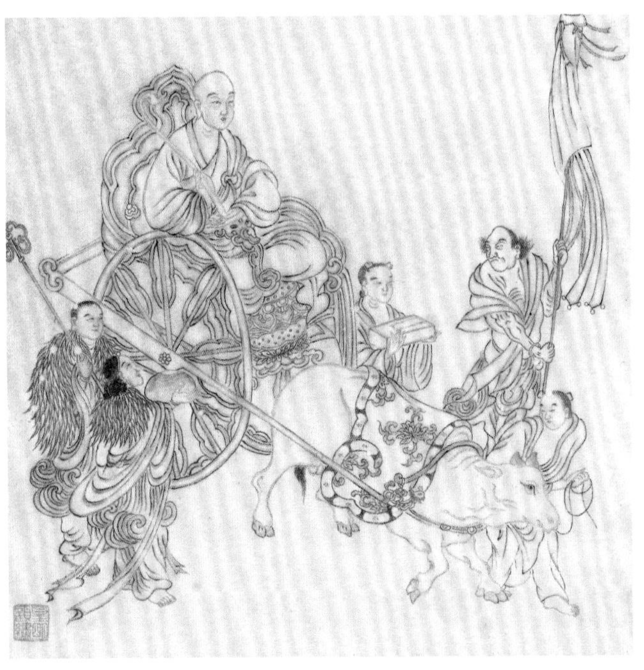

2.13

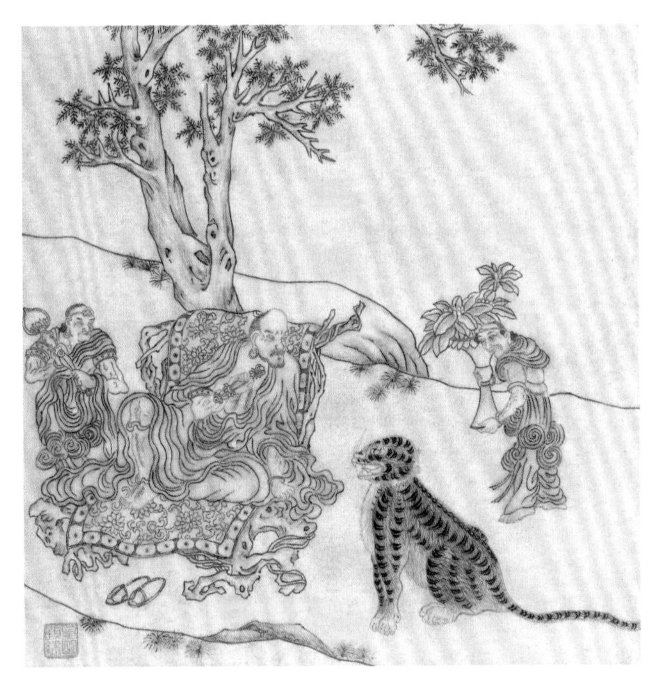

2.14

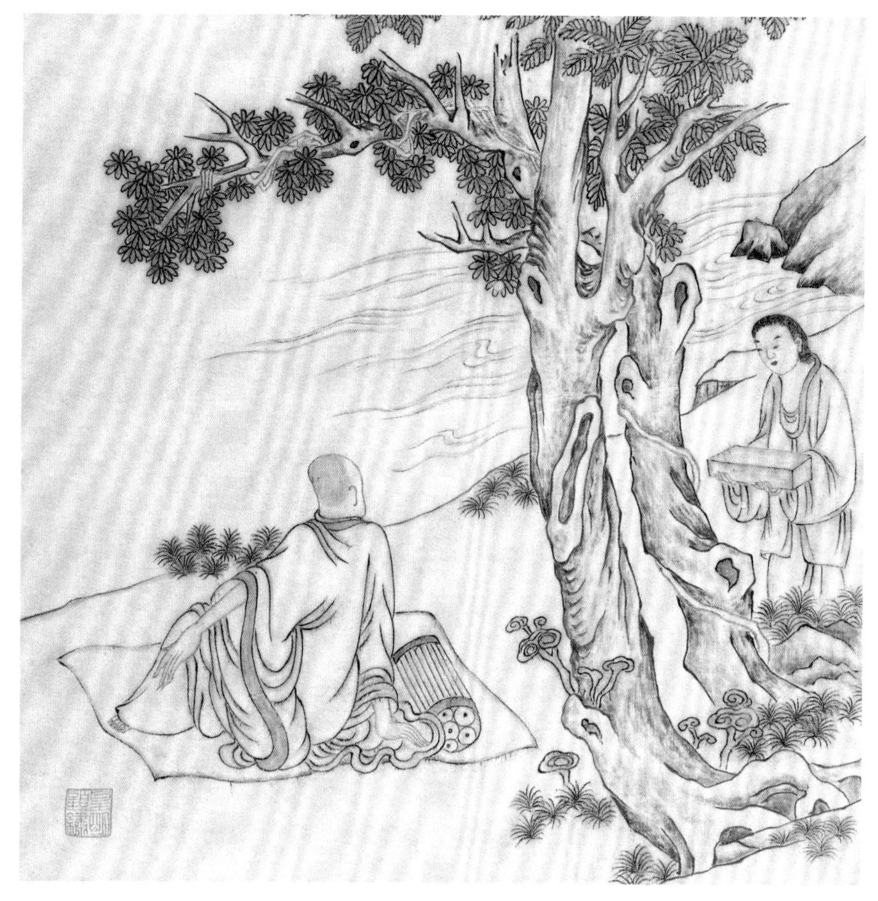

2.15

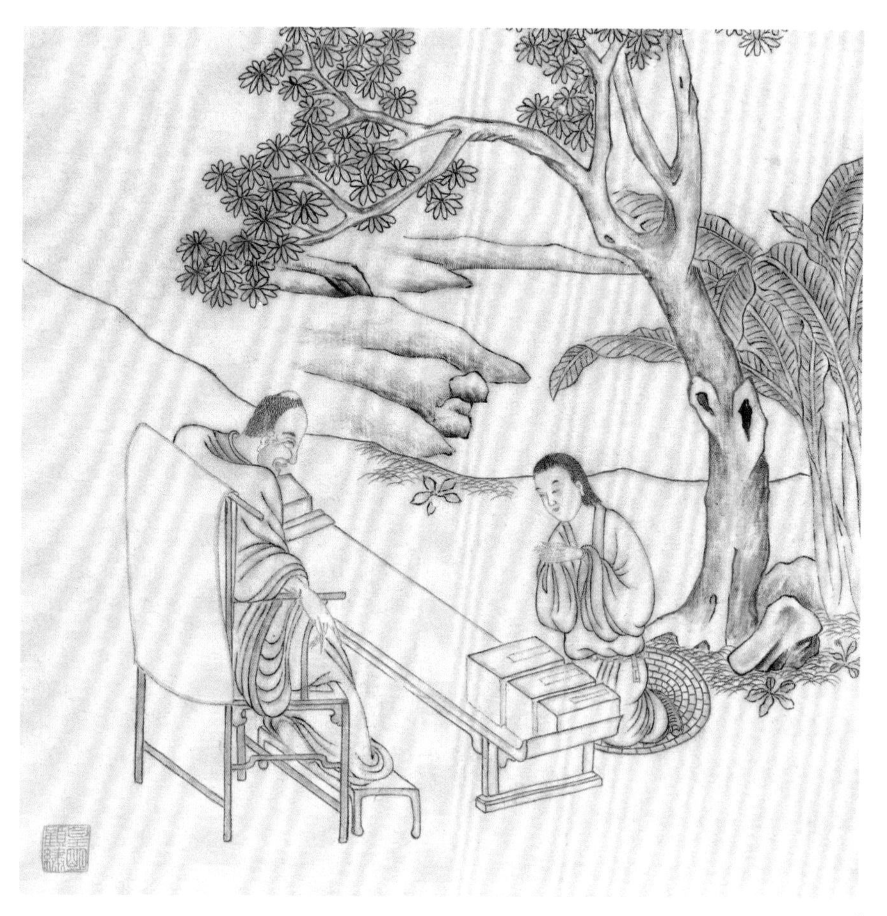

2.16

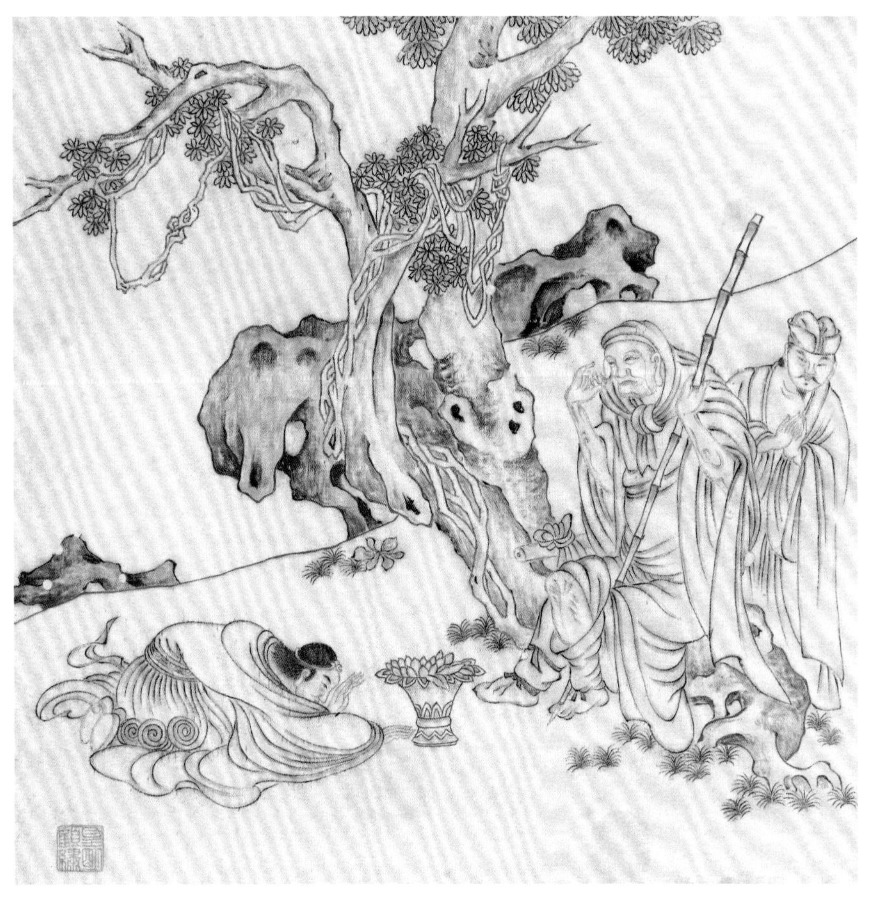

2.17

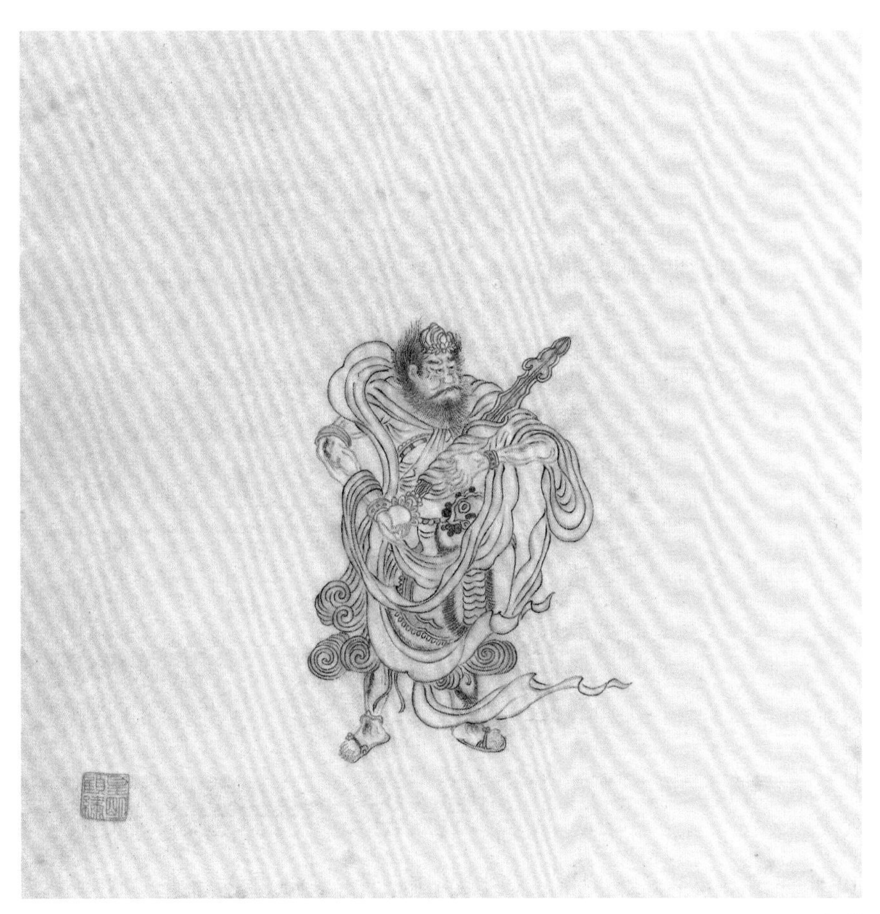

2.18

3

顧繡羅漢朝觀音圖軸
明
徑39厘米

Arhats Worshipping Avalokitesvara, Gu's Embroidery
Ming Dynasty
Hanging scroll
Diameter of fan face: 39cm

圖繡十八羅漢朝拜觀音，襯以山水、流雲、蒼松、花草等。朱繡"虎頭"、"仲子籃生家女紅"印。

此圖採取單暈色裝飾方法，施以纏針、滾針、平金和釘綫等針法繡製，然後用石綠、赭石和大紅等色渲染。未作大面積鋪繡，只在綫條上運針勾描。繡、繪搭配適宜，為顧繡佳作。

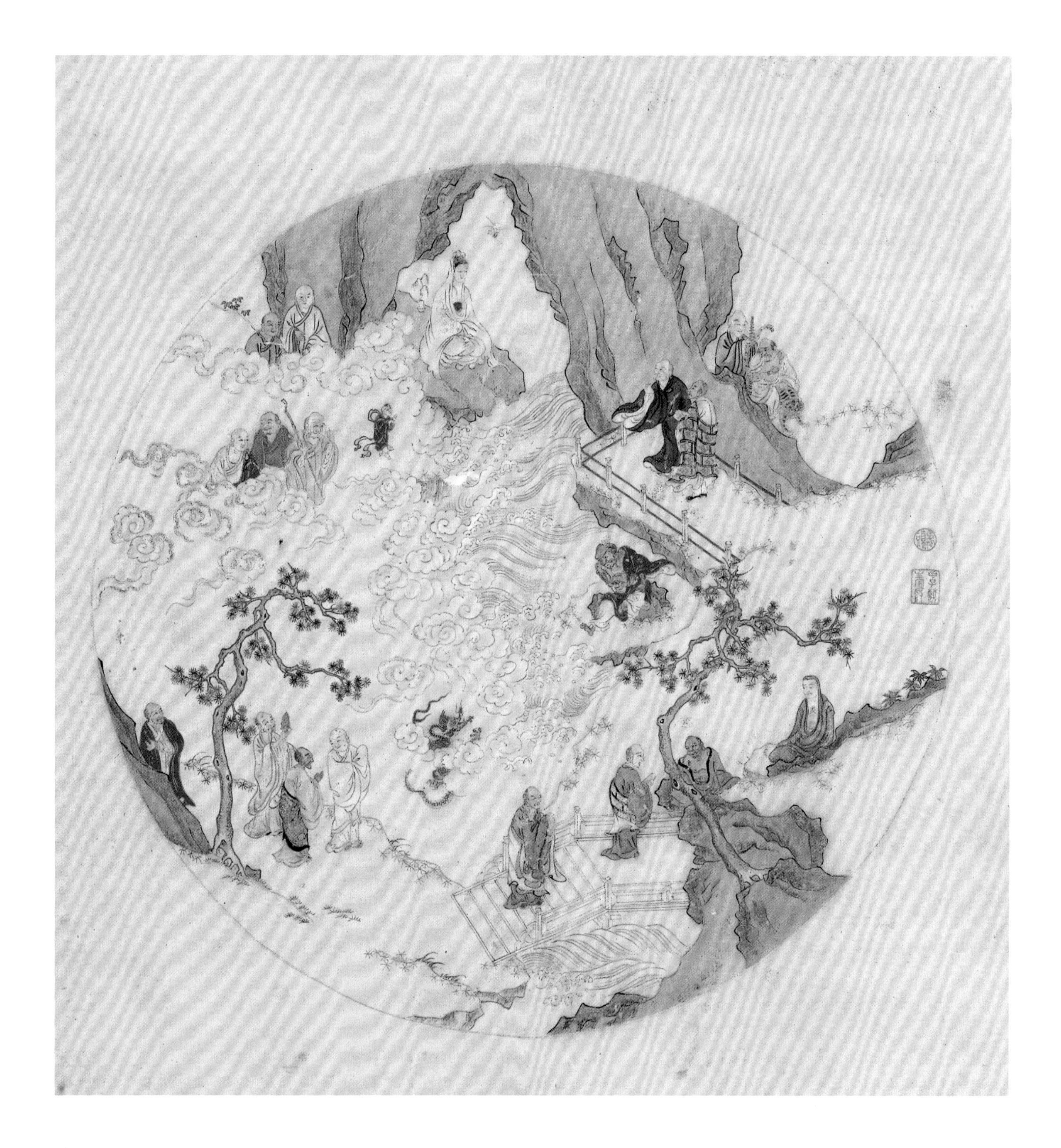

4

顧繡相國逍遙圖軸
明末清初
縱143厘米　橫40厘米

The Prime Minister Enjoying his Free and Unfettered Life, Gu's Embroidery
Late Ming to early Qing Dynasties
Hanging scroll
Length: 143cm　Width: 40cm

圖繡老者獨自在竹下飲酒，一小童持壺侍立。前景為兩個童子穿行於廊橋間。畫上繡書："相國閒來何所樂，竹林深處獨逍遙"，朱繡"露香園"、"虎頭"印。

此圖以二色間暈法，採用齊針、套針、網繡、滾針、纏針等針法。繡綫勾勒，墨色渲染，繡、繪結合，既保持了中國畫勾綫填彩的傳統技法，又有彩色絲綫在織物上游走所產生的獨特韻味。繡工規整精細，設色暈染自然淡雅，是一件優秀的顧繡作品。

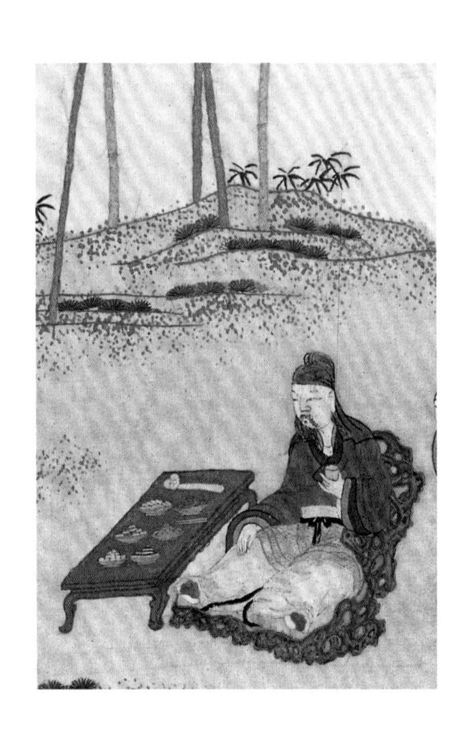

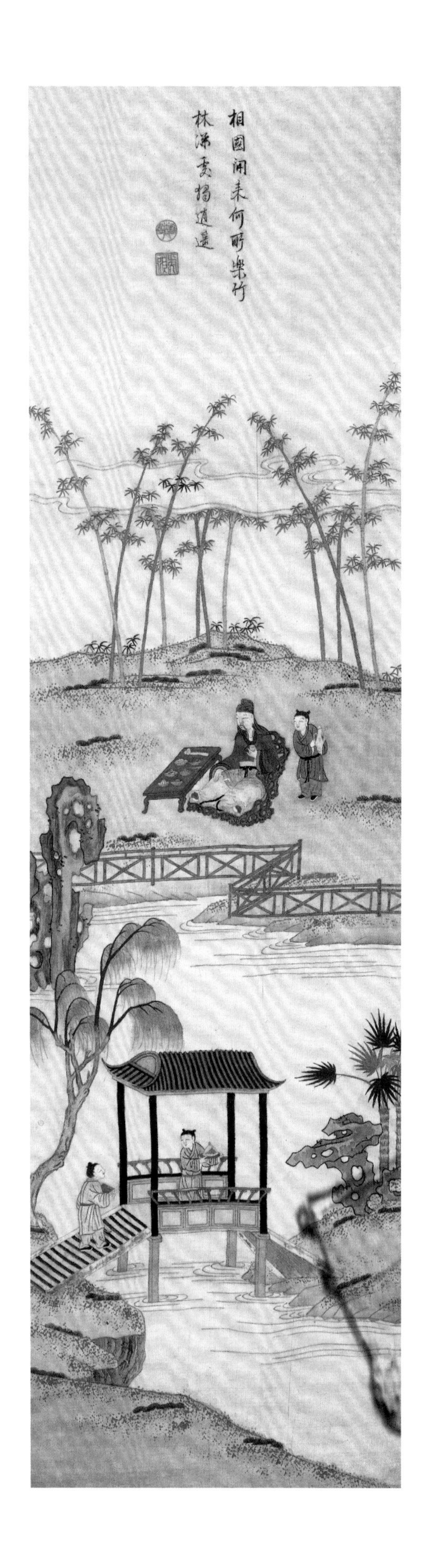

5

顧繡竹林七賢圖軸

清康熙
縱130厘米　橫44厘米
清宮舊藏

The Seven Scholars in the Grove of Bamboo, Gu's Embroidery

Kangxi Period, Qing Dynasty
Hanging scroll
Length: 130cm　Width: 44cm
Qing Court collection

圖繡竹林七賢，或下棋，或對坐清談。繡書："千竿脩竹塵氛靜，七士詩書逸興賒"，朱繡"露香園"、"青碧齋"印。

"竹林七賢"指魏晉時的嵇康、阮籍、山濤、向秀、阮咸、王戎、劉伶，他們相與友善，遊於竹林，號為七賢。

此圖為顧繡典型的繡、繪結合之作，人物、樹木、竹子、溪水及題字為繡成，山石只繡出輪廓，再以筆渲染，湖石則全部畫成。繡工技法主要有套針、網繡、滾針、施毛針、接針等。

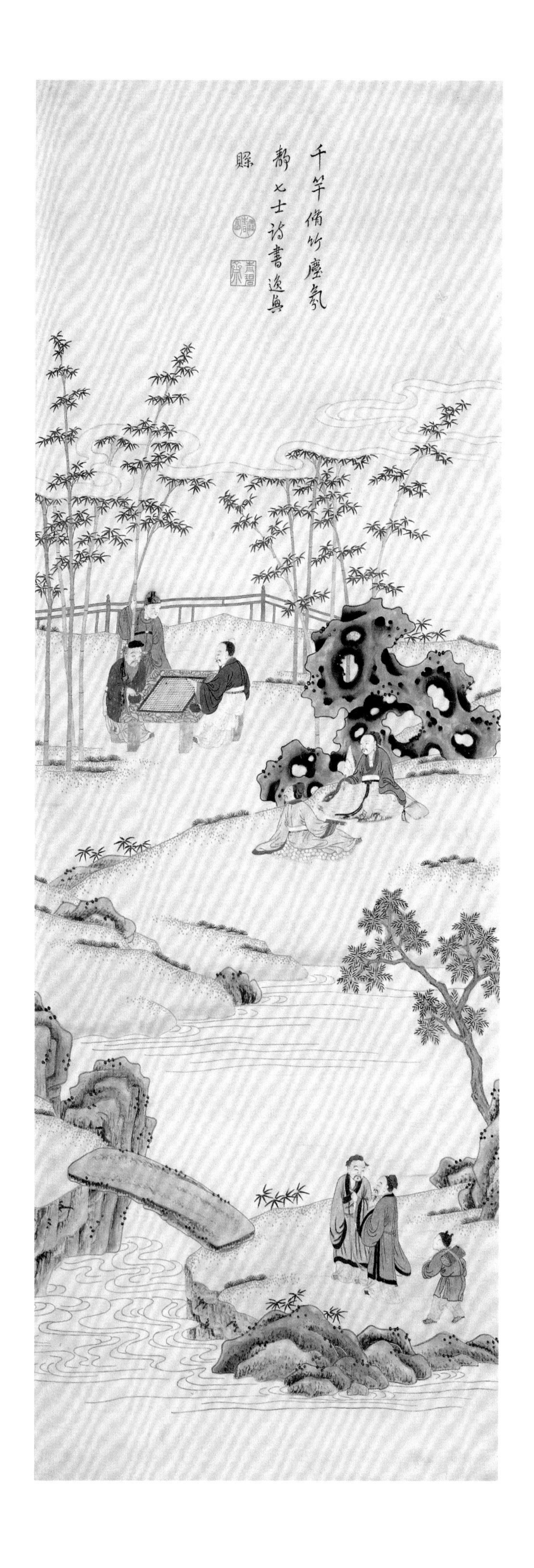

6

顧繡獵鷹圖軸

清康熙
縱96厘米　橫44厘米

Hunting an Eagle, Gu's Embroidery
Kangxi Period, Qing Dynasty
Hanging scroll
Length: 96cm　Width: 44cm

白綾地上繡獵手騎馬張弓射雁的情景，獵手髡髮窄袍，束帶登靴，典型的北方遊牧民族騎射裝束。墨書唐王維詩句：“草枯鷹眼疾，雪盡馬蹄輕”，朱繡“青碧齋征”印。

此圖運用多種色綫，以平套、打籽、盤金等針法繡製。人物服飾和馬具繡製精細，繡綫細如纖毫，衣紋描金團花清晰在目。馬具飾件用盤金繡製，表現出金屬的光澤和質感。遠山和蒼松的描繪較為簡略，用滾針勾邊遠山，接針繡松，再以淡彩點染。

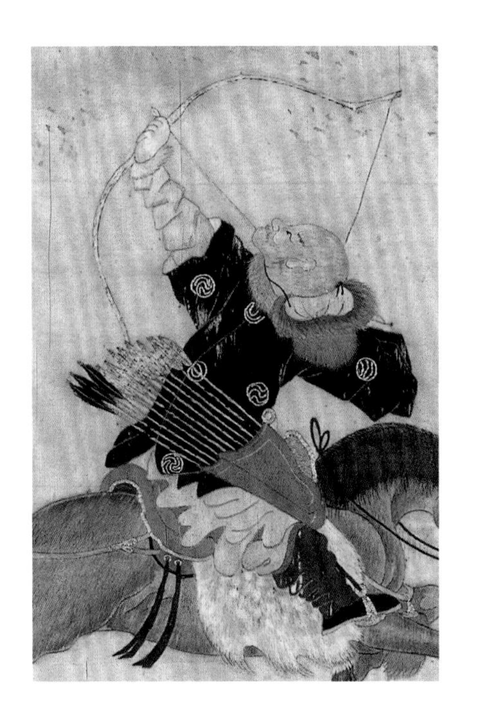

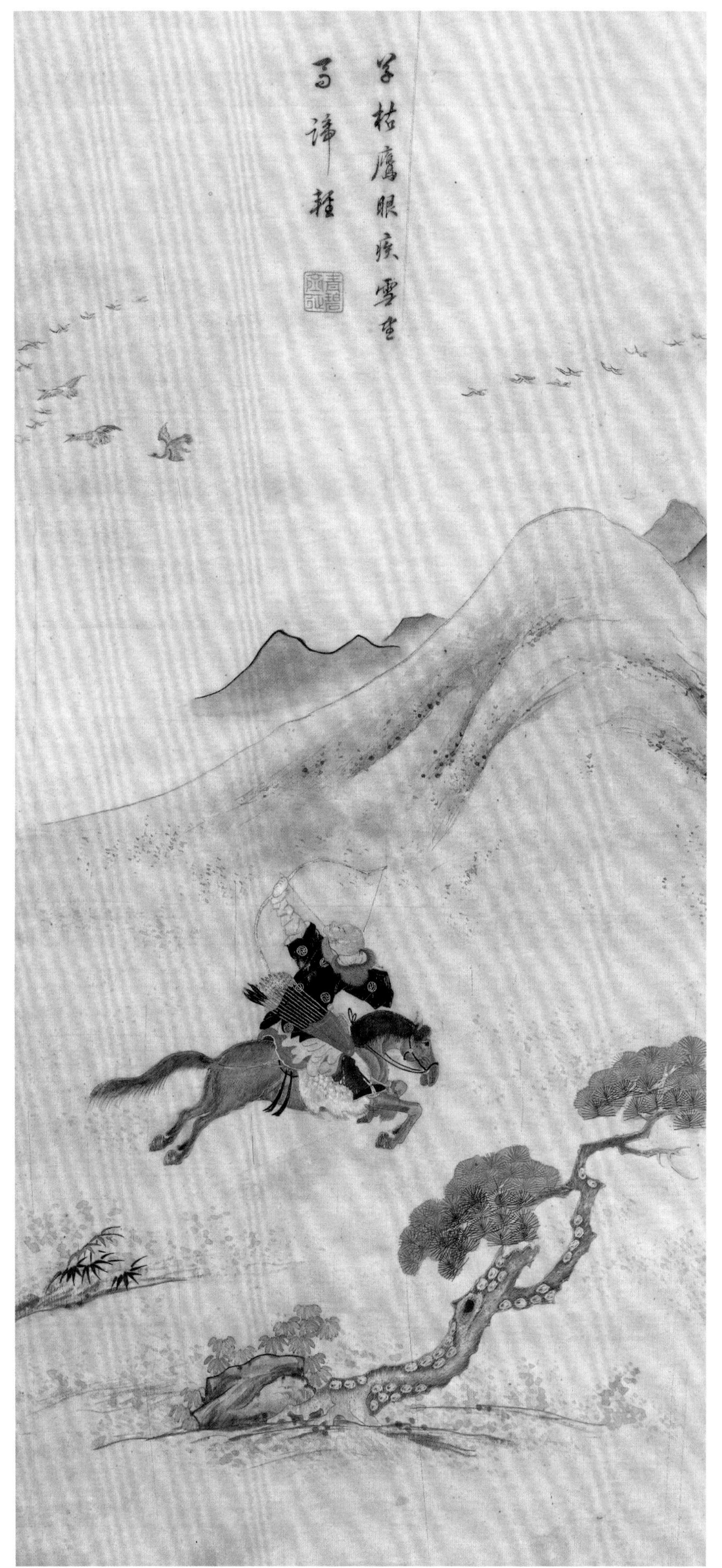

7

顧繡一鷺芙蓉圖軸

清康熙

縱152厘米　橫41厘米

An Egret and Cottonrose Hibiscus, Gu's Embroidery

Kangxi Period, Qing Dynasty

Hanging scroll

Length: 152cm　Width: 41cm

圖繡鷺鷥、芙蓉花及兩隻翠鳥，寓意“一路（鷺）富（芙）貴”。墨書：“四字香名推振鷺，百年景福聚榮華。”鈐“金仙”、“虎頭”印。

此圖畫風融合了傳統工筆重彩畫和清代畫家惲壽平設色沒骨畫法，空靈清曠，清新雅麗。手法上為繡、繪結合，針法精妙多變，施毛針表現鳥羽，套針繡花朵，搶針繡花葉，打籽繡花蕊，滾針繡水紋等，岸石則着筆暈染。既有工筆畫的工麗細膩，又有刺繡工藝的仿真效果。

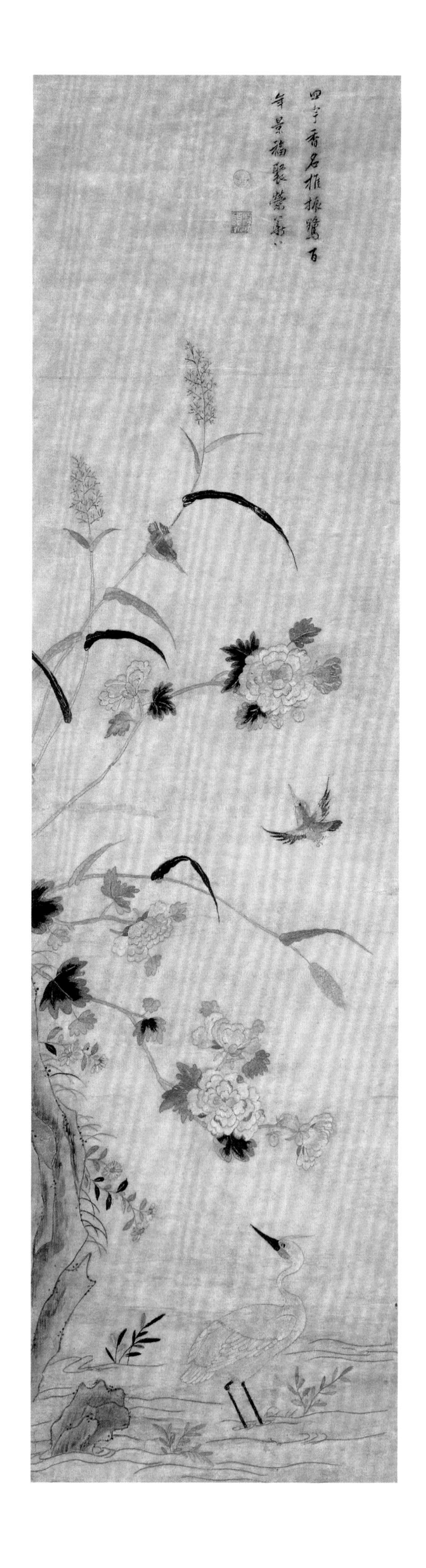

8

顧繡漁樵耕讀圖軸

清乾隆

縱112厘米．橫45厘米

Fisherman, Woodcutter, Farmer and Learners, Gu's Embroidery

Qianlong Period, Qing Dynasty

Hanging scroll

Length: 112cm　Width: 45cm

圖繡山水人物，溪水旁有垂釣老者，石上坐着農夫，小橋上是負薪的樵夫，山下茅屋中兩個讀書郎，組成“漁、樵、耕、讀”，寓意士農各行安居樂業。繡書：“採樵過野逢田父，理釣臨溪聽讀書”，朱繡“露香園”、“青碧齋”、“靜顧”印。

此圖為繡、繪結合。人物、小橋、茅屋、樹木等為繡製，除齊針、套針、滾針、正搶針等常用針法外，草鞋、漁簍用網針，茅屋窗欞、房頂用編針，蘆葦、小草用斜纏針，衣紋用滾針勾勒，再以筆墨渲染，細微之處無不精妙。遠山近坡勾邊後以筆墨皴染。

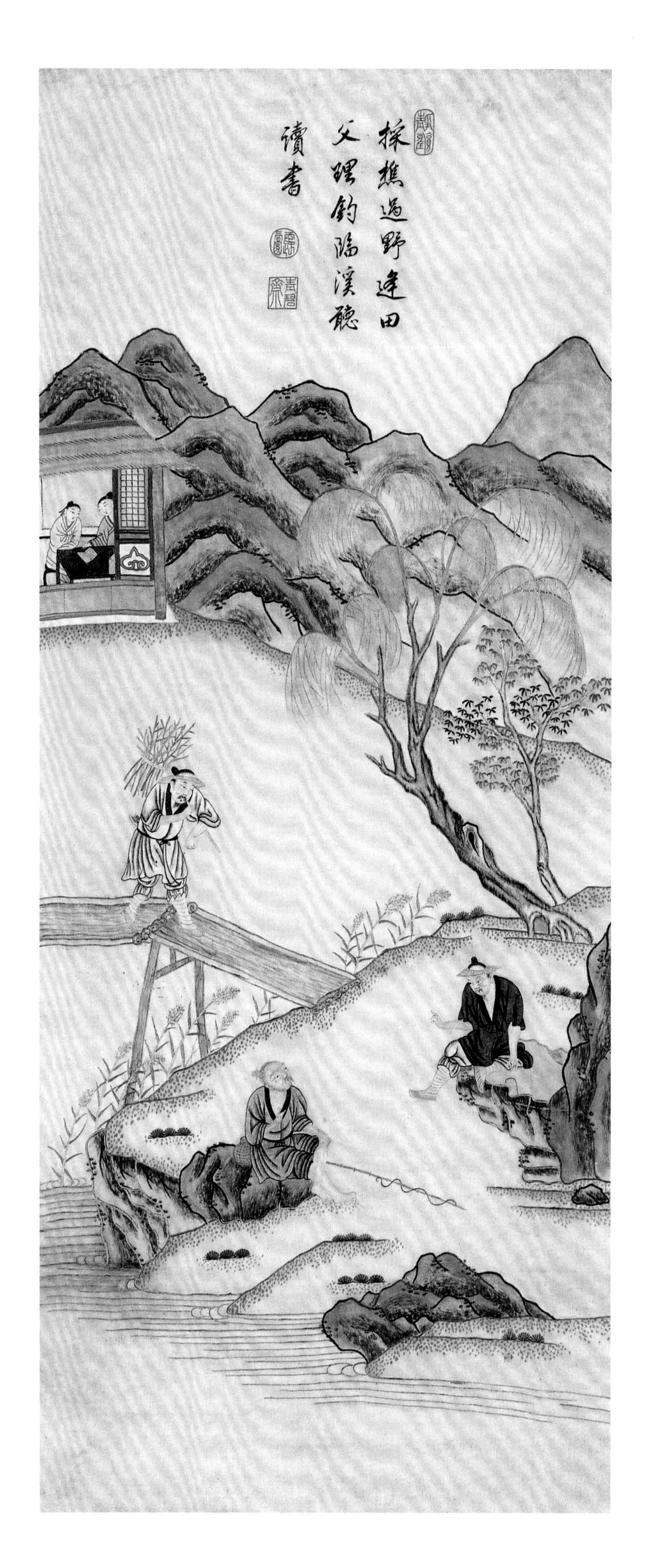

9

顧繡覓藥圖軸

清乾隆

縱123厘米　橫45厘米

Seeking Medicinal Herbs, Gu's Embroidery

Qianlong Period, Qing Dynasty

Hanging scroll

Length: 123cm　Width: 45cm

圖繡白雲環繞的深山中兩位高士，一小童在山腰間採靈芝。其間有蒼松、仙鶴、鹿等。墨書："授得長生訣，迢遙入翠微。採芝雲染袖，覓藥霧沾衣。"朱繡"露香園"、"虎頭"、"聚寶齋"印。

此圖為繡、繪結合。人物、鹿、仙鶴用彩色絲綫以套針、網繡、施毛針、打籽、雞毛針、斜纏針等針法繡成，鹿細部動筆着色。山石以畫為主，僅輪廓邊緣為繡成。樹葉是先用綠色平塗，再在其上繡樹葉形狀。為清代顧繡精品。

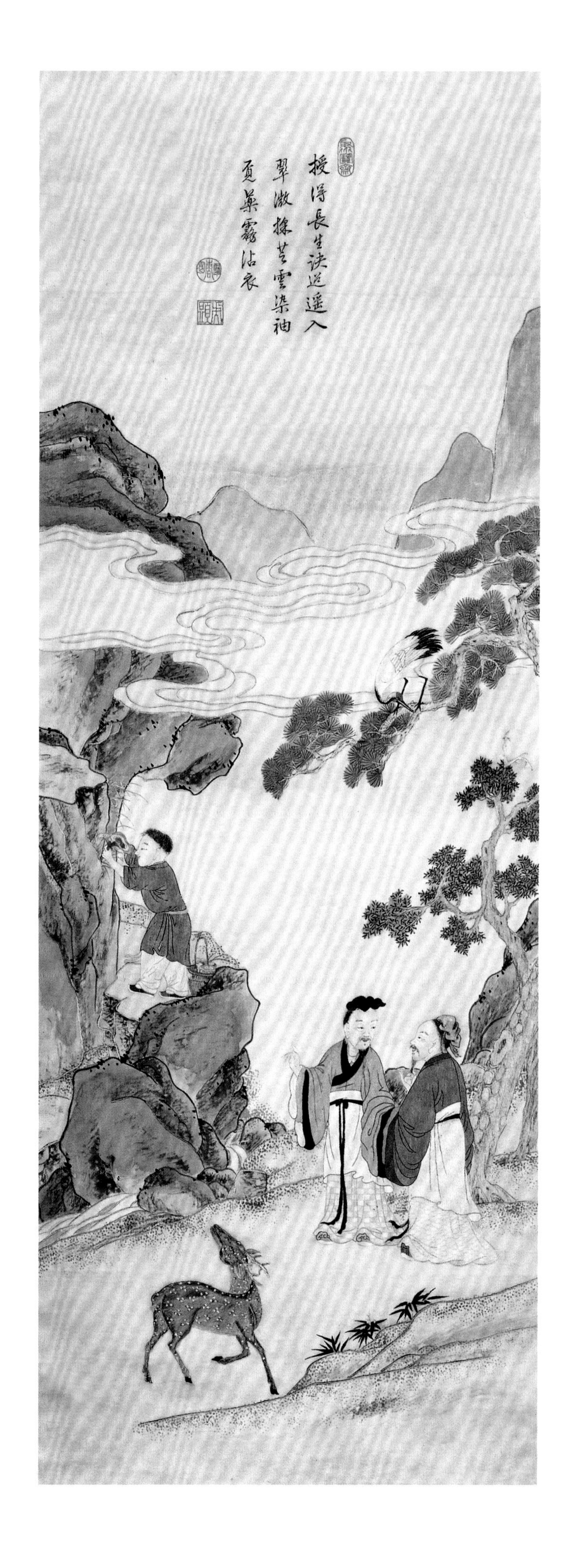

10

顧繡金剛經塔軸

清乾隆

縱213厘米　橫69厘米

Pagoda of Vajracchedika-Sutra, Gu's Embroidery

Qianlong Period, Qing Dynasty

Hanging scroll

Length: 213cm　Width: 69cm

八枚緞地上繡金剛經塔，以金綫繡迴紋邊框，每層塔中間有龕，為釋迦牟尼的不同說法相，第一層為須菩提向坐在蓮花座上的釋迦牟尼提問，釋迦牟尼結跏趺坐，作說法印。塔身內繡《金剛經》文，從釋迦牟尼頭上方開始，從右向左排列。

此圖以經文構成塔身，形式新穎。用滾針、斜纏針、套針繡經文。以套針、網繡、施毛針、斜纏針和滾針繡佛像，繡工精細。塔身輪廓用金綫、赤圓金綫和銀綫以平金法繡成，由於用金較多，金光熠熠，光彩奪目。

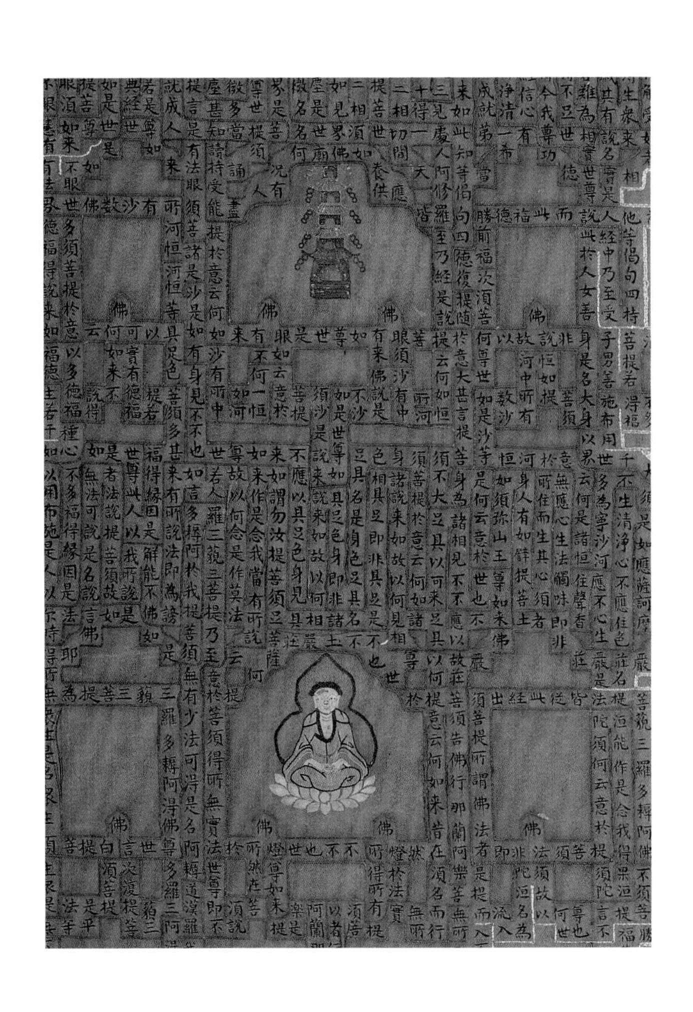

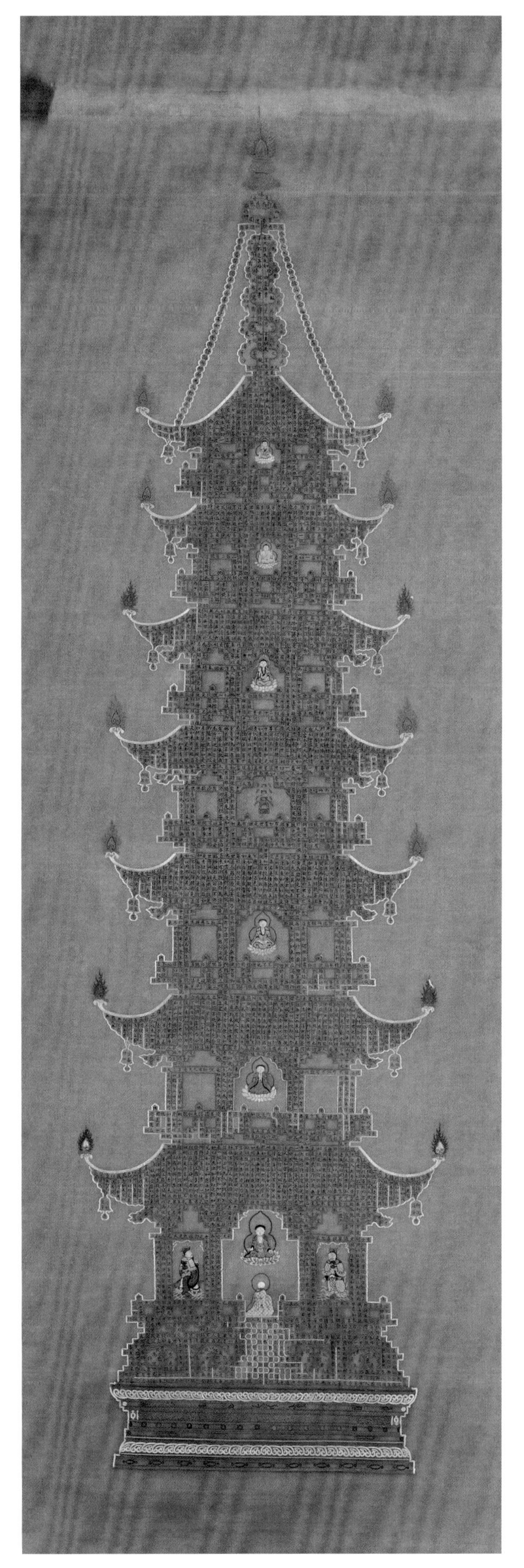

11

顧繡五十三參圖冊

清

頁縱27厘米　橫24厘米　54開

Paying Respect to 53 Masters, Gu's Embroidery

Qing Dynasty

Album of 54 leaves

Each leaf: Length: 27cm　Width: 24cm

繡《華嚴經》中善財童子經過千山萬水、歷經曲折磨難，參拜五十三位名師即善知識，終於得證佛果的故事。每頁為善財童子與一位名師。墨書款："佛弟子趙墉拜供"，朱繡"墉"印。末開墨書《般若波羅蜜多心經》，朱繡"露香園"、"麋公"印。

此冊人物眾多，神情、姿態生動，有明代丁雲鵬、吳彬人物畫風格。運用套針（包括平套針、散套針和集套針）、齊針、滾針、接針、釘針、盤金、平金、搶針、編針、網針、雞毛針、打籽、刻鱗針等十餘種針法，二十餘種色綫繡製，同時輔以墨、色的皴擦點染。集顧繡針法和色彩運用之大成，堪稱清代刺繡畫精品。

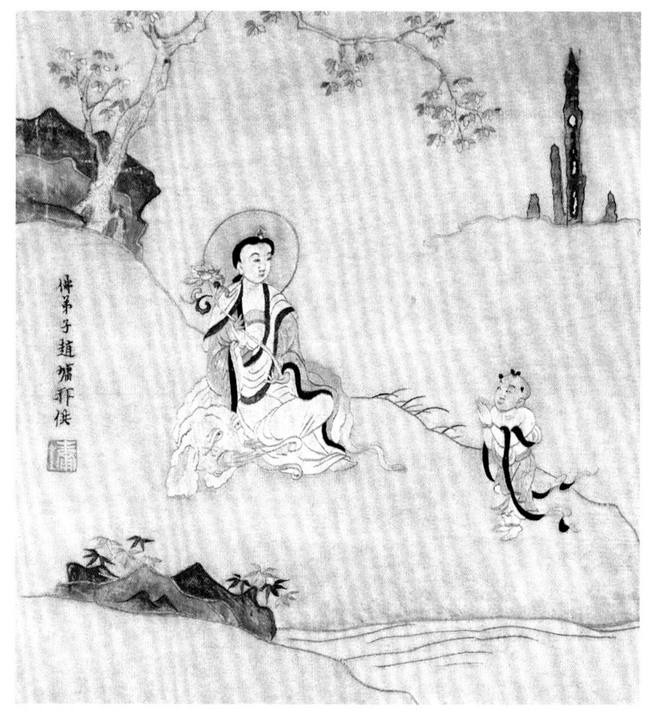

11.1

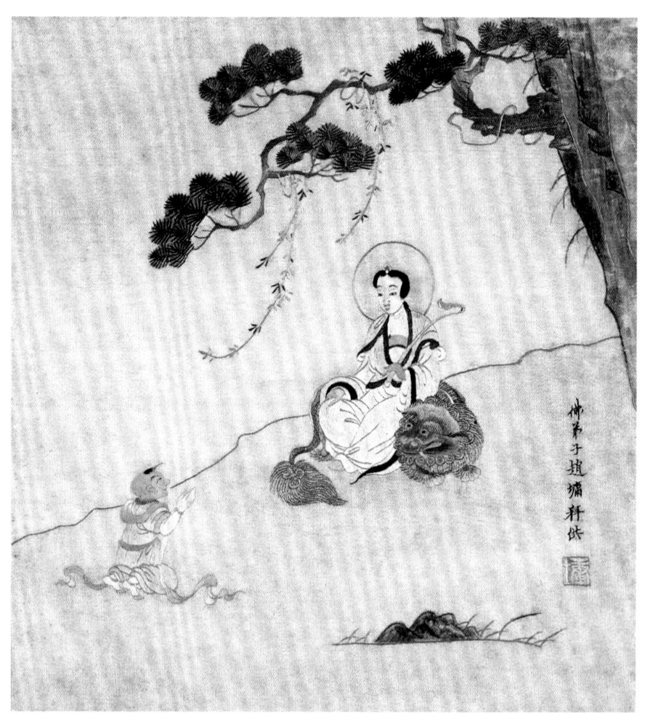

11.2

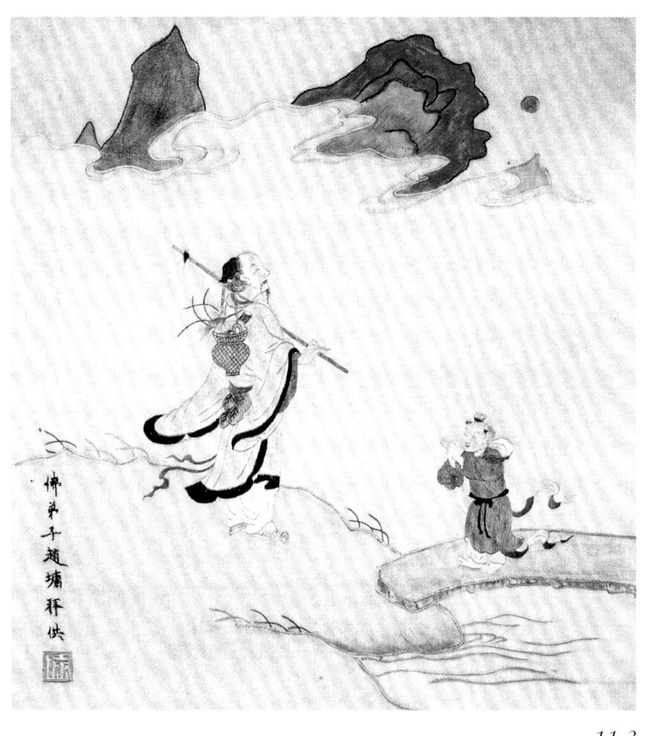

11.3

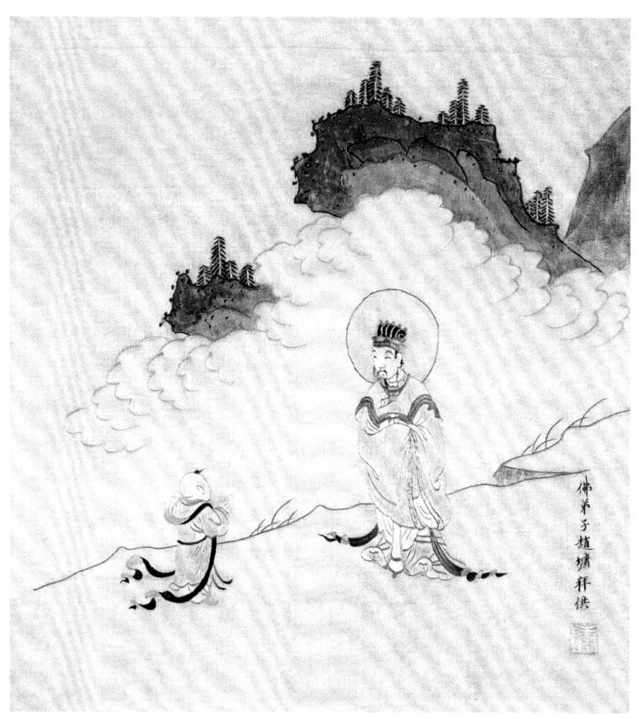

11.4

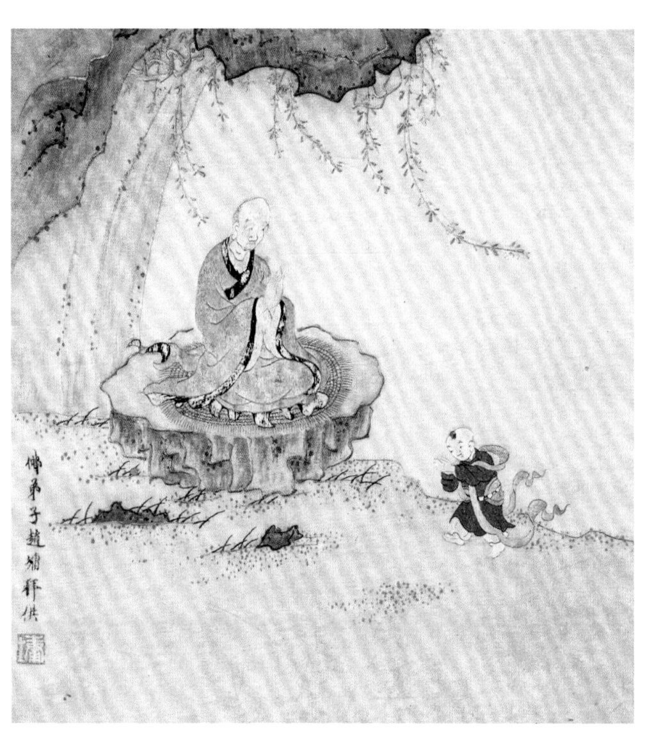

11.5

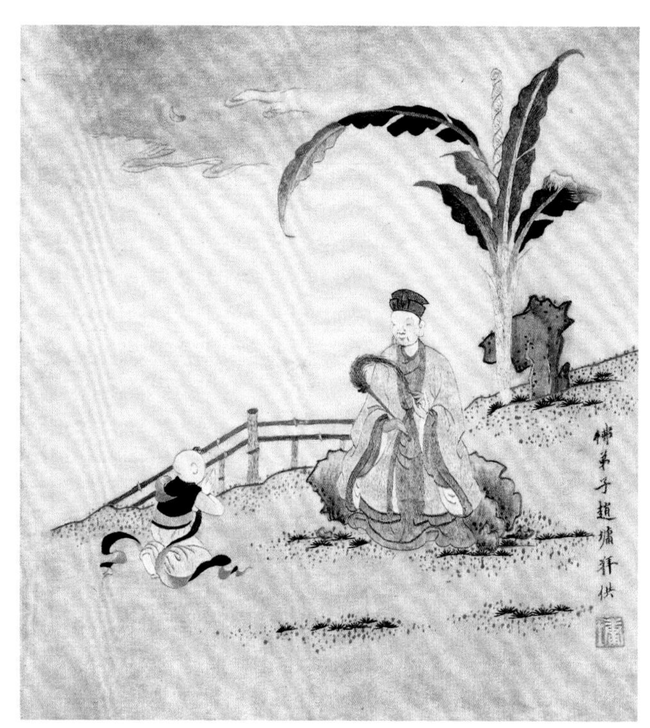

11.6

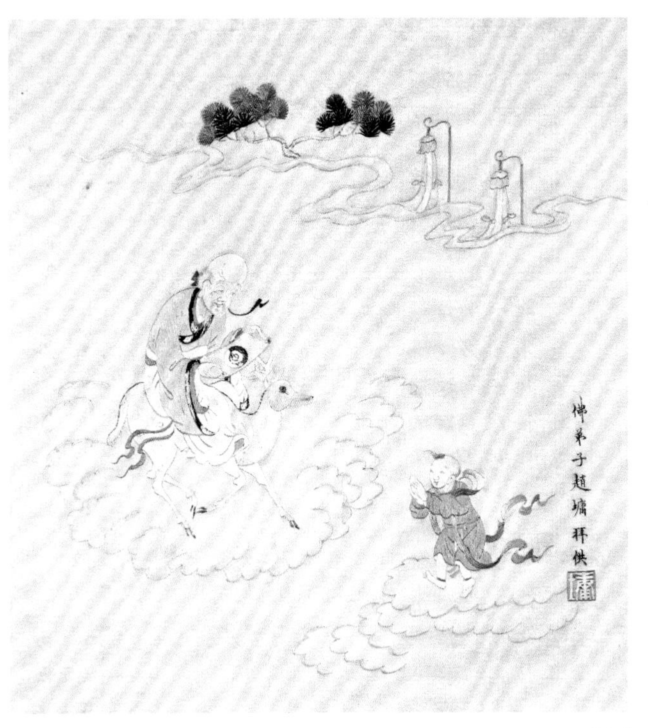

11.7

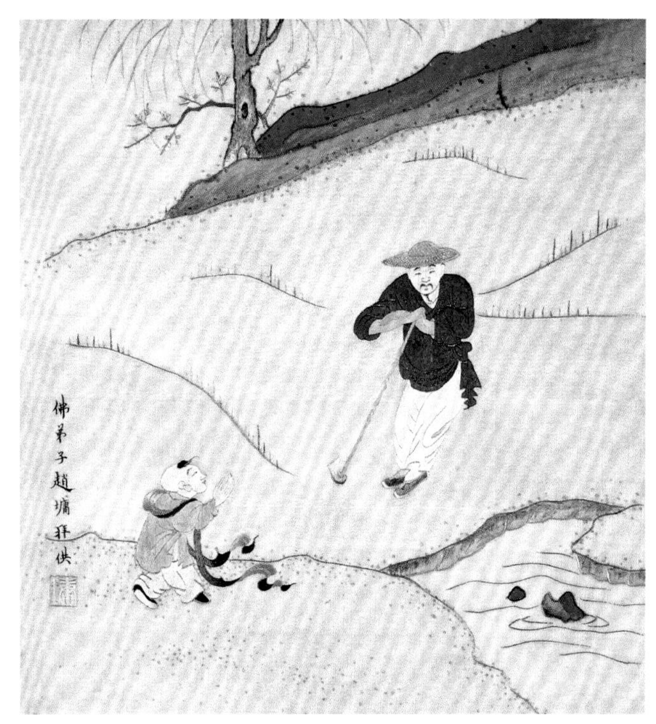

11.8

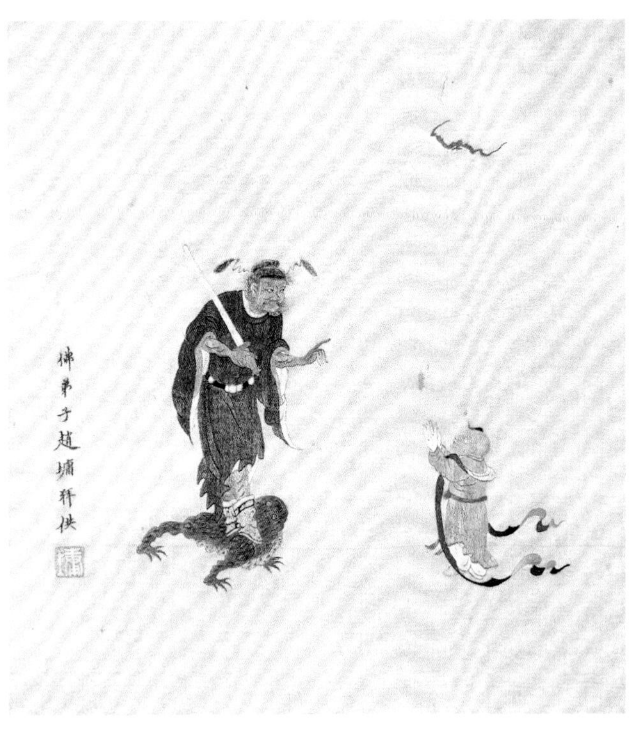

11.9

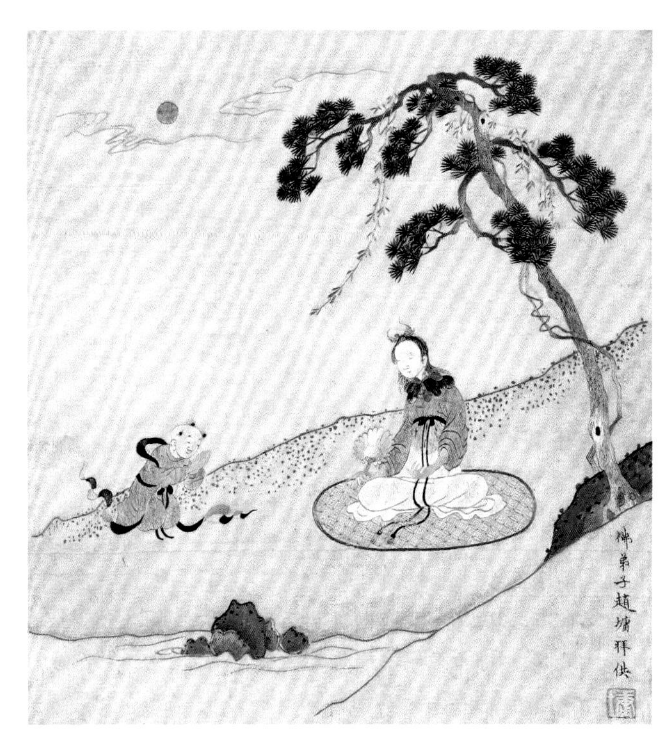

11.10

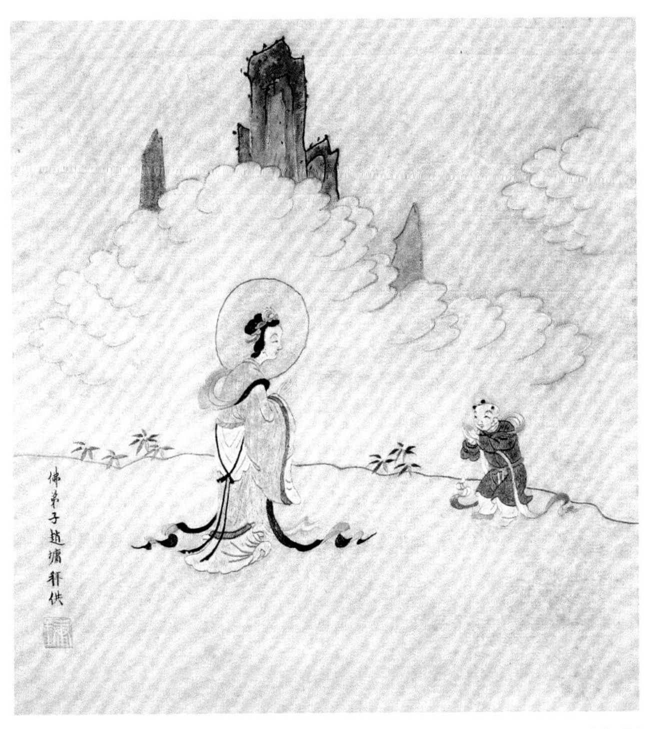

11.11

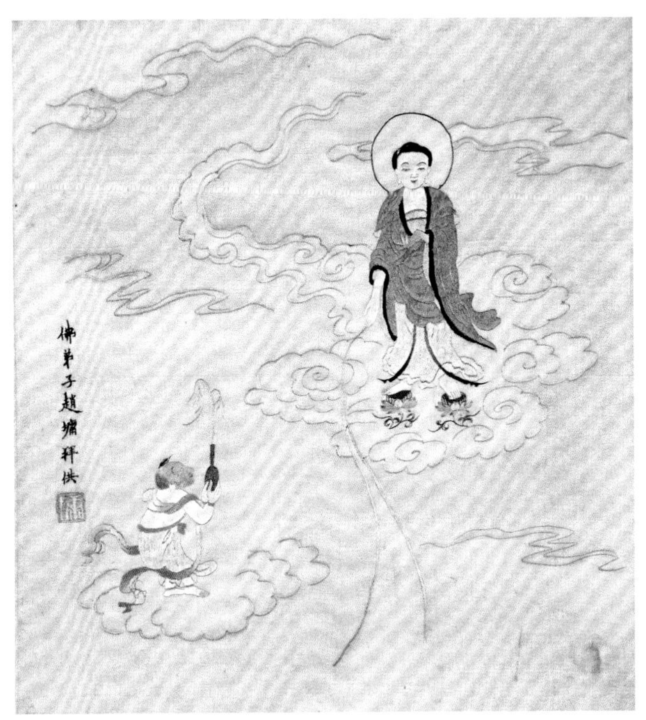

11.12

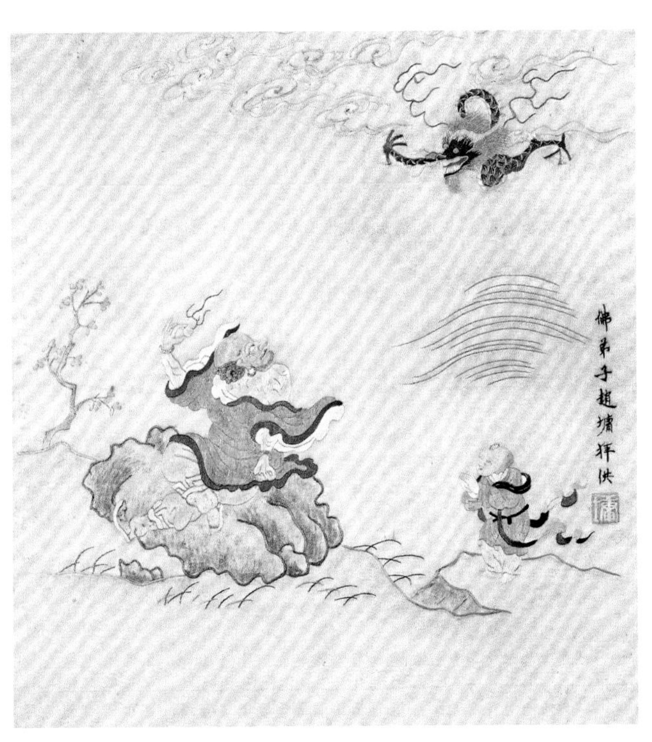

11.13

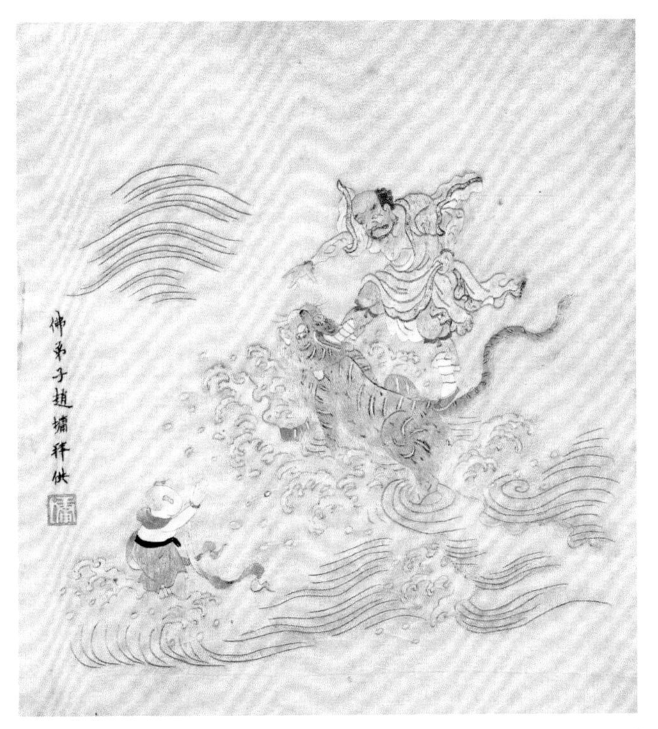

11.14

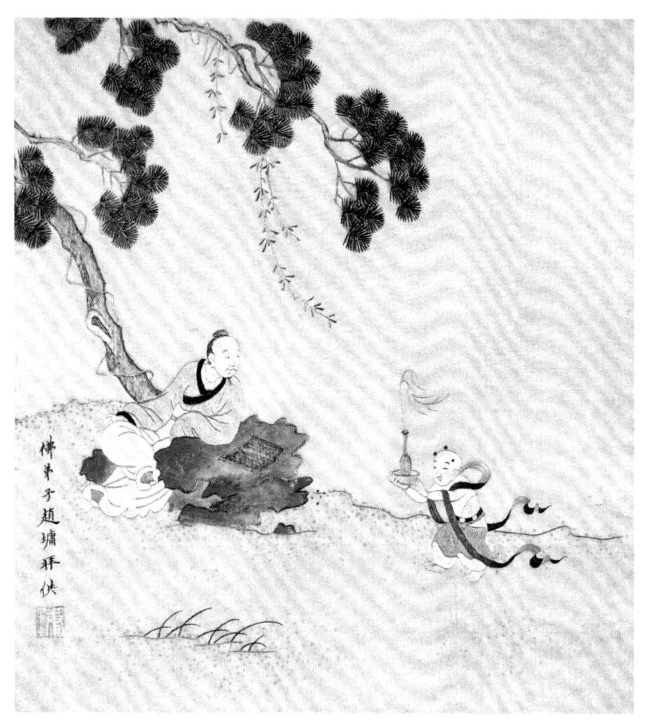

11.15

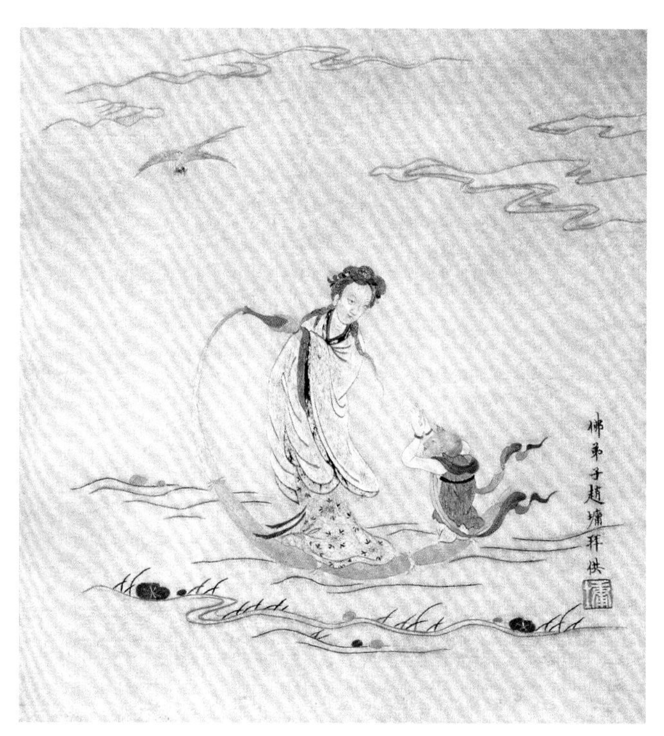

11.16

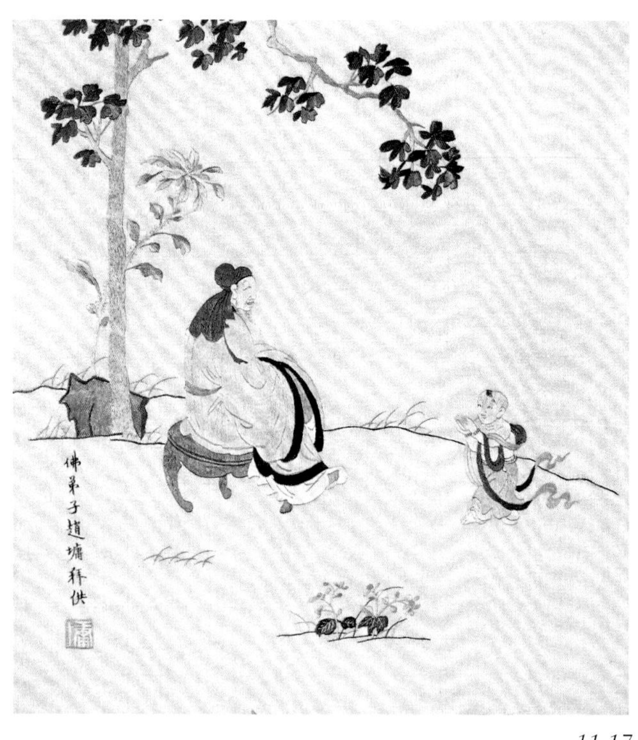

11.17

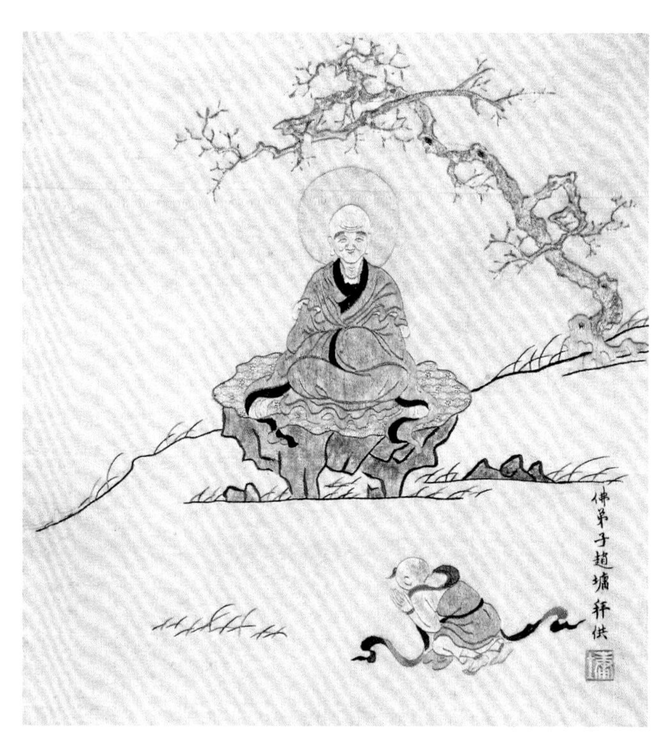

11.18

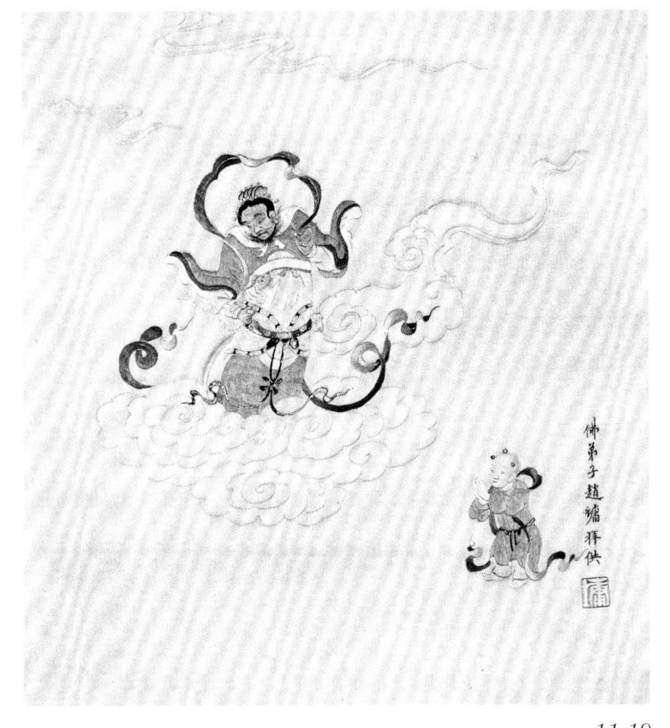

11.19

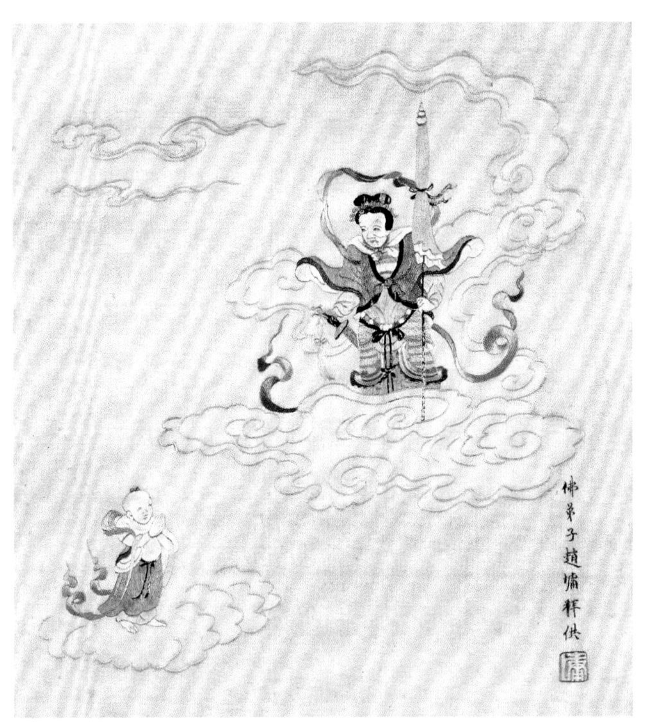

11.20

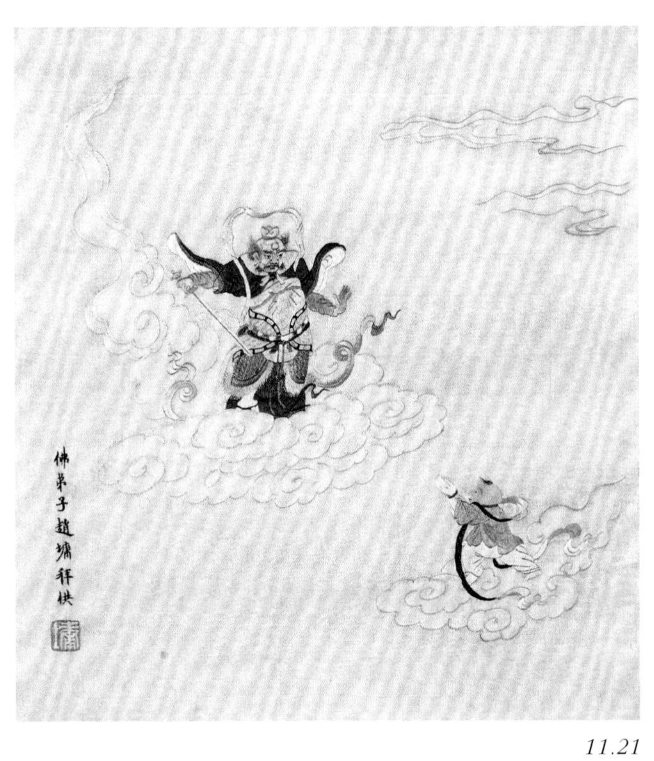

11.21

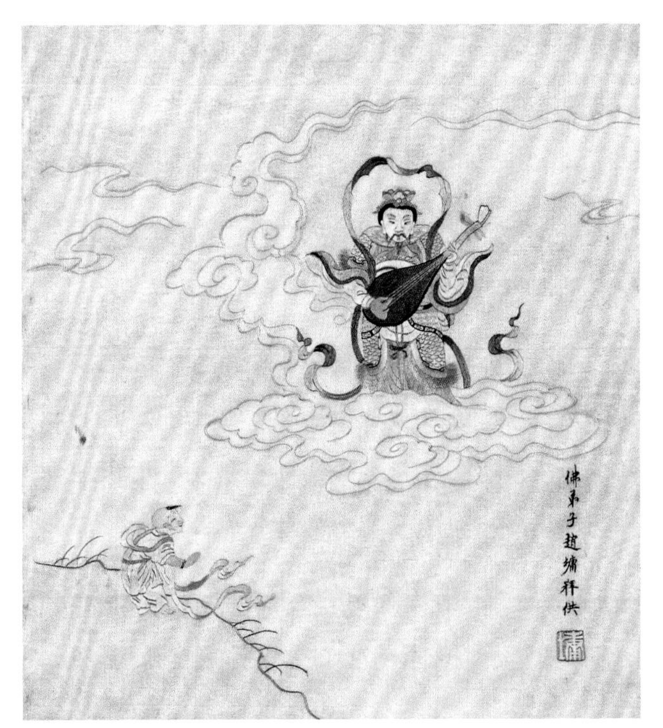

11.22

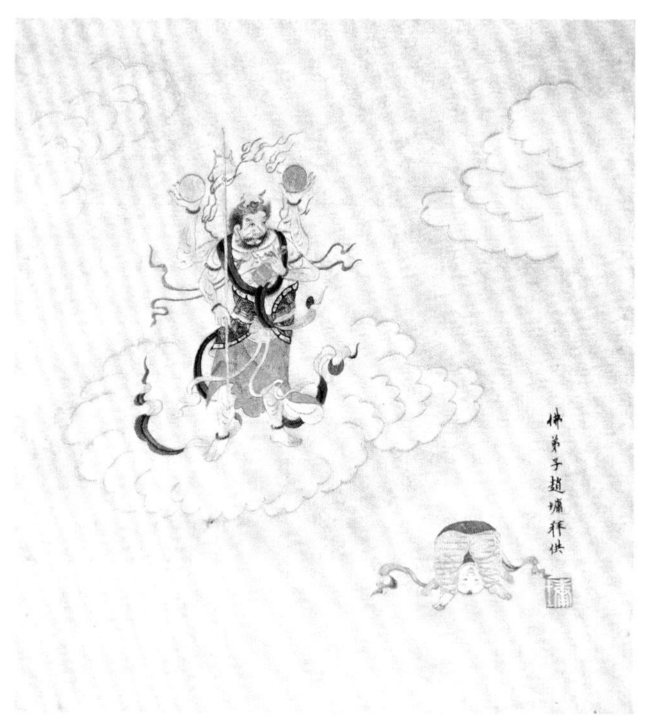

11.23

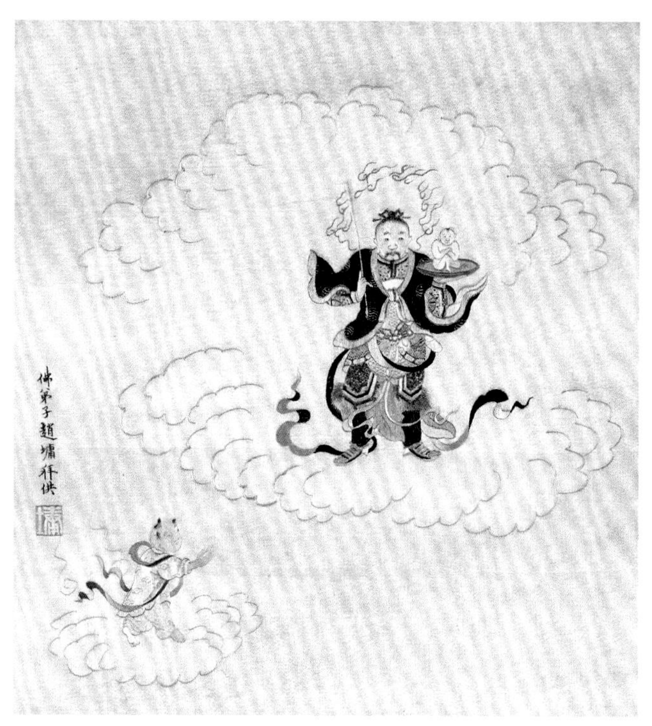

11.24

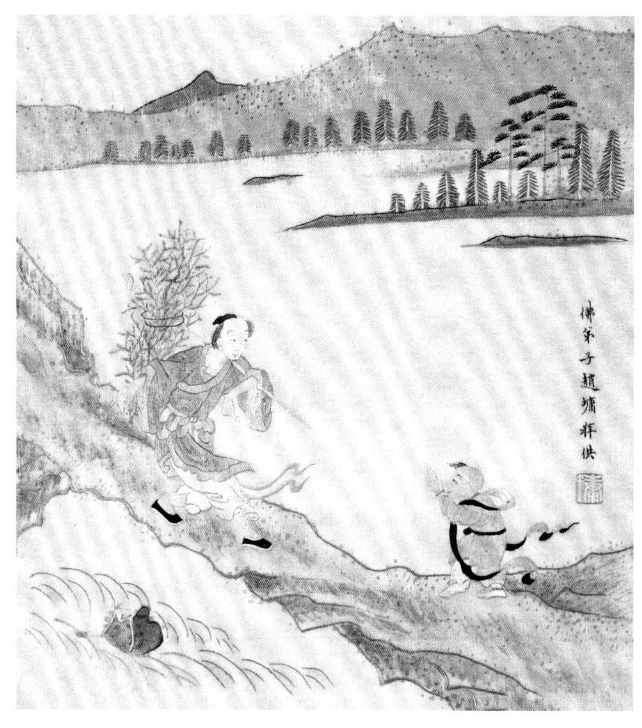

11.25

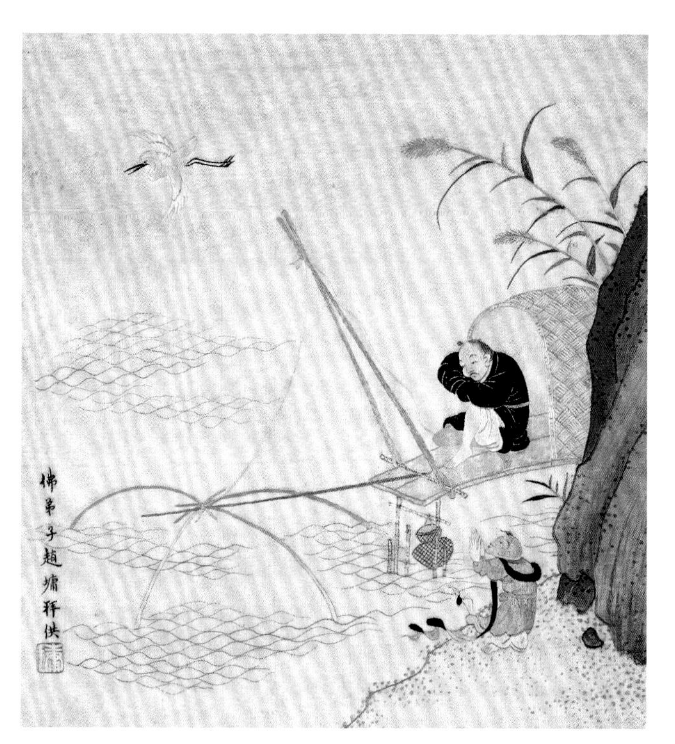

11.26

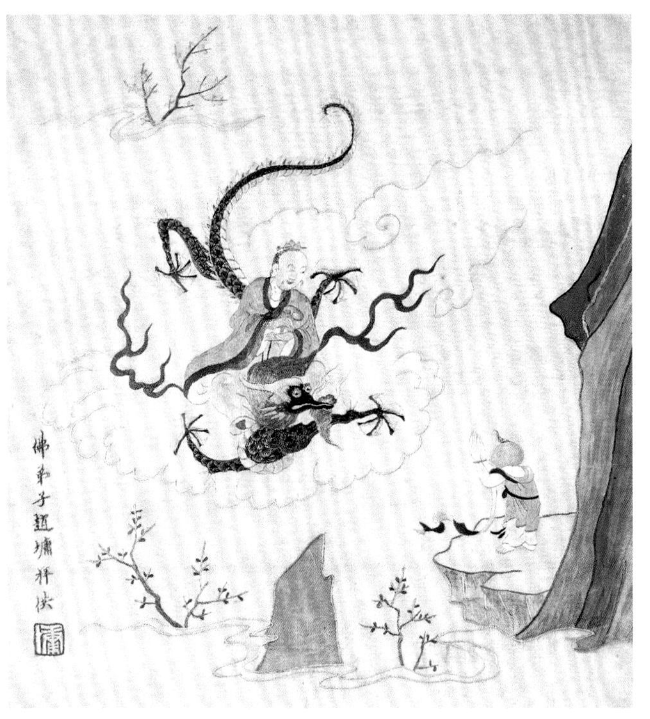

11.27

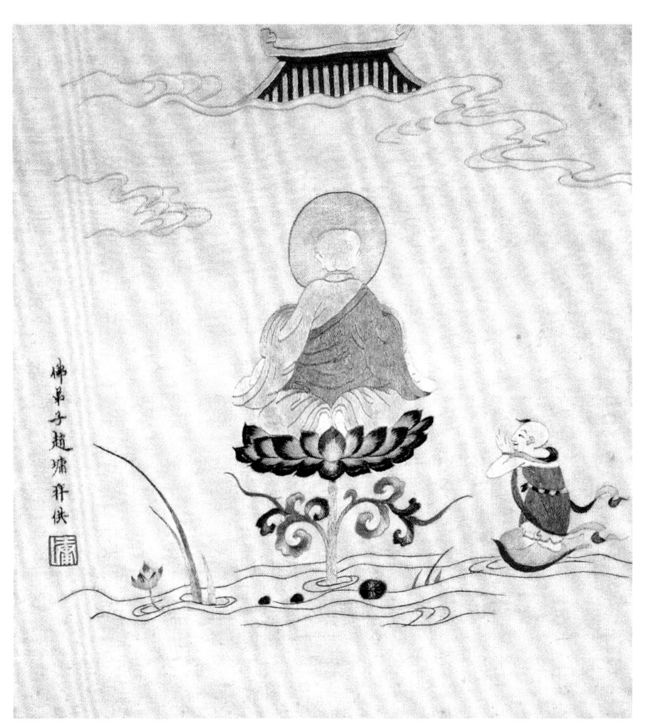

11.28

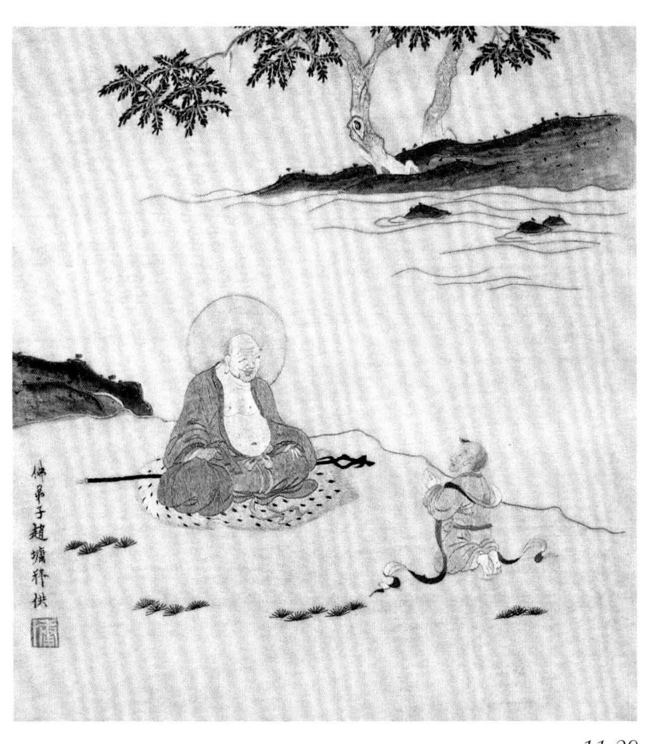

11.29

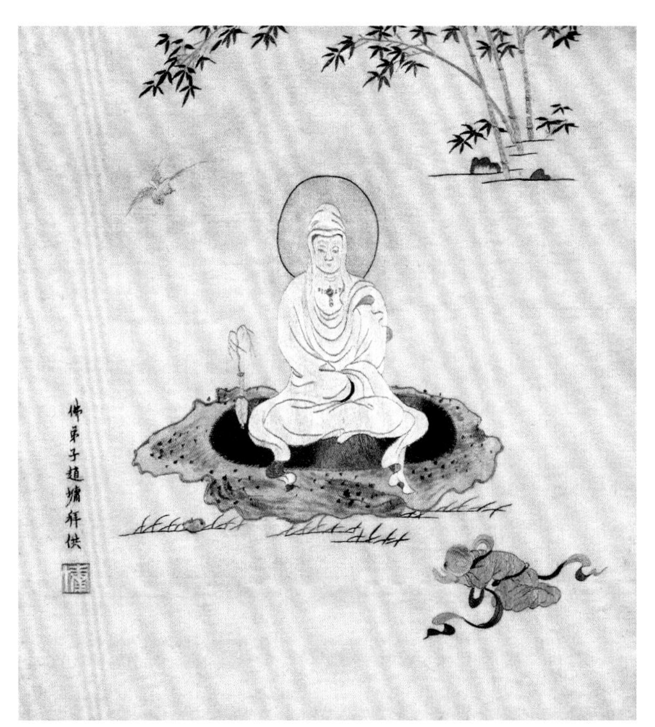

11.30

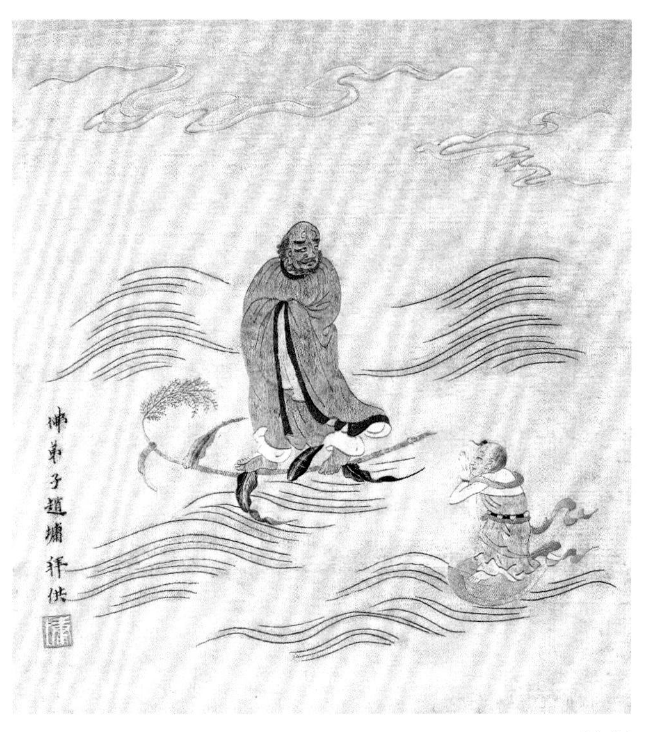

11.31

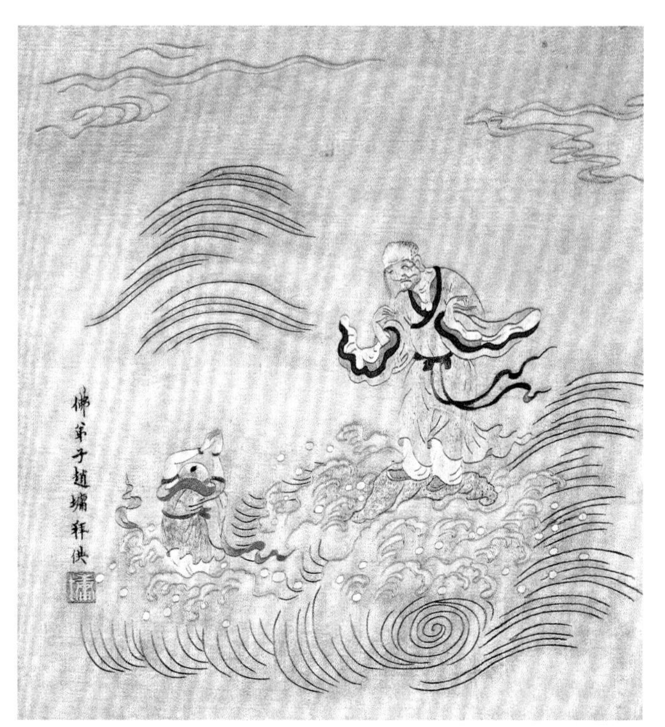

11.32

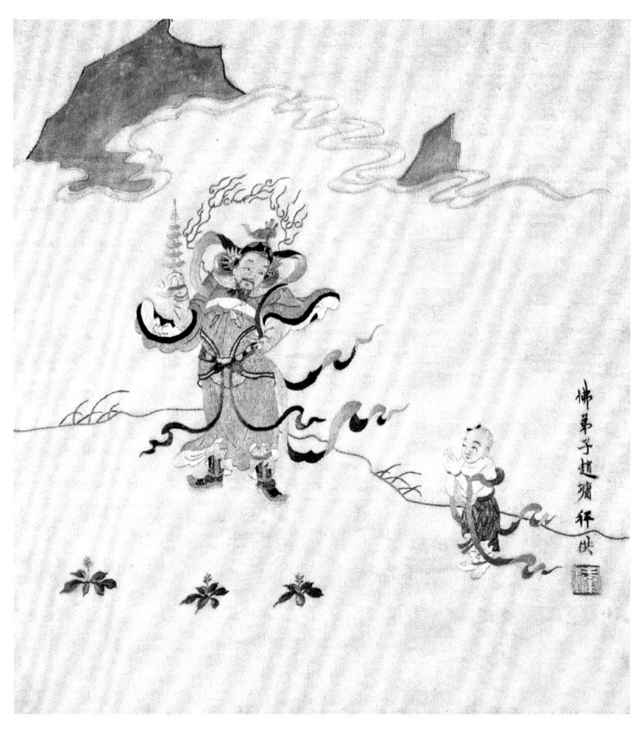

11.33

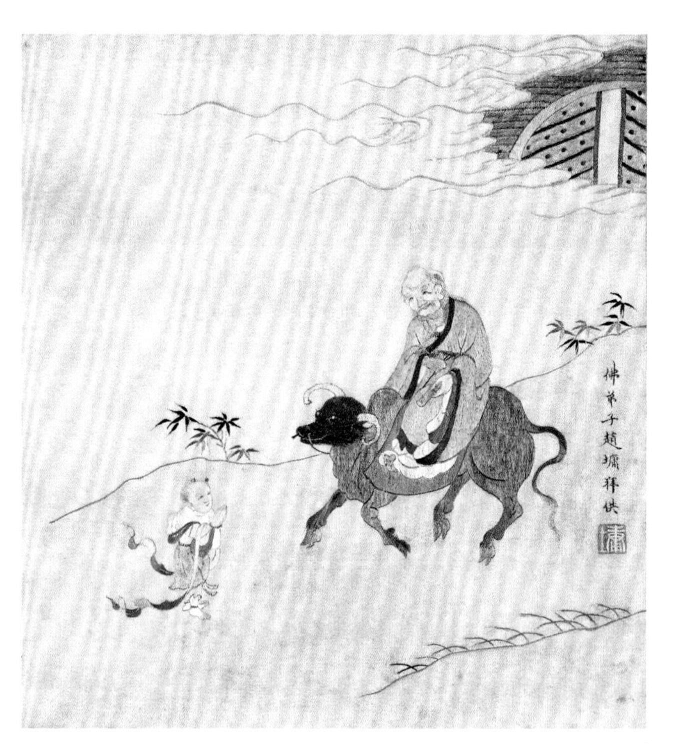

11.34

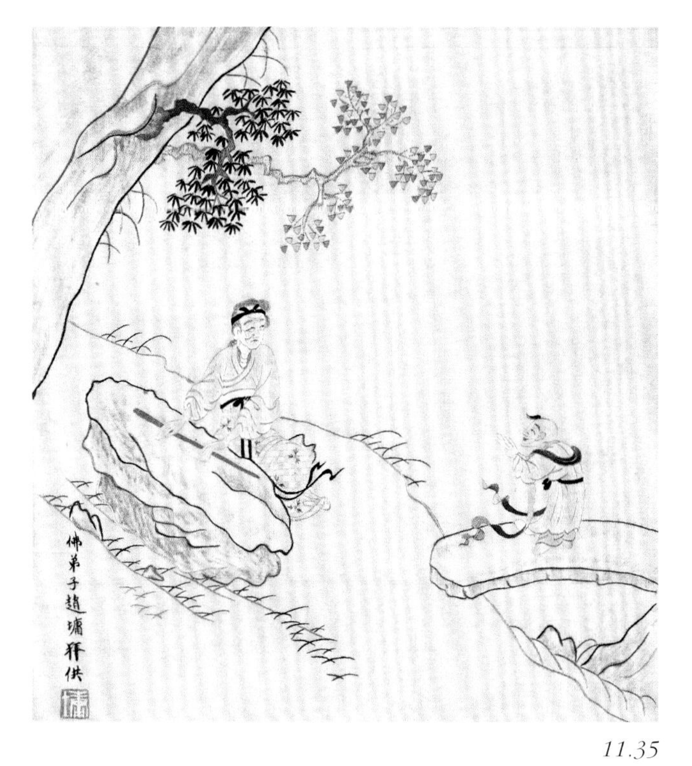

11.35

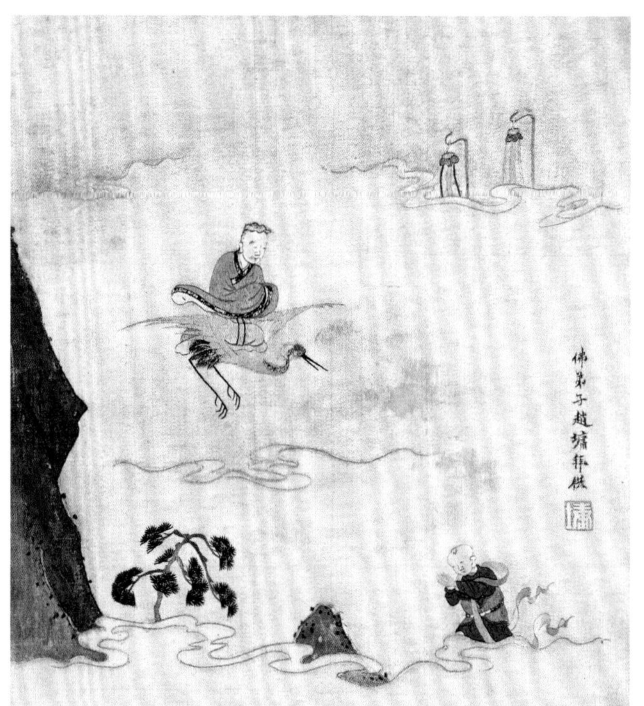

11.36

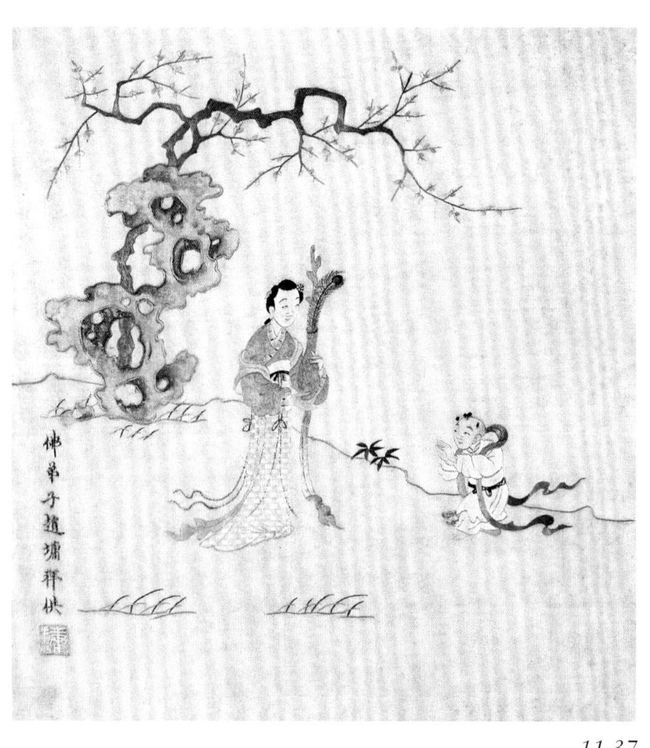

11.37

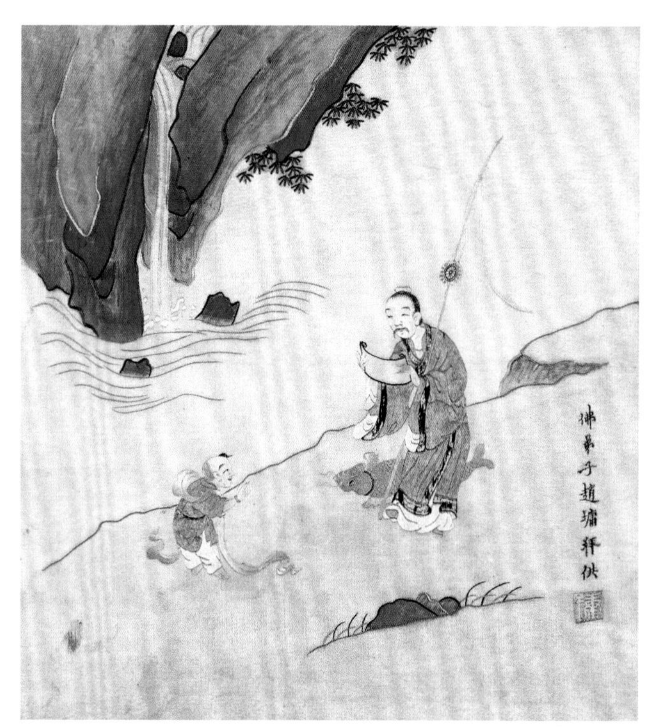

11.38

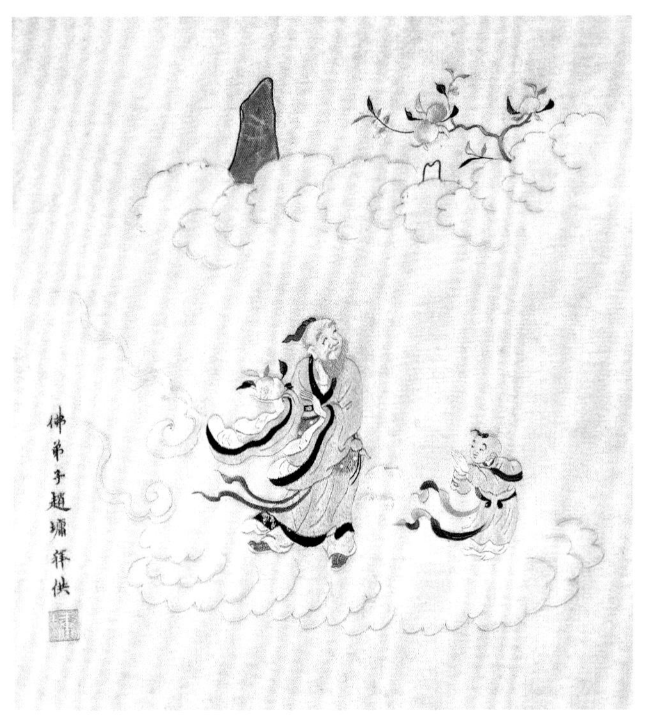

11.39

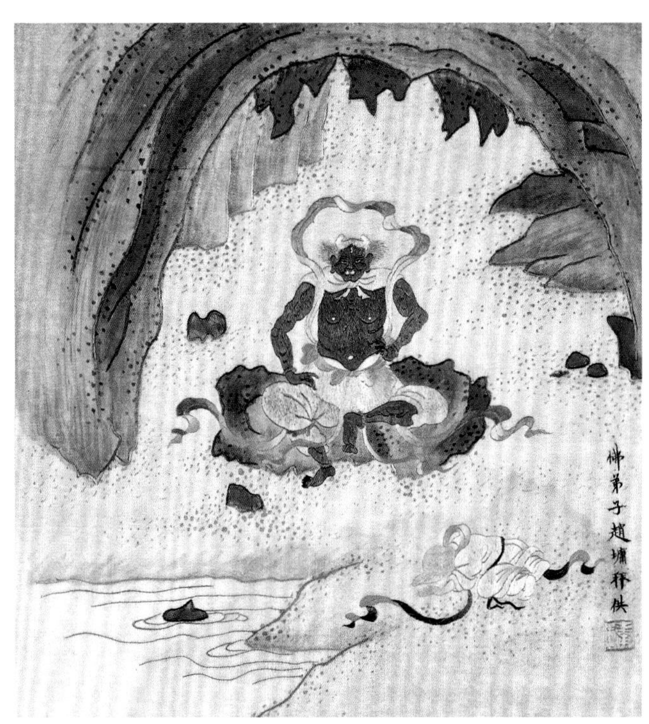

11.40

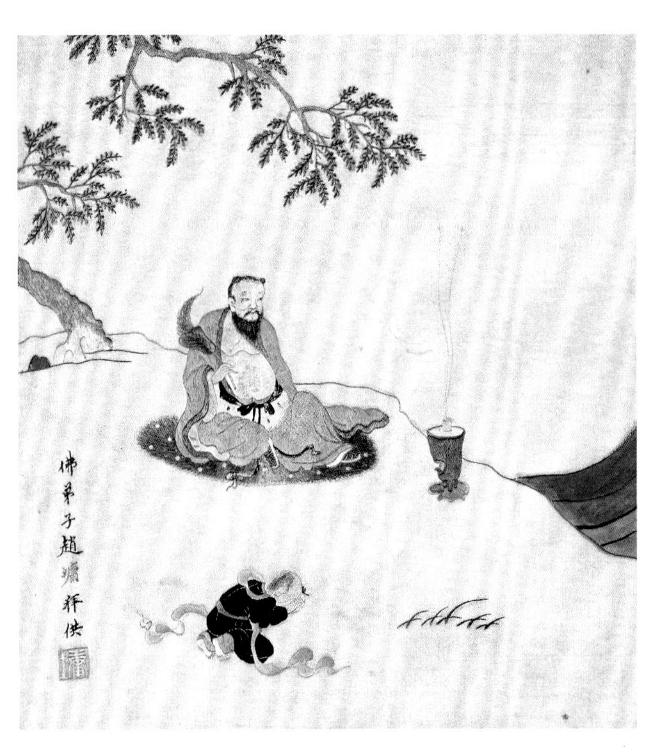

11.41

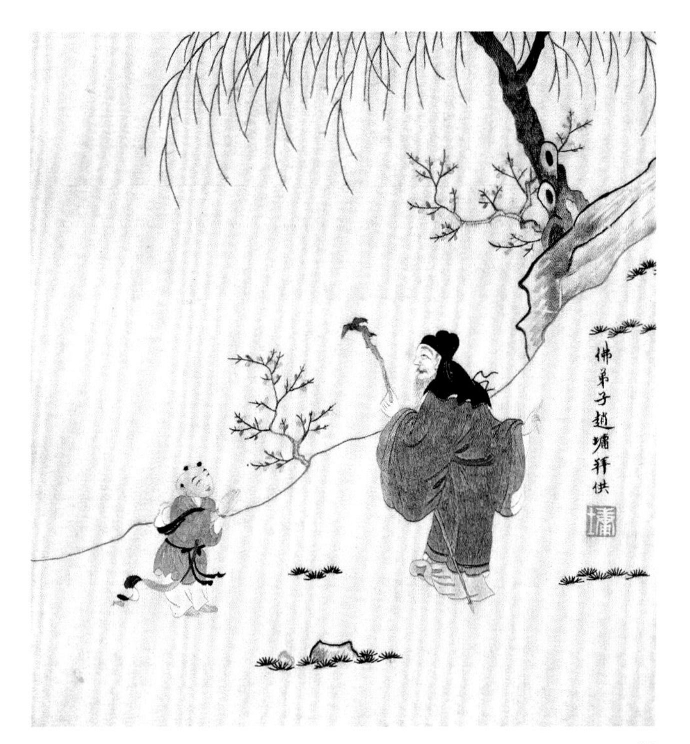

11.42

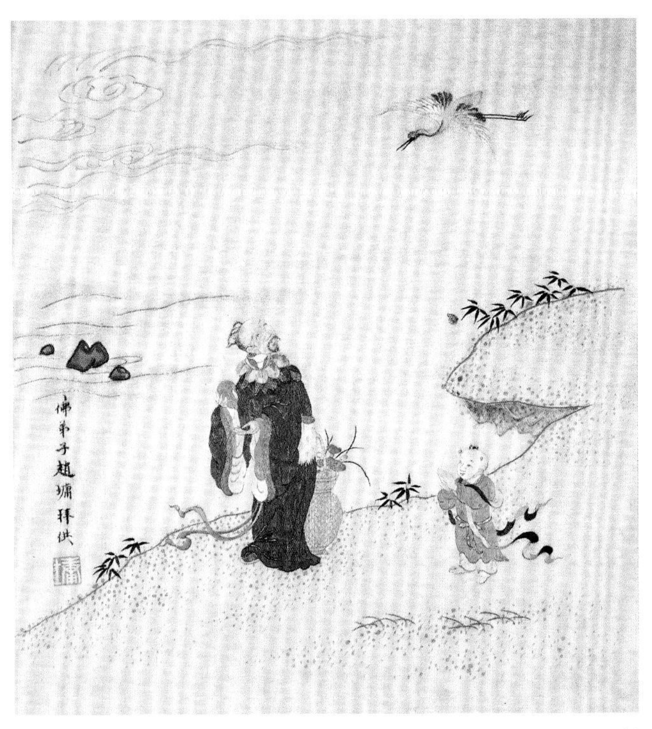

11.43

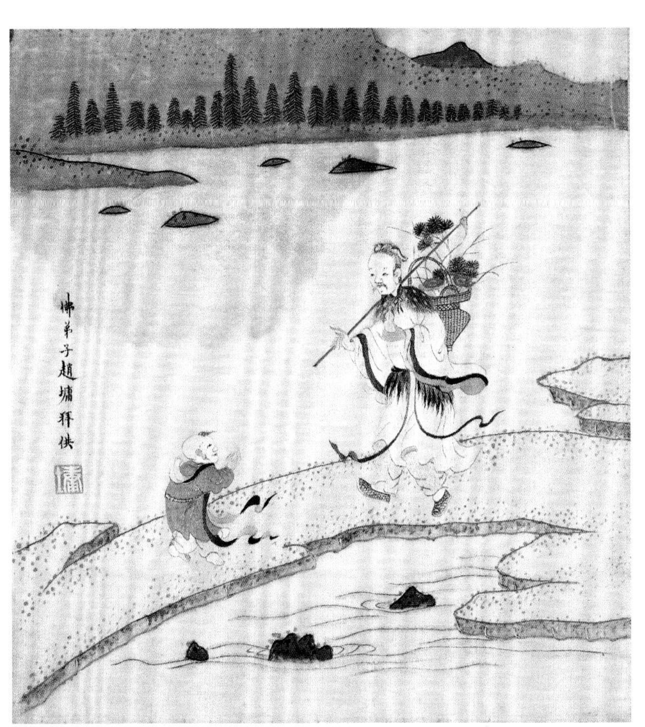

11.44

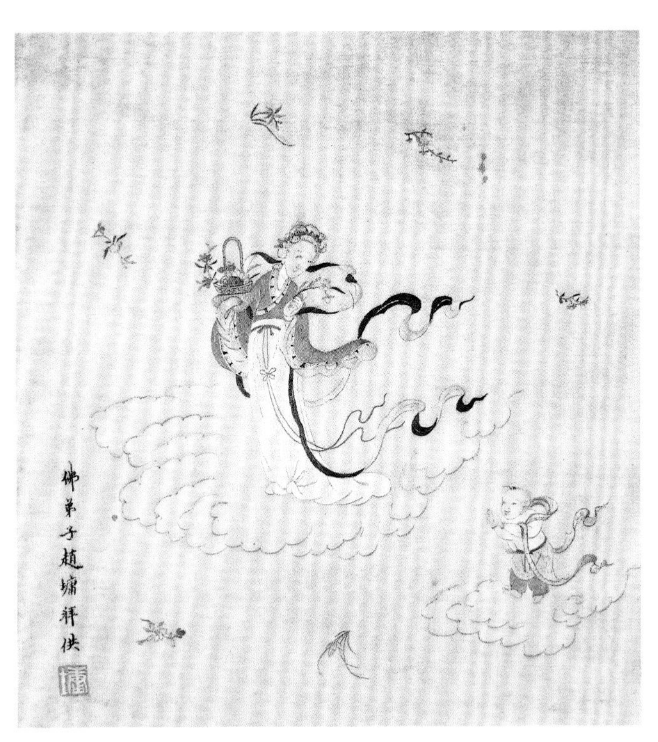

11.45

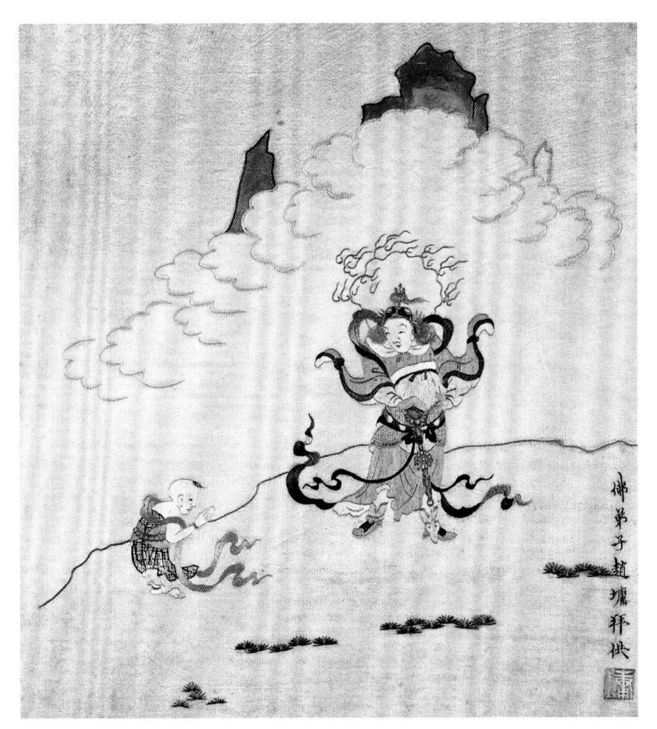

11.46

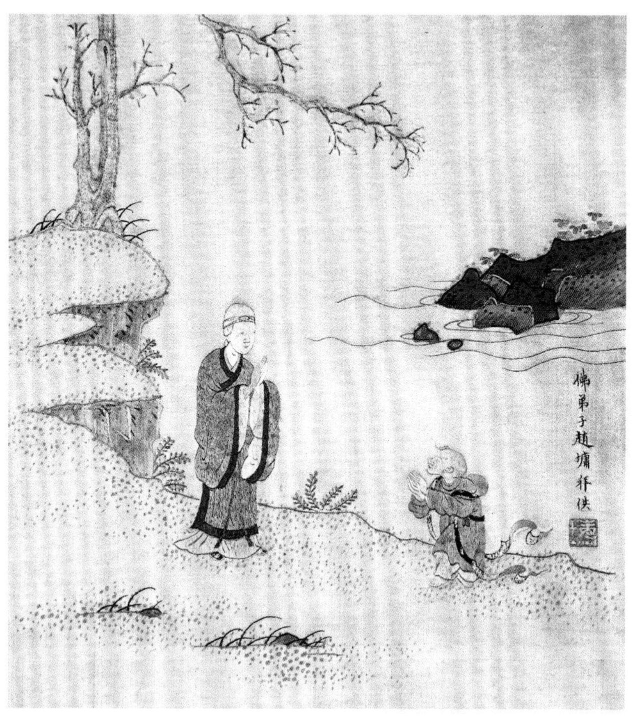

11.47

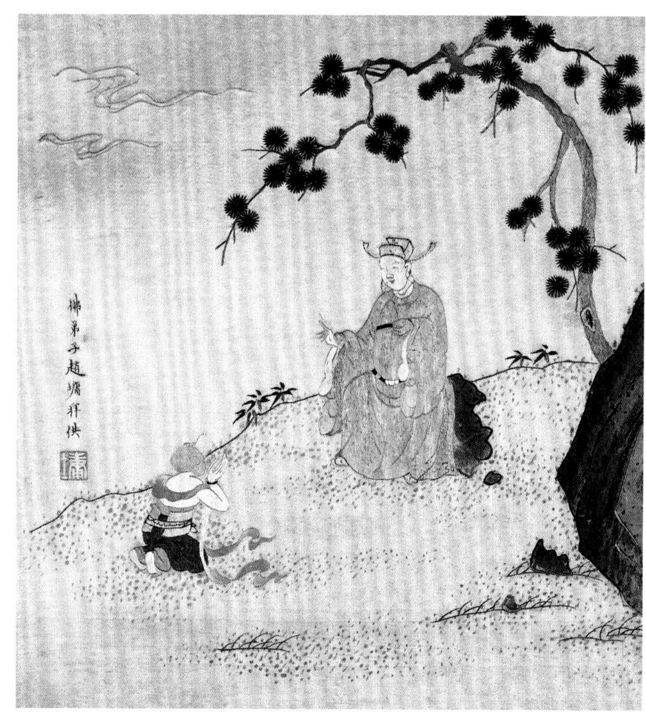

11.48

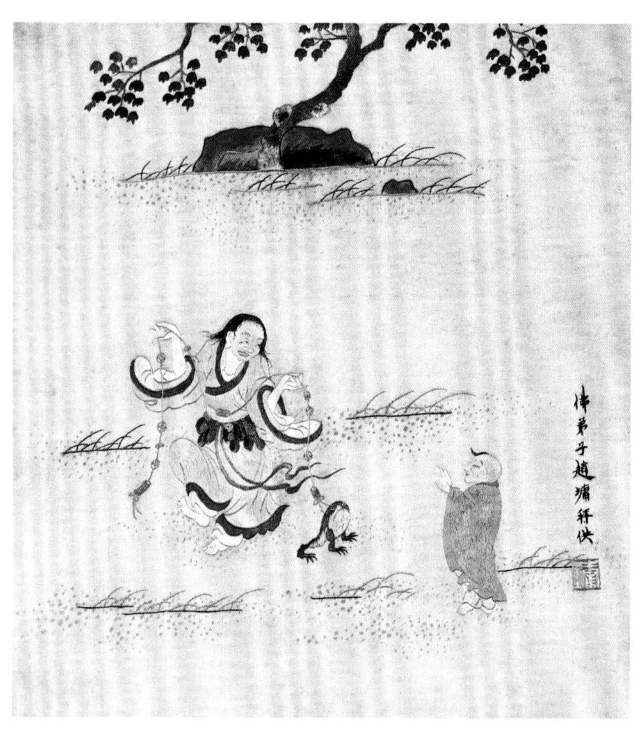

11.49

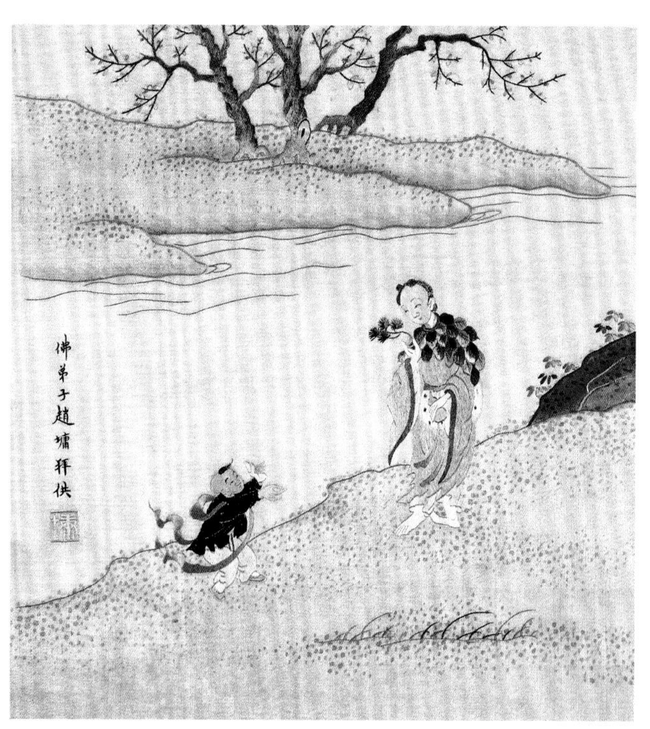

11.50

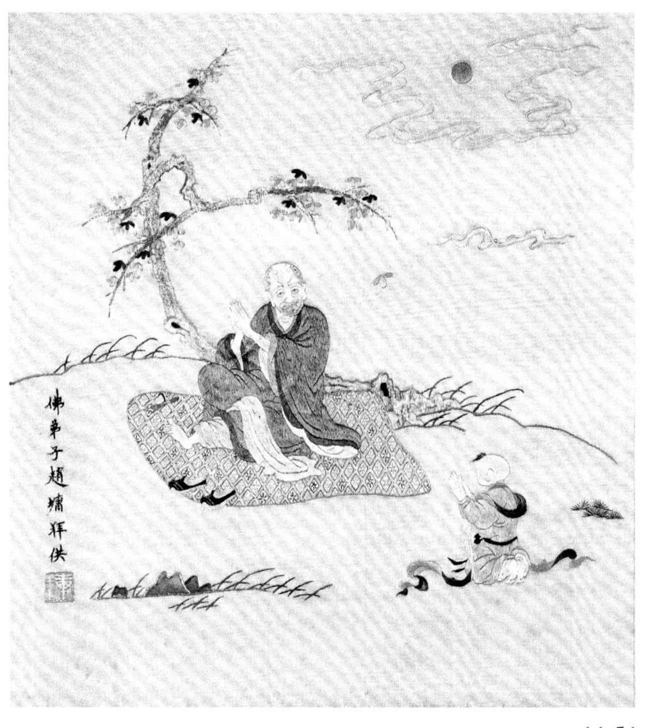

11.51

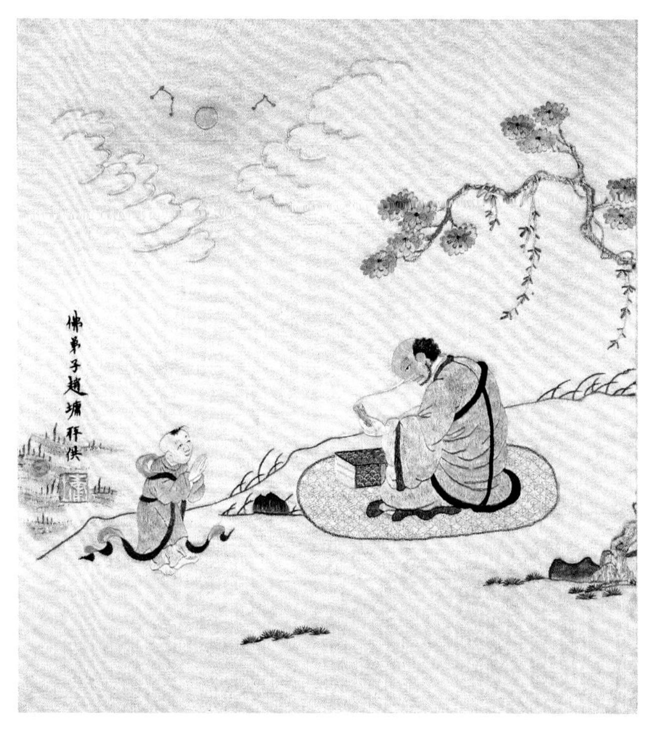

11.52

般若波羅蜜多心經

觀自在菩薩行深般若波羅蜜多時照見五蘊皆空度一切苦厄舍利子色不異空空不異色色即是空空即是色受想行識亦復如是舍利子是諸法空相不生不滅不垢不淨不增不減是故空中無色無受想行識無眼耳鼻舌身意無色聲香味觸法無眼界乃至無意識界無無明亦無無明盡乃至無老死亦無老死盡無苦集滅道無智亦無得以無所得故菩提薩埵依般若波羅蜜多故心無罣礙無罣礙故無有恐怖遠離顛倒夢想究竟涅槃三世諸佛依般若波羅蜜多故得阿耨多羅三藐三菩提故知般若波羅蜜多是大神咒是大明咒是無上咒是無等等咒能除一切苦真實不虛故說般若波羅蜜多咒即說咒曰

揭諦揭諦　波羅揭諦

波羅僧揭諦　菩提薩婆訶

般若波羅蜜多心經

11.53

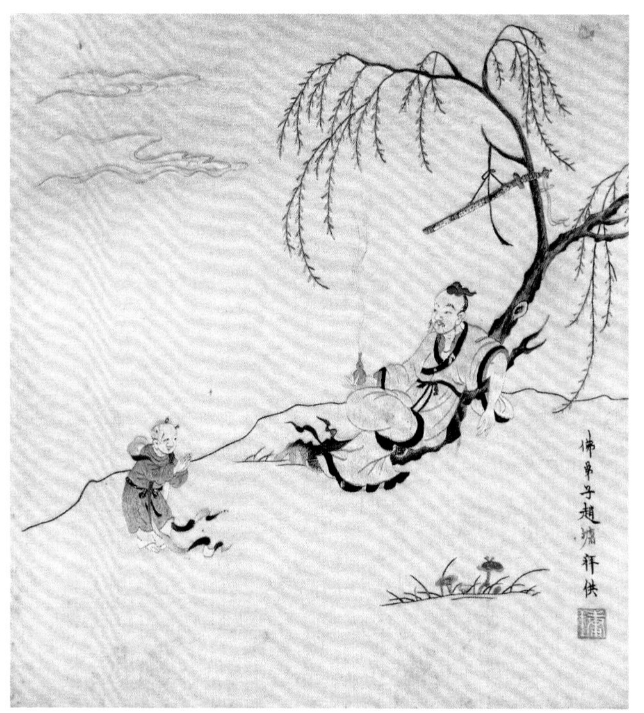

11.54

12

顧繡花鳥草蟲圖冊
清
頁縱26厘米　橫22厘米　六開

Birds, Flowers and Insects, Gu's Embroidery
Qing Dynasty
Album of 6 leaves
Length: 26cm　Width: 22cm

第一開海棠蚱蜢，第二開杏林春燕，第三開石竹蜻蜓，第四開麗春蝴蝶，第五開桃花黃鸝，第六開梅花翠鳥。對頁均墨絲繡董其昌行書題詩。朱繡"露香園"、"虎頭"印。

此冊除運用顧繡常見針法如套針、斜纏針、搶針、齊針繡花草外，在細部還運用了一些獨特針法，如冰紋針繡蜻蜓翅膀，滾針繡蚱蜢、蝴蝶之鬚，施毛針繡鳥羽，針法窮其巧變，因材施針。

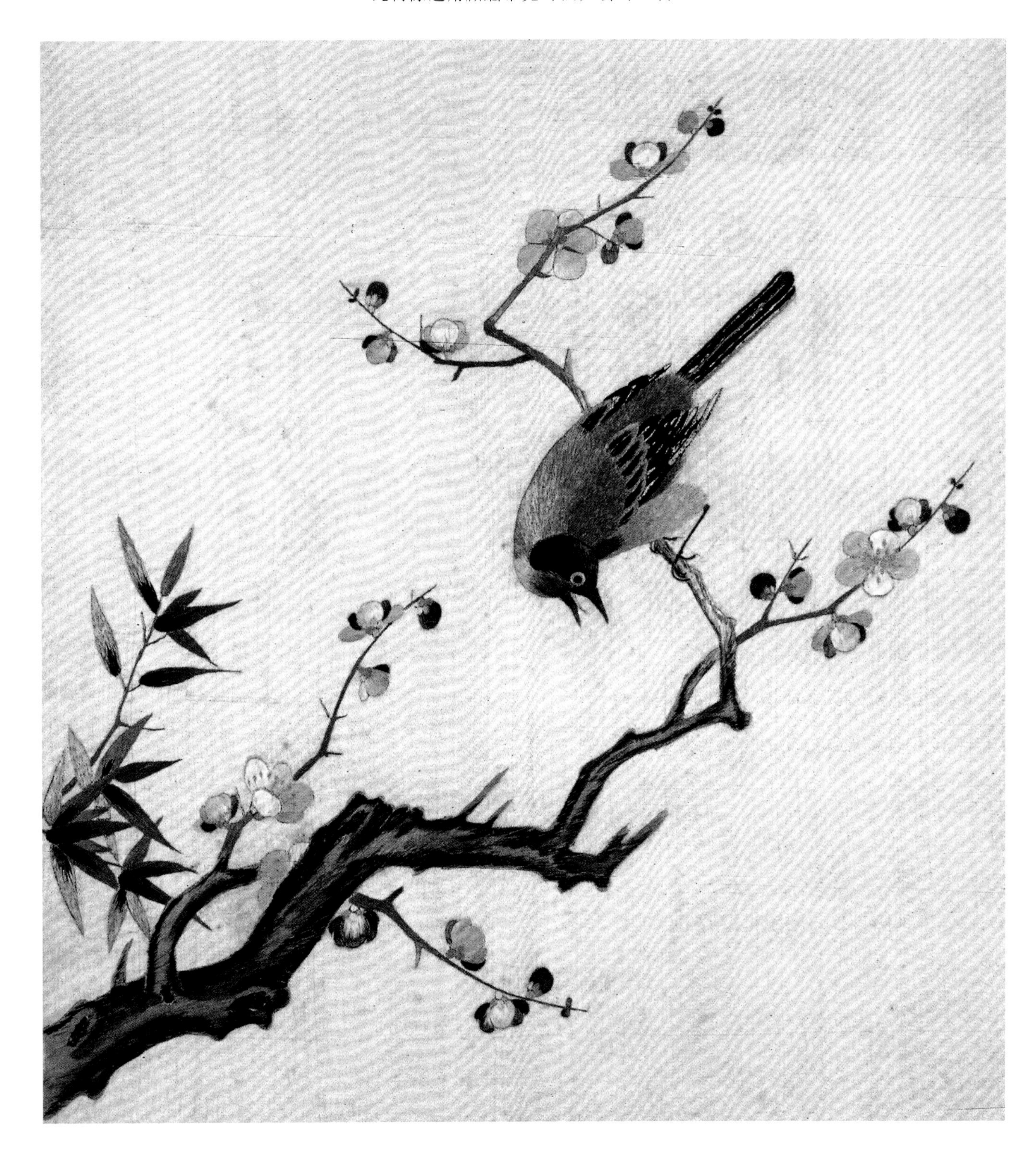

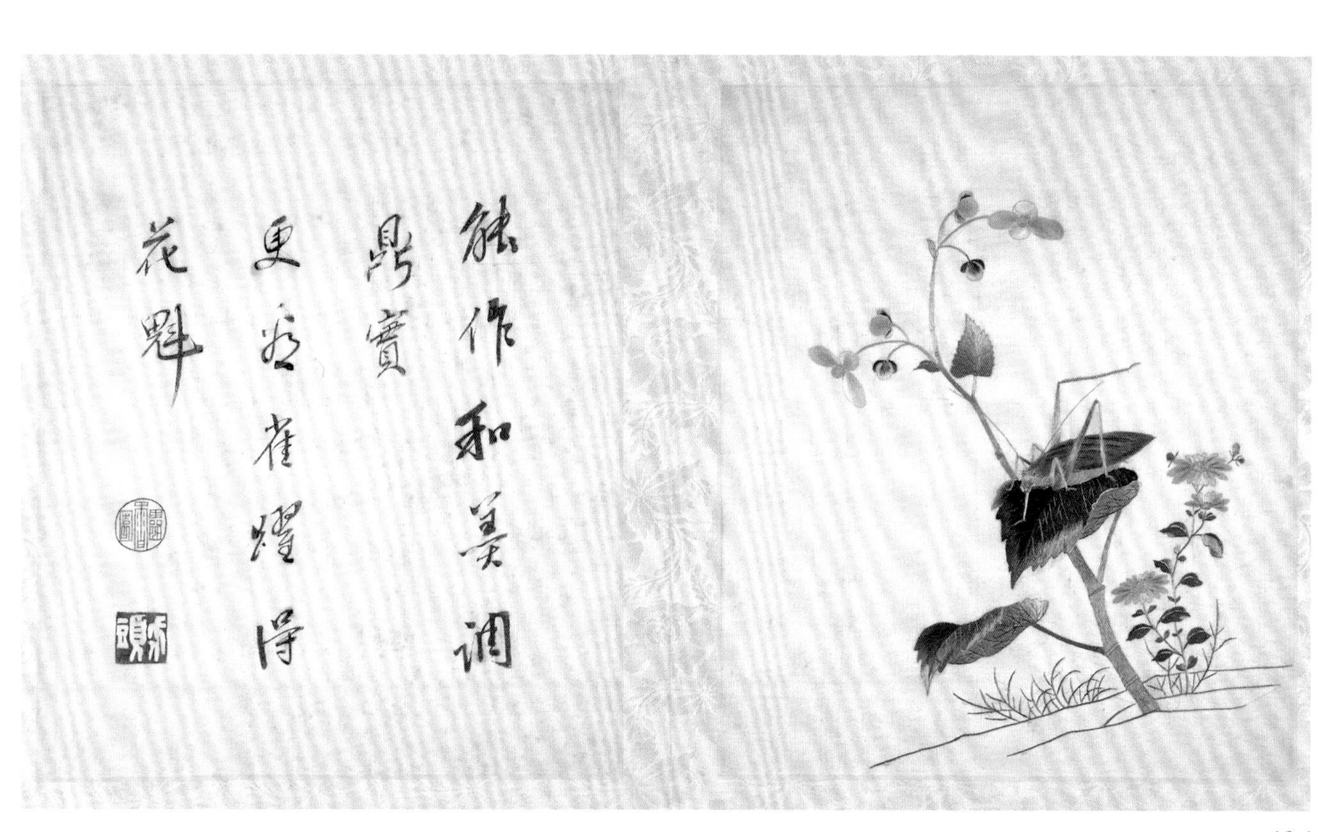

12.1

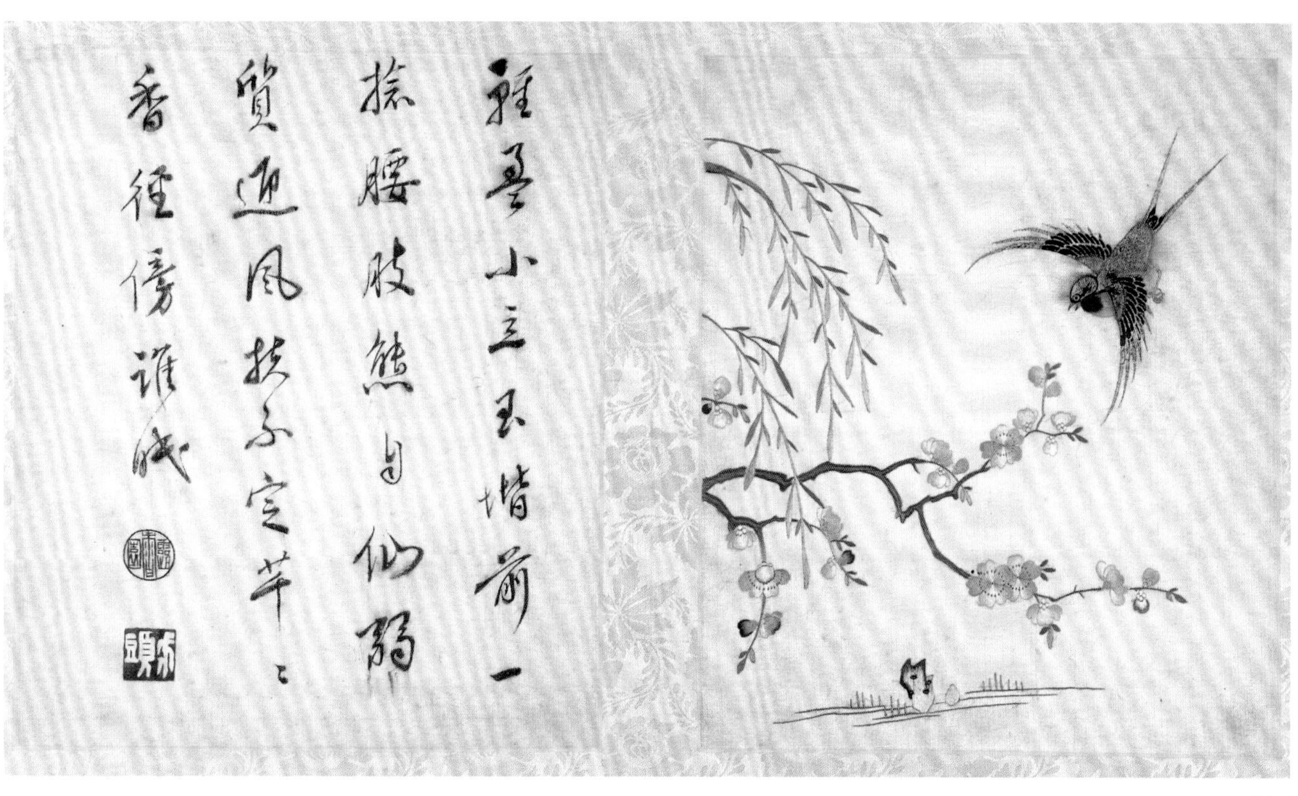

12.2

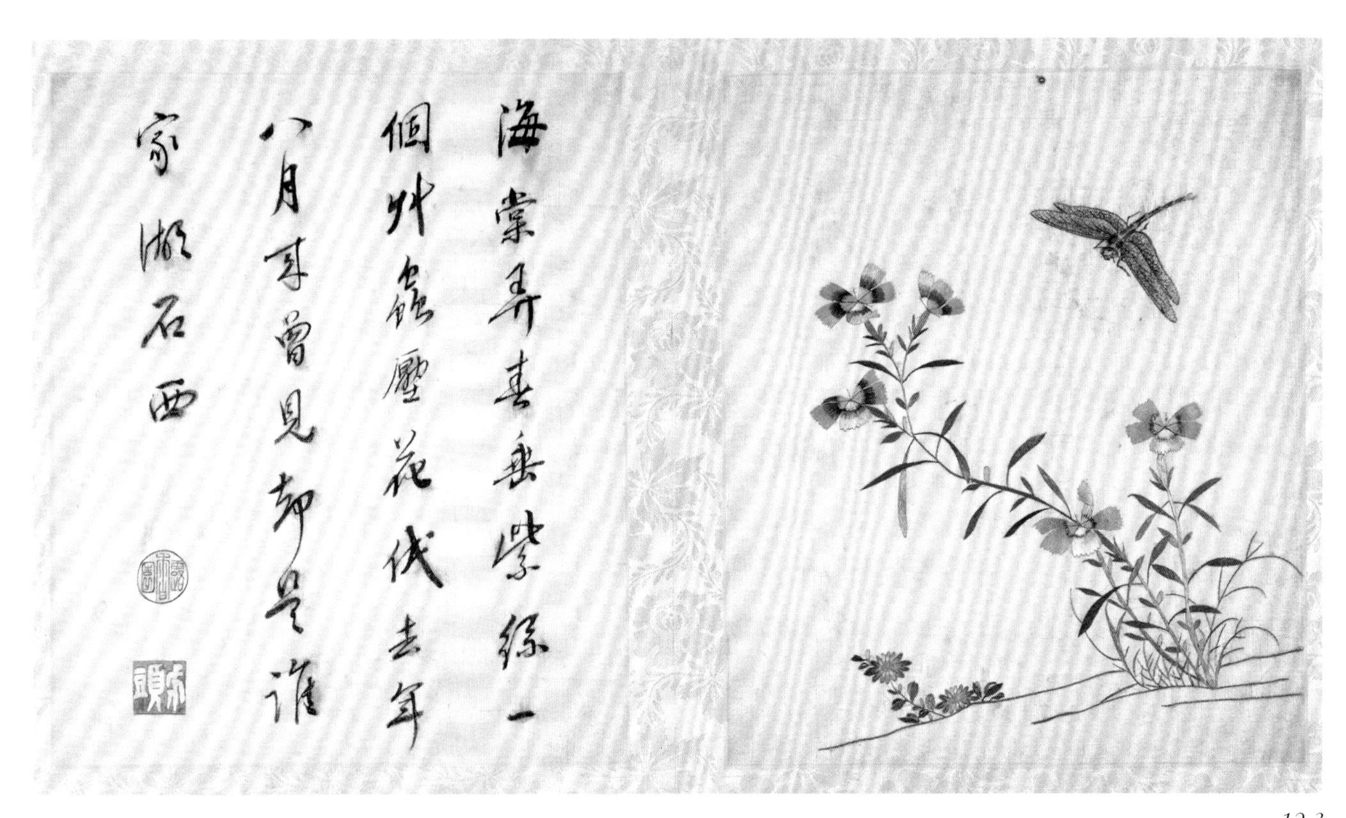

12.3

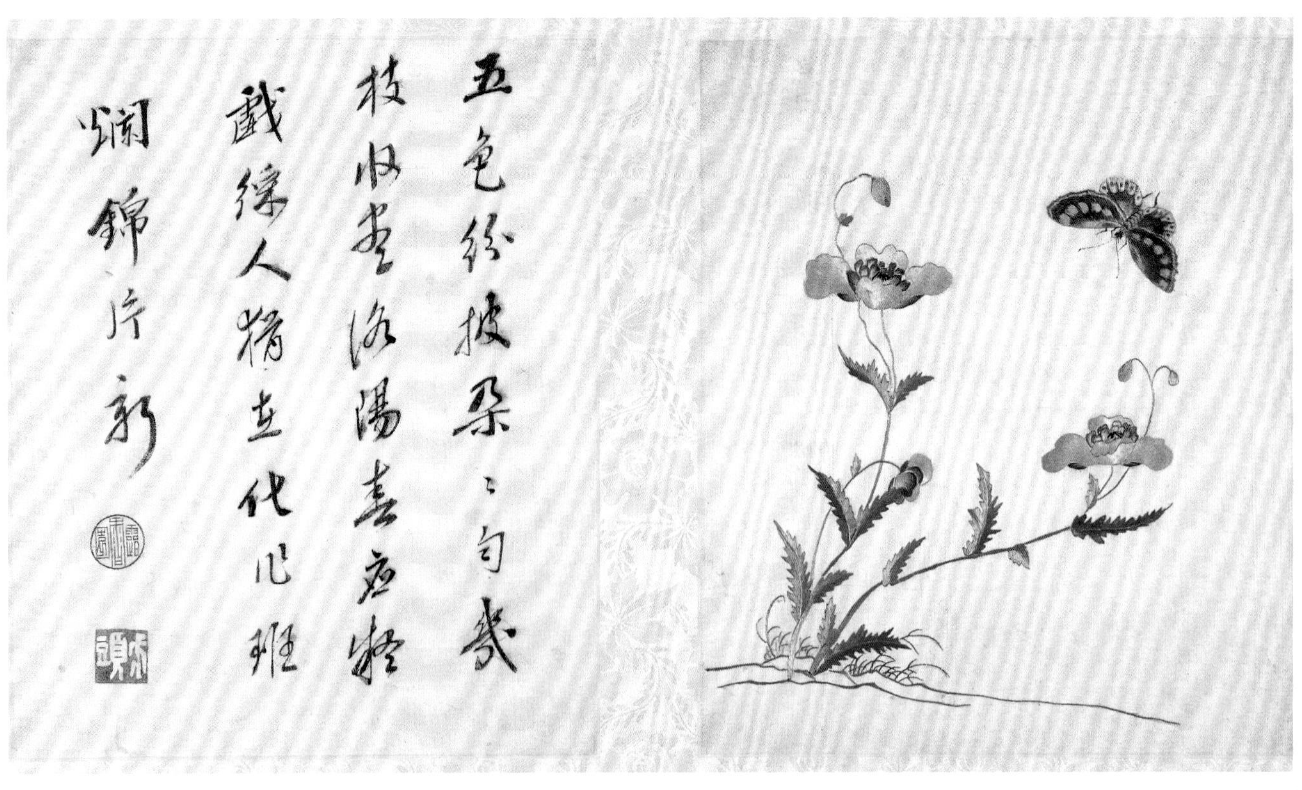

12.4

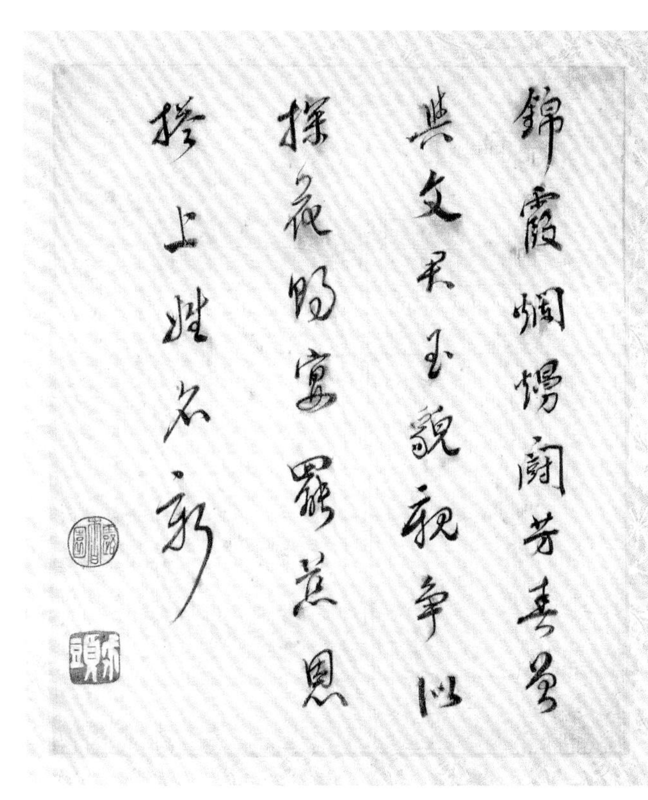

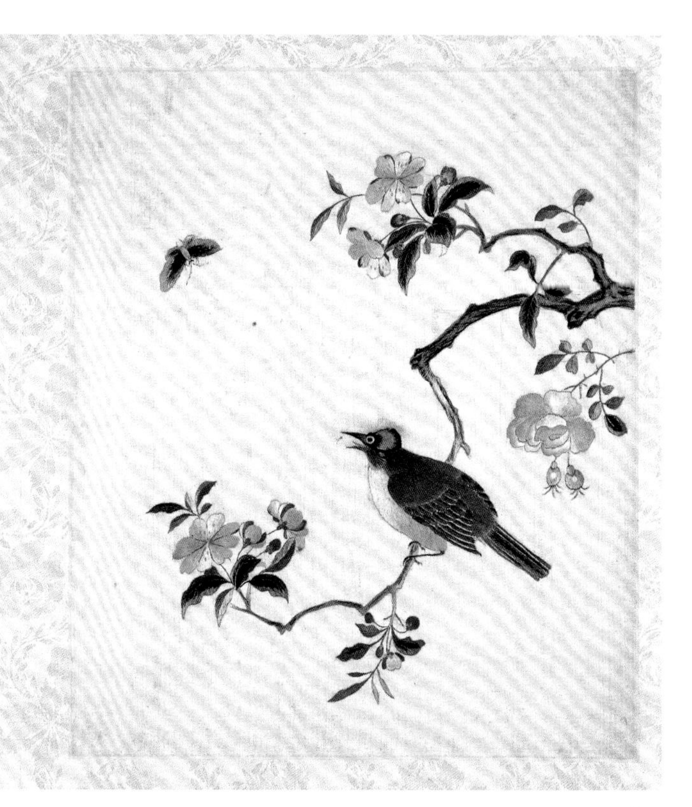

12.5

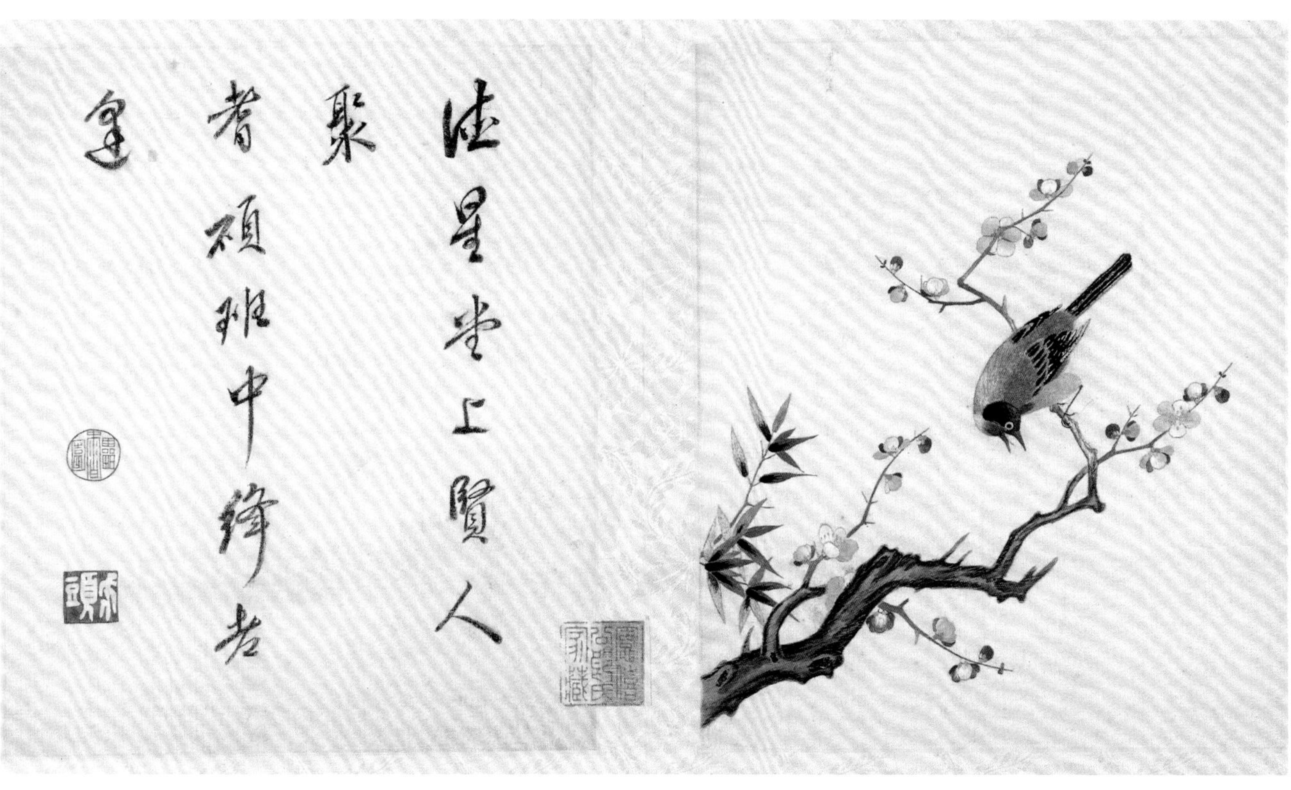

12.6

13

衣綫繡瑤池集慶圖軸

明

縱137厘米　橫136厘米

Mother of the West's Birthday Party at Yao Chi, Needlepoint Embroidery

Ming Dynasty

Hanging scroll

Length: 137cm　Width: 136cm

圖繡西王母宴集瑤池的情景，西王母居中端坐，仙女各捧壽禮奉獻，四周是象徵長壽的蒼松、桃樹、菊花、靈芝、仙鶴等。

衣綫繡起源於山東，又稱魯繡，是北方民間刺繡的代表。衣綫繡多以暗花綾為地，繡綫為雙股合捻的衣綫，花紋粗獷、豪放，與江南閨閣繡的細絲淡彩形成鮮明對比。此圖畫風為工筆設色與白描相結合，人物形象有明代畫家仇英工麗清秀、綫條細勁流暢之特色。以一至三色間暈，運用平繡、打籽、釘綫、平金等針法。

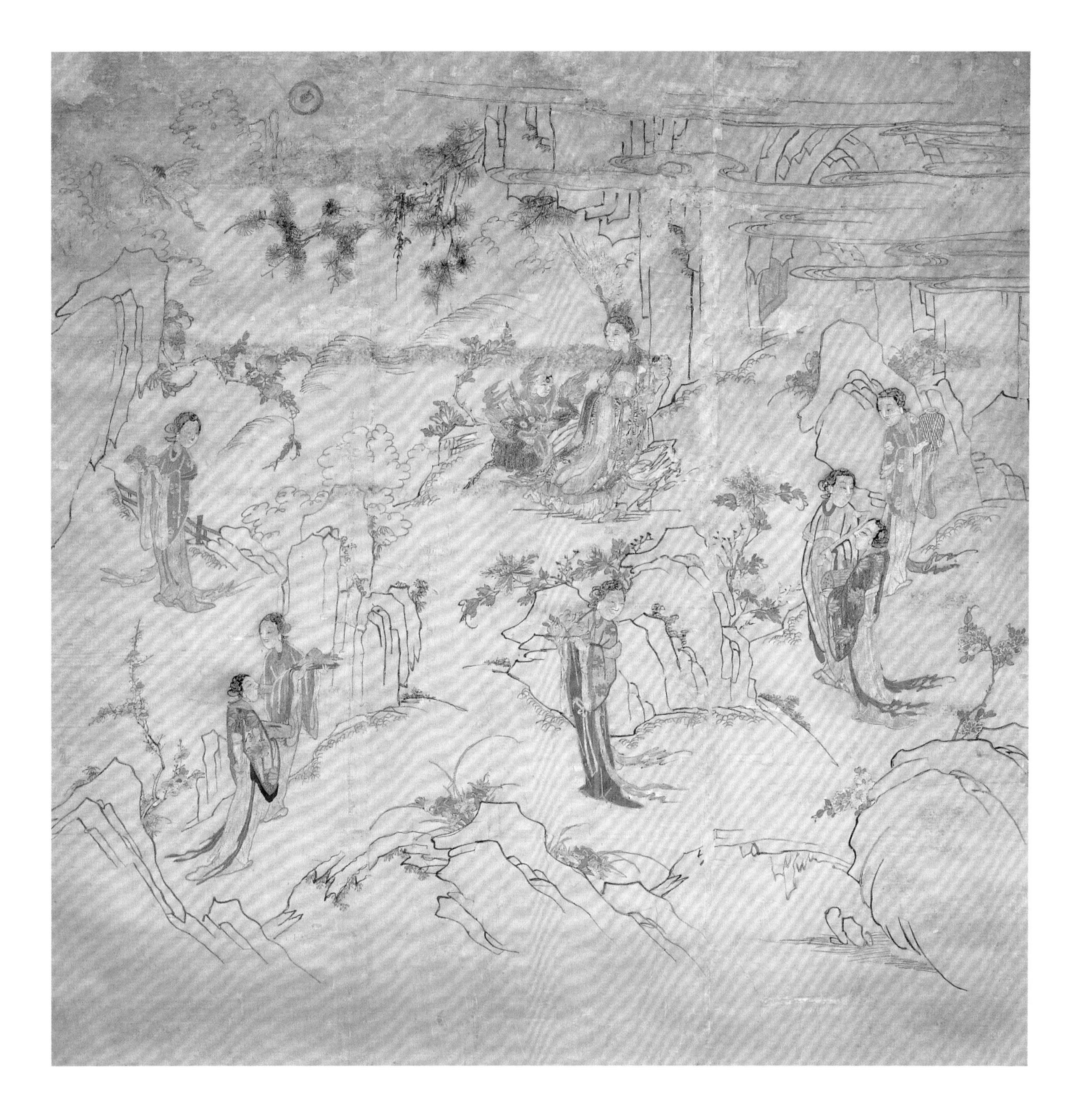

14

衣綫繡荷花鴛鴦圖軸

明

縱136厘米　橫54厘米

Lotus and Mandarin Ducks, Needlepoint Embroidery

Ming Dynasty

Hanging scroll

Length: 136cm　Width: 54cm

圖繡荷塘景色，一對嬉戲的鴛鴦，翻飛的蝴蝶，盛開的花朵。畫面喜慶、熱烈。

此圖繡法與蘇繡用針一樣，主要用套針，荷花以紅、白兩色繡綫相套。鴛鴦除用套針之外，還以刻鱗針表現其羽翅。蝴蝶雖小，但繡法多樣，套針、斜纏針、施毛針、接針相互穿插使用。繡綫雖然以雙股捻合，但同樣工緻。

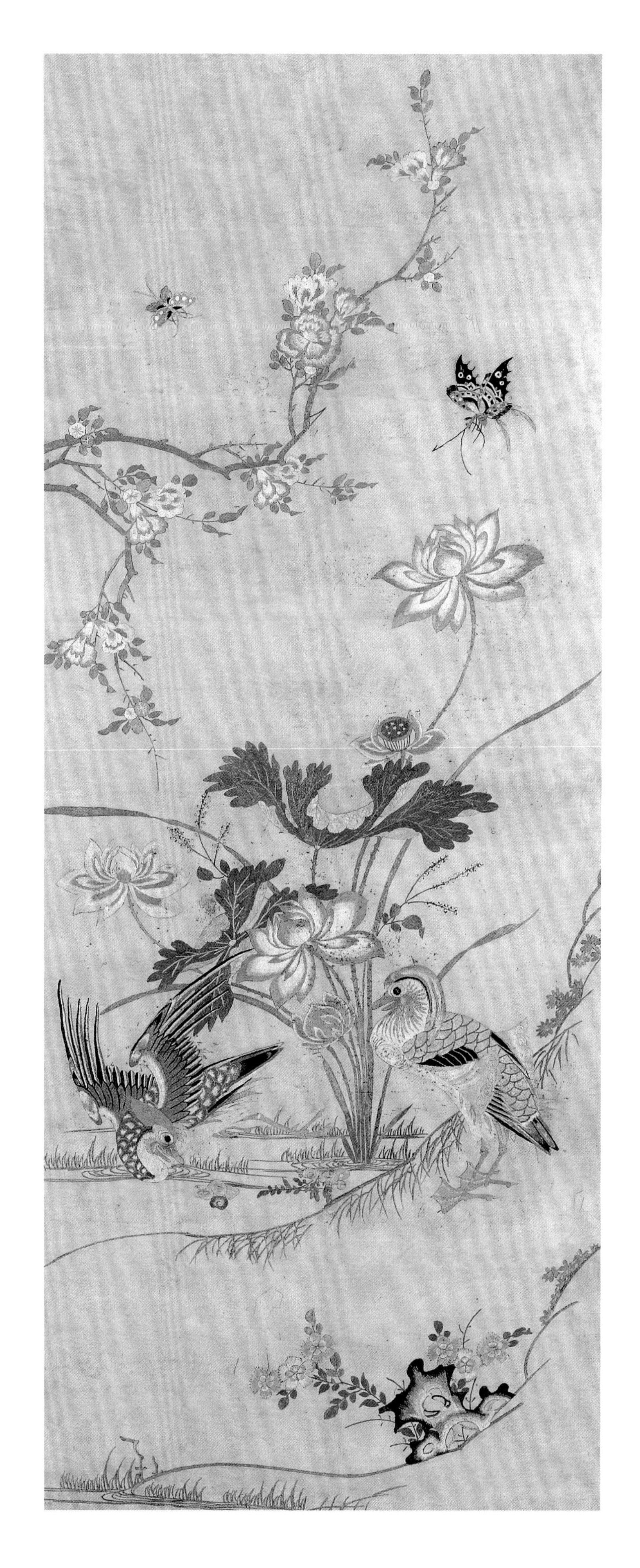

15

衣綫繡芙蓉雙鴨圖軸

明

縱140厘米　橫57厘米

Hibiscus and Two Ducks, Needlepoint Embroidery

Ming Dynasty

Hanging scroll

Length: 140cm　Width: 57cm

圖繡如影隨形的雙鴨游於蘆葦水塘，上部為一簇盛開的芙蓉花。

此圖運用搶針、打籽、纏針等針法，繡面構圖疏朗，紋樣渾厚，針法粗獷蒼勁。而在整體的豪放風格中又不失細膩的局部處理，如雙鴨生動的細微神態，翎毛繡製精細，表現出自然的色澤和立體感，可謂拙中見秀。

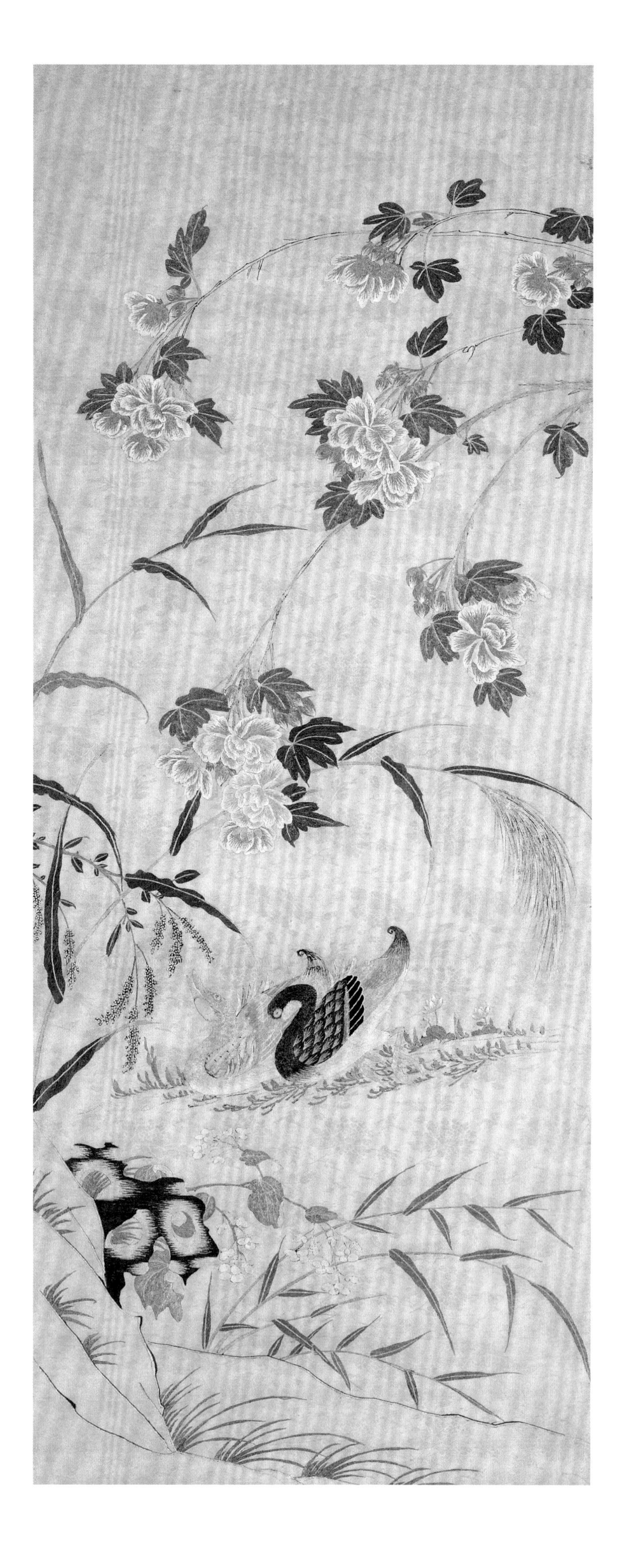

16

衣綫繡文昌出行圖軸

明

縱145厘米　橫57厘米

God Wen Chang taking a rest during his trip, Needlepoint Embroidery

Ming Dynasty

Hanging scroll

Length: 145cm　Width: 57cm

圖繡文昌出行途中小憩情景，兩個侍童尤其刻畫生動，一在文昌身後服侍，一牽馬餵食。文昌，又稱文曲星，古代神話中主宰功名之神。

此圖用二色間暈，以齊針、套針、平金、釘綫、網繡等針法繡製。既保持魯繡傳統繡法，又將衣綫放捻，並將蘇繡的劈絲繡綫運用於作品中，顯得粗中有細。在表現人物神態、動作以及衣紋的皺褶上，十分傳神，尤其是對"水路"(紋樣交接、重疊處空留的一綫繡地）的留置與控制，嫻熟精巧，堪稱衣綫繡的佳作。

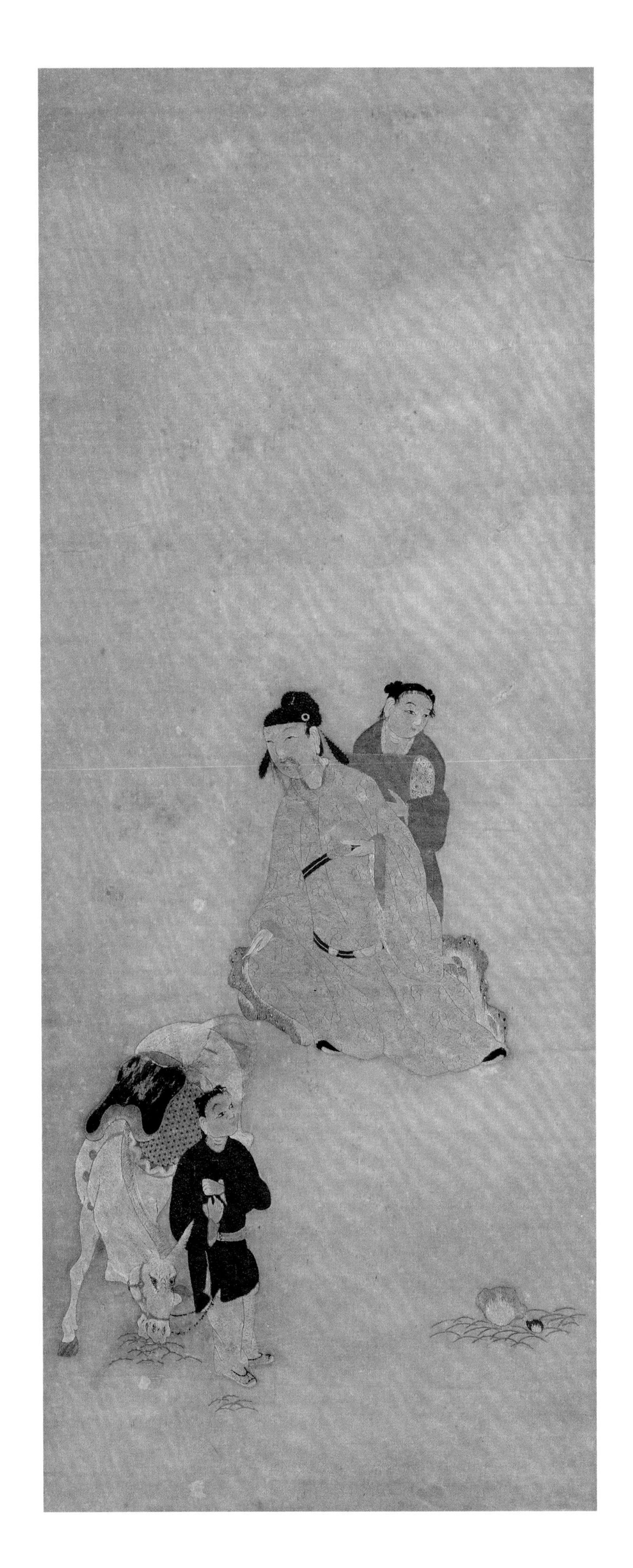

17

衣綫繡山市晴嵐圖軸

清康熙
縱215厘米　橫50厘米

Mountain Market in a Sunny Day, Needlepoint Embroidery
Kangxi Period, Qing Dynasty
Hanging scroll
Length: 215cm　Width: 50cm

圖繡“瀟湘八景”之一的“山市晴嵐”，表現山野茅舍，恬靜安閒的意境。圖上藍絲綫繡書：“雞聲茅屋午，靄靄墟煙白。市散人跡稀，山空翠猶滴。右詠山市晴嵐”。

此圖用釘綫繡出山石輪廓，內不施彩，為了表現山石的厚度，從外向內用深藍、月白、淺米色三層綫條繡山石的邊緣，由於絲綫是雙股合撚，較粗，增強了立體感。人物、樹木等處，動筆補繪。為清康熙時期衣綫繡的代表作品。

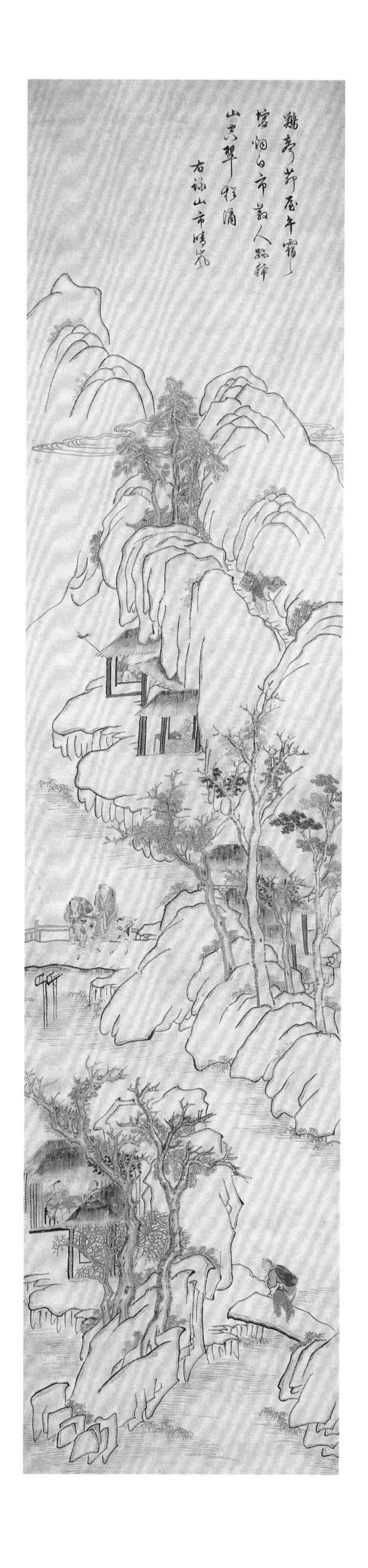

18

衣綫繡牡丹鳳凰圖軸
清乾隆
縱134厘米　橫51厘米

Peony and a Pair of Phoenixes, Needlepoint Embroidery
Qianlong Period, Qing Dynasty
Hanging scroll
Length: 134cm　Width: 51cm

圖繡一簇盛開的牡丹花，一對鳳凰穿行其間，另點綴花草、蝴蝶。

此圖畫稿為工筆勾勒與沒骨設色相結合。以齊針、套針、接針、網針繡鳳凰、牡丹花，羽翼、花瓣講究紋理層次，花葉幾乎全部為齊針，絲理疏朗，質樸中透出典雅。

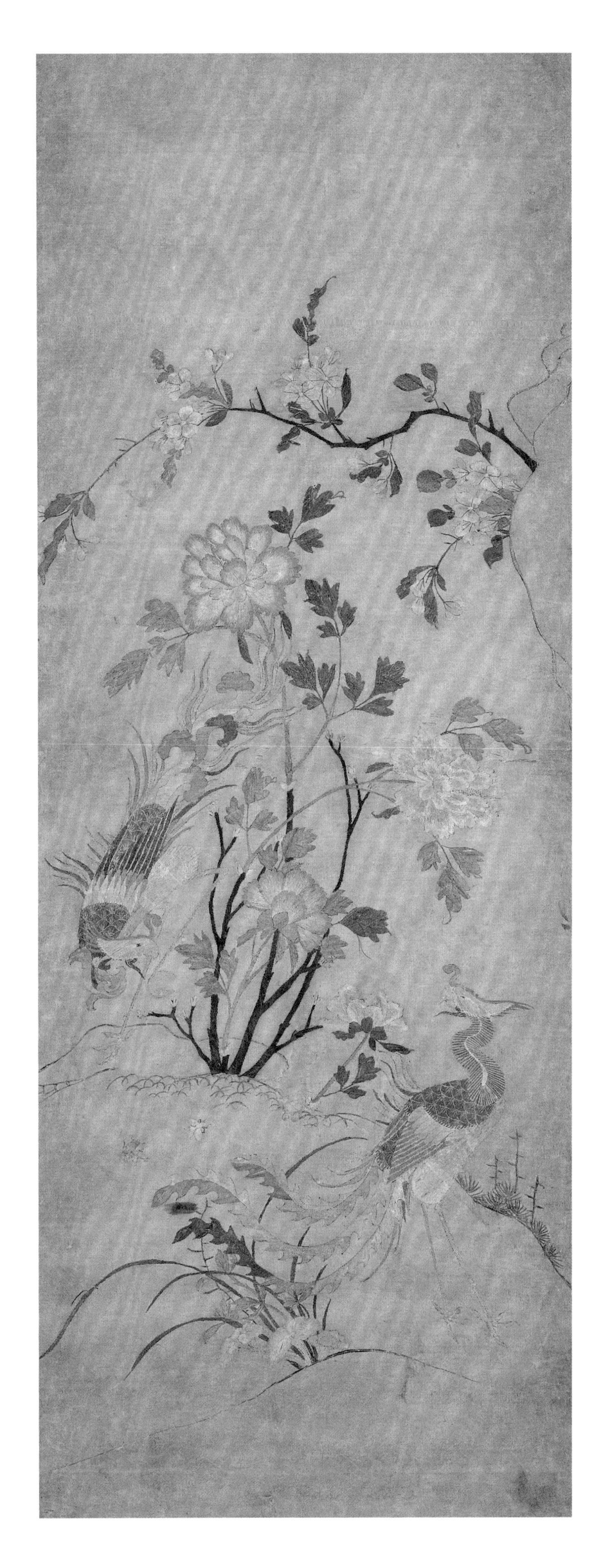

19

廣繡百鳥爭鳴圖裱片

清

縱74厘米　橫52厘米

A Hundred Birds Singing, Guangdong Embroidery

Qing Dynasty

Thin silk mounting

Length: 74cm　Width: 52cm

米色素綾地上繡百鳥圖，有孔雀、錦雞、鴛鴦、鵪鶉、蜂鳥、八哥、鸚鵡、雞等，另有三羊及牡丹、荷花、菊花、雞冠花等各色花卉。畫面充盈，色彩華美富麗。

廣繡又稱粵繡，泛指廣東地方刺繡。其針法繁複，變化多樣，配色鮮麗華美，構圖繁複，所繡物象寫實逼真，針腳工整規矩，繡工細薄。此圖體現了廣繡的特點，構圖比顧繡繁麗，幾乎不留空白；針工比魯繡細膩，採用了套針、齊針、頂針、滾針、施毛針、雞毛針、扎針、打籽、刻鱗針、松針、綱針、接針等十餘種針法，特別是禽鳥羽毛，講究絲理走向，追摹逼真的效果。

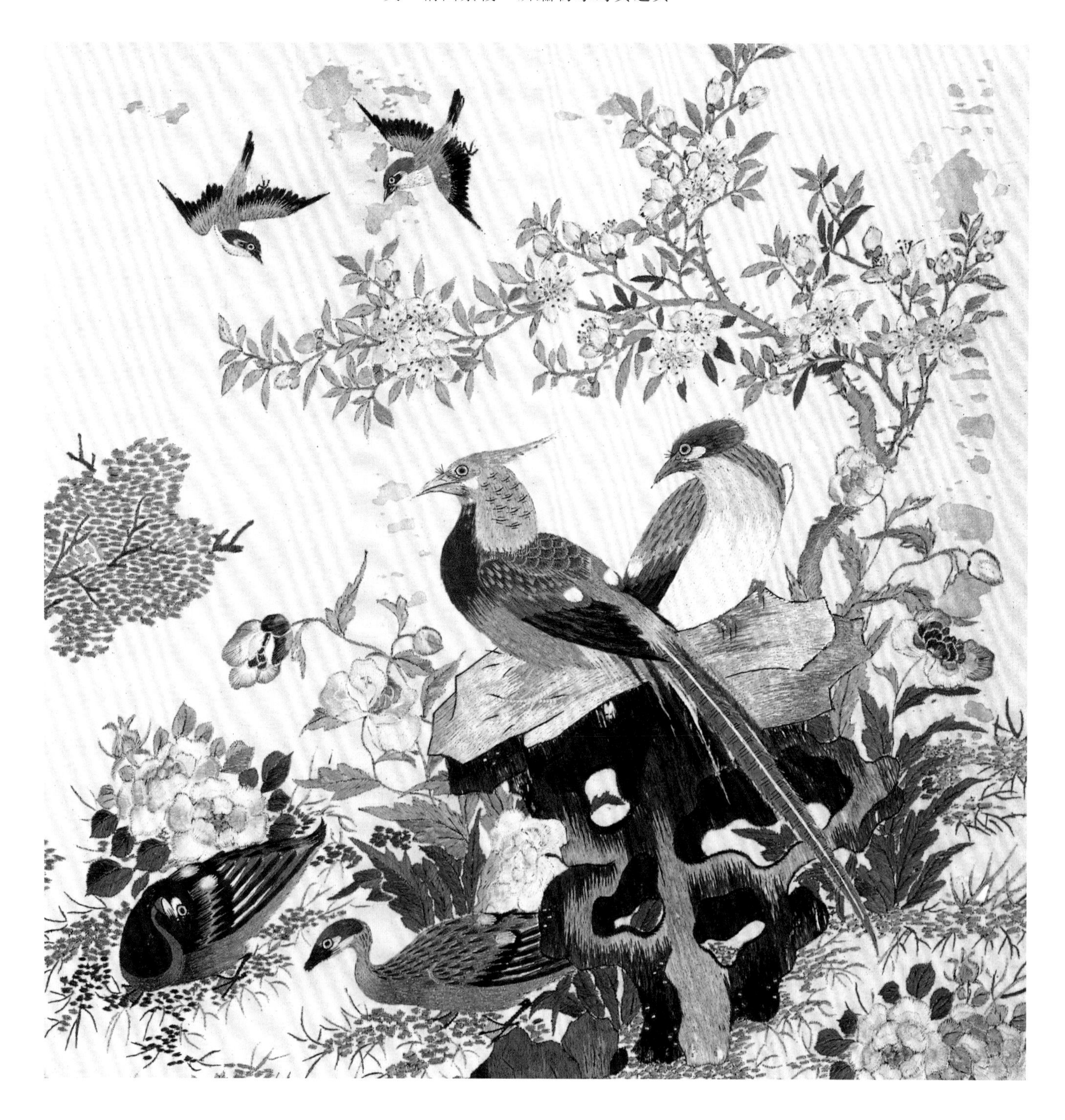

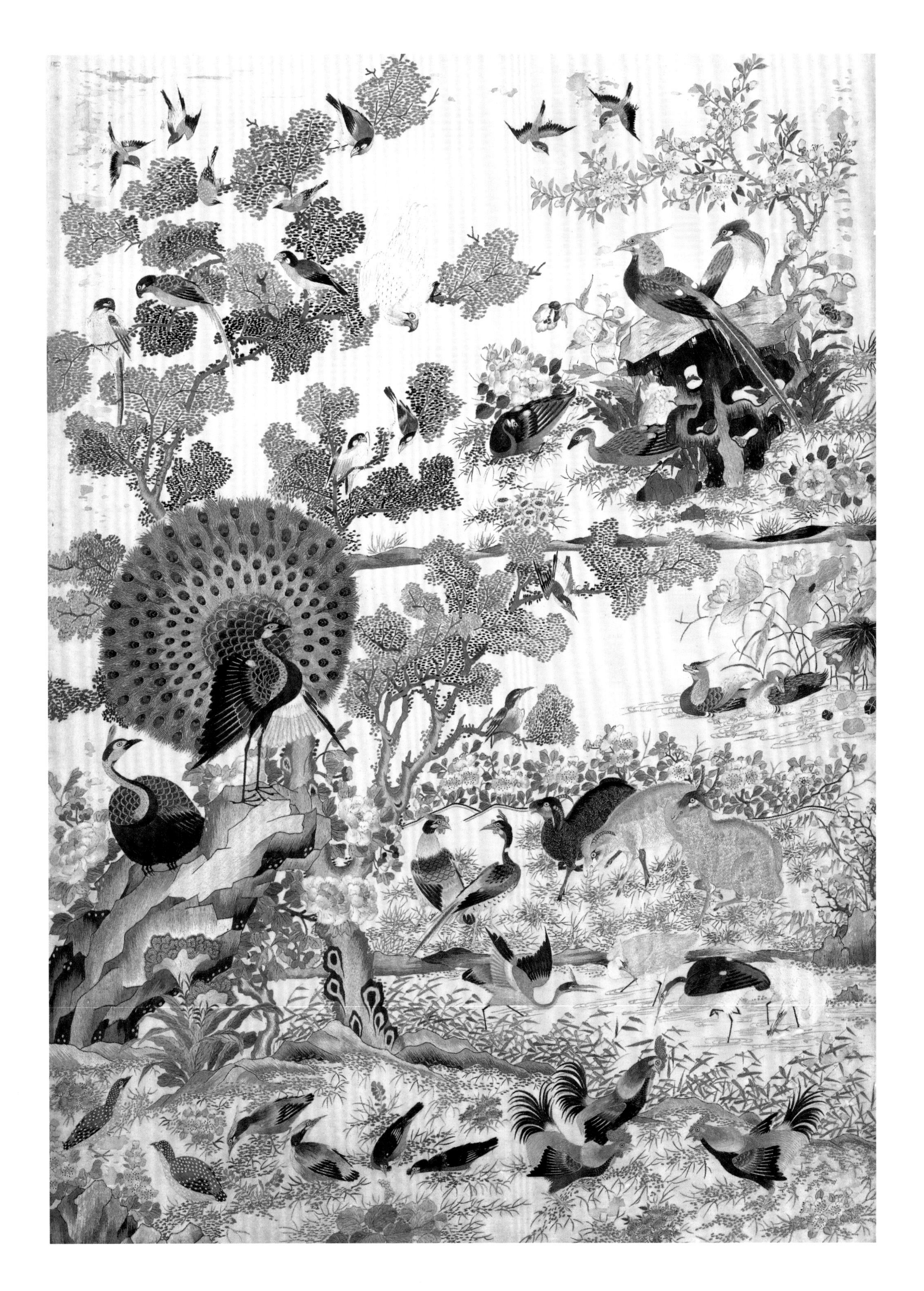

20

廣繡三陽開泰圖裱片
清乾隆
縱67厘米　橫52厘米

Three Sheep representing Traditional Auspicious Symbol of Chinese New Year, Guangdong Embroidery
Qianlong Period, Qing Dynasty
Thin silk mounting
Length: 67cm　Width: 52cm

牙白色緞地上繡三羊，其間草木葱蘢，瑞鳥雲集，天邊一輪紅日高掛，一派春日融融、萬物滋生的景象。三羊寓意“三陽開泰”，冬去春來，陰消陽長，萬物滋生，是一年肇始的吉語。

此圖繡法豐富，以辮子股、扭針、刻鱗針、打籽、灑插針、施毛針、扎針、風車針等針法繡成。特別是以辮子股表現羊毛凸起的質感，羊身結構準確，講求明暗，立體感強。色彩濃艷而不俗，搭配協調，構圖飽滿，是廣繡的代表作。

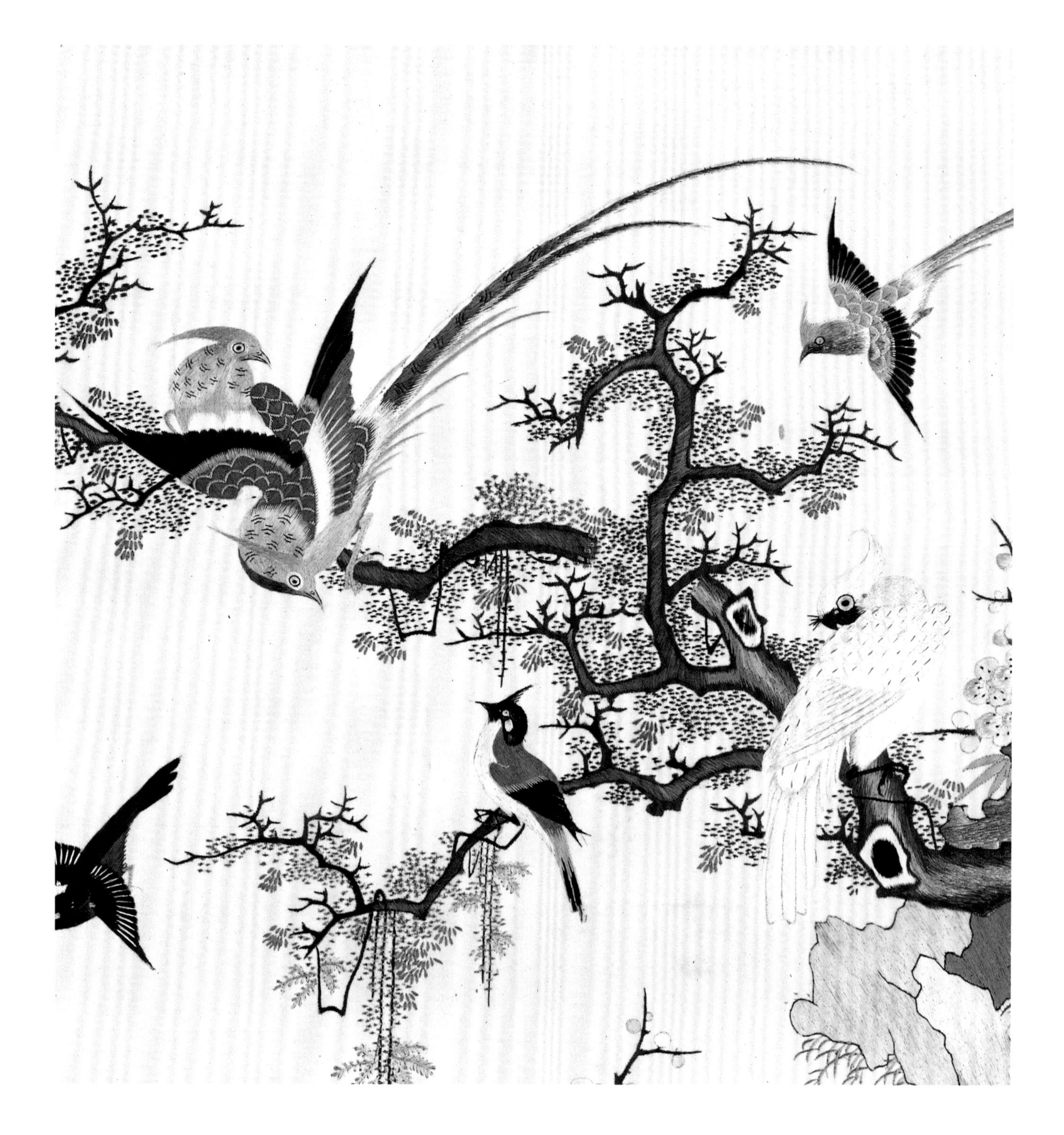

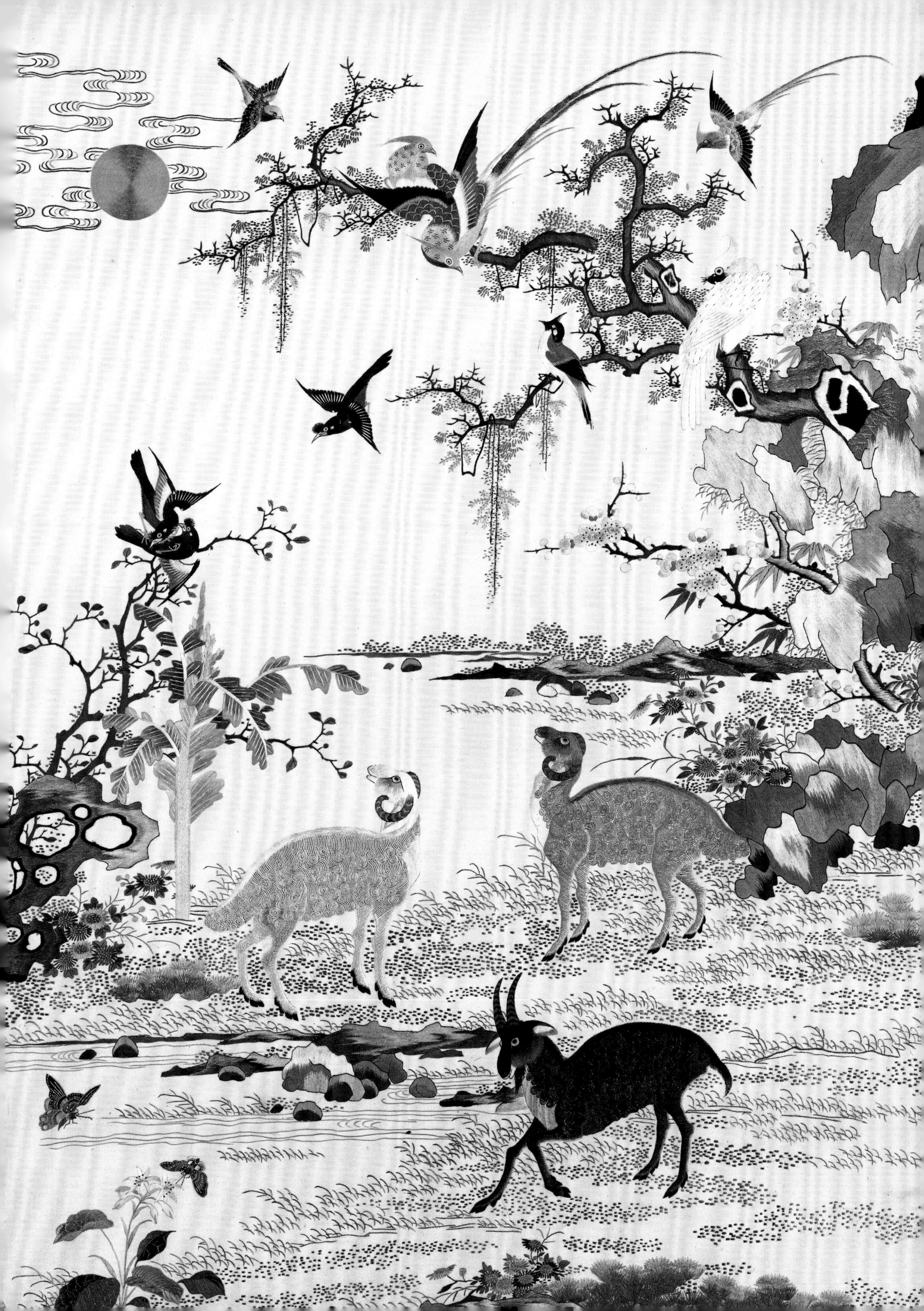

21

廣繡山水漁讀圖裱片
清乾隆
縱44厘米　橫35厘米

Fisherman and Student in Landscape, Guangdong Embroidery
Qianlong Period, Qing Dynasty
Thin silk mounting
Length: 44cm　Width: 35cm

圖繡山水風景，着力表現江邊茅舍中苦讀的書生，和對岸竹蔭下撒網的漁夫，漁父、書生各得其趣。繡款："飛泉掛碧峯　錄唐句意作　玉田針"，朱繡"玉田"、"印"印。

此圖除採用鋪針、直針、灑插針等廣繡傳統針法外，還用竹織針繡茅屋頂，施毛針、網針繡烏篷船，方格網針繡牆面，扭針繡雲、水紋等，細微之處毫不含糊，針法繁複，窮其變化。全圖以棕、褐、駝、緗色為主色調，配以深綠、淺綠、藍等，典雅古樸中帶有鮮麗明快，是廣繡的配色特點。

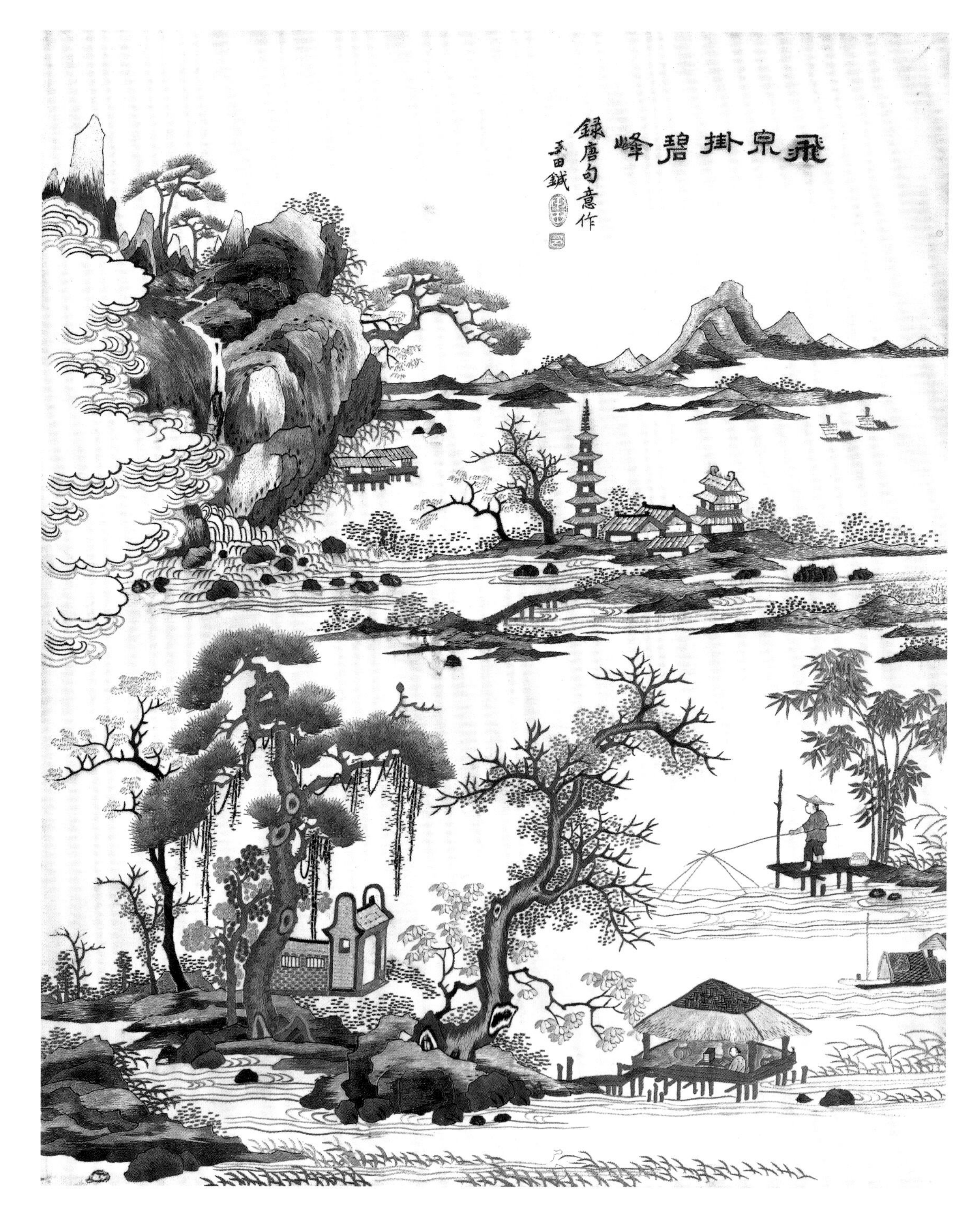

22

廣繡丹鳳朝陽圖裱片
清
縱68厘米　橫52厘米

All kinds of Birds and the Sun, Guangdong Embroidery
Qing Dynasty
Thin silk mounting
Length: 68cm　Width: 52cm

圖繡梧桐樹下百花齊放，一對鳳凰立於石上，引來仙鶴、黃鸝、翠鳥、鴛鴦、喜鵲等百鳥圍繞而鳴，天邊一輪旭日初升，一派富麗、熱烈景象，為廣繡常見題材。

此圖採用大紅、紫紅、金黃、駝黃、草綠、墨綠、湖藍、深棕、葡灰、淺褐等近二十種色綫，色差強烈，富麗奪目。以直針、咬針、編織針、勒針、扭針等多種針法繡製，針法多變，絲理分明。構圖飽滿熱烈，疏繁有致，為典型的廣繡特色。

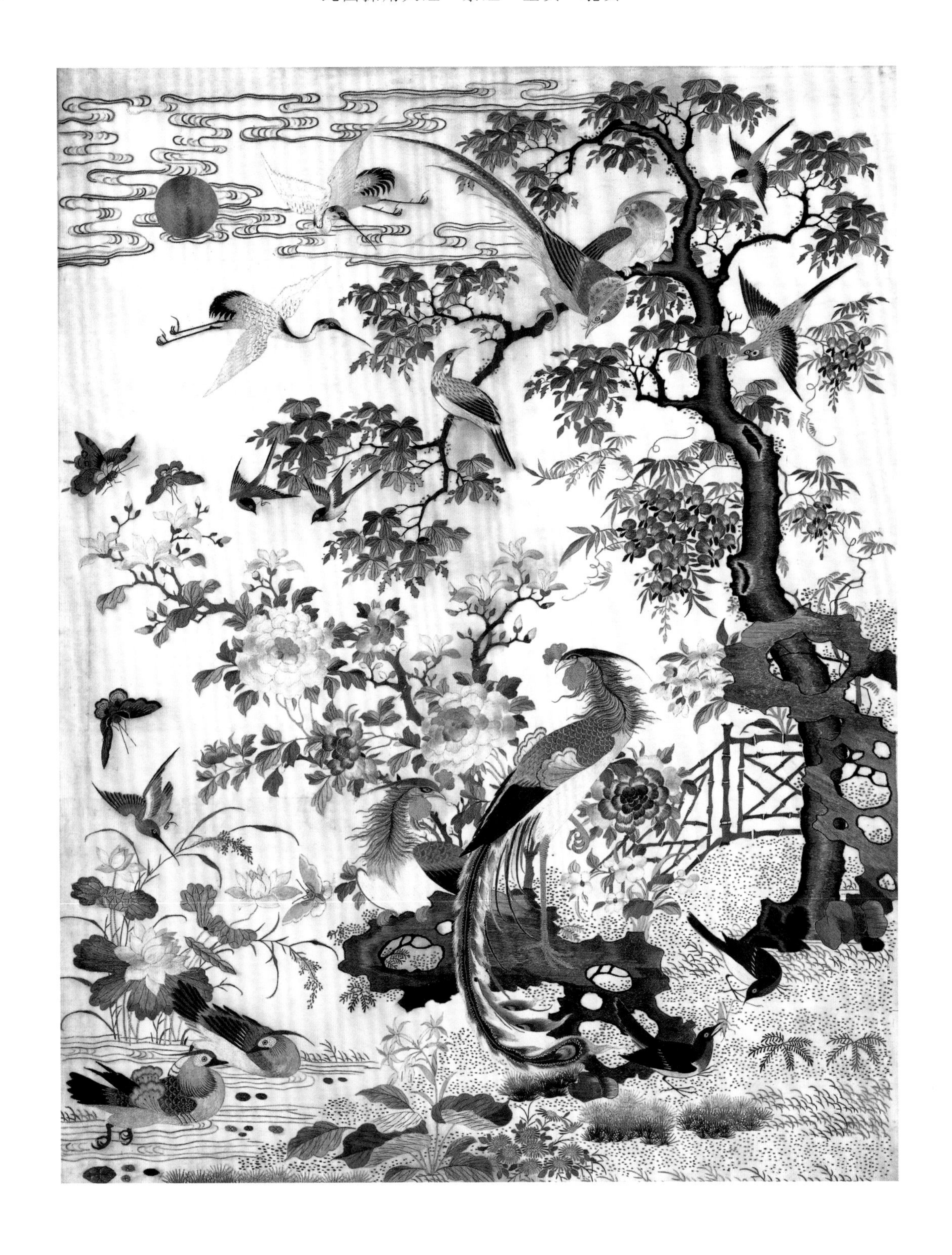

23

廣繡竹石雙鳳圖軸
清光緒
縱50厘米　橫88厘米

Bamboo, Rocks and A Pair of Phoenixes, Guangdong Embroidery
Guangxu Period, Qing Dynasty
Hanging scroll
Length: 50cm　Width: 88cm

圖繡竹林中一對鳳凰，一立於湖石上，一在草地上回首相望。襯以太陽、靈芝、草地等。構圖飽滿，主題突出。

此圖為二至六色間暈與退暈相結合，施以齊針、套針、纏針、滾針、釘綫等多種針法繡製。其中以鳳凰的尾羽和湖石的刻畫最為突出，鳳凰羽毛使用馬尾纏絲作勒綫，突顯自然工整、華麗挺括的效果；湖石則取色階相近的六色絲綫，由淺入深反覆暈染，表現出明暗效果。

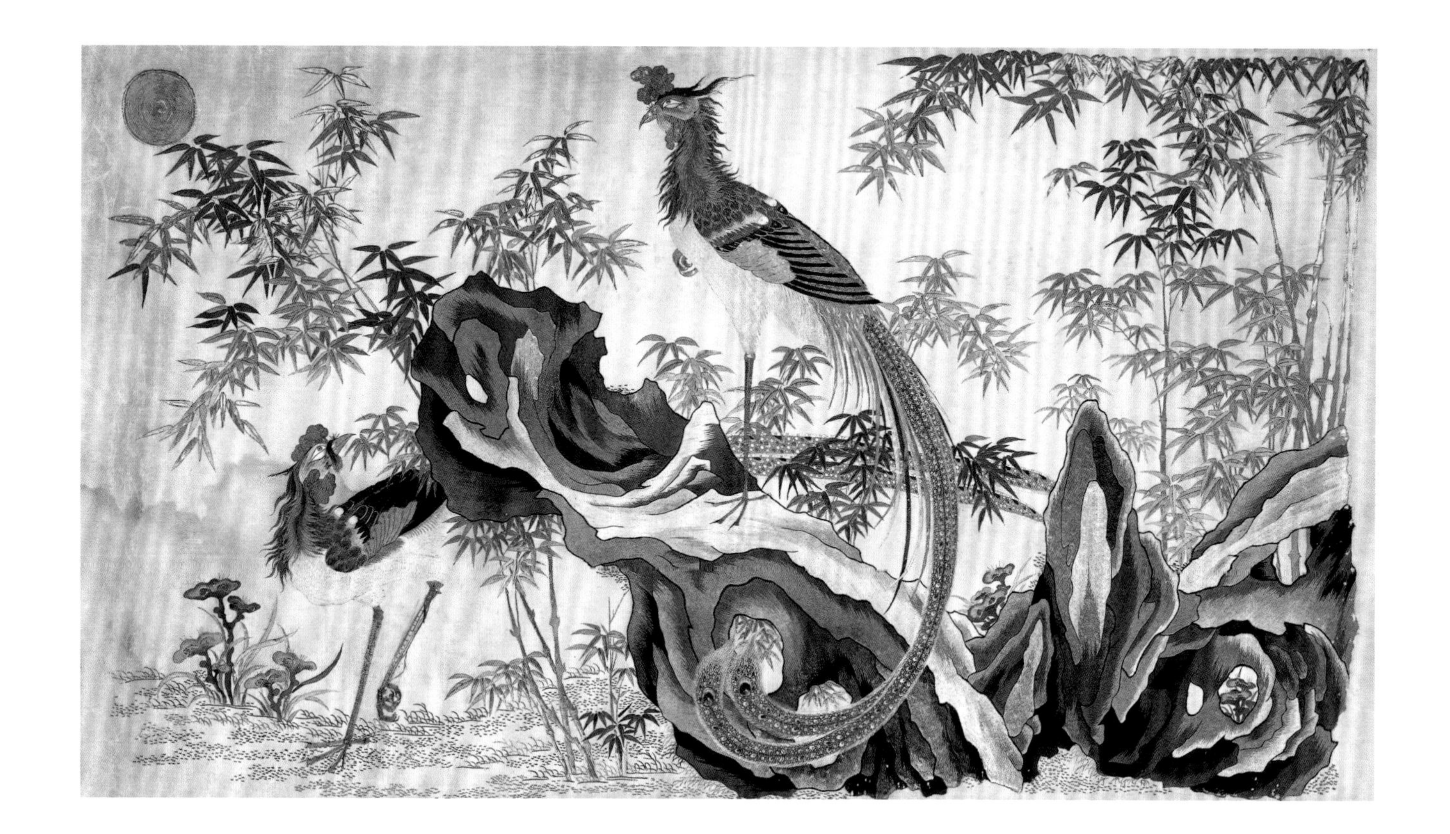

24

廣繡鶴鹿同春圖裱片
清
縱68厘米　橫52厘米

Cranes and Deers, Guangdong Embroidery
Qing Dynasty
Thin silk mounting
Length: 68cm　Width: 52cm

圖繡蒼松下一對梅花鹿，仙鶴或飛翔，或棲松枝，配以梅花、靈芝、菊花、水仙，以及鶺鴒、雞、蝙蝠等。畫面熱烈，為祝壽主題的傳統吉祥圖紋。

此圖將傳統工筆畫與西洋畫透視法相結合，以非常細膩的套針、施毛針表現鹿的肌肉、皮毛的質感，鶴、雞等飛禽用施毛針、套針、撕針、釘針、刻鱗針等，表現羽毛的絲理和光亮的效果，用撒插針、風車針、套針、齊針、扭針等繡山石、樹木、花草。構圖飽滿，層次豐富，針腳平齊細膩，配色鮮麗華美，暈色自然寫實，有翰墨難及之妙。

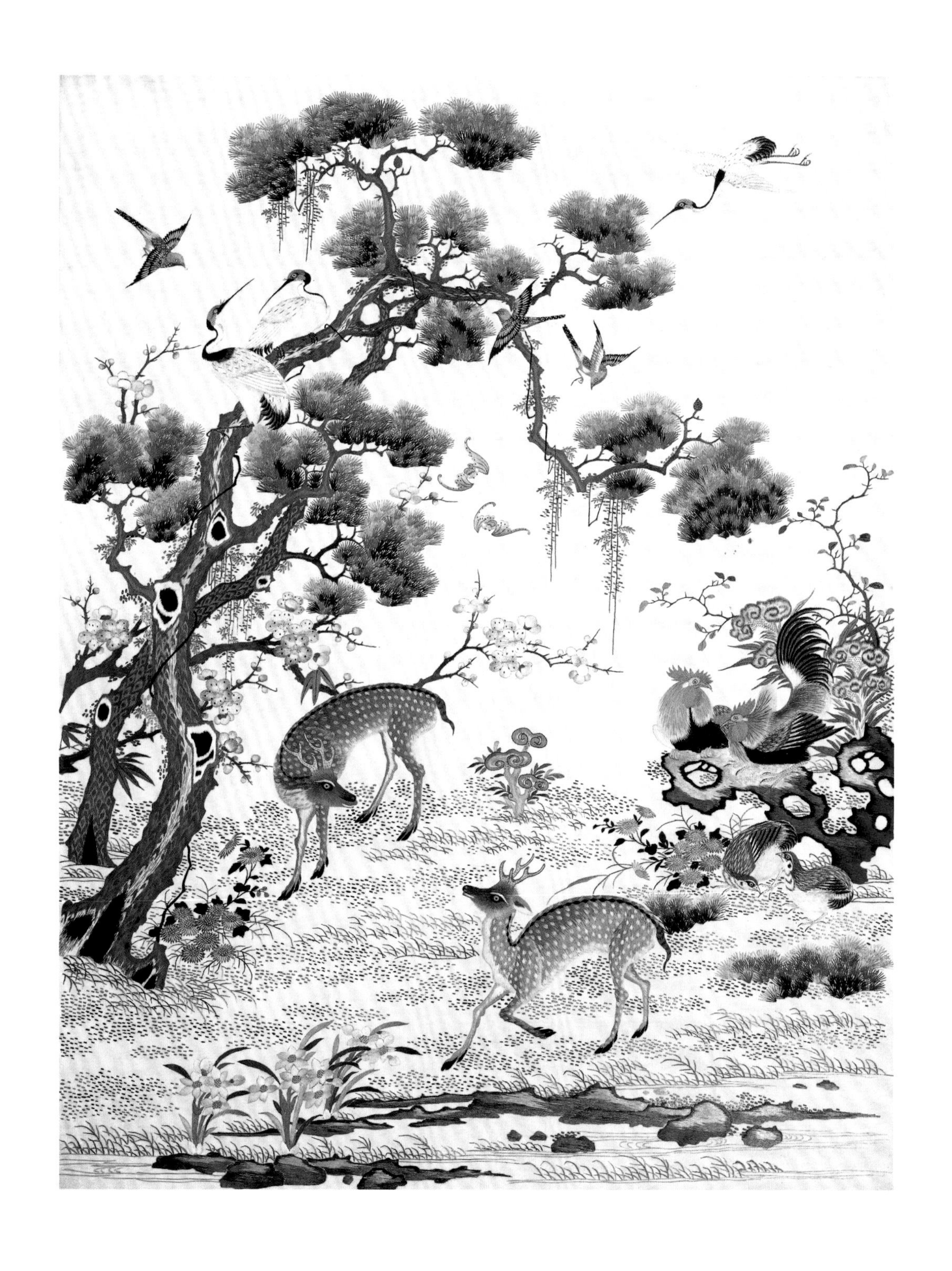

25

廣繡花鳥博古圖插屏

清

縱40厘米　橫51厘米

Flowers, Birds and Antiques, Guangdong Embroidery

Qing Dynasty

Table screen

Length: 40cm　Width: 51cm

白色素緞地上繡委角長方形開光，內為鵪鶉、雀鳥、山石、草蟲等，四周為瓶花、文玩等博古圖。紫檀木座，嵌螺鈿邊框。背板內附"廣東彩元字號"告示，介紹繡莊主人、字號地址、經營品種、工藝質地等，鈐"彩元"、"竹齋氏"印。

廣繡以花繁色麗、繡工精緻著稱，清代廣繡以作坊形式生產，繡工多為男子，為其他繡種罕見。此圖以褐色為主，配以紅、綠、金綫等，柔和雅致中不失明快富麗。針法除直針、扭針、鋪針外，還有灑插針等複雜針法，劈絲極細，針腳平齊細薄。繡品完成後，將背面襯以木條釘成的框，用綫將繡品繃在木框上，縱橫數十道，使畫面平整，圖案不變形。具有"廣告"性質的告示，是研究晚清廣繡的珍貴史料。

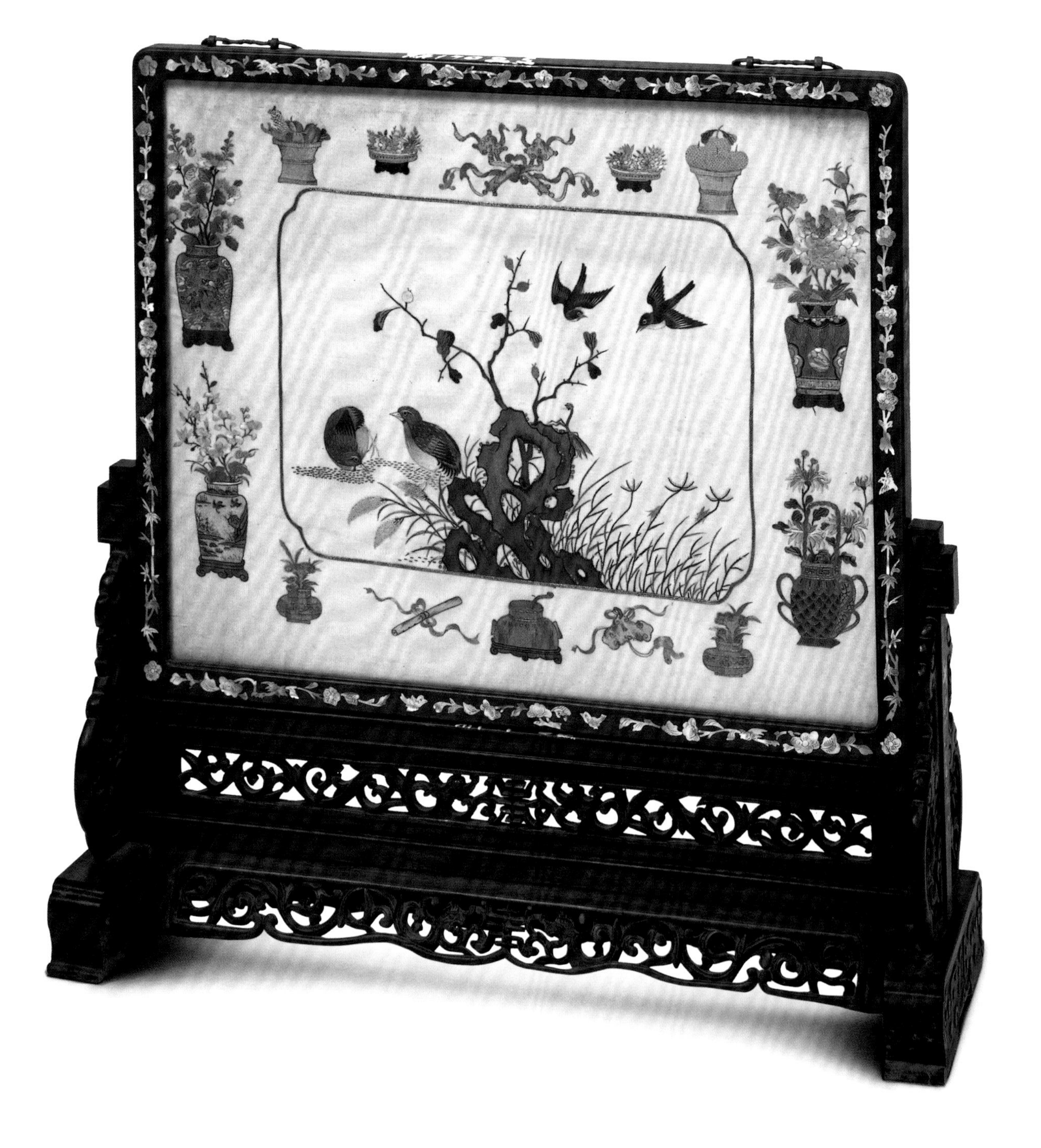

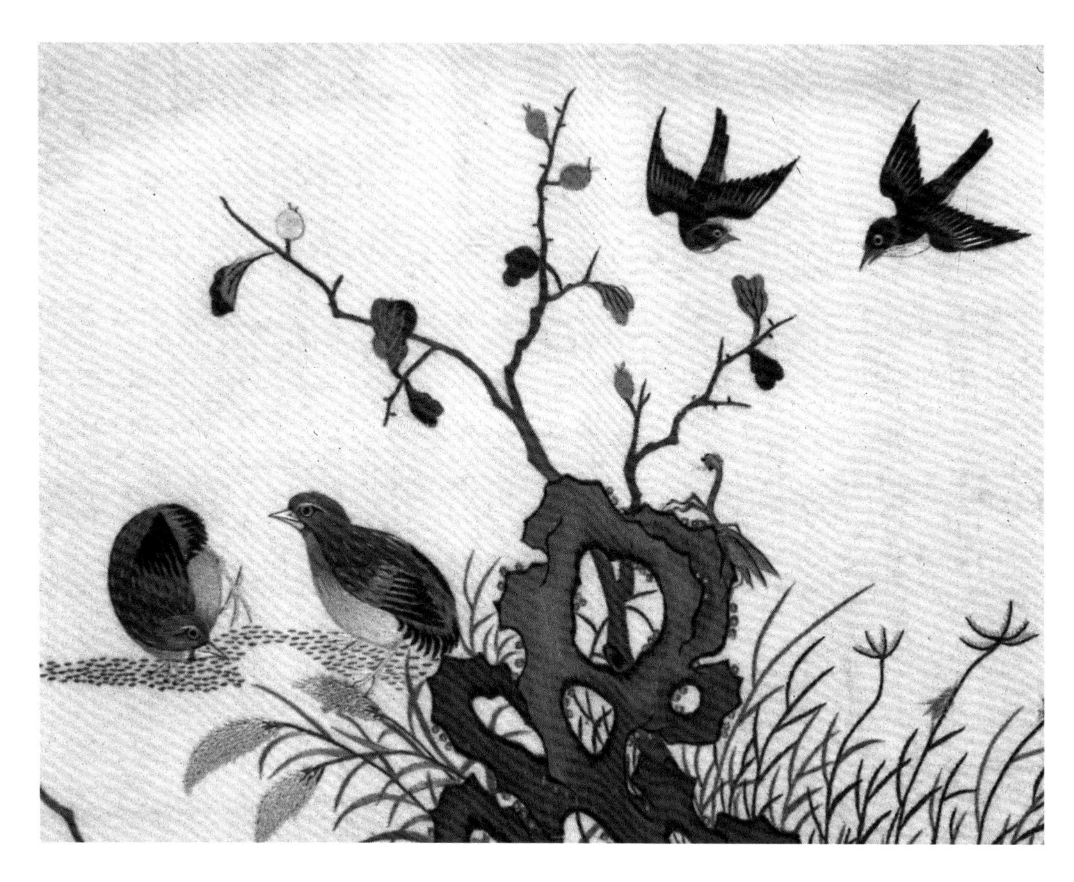

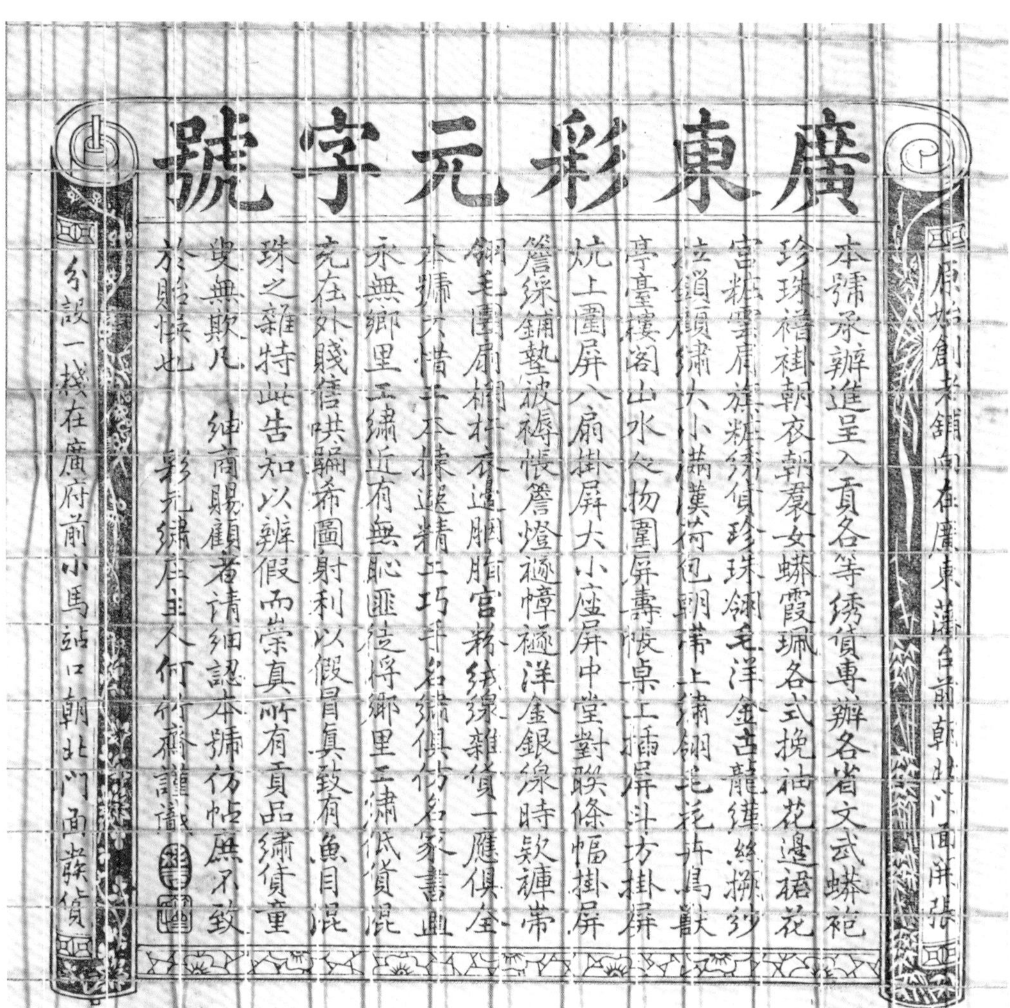

廣東彩元字號

原始創老舖向在廣東藩台前朝北門面牌張

本號承辦進呈入貢各等綉貨專辦各省文武蟒袍
珍珠禮褂朝衣朝裙女蟒霞珮各式挽袖花邊裙花
宮粧雲肩旗粧綉貨珍珠鋼毛洋金古龍縺絲擸紗
拉鎖顧綉大小滿漢荷包翎帶上綉鋼毛花卉鳥獸
亭臺樓閣山水人物圍屏壽帳桌圍插屏斗方掛屏
炕上圍屏八扇掛屏大小座屏中堂對聯條幅掛屏
簷綵鋪墊被褥帳簷燈裙幃裙洋金銀線時款褲帶
鋼毛團扇槅扦衣邊胭脂宮粉絨線雜貨一應俱全
本號不惜工本揀選精工巧手名繡俱仿名家書畫
永無鄉里工綉近有無恥匪徒將鄉里工綉低貨混
充在外賤售哄騙希圖射利以假冒真致有魚目混
珠之雜特此告知以辨假而崇真所有貢品綉貨童
叟無欺凡　紳商賜顧者請細認本號仿帖庶不致
於貽悞也　彩元綉莊主人何竹齋謹識

分設一棧在廣府前小馬站口朝北門面蘇貨

26

廣繡羣仙祝壽圖插屏

清
縱69厘米　橫45厘米
清宮舊藏

The Immortal Gods Celebrating a Birthday, Guangdong Embroidery

Qing Dynasty
Table screen
Length of the painting: 69cm
Width of the painting: 45cm
Qing Court collection

白色緞地上繡瑤池祝壽情景，瑤池內，仙姬環侍，西王母端坐於寶座接受各方神仙的祝壽，天上鳳凰來儀。八仙各持寶物，正於赴會途中。左下角朱繡“粵東”、“錦綸製”印。

此圖運用套針、搶針、齊針、盤金、滾針、網針、施毛針和合色綫等多種技法繡製，特別是人物的衣飾刻畫着力最多，全圖三十多位人物，衣飾或華麗，或粗簡，均繡製精細入微，力避雷同，反映出人物不同的身份特徵。構圖繁簡有致，針腳勻整，絲理分明，針法多變，有濃郁的廣繡特色。

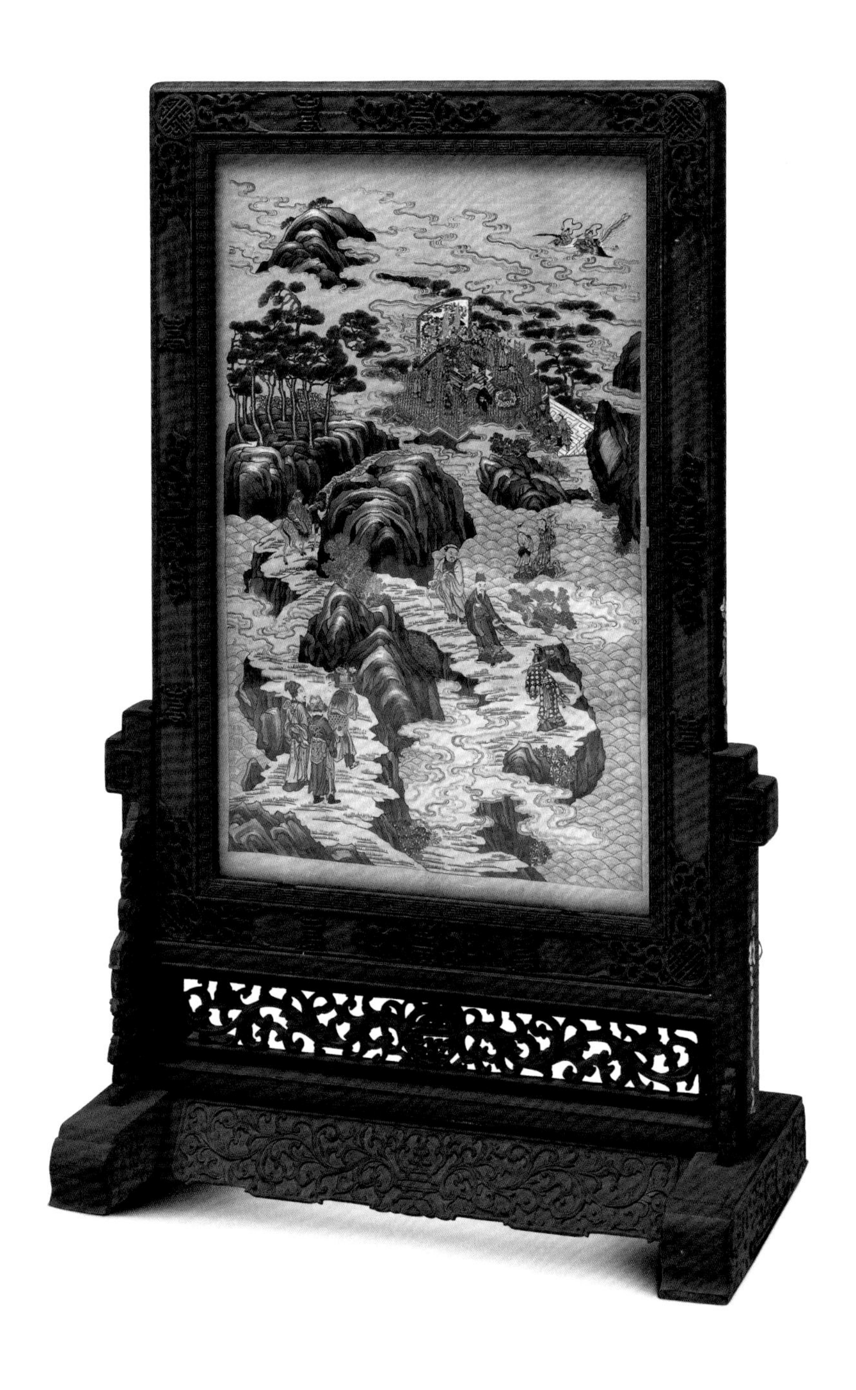

27

紫檀嵌染牙柄雙面繡嬰戲圖團扇
清乾隆
縱34厘米　橫29厘米
清宮舊藏

Children Playing, Double-sided Embroidery, Round fan with a red sandalwood handle inlaid with stained ivory
Qianlong Period, Qing Dynasty
Length: 34cm　Width: 29cm
Qing Court collection

紅色綢地上雙面繡嬰戲圖，兩面圖紋相同，均為六個玩耍的小童，有的手托瓶花，有的肩扛長槍，有的放風箏，有的舉果子，有的執風車，有的玩陀螺，點綴有松樹、月季花、湖石等，寓意平安吉祥。

雙面繡是以一次刺繡在織物兩面形成色彩、花紋相同的圖案，為蘇繡獨創繡法。此圖以散套、滾針、摻和綫、平套繡成。兩面施繡，不露針綫痕跡。嬰戲圖為清宮團扇常見題材。

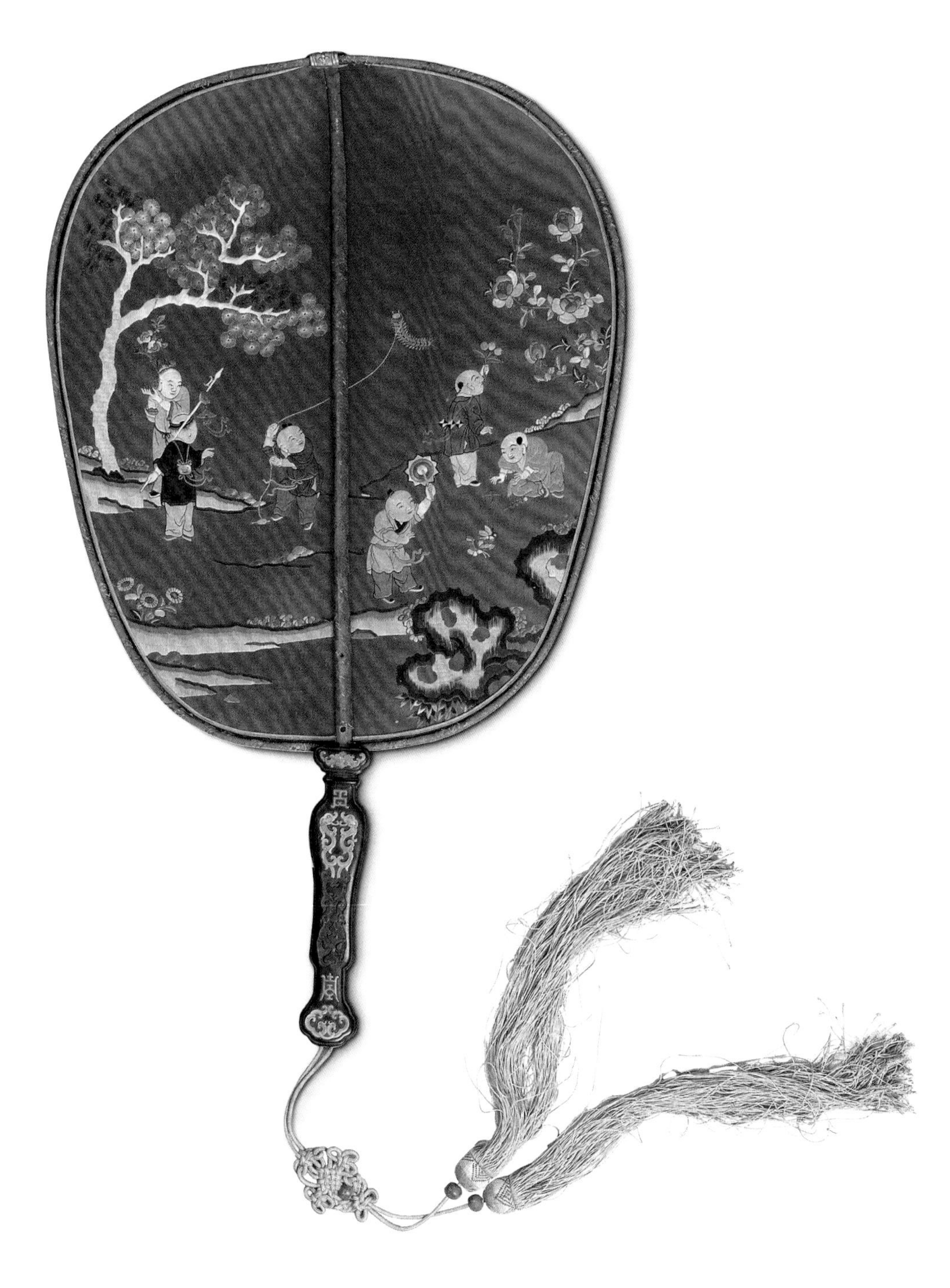

28

雙面繡養蠶圖掛屏

清道光
縱38厘米　橫115厘米

Raising Silkworms, Double-faced Embroidery
Daoguang Period, Qing Dynasty
Hanging screen
Length: 38cm　Width: 115cm

米色絹地上雙面繡養蠶情景，幾個人物刻畫生動，婦人專心飼蠶，小童伏案觀看，周圍幾人似在指點議論。以大片水面襯托主題。

此圖岸石、湖水用滾針、斜纏針勾勒，並用套針施以色彩。吊腳樓運用西洋繪畫技法，反映出透視關係，圍欄、門窗以斜纏針、套針繡製，表現木條編排次序和木質紋理的走向，席棚採用編針繡製。人物衣服以滾針繡，再用套針巧施色彩。地子薄如蟬翼，承空觀之，窗欞中可透出光綫。

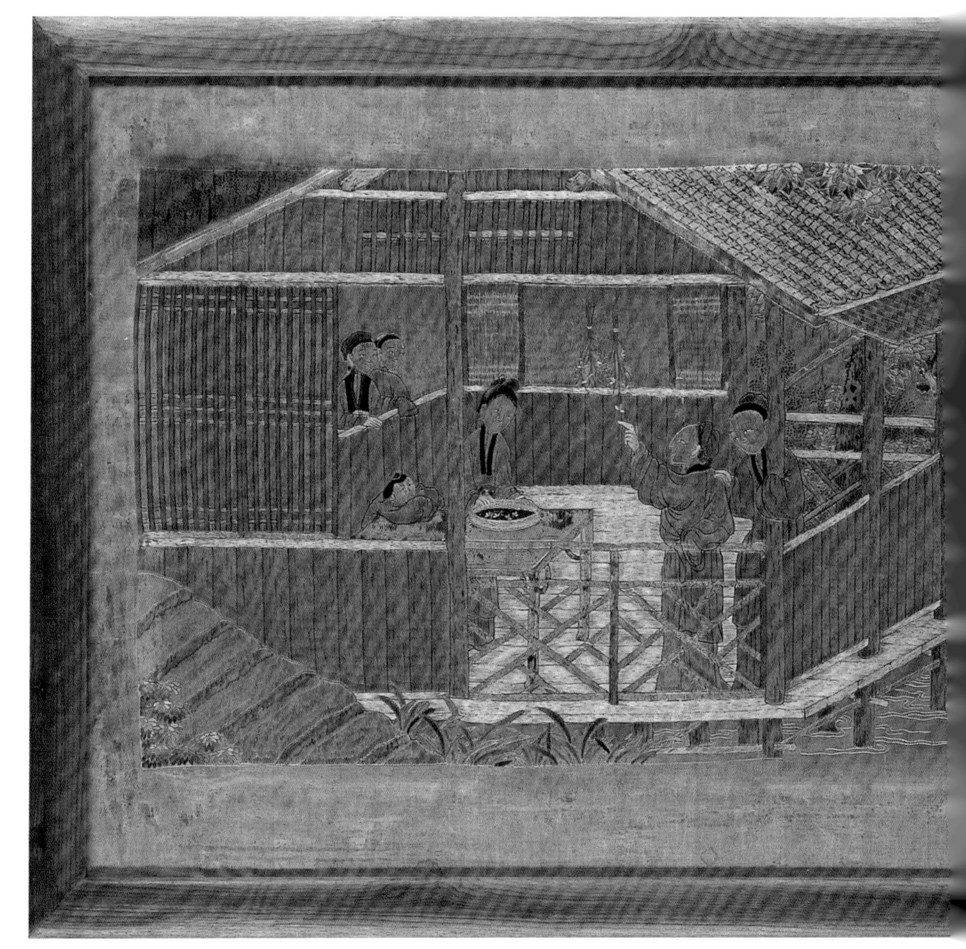

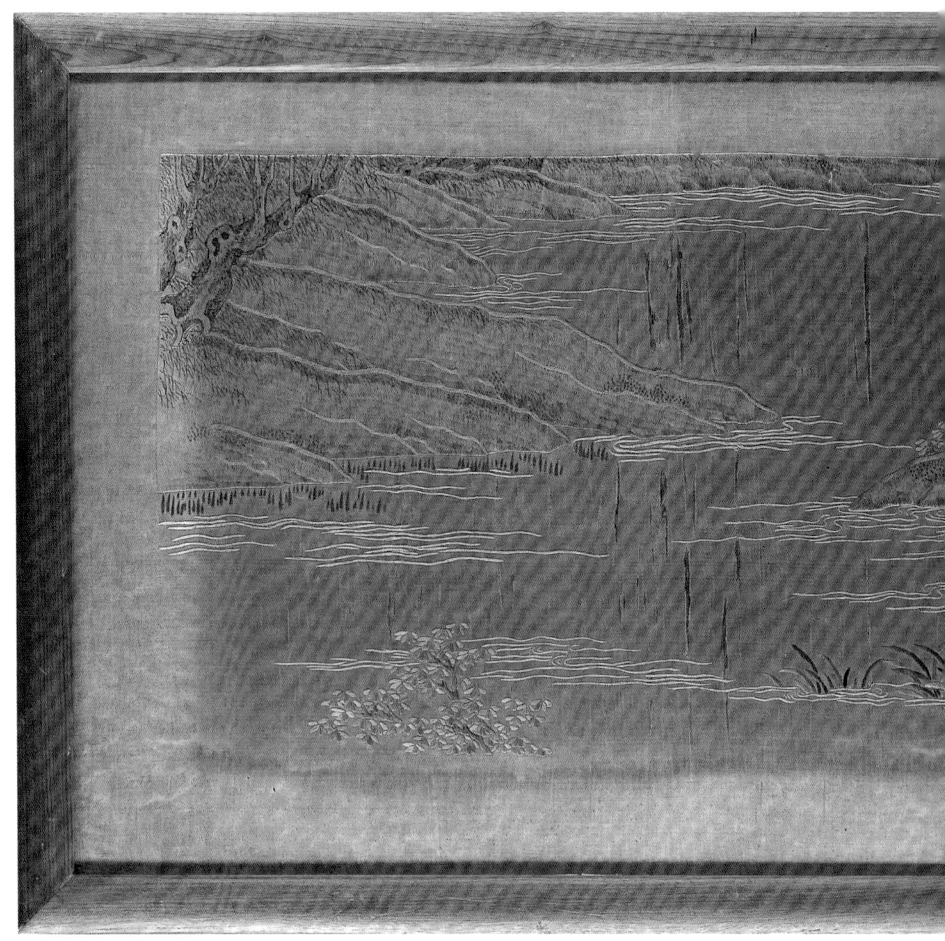

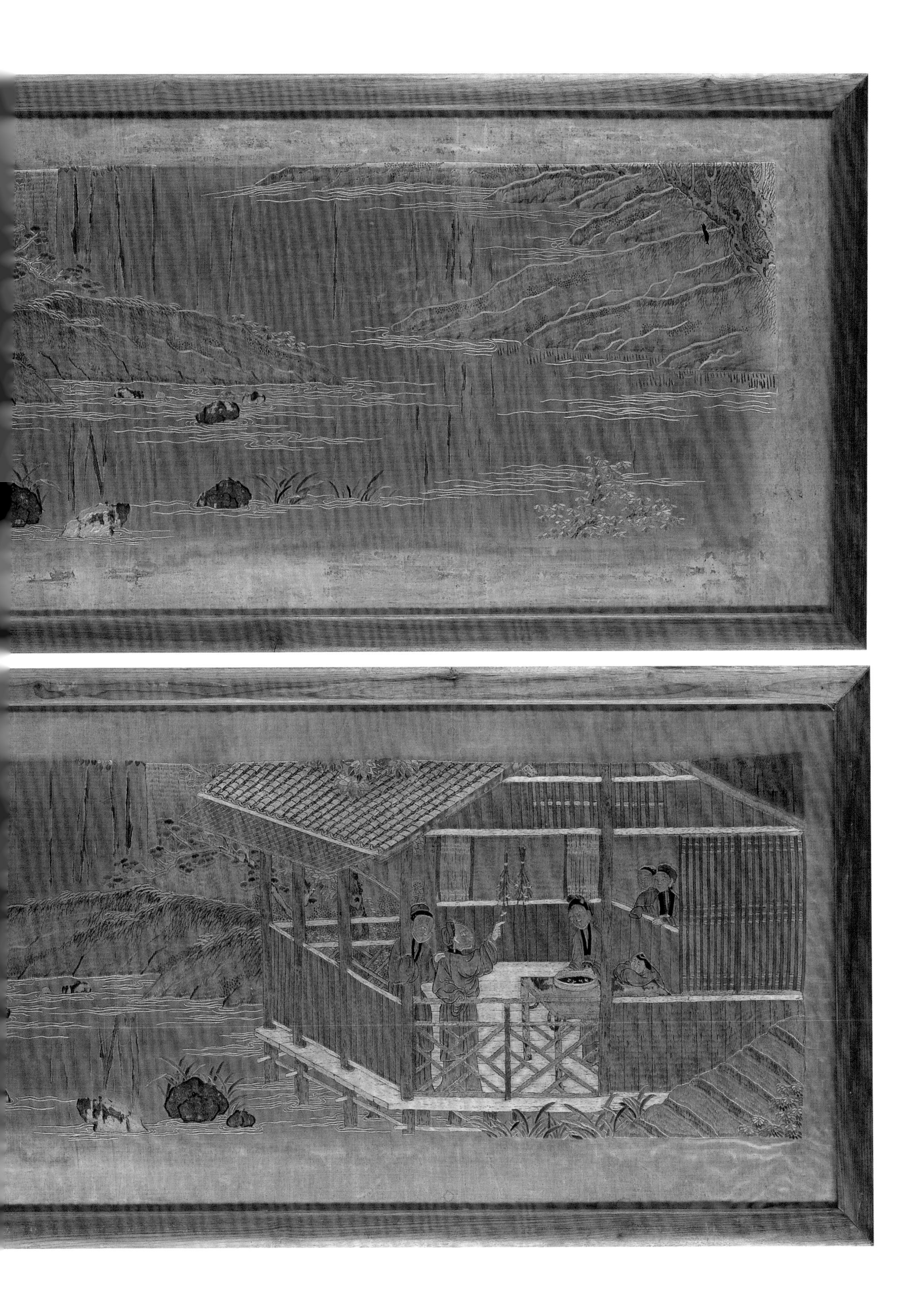

29

黑漆柄雙面繡鯉魚跳龍門圖團扇
清
徑25厘米
清宮舊藏

Carp Leaping over the Dragon Gate, Embroidery, Round fan with a black lacquer handle
Qing Dynasty
Diameter of fan face: 25cm
Qing Court collection

白色絹地上衣綫雙面繡一尾鯉魚，在山澗中逆流而上，寓意"鯉躍龍門"。

《三秦記》載：河津縣（今屬山西）有龍門，山險浪高，魚鱉難以遊過，過去者魚就成龍。後多以此喻吉祥。此扇面以套針、斜纏針、鋪絨針、接針、摻和綫、打籽等繡成。繡綫雖為雙股，但繡工精美，針跡細密，設色淡雅，為清宮雙面繡團扇精品。

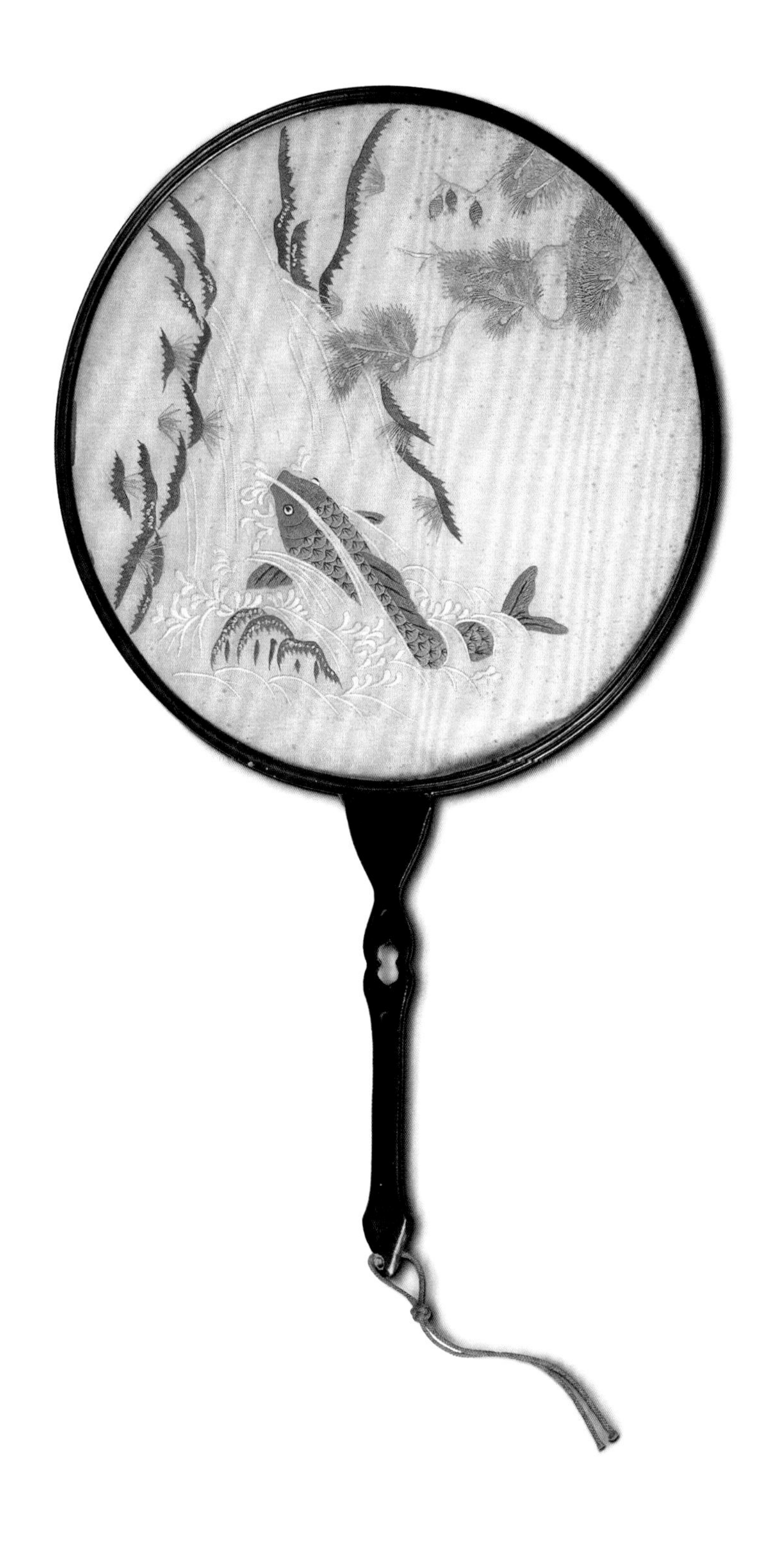

30

象牙柄雙面繡花蝶圖團扇
清
徑35厘米
清宮舊藏

Flowers and Butterflies, Embroidery, Round fan with an ivory handle
Qing Dynasty
Diameter of fan face: 35cm
Qing Court collection

本色素絹地上雙面繡折枝石榴花，一隻彩蝶逐花而舞。象牙雕竹節柄，繫明黃蝴蝶盤長結長穗。

此扇面在極輕柔細薄的素絹上用套針、斜纏針、釘針、反搶針等針法繡出，花葉的明暗、層次和暈色均表現出色。針腳平齊細密，水路清晰，兩面無針綫痕跡，藏針巧妙。

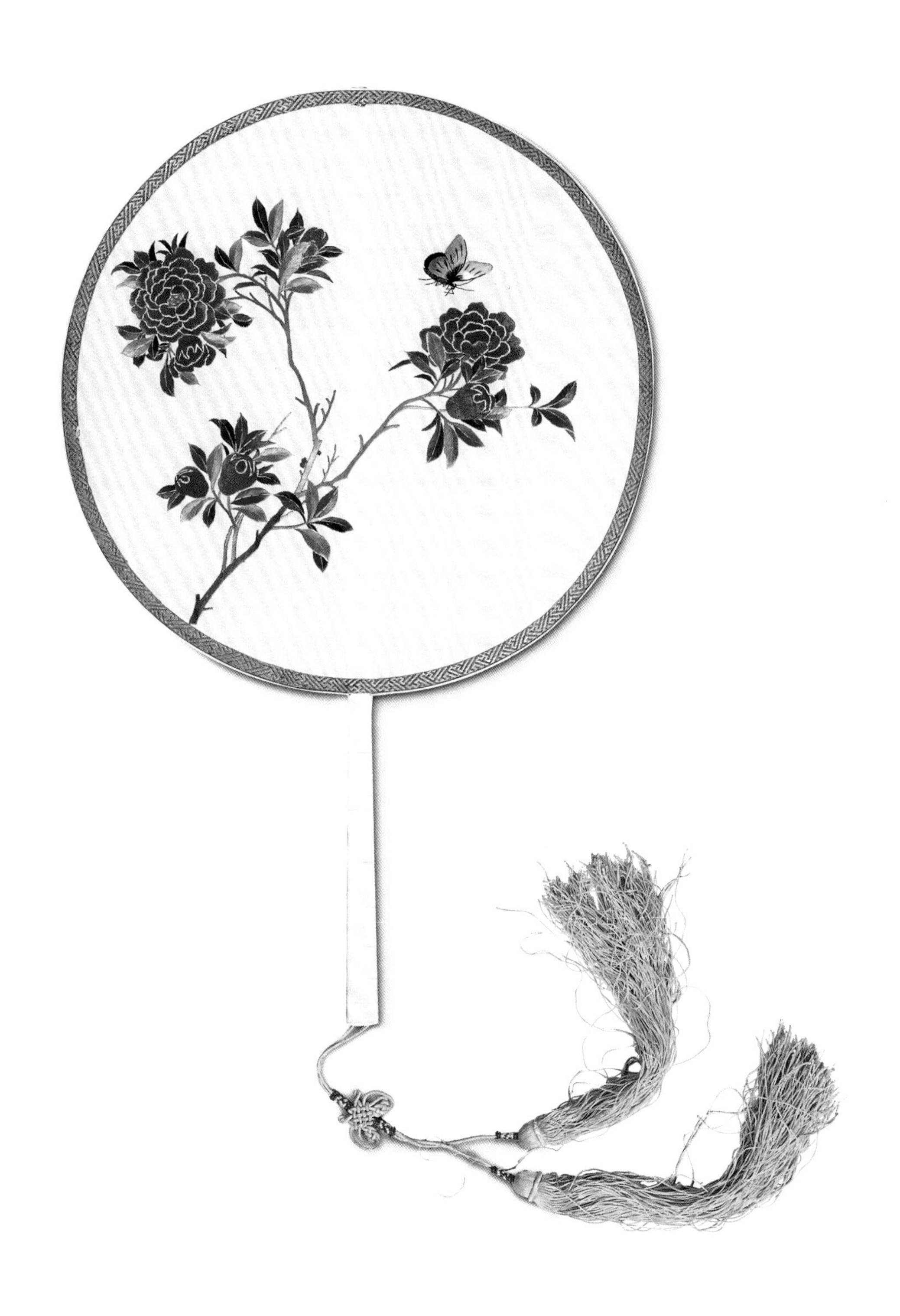

31

黑漆柄雙面繡松鶴延年圖團扇
清
徑25厘米
清宮舊藏

Pines and Cranes Symbolizing Longevity,
Round fan with a black lacquer handle
Qing Dynasty
Diameter of fan face: 25cm
Qing Court collection

白綾地上雙面繡，蒼松下兩隻悠閒的仙鶴，寓意“松鶴延年”。

此扇面松樹幹用套針，花草施以斜纏針和直纏針，坡地邊廓用滾針，仙鶴的長腿用扎針。具有用色淡雅明淨、構圖疏朗爽潔的裝飾效果。

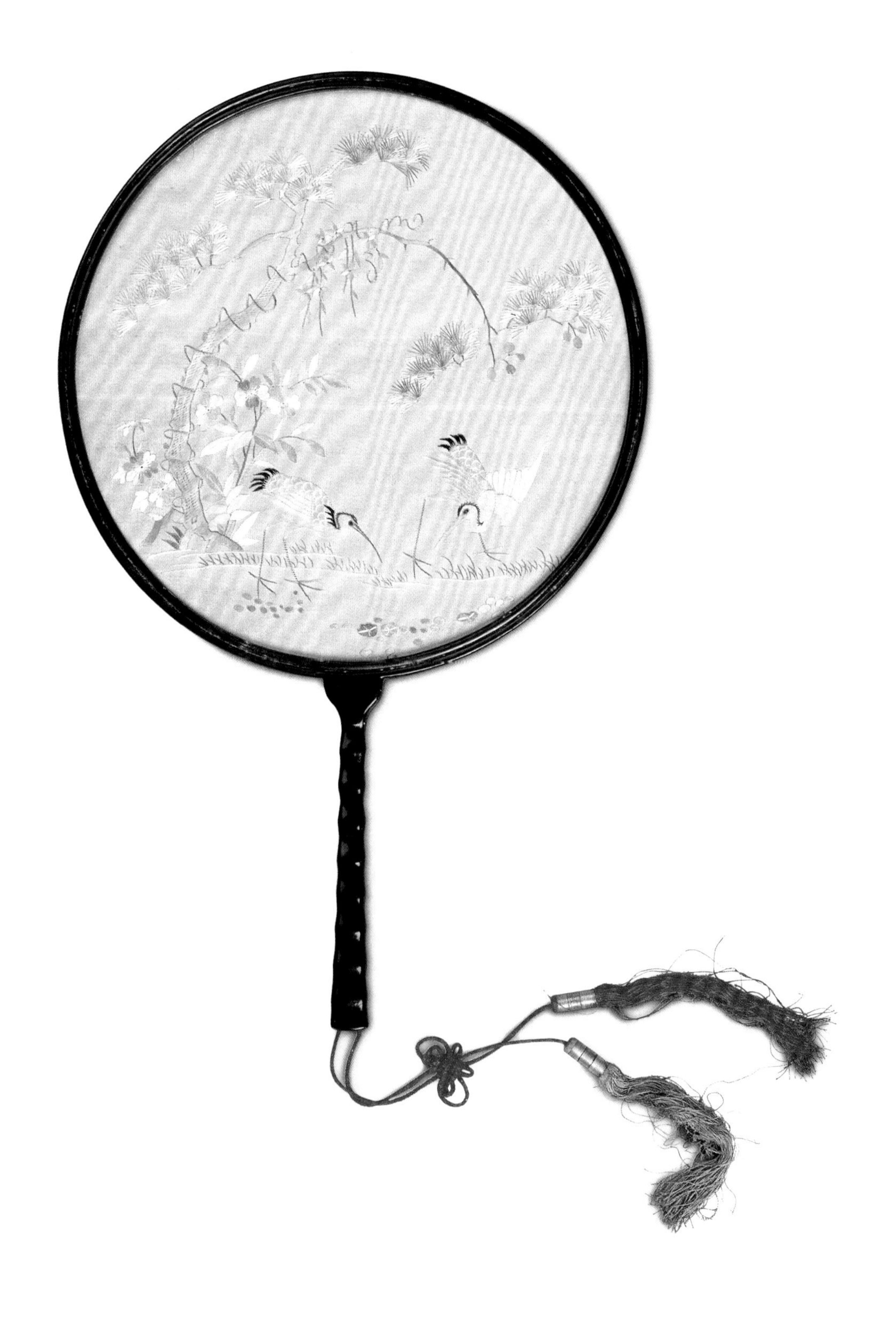

32

緝珠繡靈仙祝壽圖鏡芯

清乾隆
縱131厘米　橫65厘米

Auspicious Flowers and Rocks, Symbolizing Birthday Congratulation Silk Embroidery Adorned with Seed Pearls
Qianlong Period, Qing Dynasty
Hanging panel
Length: 131cm　Width: 65cm

米色綢地上繡菊花、天竹、靈芝、湖石、溪水等，取意"靈仙祝壽"。

緝珠繡又稱穿珠繡，即用狀如米粒的珍珠或珊瑚珠穿釘成紋樣，清代服飾中多用此裝飾。此圖採用二至四色間暈與退暈相結合，施以齊針、套針、釘綫、滾針、纏針和緝珠等技法繡製。壽菊花朵、天竹花實外廓用龍抱柱釘綫，內用細小的珍珠米珠和珊瑚米珠緝綴，使其凸出繡面，而米珠間的陰影又形成自然的暈色效果，是一件獨特的繡品。

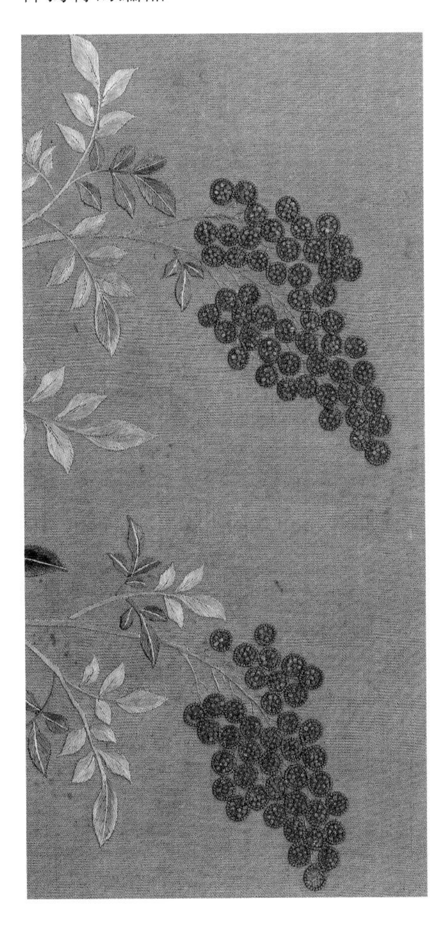

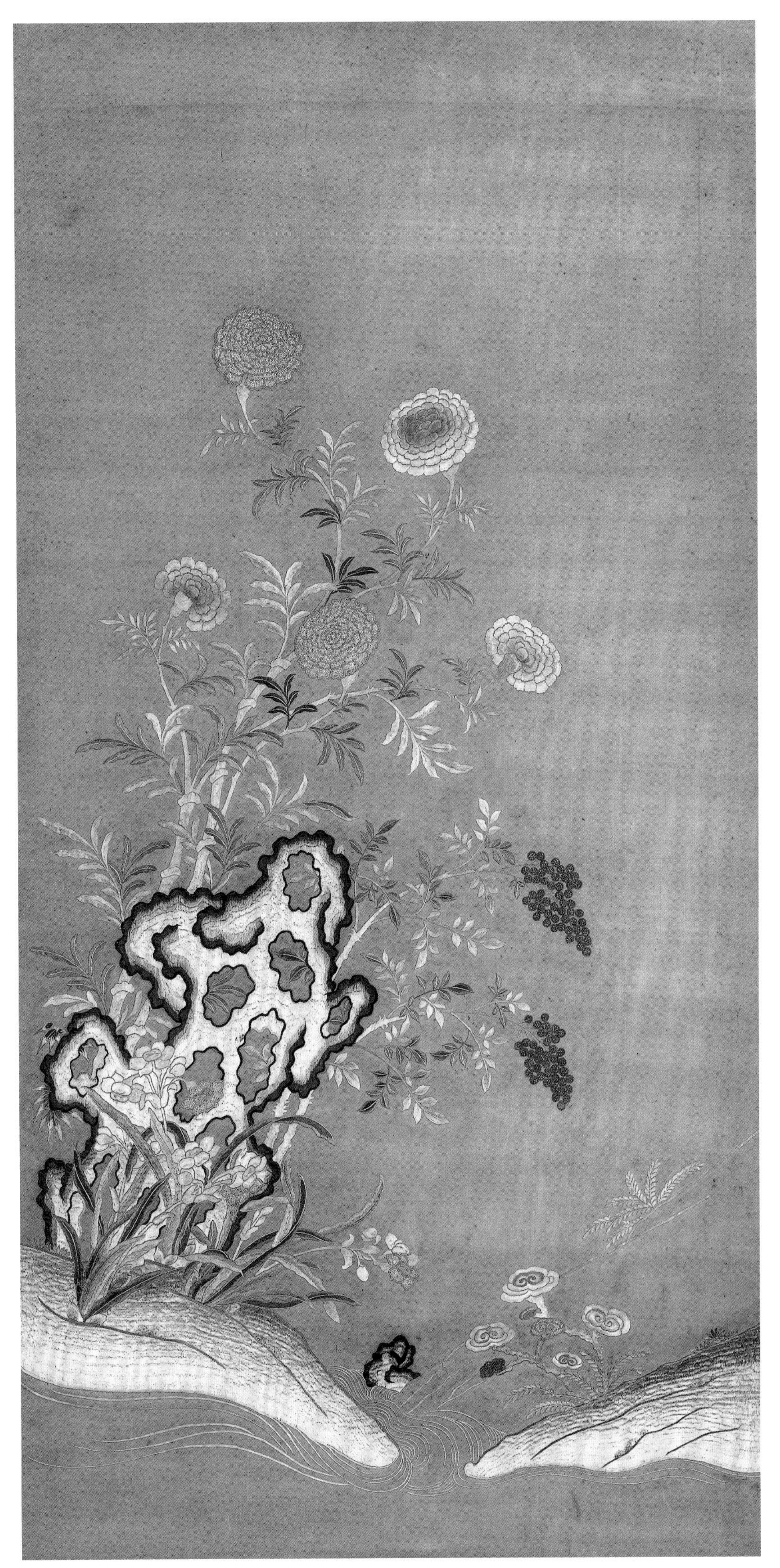

33

緝珠打籽繡博古圖軸

清嘉慶

縱71厘米　橫35厘米

Flowers and Antiques, Coloured Embroidery

Jiaqing Period, Qing Dynasty

Hanging scroll

Length: 71cm　Width: 35cm

米色綢地上繡瓶花、文具等，構成博古圖，寓意"清雅高潔"。

此圖構圖疏朗爽潔，針法豐富多變，如瓶、盆表面用套針，底座稜角綫紋用盤金和釘針，玉璧用齊針，絲帶用雙股捻綫勾勒，絲帶頭、佛手和牡丹花蕾用打籽，牡丹葉用兩套色鑿絲綫搶針繡製，牡丹花瓣用緝珠繡。

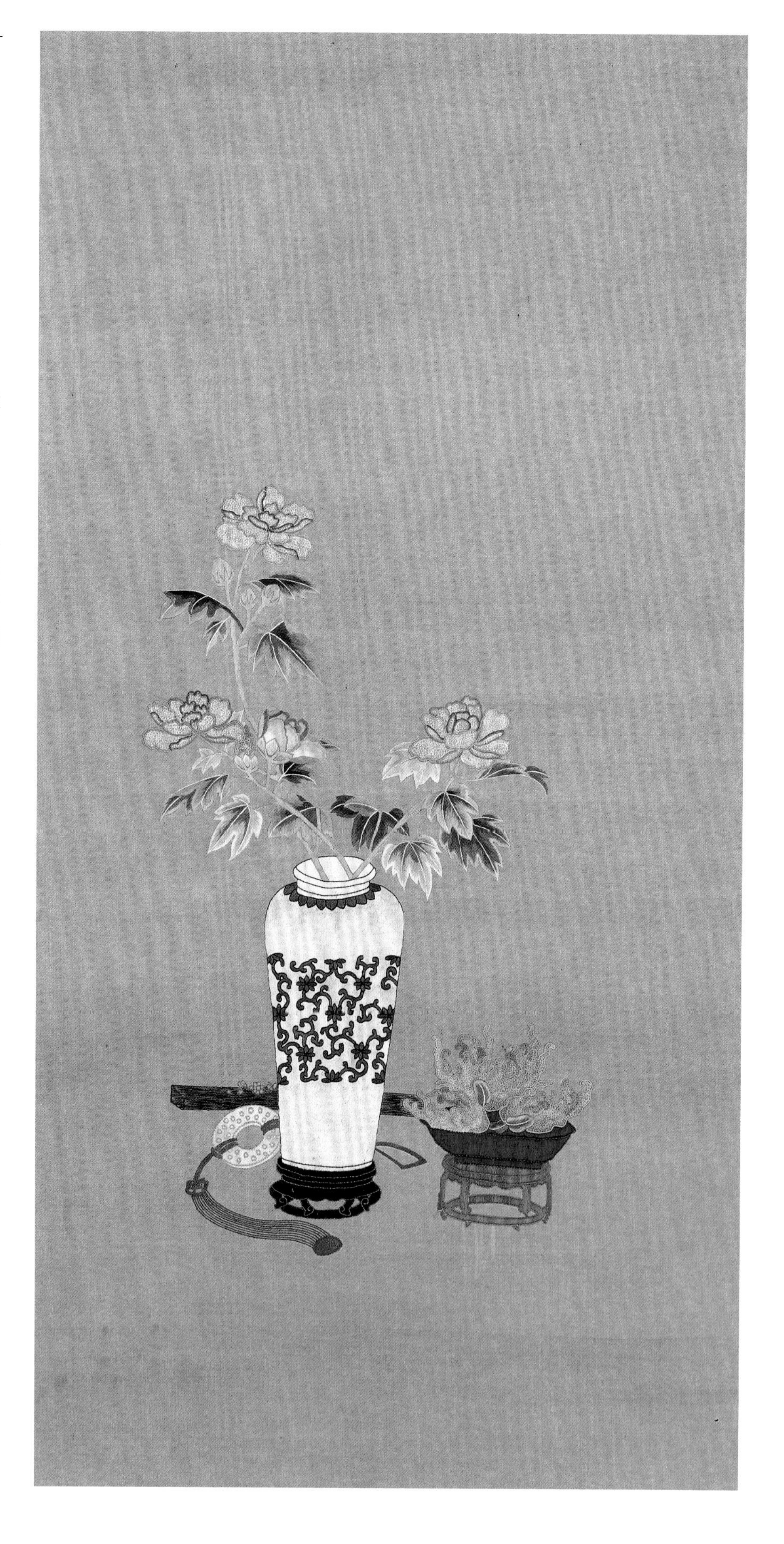

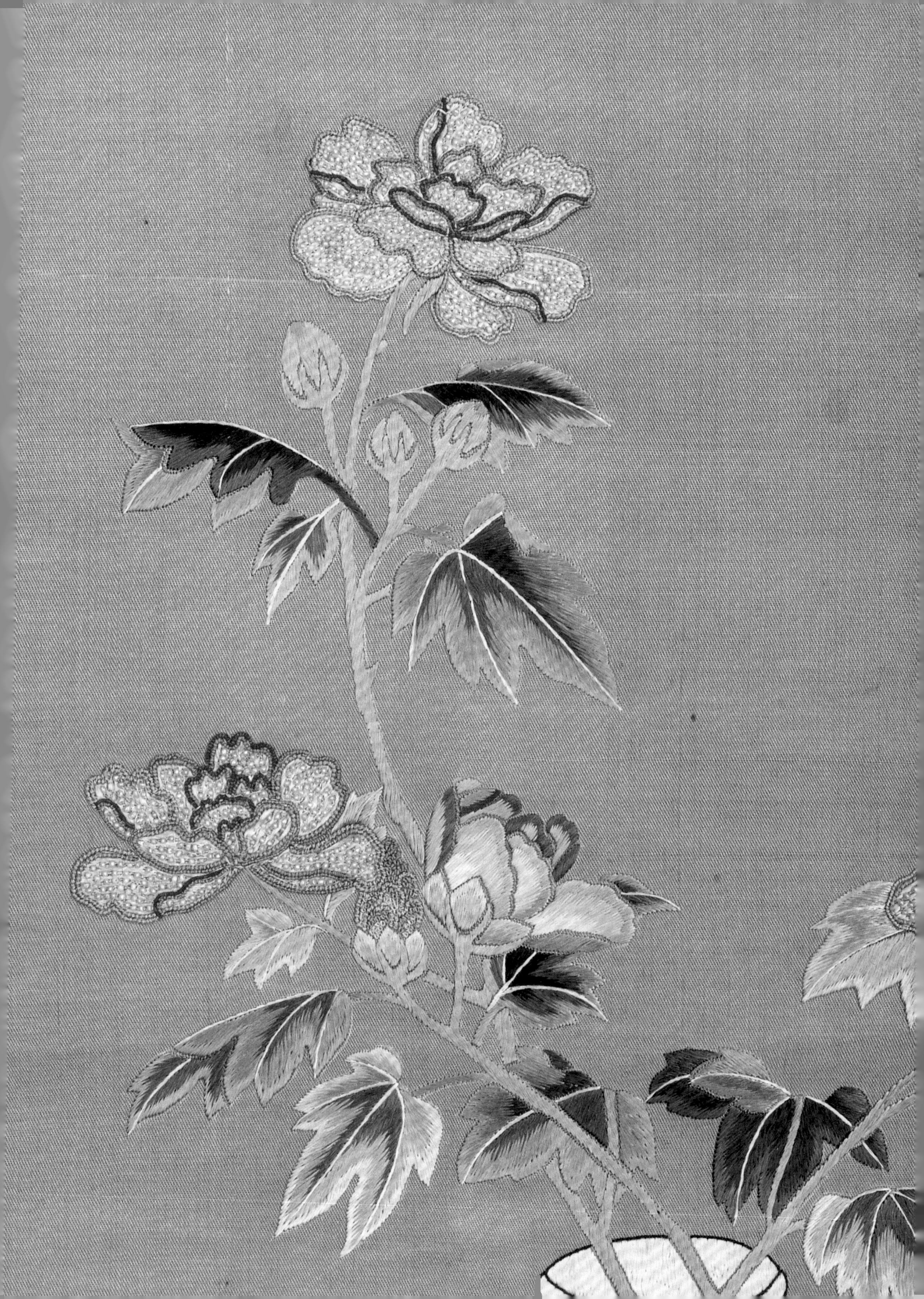

34

劉安妃髮繡東方朔像軸

明
縱98厘米　橫23厘米

Portrait of Dongfang Shuo, Hair Embroidery, by Liu Anfei

Ming Dynasty
Hanging scroll
Length: 98cm　Width: 23cm

本色綾地上繡東方朔像，雙手捧桃，鬚髮、衣帶飄動，以綫條勾勒，如白描筆法。裱邊題簽："劉安妃髮繡曼倩小像　鈍丁題"，另有溫忠翰、孫毓汶、宋晉等人觀款、題詩。

髮繡是用人髮代絲綫繡製的繡品。此圖用滾針法繡製，綫條以髮絲勾勒，不施暈染，繡工精細，嫺熟流暢，極具畫意。

鑑藏印記："得密"、"墨林父"、"小如盧秘笈"、"賓谷審定"、"金氏冬心齋印"等。

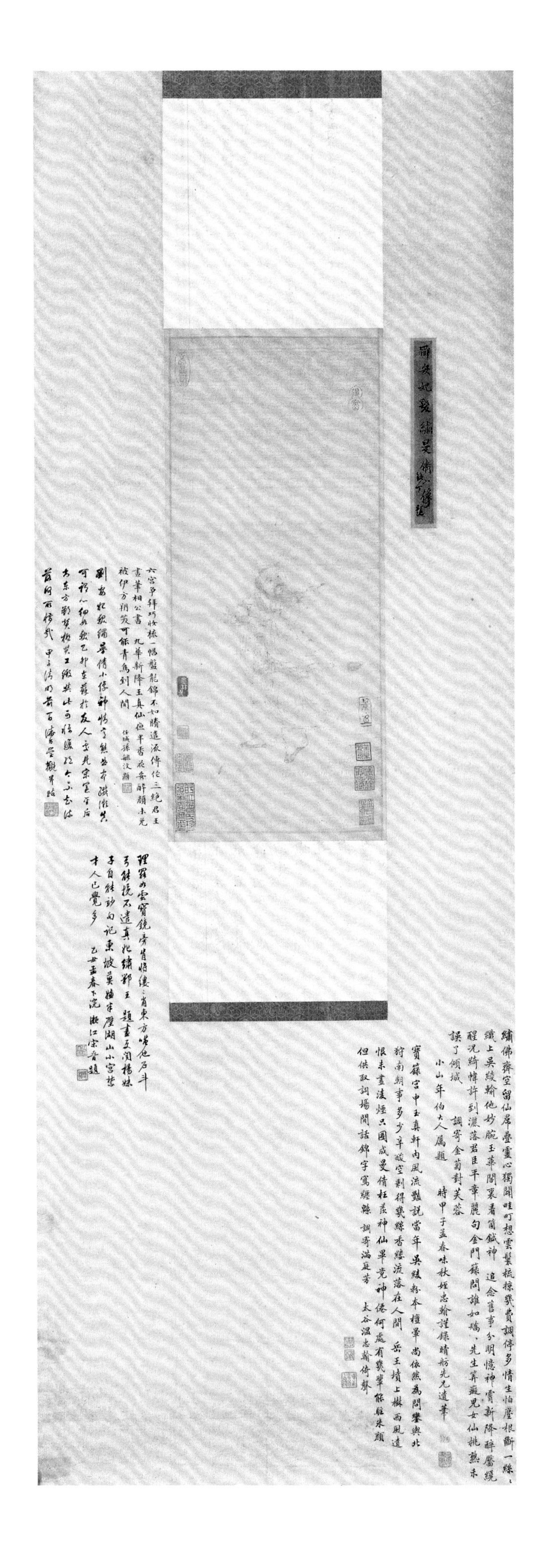

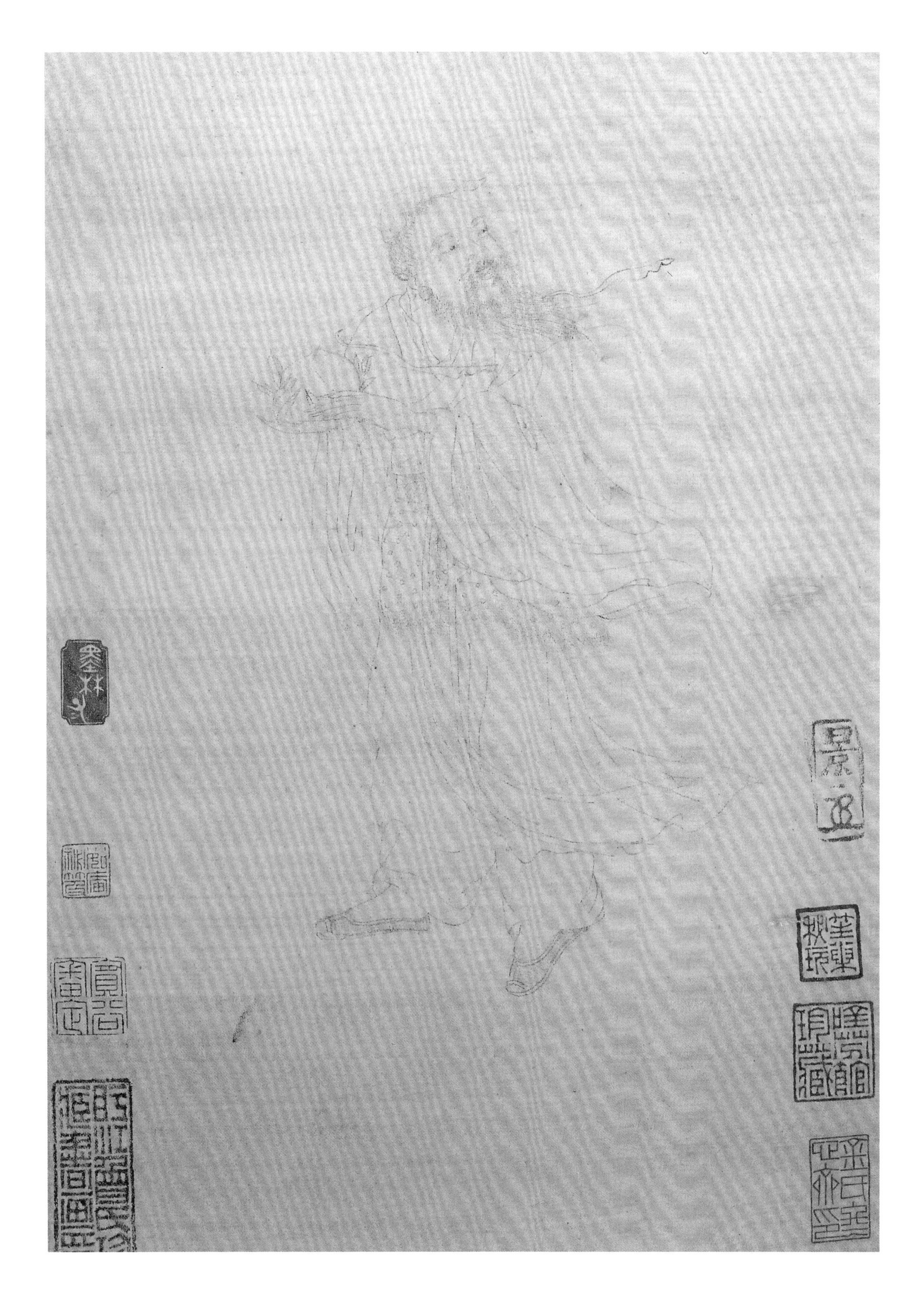

35

髮繡達摩渡江圖軸

清康熙
縱65厘米　橫32厘米

Bodhidharma Crossing River, Hair Embroidery

Kangxi Period, Qing Dynasty
Hanging scroll
Length: 65cm　Width: 32cm

圖繡達摩乘葦葉渡江的情景，左手提衣，肩扛挑鞋棍，腳踏葦枝順江而行，衣巾在風中飄動。繡書："這鬍僧，黑滿腮，認得他，記不來呀。昔年折葦渡江去，至今五葉一花開。□□"，朱繡二印不清。

達摩為禪宗初祖，南天竺人，南朝宋末航海到廣州，又往北魏，在洛陽、嵩山等地遊歷並傳禪學。此圖以白描手法繡成，雖然部分髮絲已脱落，但仍可看出運用綫條的簡練、傳神，為清代傑出的髮繡作品。

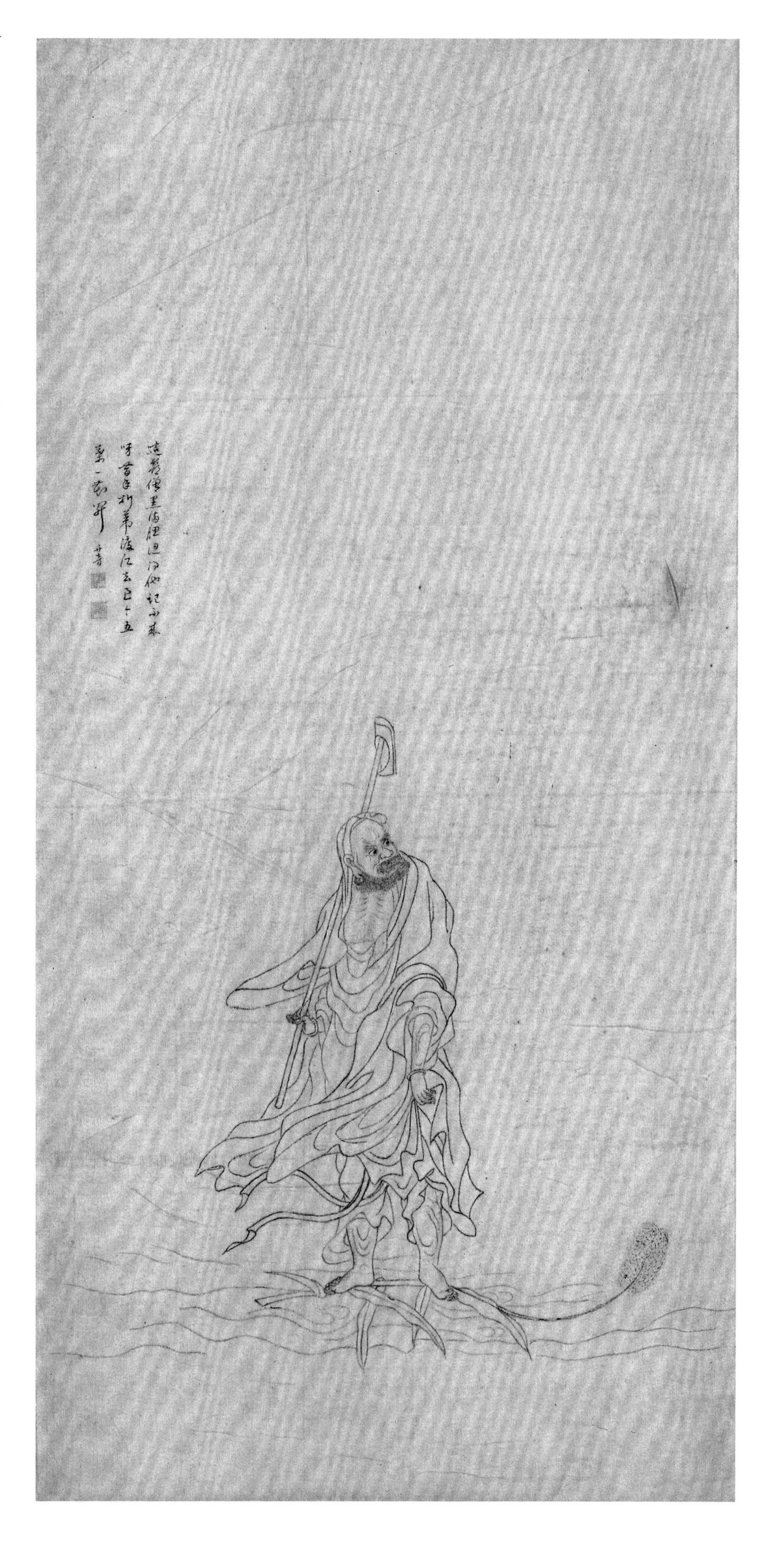

36

髮繡觀世音像軸

清康熙

縱68厘米　橫35厘米

Avalokitesvara, Hair Embroidery

Kangxi Period, Qing Dynasty

Hanging scroll

Length: 68cm　Width: 35cm

暗花綾地上繡觀世音結跏趺坐，手指自然垂下，神態安詳。圖上繡楷書佛經一段，款署："康熙辛未（1691）古揚弟子王心湛書"，右下角繡書："辛未二月珠山弟子李蘊和南敬繡"。

此圖以滾針繡成白描人物，針跡細密，綫條流暢，特別是捲曲的髮髻，繁而不亂。另署有準確紀年和繡製者名款，十分難得。

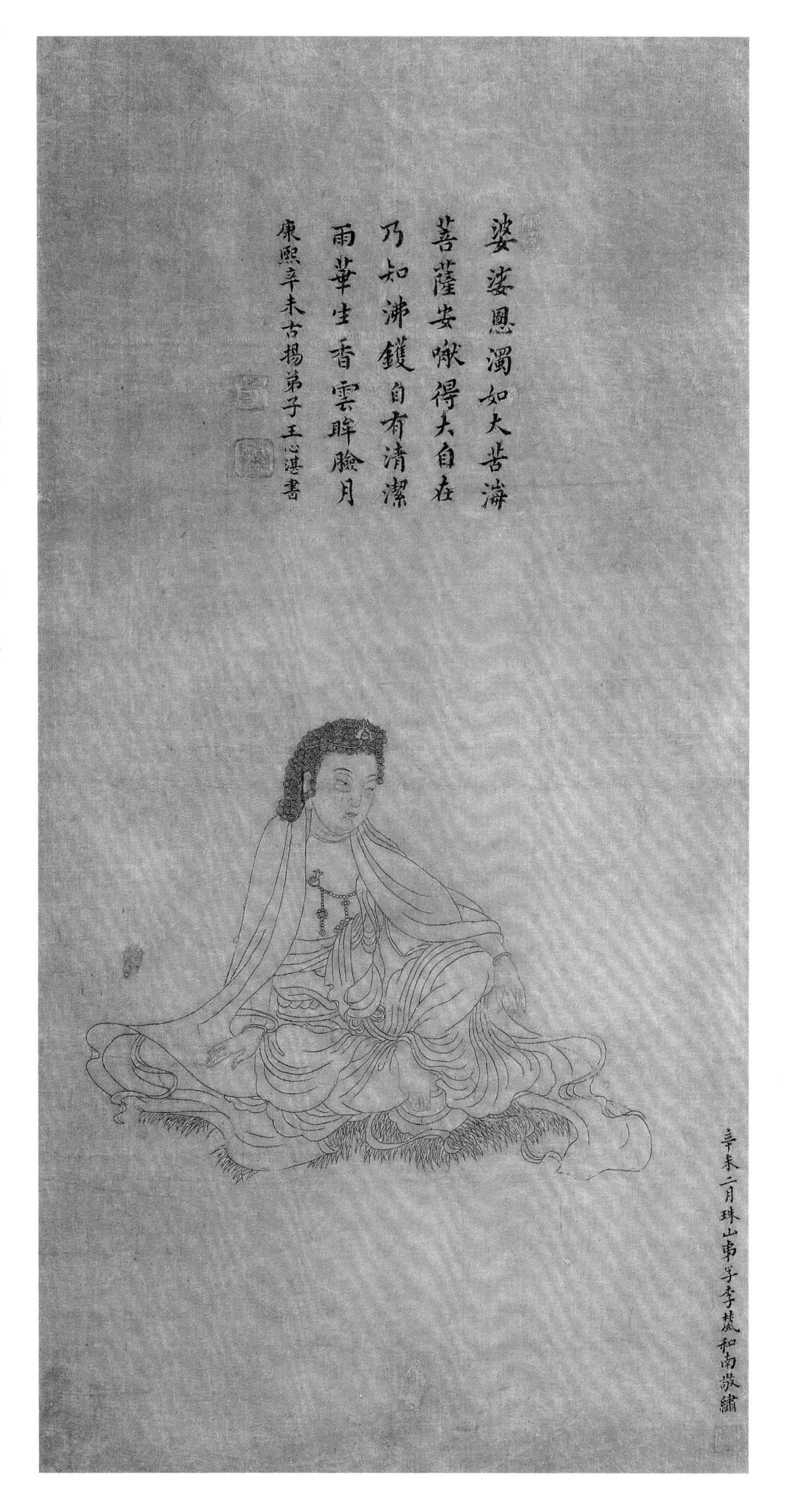

37

繼錦堂髮繡加官圖軸

清康熙

縱104厘米　橫46厘米

Rank Promotion Hair Embroidery with the Seal of "Ji Jin Tang"

Kangxi Period, Qing Dynasty

Hanging scroll

Length: 104cm　Width: 46cm

本色緞地上繡一穿龍袍者，兩位侍者一捧冠，一執扇，寓意"加官(冠)"。畫上墨書："進賢取則，惠文示裁。垂紳端綏，元首起哉。 繼錦堂"，朱繡"繼錦堂印"印。

此圖打破了傳統髮繡的滾針法，大膽借鑑平金繡，將經過劈製的髮絲釘綴在畫稿上，綫條規整流暢，且絲毫不露銜接痕跡。為髮繡中的獨特之作。

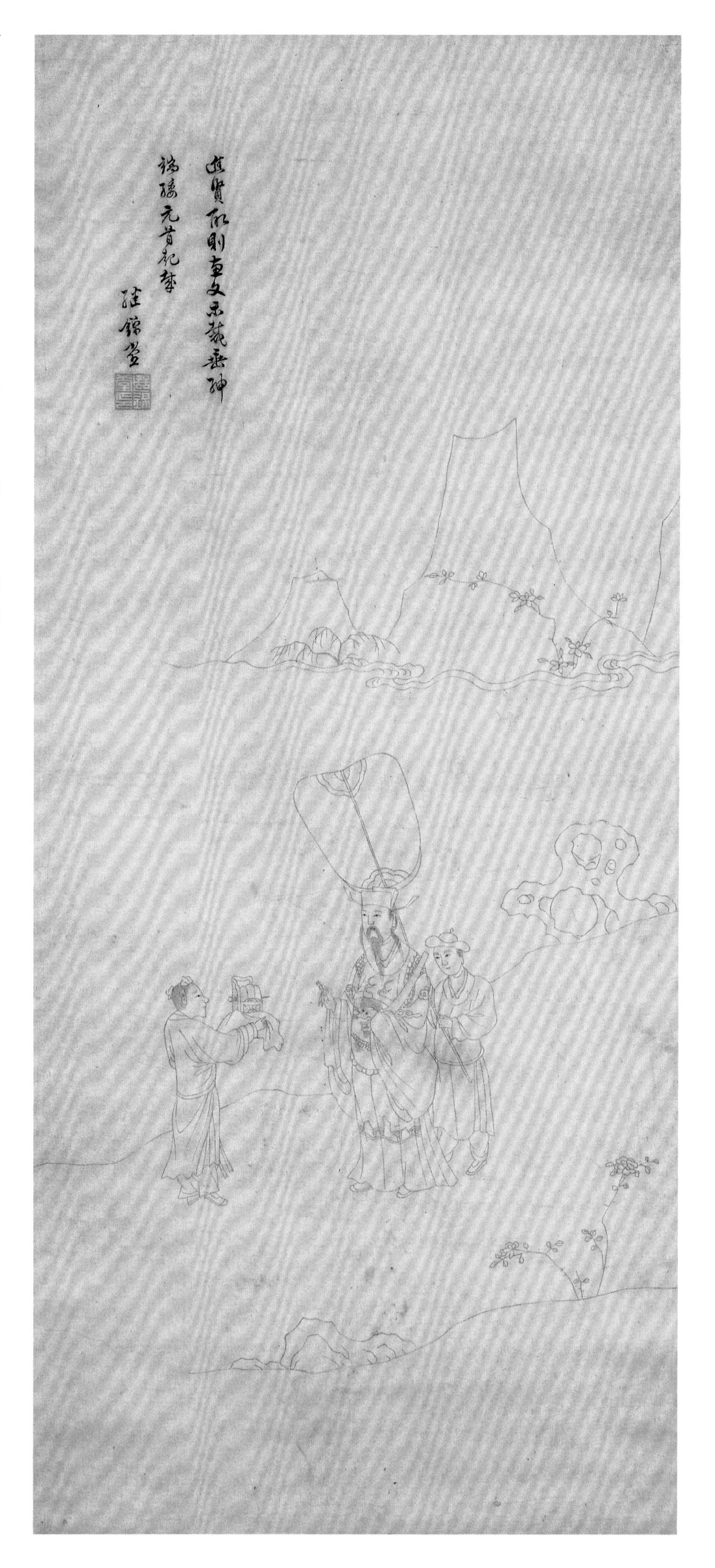

38

納紗天鹿圖卷
明
縱29厘米　橫26厘米

An Immortal Deer, Petit Point Gauze
Ming Dynasty
Handscroll
Length: 29cm　Width: 26cm

天鹿臥姿，神態安詳嫻靜，身飾龜背紋，周圍飾如意雲紋，身下為海水江崖紋。引首、尾紙有乾隆御筆題讚。天鹿為祥瑞的徵象。

納紗又稱納繡，是以素紗為地，用彩絲繡滿紋樣，四周留有紗地。此圖紗地為二經絞紗，用蘇繡傳統正一絲串針法繡紋樣，針眼計算規矩工整，繡綫勻細不堵紗孔。鹿睛、鬃、尾等處用滾針、纏針、搶針繡製，針腳工麗平齊。配色柔和雅致，暈色自然，極富裝飾性。

鑑藏印記：乾隆、宣統內府諸印。《石渠寶笈》著錄。

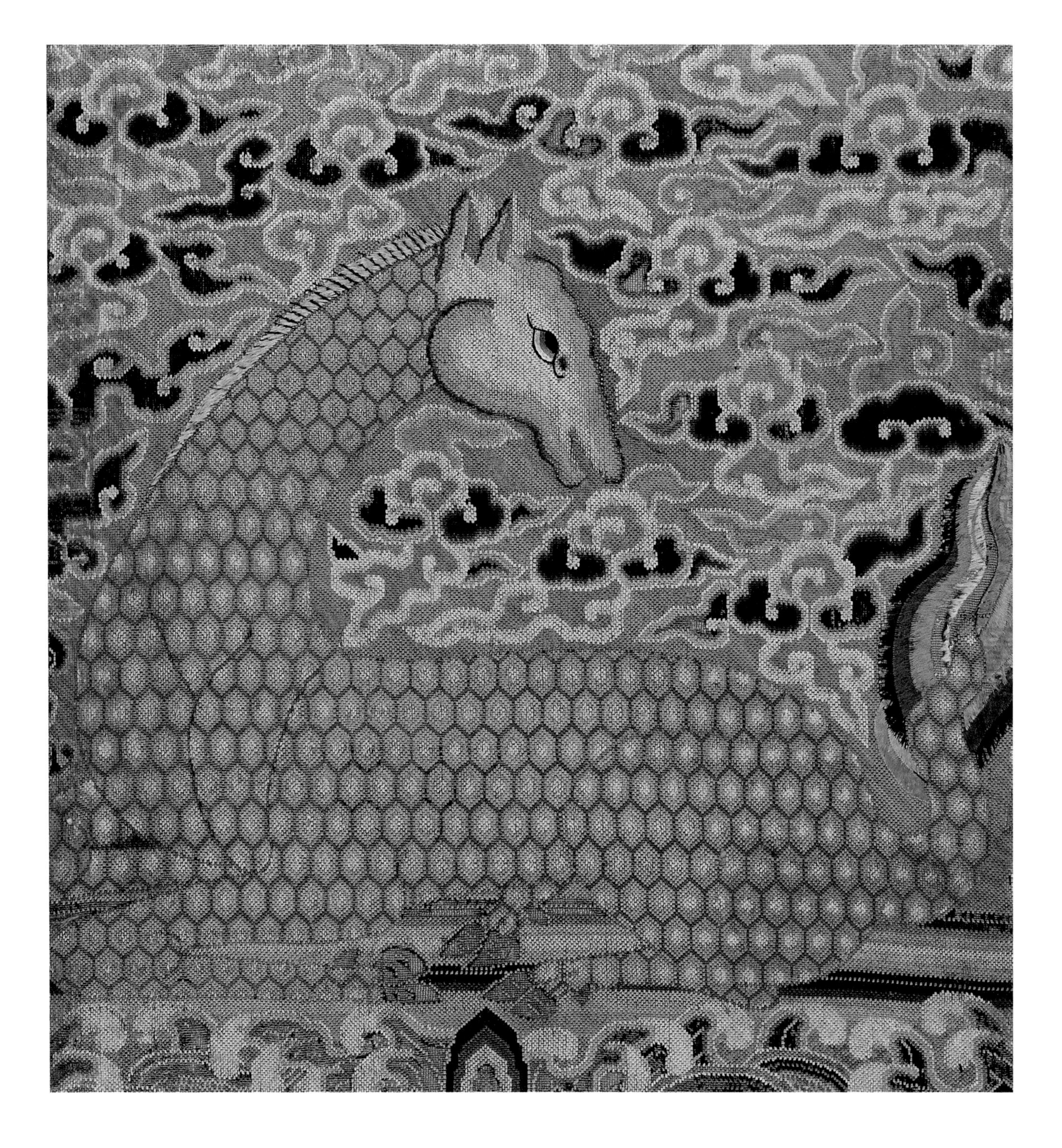

含華蘊古

詠天鹿錦
六幣琮惟錦古哉周
禮陳賦首聞庾氏來可
見吳人贉首貽蒼製
具端羞彼彬香光選
佛顯
內府藏名畫大觀冊皆
元以前名人真蹟而以
宋刻絲一幀冠於冊首後有董
其昌跋云余於馬夏李唐性所
不好故不令入選佛場云云茲
於舊畫卷首得天鹿錦盈尺古
香璀璨神采煥發既裝成卷
復題其前亦送香光例也
卷表精神
己亥仲夏月上澣
御筆

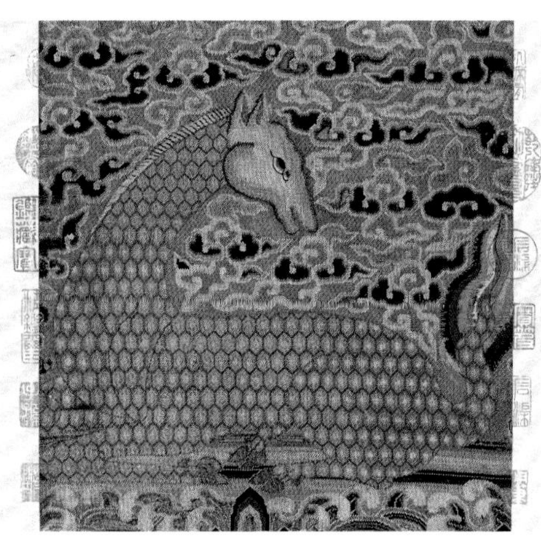

再題天鹿錦卷
宋刻絲見亦曾屢彼
皆纂組具畫意未作
掛幅供清玩石渠亦
嘗貯三四裝為畫卷
者是稀此則畫卷前
所置用之贉首以擬
屋爰命裱成畫卷式
昔賓而今乃主蓋
豈日亏鹿匪寄常擬
含華寓嘉興猶雲呼
馬屢深恩
己亥新秋月中澣
御筆

39

納紗綠度母像軸
清乾隆
縱69厘米　橫48厘米

Green Tara, Petit Point Gauze
Qianlong Period, Qing Dynasty
Hanging scroll
Length: 69cm　Width: 48cm

綠度母戴寶冠，左手持烏巴拉花，右手作與願印，半跏趺坐於蓮台上。頭頂日月高照，祥雲飄繞，兩旁山石峙立。身前寶池漾波，蓮花盈盈，分置法螺和羯鼓。綠度母因體呈綠色而得名，是藏傳佛教的一位本尊。

此像以正一絲串技法繡成，即以彩綫在素紗底上平行於紗格經緯點刺繡，具有綫跡較短、繡紋色塊明顯、花紋間的空眼嚴格齊整等特點。用色以深色調的暗綠和深藍為主，具有沉穩厚實、幽邃玄秘的視覺效果。

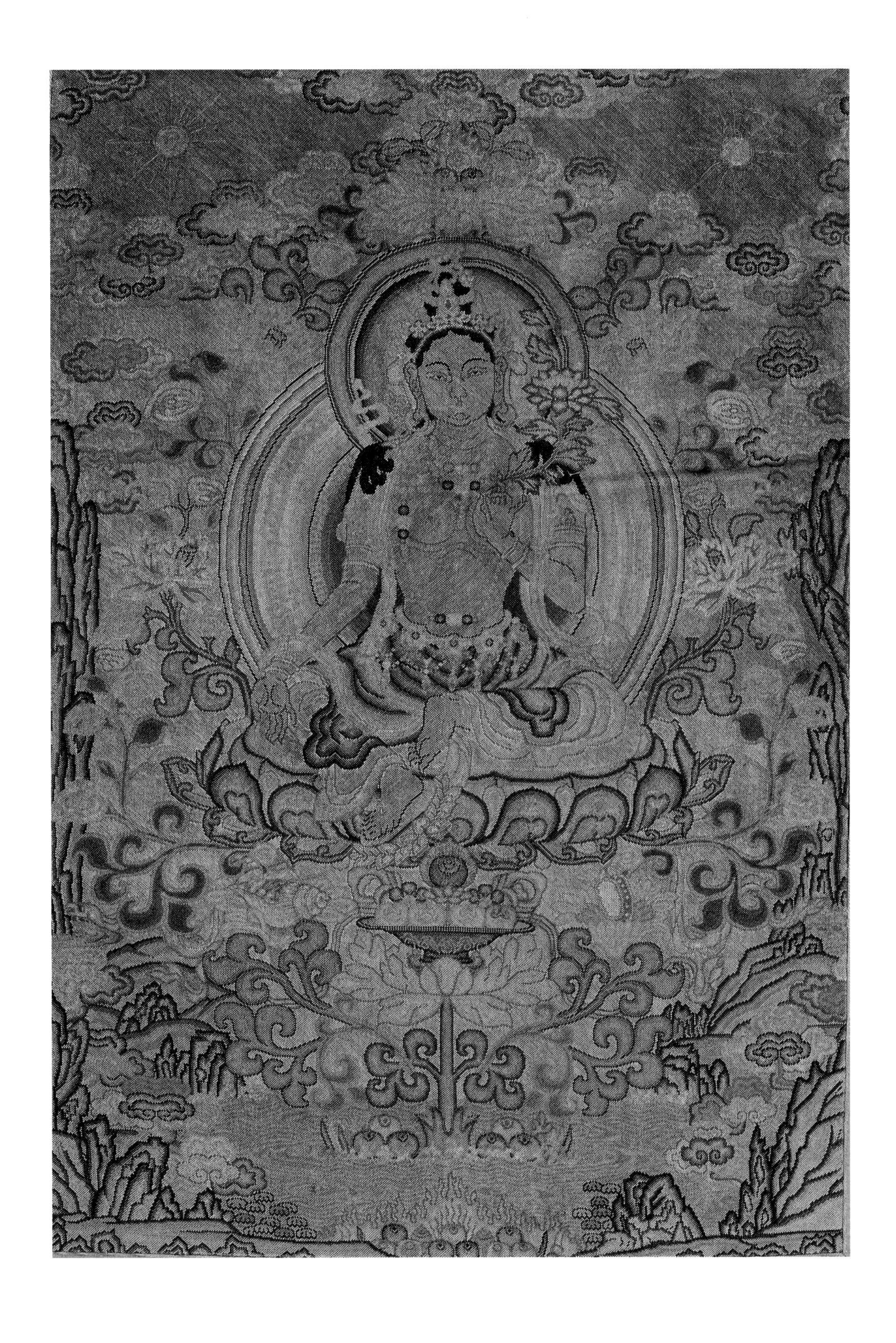

40

納紗春牛圖卷

清乾隆

縱35厘米　橫92厘米

Cattle in Spring, Petit Point Gauze with Embroidery

Qianlong Period, Qing Dynasty

Handscroll

Length: 35cm　Width: 92cm

本色方孔紗地上繡春天景色，柳枝吐綠，草木欣然，遊人紛紛到戶外遊春，遠山下，牧童正在放風箏，牛在一邊悠閒地散步。

此圖構圖優美，小橋流水、長廊水榭、花草樹木以及人物、牛等均安排得井然有序，繁而不亂。工藝上採用二色間暈的方法，施以斜一絲串、齊針、套針、平金等針法，用異色絲綫合股繡出明暗。

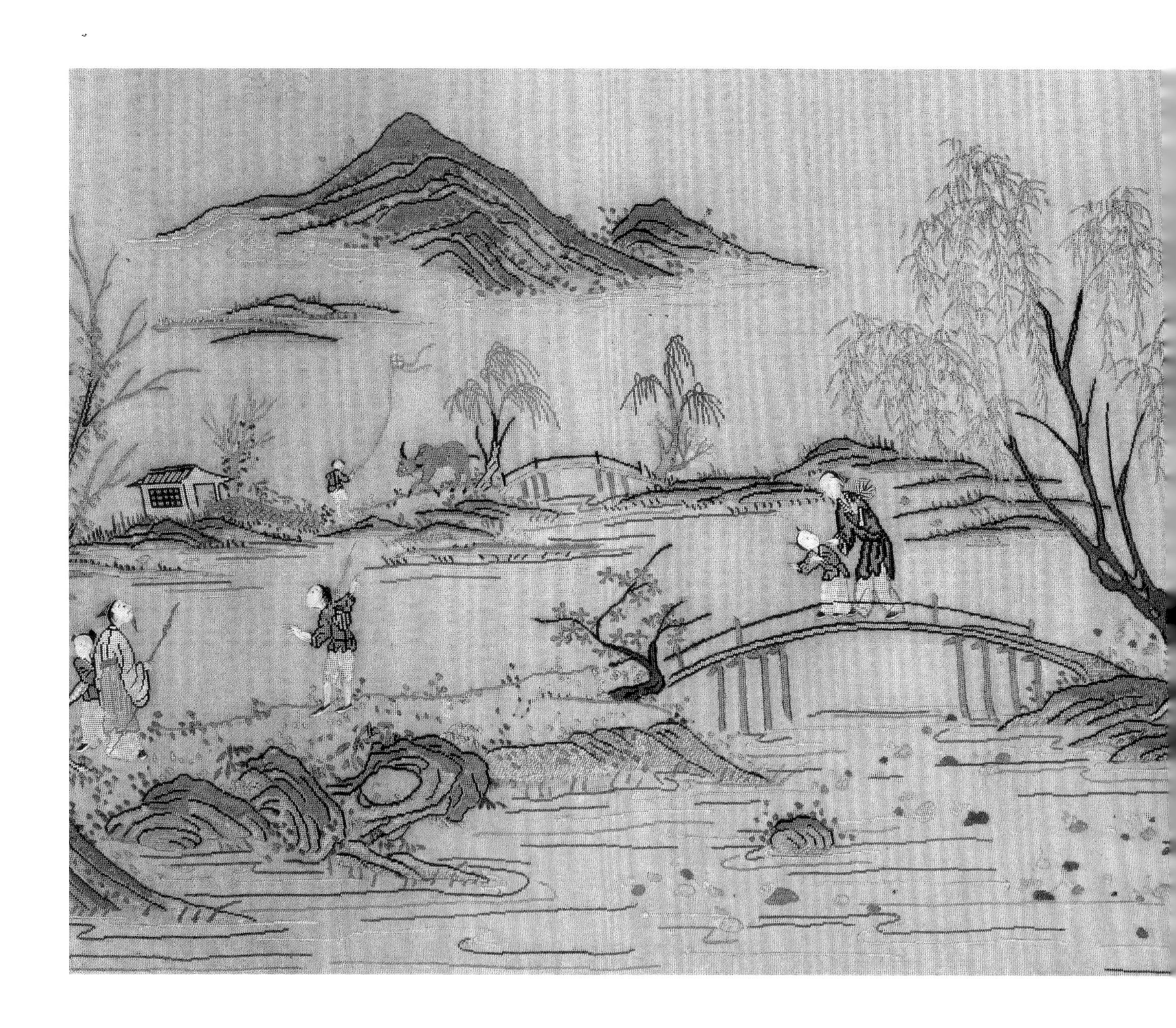

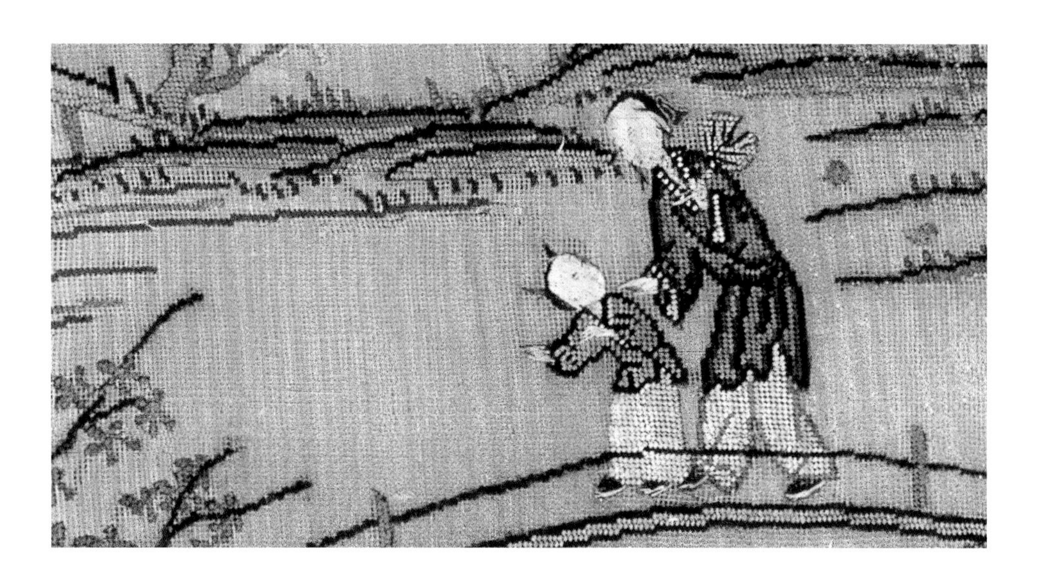

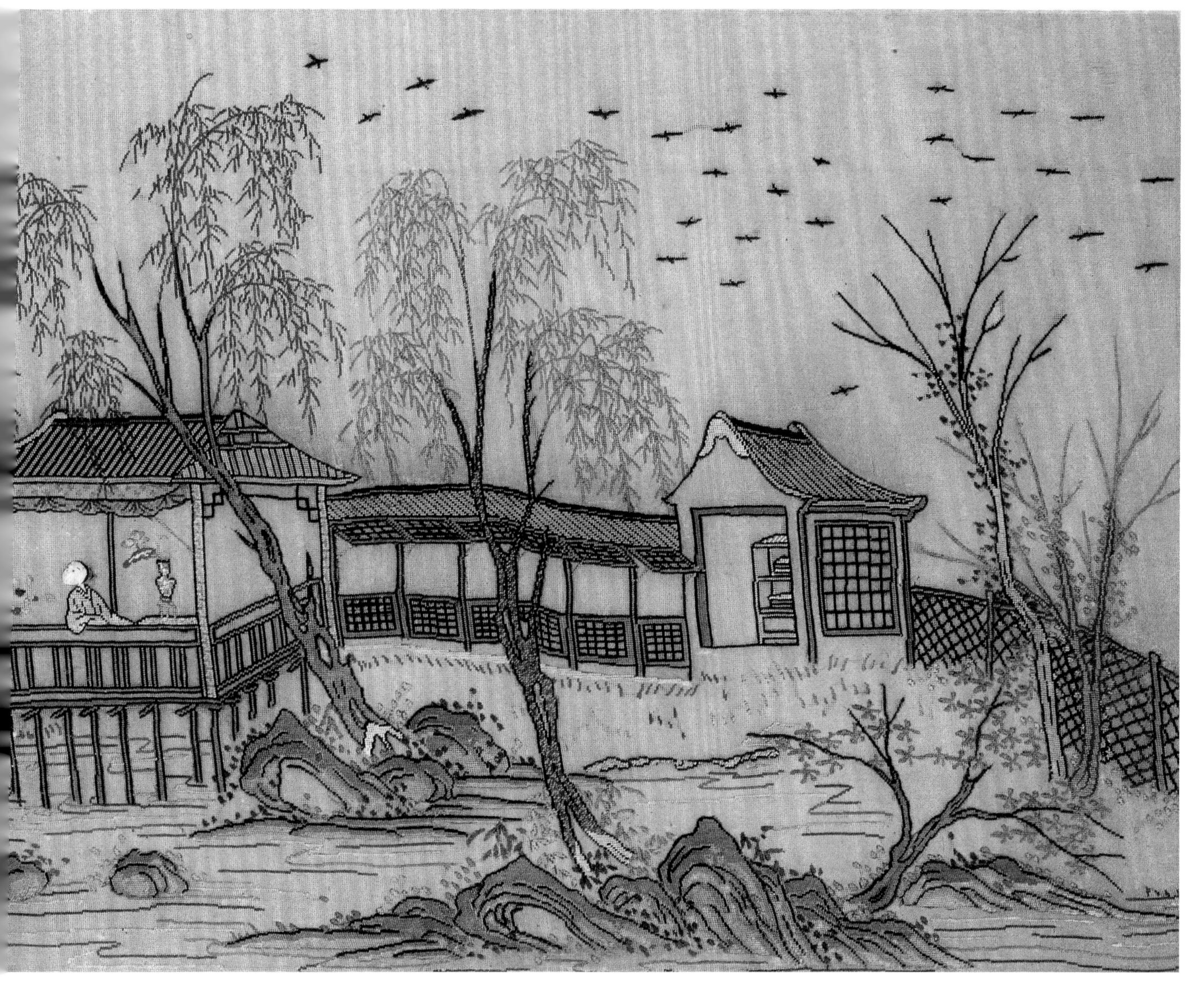

41

納紗汪奎桃源圖卷

清

縱33厘米　橫185厘米

Tao Yuan Petit Point Gauze, by Wang Kui

Qing Dynasty

Handscroll

Length: 33cm　Width: 185cm

圖繡田園景致，溪流環繞，叢林圍抱，村舍草廬前三兩人物，小橋上，有離船登岸的戴笠人；遠處山巒迤邐，亭台掩映，羣鳥輕翔。卷尾繡款：“桃源圖　擬新羅山人筆意　吳中汪奎”，朱繡“汪奎之印”、“硯香”印。新羅山人即清代畫家華喦。

此圖設色輕淡，勾皴結合，頗具小青綠山水畫之筆法。運用斜一絲串繡製，即以素紗為底，按紗格經緯點斜向繡，每點一針，集聚繡成。繡面細密平服，人物和動物的神態刻畫精細入微，是納紗的精品之作。

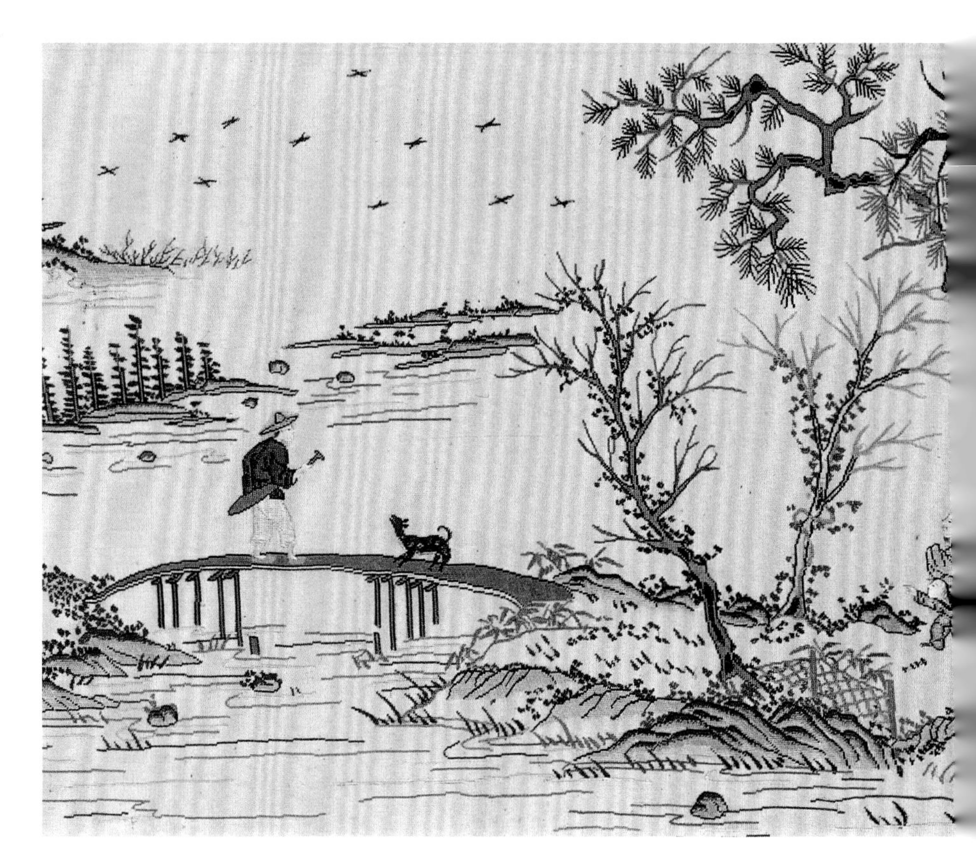

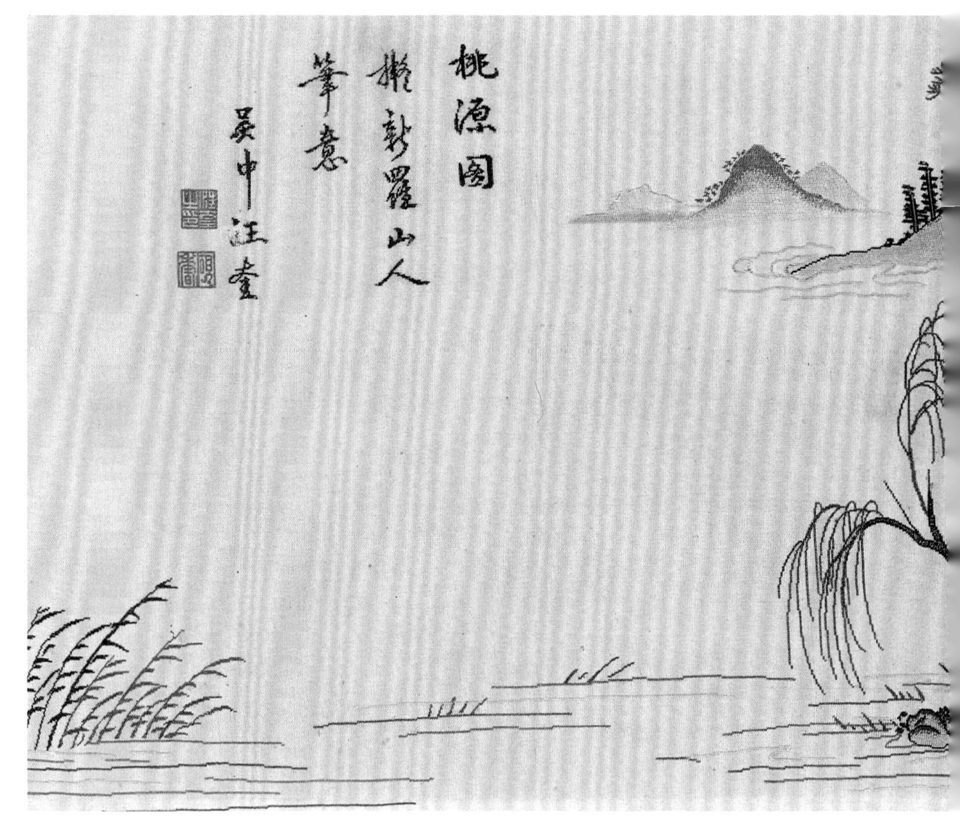

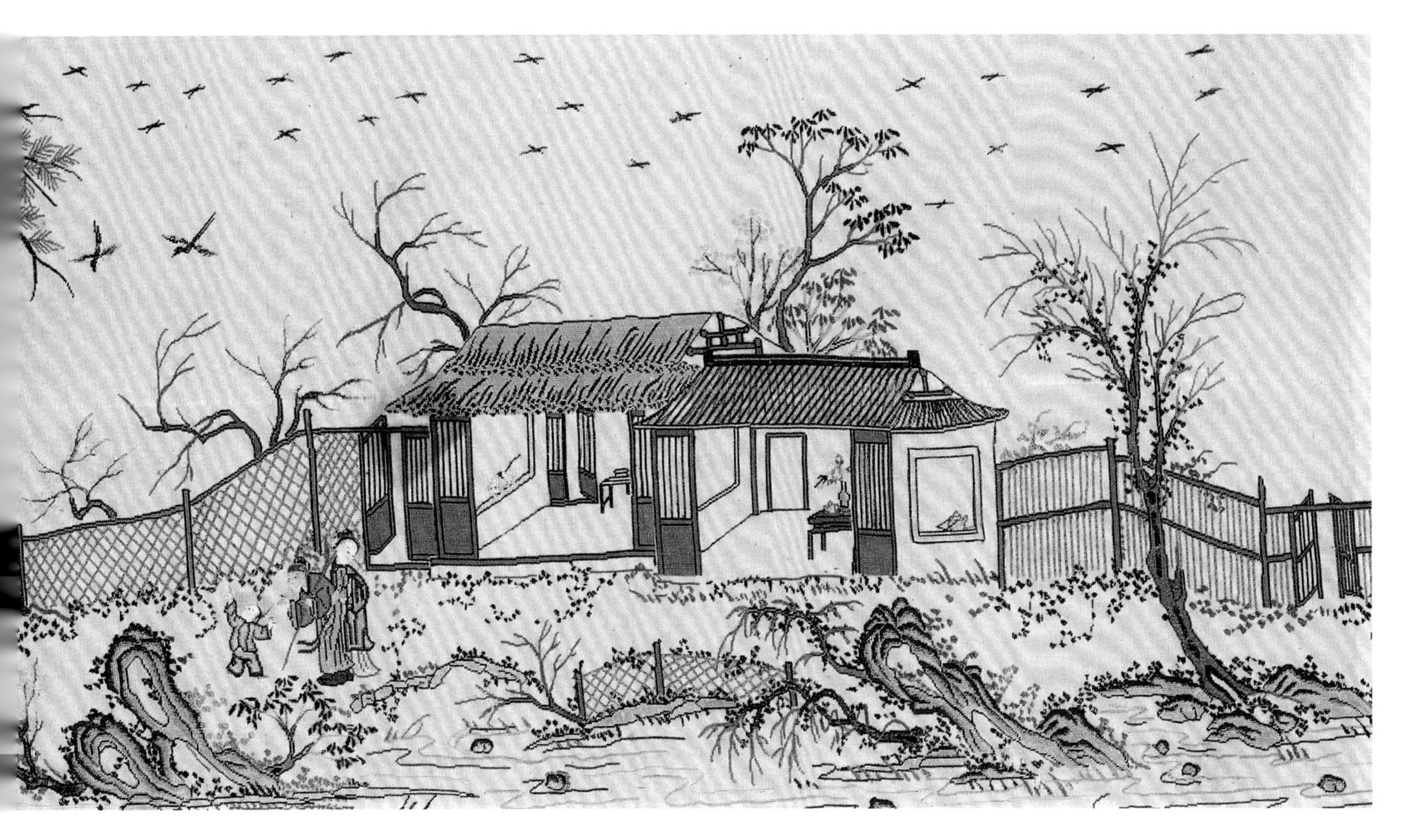

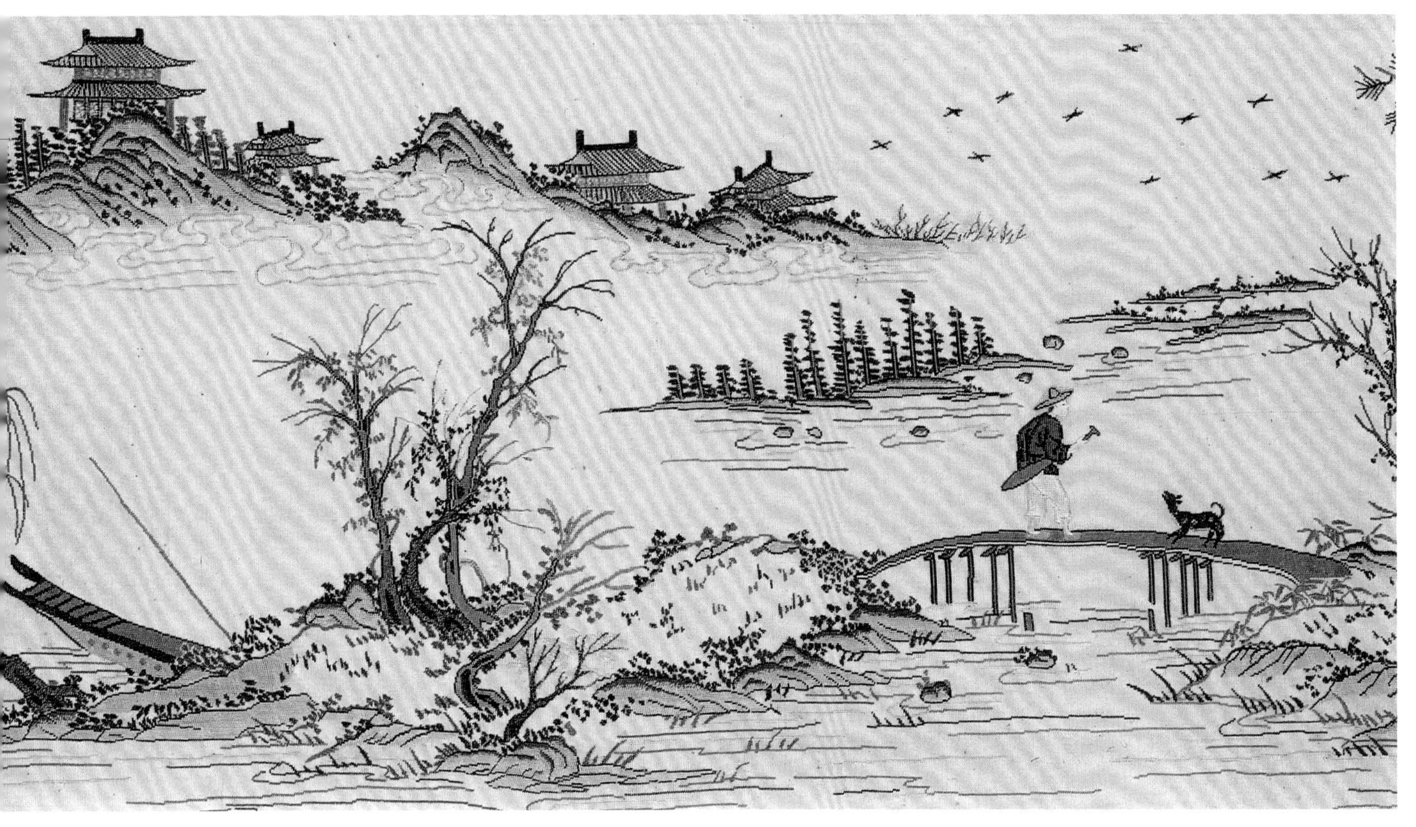

42

竹柄雙面納紗茶花彩蝶圖團扇

清
徑32厘米
清宮舊藏

Camellia and Butterflies, Double-sided Petit Point Gauze, Round fan with bamboo handle

Qing Dynasty
Diameter of the fan face: 32cm
Qing Court collection

綠色素方孔紗地上雙面繡盛開的茶花，蝴蝶逐花而舞。竹柄，鑲刺繡佛手護柄，繫明黃色盤釋迦結長穗。

繡畫團扇不僅是宮中夏日納涼用品，也是后妃把玩的藝術品，因此繡工十分講究。此扇採用正一絲串針法雙面繡成，兩面圖案相同。針腳計算規矩，不露針綫痕跡。紗眼通透，鋪絨平薄，暈色柔和自然。

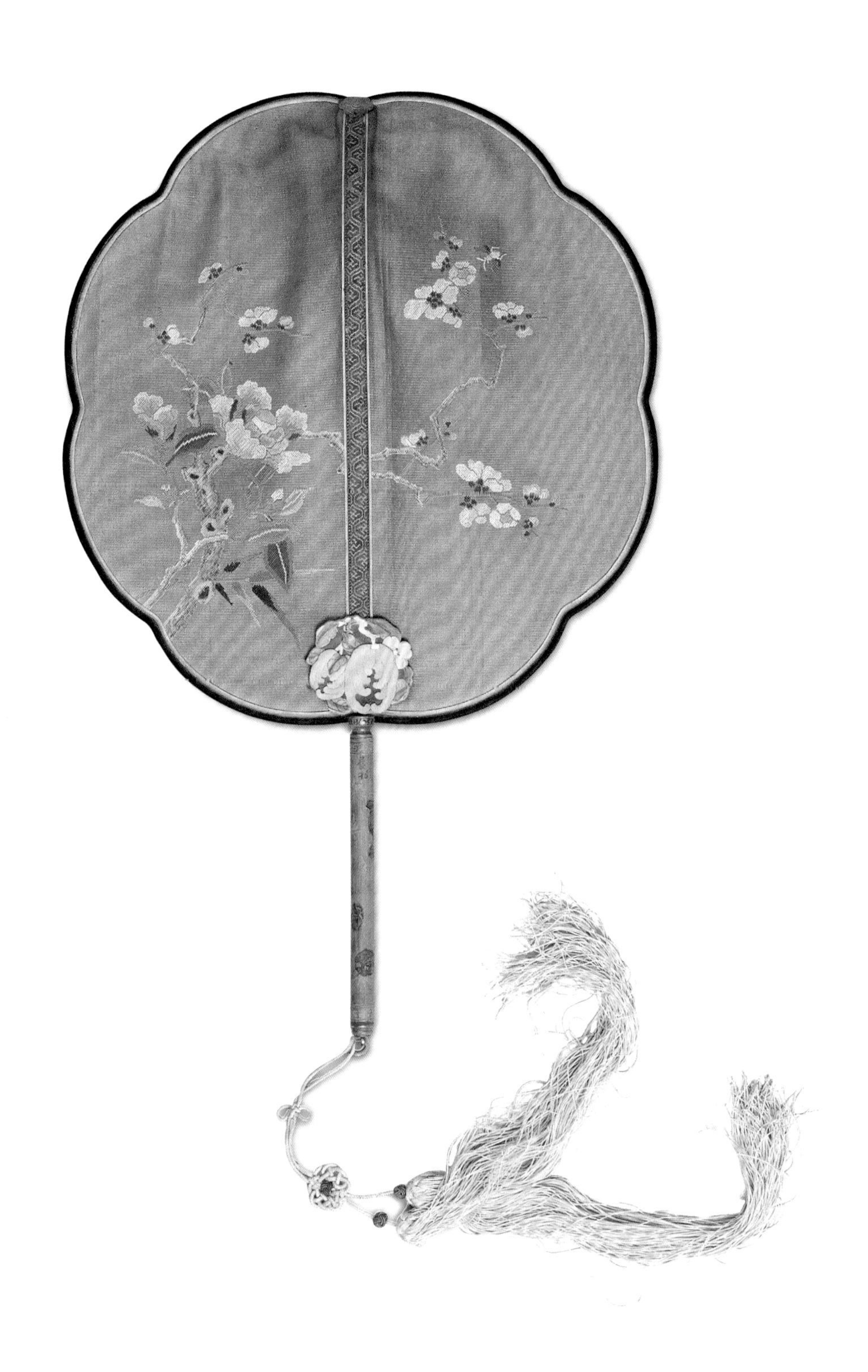

43

滿繡千手千眼觀音像軸

清乾隆
縱75厘米　橫50厘米
清宮舊藏

Avalokitesvara with Thousand Hands and Eyes, Embroidery (Thangka)

Qianlong Period, Qing Dynasty
Hanging scroll
Length: 75cm　Width: 50cm
Qing Court collection

本色緞地上繡千手千眼觀音立於蓮花座上，手持各種法器。頭上及天空環飾諸佛。觀音下方左右為宗喀巴和達賴喇嘛。像下綴白綾，墨書漢、滿、蒙、藏四種文字：“乾隆四十五年（1780）四月二十日，欽命章嘉胡土克圖認看供奉利益繡像十一面觀世音菩薩，番稱堅賚資克珠智克沙爾，清稱專額穆德楞額濟蘭尼布勒庫餘呼拂薩，蒙古稱阿呼班尼根尼果呼圖和穆什穆博第薩哆”。

滿繡即繡滿紋樣不露繡地，為刺繡中最繁複的繡法。此軸為藏傳佛教唐卡。以齊針、搶針、套針、緝綫、平金、纏針、釘綫等多種針法繡製，水路變化控制出色，局部用色暈染點苔。構圖飽滿，設色艷麗，為清代滿繡的代表作。

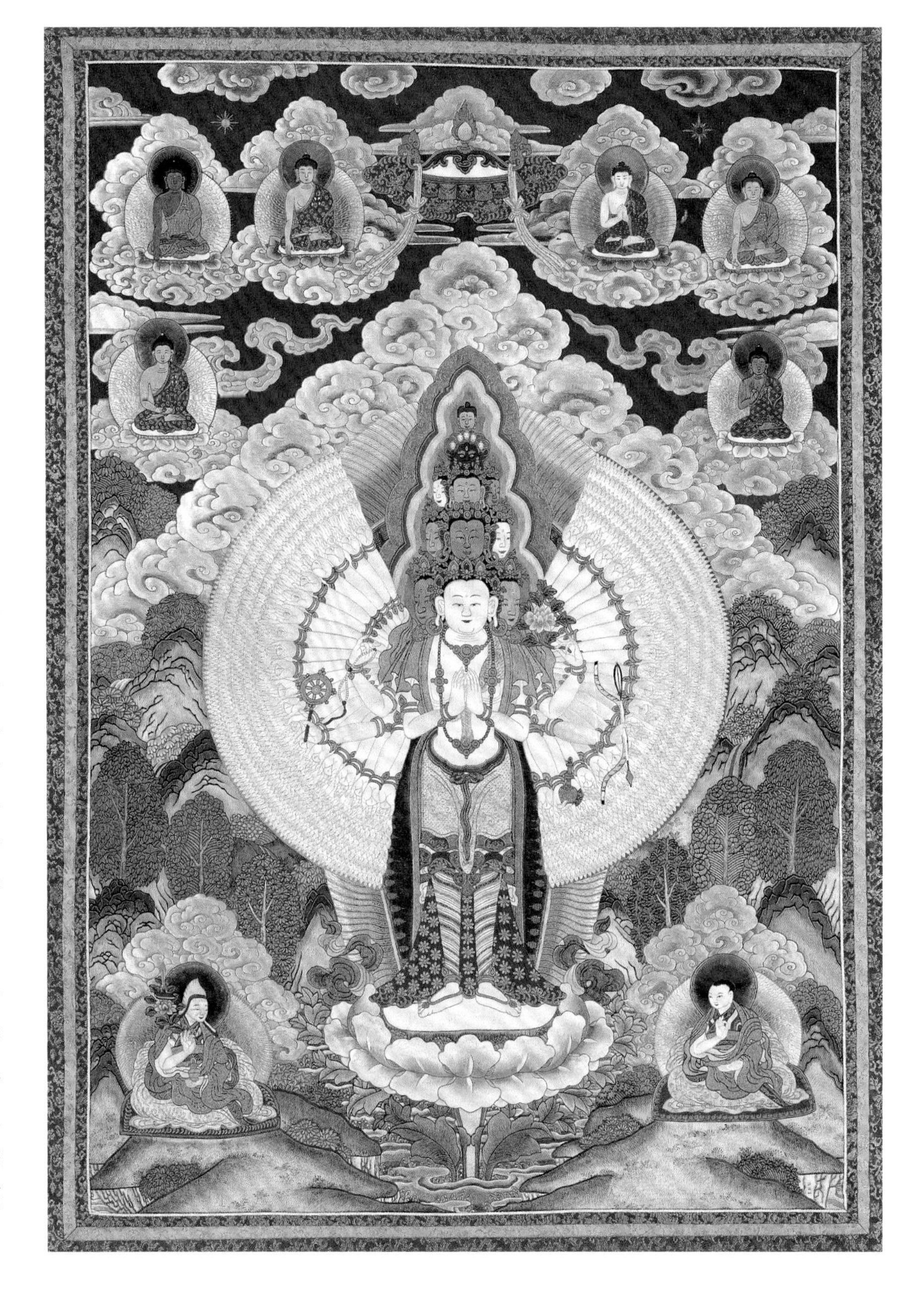

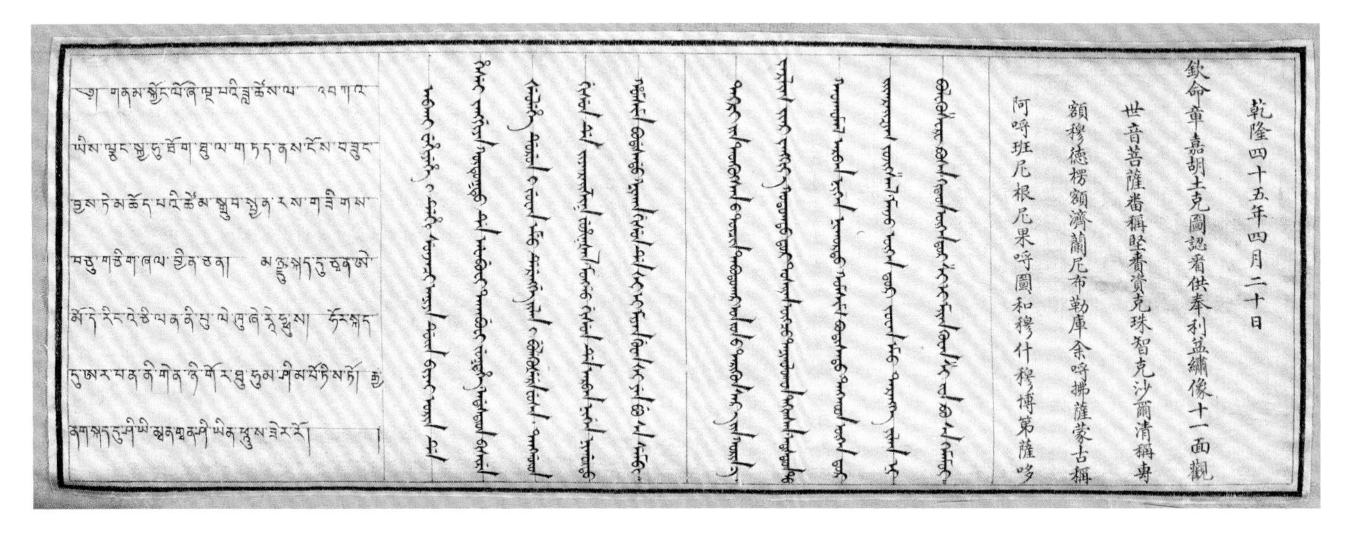

44

堆綾眉壽圖卷

清同治
縱26厘米　橫76厘米

Plum Blossoms and Birds, Thin Silk Applique
Tongzhi Period, Qing Dynasty
Handscroll
Length: 26cm　Width: 76cm

綬帶鳥攀棲於花蕾初綻的梅枝上。梅花與綬帶鳥組合，寓意"眉壽"。語出《詩經》"為此春酒，以介眉壽"，用為祝壽之語。墨書題："不施彩筆，但集零縑，堆成眉壽，用祝延年。　老樸偶題"，鈐"完顏崇實"、"子華字樸山"、"佛弟子"印。畫尾鈐"麗絹手製"、"間將針黹作丹青"印。

堆綾，又稱摘綾、貼綾，即以各色綾、緞等料剪裁出花樣，縫綴在地料上形成圖紋，亦屬刺繡一種。此圖除主體用堆綾繡外，還加齊針繡樹節，打籽繡花蕊，使樹幹的虯曲之態更為生動，花瓣的交疊更具層次感，豐富了作品的表現力。

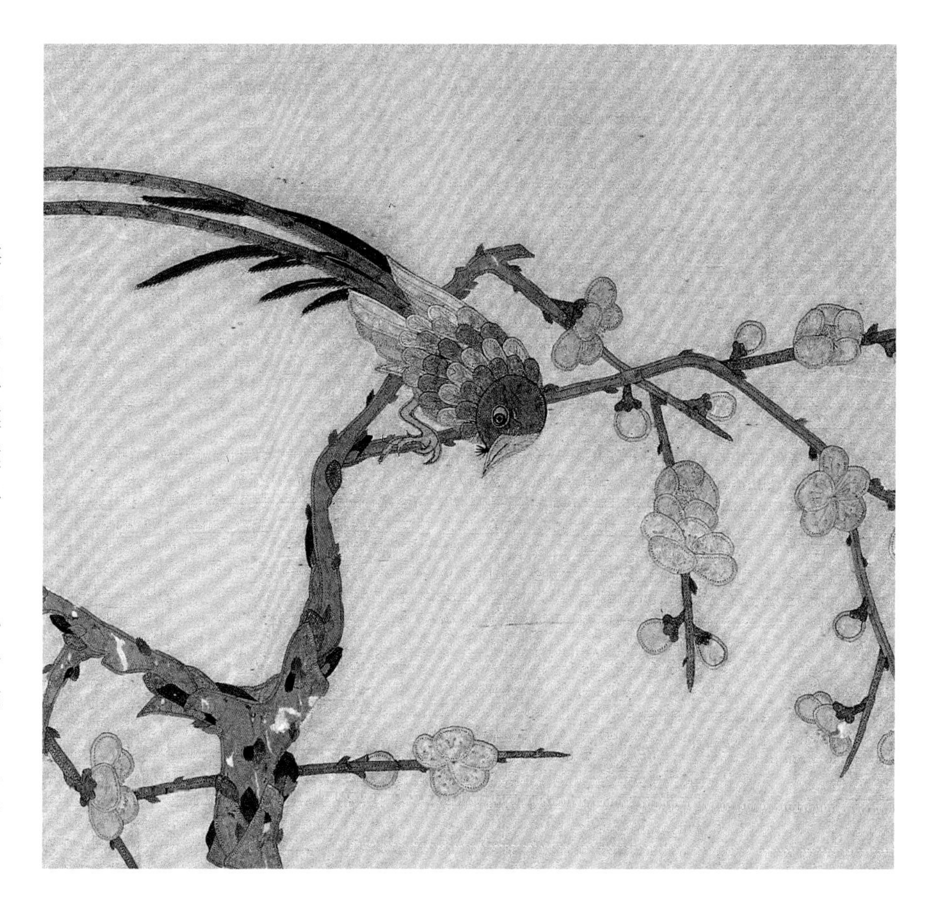

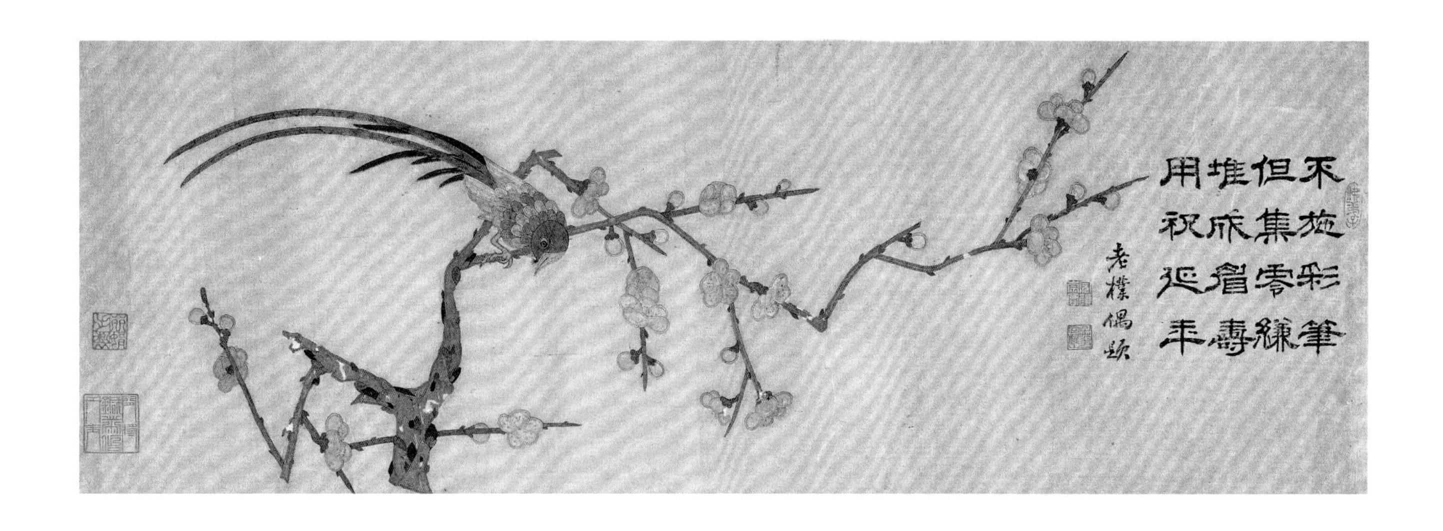

45

堆綾唐明皇楊貴妃戲像冊

清光緒
開縱39厘米　橫33厘米
清宮舊藏

A Beijing Opera of Characters Tang Emperor Li Longji and His Concubine Yang Yuhuan, Thin Silk Applique

Guangxu Period, Qing Dynasty
Album
Length: 39cm　Width: 33cm
Qing Court collection

冊繡戲曲人物，為京劇《長生殿》中裝扮。唐明皇戴冠，懸掛三髯口面，著團龍紋明黃帔，執扇。楊貴妃戴鳳冠，披雲肩，著宮裝，滿身飾花，極為華麗。像旁書人名。

此冊在藍色緞地上用各色綾子拼貼出人物形象，內有填充物，使人物突起。其上再加彩繪，釘綴琉璃珠、廣片、絨球、絲穗等裝飾。人物衣飾逼真，立體感強，裝飾效果獨特。

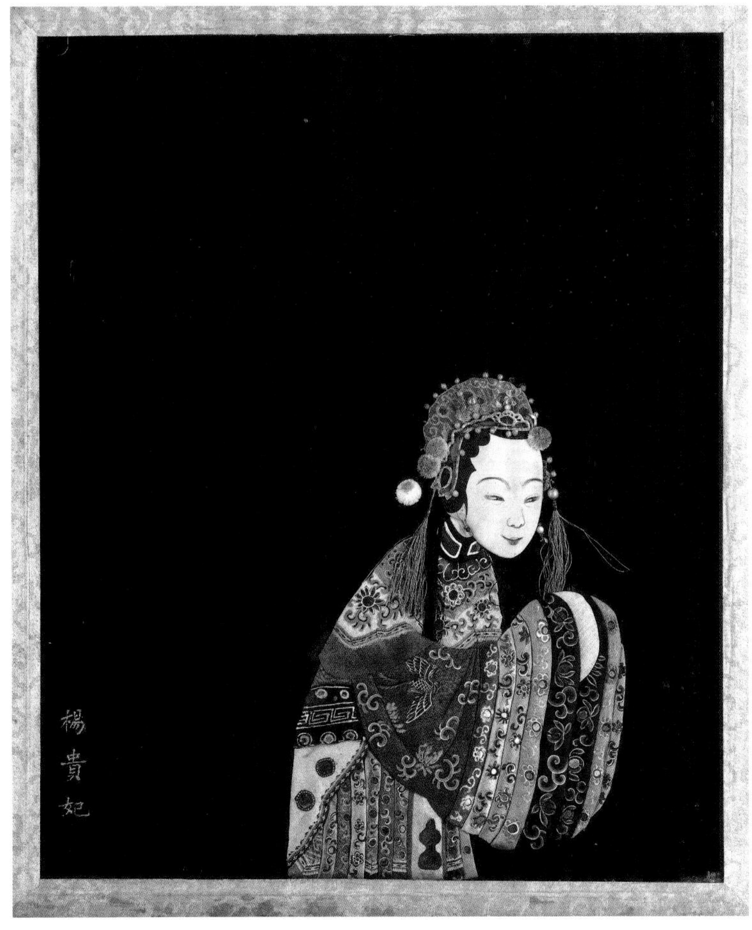

46

竹柄堆綾加繡石榴花鳥圖團扇

清
徑32厘米
清宮舊藏

Pomegranate, Flowers and Birds, Thin Silk Applique on Petit Point Gauze, Fan with bamboo handle

Qing Dynasty
Diameter of fan face: 32cm
Qing Court collection

牡丹紋暗花紗地，正面以五彩絲綫刺繡折枝石榴花，枝上棲翠鳥。背面圖案相同，以堆綾繡成。

此扇正面刺繡針法並不複雜，用套針繡花瓣、枝幹，斜纏針繡花葉，堆綾繡翠鳥。針腳細密、精緻，絲綫柔潤的光澤，給古樸雅致的扇面增添了亮麗的色澤。背面以堆綾蓋住刺繡針腳，十分巧妙。

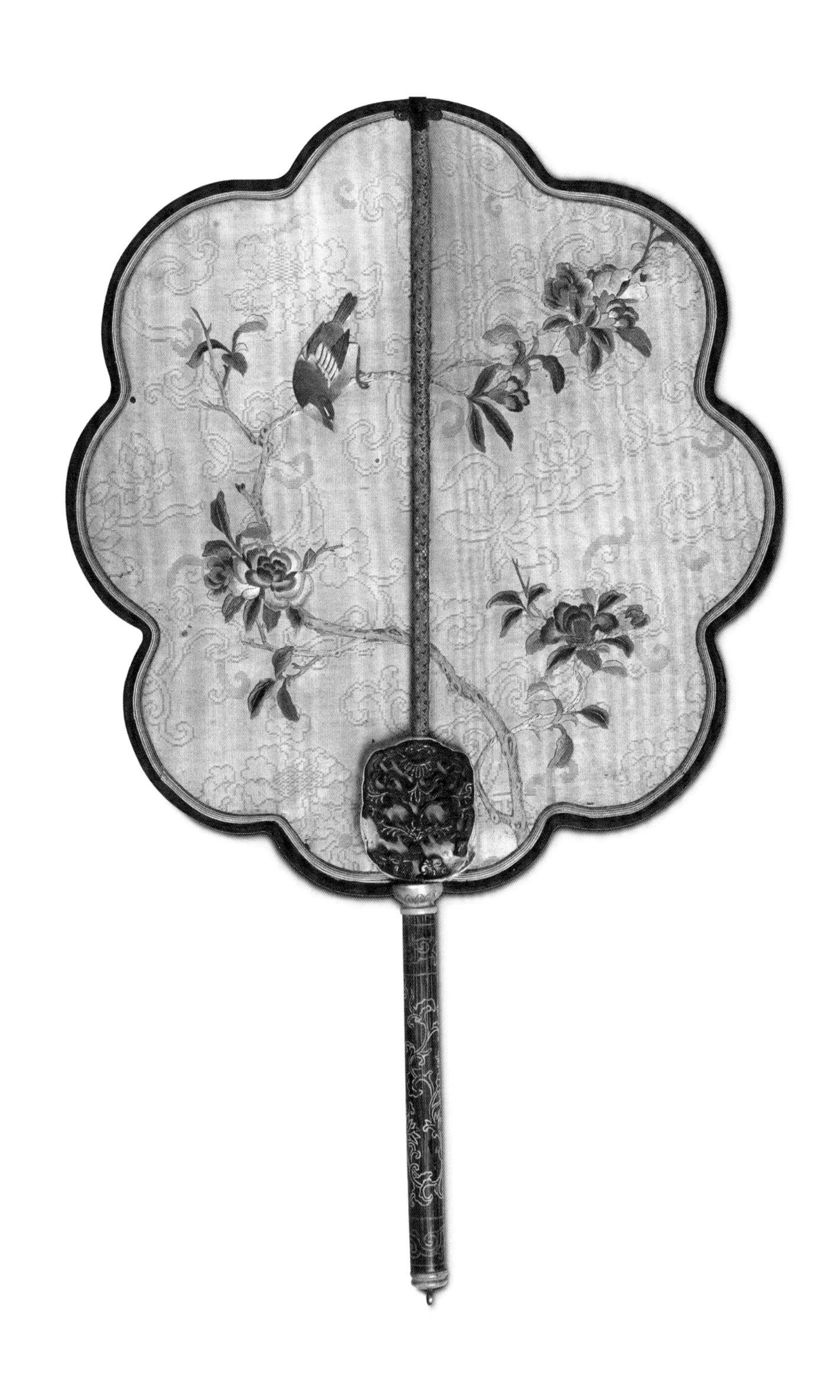

47

堆綾慶壽圖插屏
清
縱36厘米　橫50厘米
清宮舊藏

A Birthday Congratulation, Thin Silk Applique
Qing Dynasty
Table plaque
Length: 36cm　Width: 50cm
Qing Court collection

屏面繡祝壽場景，老壽星端坐於堂上，階前為一班伎人奏樂，飾以松柏、仙鶴等象徵長壽之物。紫檀邊框及座。

堆綾工藝繁複，要經過繪圖、剪裁、渲染、貼綾、釘綾等多道工序。此插屏除廳堂為紙雕外，人物、樹石皆為堆綾繡，貼綾後背的釘針尤為精緻，絲毫不露針綫痕跡。層次清晰，極富立體感，彷彿雕塑景觀一般，為翰墨所不及。清宮陳設品。

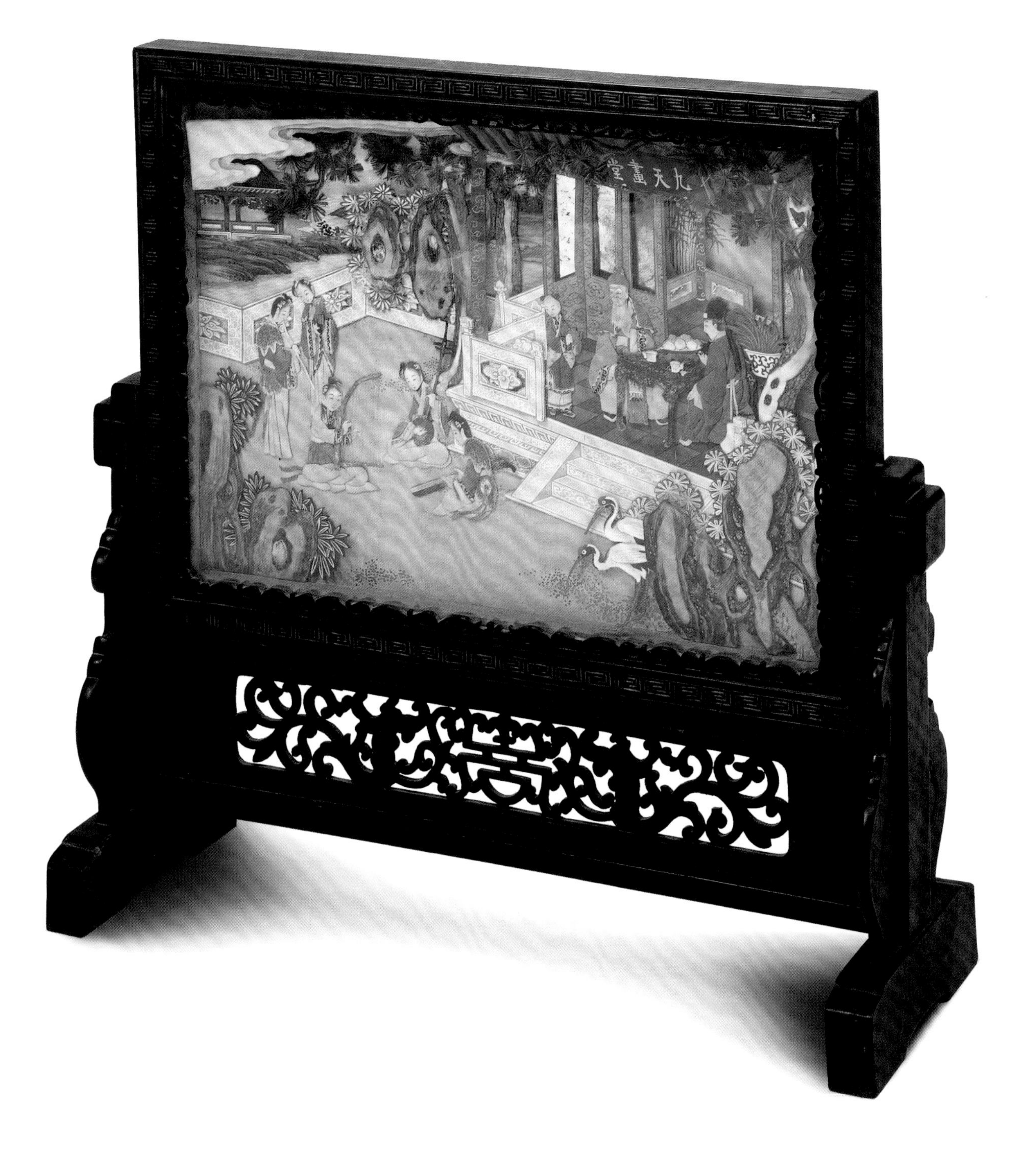

48

平金繡麒麟圖掛屏
清康熙
縱68厘米　橫37厘米

Unicorn, Embroidery
Kangxi Period, Qing Dynasty
Hanging panel
Length: 68cm　Width: 37cm

藍色緞地上繡一仰首擺尾的麒麟，四周襯以山石、梅花、菊花、松枝、祥雲、太陽、海水雜寶等。

平金，即用金綫在繡面上盤出花紋。此圖主體紋飾採用平金繡，輔以齊針、套針、接針、纏針、釘綫等。構圖風格既受到五代院體繪畫“鋪殿花”風格的影響，又有民間年畫的特點，綫條單純，色彩鮮明，氣氛熱烈，具有很強的裝飾效果。

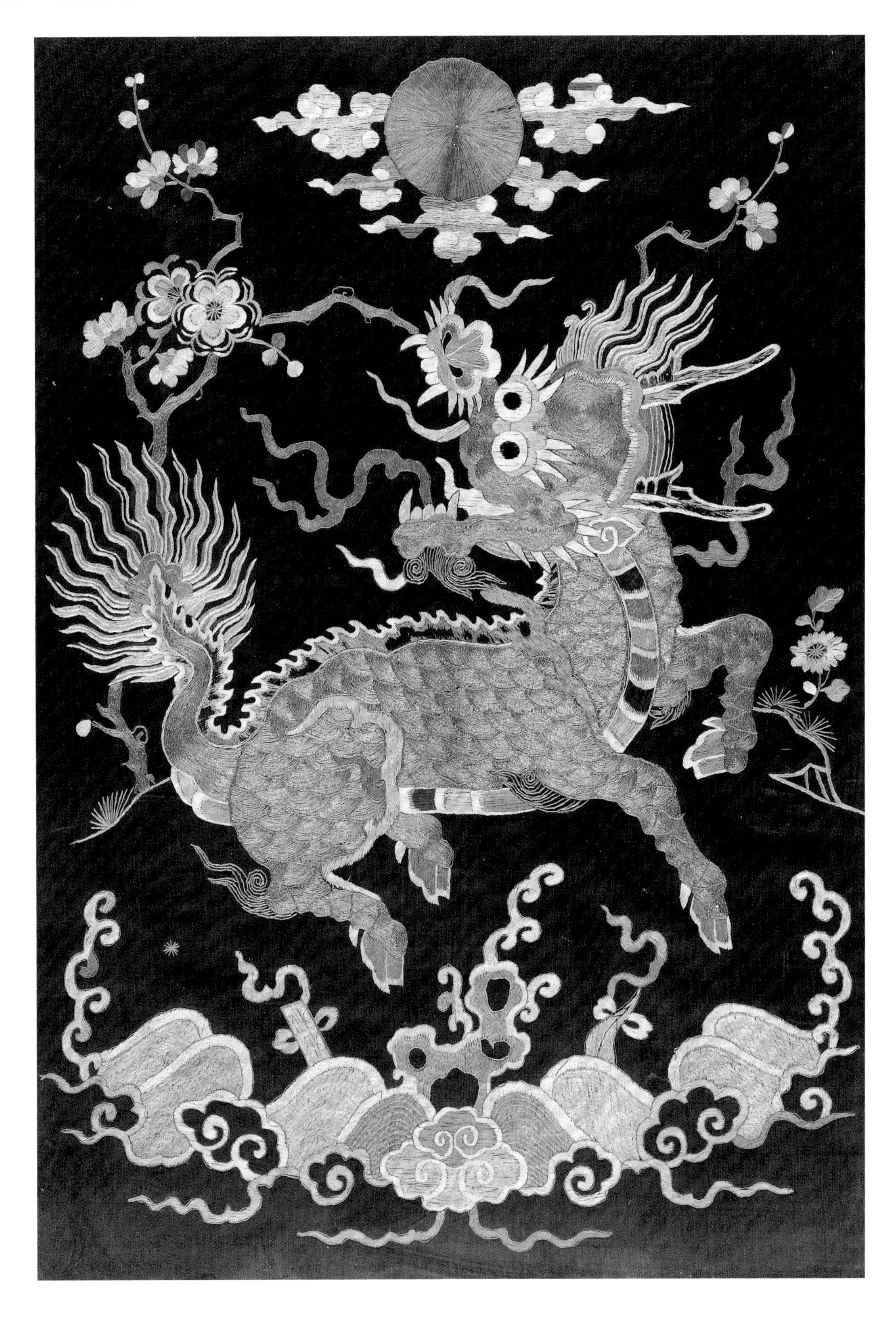

49

刺繡吹簫慶曲圖軸

清康熙

縱187厘米　橫47厘米

Playing a Vertical Bamboo Flute, Embroidery

Kangxi Period, Qing Dynasty

Hanging scroll

Length: 187cm　Width: 47cm

圖繡蕭史、弄玉騎鳳凰於雲中吹簫和鳴，襯以朱欄鳳台，峯岫卓立。墨書詩："台上吹簫秦弄玉，雲邊度曲許飛瓊。　顧其言"，朱繡"松圓閣"、"顧其言印"印。

傳説春秋時秦穆公女弄玉招親，蕭史表演簫藝絕技，乃見遠方有鳳凰率百鳥飛至，盤旋飛舞，鳴叫應和。許飛瓊是傳説中伴侍西王母身邊的仙姬，擅鼓"震靈之簧"。此圖針法以套針為主，兼施斜纏針、接針、釘針、滾針和施毛針等，另在山石、鳳台等處用墨色平塗點染。人物和鳳凰繡製精細，色綫豐富，用針多變，衣裙細紋、鳳凰翎毛均纖毫畢現。

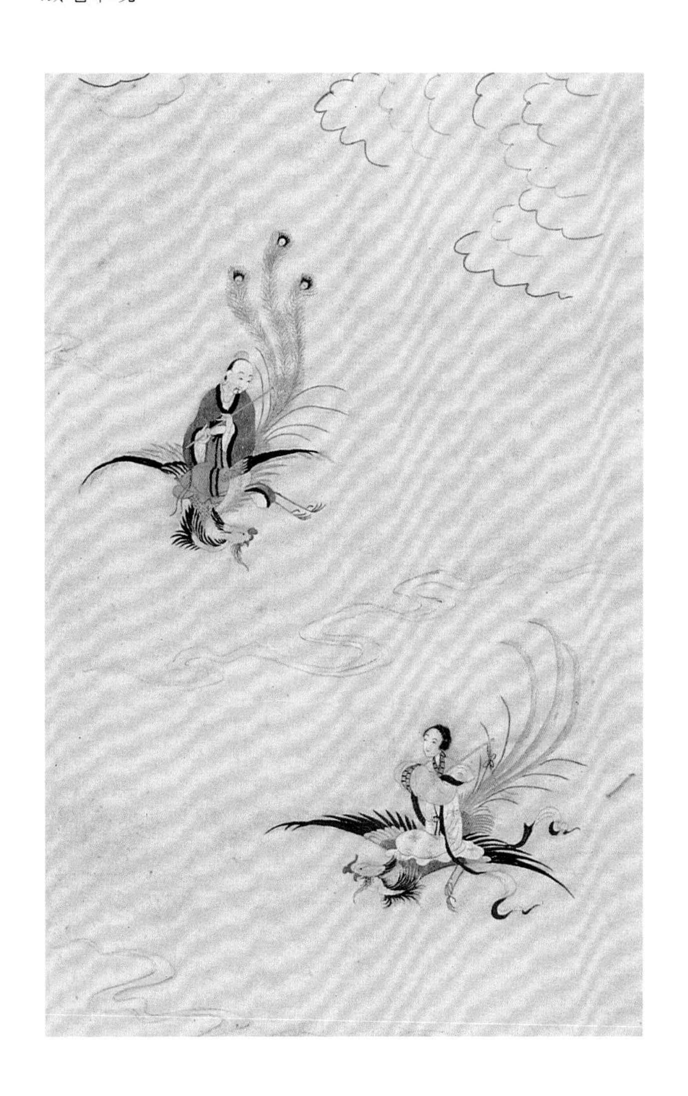

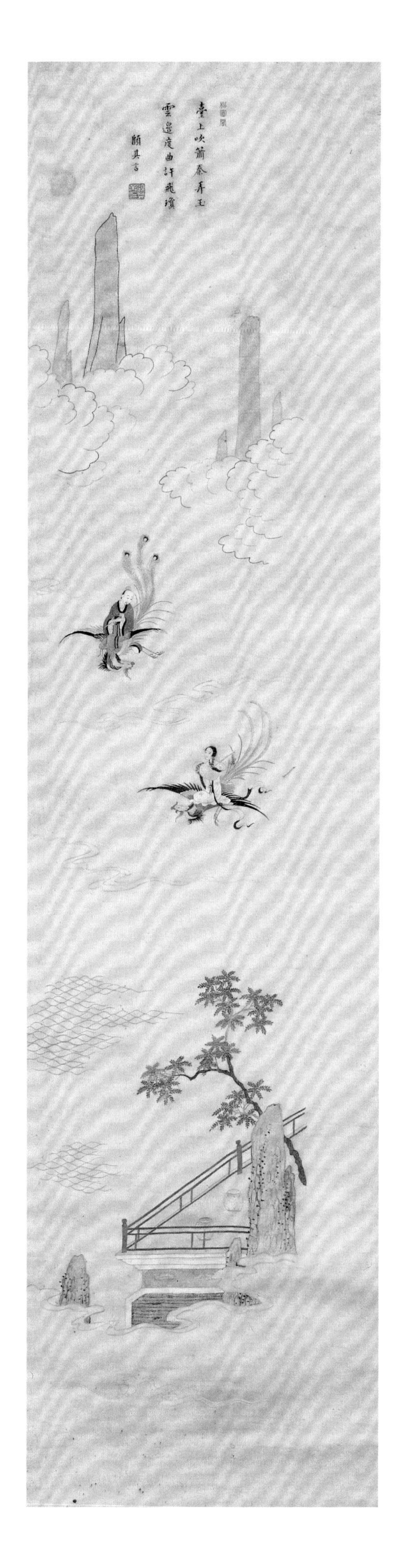

50

刺繡花鳥圖屏

清康熙

條縱111厘米　橫47厘米　六條屏

Flowers and Birds, Embroidery

Kangxi Period, Qing Dynasty

A set of 6 vertical scrolls

Length: 111cm　Height: 47cm

六屏獨立成軸，分別繡牡丹雉雞、松鶴延年、梅花綬帶、杏林春燕、芙蓉翠鳥、荷花鴛鴦。

此圖在畫法上為工筆勾勒與設色沒骨相結合，筆法細膩工整。工藝上繡、繪結合，花朵、樹木以齊針、套針、搶針為主，花蕊、鳥羽等細微處施以松針、拉尾子針、扎針、刻鱗針、施毛針、雞毛針、打籽針、滾針、纏針、釘綫、擻和針等繁複針法，運針靈活多變，絲理追求神似。山石坡陀

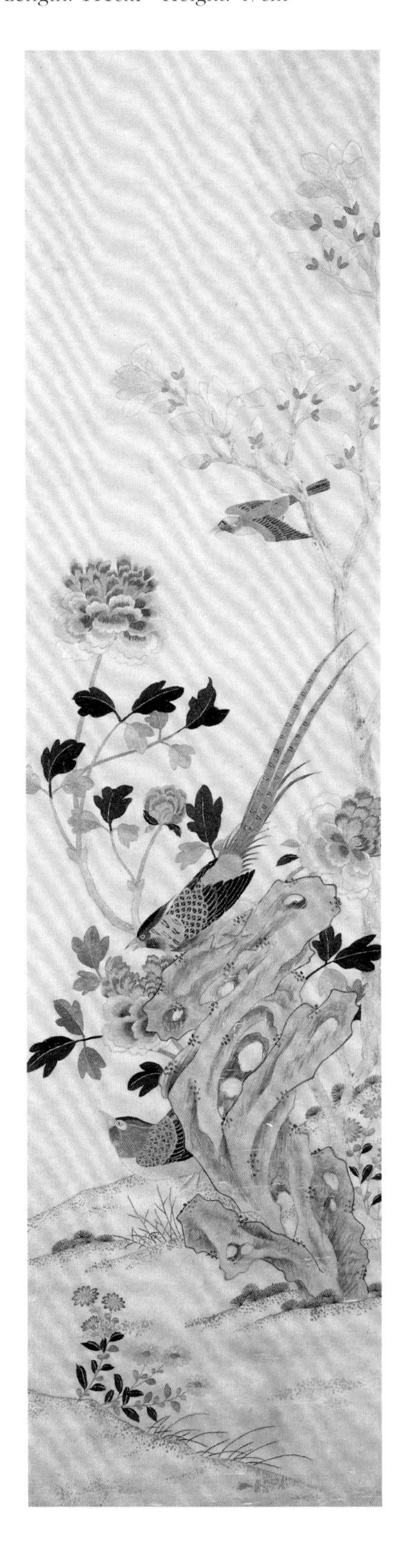

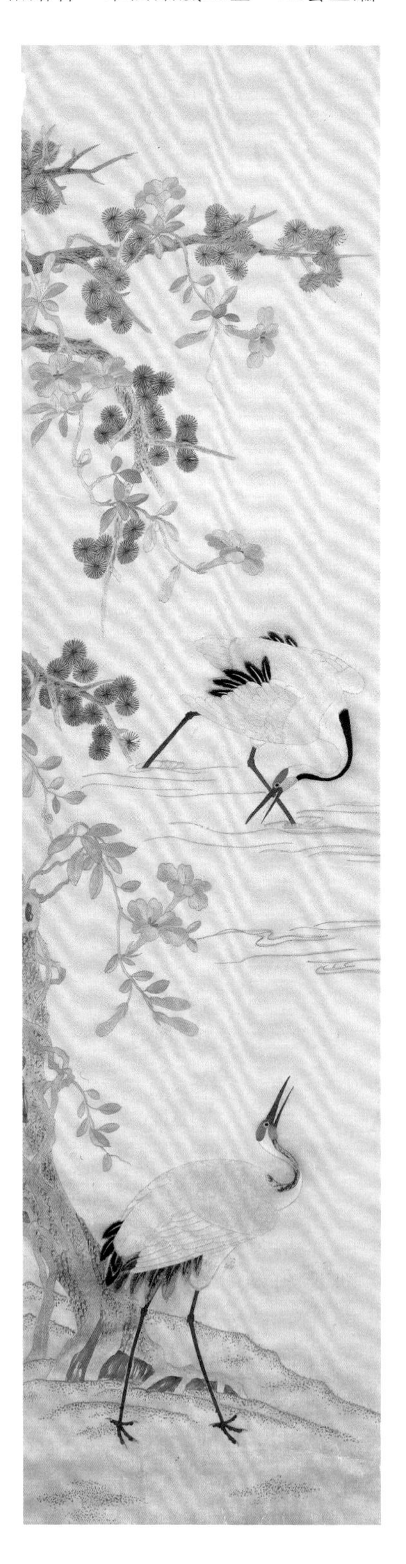

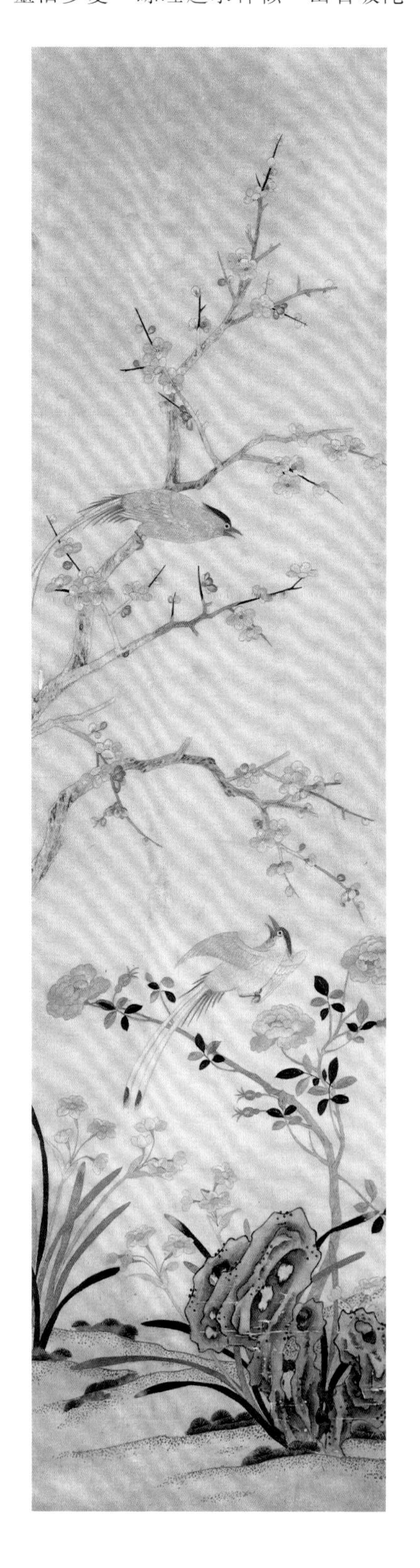

用筆渲染敷彩。絲光與彩墨相映成趣，既表現出物象光潔豐滿的質感，又不失中國畫的意境和神韻。

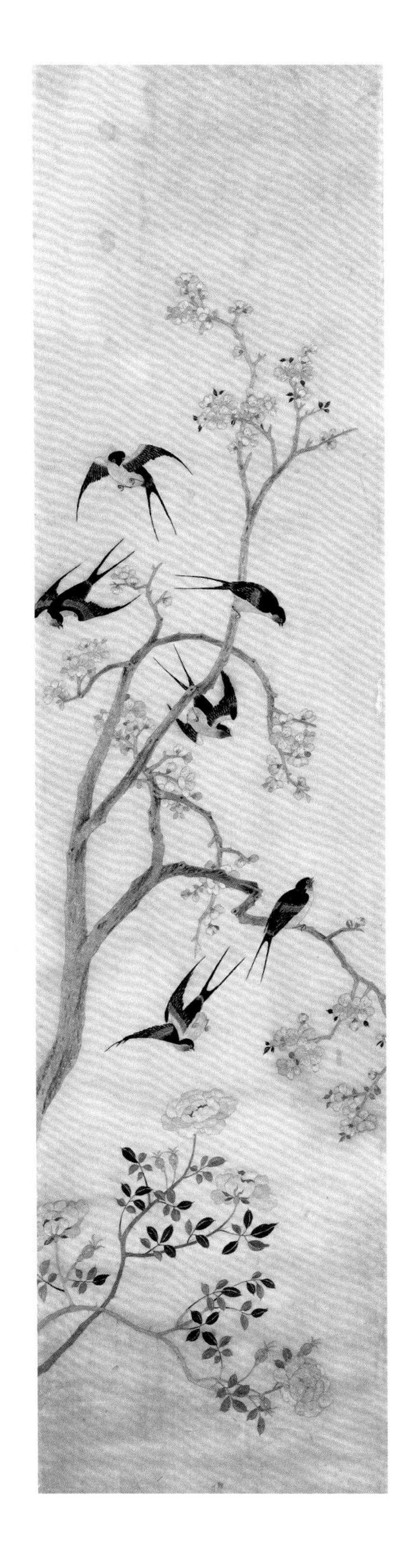

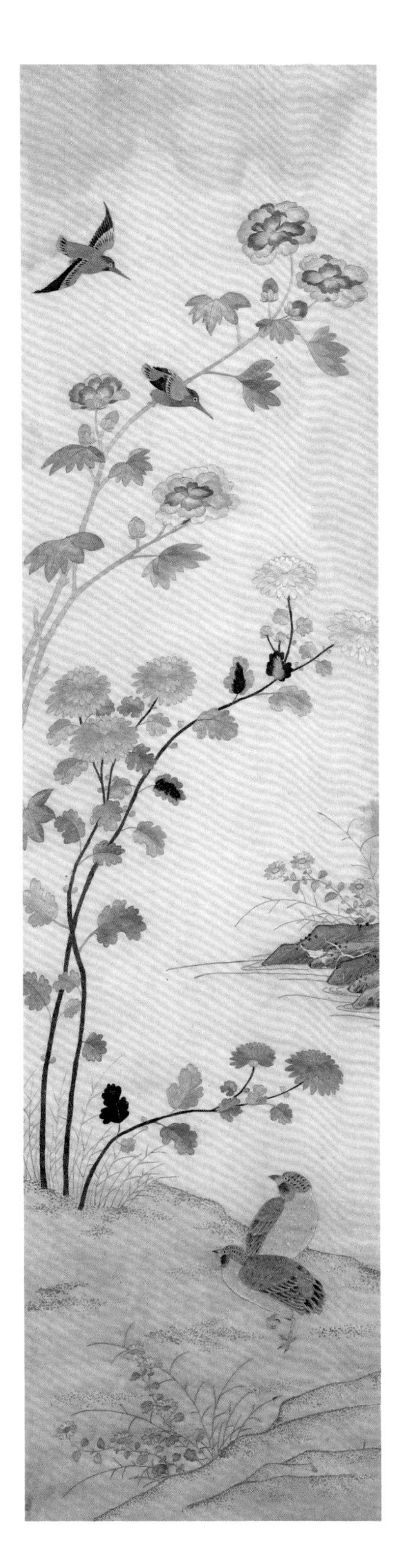

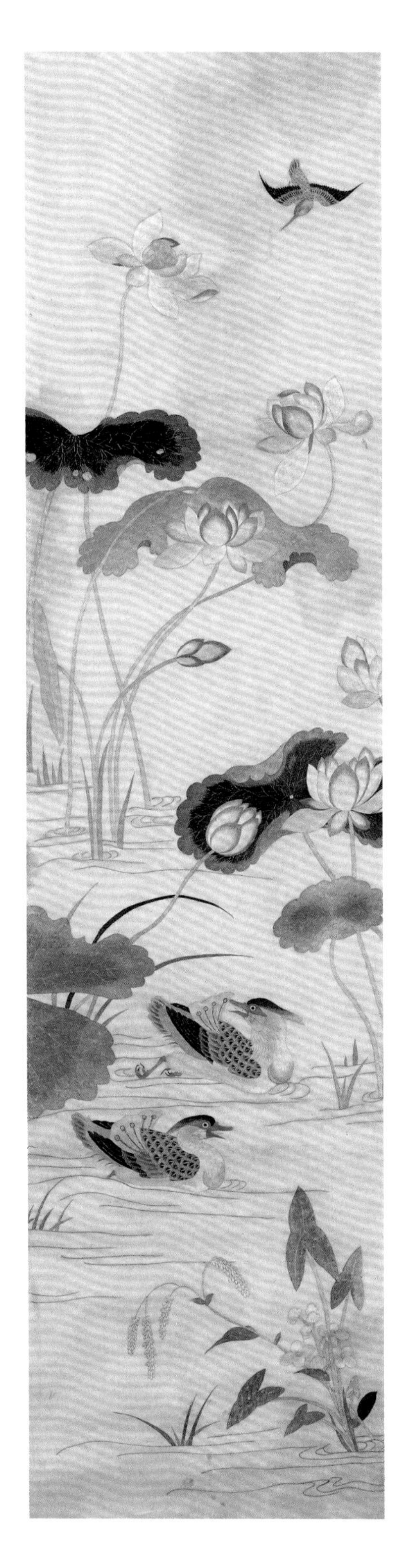

51

刺繡玉樓人醉圖軸

清康熙
縱143厘米　橫40厘米

The Farewell of Two Lovers, Embroidery
Kangxi period Qing Dynasty
Hanging scroll
Length: 143cm　Width: 40cm

本色緞地上繡山水人物，一男子騎馬渡橋，返身與樓上女子揮手告別，表現出情意綿綿、依依惜別之態。繡書："金勒馬嘶芳草地，玉樓人醉杏花天。　沈荃"，朱繡"沈荃之印"。

沈荃（1624—1684），字貞蕤，號繹堂，清華亭（今上海松江）人，善書法，為康熙帝書法代筆人之一。

此圖構圖簡逸，為半工半寫的小青綠山水畫意趣。用二色間暈的裝飾方法，施以齊針、纏針、網繡、滾針、釘綫等針法繡製。山石多以繡綫勾勒，然後用色渲染點苔，為繡、繪結合之作。

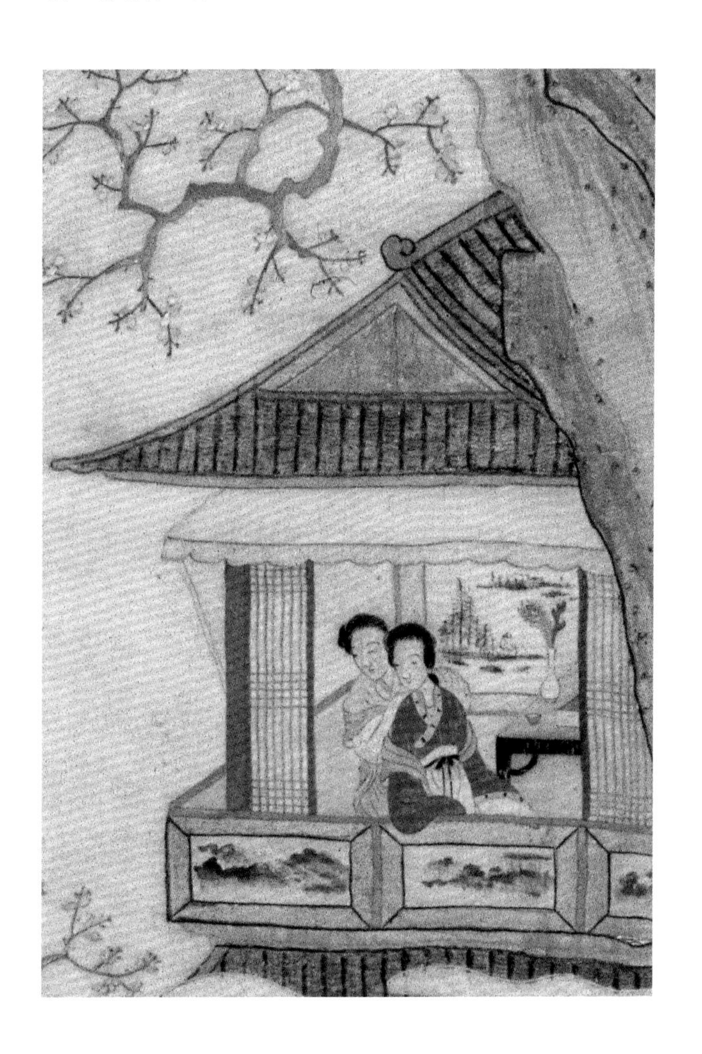

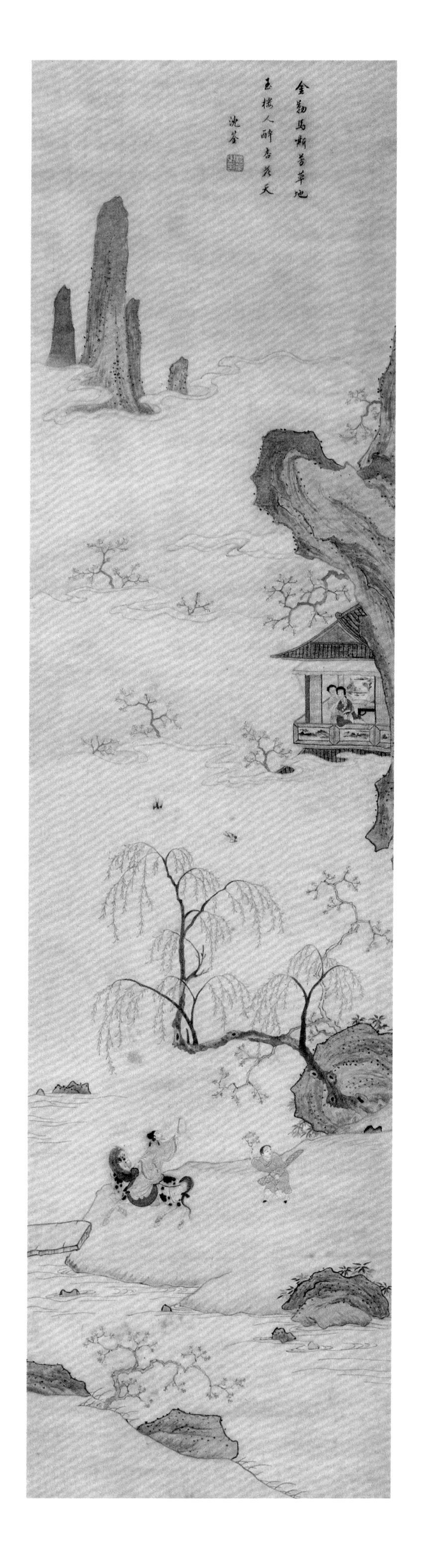

52

刺繡蔣檙題童子拜觀音圖軸

清康熙
縱91厘米　橫38厘米
清宮舊藏

A Boy Worshipping the Statue of Avalokitesvara, with Jiang Ding's Inscriptions, Embroidery

Kangxi Period, Qing Dynasty
Hanging scroll
Length: 91cm　Width: 38cm
Qing Court collection

緗色緞地上繡觀音乘舟渡海，一童子頂禮膜拜。圖上墨書：“潮音妙相，人天喜歡。繡以綵絲，供養旃檀。壽我慈寧，萬年景福。瑞獻南山，祥增紫竹。　臣蔣檙敬贊”。蔣檙，清乾隆時官兵部右侍郎。作於康熙時期，乾隆時蔣檙獻給皇太后作壽禮。

此圖為工筆淡彩，受丁雲鵬畫風影響，人物造型誇張，形象奇古，綫條工整，帶有木刻韻味。以齊針、套針、打籽、平金等針法繡製。

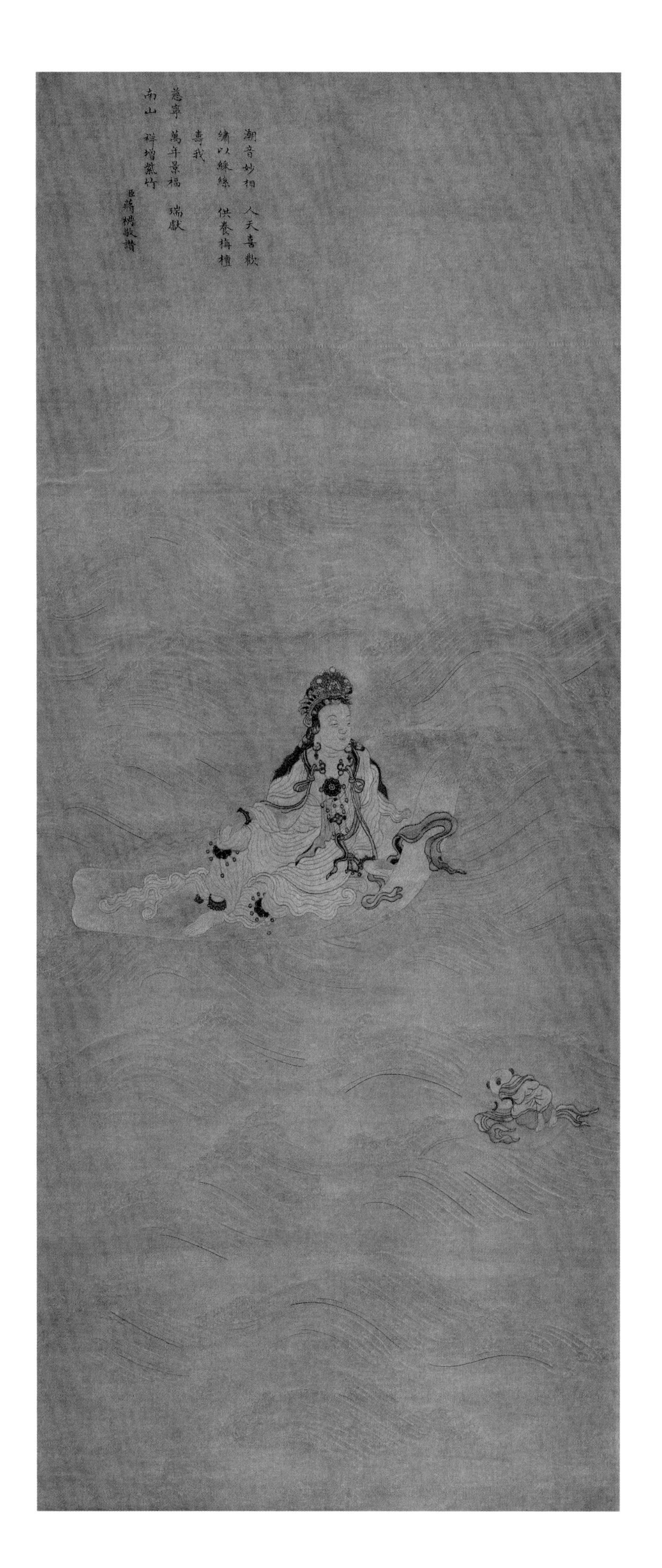

53

刺繡松石三仙圖軸

清乾隆

縱126厘米　橫40厘米

Three Immortals in the Pines and Rocks, Embroidery

Qianlong Period, Qing Dynasty

Hanging scroll

Length: 126cm　Width: 40cm

圖繡藍采和、曹國舅、鐵拐李三位仙人，各持寶物於松石掩映的崎嶇山路間，天邊雲氣中仙閣瑤台隱現一角。

此圖繡工簡略率意，人物服飾用散套和盤金，松石用滾針或接針勾邊，內以石綠、赭石填染，山麓和天際寥寥運針，以示水波和雲氣。人物刻畫精細，表現出不同的形態。

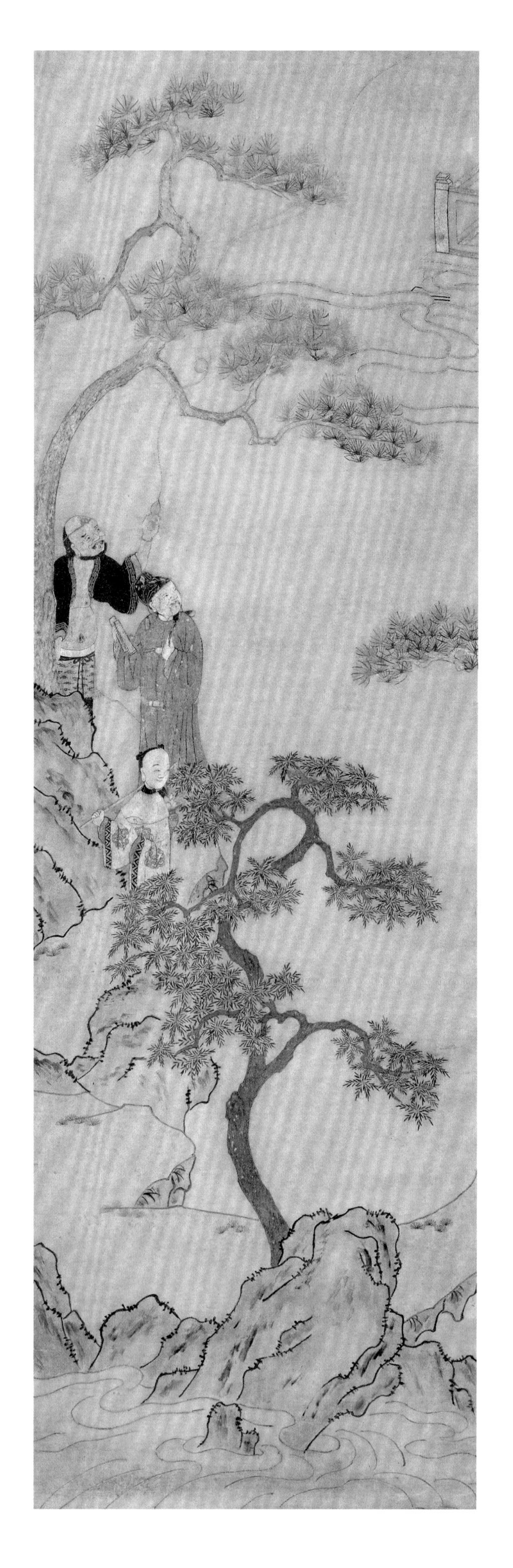

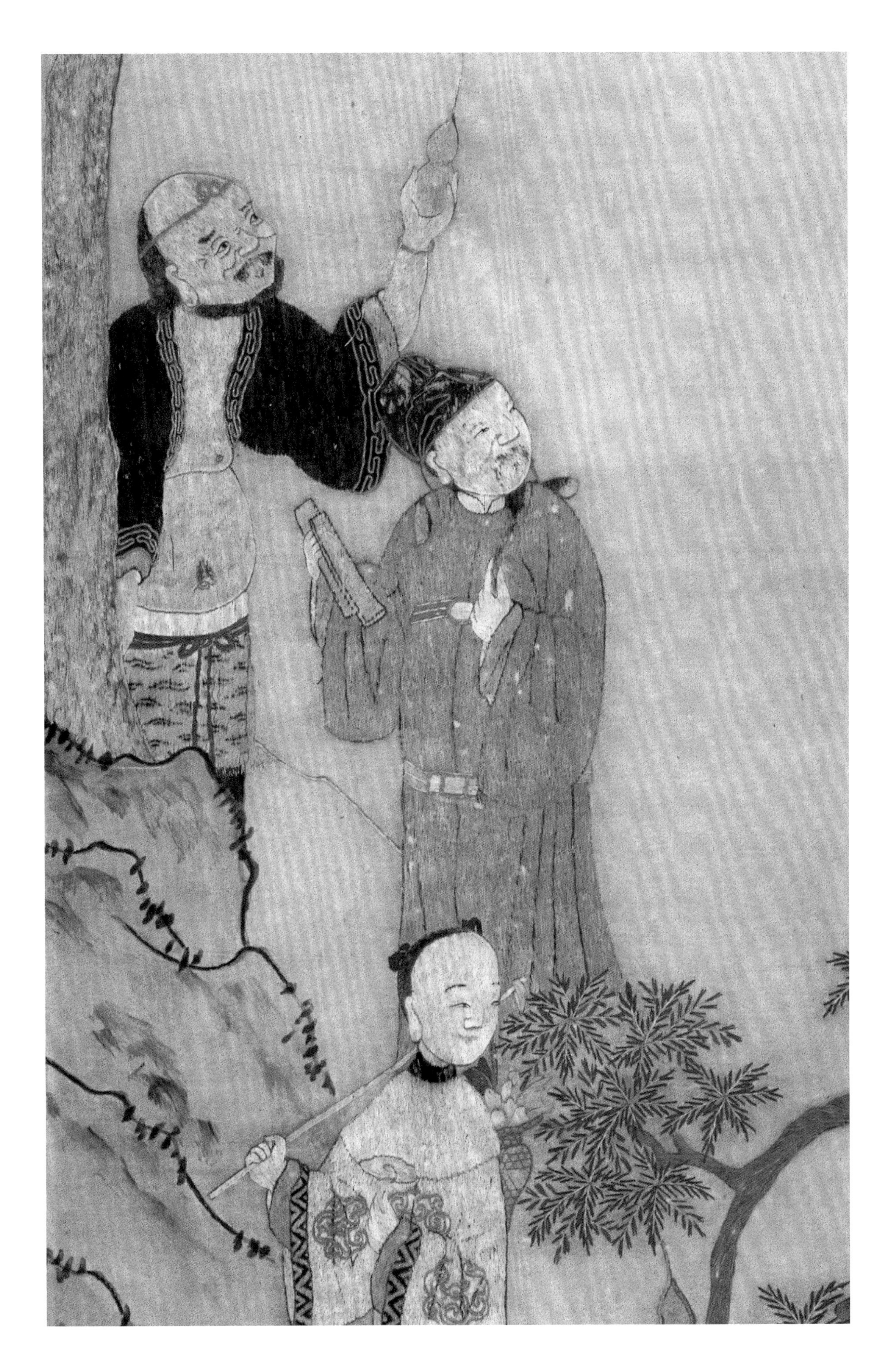

54

刺繡慶壽圖通景屏
清乾隆
條縱220厘米　橫50厘米　八條屏

Birthday Congratulation, Embroidery
Qianlong Period, Qing Dynasty
A set of 8 vertical scrolls
Length: 220cm　Width: 50cm

米色綾地上繡富貴人家慶壽場面，壽星夫婦端坐廳堂，接受各方前來祝壽的賓客。庭院建築雕樑畫棟，廊院迴環，侍女、藝伎散佈院中。場面宏大，人物眾多。

此屏有仇英人物畫風格，工、寫兼善。工藝上為繡、繪結合，人物完全以五彩絲綫採用套針、斜纏針、網繡、施毛針、滾針、雞毛針、打籽、扎針、釘綫、攙和針、合色綫等針法繡成，繡工細密。花草、建築等以筆

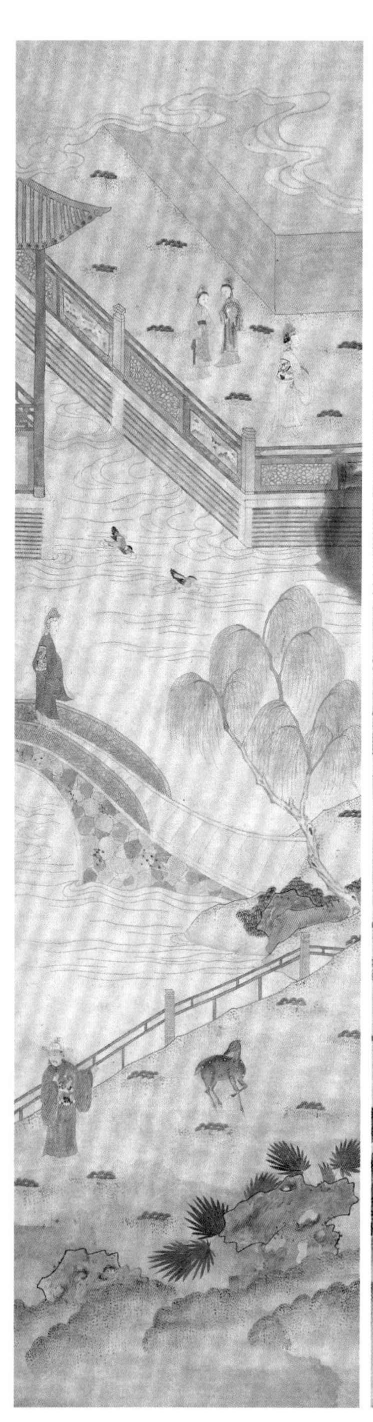
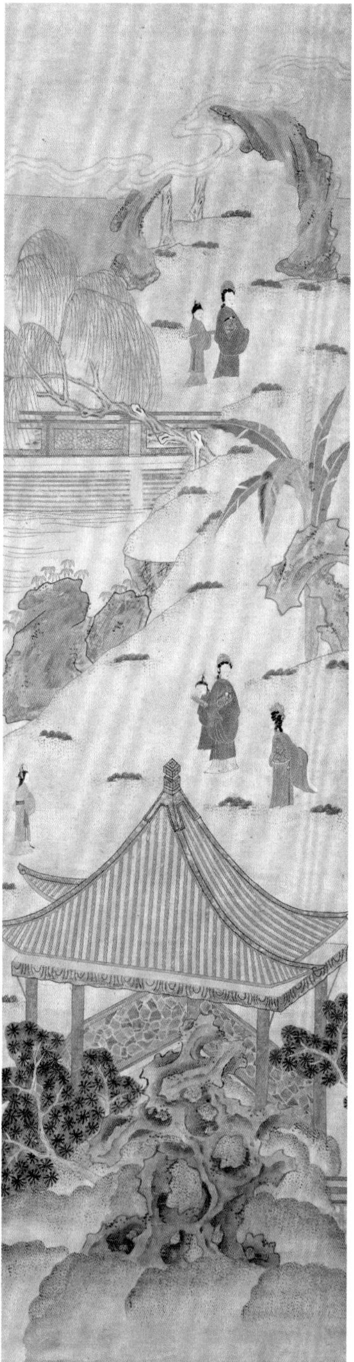
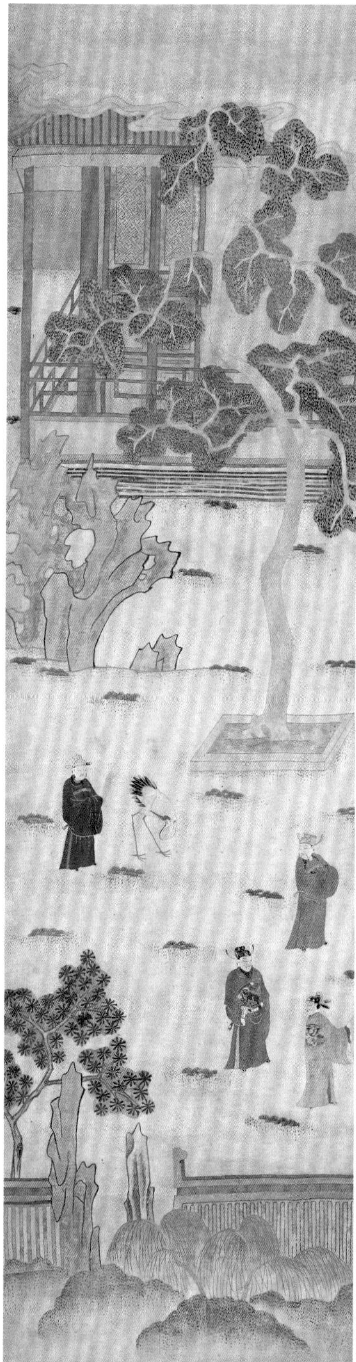
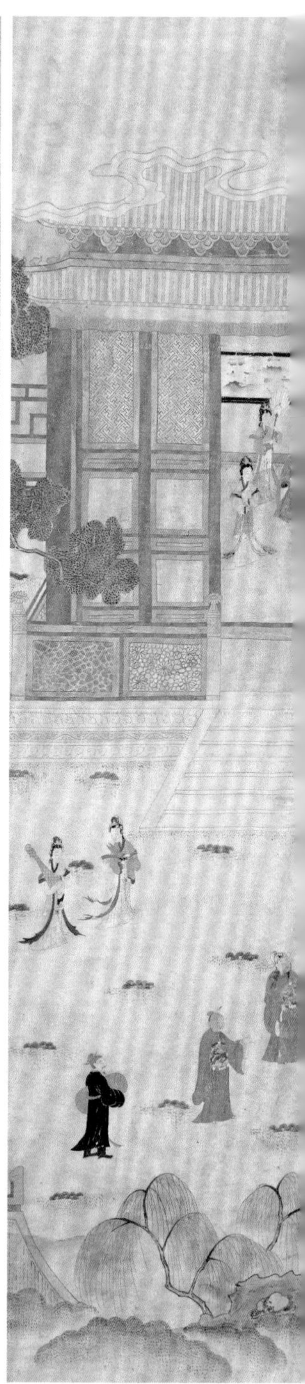

墨補色。設色艷麗，大紅、大綠的使用恰到好處，既突出了慶壽的主題，又艷而不俗。

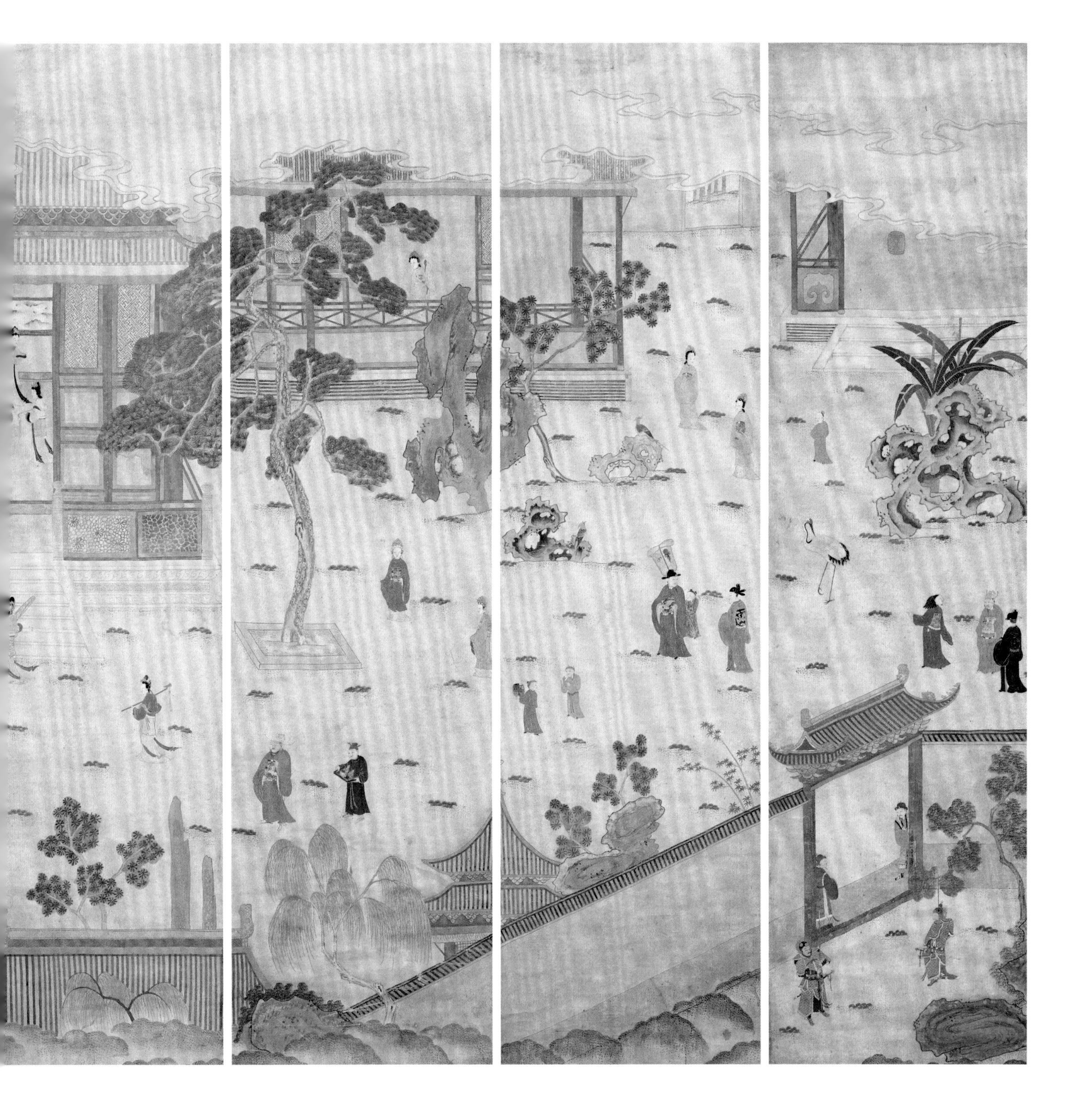

55

刺繡玉堂富貴通景圖屏
清乾隆
條縱225厘米　橫63厘米　12條屏
清宮舊藏

Magnolia, Begonia and Peony Symbolizing Wealthy and Nobility, Embroidery
Qianlong Period, Qing Dynasty
A set of 12 vertical scrolls
Length: 225cm　Width: 63cm
Qing Court collection

石青素緞地上繡通景花鳥圖，有牡丹、玉蘭、海棠、翠竹，花樹間裝飾湖石、飛禽、花草等，寓意“玉堂富貴”。

此屏構圖飽滿繁華，配色鮮麗華美，

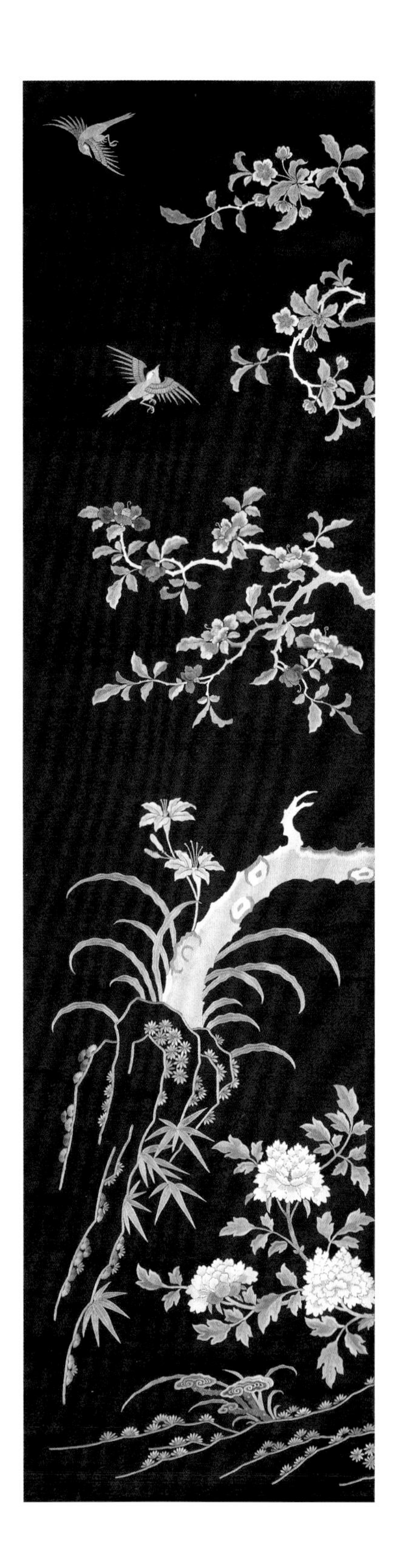

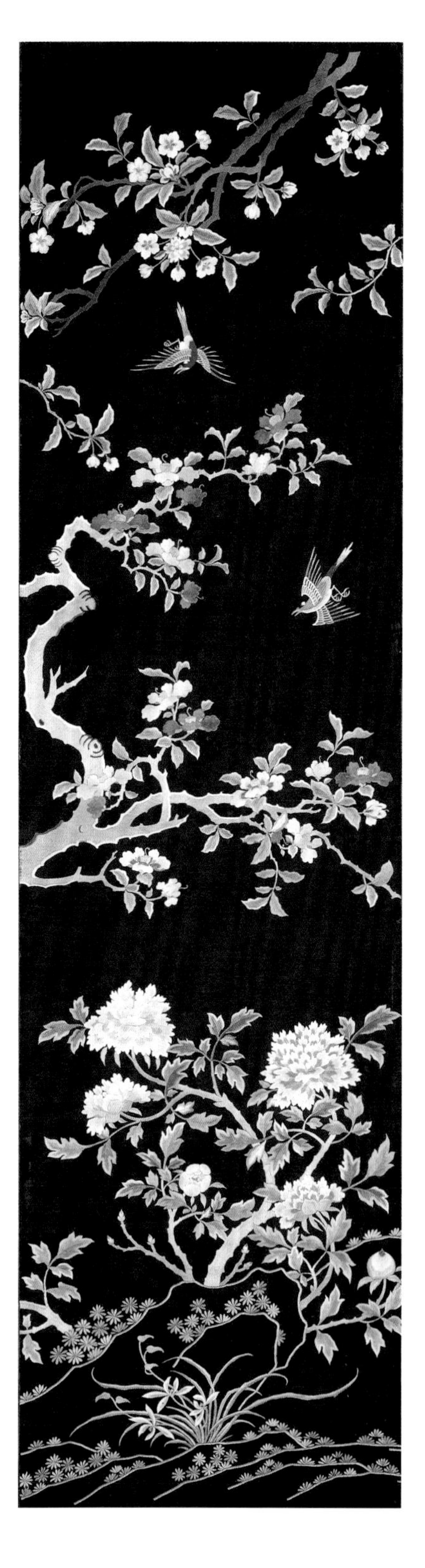

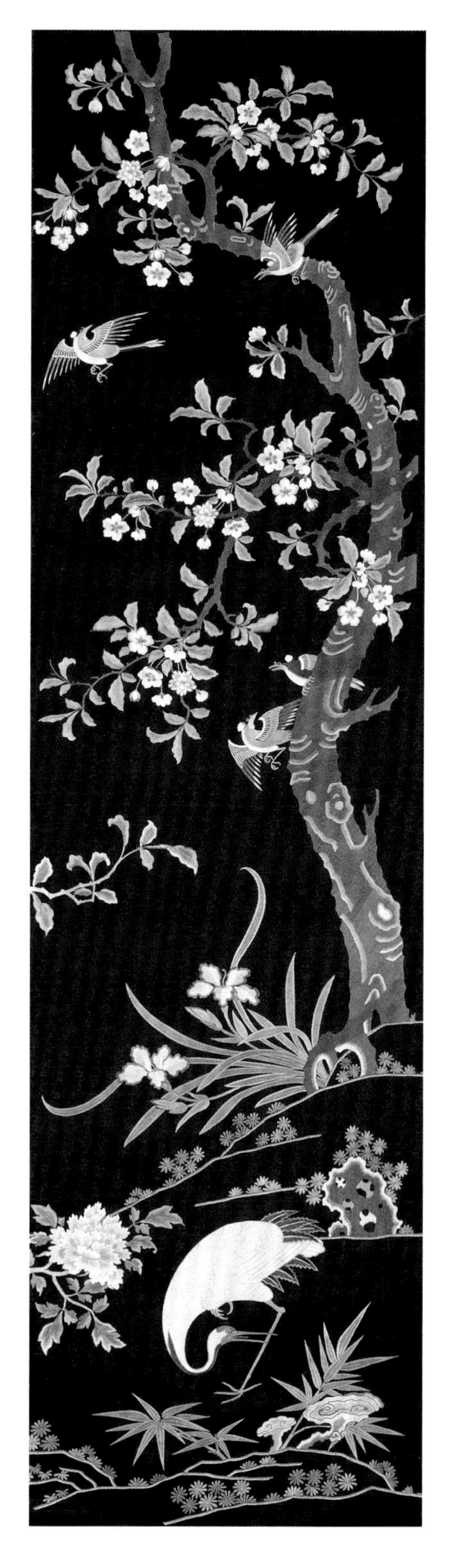

畫法工整細緻，有五代宮廷掛設裝飾的“鋪殿花”畫風格。既可作通景，每條亦可獨立成圖。用色絲幾十種，針法繁複，有齊針、套針、搶針、接針、扎針、松針、網針、滾針、打籽、釘綫繡、緝綫繡、施毛針、雞毛針等十幾種。為典型的清代宮廷繡作品，題材、色彩上追求富麗堂皇的效果，工藝上不惜工本，精工細做，集各派繡法之大成。

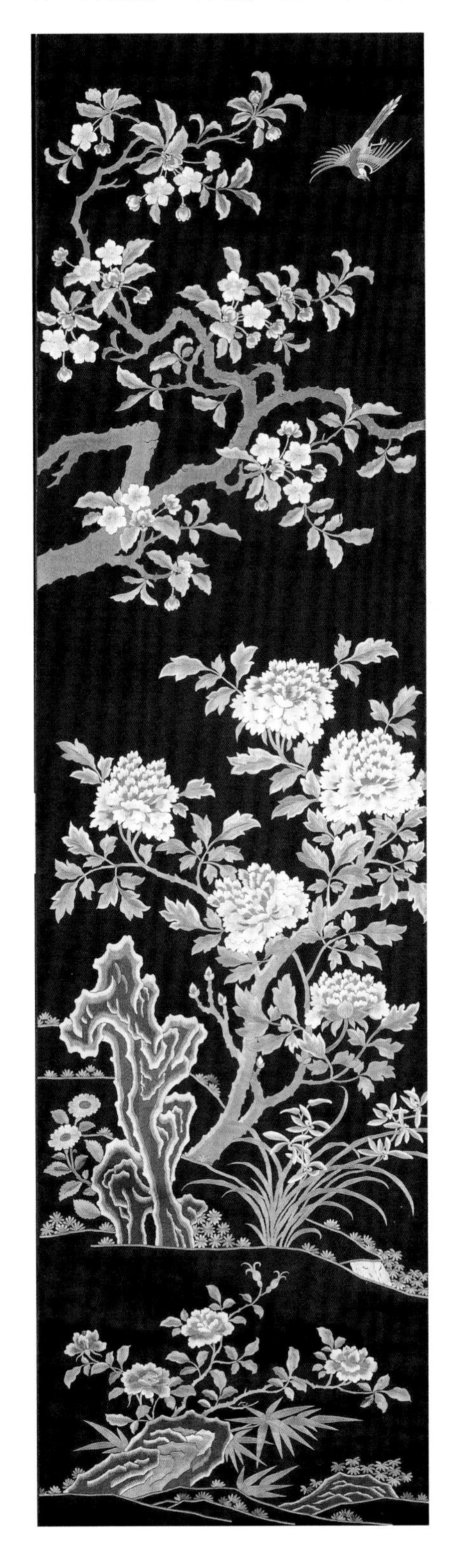

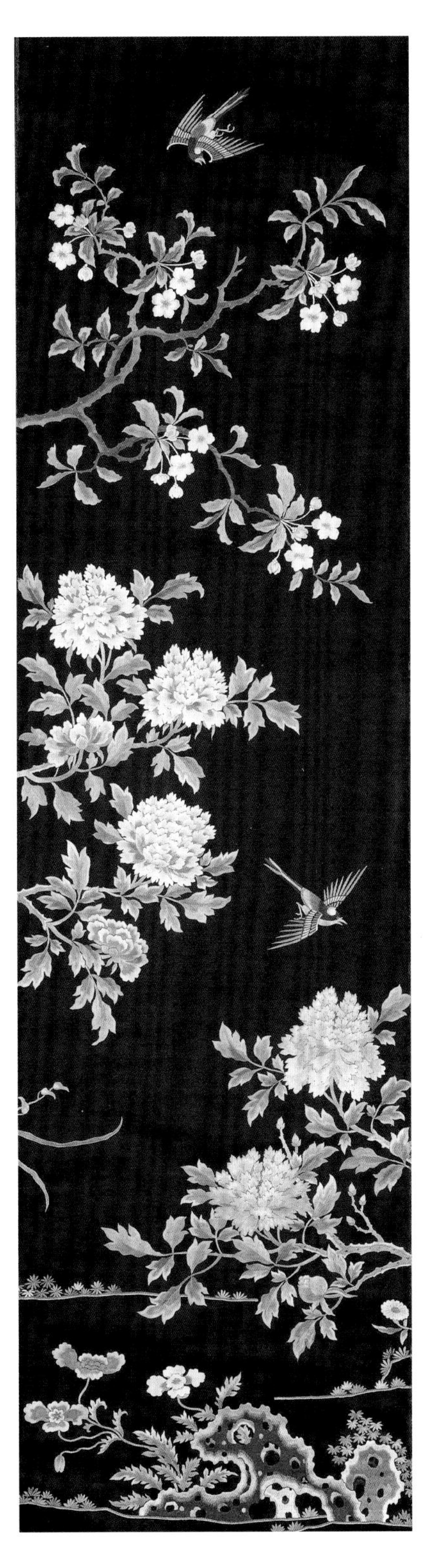

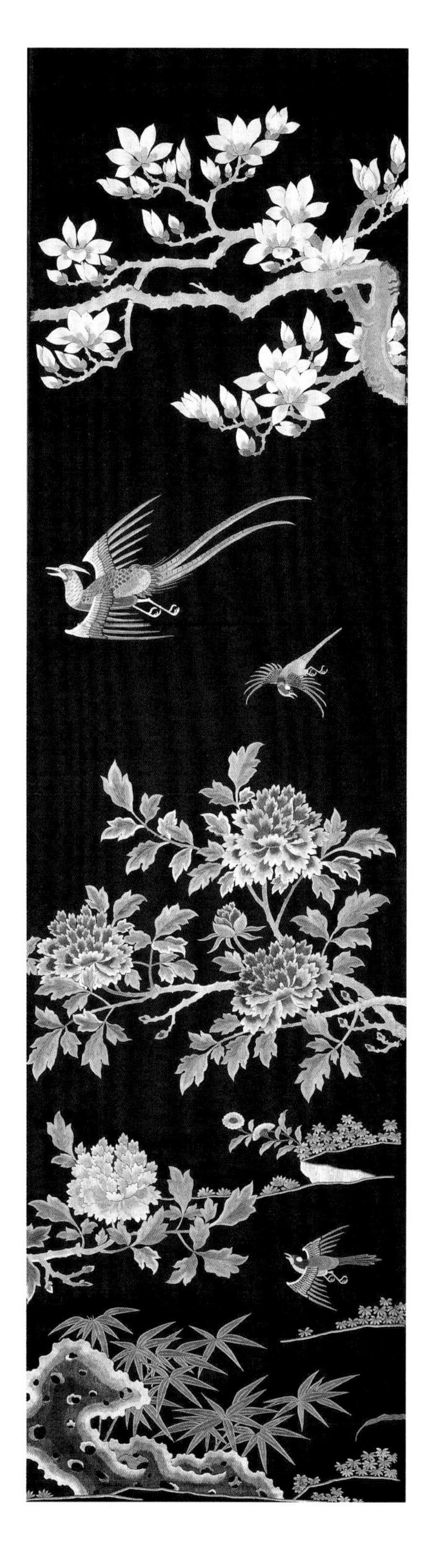
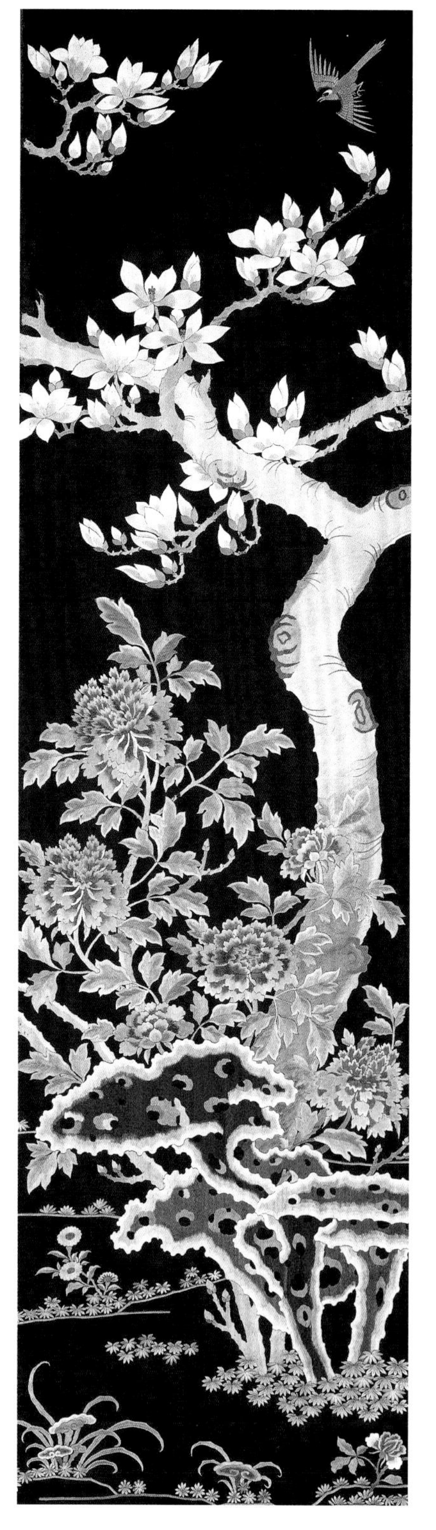
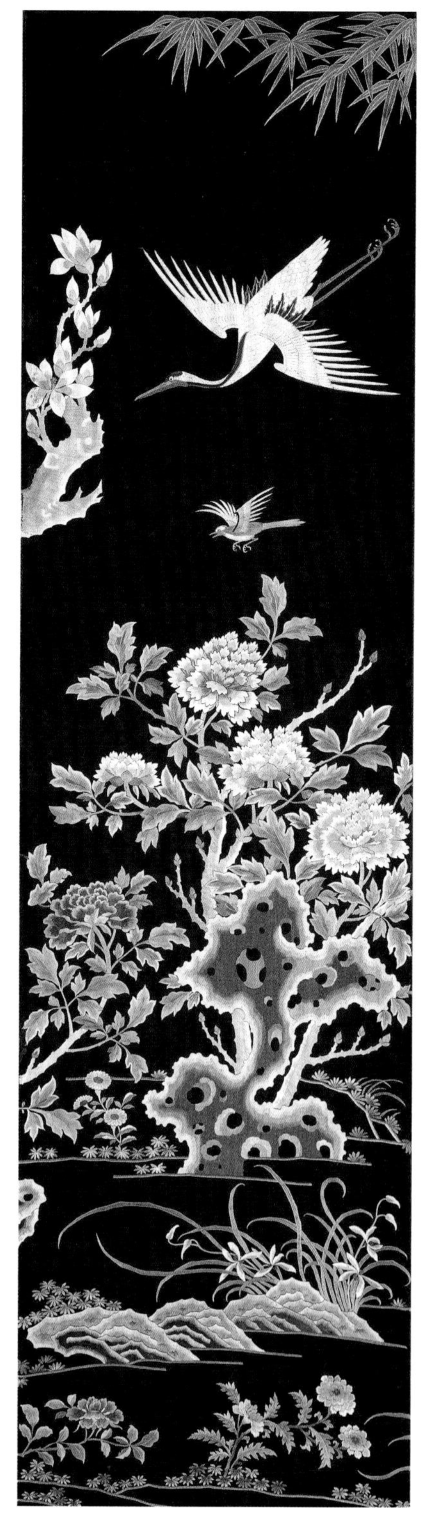

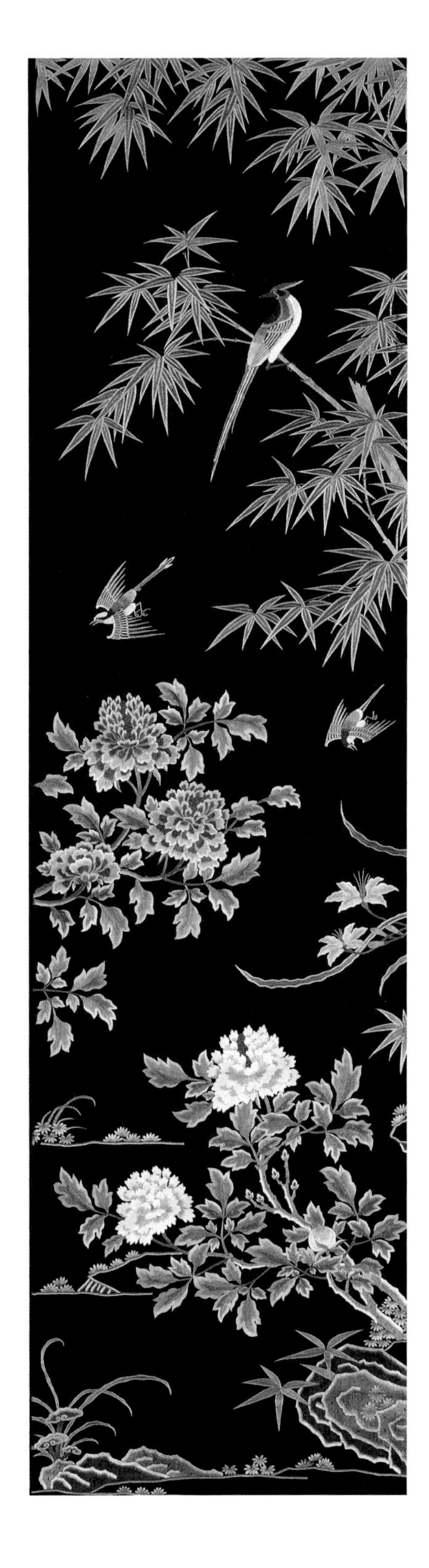
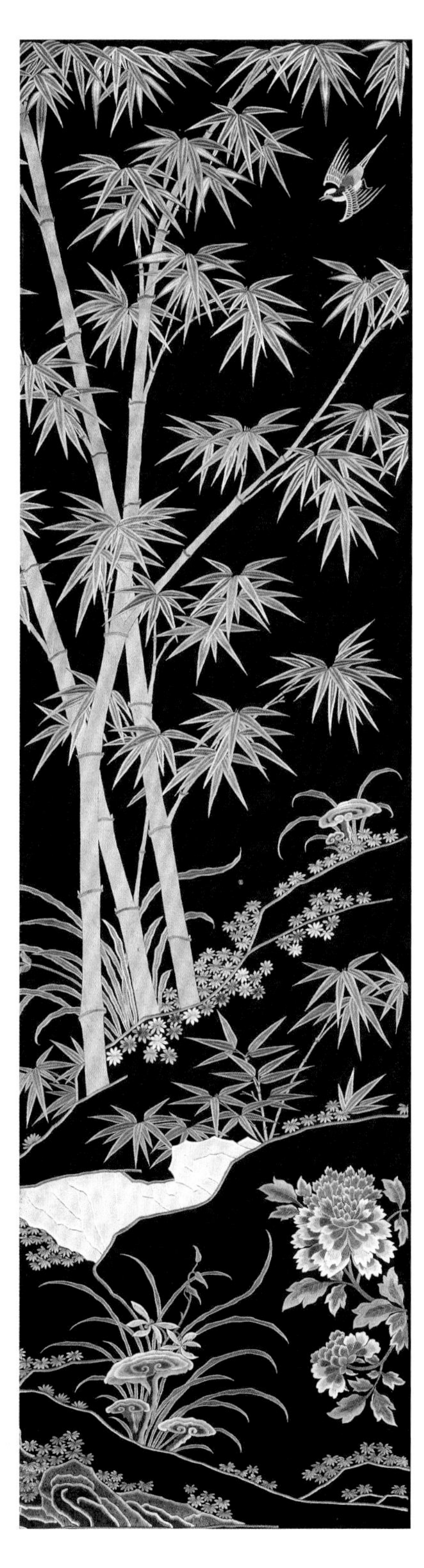
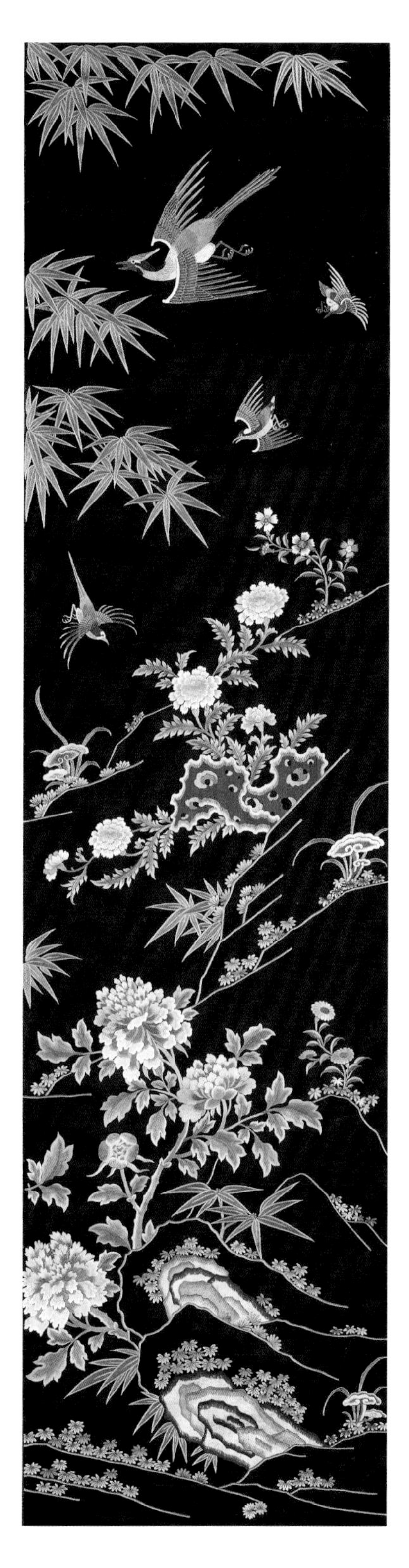

56

刺繡松鶴延年圖軸
清乾隆
縱165厘米　橫117厘米

Pines and Cranes Symbolizing Longevity, Embroidery
Qianlong Period, Qing Dynasty
Hanging scroll
Length: 165cm　Width: 117cm

米色江綢地上繡蒼松、仙鶴、湖石、坡陀及翠竹、花草等，寓意“松鶴延年”。

此圖將工筆花鳥與“鋪殿花”裝飾畫風格融為一體，鮮麗工整，畫面飽滿。

採用齊針、套針、纏針、滾針、釘綫、打籽等針法繡製。繡綫劈絲纖細，繡工細膩，暈色自然和諧，特別是湖石以多至六重暈色，體現出渲染效果。松枝、坡石等處用筆墨渲染點苔。

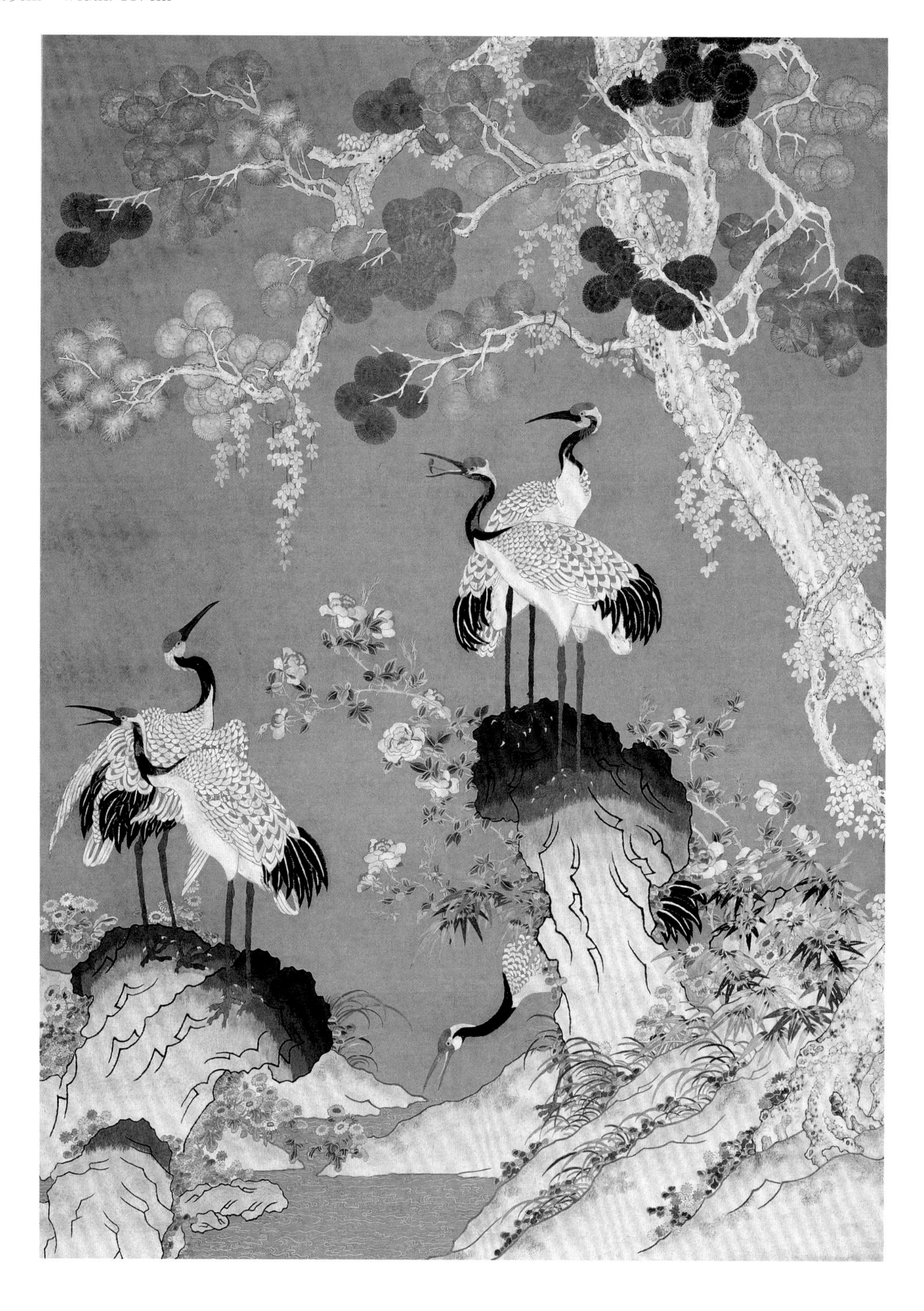

57

刺繡天女圖軸

清乾隆

縱85厘米　橫46厘米

A Celestial Woman, Embroidery

Qianlong Period, Qing Dynasty

Hanging scroll

Length: 85cm　Width: 46cm

本色素綾地上繡仙女，長裙曳地，手提花籃。墨書：“光壁堂前催賜衣，少年天女弱腰圍。而今花樣新奇甚，不用銀河織錦機。　巢蓮書”，朱繡“亦清”、“天台”印。

此圖採用傳統蘇繡針法中的套針繡人物面部及衣飾，在套針鋪絨的衣物上用切針繡花紋，面部眉目用鋪針釘繡法繡出。衣紋不用滾針勾勒，而是以留出水路來顯示，手法獨特。衣帶、花籃等用纏針、齊針、網針、擻和針等針法。針腳細密均勻，配色淡雅。

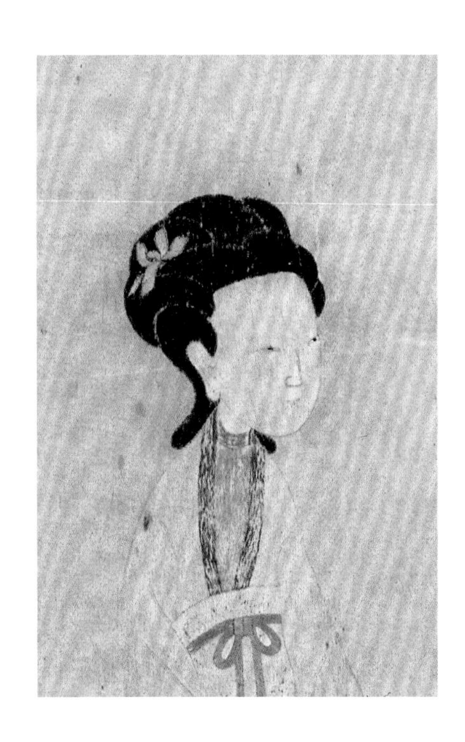

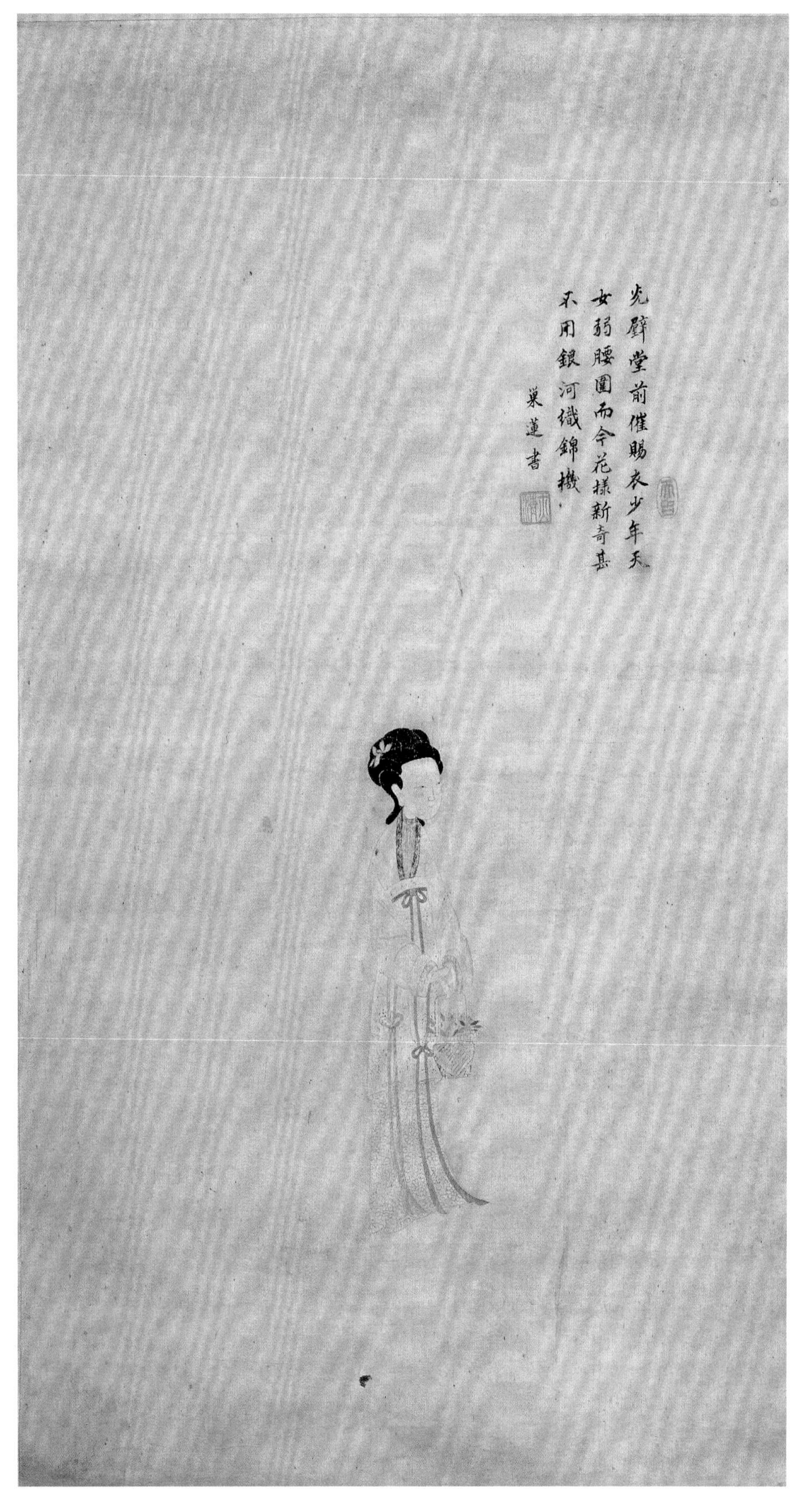

58

刺繡花鳥圖軸

清乾隆
縱146厘米　橫43厘米　一對
清宮舊藏

Birds and Flowers, Embroidery

Qianlong Period, Qing Dynasty
Hanging scroll (a pair)
Length: 146cm　Width: 43cm
Qing Court collection

兩圖均為藍色綢地上繡一株石榴樹，枝頭棲百靈鳥和綬帶鳥；另配以月季、壽石、竹子、靈芝、菊花等。分別題書："萱祝長齡"、"榴呈多子"，為祈福祝壽之語。

此圖繡工針法多樣，有套針、斜纏針、拉尾子針、施毛針等。鳥羽運用施毛針，即在鳥的身體和尾部交接處用短直綫條一針針繡出，以表現羽毛的質感。色彩豐富，用色達十幾種。一些細部以筆墨描繪。清宮陳設品。

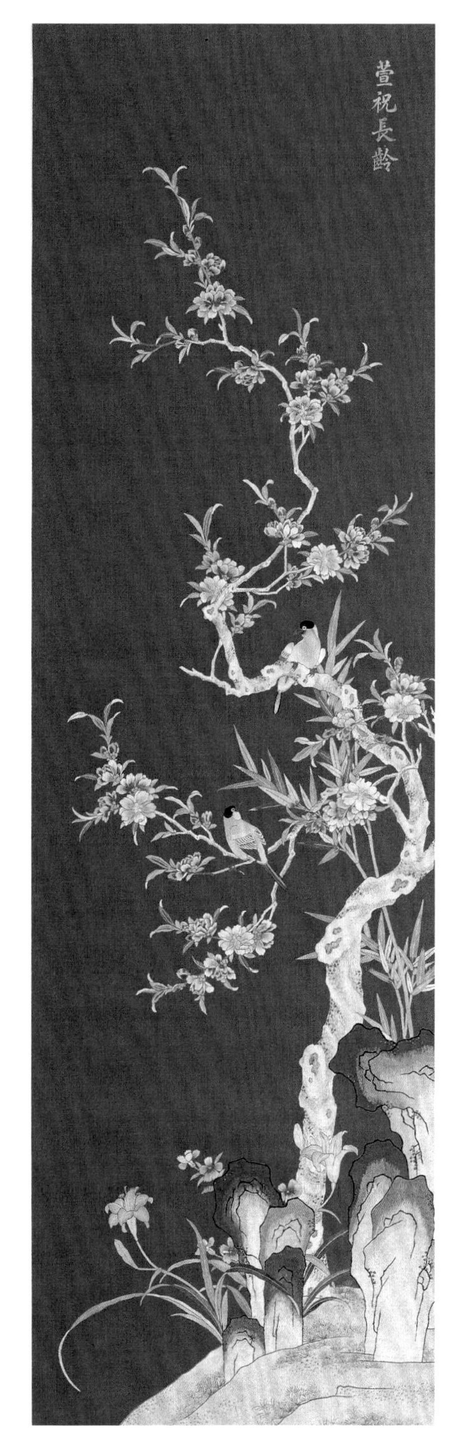

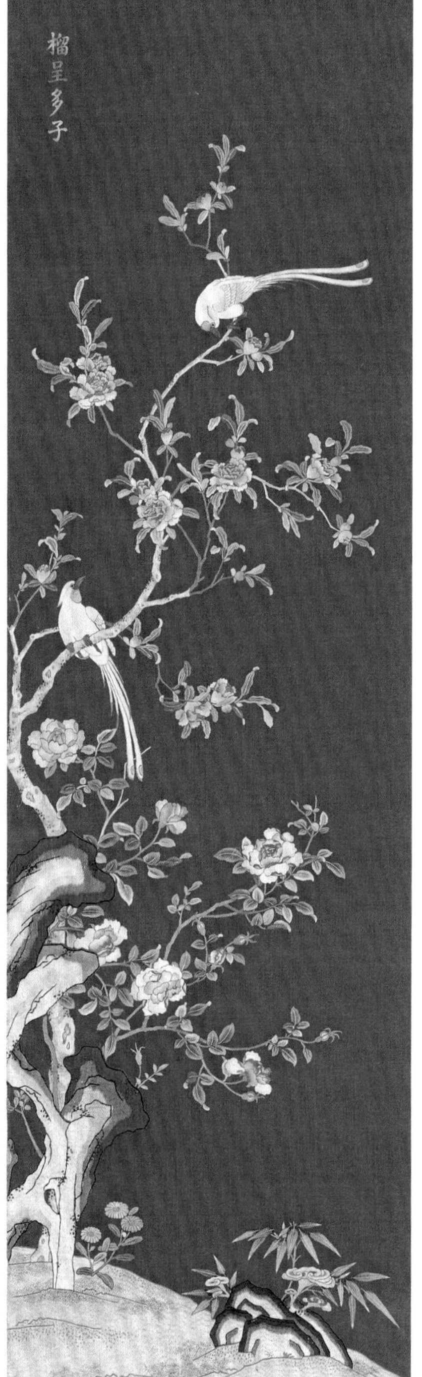

59

刺繡仙女圖軸

清乾隆
縱68厘米　橫35厘米

A Celestial Woman, Embroidery
Qianlong Period, Qing Dynasty
Hanging scroll
Length: 68cm　Width: 35cm

淺絳色綢地上繡仙女，撐篙駕荷葉船，行駛於波濤之上。畫面潔淨、鮮明，人物突出。

此圖繡工以平套針和散套針表現大塊色面，如人物面部、服飾和藕節等；以滾針表現波浪紋，及衣裙上的雲蝠紋勾邊；荷葉用青綠、草綠和淺綠色作搶針退暈，表現出荷葉仰偃翻捲的姿形；荷花瓣用穿珠繡，蟾蜍背部用打籽繡，以表現出其質感。多種針法靈活運用，是此作的特色。

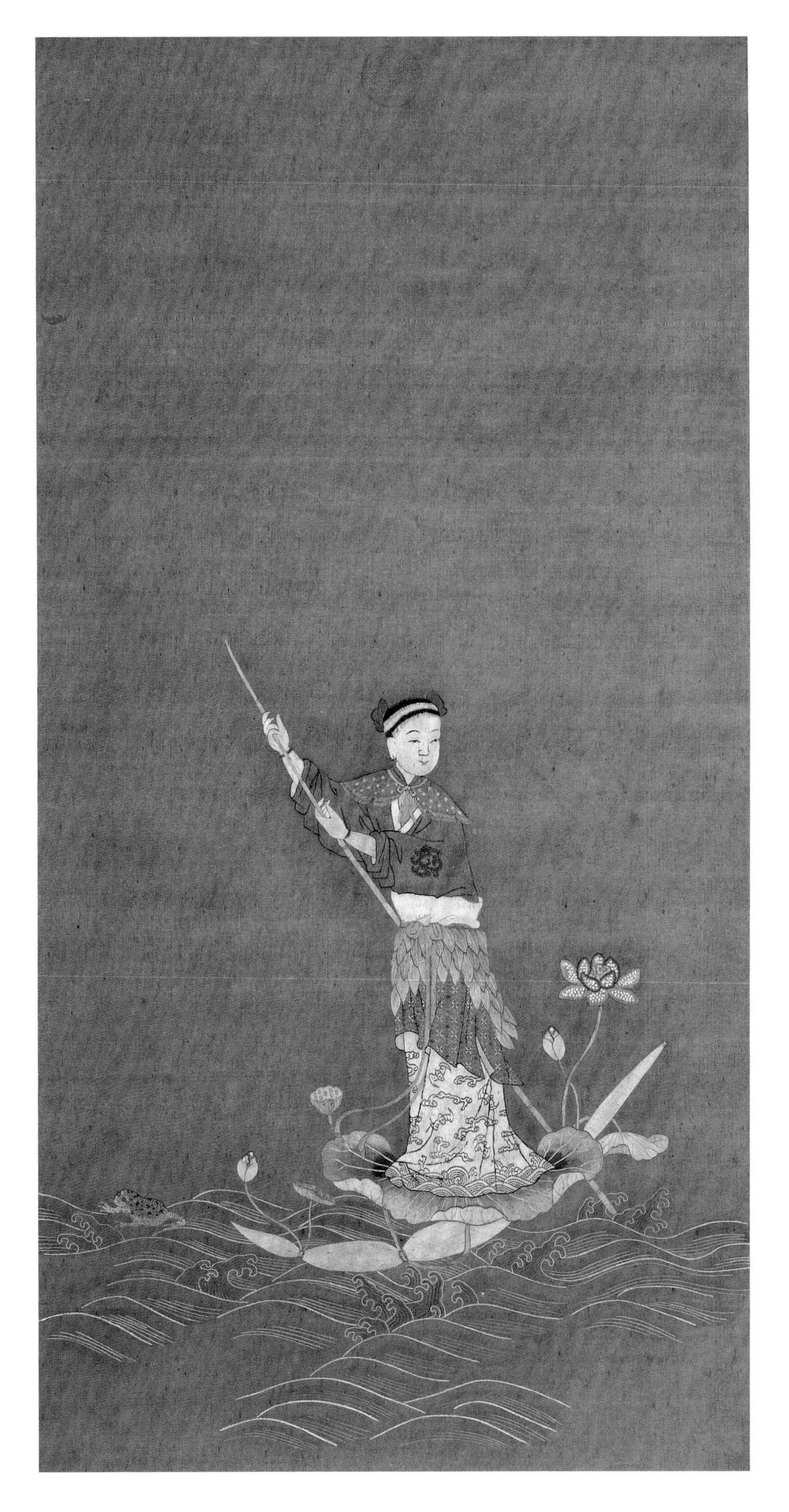

60

刺繡乾隆御贊極樂世界圖軸

清乾隆
縱290厘米　橫148厘米
清宮舊藏

Western Paradise, Inscription of Emperor Qianlong
Qianlong Period, Qing Dynasty
Hanging scroll
Length: 290cm　Width: 148cm
Qing Court collection

素綢地上繡西方極樂世界圖，阿彌陀佛居中，兩側脅侍觀音和大勢至菩薩，天王、菩薩、羅漢、力士和眾伎樂，層層拱護，共計297尊。襯以殿閣、寶樹、蓮花、瑞鳥等。玉池繡乾隆御筆漢、滿、藏、蒙四體題讚，款署："壬寅（1782）仲春月中澣　御贊"，朱繡"乾"、"隆"印。

此圖靈活運用了套針、滾針、緝綫、盤金、平金、齊針、打籽、釘針、搶針、施毛針、扎針、合色綫等十餘種針法，針法豐富，繡工精湛，構圖繁密有序，用綫飄逸酣暢而有韻致，設色絢麗燦爛，為乾隆時期宮廷繡的傑作。

鑑藏印記：乾隆、宣統內府諸印。《秘殿珠林續編》、《清內府藏刺繡書畫錄》著錄。

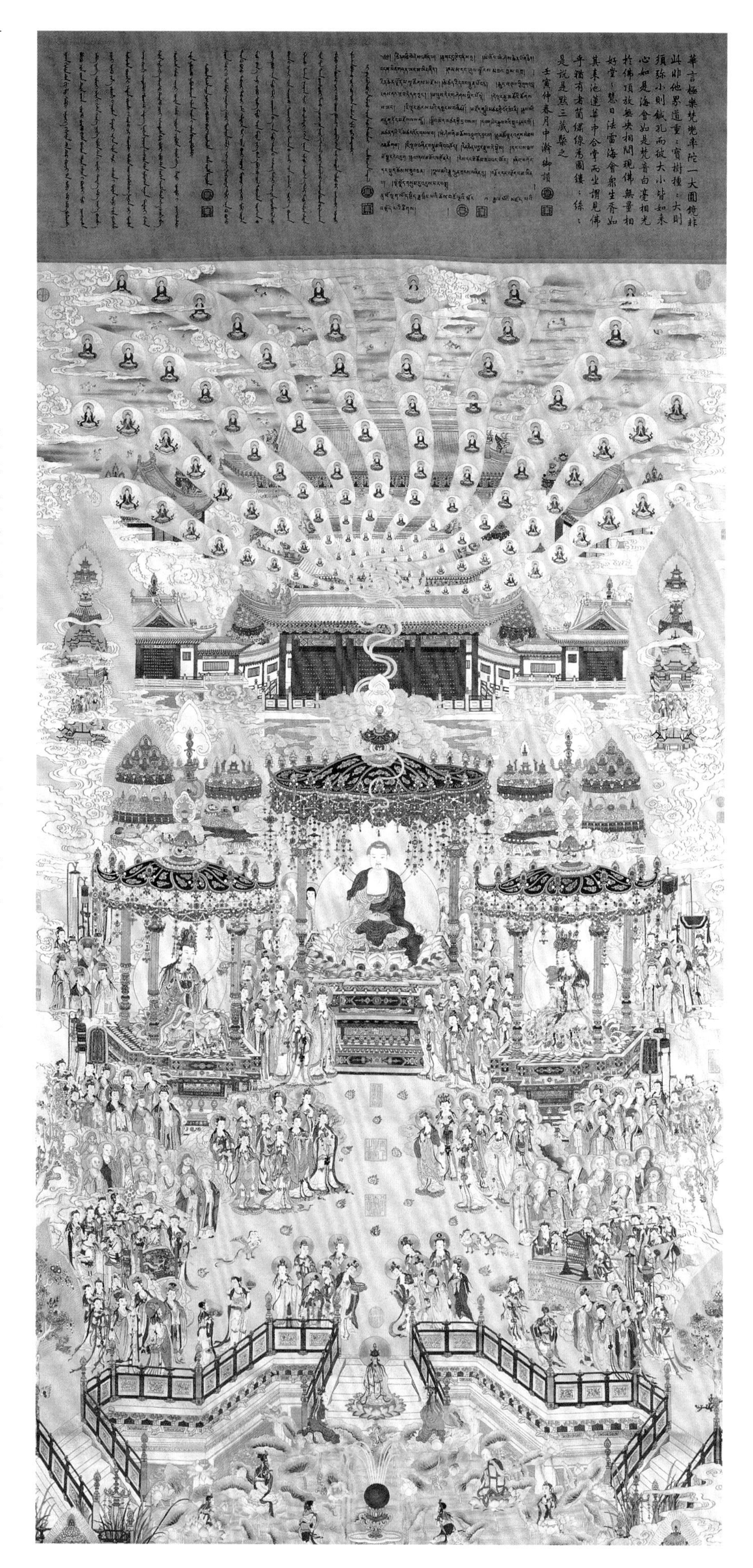

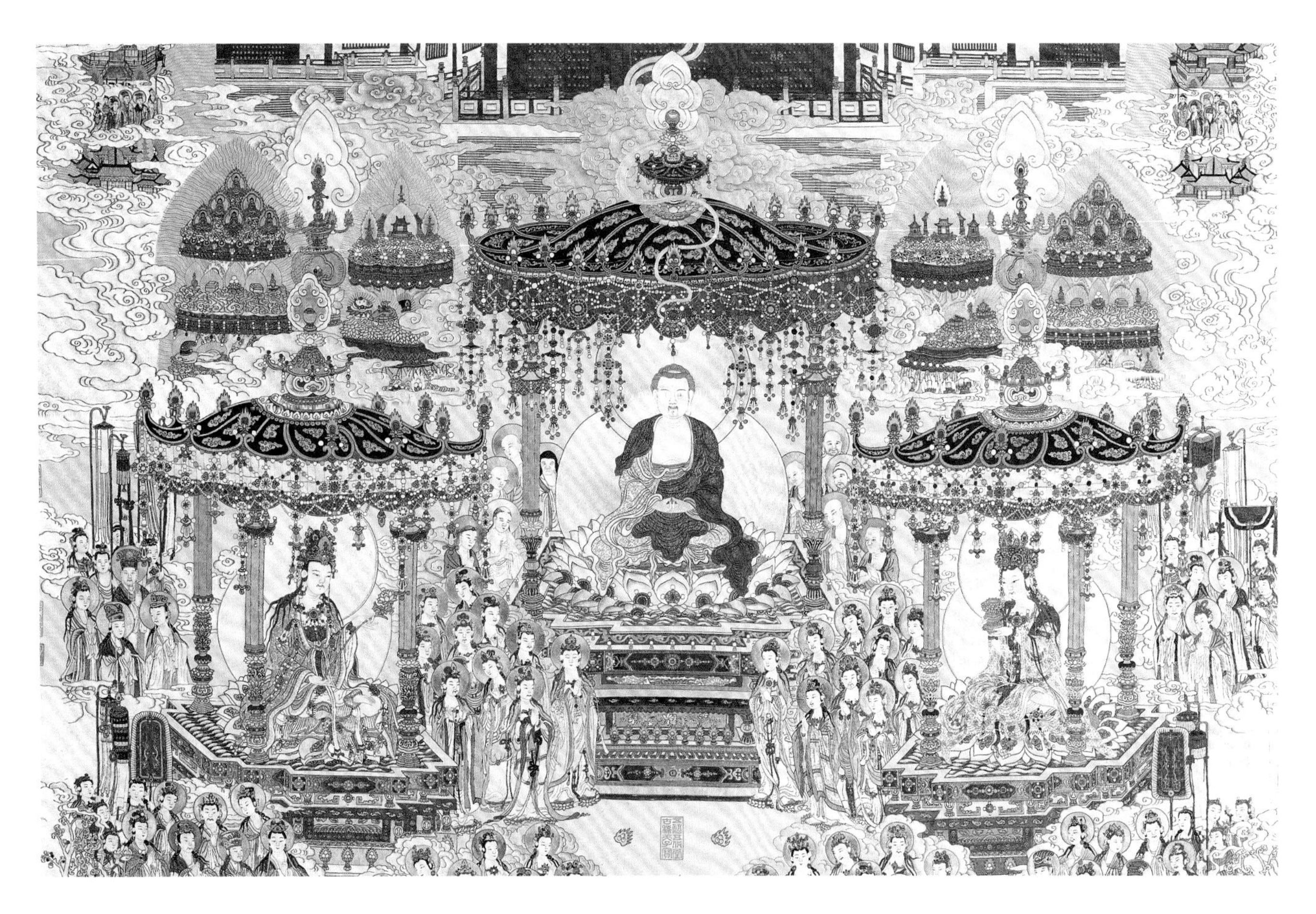

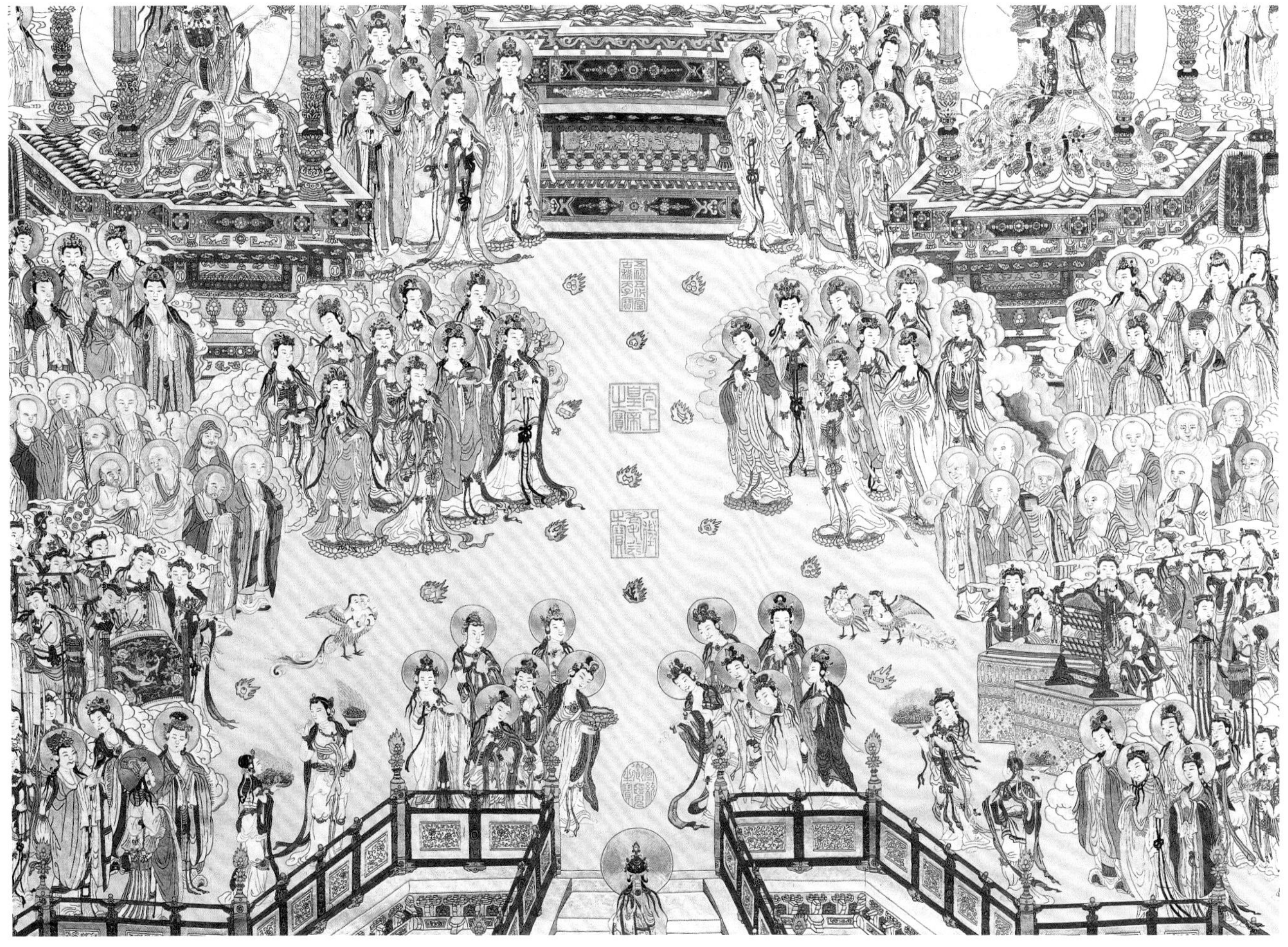

61

刺繡乾隆御筆寫生花卉卷

清乾隆
縱36厘米　橫96厘米
清宮舊藏

Flowers and Plants, after Emperor Qianlong's Sketch, Embroidery
Qianlong Period, Qing Dynasty
Handscroll
Length: 36cm　Width: 96cm
Qing Court collection

繡乾隆御筆寫生折枝花卉，有梅花、杏花、碧桃、牡丹、海棠、萱草等。卷尾款署：“戊子（1768）仲春畫禪室御筆”，朱繡“乾隆宸翰”、“幾暇臨池”印。卷首朱繡“乾隆宸翰”、“信天主人”等印。

此卷運用平套、迭搶針、斜纏針和打籽等針法繡成，劈絨極細，針法細膩，針腳勻整，繡面平服。構圖簡潔明快，設色爽淨，具有淡雅纖麗、清古幽雋的氣韻。

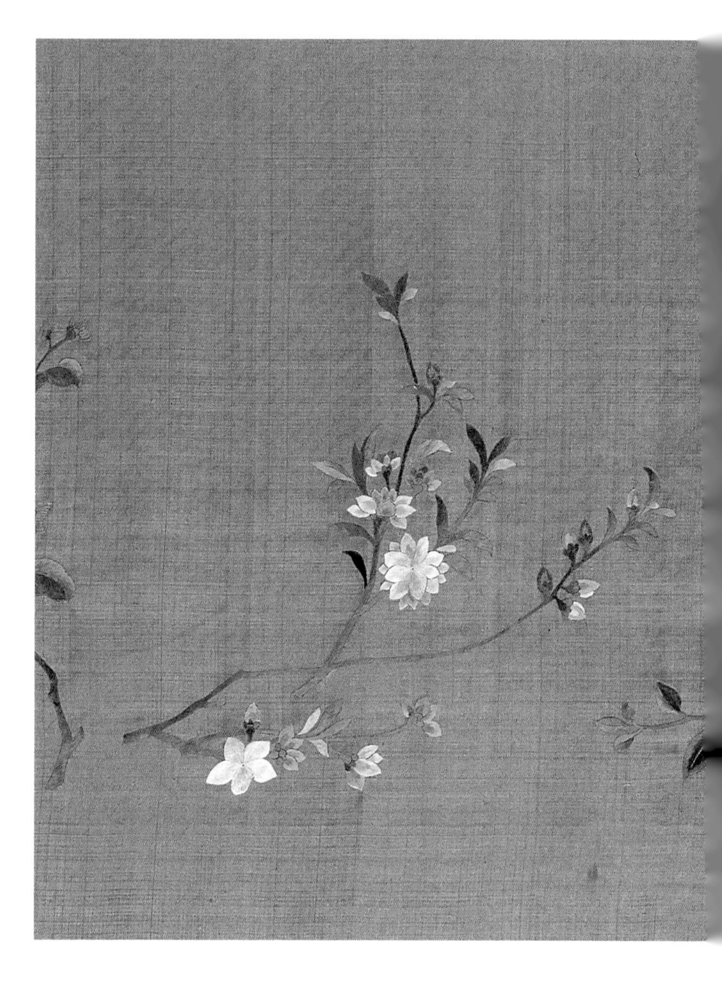

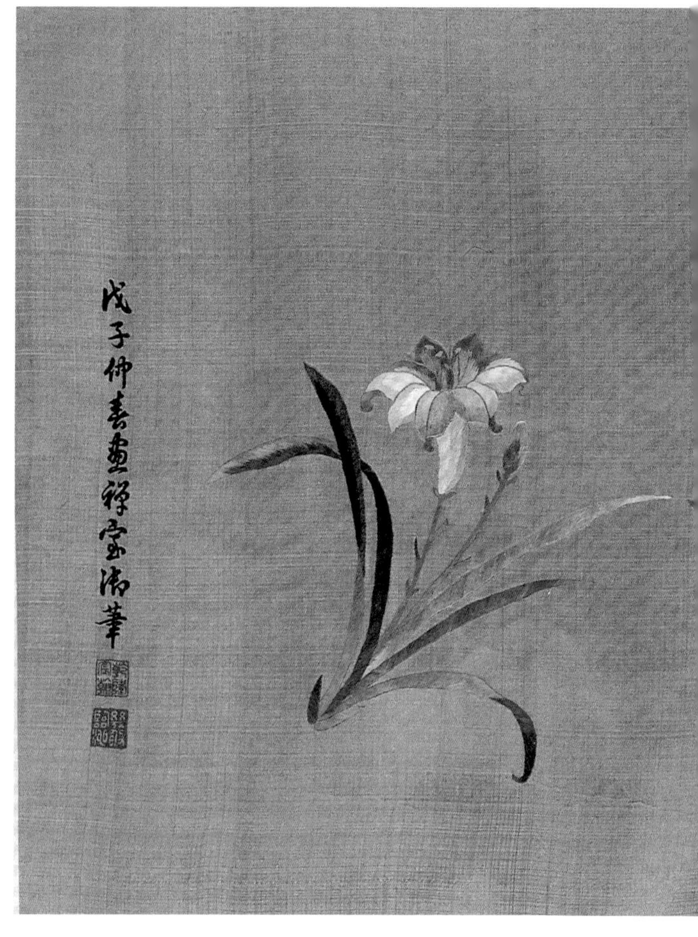

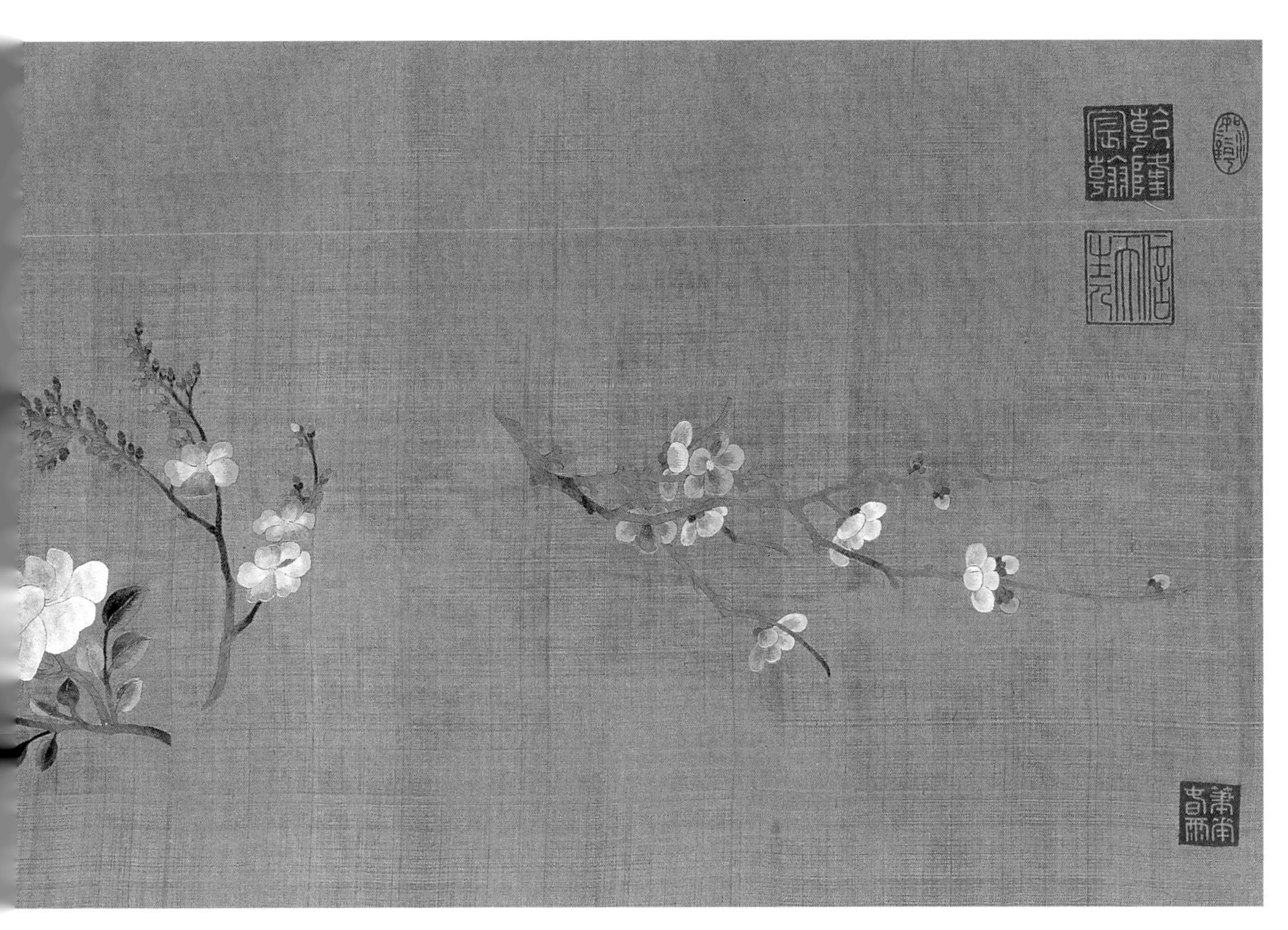

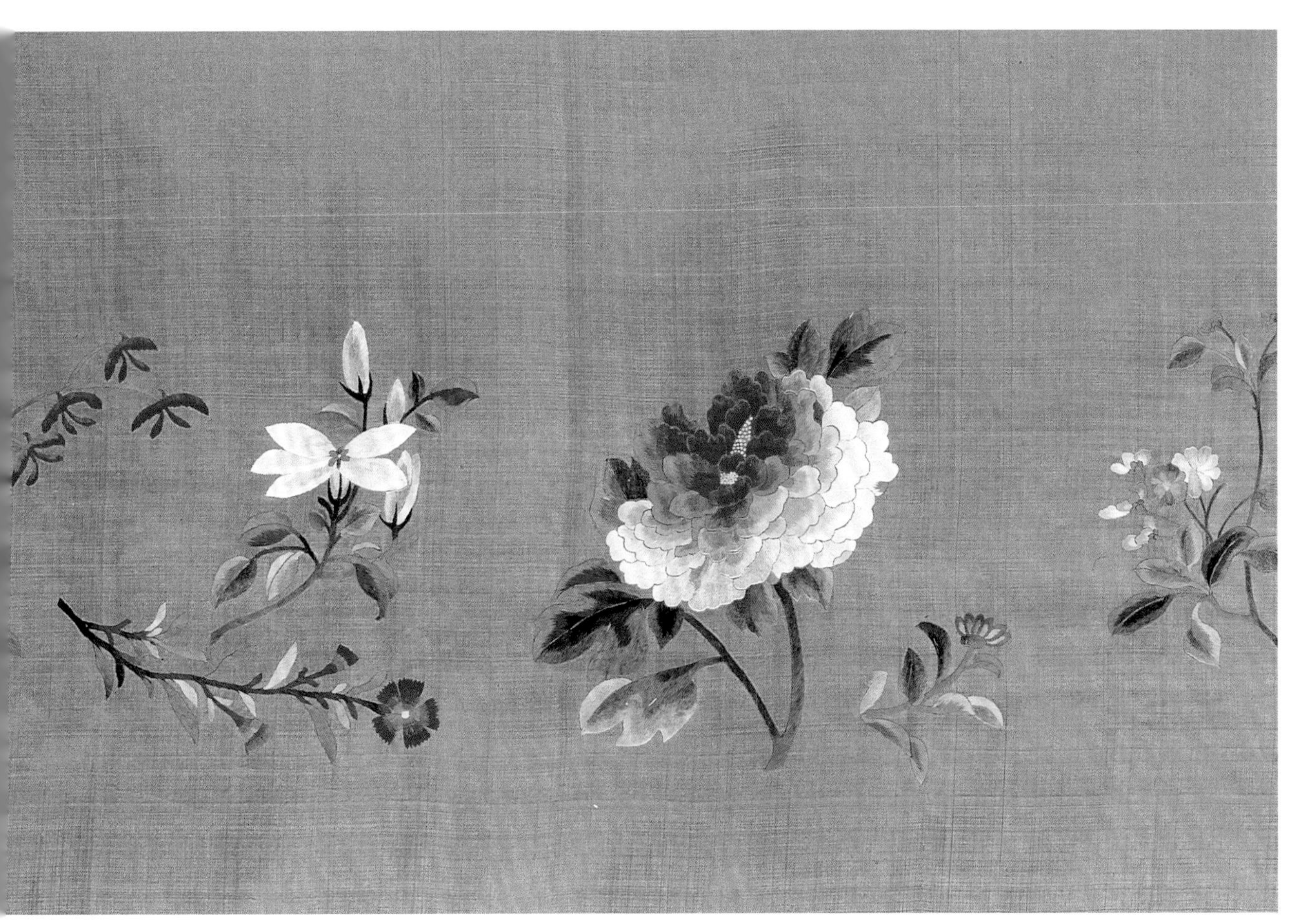

62

刺繡十八羅漢像冊
清乾隆
開縱6厘米　橫9厘米　18開
清宮舊藏

Images of Eighteen Arhats, Embroidery
Qianlong Period, Qing Dynasty
Album of 18 leaves
Length: 6cm　Width: 9cm
Qing Court collection

本色緞地上分繡十八羅漢，配以山水、樹木、花草、走獸等。每冊左頁灑金箋紙楷書詩讚，鈐“臣王祖康”、“敬書”印。

此冊為工筆重彩設色，工中兼寫。以二至三色間暈與退暈相結合，運用齊針、套針、纏針、滾針、釘綫等針法繡製。方寸之內人物的動作、形態和眉眼神情，通過一根根色絲生動地表現出來。如此小巧精細的刺繡畫，世間罕見。

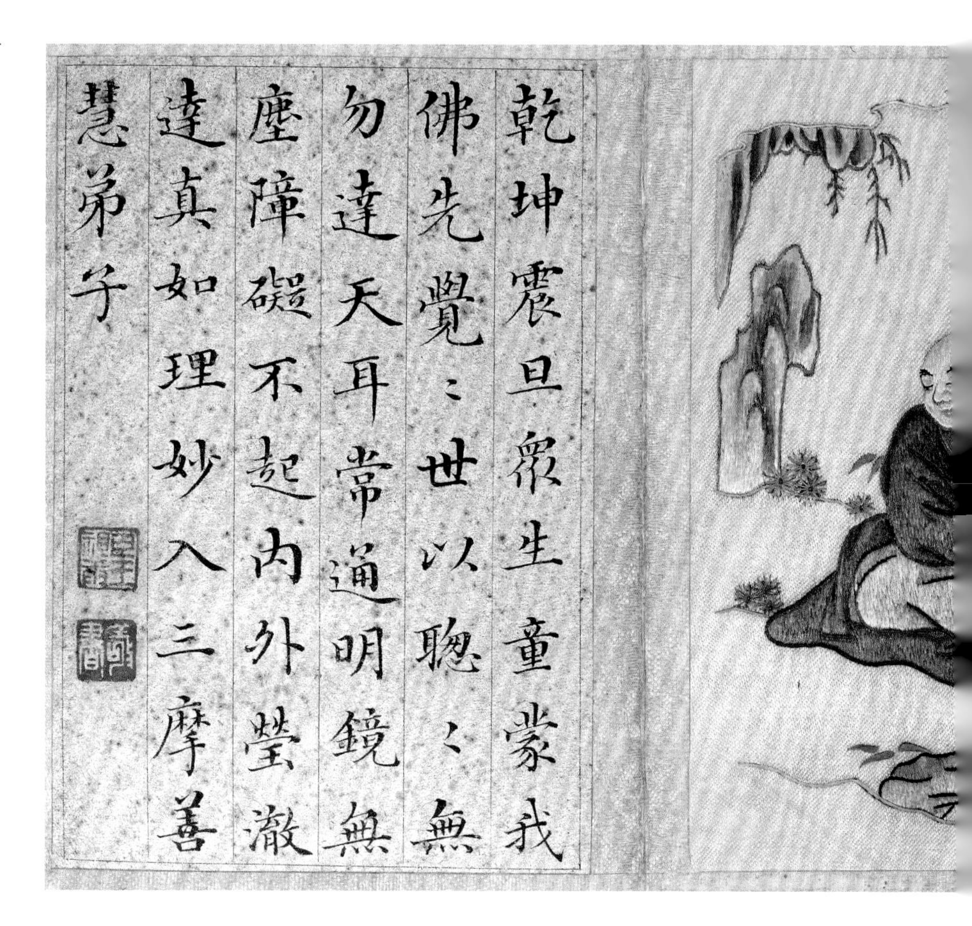

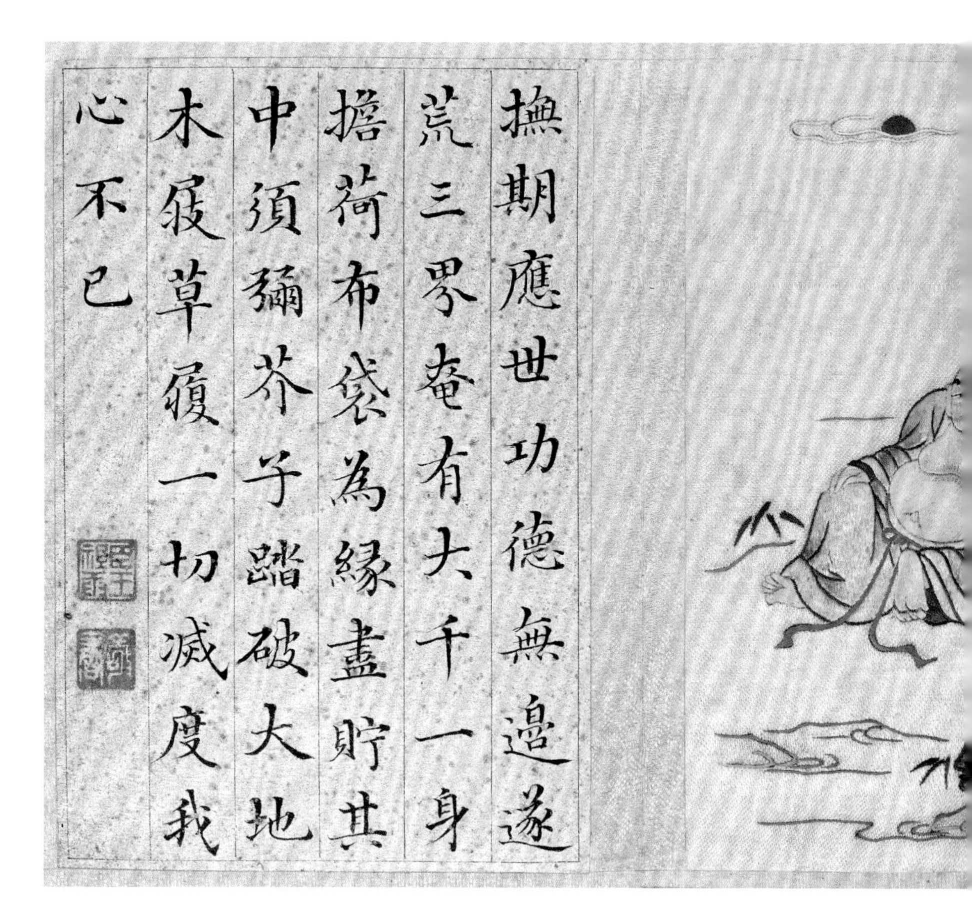

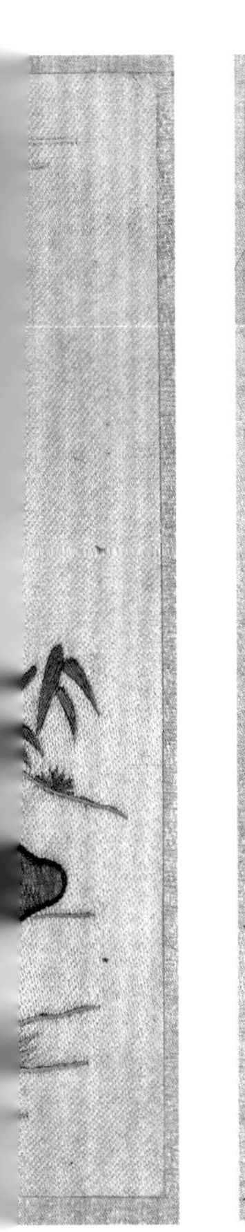

63.1

若来若去若坐若臥無
来無去無坐無卧而於
其中忽焉得坐諸天門
户大地蒲團斷崖如削
結趺必端斂手恭敬作
禮佛觀

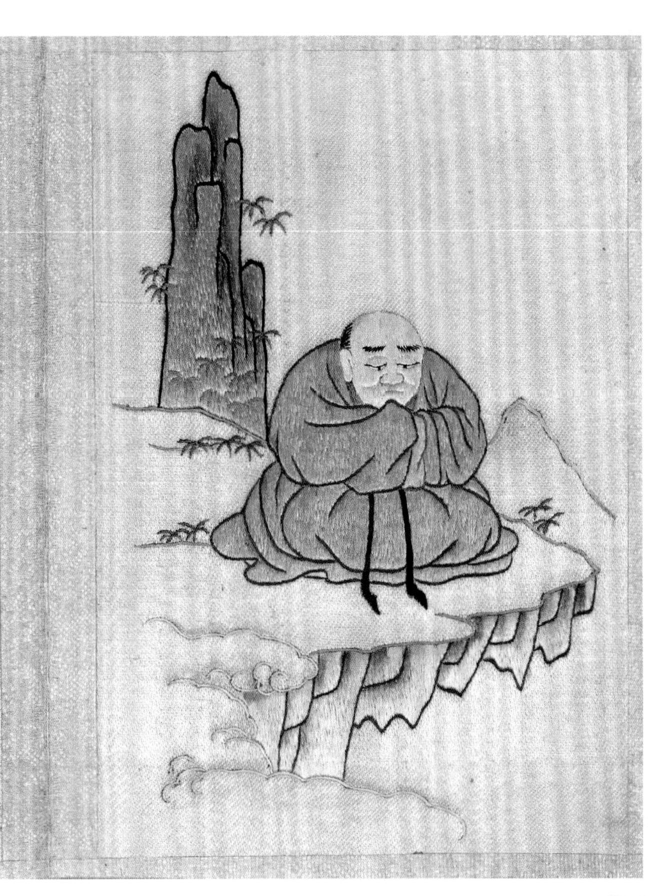

63.3

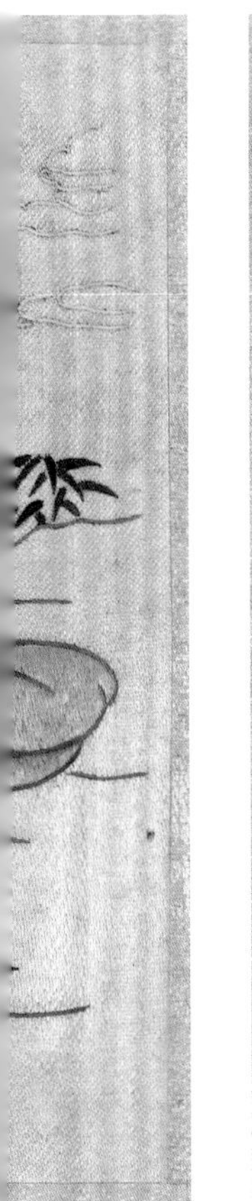

63.2

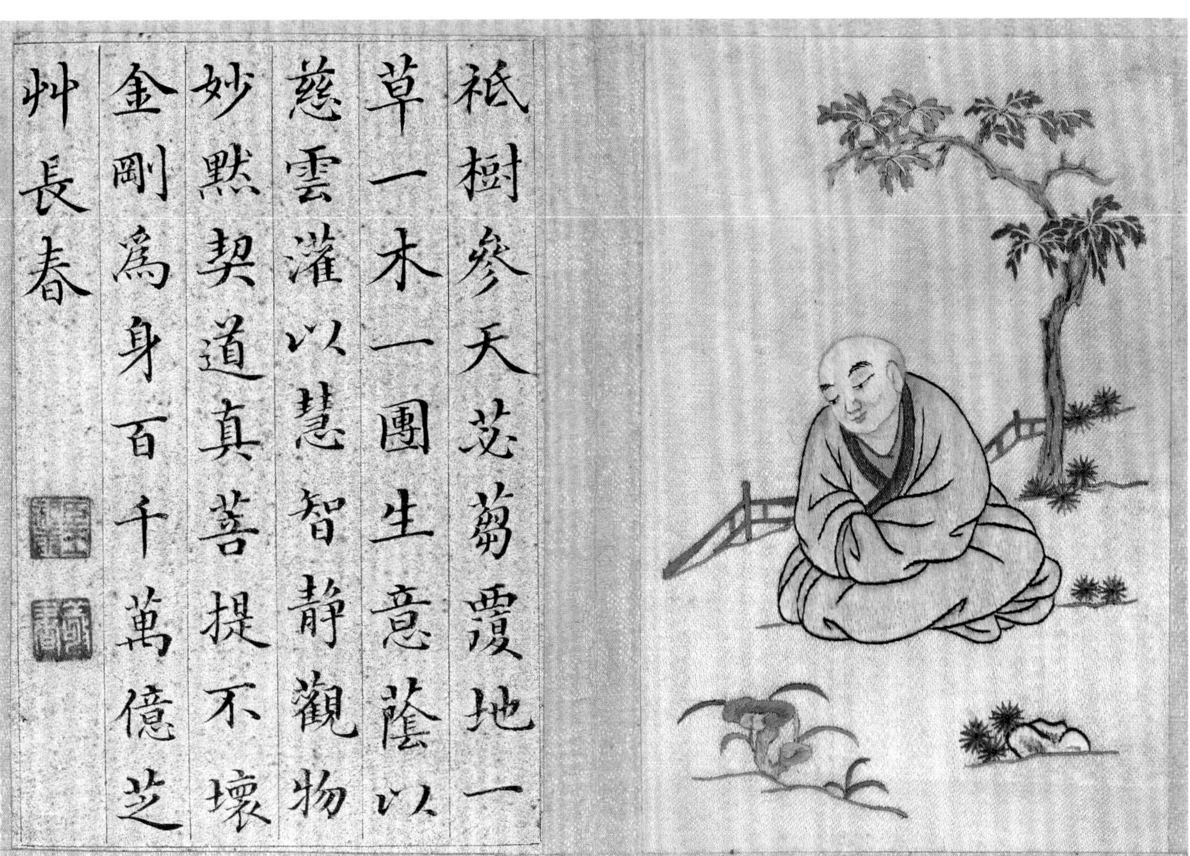

63.4

道無聲臭參一棒喝六
賊之一臭味當割佛大
弟子豈未解脫佛告阿
難汝嗅旃檀四十里内
香氣千盤衆生聞此生
大喜歡

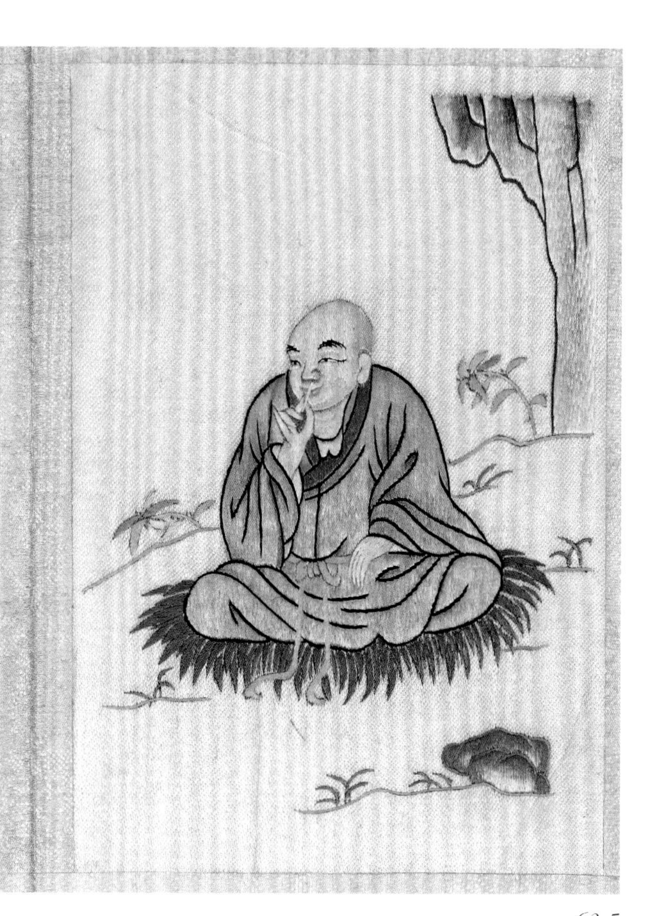

63.5

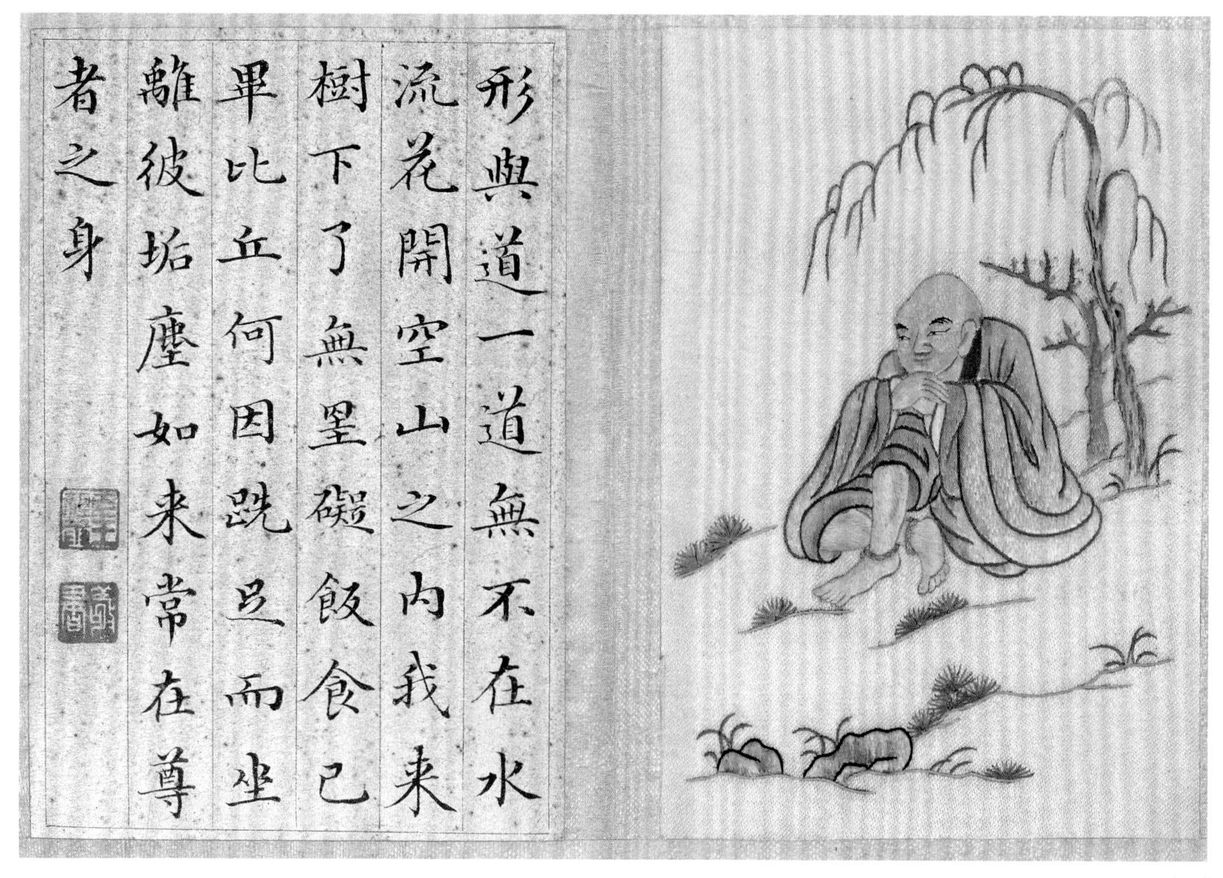

形與道一道無不在水
流花開空山之内我来
樹下了無罣礙飯食已
畢比丘何因跣足而坐
離彼垢塵如来常在尊
者之身

63.6

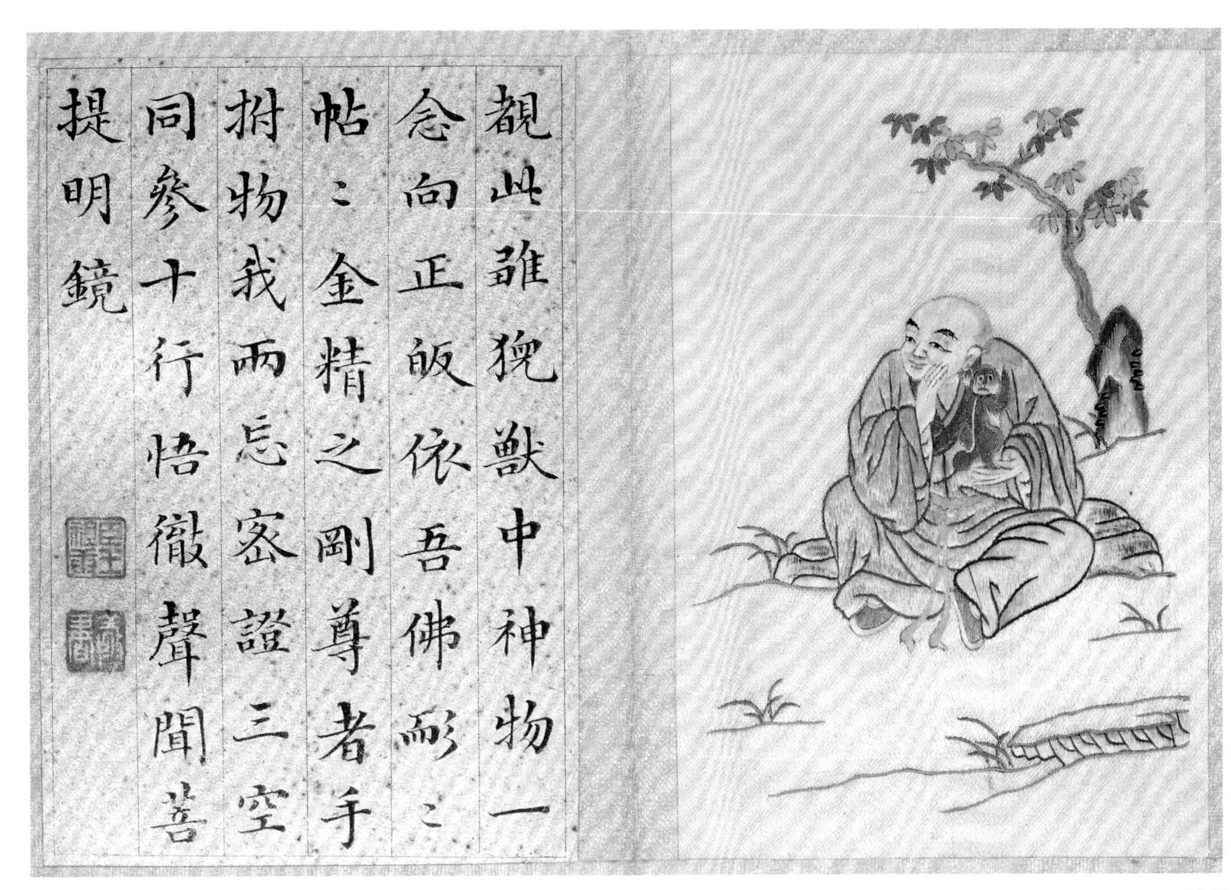
覩此雖猊獸中神物一
念向正皈依吾佛彨彨
帖帖金精之剛尊者手
拊物我兩忘容證三空
同參十行悟徹聲聞菩
提明鏡

63.7

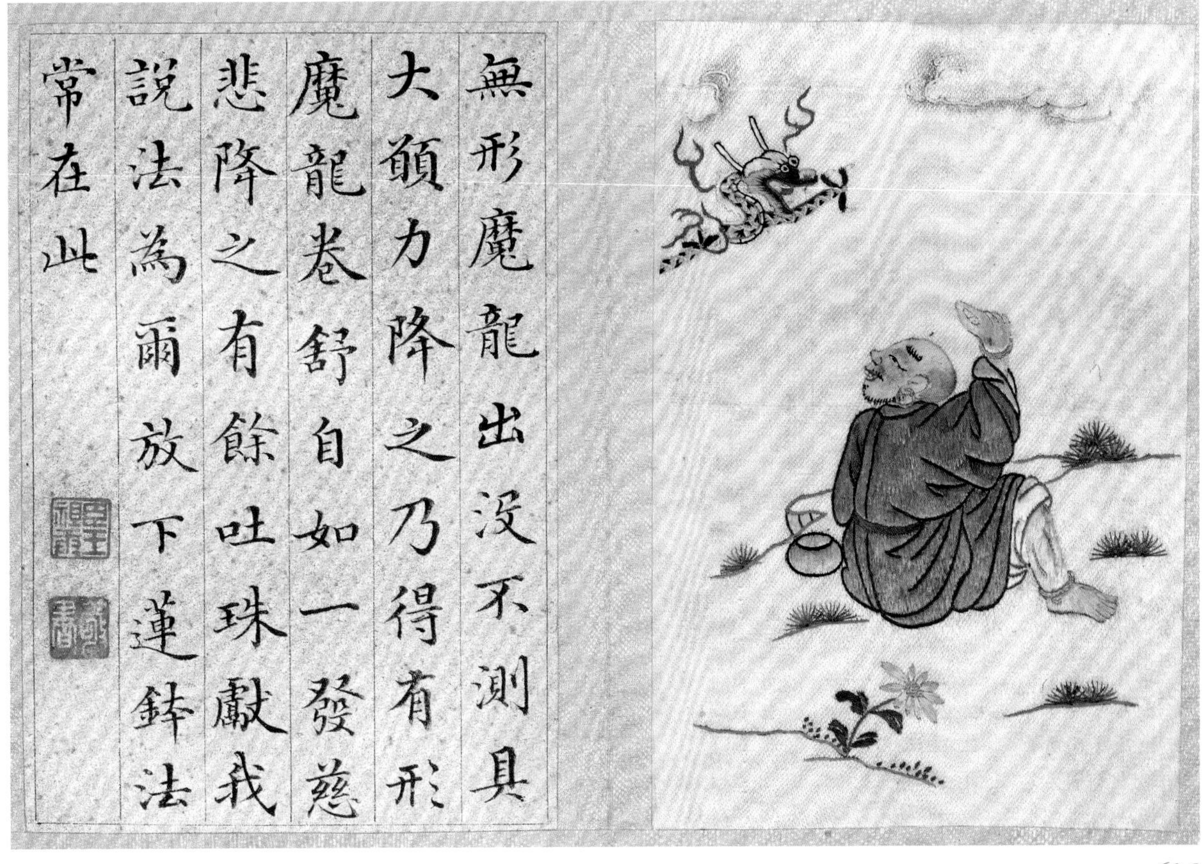
無形魔龍出沒不測具
大願力降之乃得有形
魔龍卷舒自如一發慈
悲降之有餘吐珠獻我
說法爲爾放下蓮鉢法
常在此

63.8

昔有戒僧過天龍師師
監一指默無一詞試叩
天龍何不説法以指代
口指即是法若能喻者
金繩寶筏不見指端千
江明月

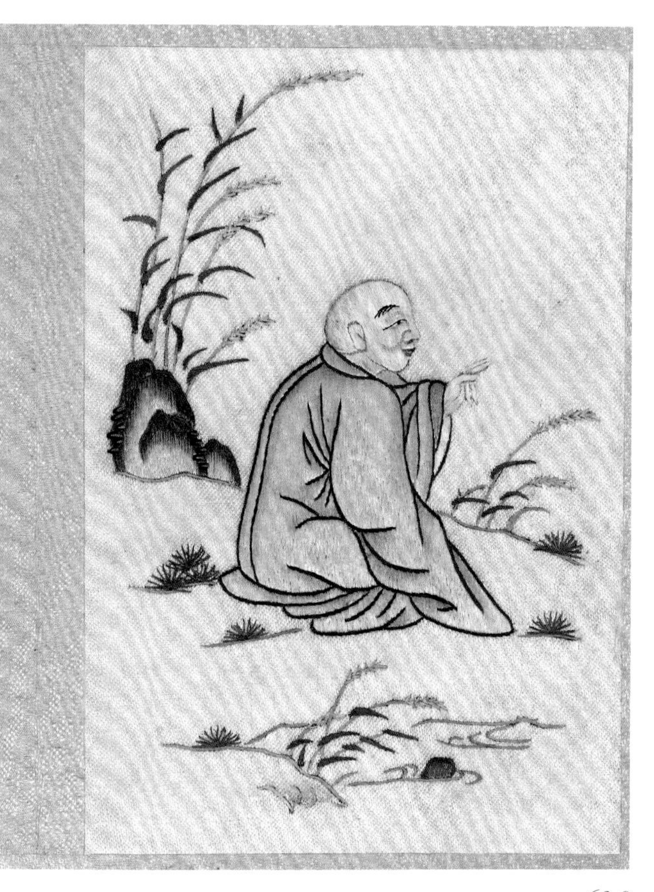

63.9

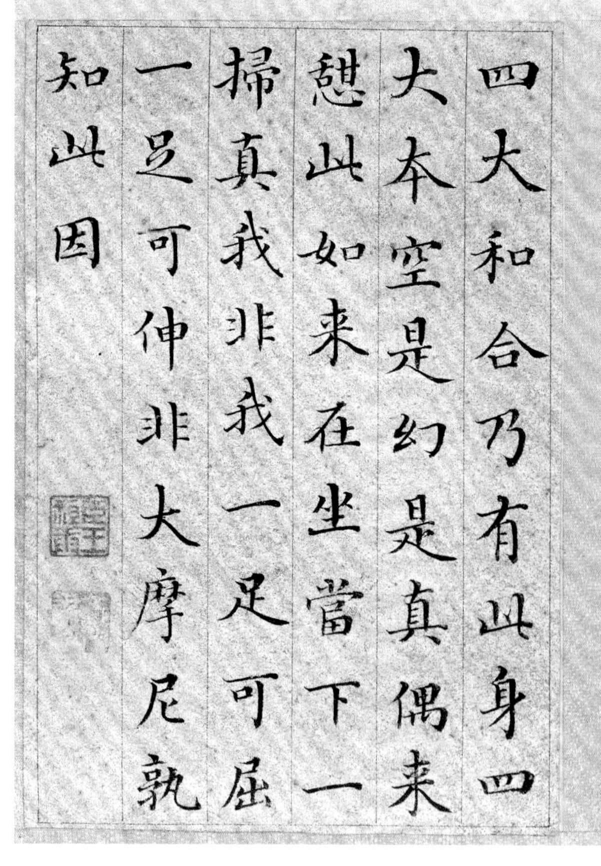
四大和合乃有此身四
大本空是幻是真偶来
憩此如来在坐當下一
掃真我非我一足可屈
一足可伸非大摩尼孰
知此因

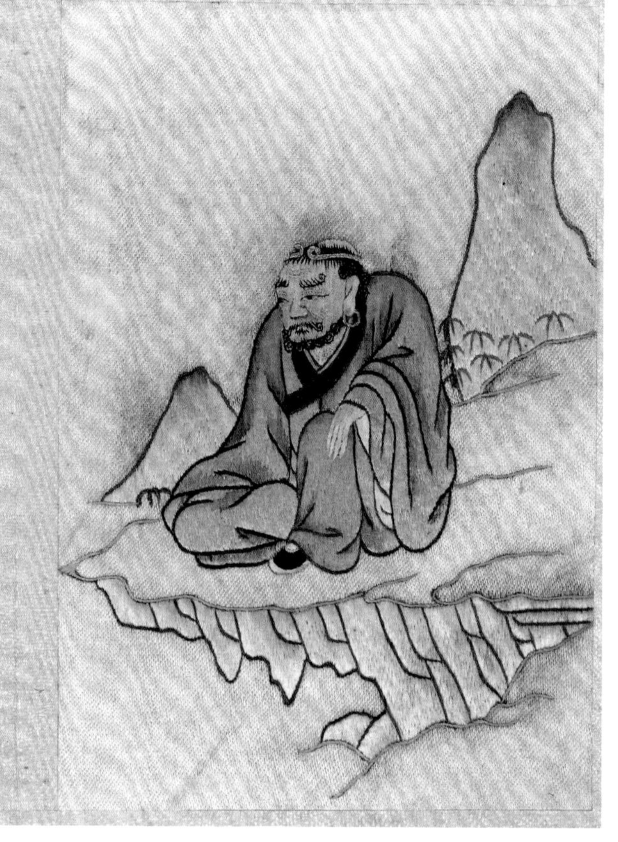

63.10

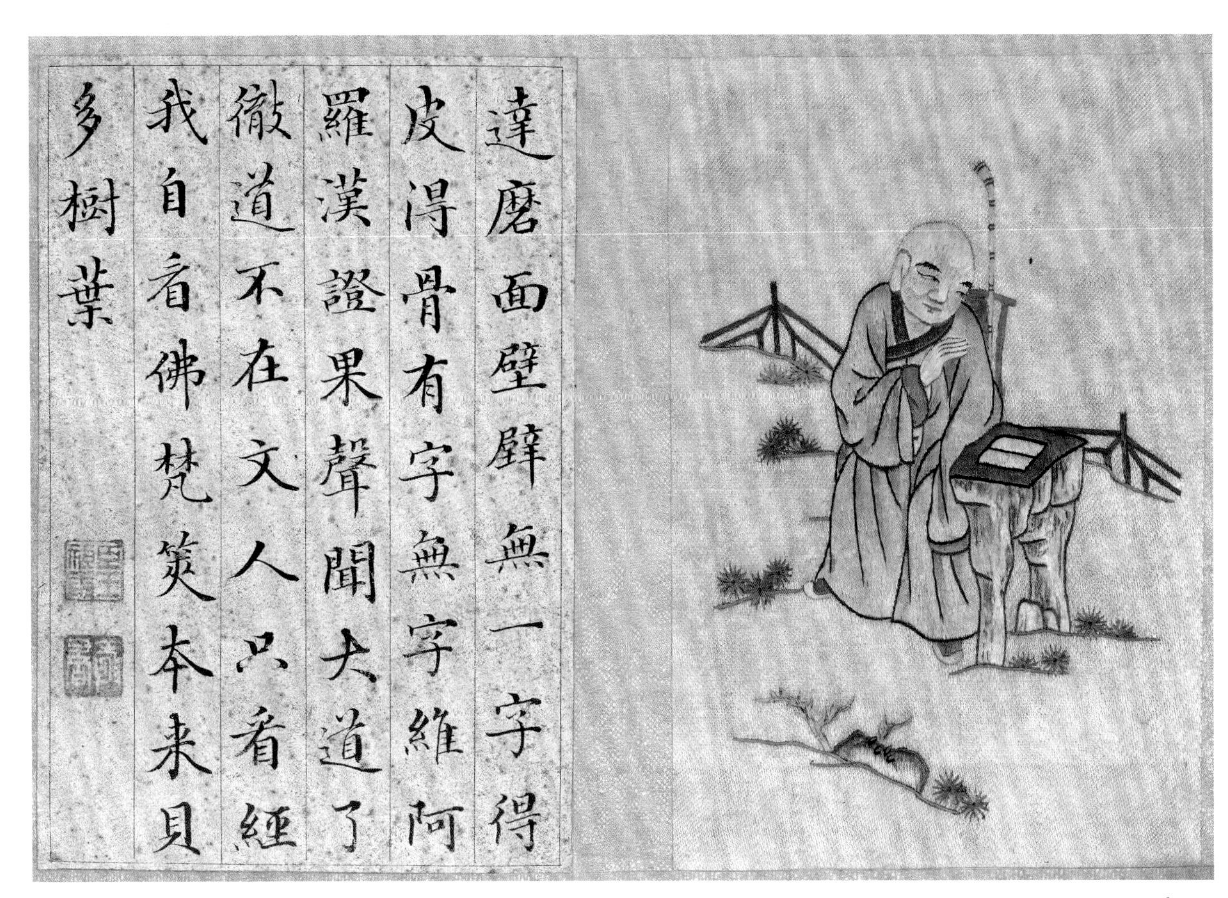
達磨面壁無一字得
皮淂骨有字無字維阿
羅漢證果聲聞大道了
徹道不在文人只看經
我自看佛梵策本來貝
多樹葉

63.11

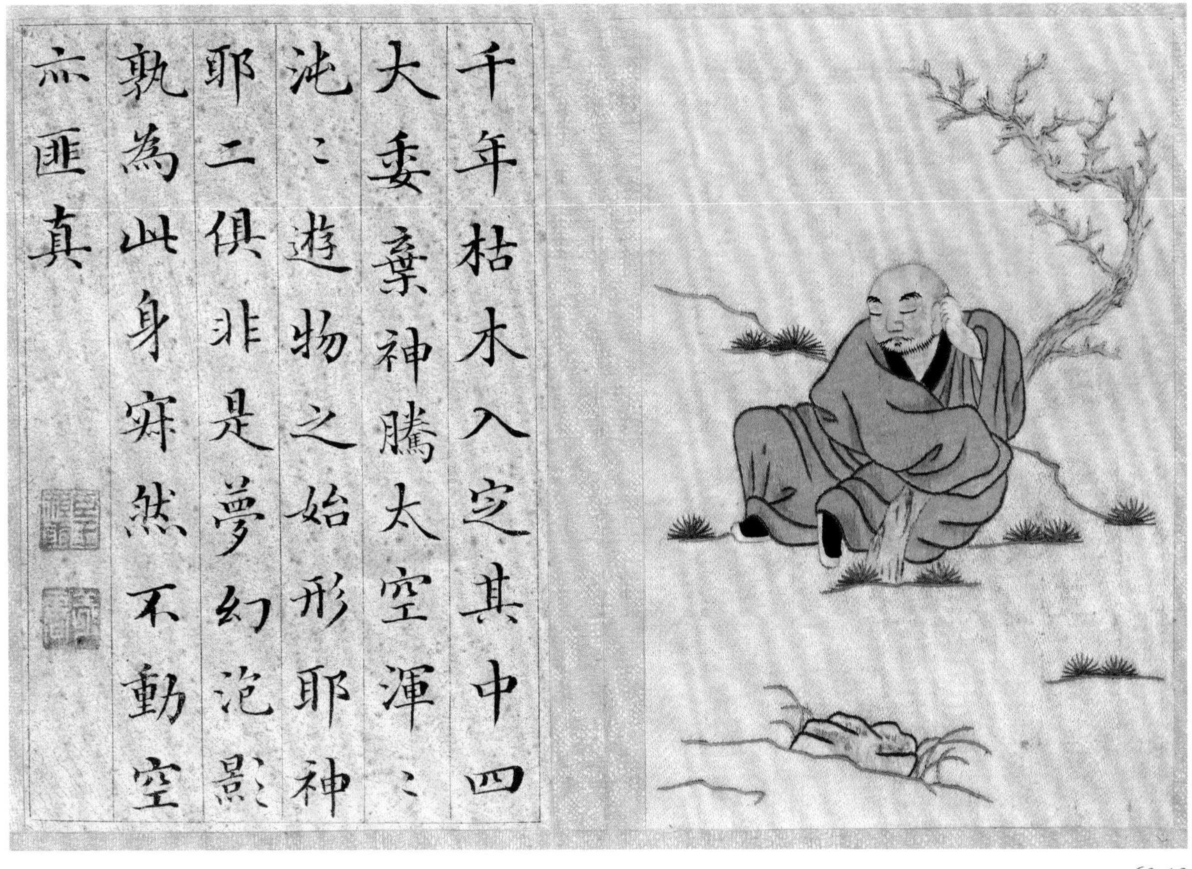
千年枯木入定其中四
大委棄神騰太空渾渾
沌沌遊物之始形耶神
耶二俱非是夢幻泡影
孰為此身寂然不動空
亦匪真

63.12

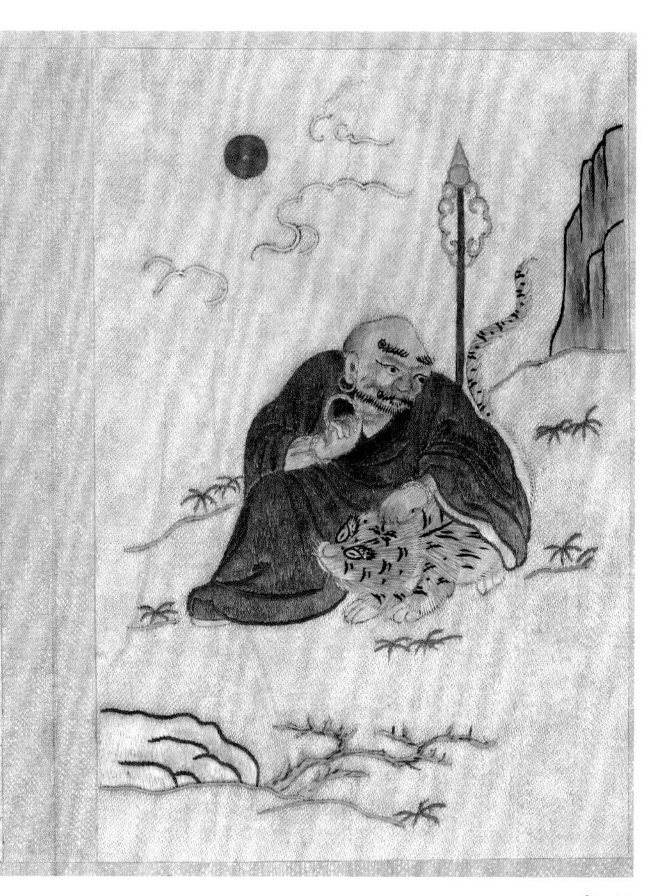

拄杖山嵎有虎来前見
師畏懾道師躧焉以手
按伏首尾帖然我佛廣
大任爾猛鷙入我慈悲
無不受治欲見我佛紅
日仰視

63.13

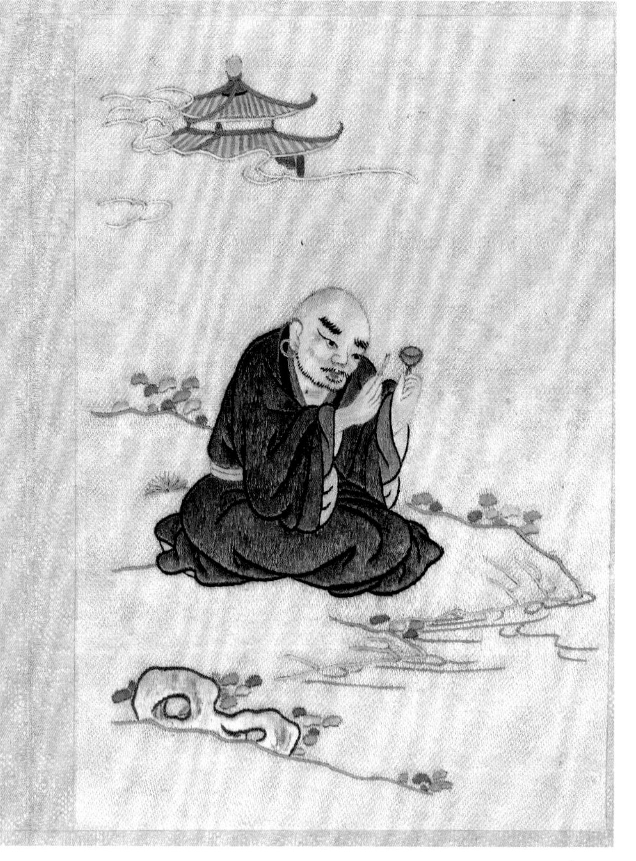

細草承趺長空振梵〻
音凌雲唄讚豈泛為我
佛頌為衆生懺應有天
女以諸花香而散其處
結為祥光湧現蓮界寶
珞嚴莊

63.14

衆生之生長者先之衆生之滅長者後之不生不滅長者不知但見兩眉長白如雪伊耆眉泉壽逾大耋儒釋同源即聖即佛

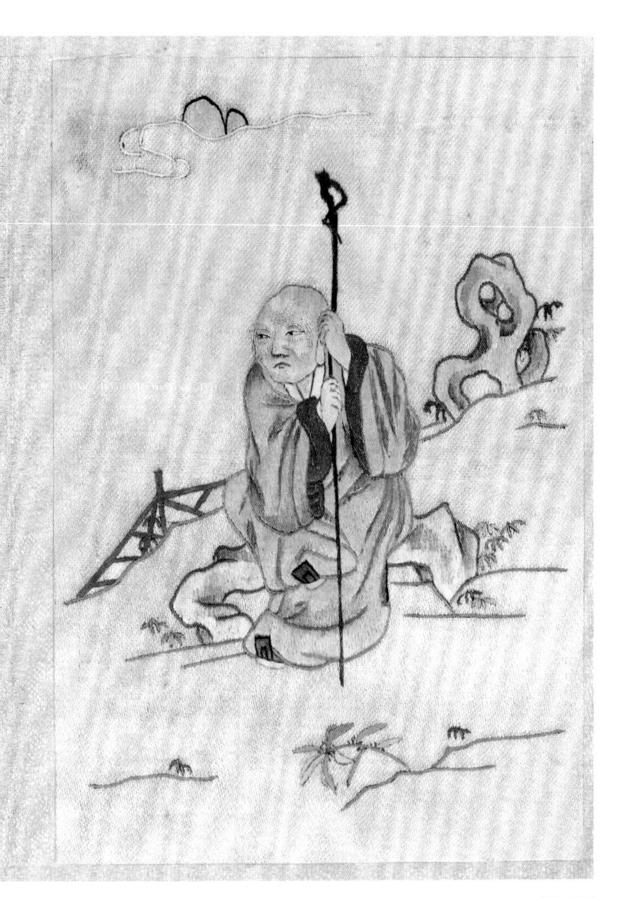

63.15

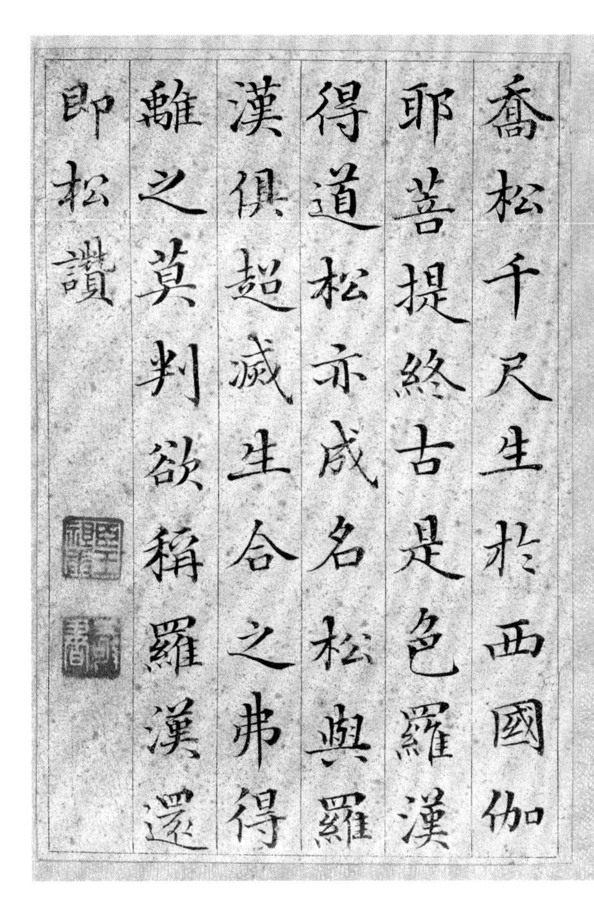

喬松千尺生於西國伽耶菩提終古是色羅漢得道松亦成名松與羅漢俱超滅生合之弗得離之莫判欲稱羅漢還即松讚

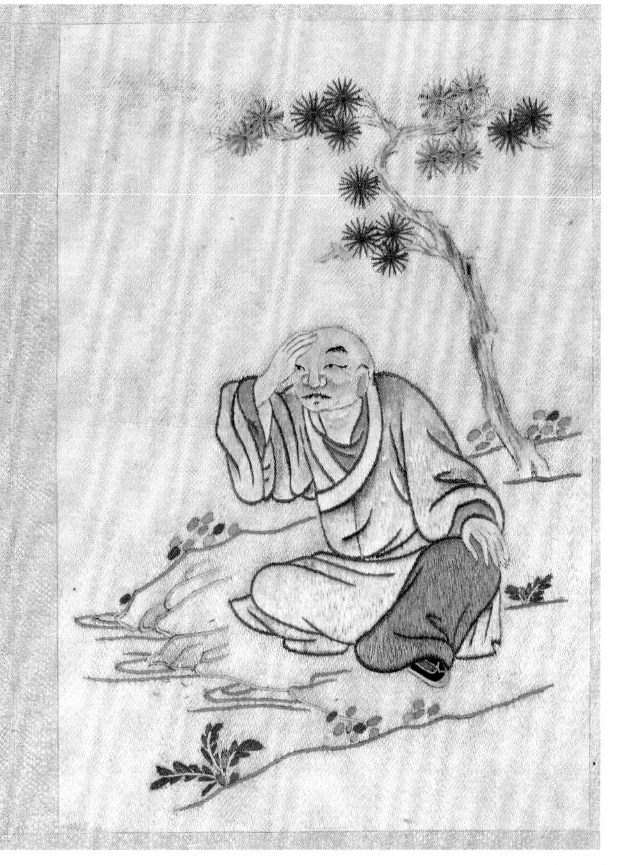

63.16

引之浩浩與鶴俱翔息之悠悠與鶴俱集俯仰之下耳目之前入佛三昧見道無邊我聞迦陵音遍十方仙禽下上相與頡頏

63.17

青峰匯障白雲何浮尊者支頤不蹩虛舟牟尼一串掛我心頭聞之於佛及吾孔伋是名不用是名未發日月五星珠聯壁合

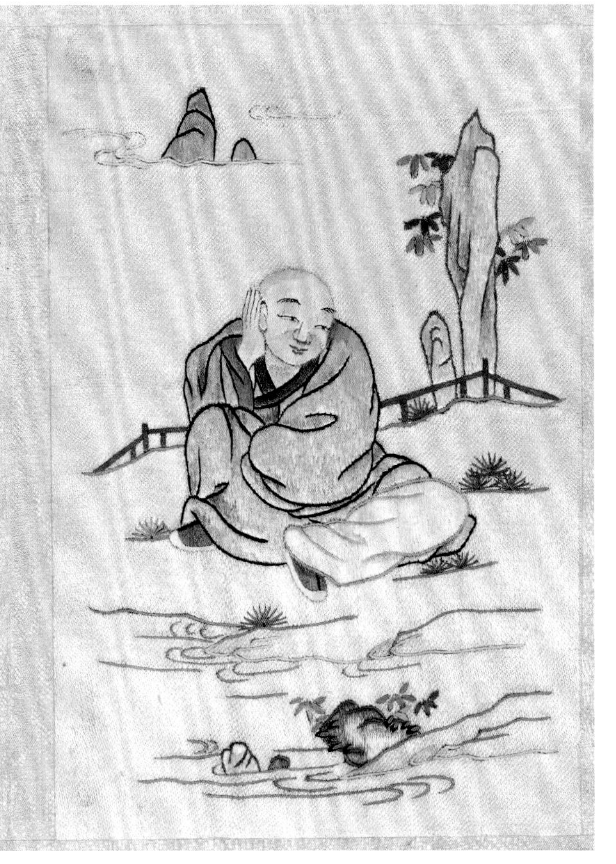

63.18

63

刺繡關羽像軸
清乾隆
縱117厘米　橫43厘米
清宮舊藏

The Image of Guan Yu, Embroidery
Qianlong Period, Qing Dynasty
Hanging scroll
Length: 117cm　Width: 43cm
Qing Court collection

圖繡關羽手捻美髯坐於虎皮墩上，周倉持青龍偃月刀侍立身後。題讚："乾坤正氣，日月精忠，浩然義勇，萬古英風。　聯宿敬書"，朱繡"前身是虎頭"、"頓首"、"青碧齋"印。

此圖以散套、盤金、打籽、釘針等針法繡製。衣紋運用色綫的深淺變化表現出皺褶和明暗，具有層次感。人物臉部巧妙把握相近色的細微過渡，刻畫出逼真的肌肉質感。關羽面如重棗，周倉面色青黑，面色反差強烈，體現出人物鮮明的性格特徵。

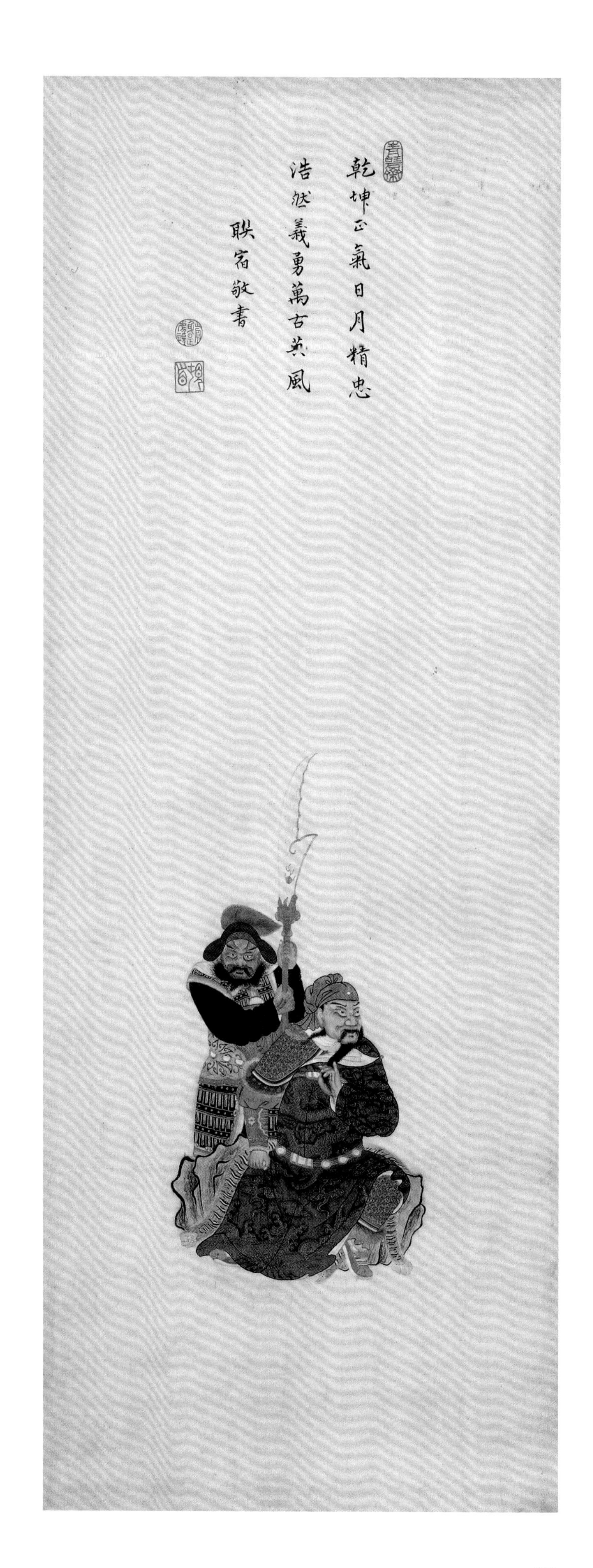

64

刺繡乾隆御題無量壽佛像軸

清乾隆
縱169厘米　橫61厘米
清宮舊藏

Amitayus Sitting on a Lotus, Inscription by Emperor Qianlong, Embroidery

Qianlong Period, Qing Dynasty
Hanging scroll
Length: 169cm　Width: 61cm
Qing Court collection

藍色綢地上繡無量壽佛，結跏趺坐於蓮花座上，手執蓮花，頭頂為蓮花傘蓋。金綫繡乾隆帝行書題讚，款署："丁亥（1767）仲春月中澣　御讚"，朱繡"乾"、"隆"印，另朱繡"乾隆鑑賞"、"乾隆御覽之寶"、"秘殿珠林"、"乾清宮鑑藏寶"、"三希堂精鑑璽"、"宜子孫"印。

此像繡工極勻細，以正搶針為主，針法紋路清晰、規整。平金繡成的佛光襯托着佛像，金光燦燦。另還有斜纏針、網繡、釘綫等。色彩豐富，繡綫艷麗，暈色搭配精巧，顏色既鮮艷又不失和潤。

鑑藏印記："寶蘊樓書畫錄"。

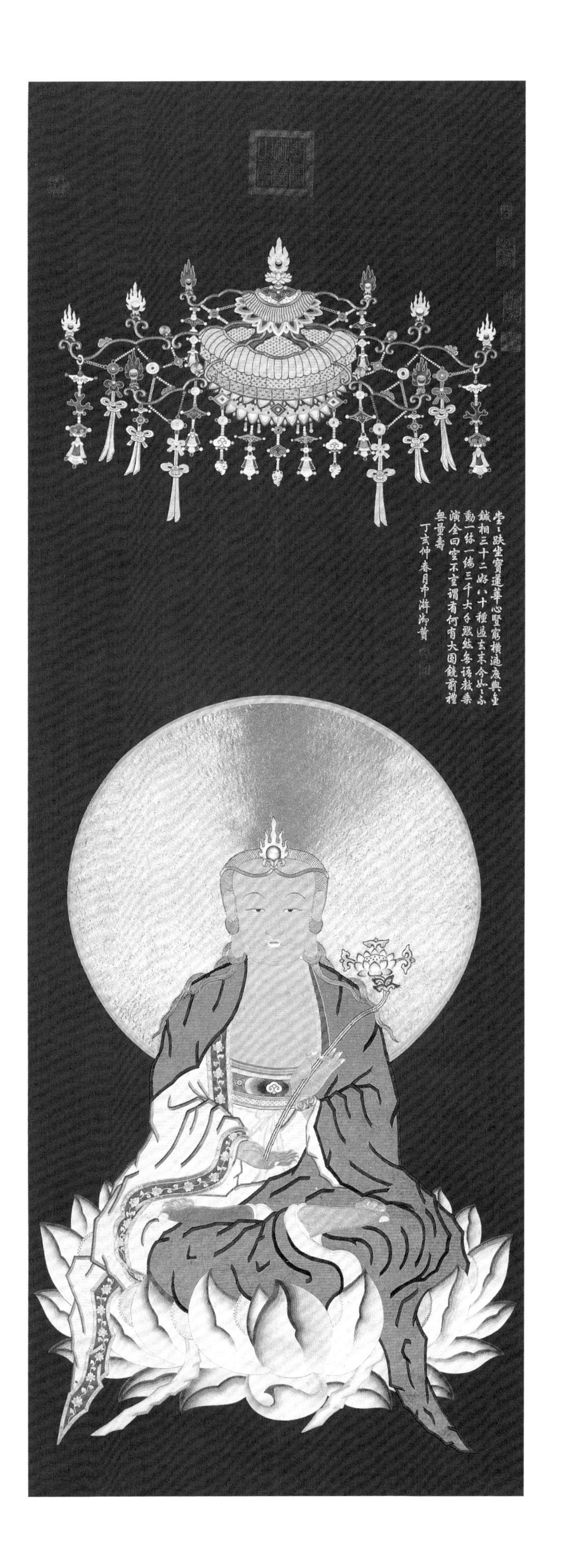

65

刺繡乾隆臨蔡襄荔枝譜卷
清乾隆
縱36厘米　橫96厘米
清宮舊藏

Embroided Lichee Manual, Emperor Qianlong Copied from Cai Xiang, Embroidery
Qianlong Period, Qing Dynasty
Handscroll
Length: 36cm　Width: 96cm
Qing Court collection

緗色綢地繡。款署：“臨蔡襄荔支譜”，朱繡“體道粹涵養”、“主璋天府”印。

蔡襄（1012—1067），字君謨，北宋興化仙遊（今屬福建）人，善書法，為宋四家之一。

此卷乾隆帝臨書既體現了蔡襄書法端莊、穩健、遒勁、飄逸之氣，又有己書溫婉閒雅之態。主要以斜纏針繡成，繡工纖細。

荔支食之有益於人列
仙傳稱有食其華實為
荔支仙人本草亦列其
功葛洪云蠲渴補髓唐
羌疏曰延年益壽或以
其性熱有日啖千顆未
嘗為疾即少覺熱以蜜
漿解之其木堅理難老
今有三百歲者枝葉繁
茂生結不息此亦其驗
也初種畏寒方五七年
深冬覆之以護霜霰福
州之西三舍曰水口地
少加寒已不可殖大略
其花春生簇簇然白色
其實多少在風雨時與
不時也

臨蔡襄荔支譜

66

刺繡乾隆御筆續纂秘殿珠林石渠寶笈序卷

清乾隆

縱38厘米　橫193厘米

清宮舊藏

Embroided Sequel of the Books of "Shi Qu Bao Ji" and "Mi Dian Zhu Lin", Emperor Qianlong's Handwriting, Embroidery

Qianlong Period, Qing Dynasty

Handscroll

Length: 38cm　Width: 193cm

Qing Court collection

緗色素綢地繡。《秘殿珠林》、《石渠寶笈》為乾隆時期編纂的著錄內府所藏書畫的書籍，分別成書於乾隆九年（1744）和十年（1745），乾隆五十八年（1793）續纂。款署："乾隆癸丑季春　御筆"，朱繡"八徵耄念之寶"、"自強不息"印。引首三藍纏枝紋框內繡"鑑存游藝"，朱繡"八徵耄念之寶"印。

此卷針法為常見的齊針、斜纏針等，運針時以一致的針法平繡，使字體少了些絲綫流光溢彩的華美，多了些潤雅和莊重。針腳均勻細密，平齊精緻，傳達了御筆行書的韻致。

鑑藏印記："宣統尊親之寶"。

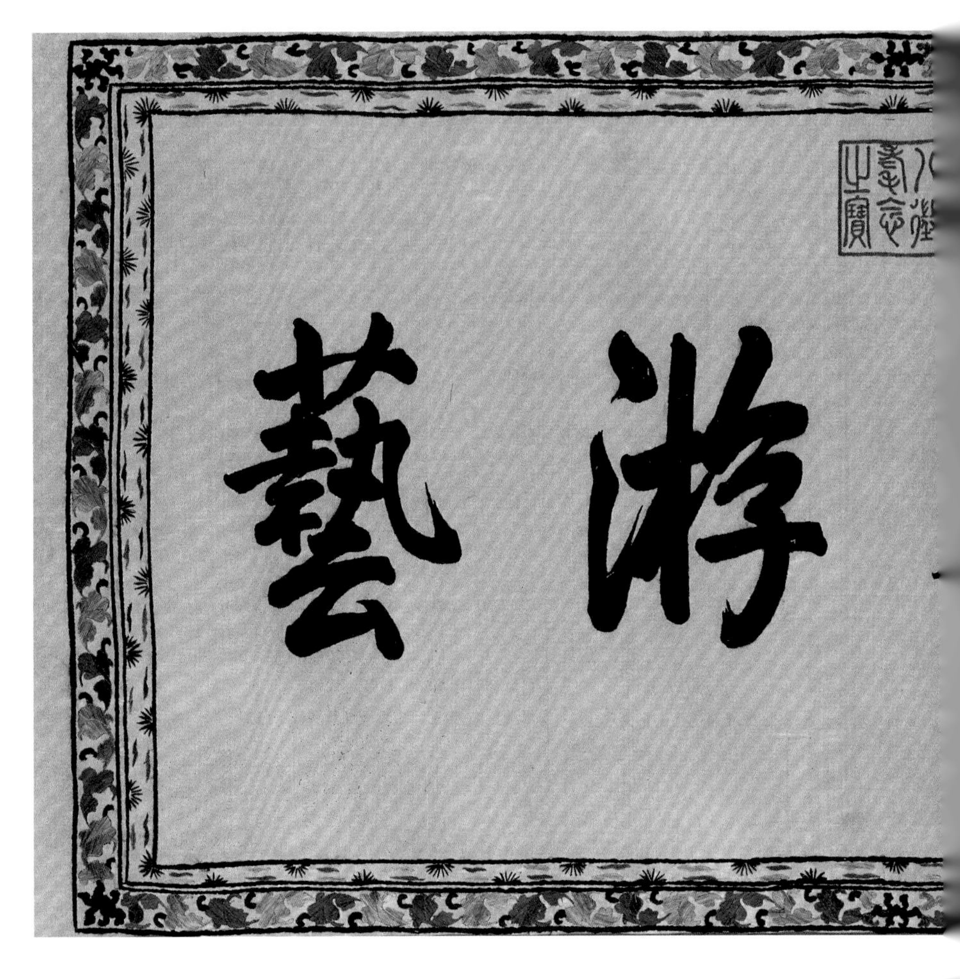

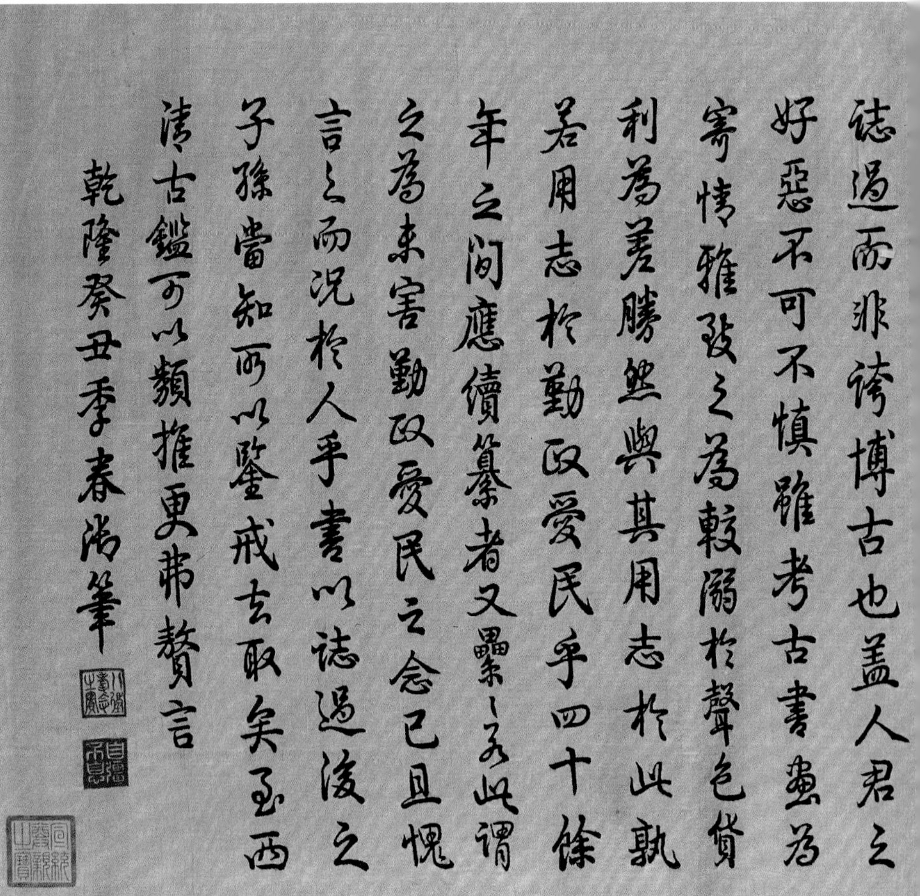

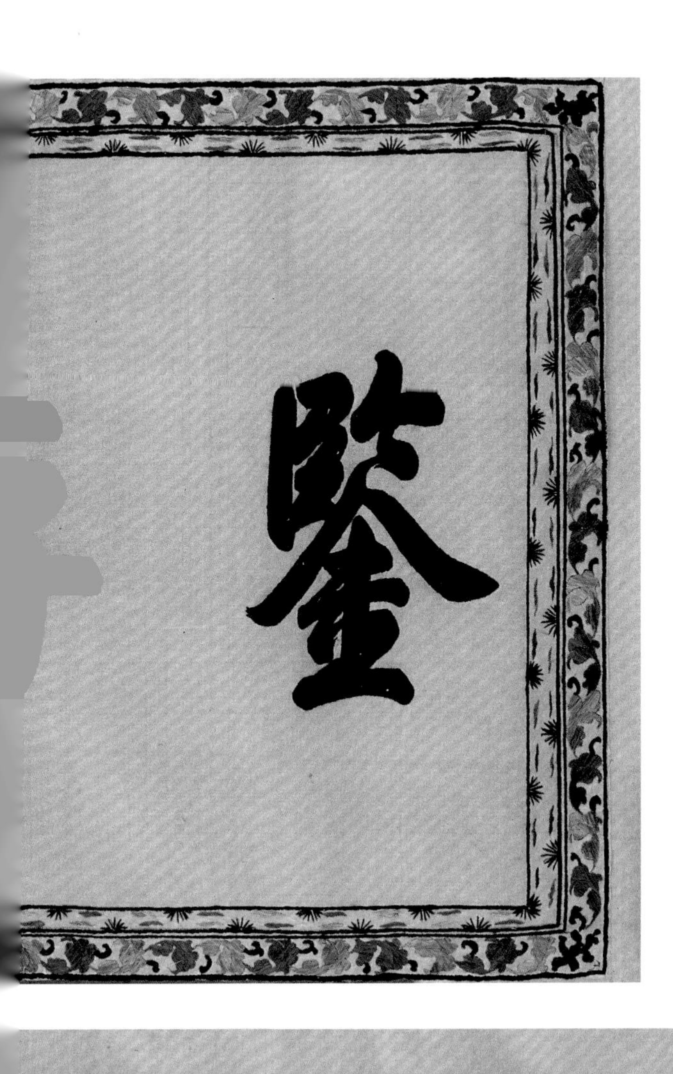

續纂秘殿珠林石渠寶笈序

秘殿珠林編自癸亥成於甲子
石渠寶笈編自甲子成於乙丑
逮今均四十餘年矣二集以
三朝宸翰爲宗而歷代所存古
人及本朝臣工之書畫分門別
類精覈無遺胥内廷翰臣張照
梁詩正等所爲今視其跋每一
存者亦可慨也自乙丑至今癸
丑凡四十八年之間每遇
慈宮大慶朝廷盛典臣工所獻
古今書畫之類及幾暇涉筆者
又不知其凡幾每以薈輯日久
或致舛譌且二集章程具在續
纂亦非甚難因命内廷翰臣王杰
等重集一如前例若
三朝宸翰已備錄前集茲不復

67

刺繡永瑆書古稀說冊

清乾隆
開縱24厘米　橫31厘米　14開
清宮舊藏

Embroided the Book of "Gu Xi Shuo" Made by the Order of Emperor Qianlong, Embroidery

Qianlong Period, Qing Dynasty
Album of 14 leaves
Length: 24cm　Width: 31cm
Qing Court collection

冊繡永瑆楷書乾隆御製《古稀說》。乾隆七十歲後有"古稀天子"印，意在"慎終如始"，"竭力敬天法祖，勤政愛民"。緗色緞地，藍綫字。款署："子臣永瑆敬書"，朱繡"子臣"、"永瑆"印。冊繡折枝花卉紋雙邊框，首開繡八寶雲紋。

永瑆（1752—1823），清乾隆帝十一子，封成親王，善書法，為乾隆四家之一。

此冊採用齊針、套針、纏針、打籽、釘綫等針法，劈絲纖細，繡工平整不露運針痕跡，為法書刺繡佳作。

鑑藏印記："宣統御覽之寶"、"教育部點驗之章"。

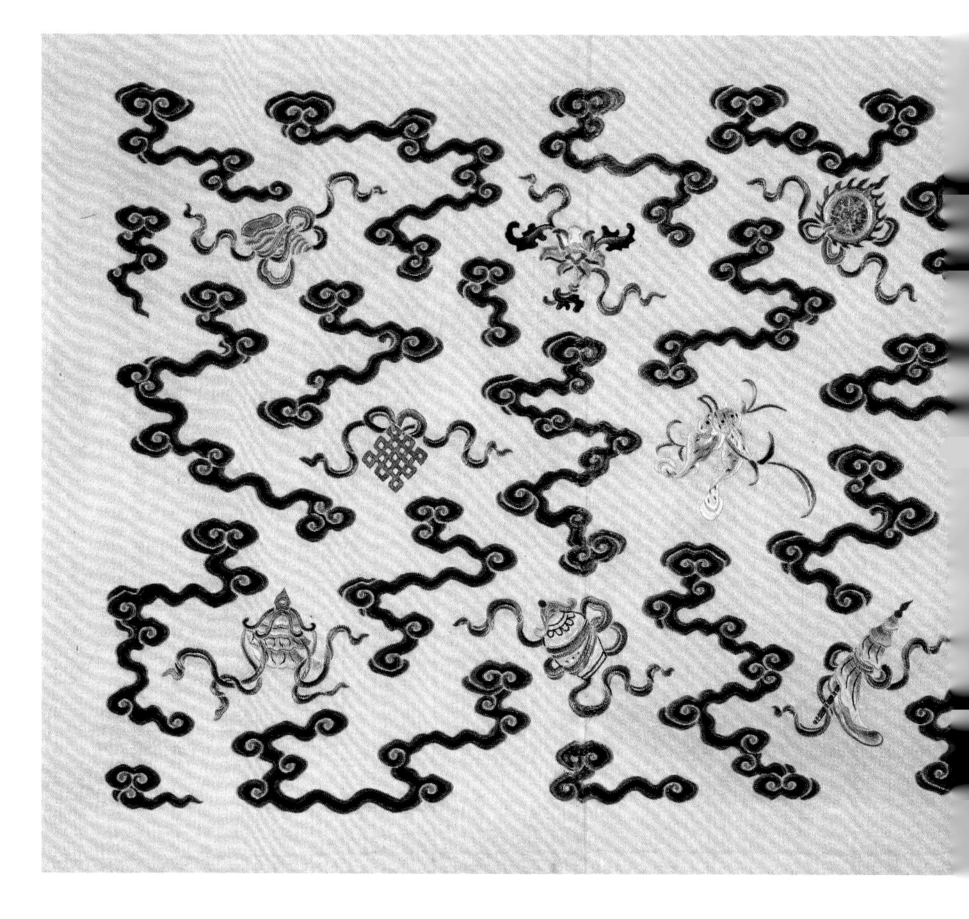

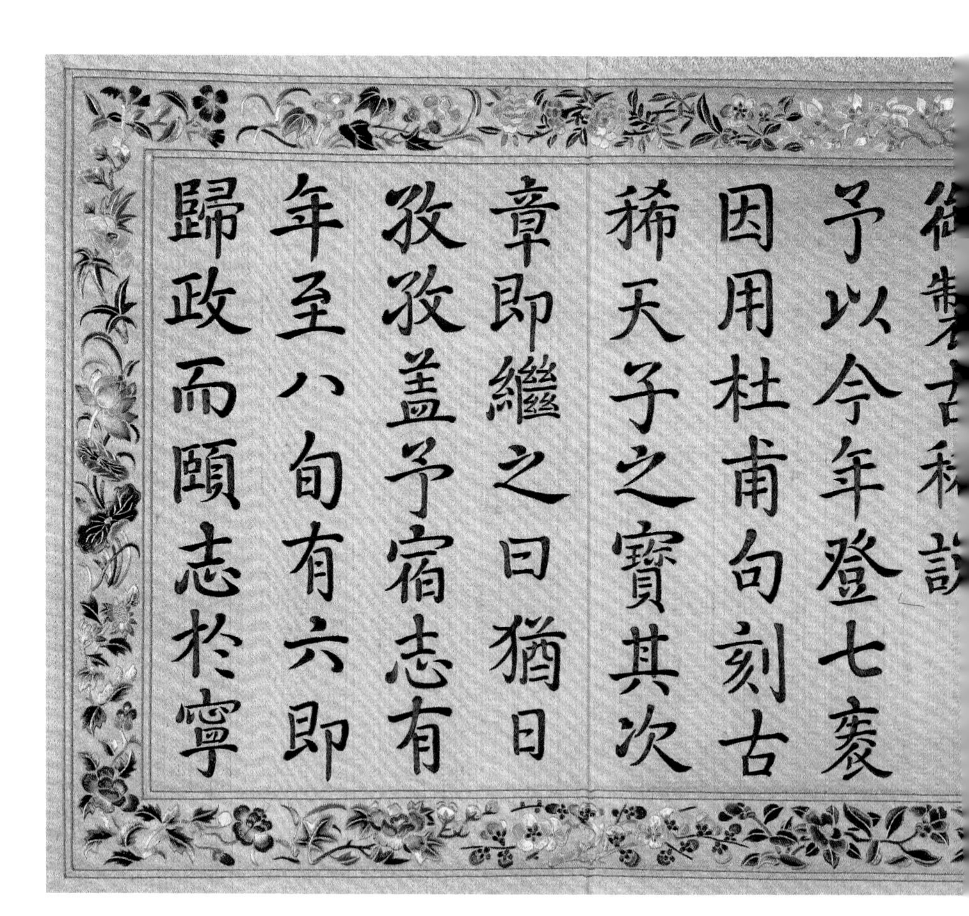

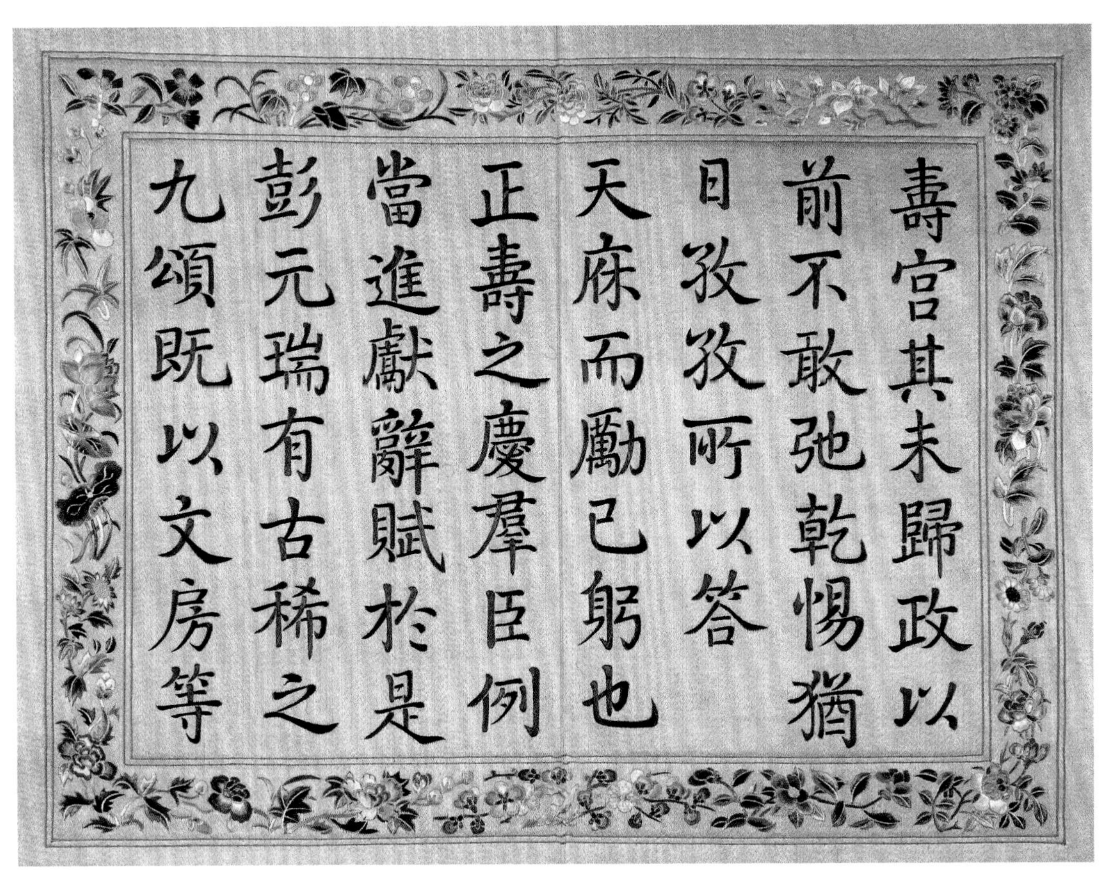
壽宮其未歸政以
前不敢弛乾惕猶
日孜孜所以答
天庥而勵己躬也
正壽之慶羣臣例
當進獻辭賦於是
彭元瑞有古稀之
九頌既以文房等

67.3

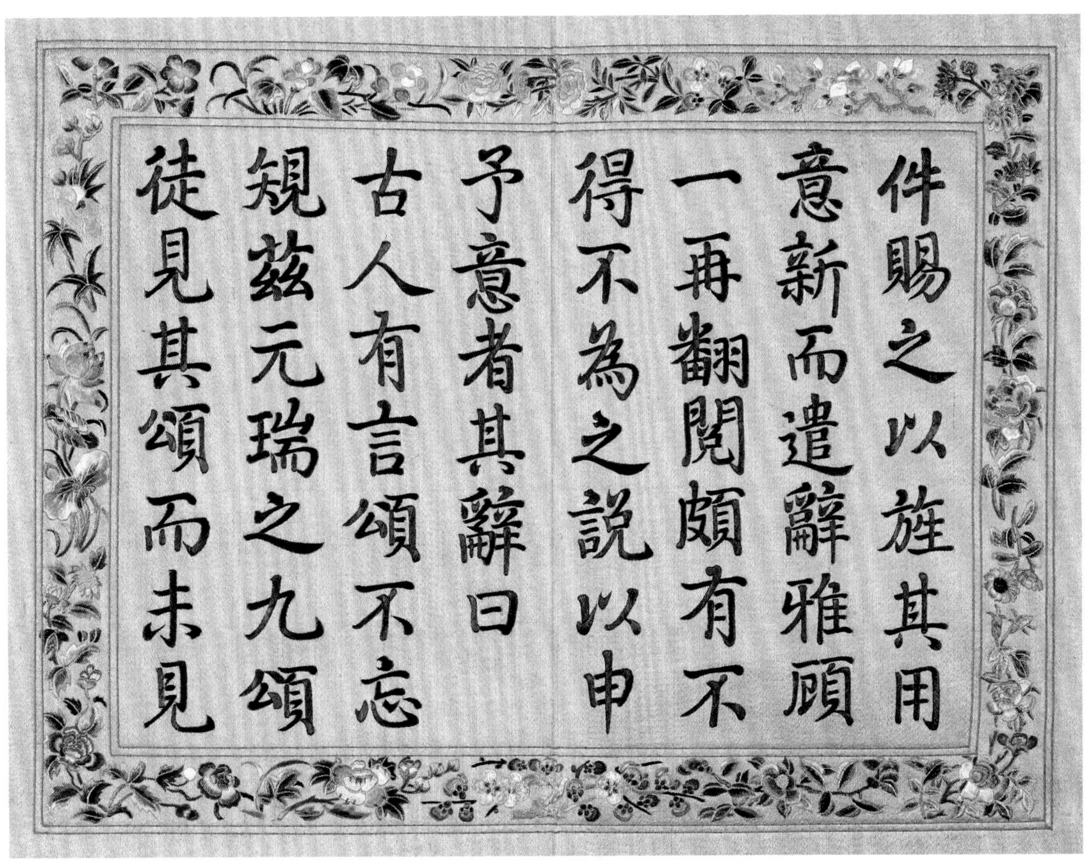
件賜之以旌其用
意新而遣辭雅顧
一再翻閱頗有不
得不為之說以申
予意者其辭曰
古人有言頌不忘
規茲元瑞之九頌
徒見其頌而未見

67.4

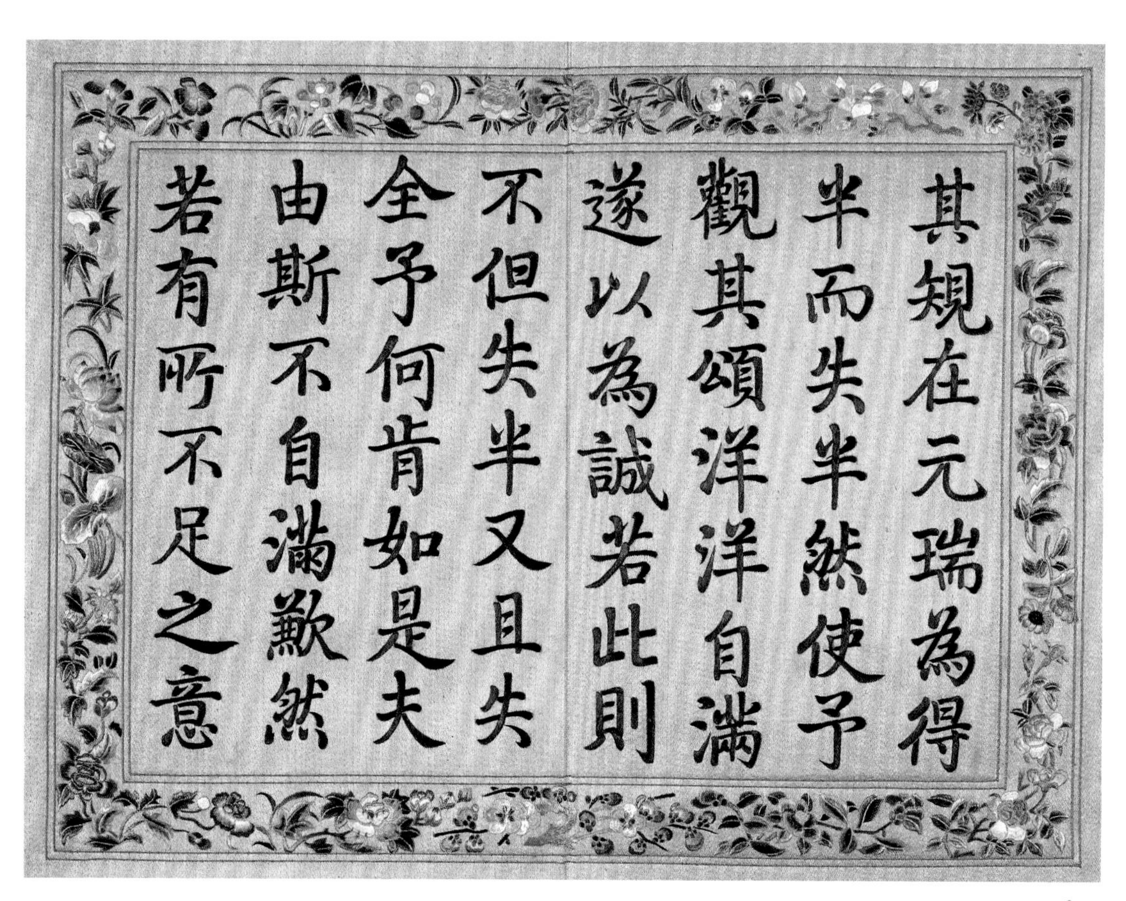
其規在元瑞為得
半而失半然使予
觀其頌洋洋自滿
遂以為誠若此則
不但失半又且失
全予何肯如是夫
由斯不自滿歉然
若有所不足之意

67.5

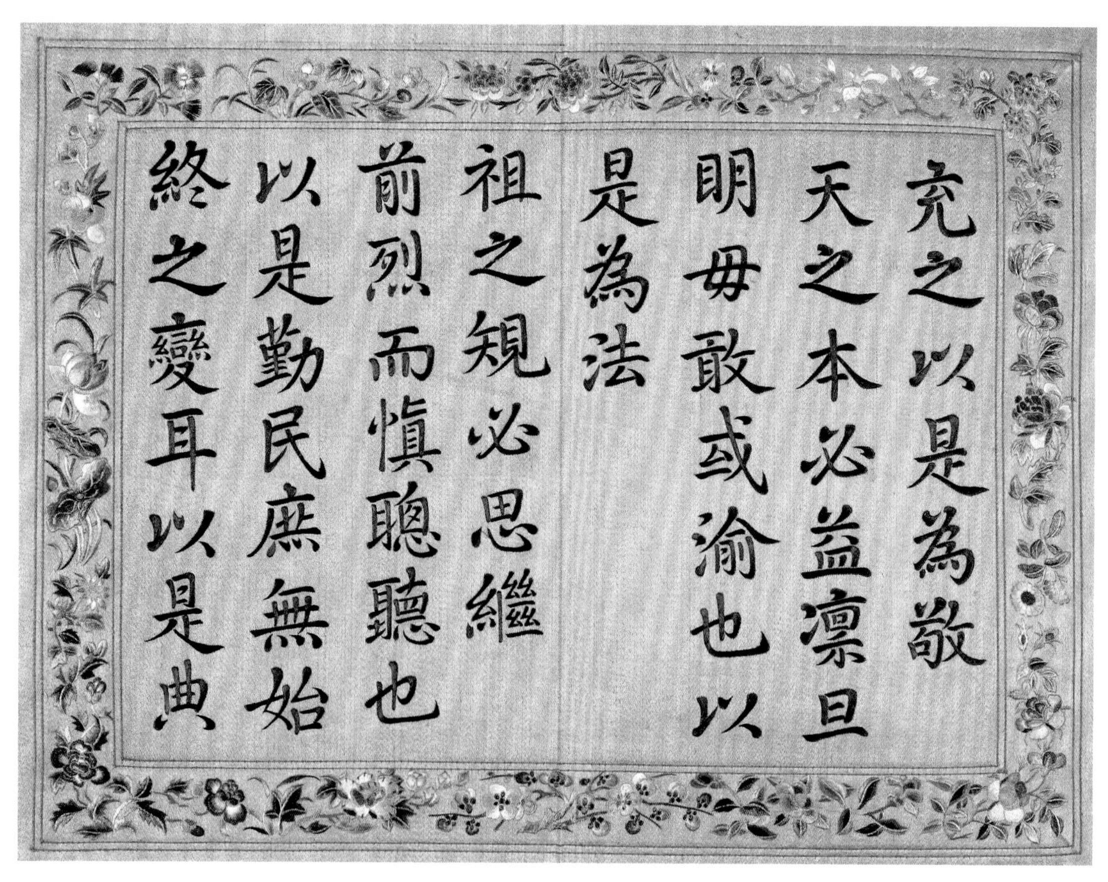
充之以是為敬
天之本必益凜旦
明毋敢或渝也以
是為法
祖之規必思繼
前烈而慎聰聽也
以是勤民庶無始
終之變耳以是典

67.6

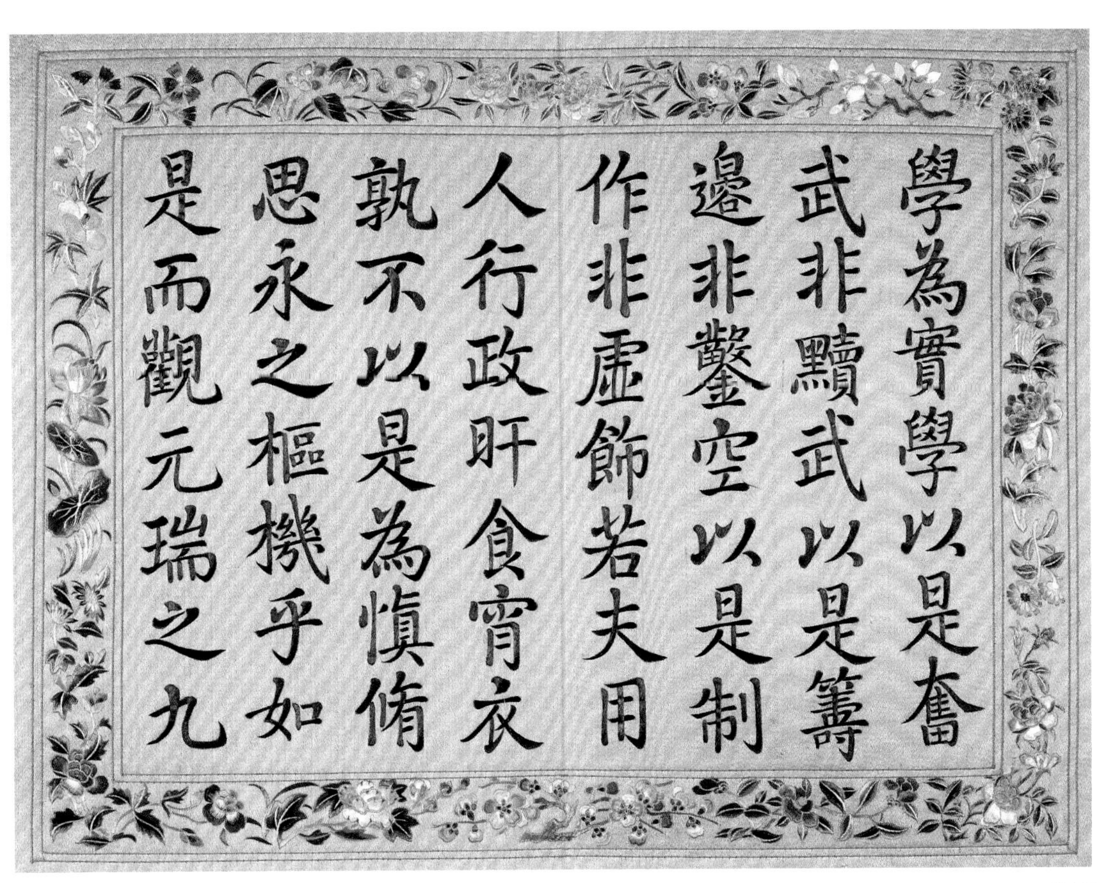
學為實學以是奮
武非黷武以是籌
邊非鑿空以是制
作非虛飾若夫用
人行政旰食宵衣
孰不以是為慎脩
思永之樞機乎如
是而觀元瑞之九

67.7

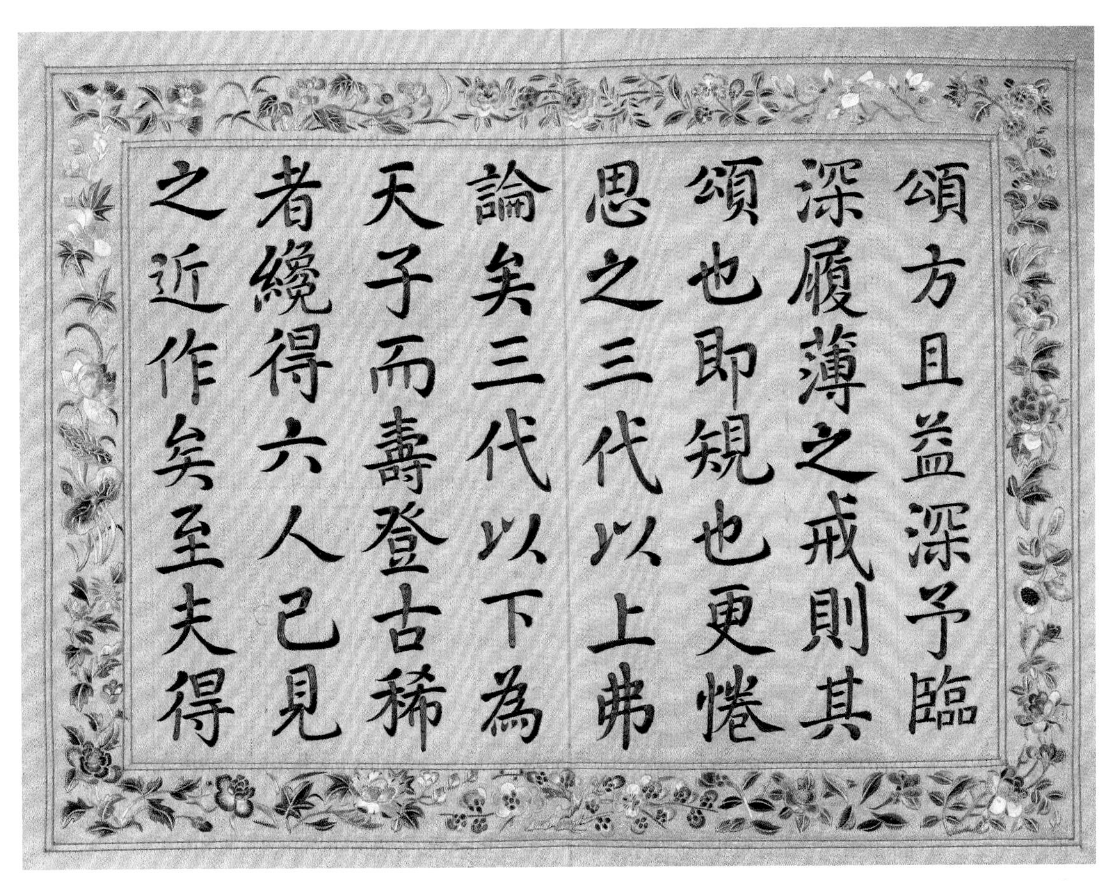
頌方且益深予臨
深履薄之戒則其
頌也即規也更惓
思之三代以上弗
論矣三代以下為
天子而壽登古稀
者纔得六人已見
之近作矣至夫得

67.8

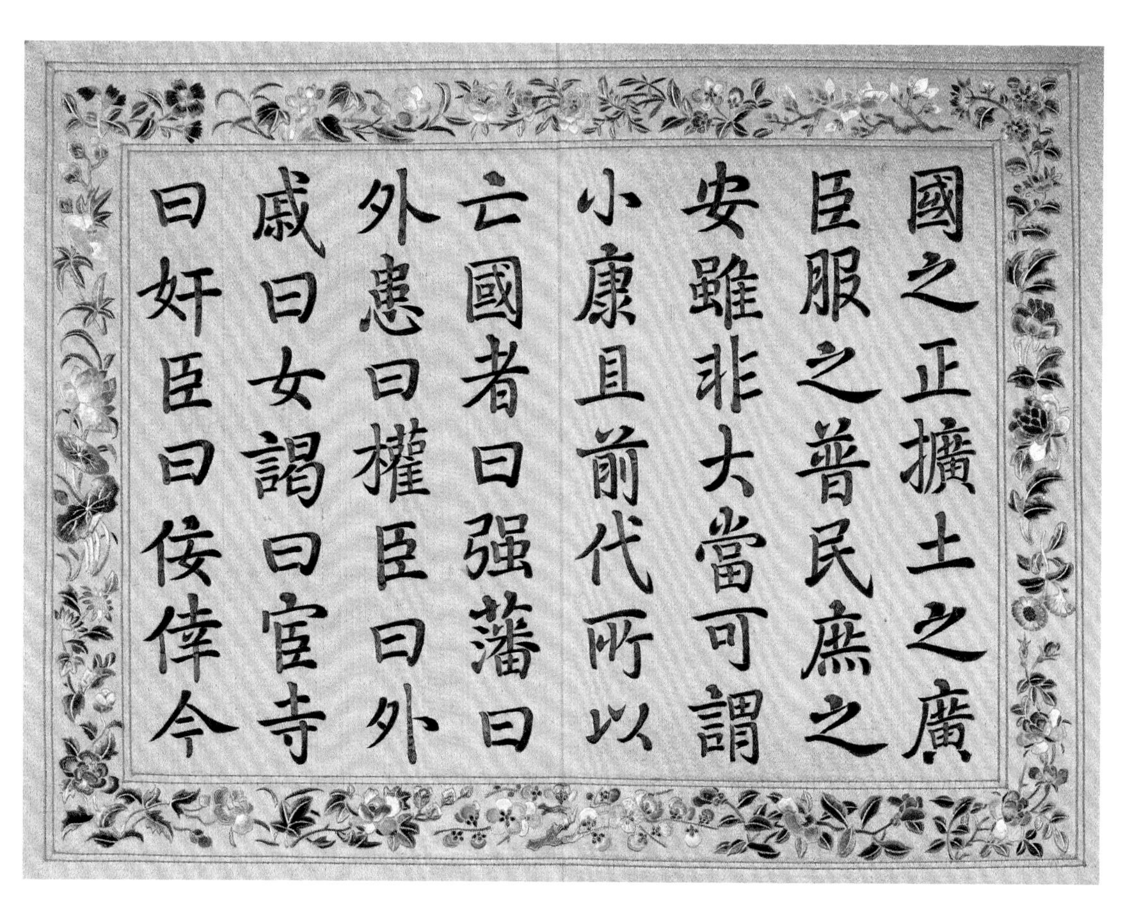

國之正擴土之廣
臣服之普民庶之
安雖非大當可謂
小康且前代所以
亡國者曰强藩曰
外患曰權臣曰外
戚曰女謁曰宦寺
曰奸臣曰佞倖今

67.9

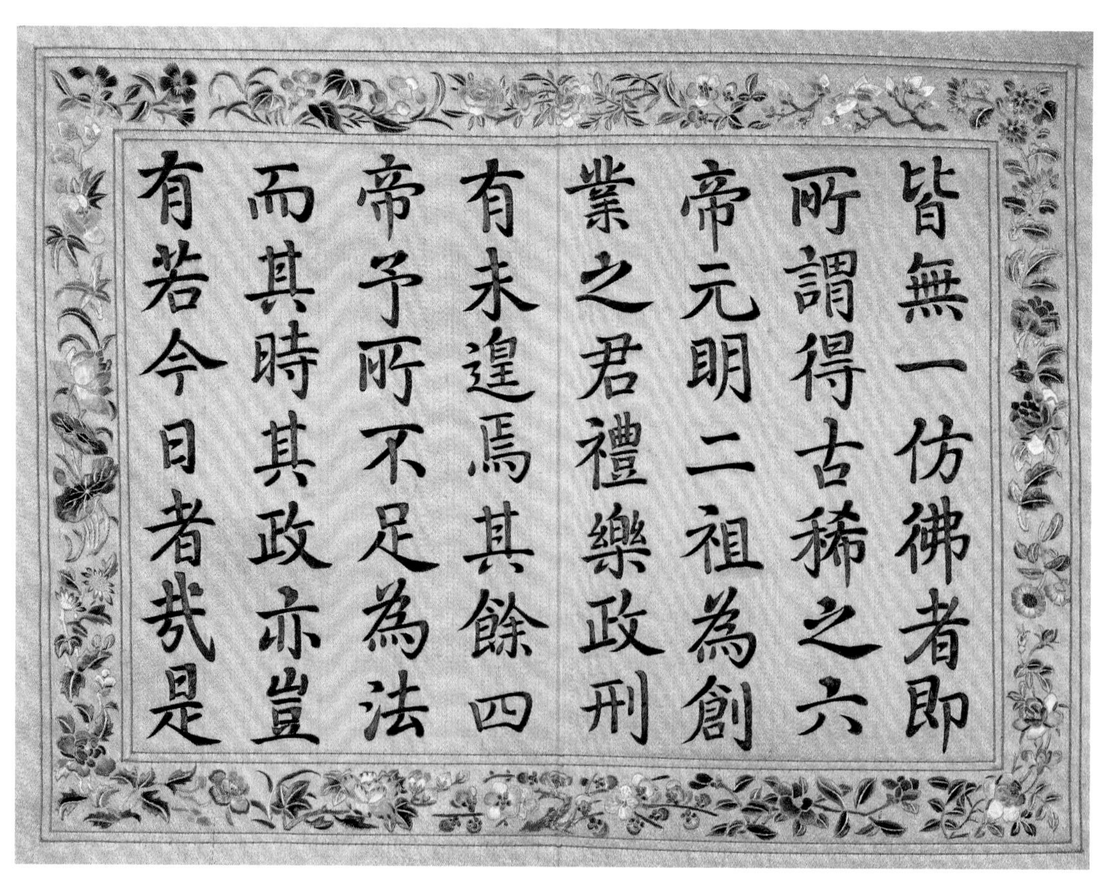

皆無一仿佛者即
所謂得古稀之六
帝元明二祖為創
業之君禮樂政刑
有未遑焉其餘四
帝予所不足為法
而其時其政亦豈
有若今日者哉是

67.10

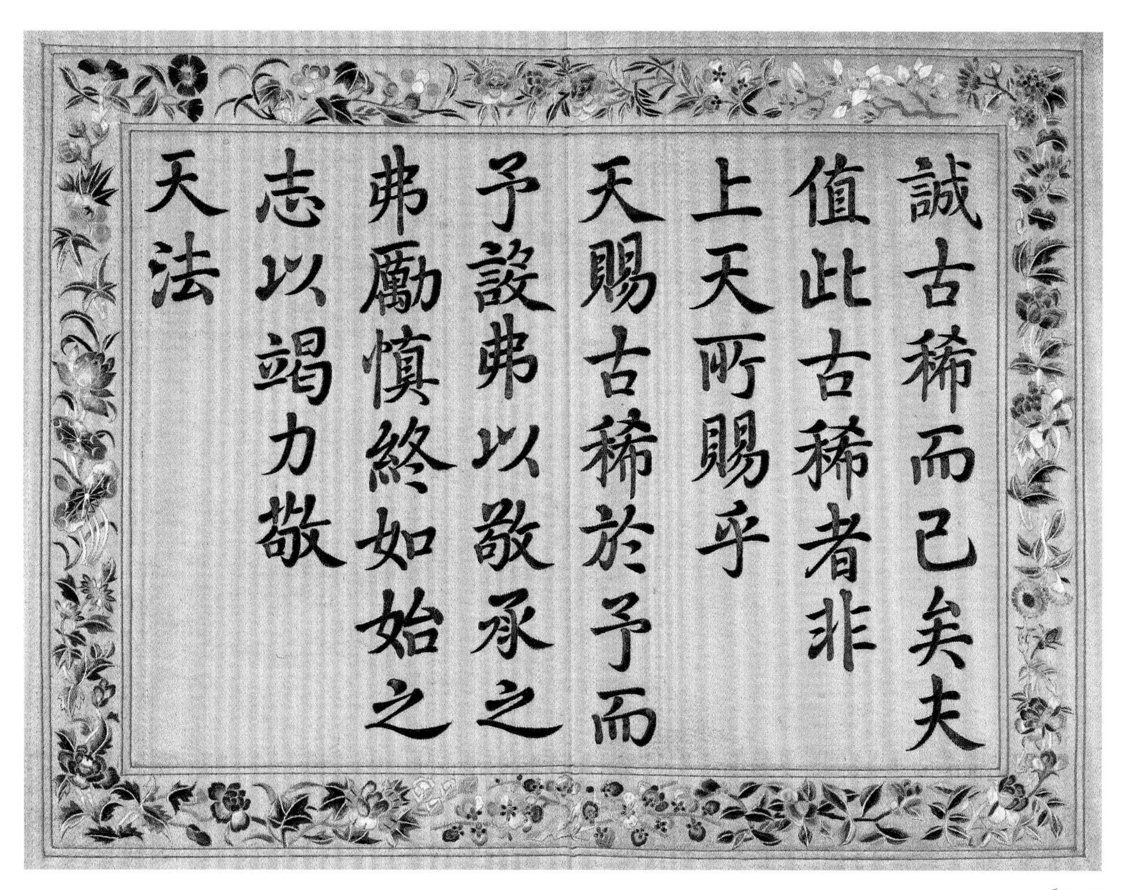
誠古稀而已矣夫
值此古稀者非
上天所賜乎
天賜古稀於予而
予設弗以敬承之
弗勵慎終如始之
志以竭力敬
天法

67.11

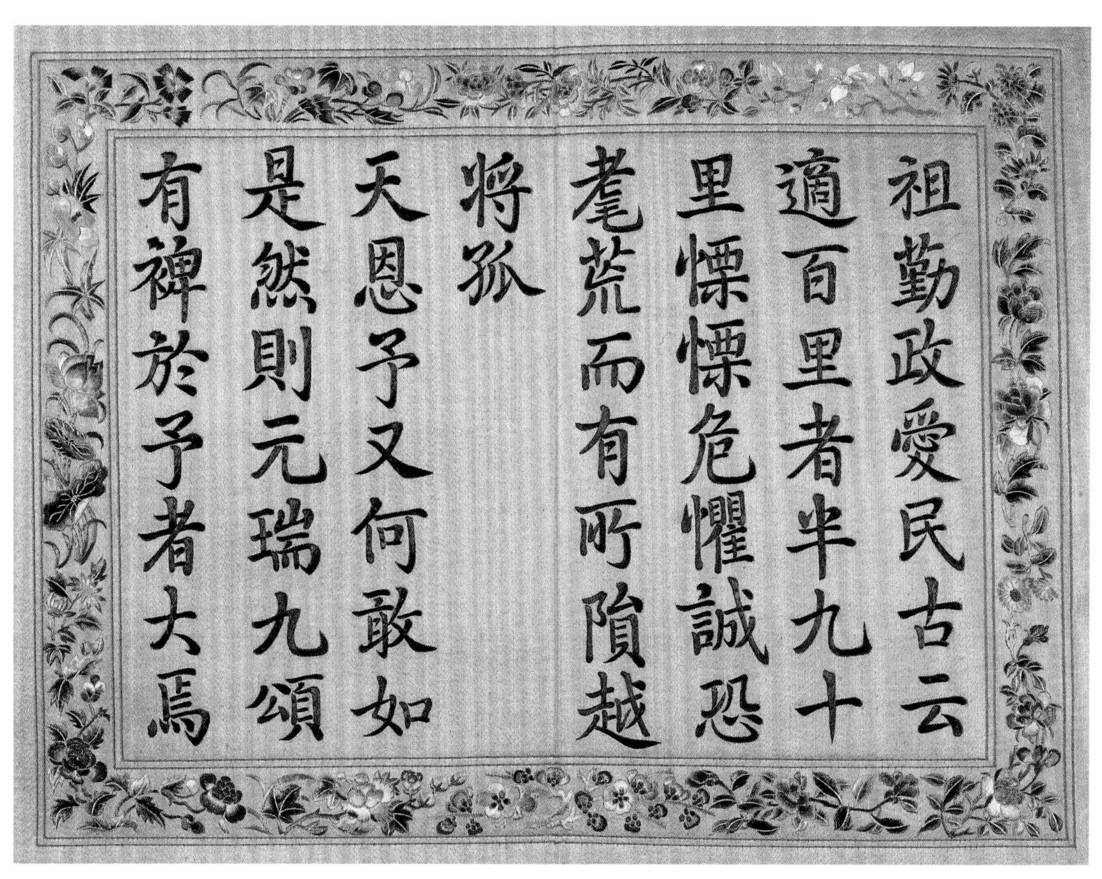
祖勤政愛民古云
適百里者半九十
里慄慄危懼誠恐
耄荒而有所隕越
將孫
天恩予又何敢如
是然則元瑞九頌
有裨於予者大焉

67.12

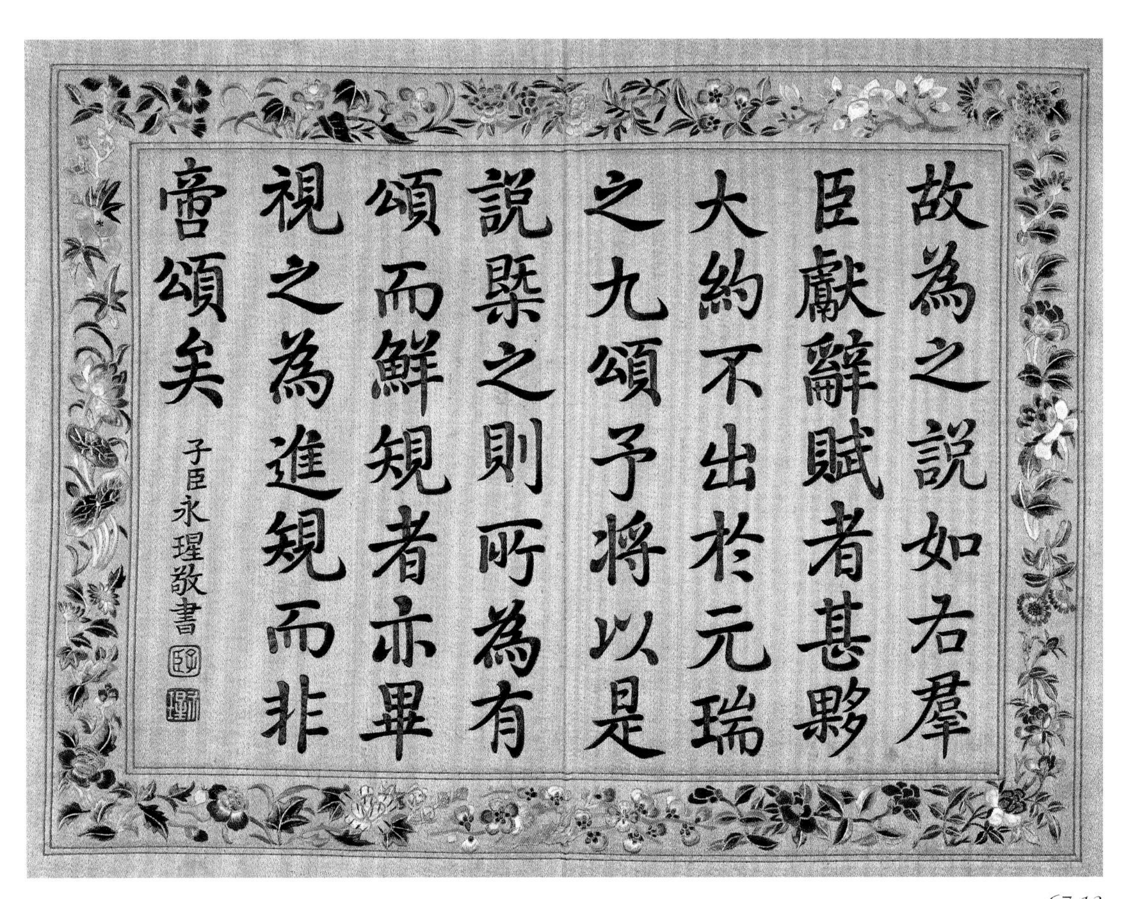
故為之說如右羣
臣獻辭賦者甚夥
大約不出於元瑞
之九頌予將以是
說槩之則所為有
頌而鮮規者亦畢
視之為進規而非
啻頌矣

子臣永瑆敬書

67.13

67.14

68

刺繡蜀葵雄雞圖軸

清嘉慶
縱115厘米　橫43厘米

Hollyhock and Cock, Embroidery
Jiaqing Period, Qing Dynasty
Hanging scroll
Length: 115cm　Width: 43cm

本色緞地繡兩塊兀立的湖石，一枝盛開的蜀葵，雄雞傲然而立。

此圖有明代畫家周之冕"勾花點葉法"風格，用綫條勾勒花瓣，以設色沒骨法畫葉，工中兼寫，簡逸生動。運用齊針、套針、纏針、打籽、滾針、施毛針等針法，湖石以墨色勾勒渲染。雄雞刻畫生動，準確地表現出其神態動作及尾羽的飄動感。

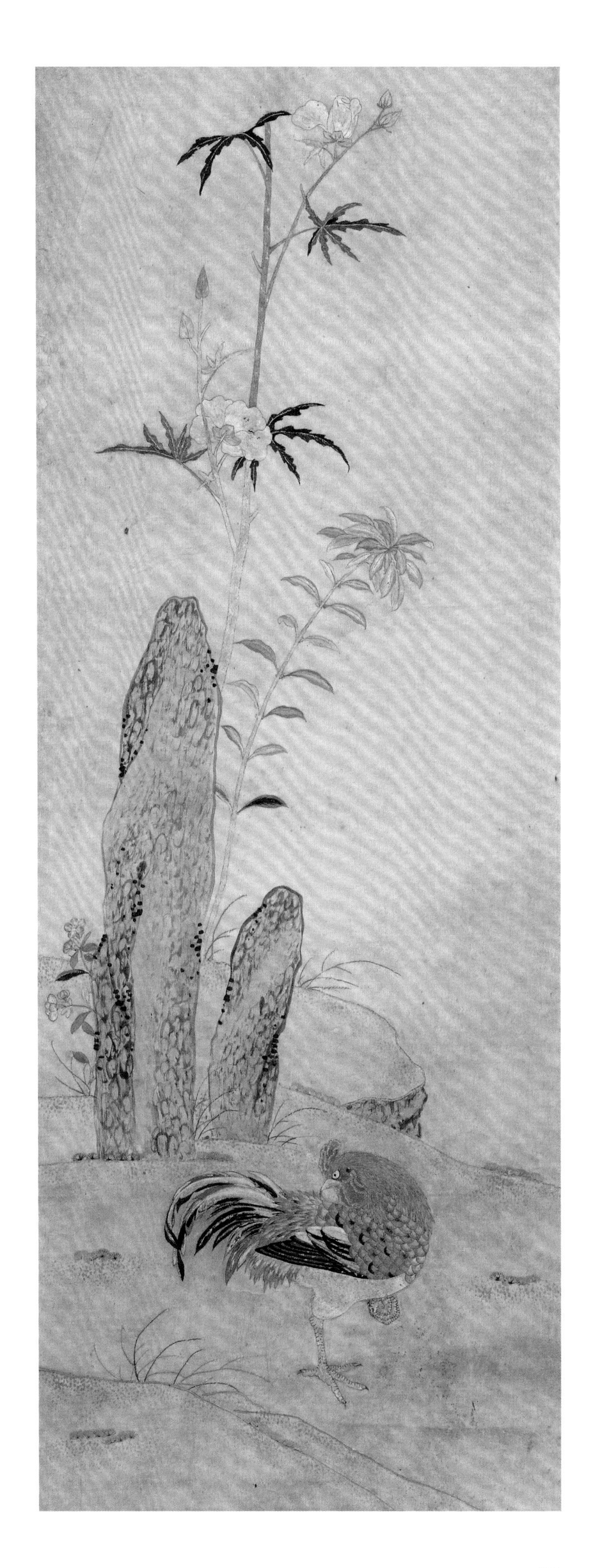

69

刺繡玉堂婦嬰圖

清嘉慶
縱73厘米　橫106厘米

Women and Children, A Noble Life in Qing Dynasty, Embroidery
Jiaqing Period, Qing Dynasty
Hanging scroll
Length: 73cm　Width: 106cm

藍緞地繡婦嬰人物，兩女子，其中一位手持煙袋、著滿族旗裝；另兩個童子嬉戲。反映了清代貴族人家的生活情景。

此圖人物服飾用滚針勾勒出輪廓，然後以套針暈色，衣服上的花紋用平金、打籽、切針、斜纏針、鋪絨針、網針、刻鱗針、緝綫繡、釘綫繡等多種針法，交錯變幻，精美細緻。在深色緞地施繡，為清中期以後宮廷刺繡畫的特點。

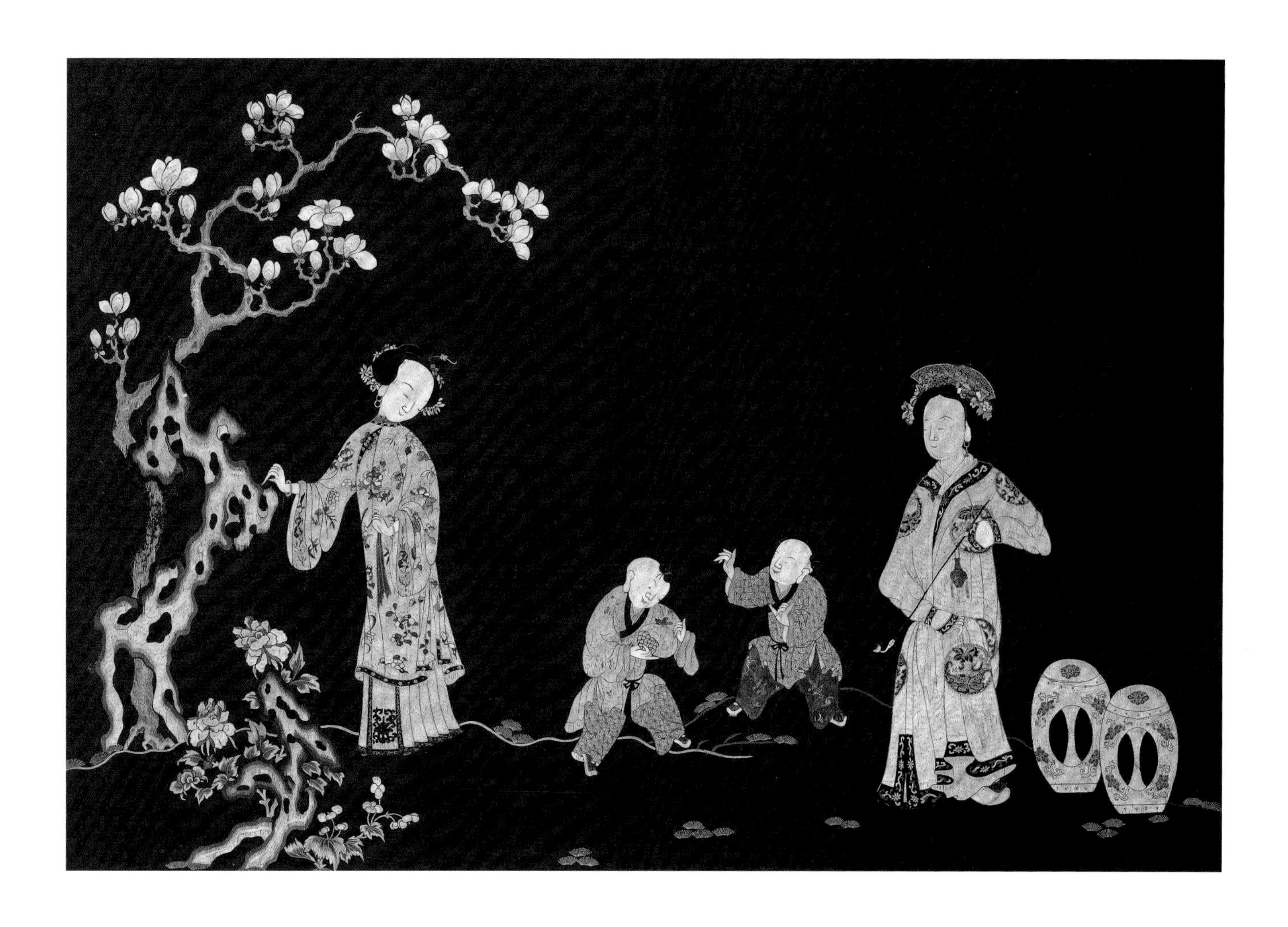

70

刺繡芙蓉瑞鳥圖軸

清道光

縱71厘米　橫35厘米

Hibiscus and Bird, Embroidery

Daoguang Period, Qing Dynasty

Hanging scroll

Length: 71cm　Width: 35cm

本色綢地上繡一株盛開的芙蓉花，枝頭棲瑞鳥，配壽石、菊花等，為富貴長壽主題。

此圖全部以五彩絲綫繡成，針法豐富，有散套、平套、斜纏針、盤梭、扎針、緝珠繡、打籽、滾針等。芙蓉花用平套，第一層用齊針繡出，第二層接第一層中部，第三層接第一層尾部，以此類推，由淺至深，形成暈色效果。繡工精緻，未加筆墨渲染，為清晚期刺繡畫的難得之作。

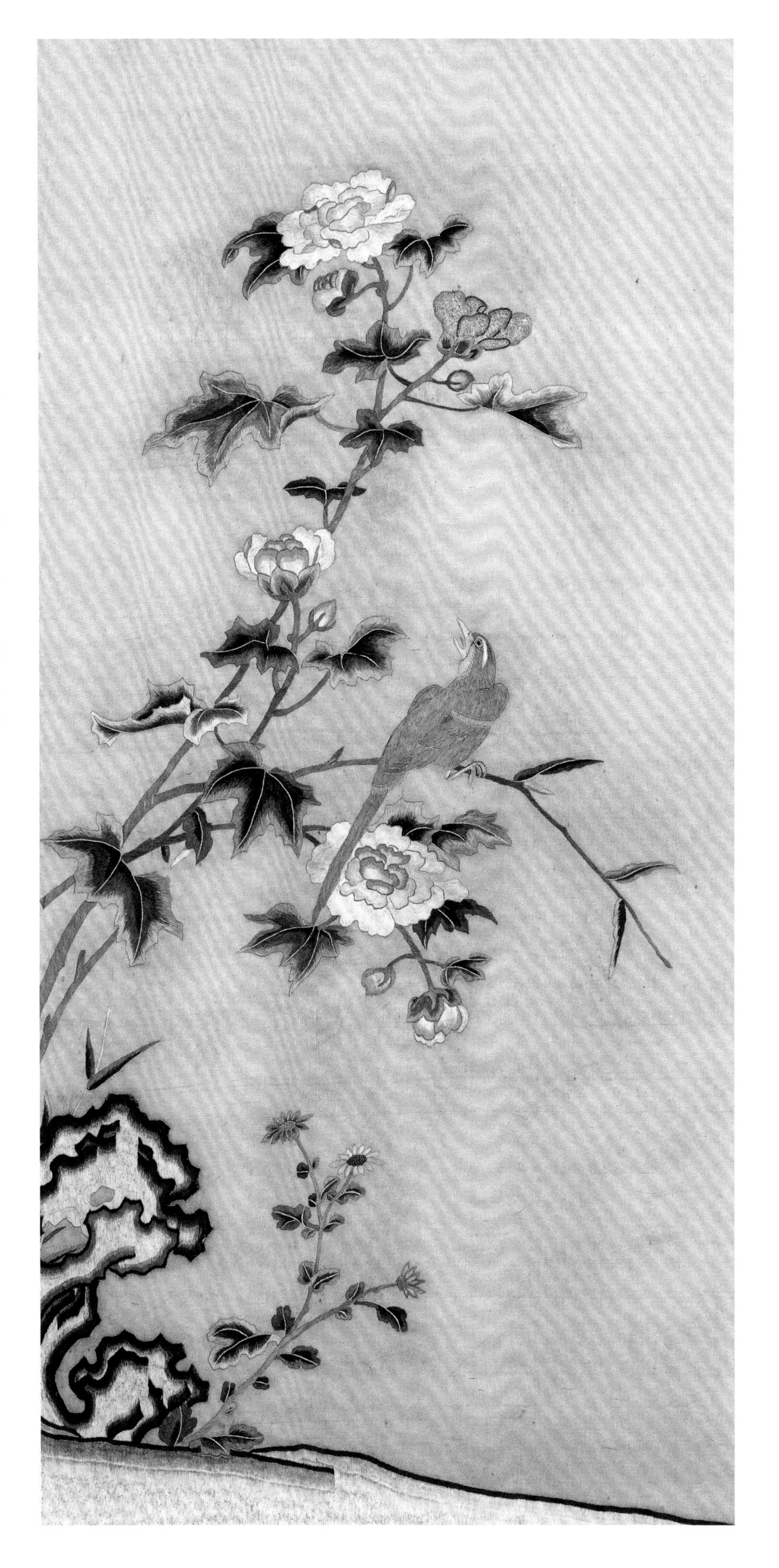

71

刺繡十六羅漢冊

清

頁縱23厘米　橫17厘米　八開

清宮舊藏

Embroided the Album Leaf of Sixteen Arhats, Embroidery

Qing Dynasty

Album of 8 leaves

Length: 23cm　Width: 17cm

Qing Court collection

本色緞地彩繡天王和羅漢像。首開為四大天王，第二開右頁為韋馱，後面依次為十六羅漢。

此冊為色絲間暈與敷彩渲染相結合，繡工有齊針、滾針、套針、釘綫、平金、刻鱗針、網繡、纏針等多種針法。人物的衣褶等處以墨色渲染，增加其表現效果。

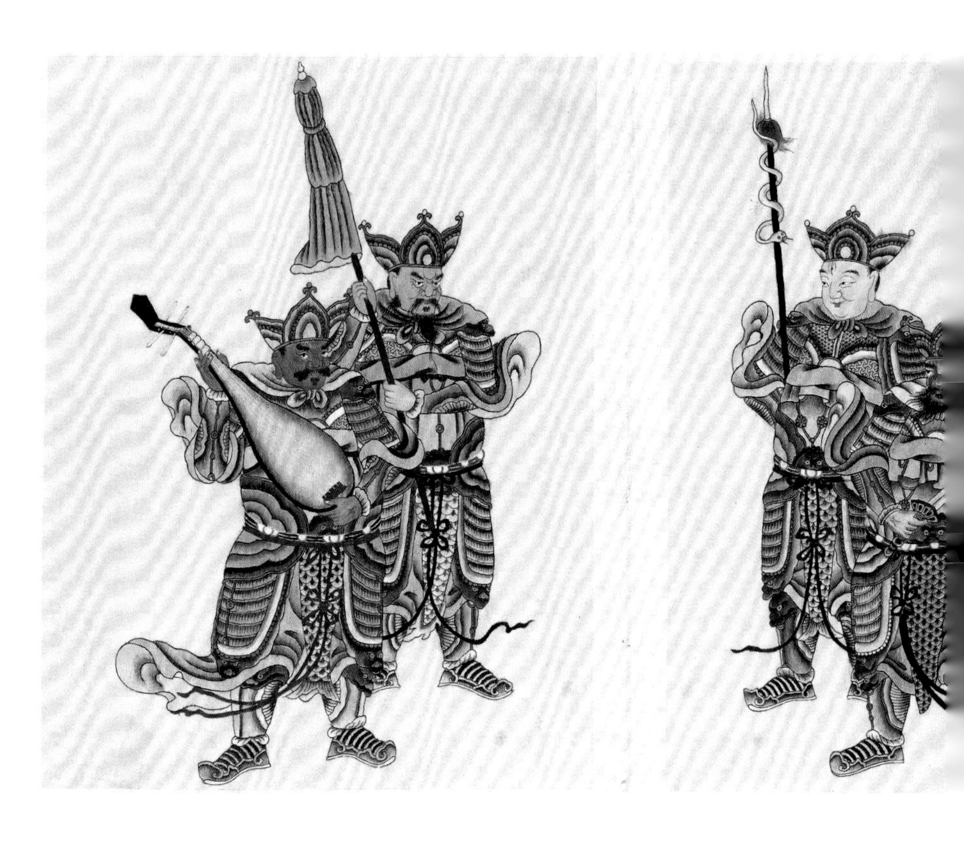

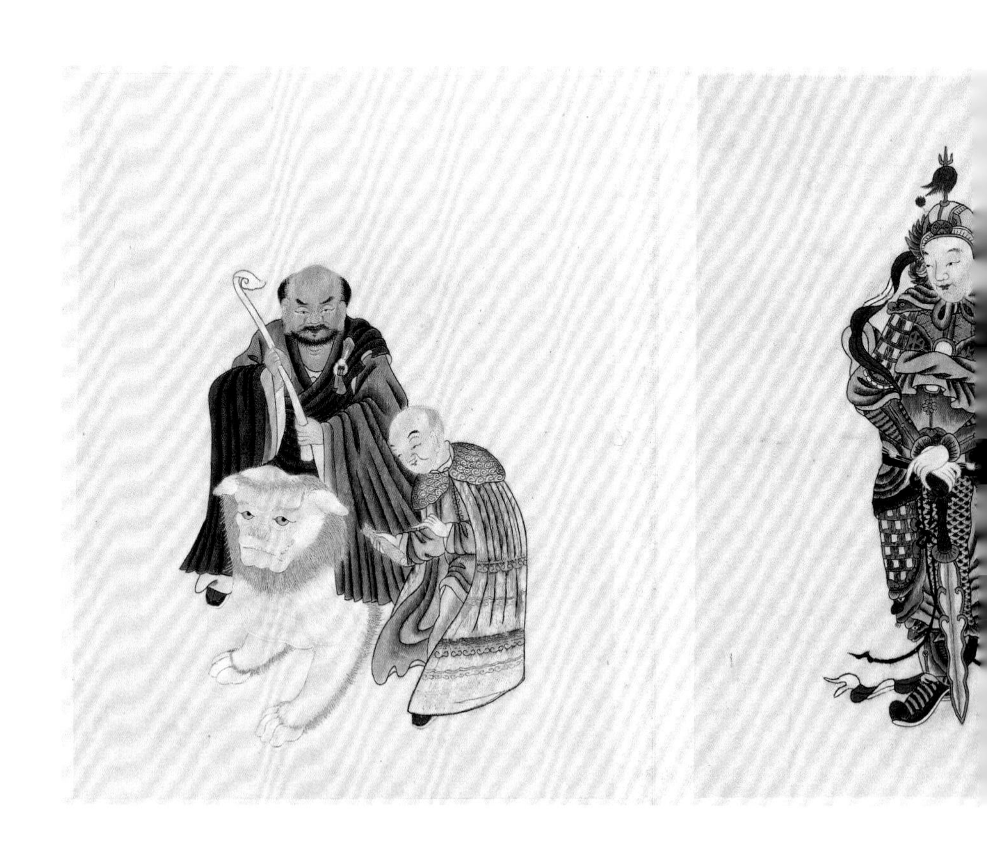

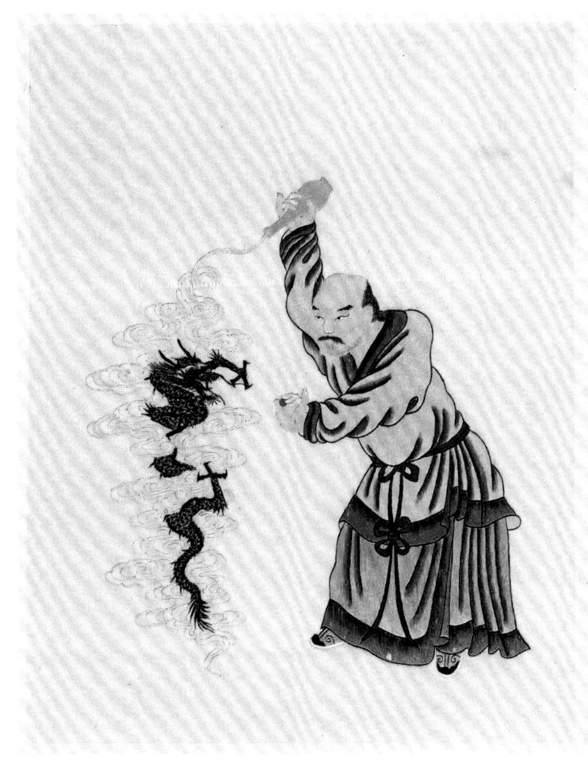

71.1

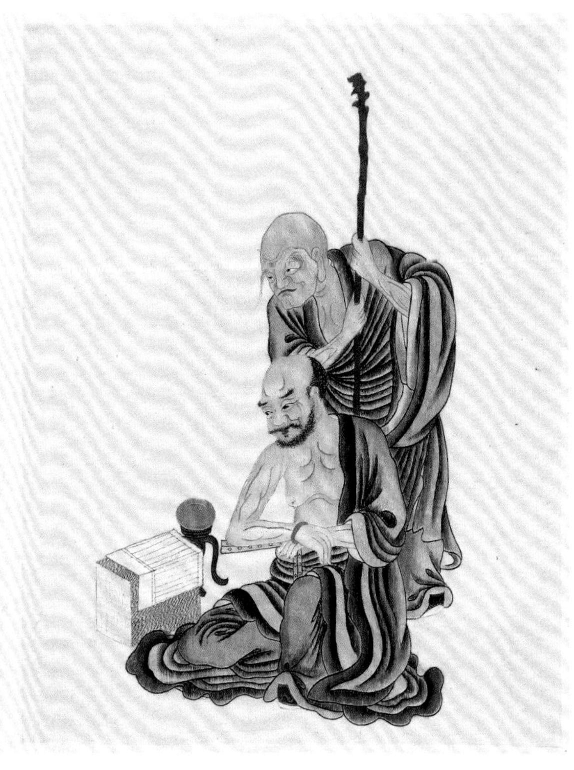

71.3

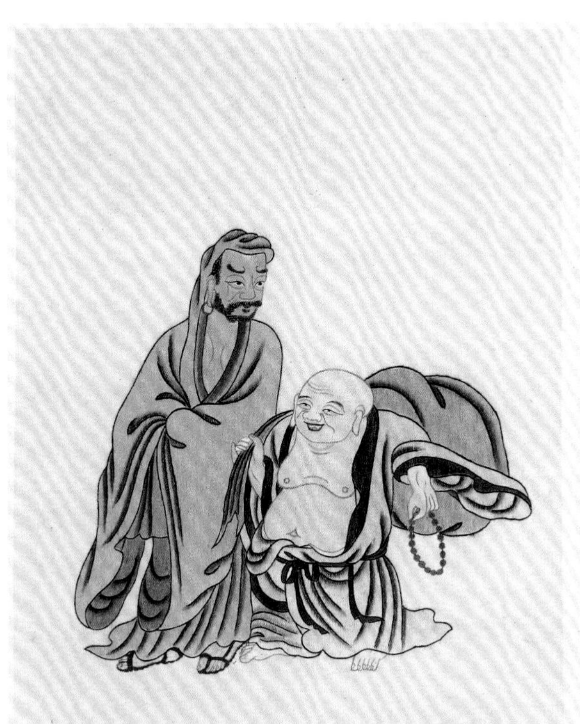

71.2

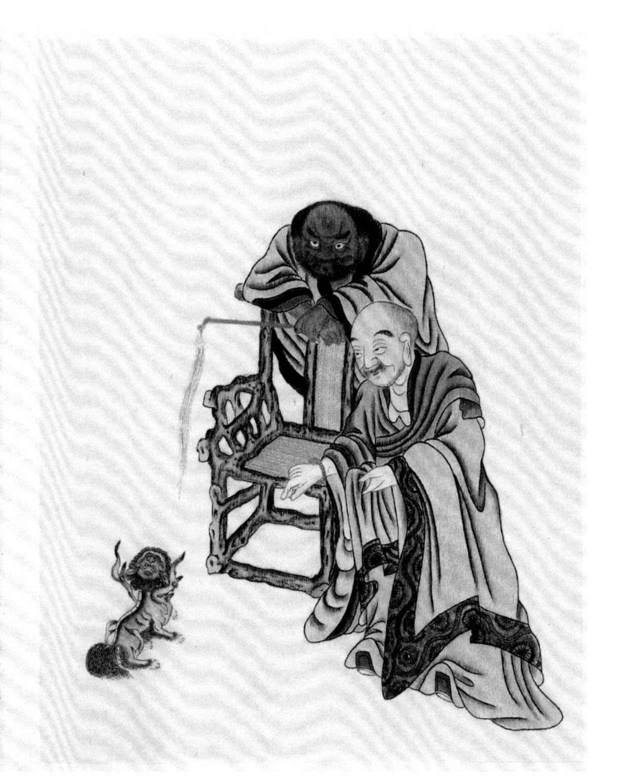

71.4

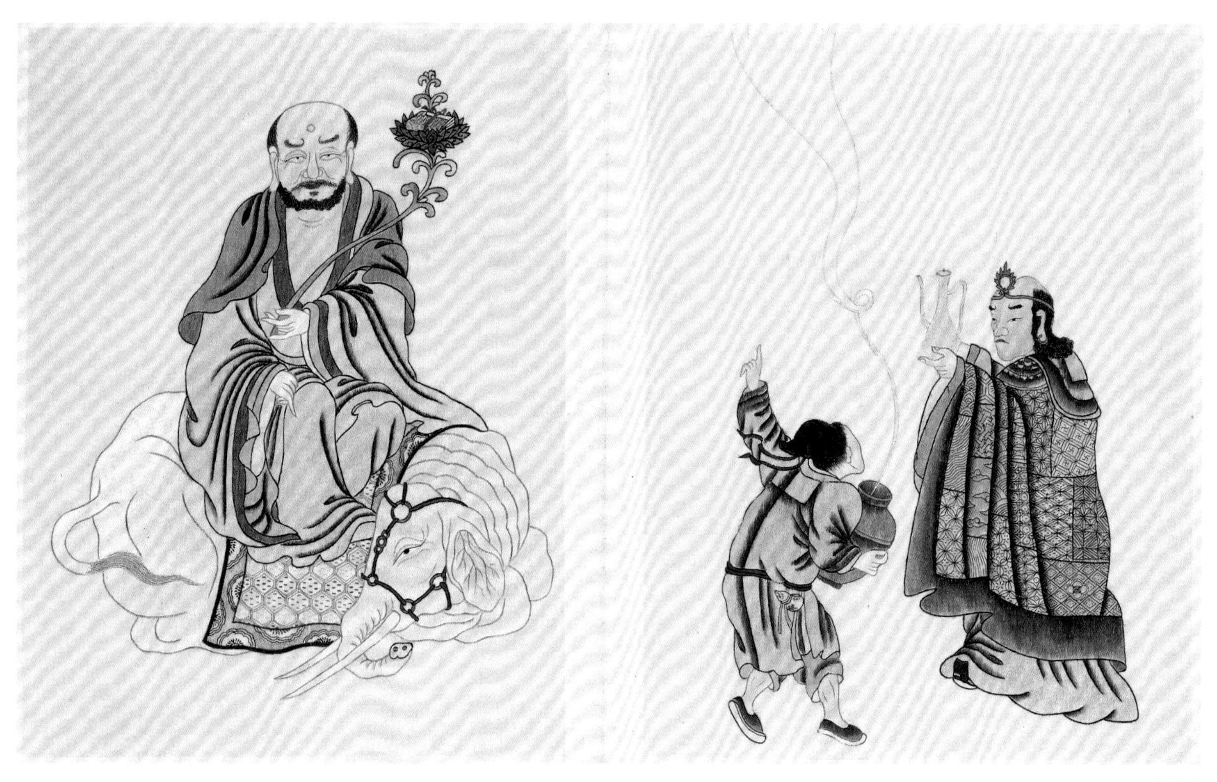

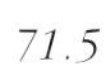

71.5

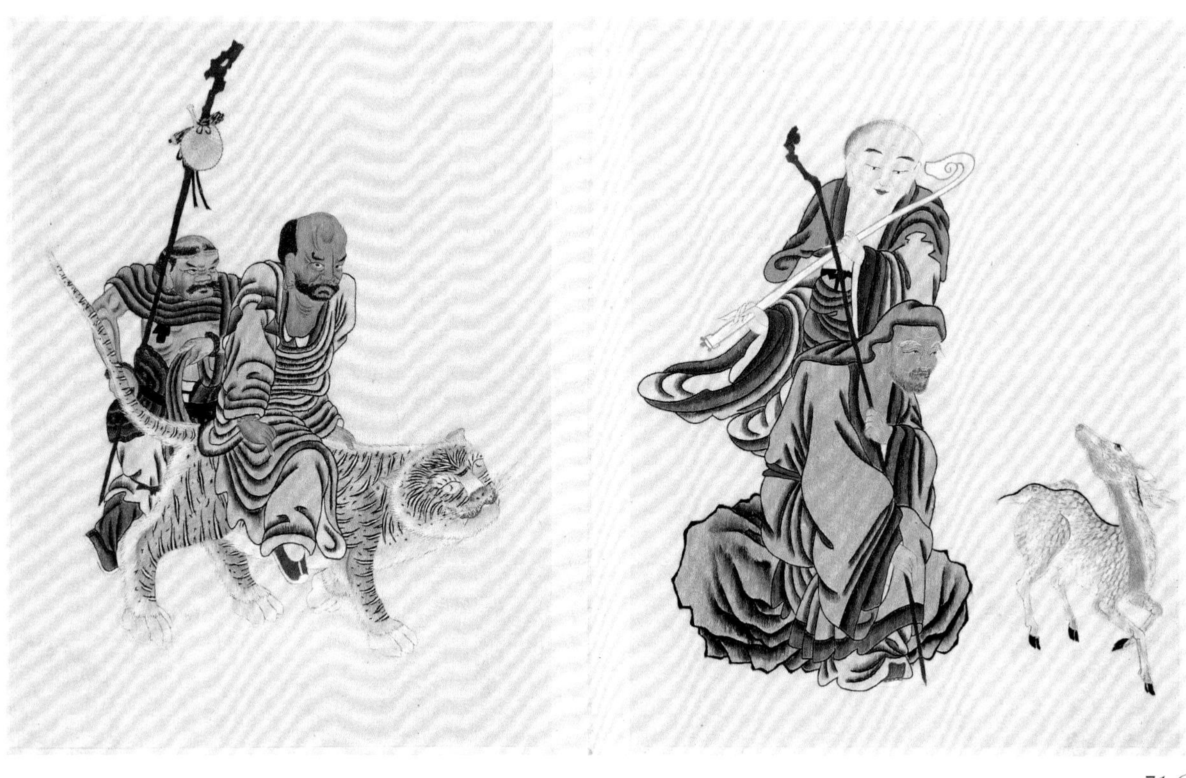

71.6

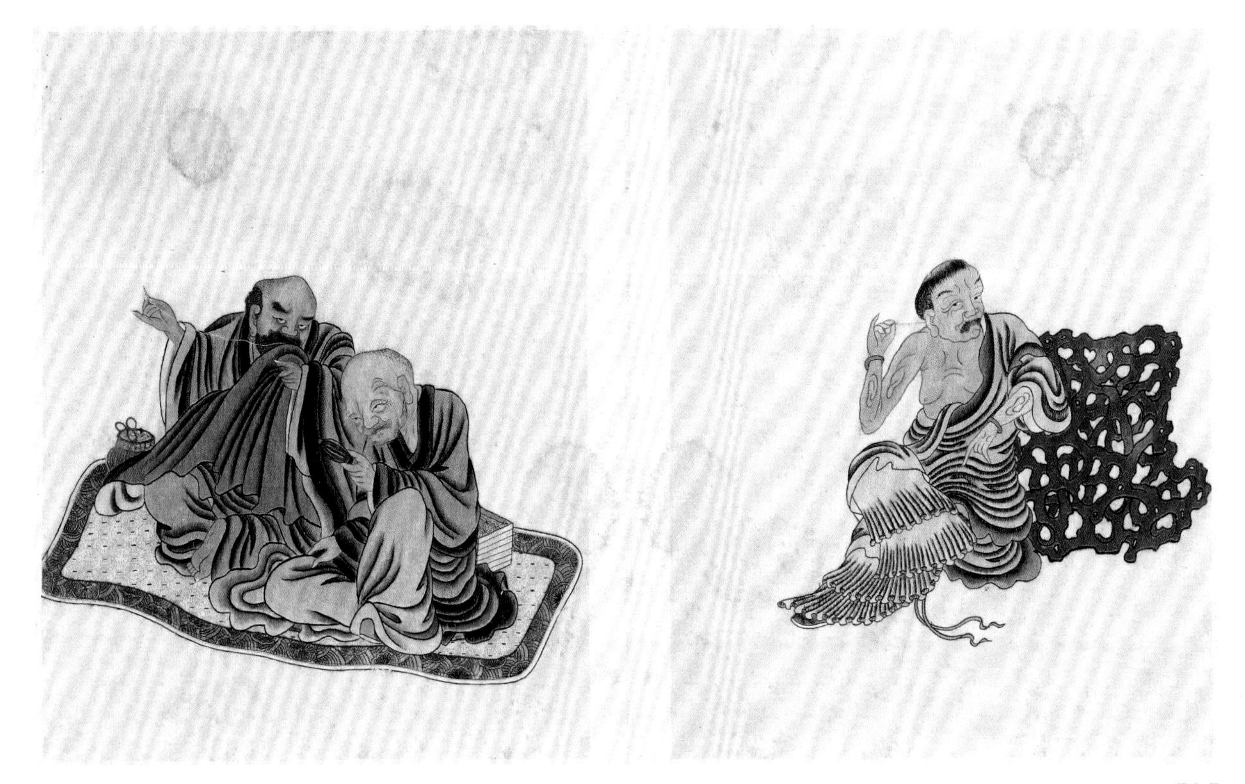

71.7

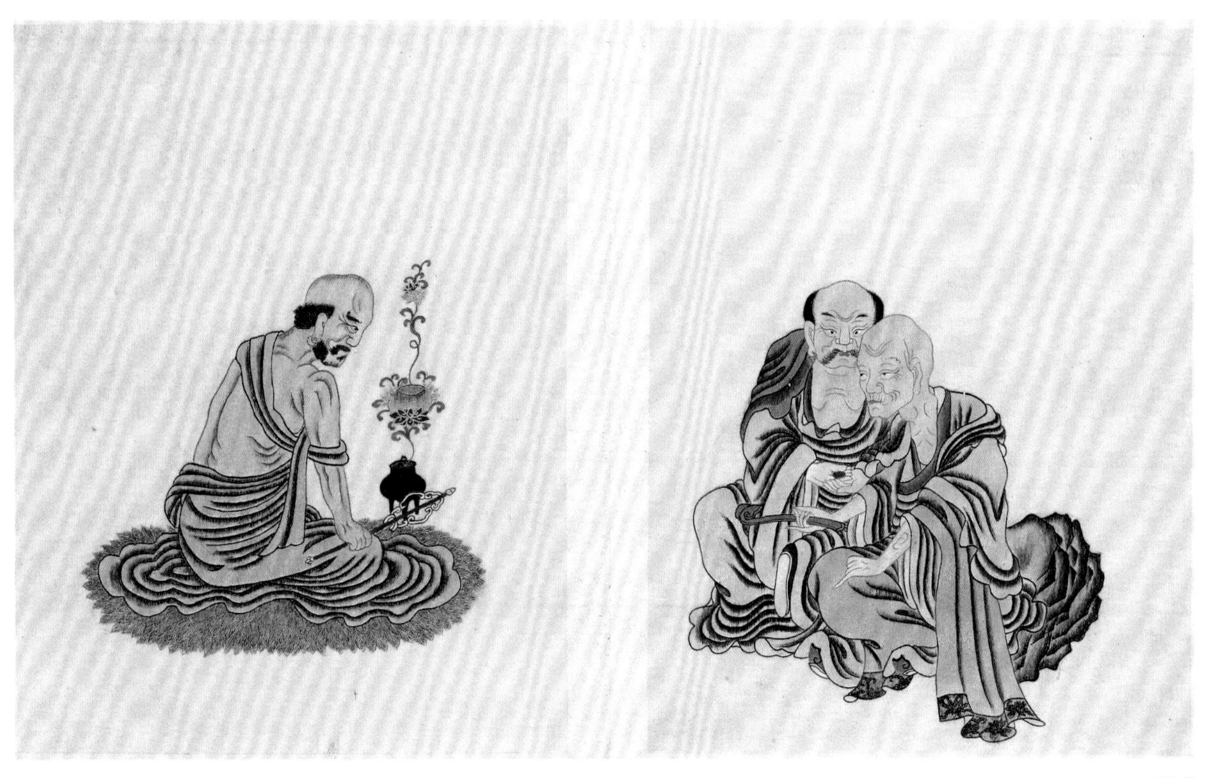

71.8

72

刺繡菊花海棠圖軸

清同治

縱39厘米　橫22厘米

Chrysanthemums and Chinese Flowering Crabapple, Embroidery

Tongzhi Period, Qing Dynasty

Hanging scroll

Length: 39cm　Width: 22cm

白綢地上繡一枝海棠，配兩朵菊花。畫面簡潔、清新。

晚清宮廷繪畫受乾隆年間中西合璧畫風影響，追求物象的造型準確，講究明暗透視。此圖施以高繡針法，即在圖案下墊起一層絲綫，再繡畫稿圖案，使之有浮雕感。花葉以搶針暈色，花梗用纏針，花朵用齊針、套針細繡，表現質感較好。行針運絲按花卉本身的紋路進行，針腳細密平齊，並透出絲綫柔潤的光澤。

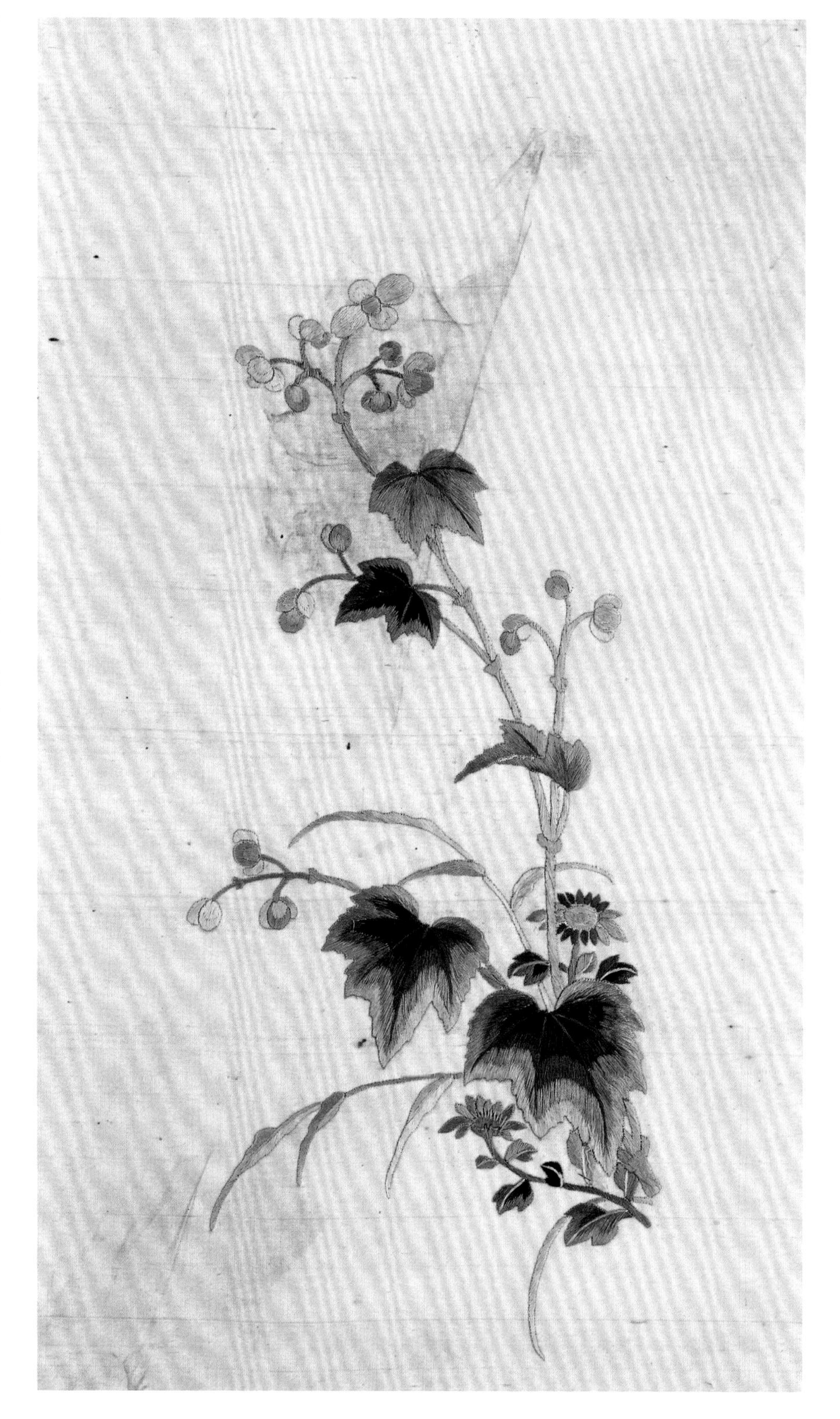

73

刺繡光緒御筆松鶴圖軸

清光緒
縱133厘米　橫65厘米
清宮舊藏

Pine and Cranes, after Emperor Guangxu's Handwriting, Embroidery
Guangxu Period, Qing Dynasty
Hanging scroll
Length: 133cm　Width: 65cm
Qing Court collection

牙白色緞地繡光緒皇帝御筆松鶴圖，款屬："光緒戊戌（1898）仲夏下澣御筆"，朱繡"大雅齋"、"鏡榮燭和"、"承明受光"印。圖上居中朱繡"慈禧皇太后之寶"印。圖中繡陸潤庠題詩，朱繡"樂民之樂"印。

此圖未加筆墨，全部以絲綫繡成，運用套針、搶針、盤針、施毛針等針法，繡工極為精緻。用淡綠、米色、深米色絲綫以斜纏針繡成的水波紋，針法雖簡單，但絲綫的光澤和針腳的細膩，遠勝用色彩平塗，視覺效果更佳。為清晚期難得的刺繡佳品。

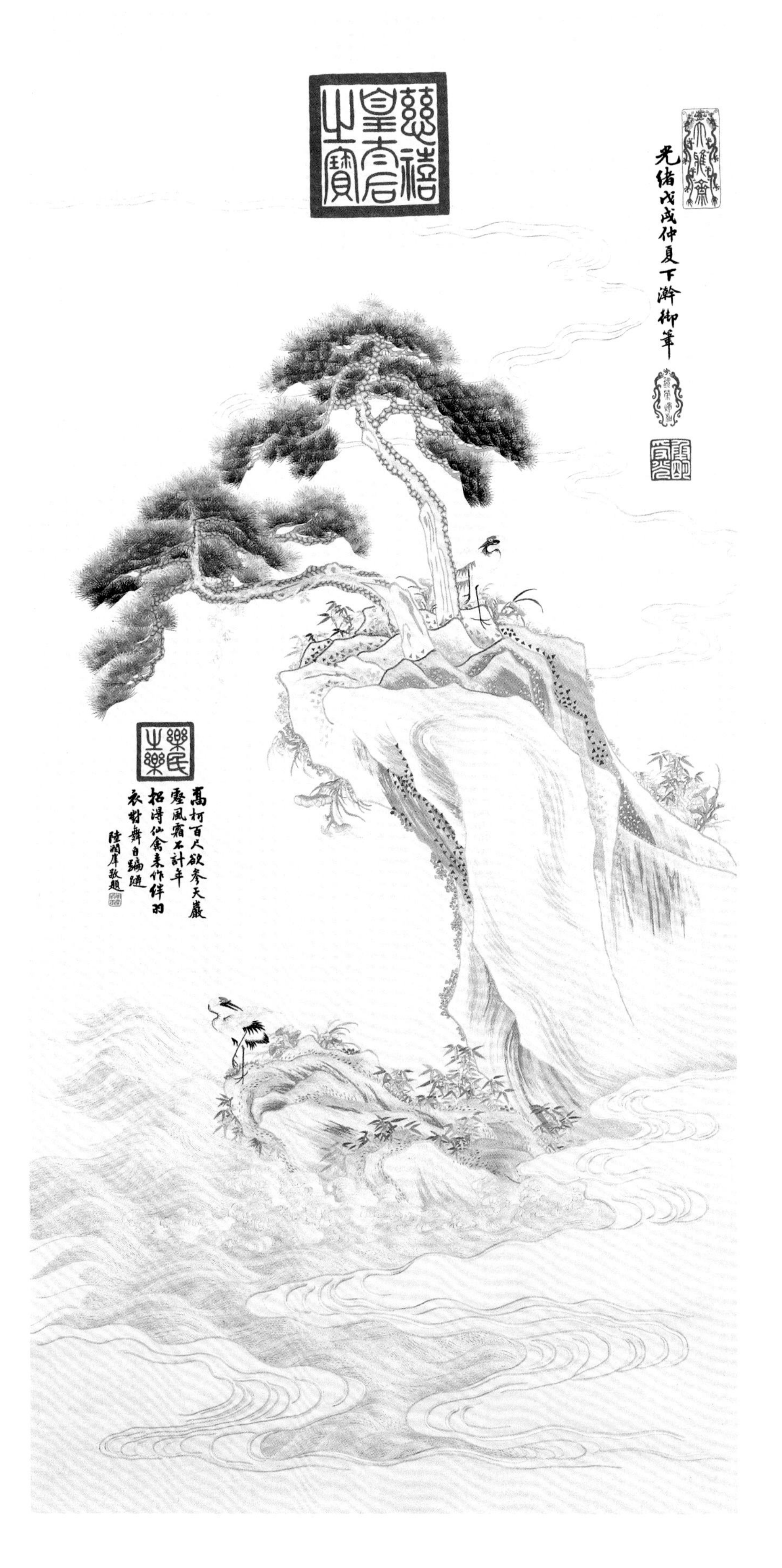

74

刺繡風景圖插屏
清
縱35厘米　橫41厘米
清宮舊藏

Landscape, Embroidery
Qing Dynasty
Table screen
Length: 35cm　Width: 41cm
Qing Court collection

圖繡山林風景，湖山靜謐，草木葱蘢。邊飾米色朵花紋錦，配黑漆邊框，紫檀嵌五彩螺鈿座。

此圖為清晚期受西方繪畫和攝影影響的典型作品，畫面強調明暗及透視效果。在針法上用長短不一的針腳直綫摻和繡成，不受色絲粗細、曲直及色彩、針法的限制，針腳不按物象絲理排列，巧妙地利用針腳繡綫，表現出寫實、逼真的效果，顯然受到沈壽“仿真繡”的影響。這種中西結合的插屏在清宮陳設品中鮮見。

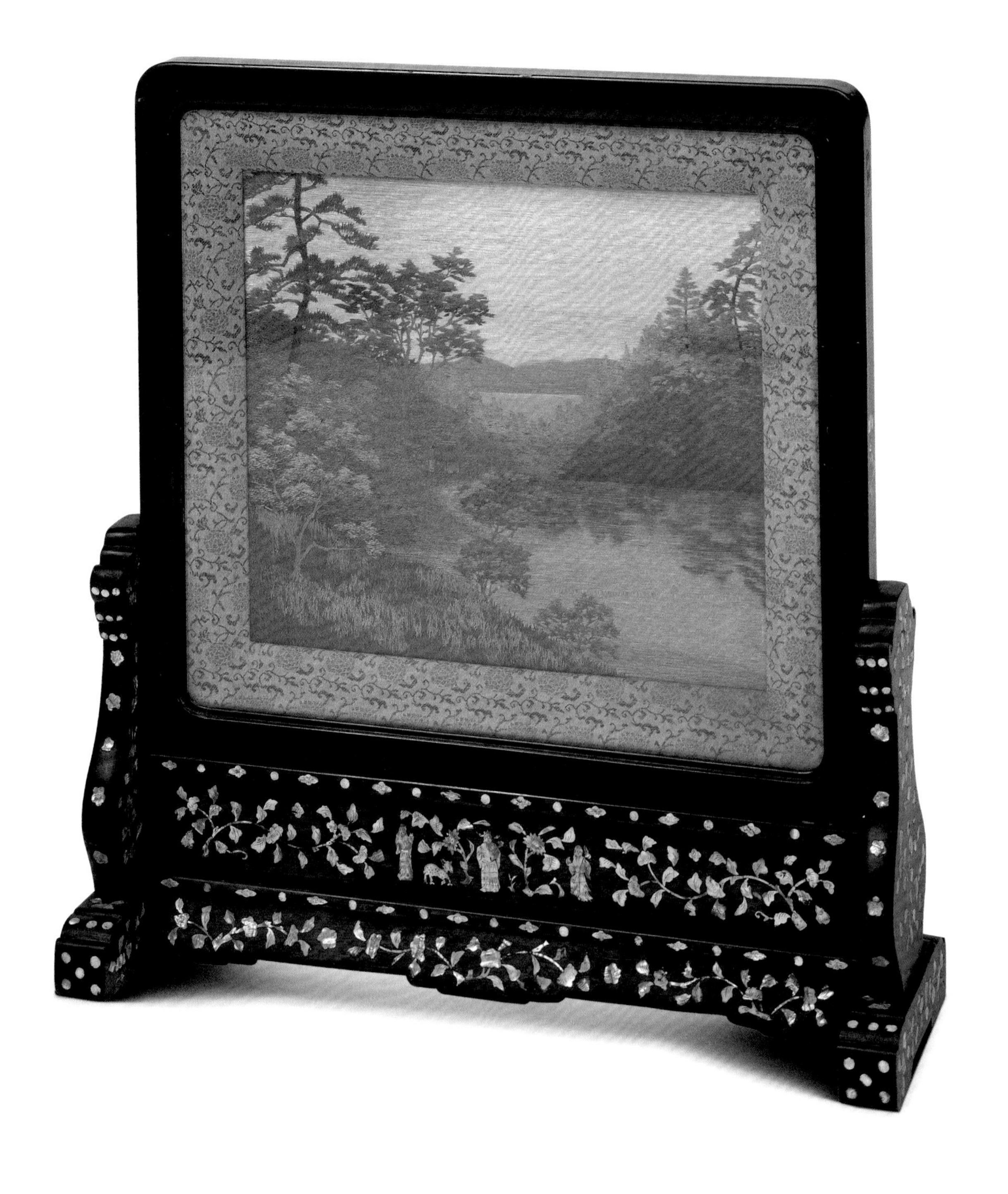

75

象牙雕花骨刺繡西廂記摺扇

清
縱12厘米　橫36厘米
清宮舊藏

The Characters of the Famous Drama "Xi Xiang Ji" (The West Chamber), Embroidery, Folding fan with carved ivory ribs

Qing Dynasty
Length: 12cm　Width: 36cm
Qing Court collection

扇面為素紗地，上繡《西廂記》人物崔鶯鶯與張生相會，紅娘在一旁服侍。

此扇面以套針繡人物衣飾、松樹、山石等，以滾針繡地面邊廓和樹枝，以齊針繡樹幹、花葉，以接針繡佩飾。人物的頭部和手部用筆描繪，繡、繪結合，神態生動。

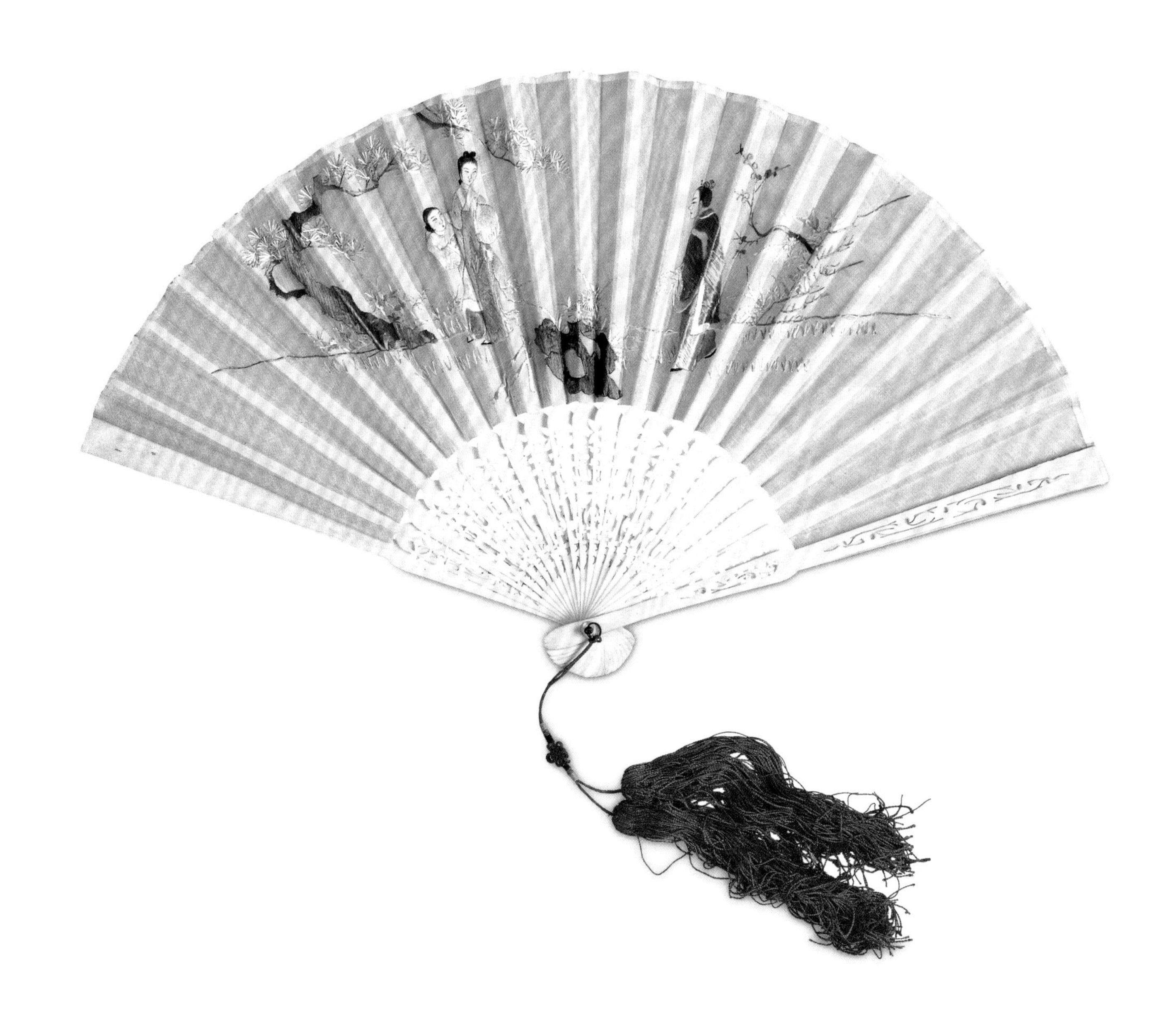

76

金淑芳刺繡觀音大士像軸

明萬曆

縱103厘米　橫51厘米

Avalokitesvara, Embroidered by Jin Shufang

Wanli Period, Ming Dynasty

Hanging scroll

Length: 103cm　Width: 51cm

圖繡觀音大士倚石而坐，韋馱一旁侍立，前為海水雲龍。繡款：“萬曆己未（1619）孟春　金氏淑芳恭刺”。另繡題詩，款署：“華嚴弟子盛可繼敬書”，朱繡“可繼”、“世芳”印。

此圖有丁雲鵬釋道人物畫風。針法繁複，有十餘種之多，如觀音飄逸的髮絲用套針，手中唸珠用齊針。韋馱盔甲用網針，針綫襯片金，具有金屬光澤和質感。龍身用刻鱗針。山石等用套針，表現其寫意筆法。流雲用滾針勾勒。針腳細密平齊，以絲綫色度變化形成暈色效果，極具畫意。

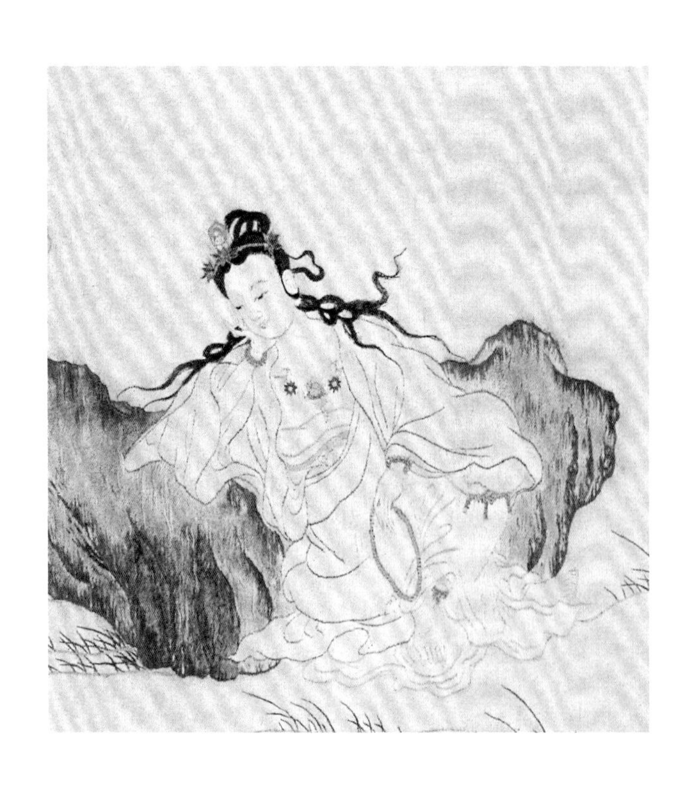

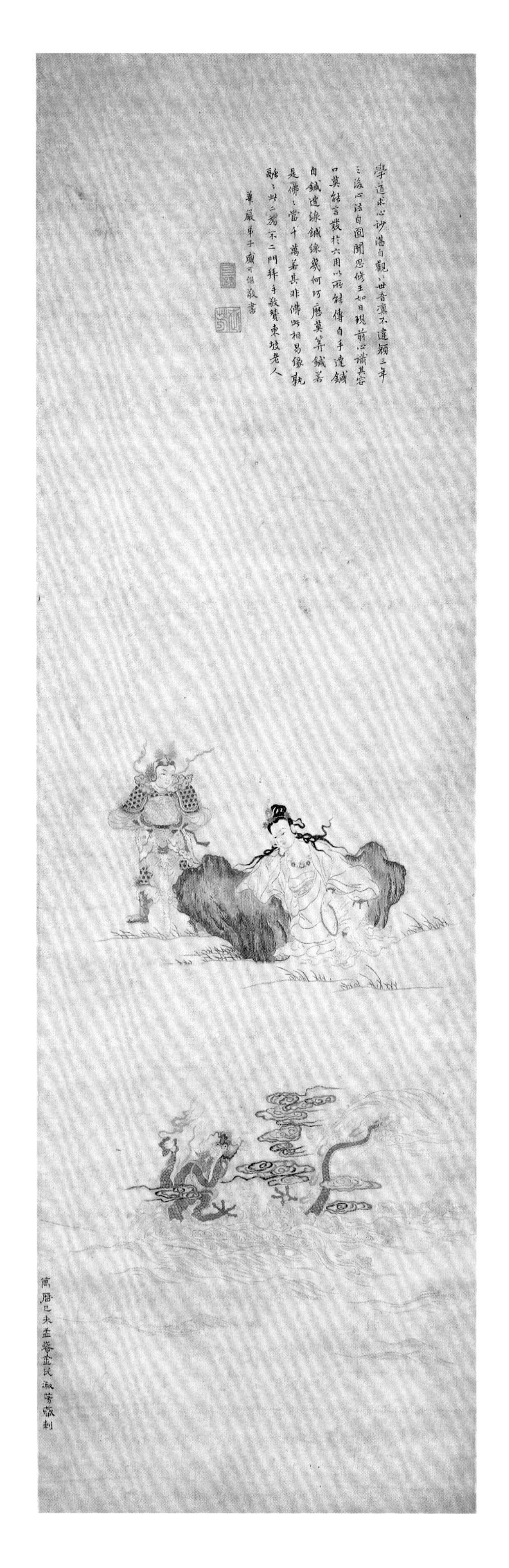

77

蔣王氏刺繡觀音大士像軸
清乾隆
縱96厘米　橫52厘米
清宮舊藏

Avalokitesvara, Embroidered by Mrs. Jiang, nee Wang
Qianlong Period, Qing Dynasty
Hanging scroll
Length: 96cm　Width: 52cm
Qing Court collection

湖色緞地繡觀音菩薩，手執楊柳枝，面相安祥，身旁是振翅飛翔口銜念珠的白鸚鵡。蔣王氏是清乾隆時大學士蔣溥之妻。

此圖觀音像有仇英仕女畫秀雅纖麗的風格。繡工用單色間暈裝飾，以齊針、套針、纏針、網繡、釘綫、平金等針法繡製，觀音的頭髮及眉眼着色點染。繡綫劈絲纖細，綫條流暢。表現鸚鵡最見功力，運針平齊細密，層次豐富，水路清晰，有呼之欲出之感。

鑑藏印記：乾隆內府諸印。

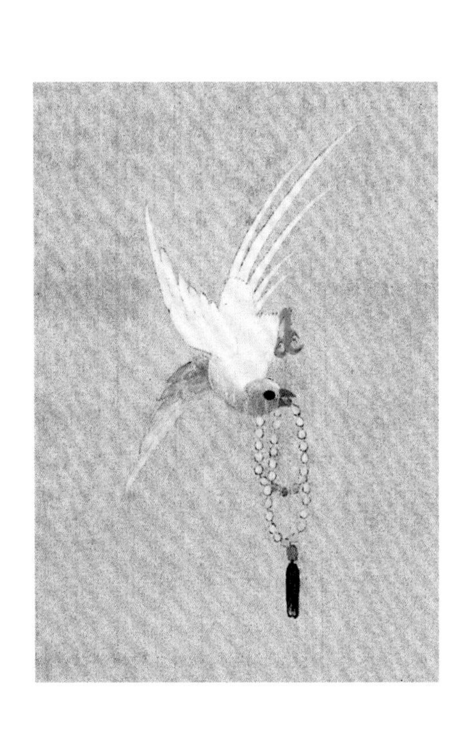

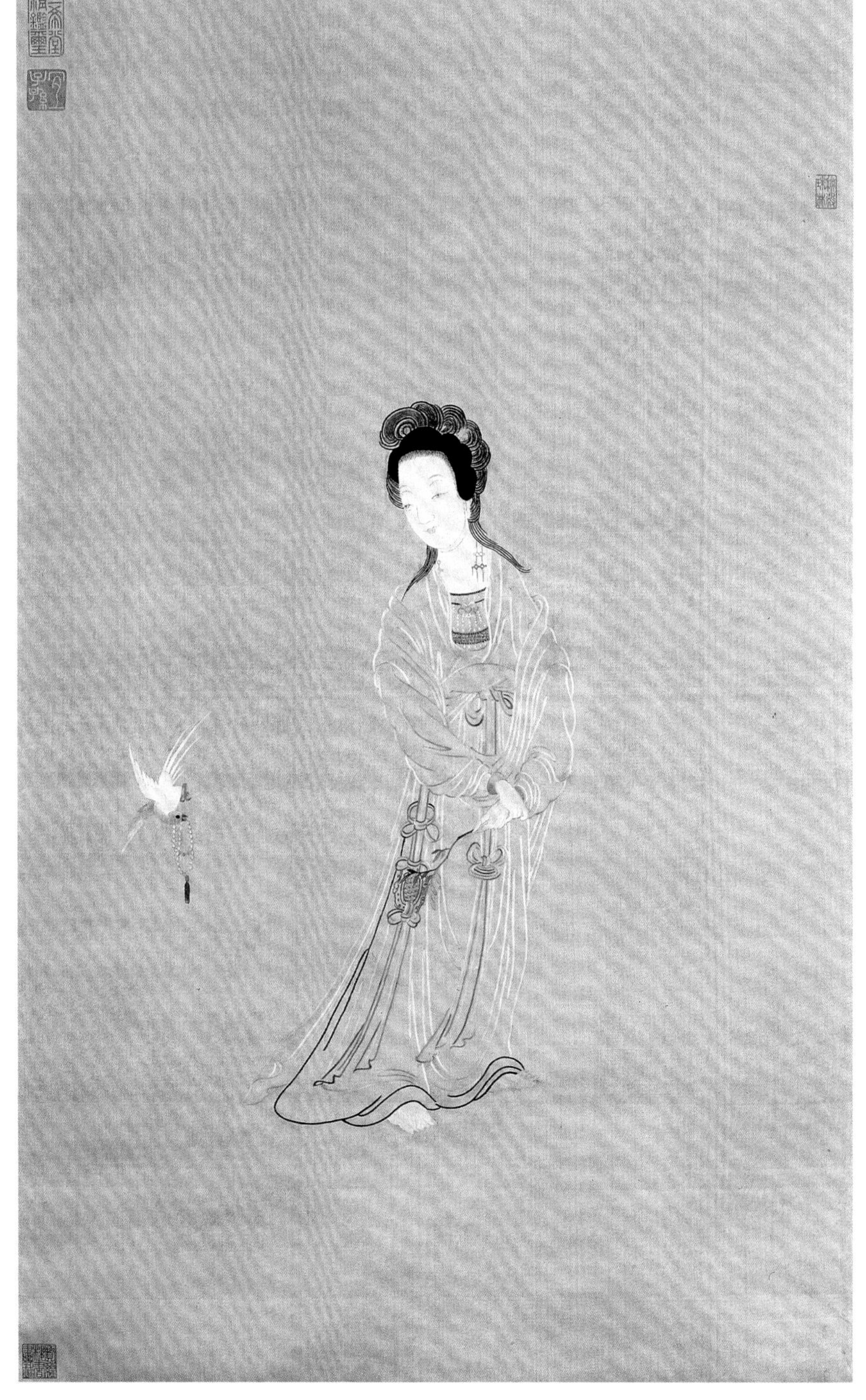

78

沈壽刺繡柳燕圖軸

清光緒
縱98厘米　橫35厘米

Weeping-willow and Swallows, Embroidered by Shen Shou
Guangxu Period, Qing Dynasty
Hanging scroll
Length: 98cm　Width: 35cm

圖繡柳枝飄拂，燕子兩兩成對，或棲枝，或飛舞。款署："壬寅夏"(1902)，"天香閣女士並記"，朱繡"沈氏"、"吳中天香女史書畫真跡"等印。

沈壽(1874—1921)，女，字雪君，號天香閣主，清末江蘇吳縣人，刺繡藝術家、教育家。1905年赴日考察美術教育，回國後創辦皇家繡工學校，任總教習，後任南通女工傳習所所長。創"仿真繡"，作品曾得到慈禧太后嘉獎，1915年獲太平洋萬國巴拿馬博覽會一等獎。著有《雪宧繡譜》。

此圖為沈壽早期作品，繼承了顧繡、蘇繡等傳統針法，用套針、擻和針、施毛針、斜纏針等，劈絲細過髮絲，行針走綫不露痕跡。雖用色不多，但善於運用絲絨特有的光澤表現物象的質感。是以刺繡表現水墨畫效果的佳作。

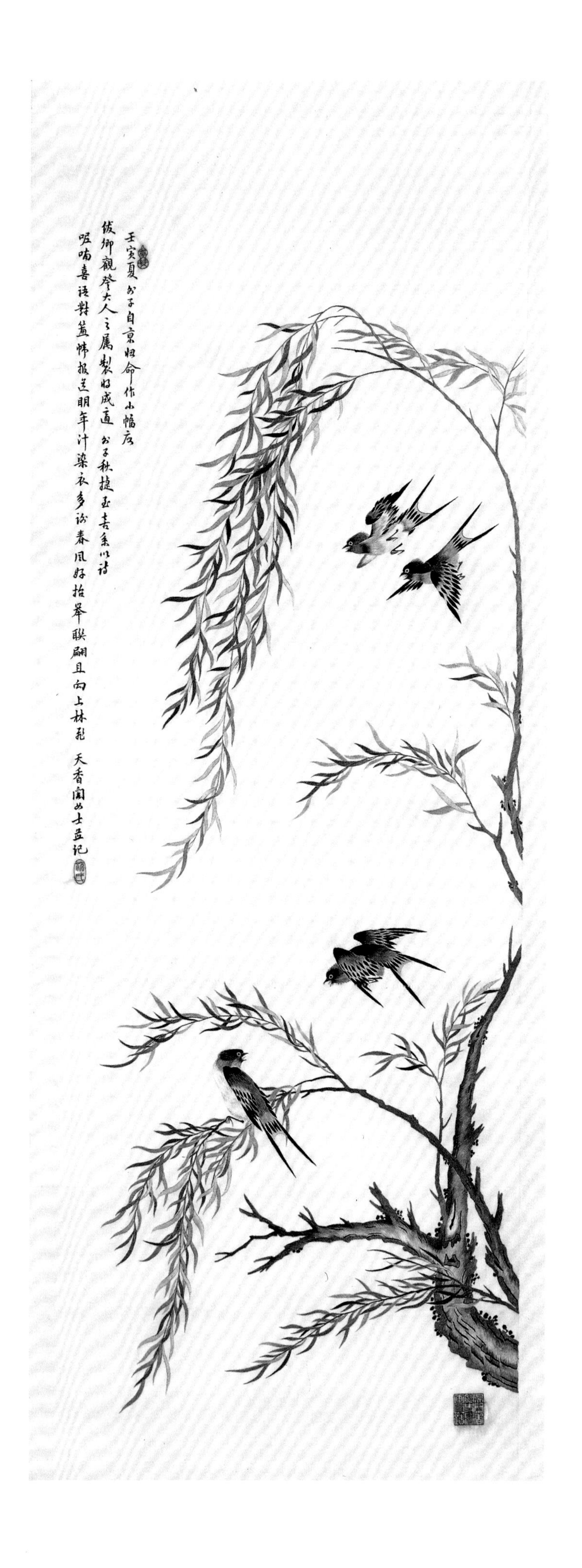

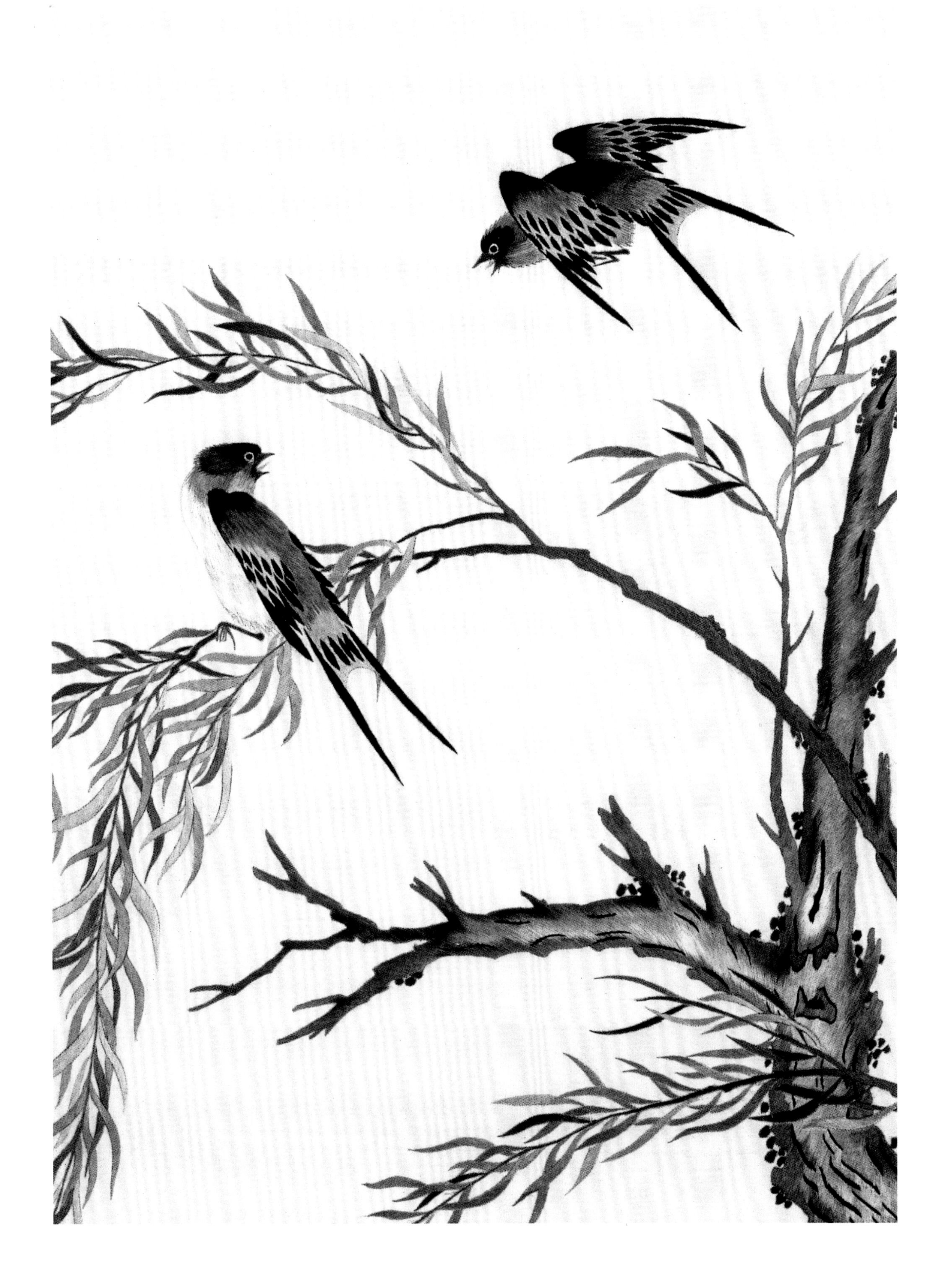

79

張華瑛刺繡雄雞圖軸

清宣統
縱62厘米　橫58厘米

Cock, Embroidered by Zhang Huaji
Xuantong Period, Qing Dynasty
Hanging scroll
Length: 62cm　Width: 58cm

本色緞地繡雄雞臥於稻草之上，旁邊有盛開的月季花及飛鳴的蜜蜂。朱繡"金鎖華瑛繪繡"印。

張華瑛，女，字圖珊，清末民初江蘇無錫人，能詩工畫，精於刺繡。她的刺繡多採用傳統針法，並學習仿真繡，尤其注意發揮擻和針的長處。

此圖繡工工細、靈活，不拘泥傳統繡法，先橫繡草墊，再豎繡稻草，使草墊與稻草層次分明。雄雞、月季花的繡法簡單，以擻和針為主，卻講究明暗、透視，顯然受西洋繪畫的影響。此圖在清宣統二年（1910）曾獲南洋勸工局銀質獎章。

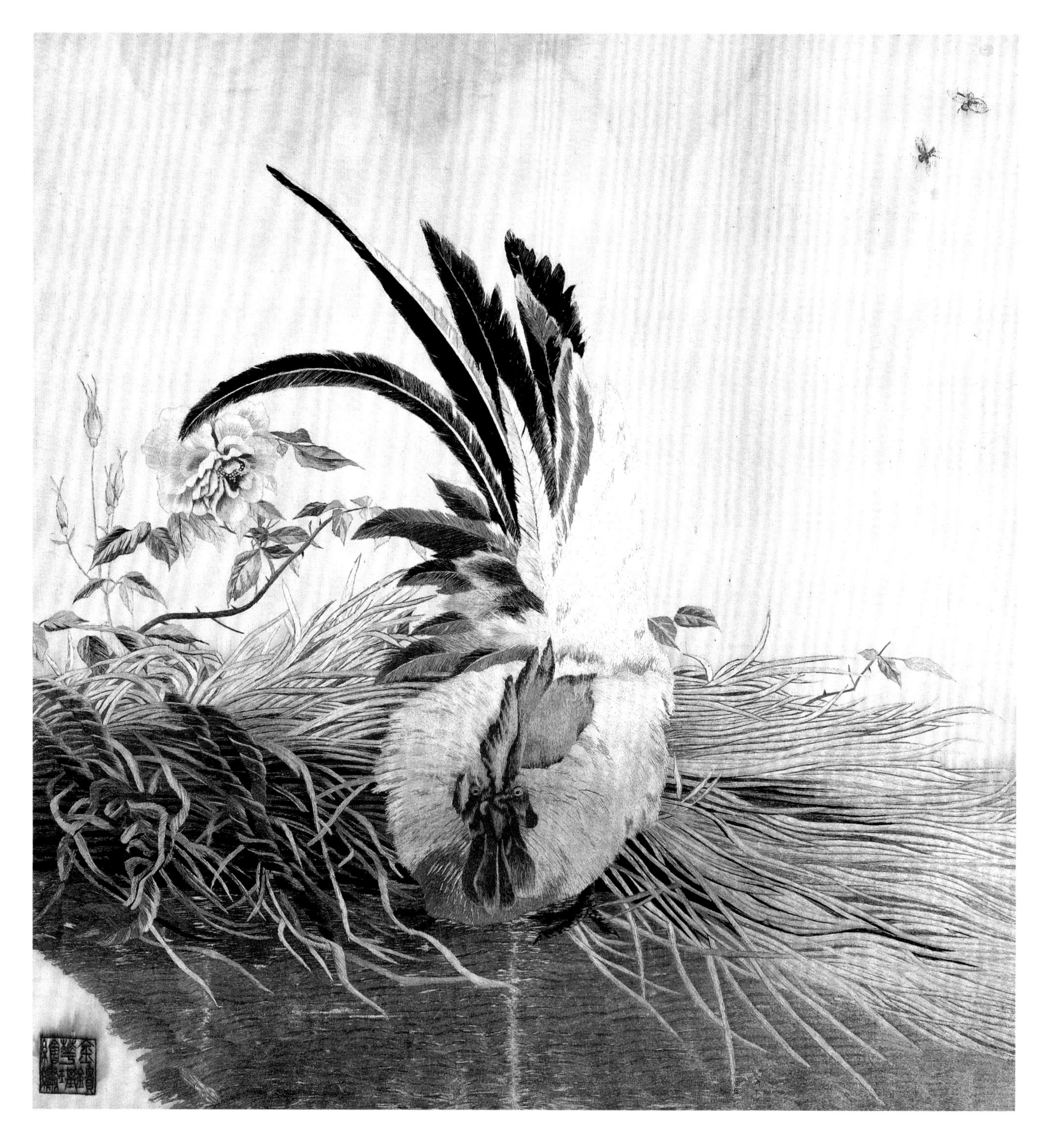

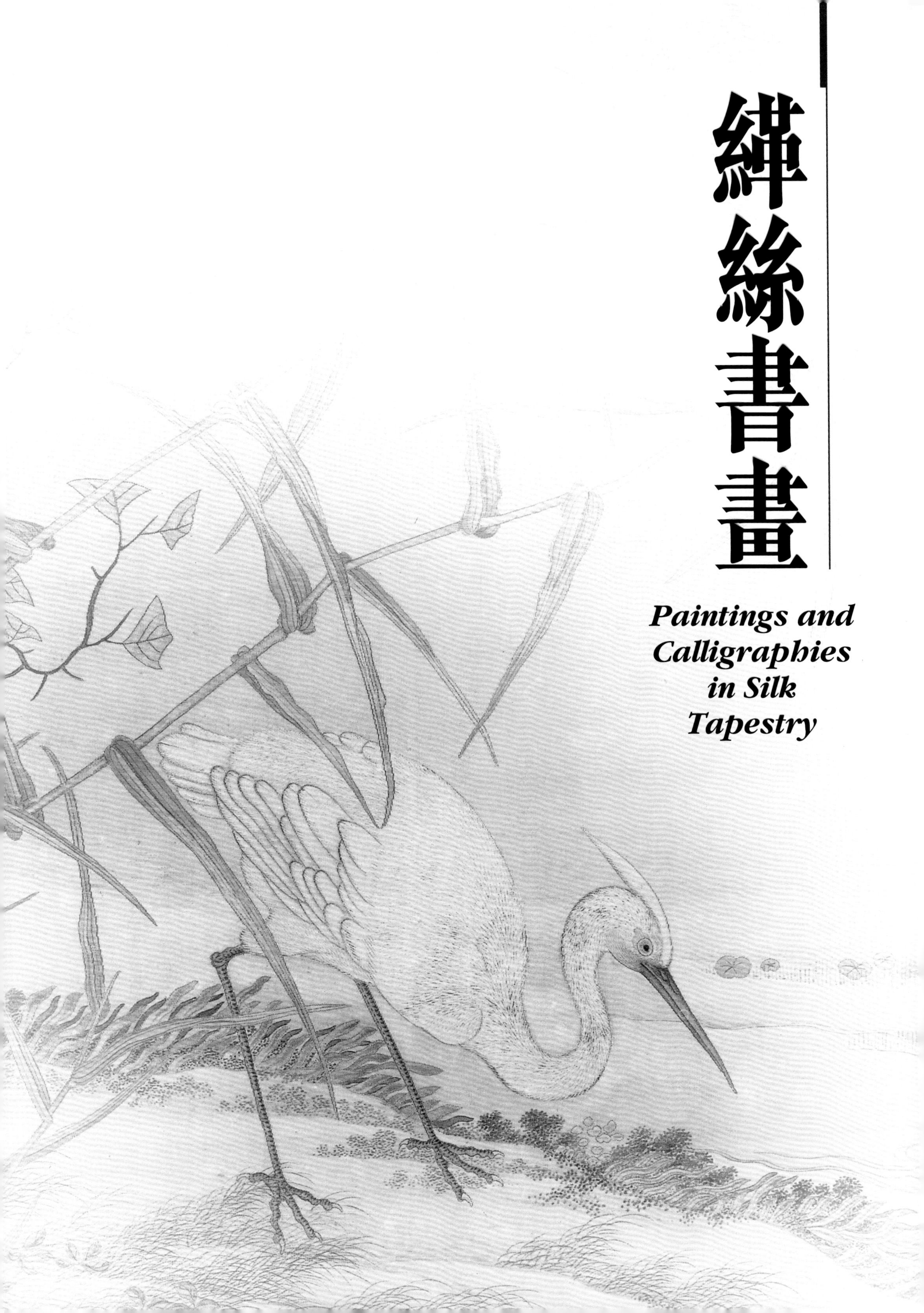

緙絲書畫

Paintings and Calligraphies in Silk Tapestry

80

緙絲趙佶花鳥圖軸
宋
縱26厘米　橫24厘米

Birds and Flowers, after Emperor Hui Zong's Painting, Silk Tapestry
Song Dynasty
Hanging scroll
Length: 26cm　Width: 24cm

圖緙織趙佶花鳥畫，一株盛開的梔子花，枝上棲一雀。緙"御書"朱文葫蘆印，"天下一人"押。

趙佶（1082—1135）即宋徽宗，精書畫，崇尚細膩生動的畫風，對後世花鳥畫影響很大。

緙絲，又稱刻絲，是以生絲為經綫，熟絲為緯綫，以小梭、撥子等將彩色緯綫按圖稿用色要求與經綫交織，花紋與地、色與色之間呈現小空隙或斷痕，形成"通經斷緯"的效果。宋代緙絲多以名人書畫為稿本，追求作品的藝術性。此圖用平緙、搭緙、盤梭、長短戧、木梳戧、合色綫等繁複技法，花葉暈色、鳥羽紋理表現得十分逼真，既表達原作的神韻，又有勝於繪畫的質感。

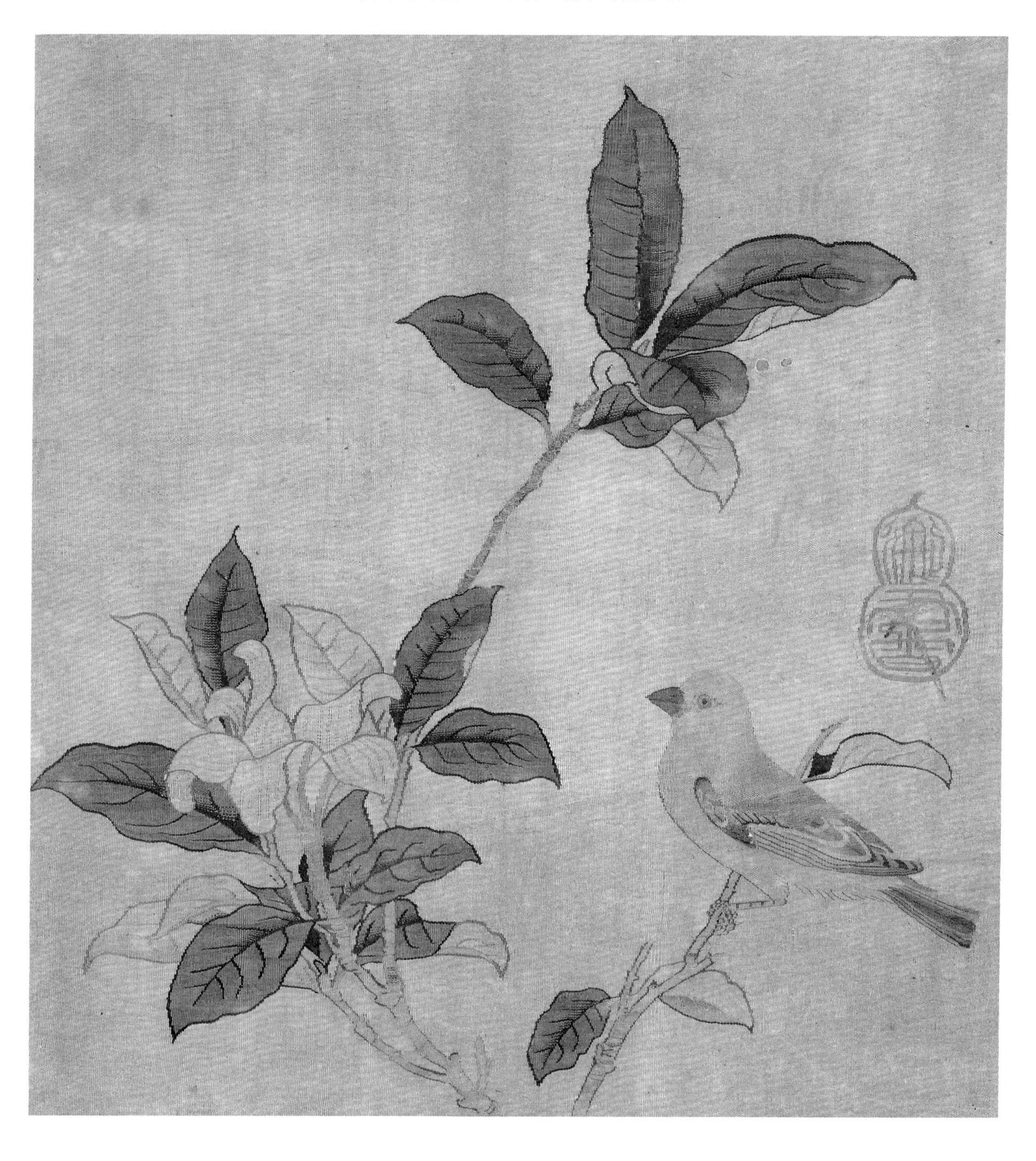

81

緙絲趙佶花鳥圖軸
宋
縱25厘米　橫25厘米

Birds and Flowers, after Emperor Hui Zong's Painting, Silk Tapestry
Song Dynasty
Hanging scroll
Length: 25cm　Width: 25cm

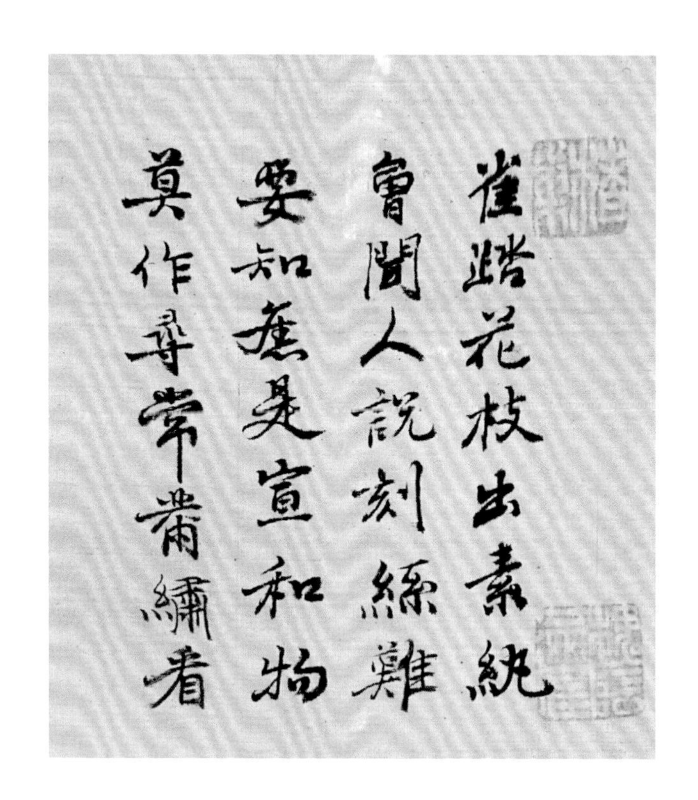

圖緙織趙佶花鳥畫，碧桃花枝上棲一隻麻雀，花間有翩飛的蝴蝶。緙“天下一人”花押，“御書”朱文葫蘆印。畫上絹地墨書：“雀踏花枝出素紈，曾聞人說刻絲難，要知應是宣和物，莫作尋常黹繡看。”鈐“踏巢”、“槐蔭滿屋”印。

此圖承繼北宋黃筌“院體”花鳥畫法。運用平緙、構緙、長短戧、環緙、摻和綫、繞梭、搭緙、盤梭等多種緙法，緙工精細。以暖色調為主，配色和諧。為宋代緙絲畫精品。

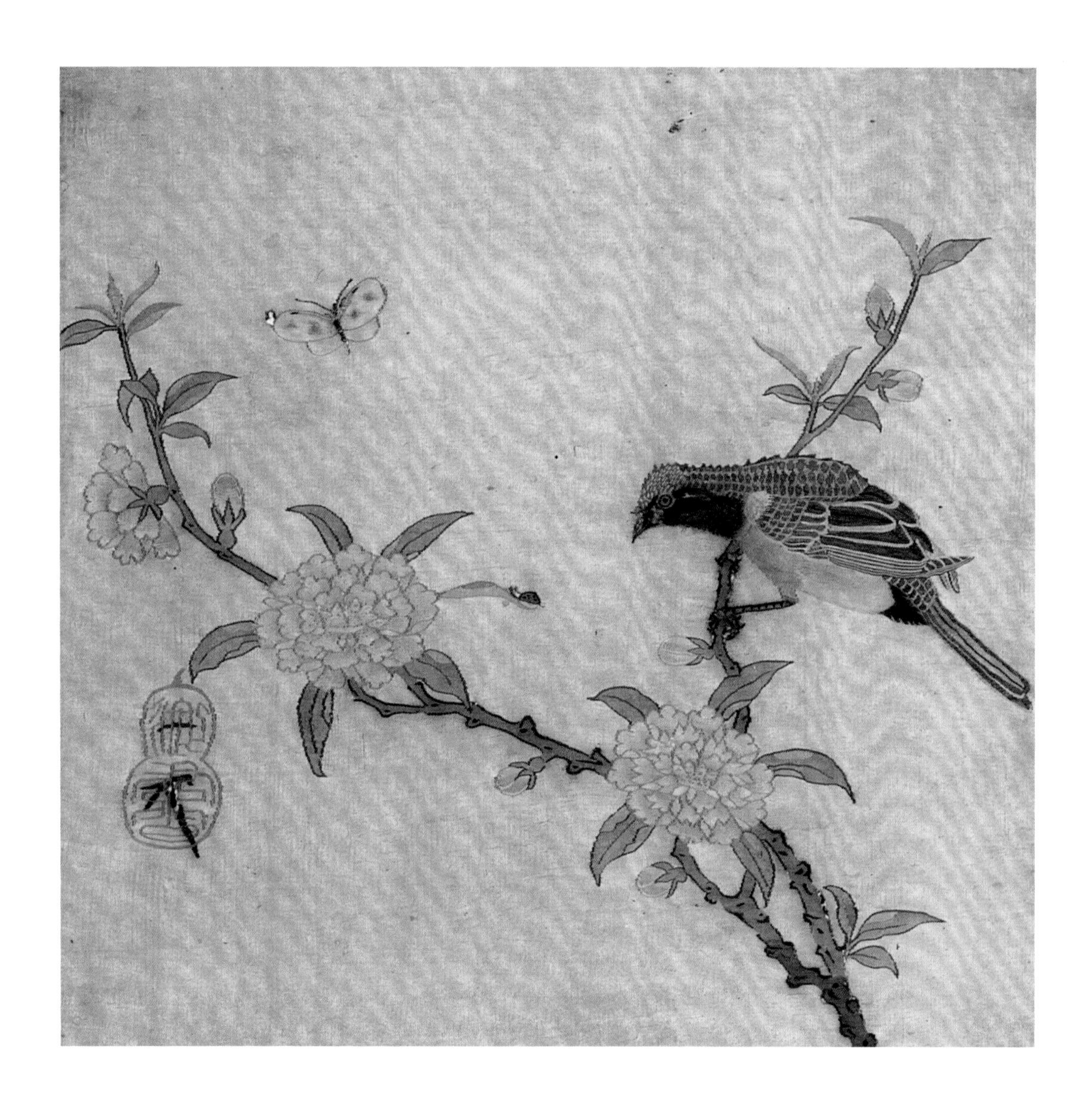

82

沈子蕃緙絲梅花寒鵲圖軸

南宋
縱104厘米　橫36厘米
清宮舊藏

Plum Blossoms and Wintry Sparrows, Silk Tapestry by Shen Zifan
Southern Song Dynasty
Length: 104cm　Width: 36cm
Qing Court collection

圖緙織梅樹老幹新枝，梅花綻放，兩隻寒鵲棲枝，一叢翠竹點綴在枝幹間。緙款："子蕃製"，"沈氏"印。玉池清乾隆皇帝行書："樂意生香"，鈐"乾隆宸翰"印。

沈子蕃，名孳，南宋吳郡（今江蘇蘇州）人，緙絲名師。作品多以名人書畫為粉本，工麗典雅，生動傳神，現有數件作品傳世。

此圖承襲宋代"院體"花鳥畫風，重彩描繪梅花、寒鵲，水墨渲染粗幹，工寫相兼。緙絲技法繁複，有平緙、搭梭、長短戧、環緙、摜緙、雙子母經、繞、勾邊綫等。用色豐富，達十五、六種色絲，巧妙搭配，和諧暈色，表現了原畫細膩、精美的風格，是南宋緙絲畫的代表之作。

鑑藏印記"乾隆御覽之寶"、"石渠定鑑"、"寶笈重編"、"石渠寶笈"、"乾隆鑑賞"、"三希堂精鑑璽"、"宜子孫"、"養心殿鑑藏寶"、"嘉慶御覽之寶"等清內府印，"果親王府圖書記"、"子孫世保"、"蕉林梁氏書畫之印"。

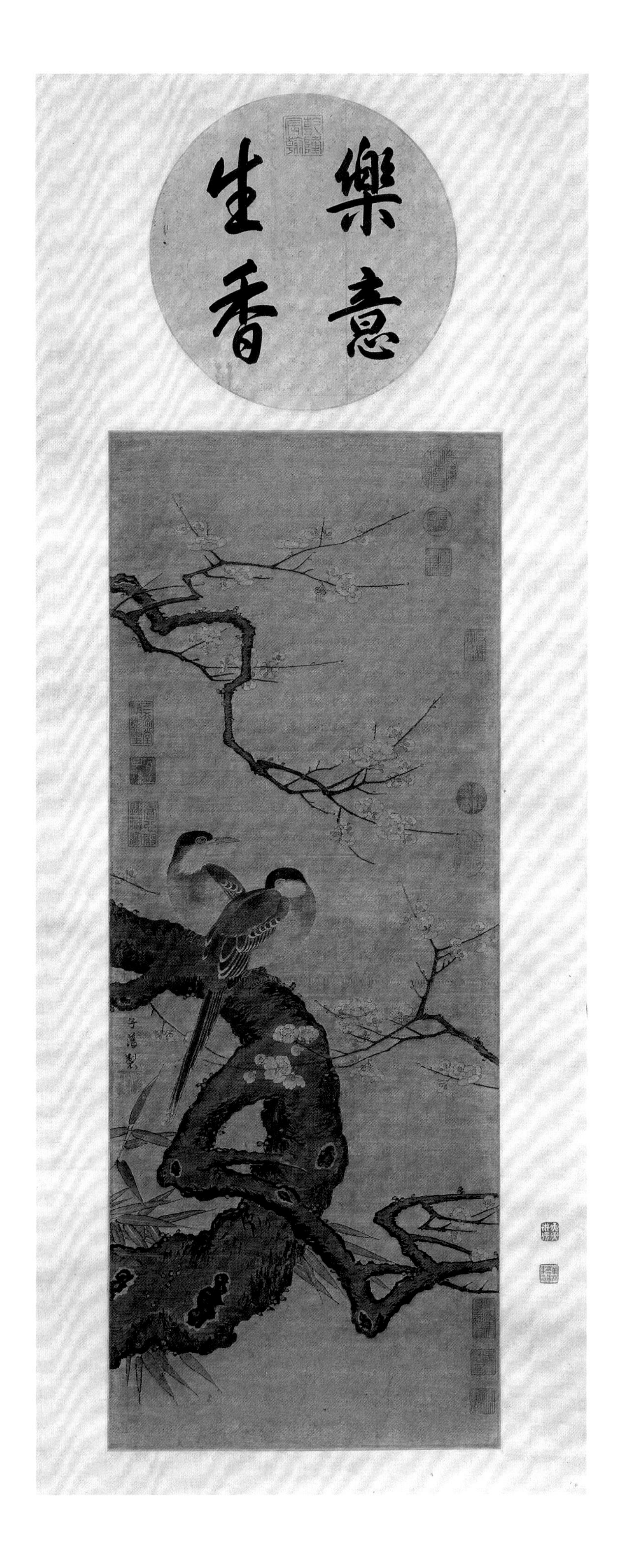

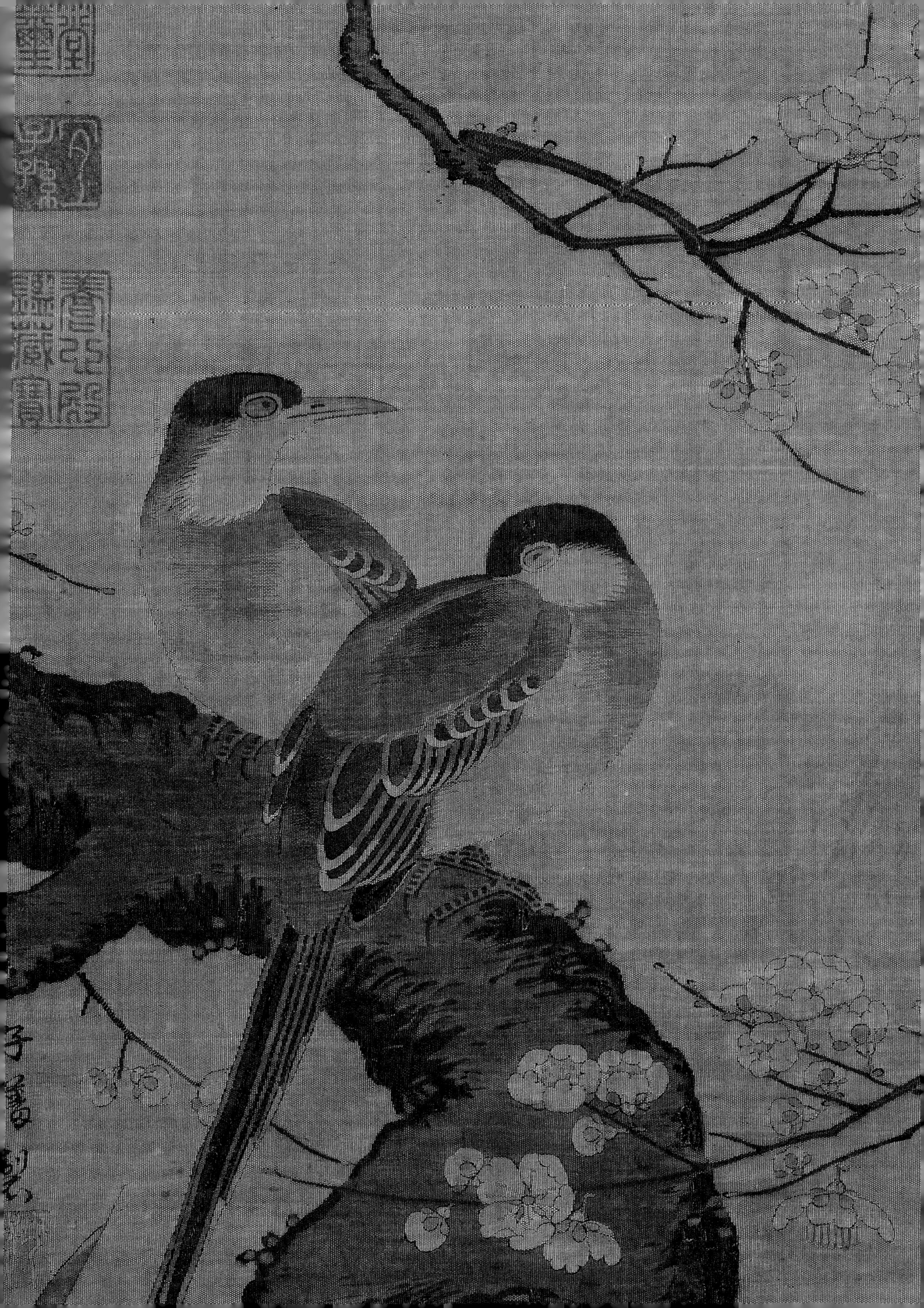

83

沈子蕃緙絲青碧山水圖軸

南宋

縱88厘米　橫37厘米

Landscape, Silk Tapestry by Shen Zifan

Southern Song Dynasty

Hanging scroll

Length: 88cm　Width: 37cm

圖緙織山水圖，羣峯聳峙，煙雲縹緲，江水浩蕩，一葉小舟靜泊，一老者於舟中暢飲自得。緙款“子蕃製”，緙“沈孳”印。

此圖為宋人“院體”工筆山水畫風。以平緙、構緙、長短戧和子母經等技法緙織，設色以藍、綠兩色為主，在山、水和雲等局部織梭表現不夠細膩之處，加淡彩渲染。極力表現繪畫效果，而肌理質感更勝於畫，顯示了沈子蕃繪畫的造詣及緙技的嫻熟。

鑑藏印記：“張爰”、“周大文印”、“戴植培之鑑賞”、“黃明四氏家藏”。

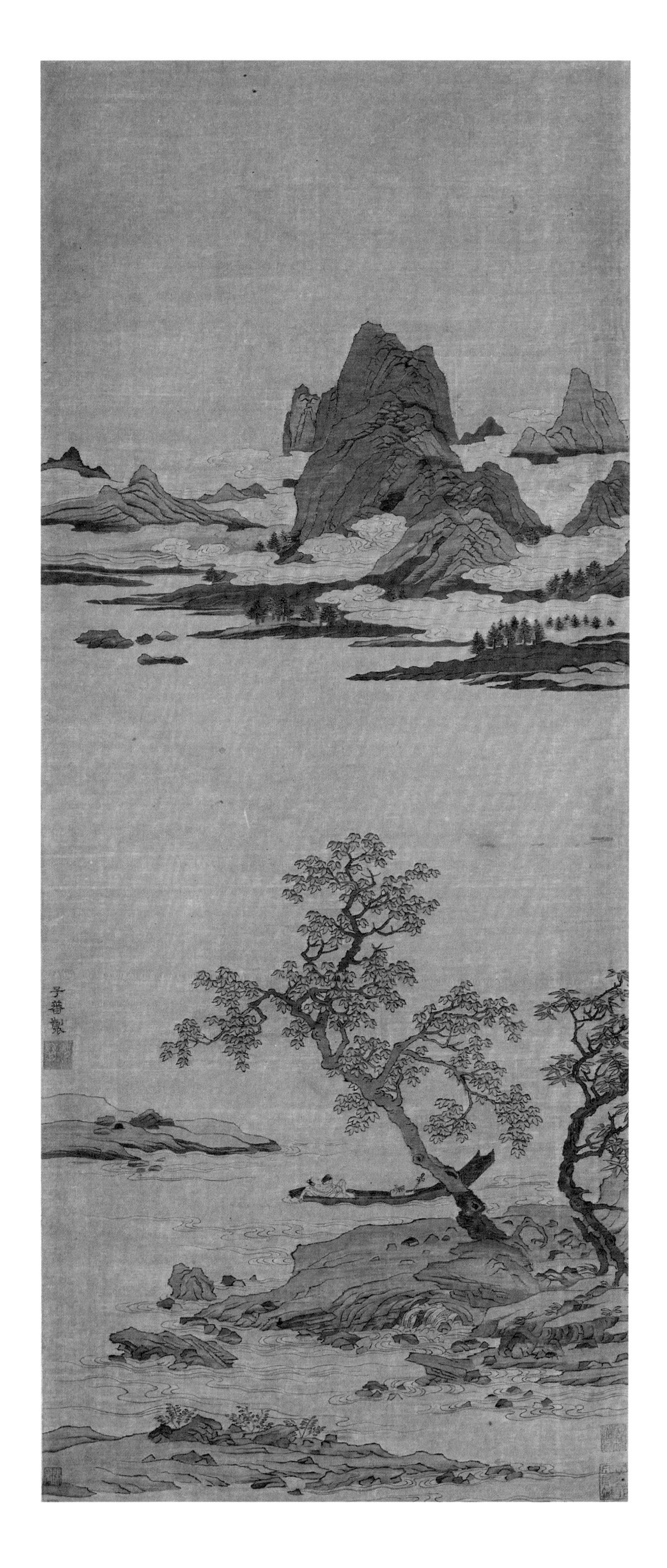

84

緙絲東方朔偷桃圖軸

元
縱58厘米　橫33厘米
清宮舊藏

Dongfang Shuo Stealing Immortality's Peach, Silk Tapestry
Yuan Dynasty
Hanging scroll
Length: 58cm　Width: 33cm
Qing Court collection

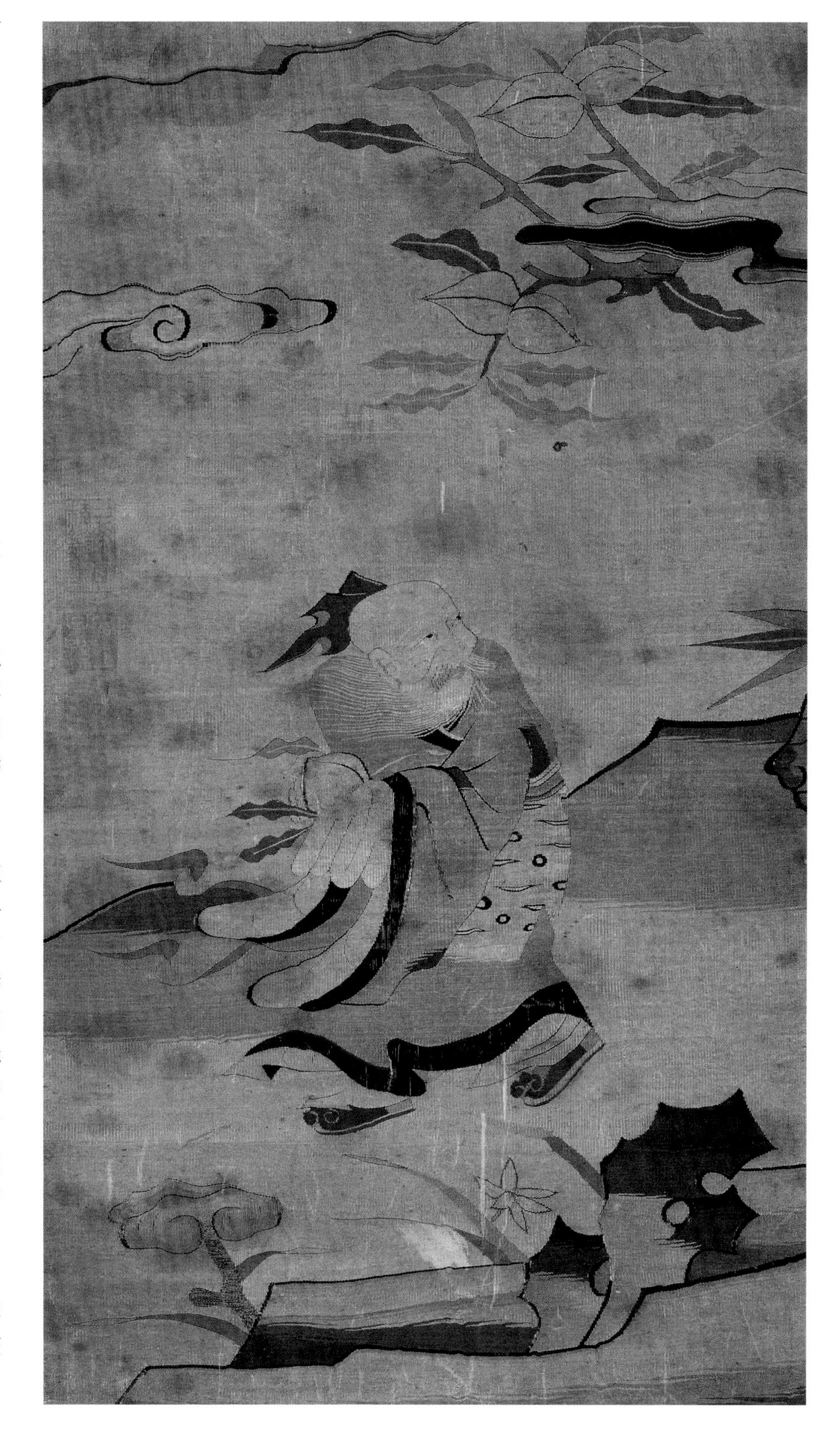

圖緙織東方朔偷取仙桃後疾走之狀，其回頭張望、銀鬚飄拂之狀極生動。另配仙桃、靈芝、水仙、竹石，寓意"芝仙祝壽"。

東方朔是西漢文學家，性詼諧。傳說其三次偷食西王母蟠桃，此桃三千年一結實，食一枚壽與天齊，故東方朔被奉為壽星，後世常以此題材作祝壽之意。

元代緙絲一改南宋細膩柔美而為簡練豪放的風格。此圖以平緙作色塊平塗，在紋樣邊緣或二色相交處，則用構緙勾勒，長短戧進行調色過渡。壽石用深藍、藍和淺藍三暈色戧緙，突出山石的立體感。運用以兩種色絲捻合後的"合色綫"技法，如東方朔手指縫的黑、白二色絲，靈芝莖部的石青、米色，表現物象糙澀的質感，極具特色。現存元代緙絲作品極少，而似此藝術上佳之作更為罕見。

鑑藏印記：乾隆內府諸印。《秘殿珠林初編》、朱啟鈐《清內府藏刻絲書畫錄》著錄。

85

緙絲八仙圖軸

元
縱100厘米　橫45厘米
清宮舊藏

The Eight Immortals, Silk Tapestry
Yuan Dynasty
Length: 100cm　Width: 45cm
Qing Court collection

圖為鐵拐李、漢鍾離、曹國舅、韓湘子、藍采和、張果老、呂洞賓、何仙姑八位神仙，向駕鶴仙遊的南極仙翁祝壽。天上飾流雲，地上為靈芝、竹石。

此圖以工筆勾勒法緙織出人物輪廓，用平緙表現大面積的服裝顏色。色與色變化時用搭梭技法使其邊緣既有明顯的裂隙，如刀刻裂紋，又不完全斷裂。山石的暈色用長短戧、木梳戧、摻和戧等技法表現。流雲用摜緙表現出自然流暢的效果。各種技法變幻巧妙，運用嫺熟，緙工細薄，少量的緙金給畫面略添富麗華美，是傳世緙絲畫精品。

鑑藏印記：乾隆內府諸印。《盛京書畫錄》、《秘殿珠林》著錄。

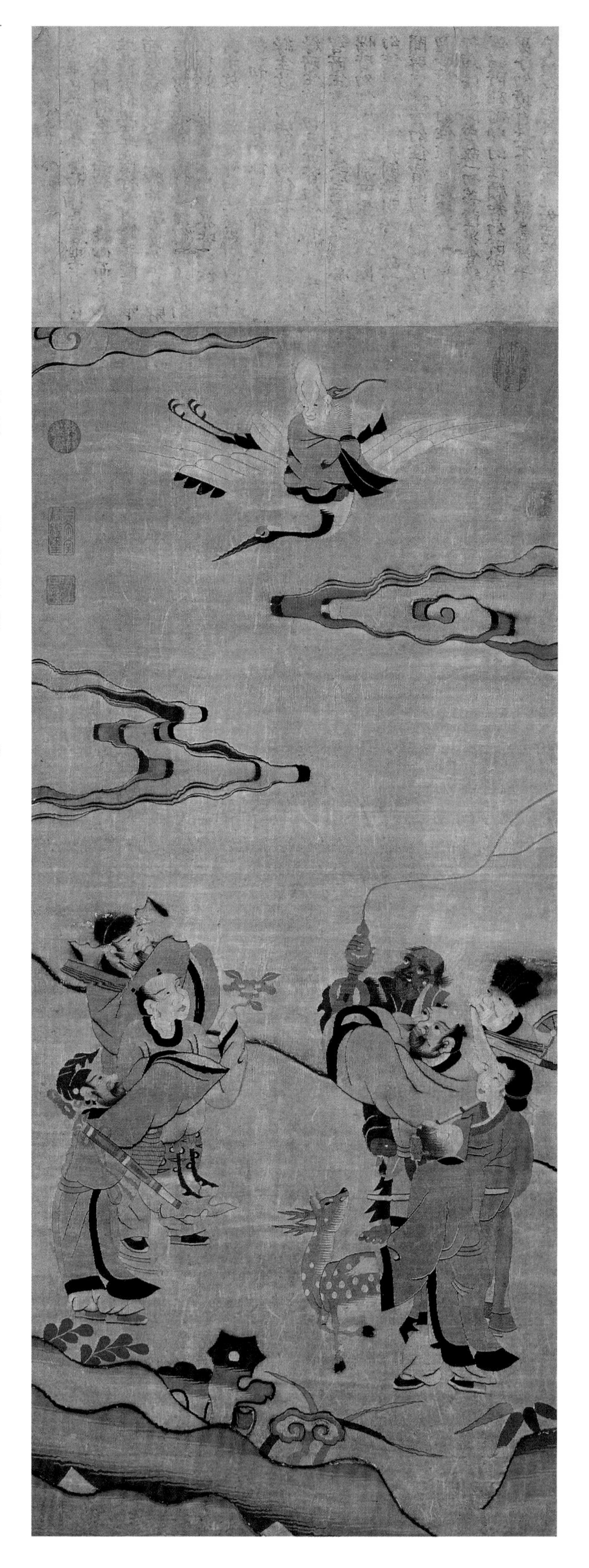

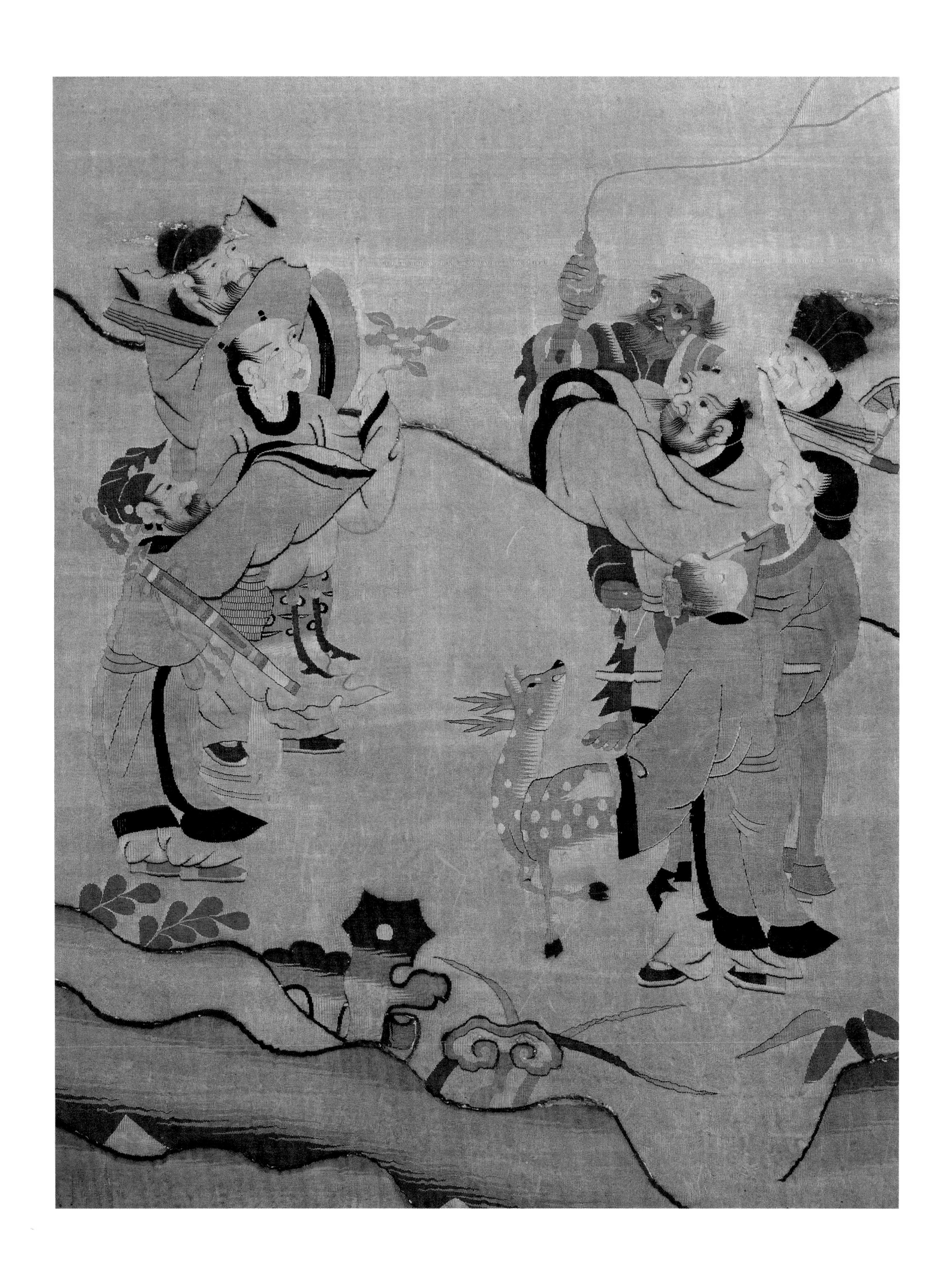

86

緙絲花卉圖冊

明
開縱41厘米　橫42厘米　12開
清宮舊藏

Flowers and Plants, Album Leaf, Silk Tapestry
Ming Dynasty
Album of 12 leaves
Length: 41cm　Width: 42cm
Qing Court collection

冊每一開緙織一幅花卉圖，有荷花、菊花、葡萄、山茶、水仙、蘭花、梅花、牡丹、玉蘭等，配以蜻蜓、蝴蝶、湖石等。

此冊從畫風上看，用筆簡逸，設色淡雅，屬文人畫法。全冊均緙織而成，未着筆墨。在緙法上運用了平緙、構緙、木梳戧、長短戧、鳳尾戧、摜緙等技法。暈色自然，運用色彩對比，巧妙地表現物象的陰陽向背。緙工細緻，連枝葉上的蟲蝕洞都表現得惟妙惟肖，十分寫實生動。

鑑藏印記：清乾隆、宣統內府諸印。《石渠寶笈續編》著錄。

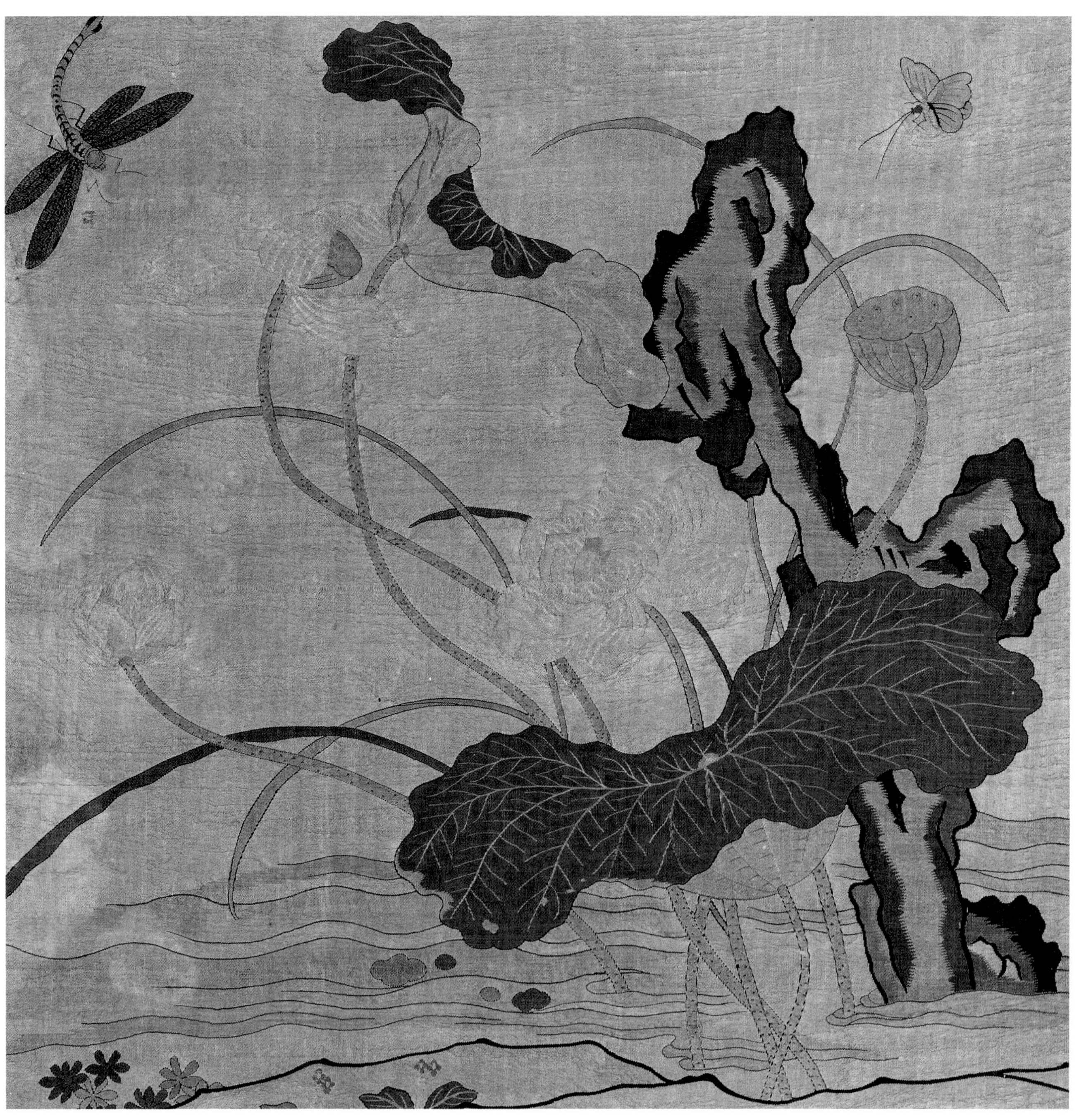

86.1

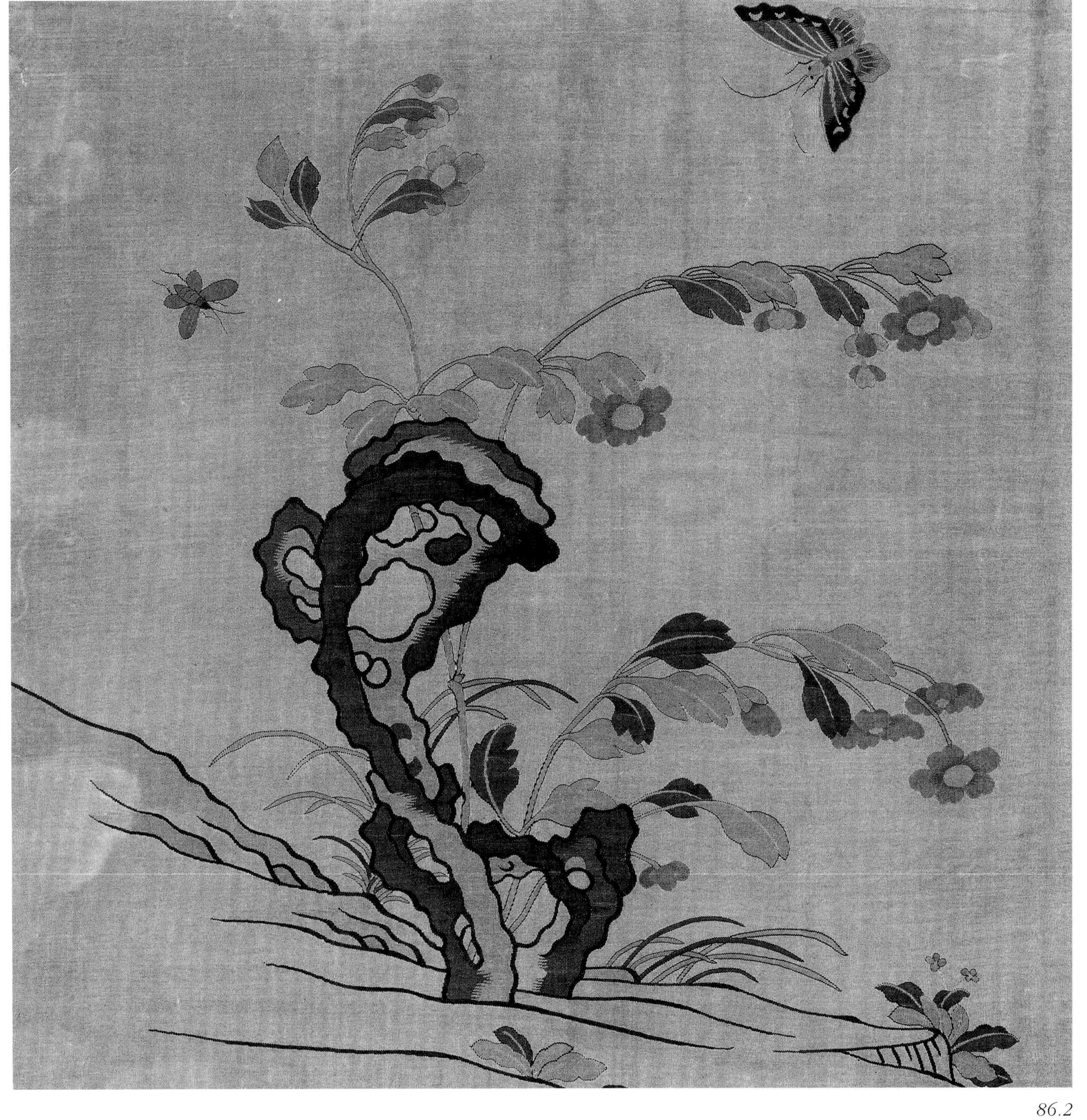

86.2

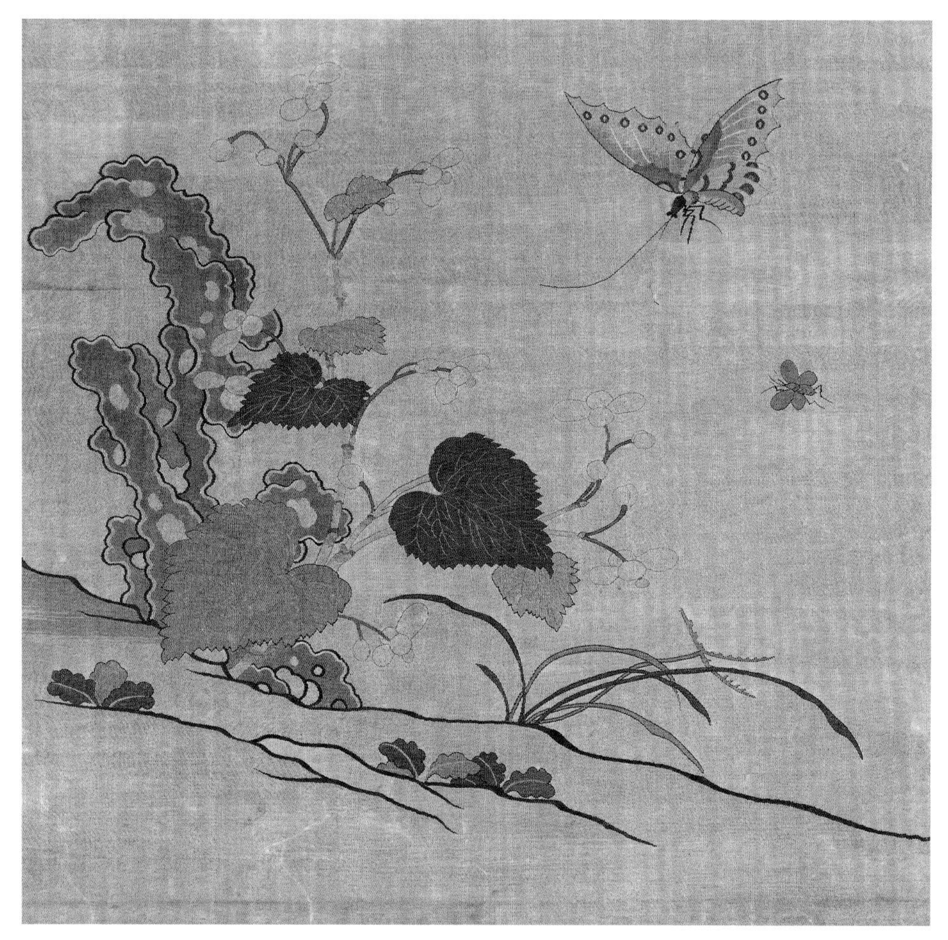

86.3

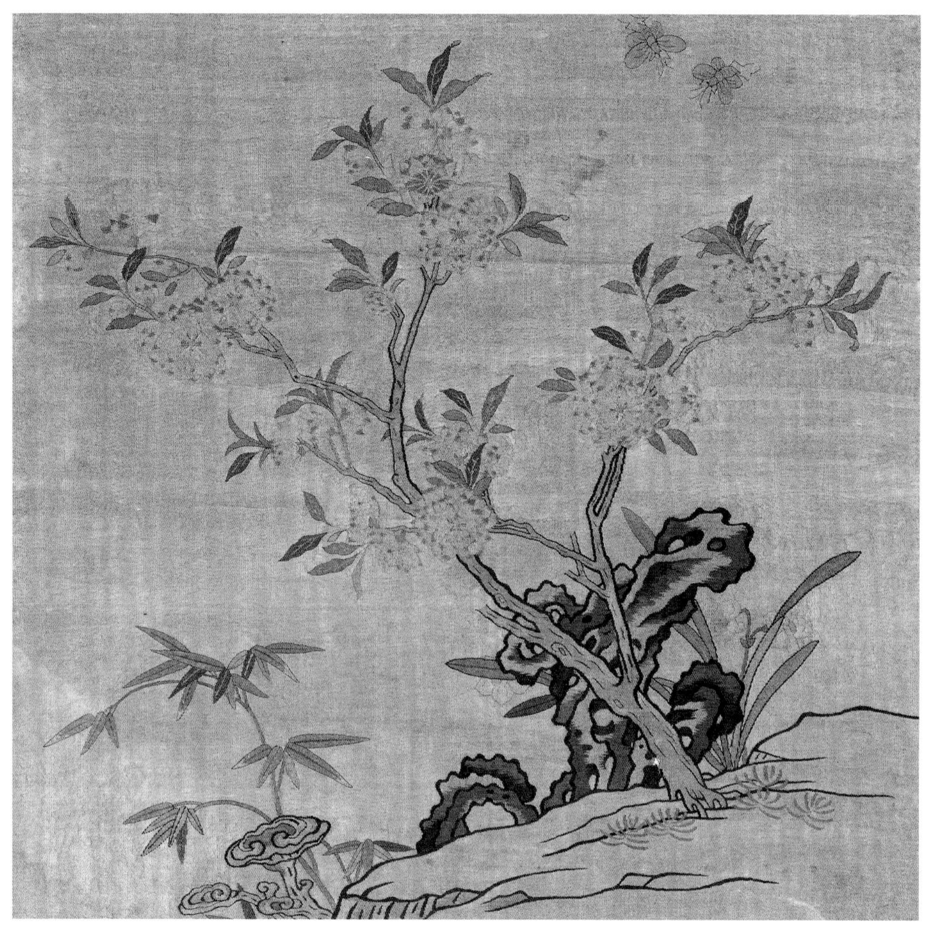

86.4

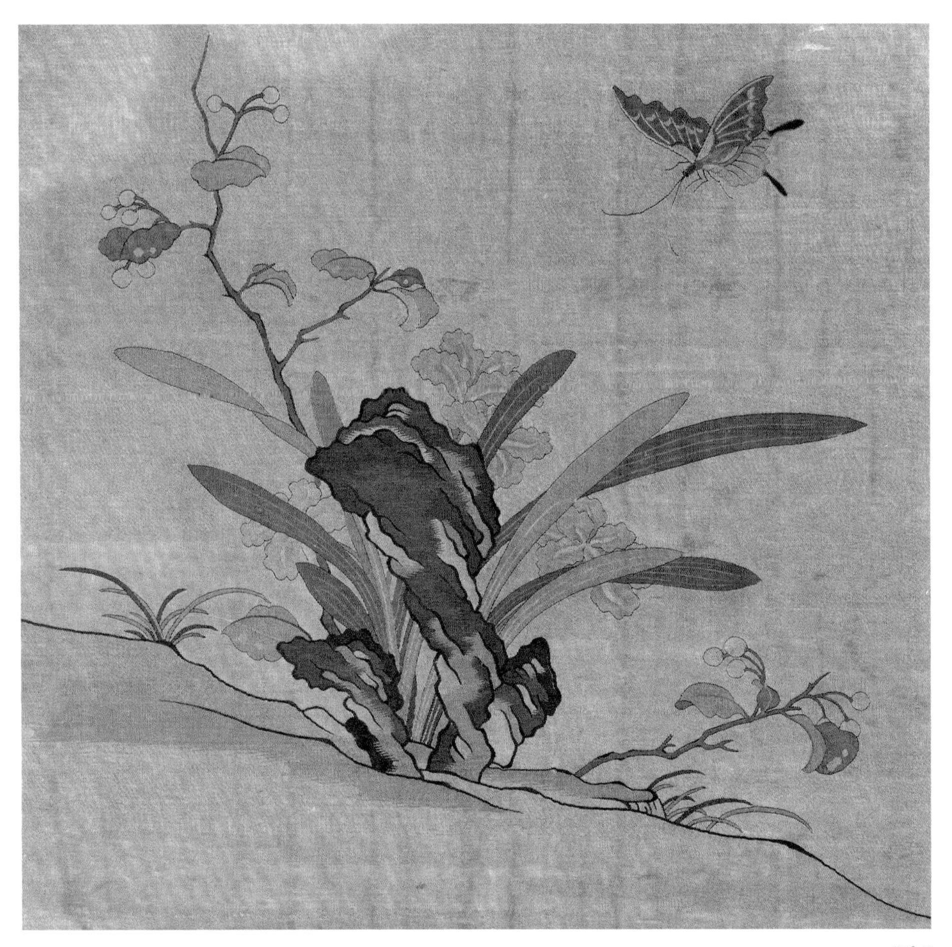

86.5

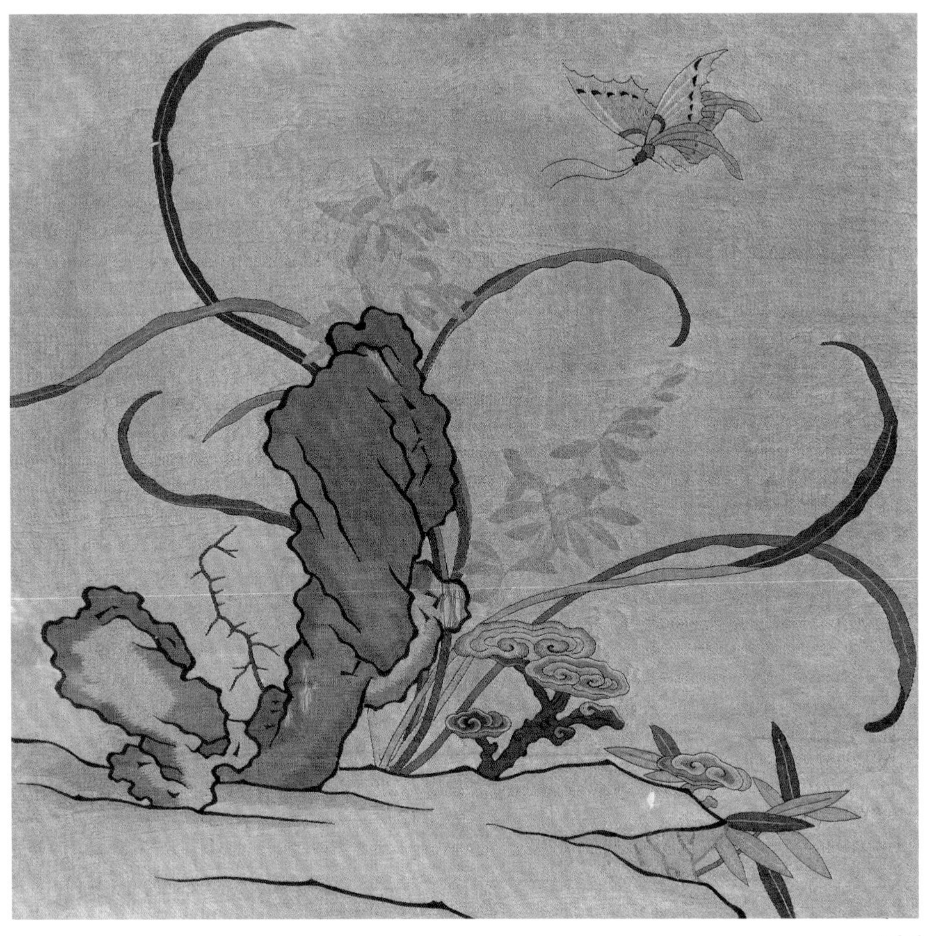

86.6

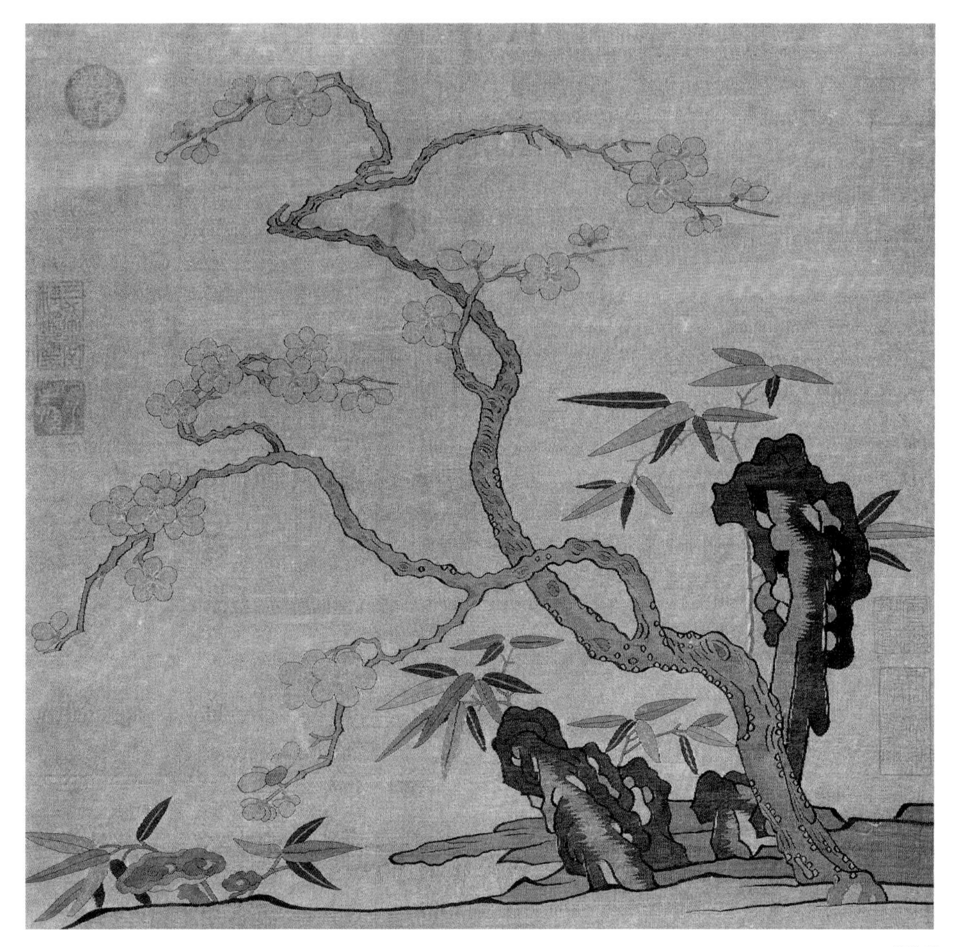

86.7

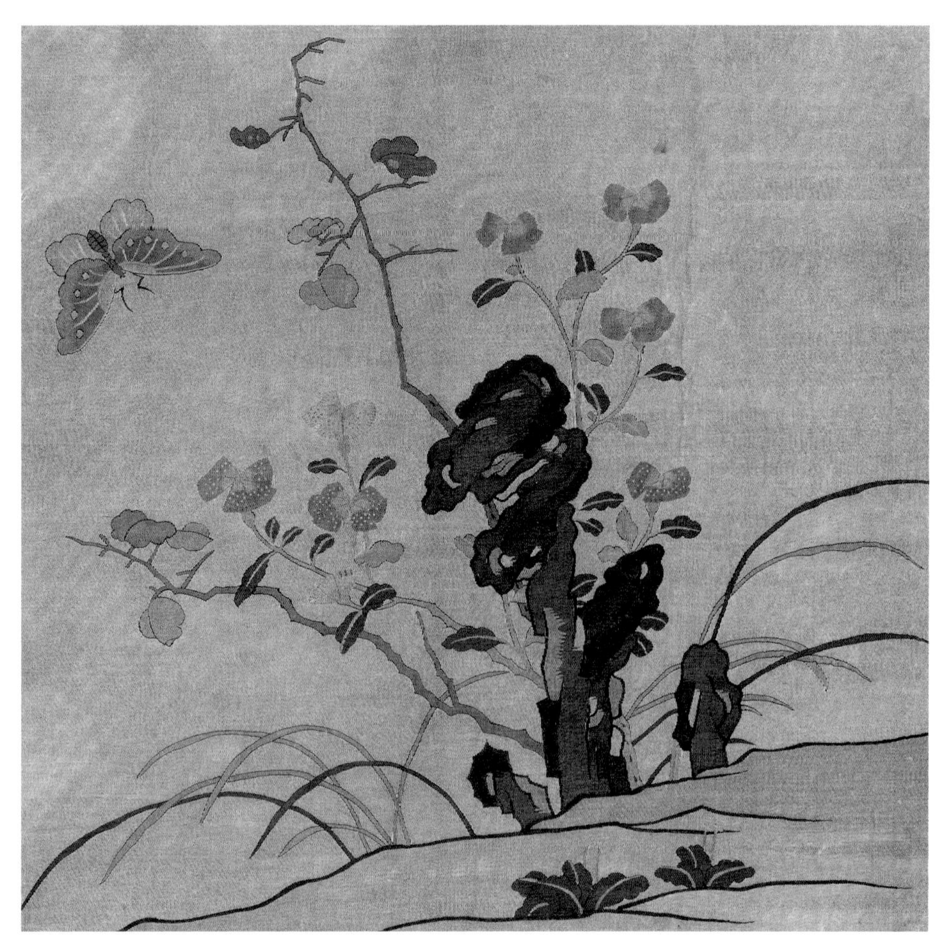

86.8

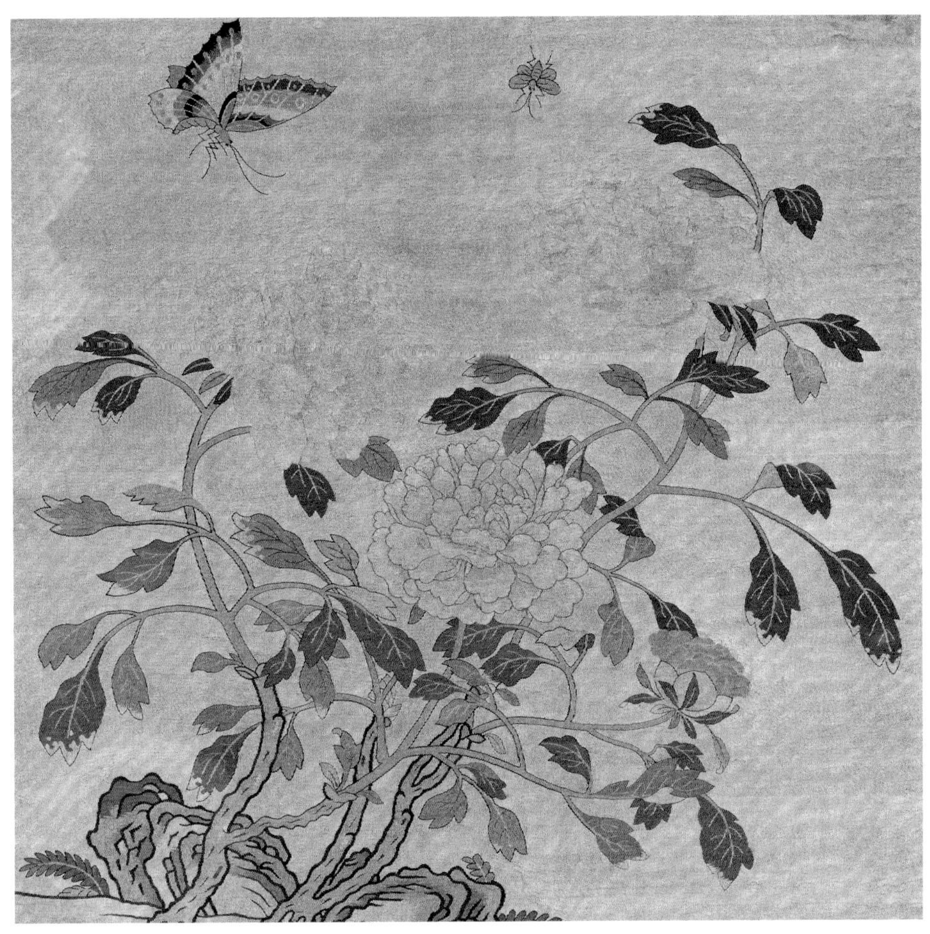

86.9

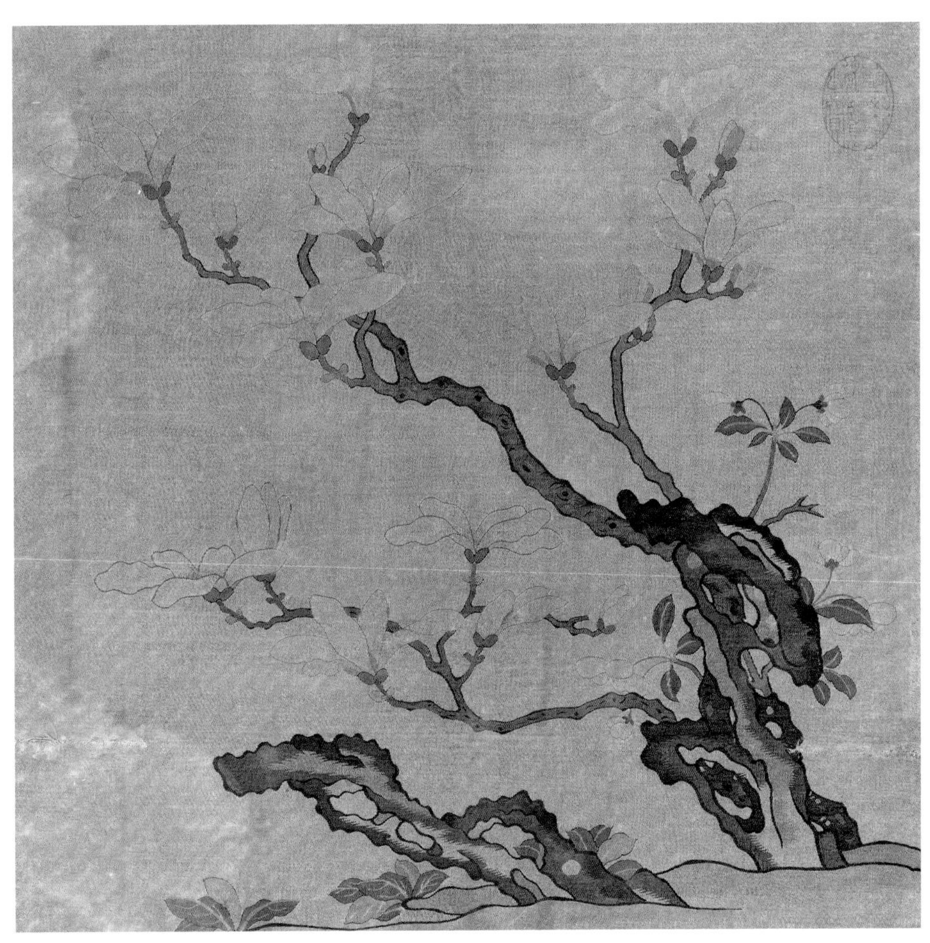

86.10

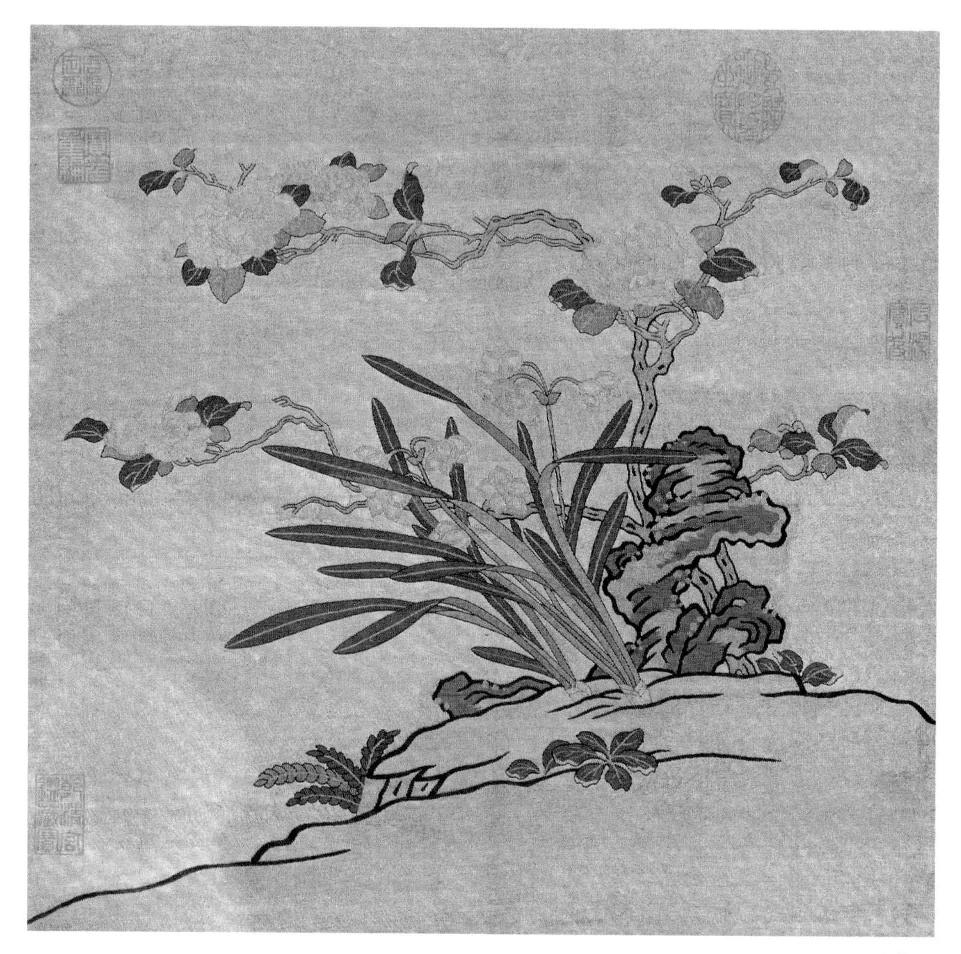

86.11

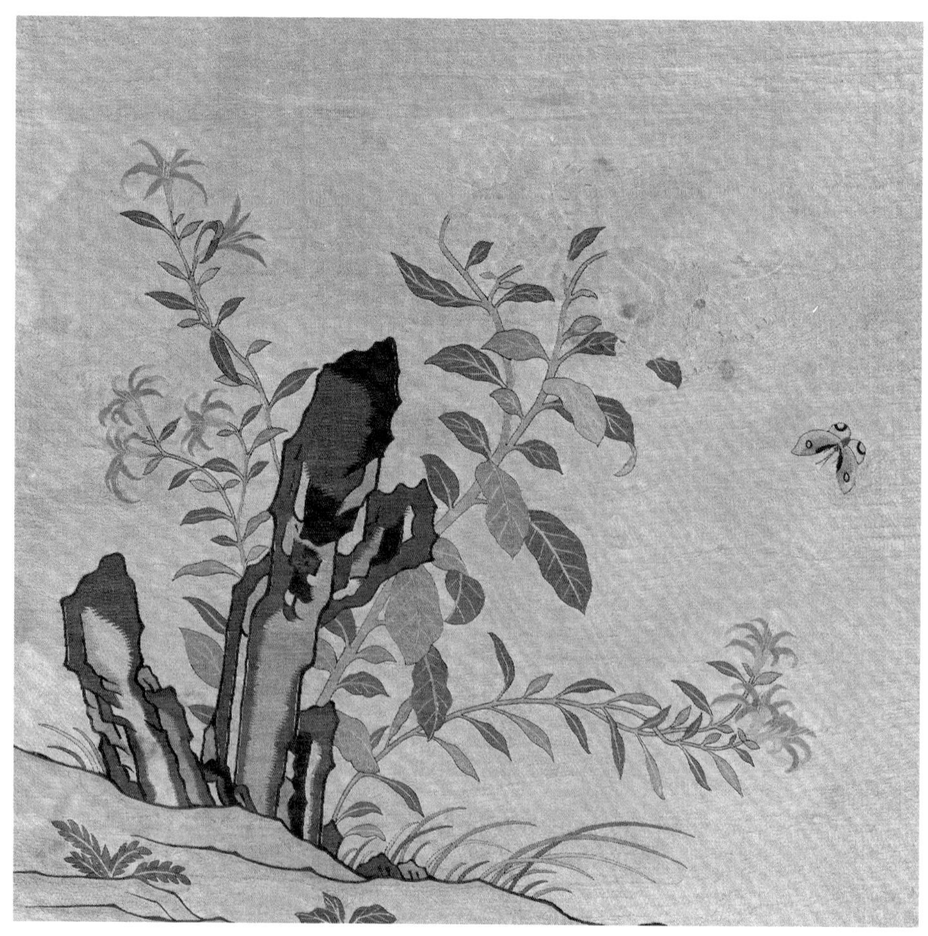

86.12

87

緙絲趙昌花卉圖卷

明

縱44厘米　橫245厘米

Flowers and Plants, after Zhao Chang's Original Painting, Silk Tapestry

Ming Dynasty

Hangscroll

Length: 44cm　Width: 245cm

圖緙織趙昌花卉圖，共分四組，分別為牡丹飛蝶、荷花、芙蓉翠鳥和梅雀，卷尾緙"趙昌製"款，"趙昌"、"玉水"印。

趙昌，字昌之，北宋廣漢（今四川劍南）人。長於寫生，擅畫花果，多作折枝花，兼工草蟲，自號"寫生趙昌"。其畫敷色平滑，明潤勻薄，與當時盛行的重彩厚色相異，有"作折枝有生意，傅色尤造其妙"（夏文彥《圖繪寶鑑》）之譽。

此圖運用平緙、長短戧、木梳戧、鳳尾戧、子母經和搭緙等技法，設色清麗典雅，清勁秀逸，多採用三暈色的配色方法，如荷葉正面用墨綠，葉脈用草綠，背面用黃綠，色度從深到淺，逐層遞減，過渡自然，表現出荷葉仰偃捲曲的姿形和陰陽向背的質感。飛蝶、棲鳥則精確刻畫其細部特徵和神態，有逼真酷肖的傳神之感。作品幅面宏大，手法細膩，畫面無一處用筆，緙工極為精湛，將宋人花鳥畫追求形似逼真、刻畫入微的風格淋漓盡致地表現出來，是明代中後期巨幅緙絲畫的代表作。

鑑藏印記：乾隆、嘉慶、宣統內府諸印。《石渠寶笈》、《清內府藏刻絲書畫錄》著錄。

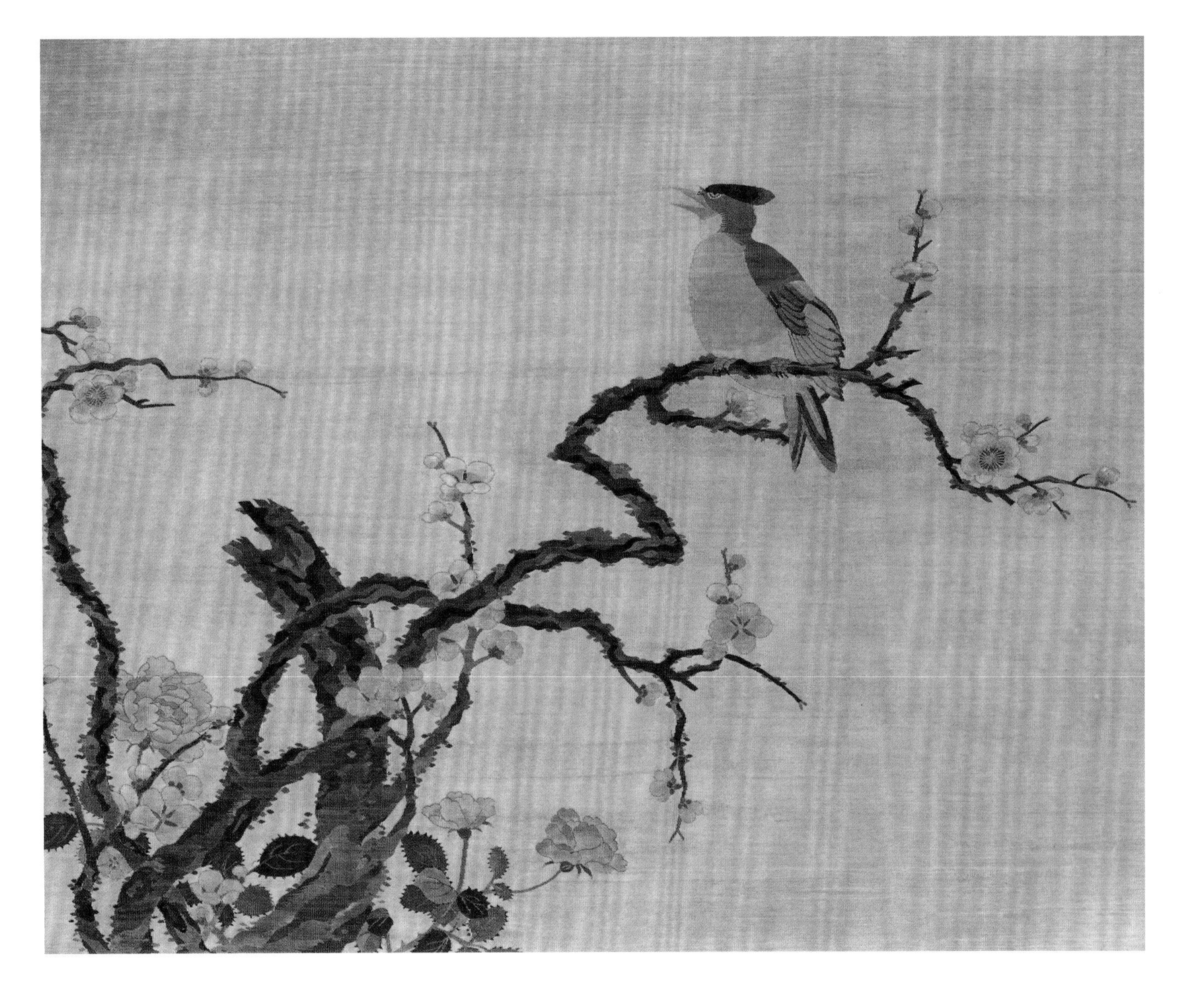

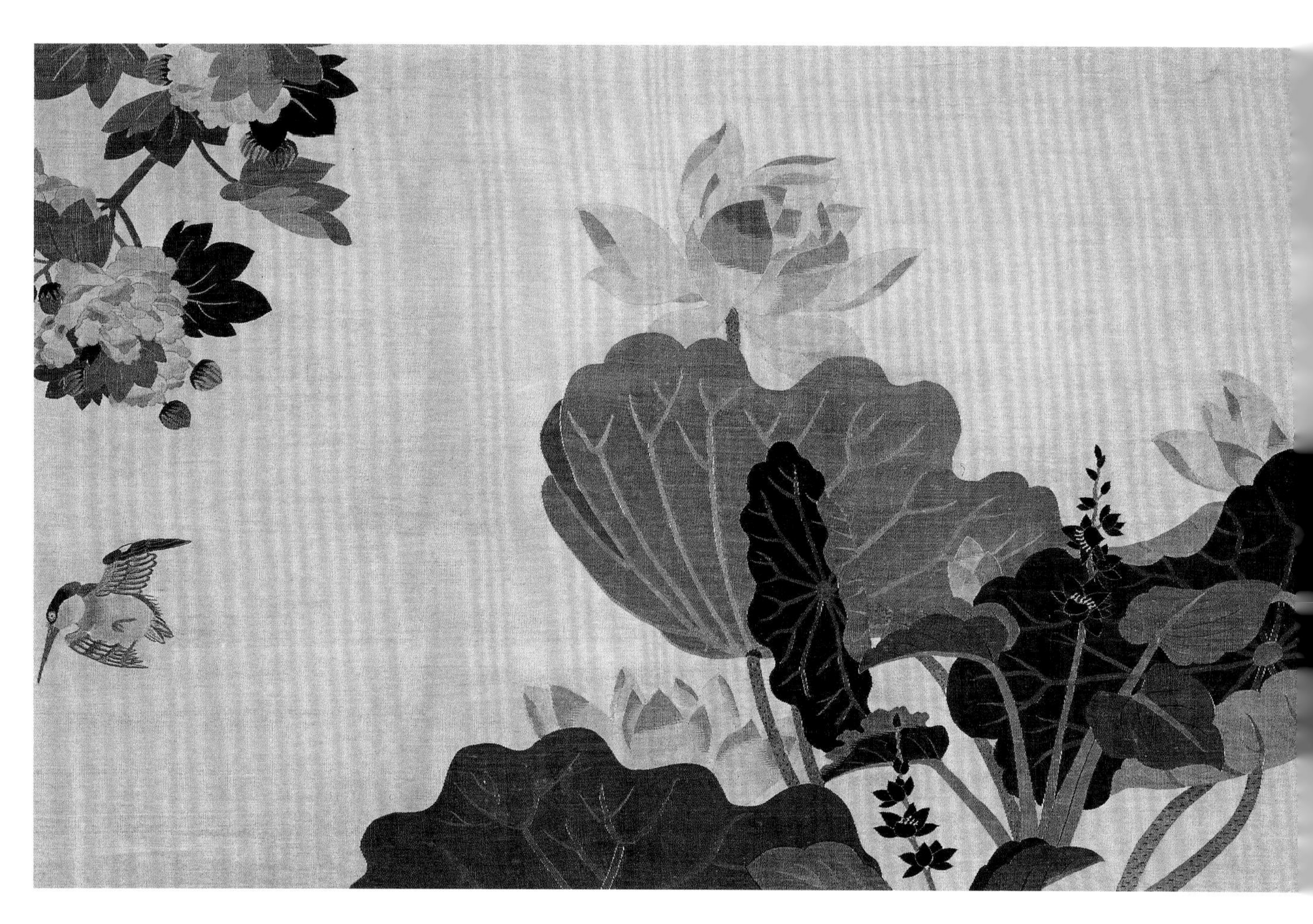

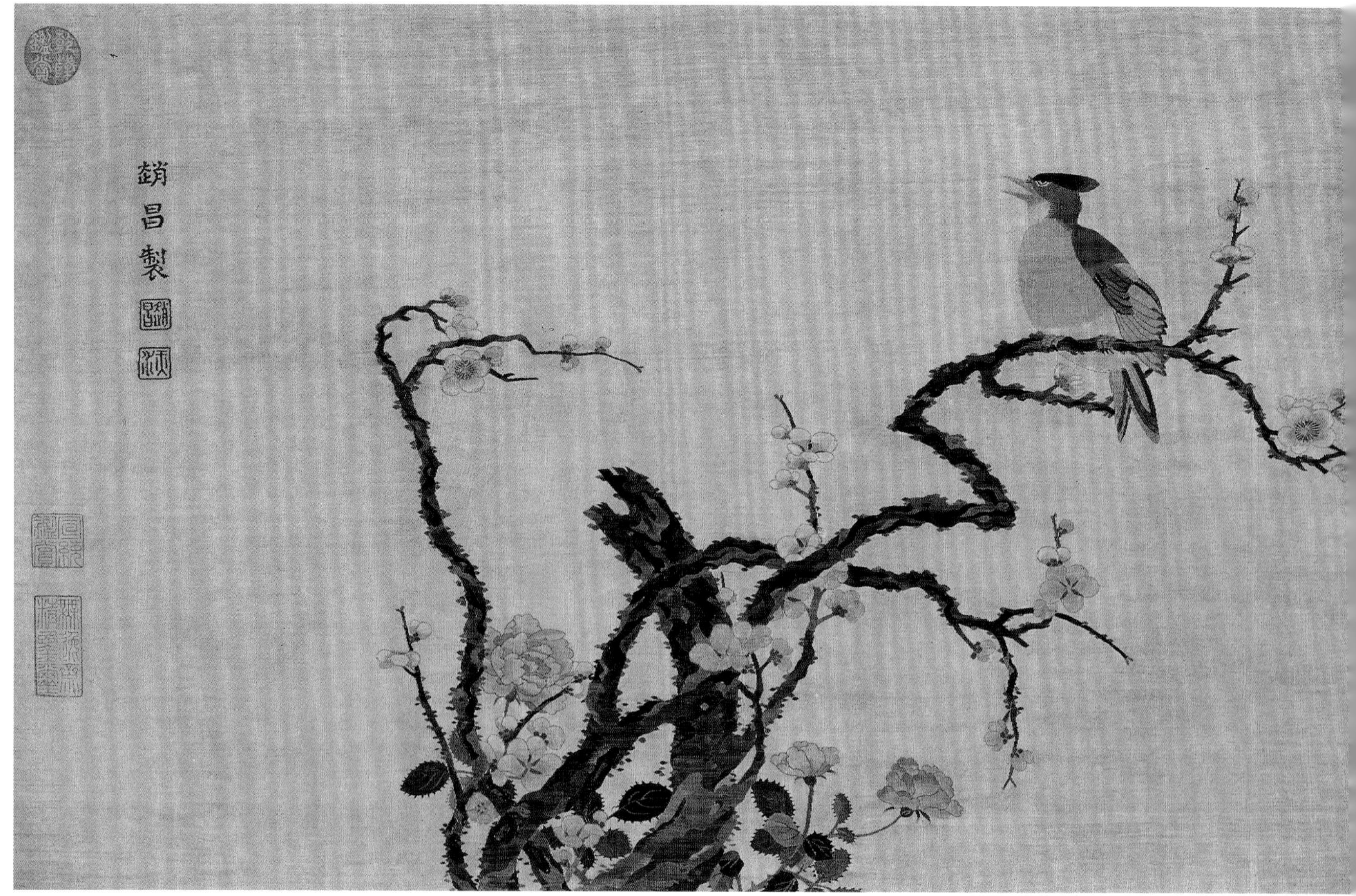
趙昌製

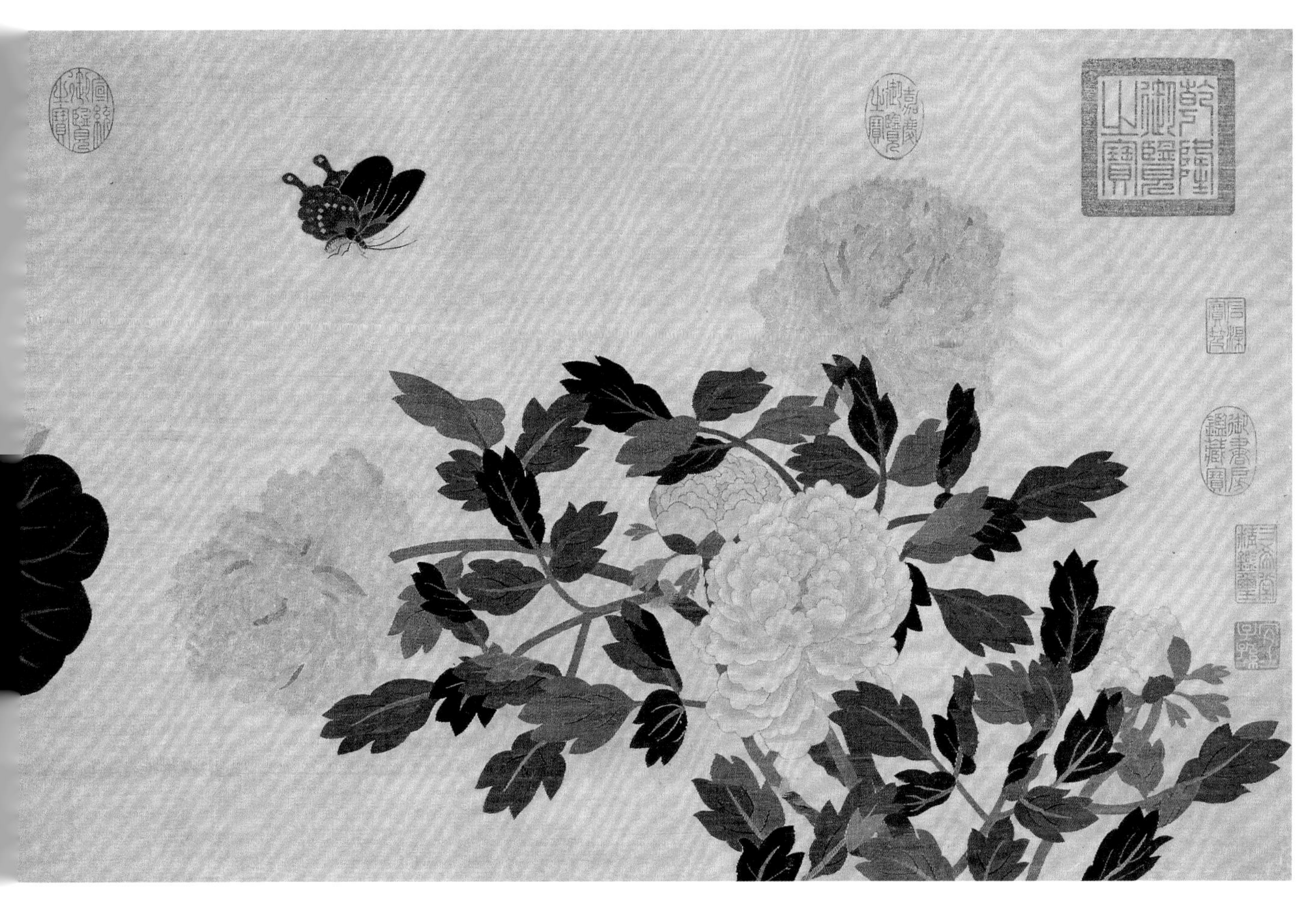

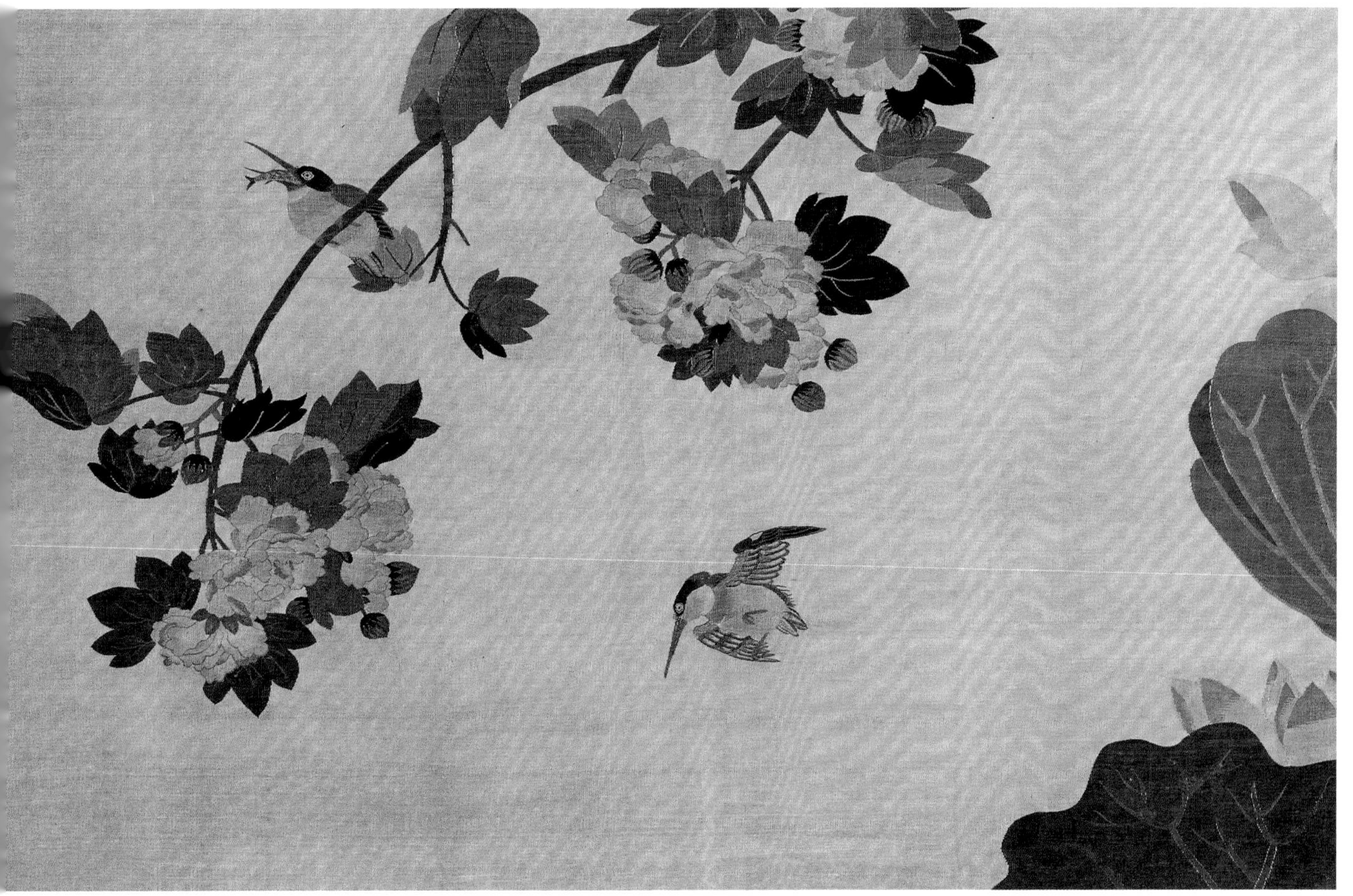

88

緙絲仙山樓閣圖軸

明

縱247厘米　橫60厘米

Scenery of Mountain, Various Towers and Figures, Silk Tapestry

Ming Dynasty

Hanging scroll

Length: 247cm　Width: 60cm

本色地上緙織崇山、樓閣，其間點綴人物、翔鶴、碧波及竹石小草，雲霧繚繞，祥鶴飛舞，似人間仙境。綾邊有題籤："宋刻絲仙山樓閣　石庵題"，鈐"石庵"印。

此圖以二至三色間暈與退暈結合，用平緙、構緙、搭緙、長短戧等技法緙織。山石勾勒無皴，以石青、石綠敷彩，色彩厚重，格調富麗，有大青綠山水之畫風。此圖的繪畫風格似宋代作品，清代劉石庵（墉）題簽亦認為是宋代緙絲，但畫中樓閣的建築形式則帶有典型的明代特徵，簡練、放逸的綫條和寫實手法，有明代畫家仇英的風格。

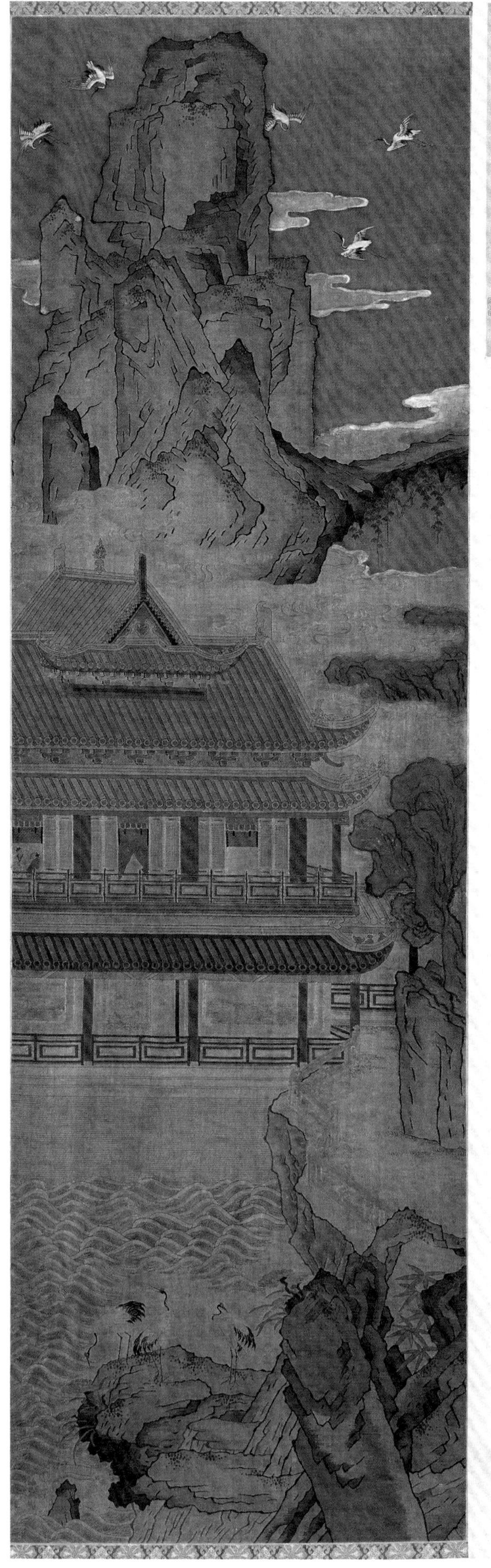

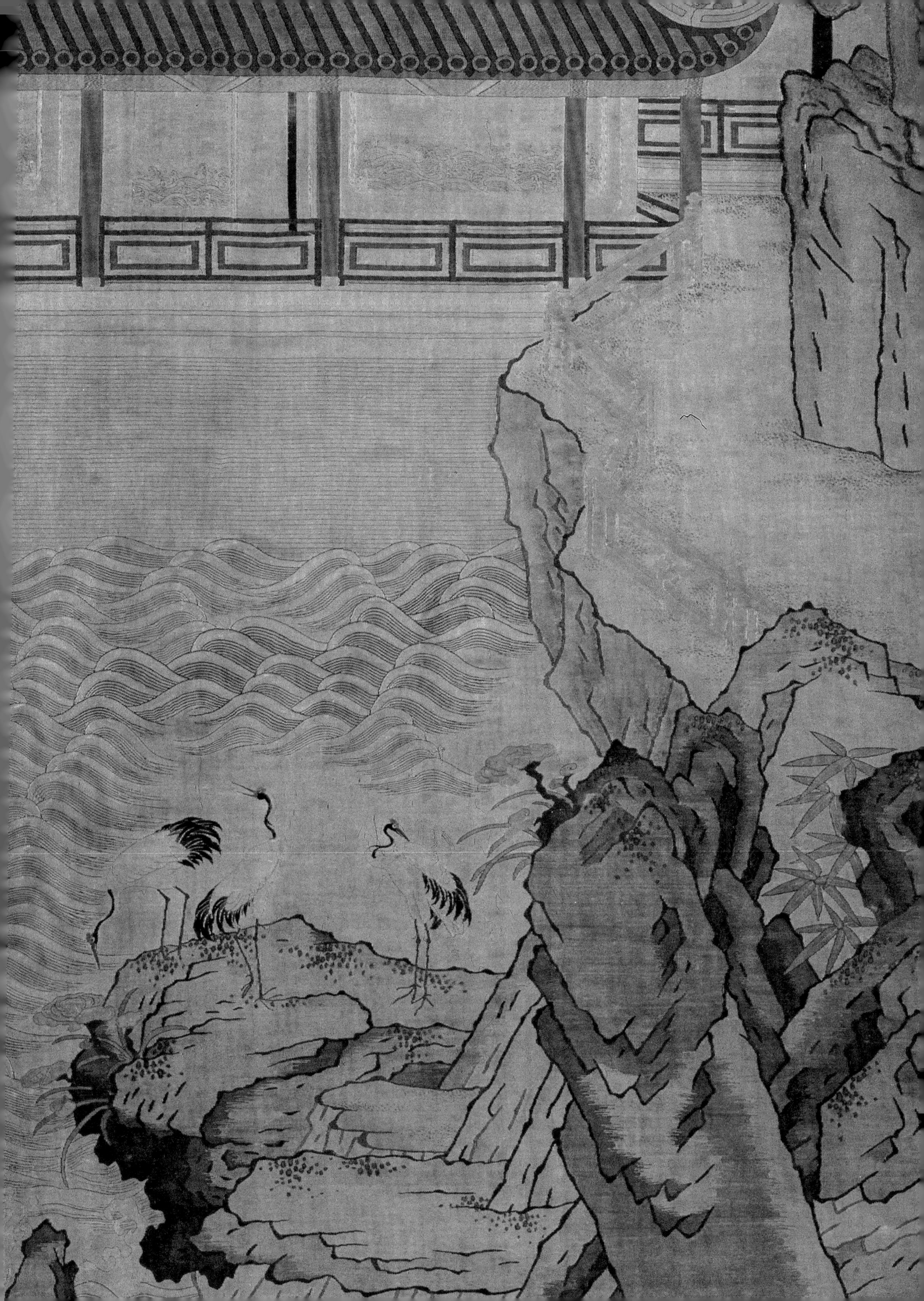

89

緙絲瑤池集慶圖軸
明
縱260厘米　橫205厘米
清宮舊藏

Birthday Celebration in Jasper Lake, Silk Tapestry
Ming Dynasty
Hanging scroll
Length: 260cm　Width: 205cm
Qing Court collection

圖緙織西王母瑤池慶壽的勝景，西王母居中端坐，兩侍女一前一後，九位仙女各捧壽禮，鳳凰、仙鶴、天鹿、祥雲、靈芝、青松、翠柏點綴其間。

此圖緙工除常見的平緙、搭緙外，細部暈色採用長短戧、木梳戧以及鳳尾戧，仙女鬢角用長短戧使髮絲自然寫實，衣紋用構緙突出了飄逸輕柔之感，瑤池的水波紋及五彩祥雲用摜緙和結，使之具有立體感。構圖飽滿，設色華麗，是用於喜慶場合的裝飾品。作品幅寬兩米有餘，為明代罕見的大型緙絲畫。

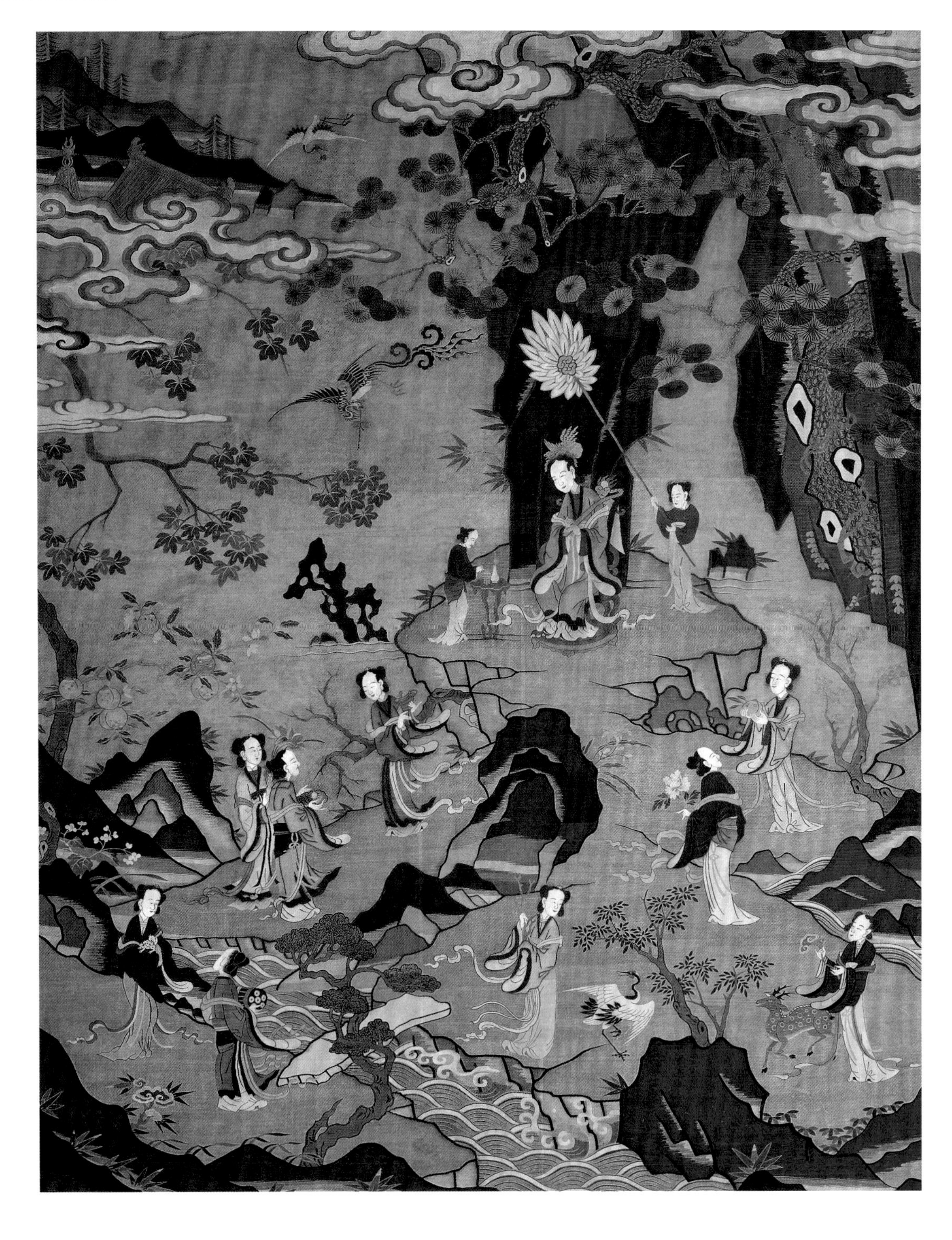

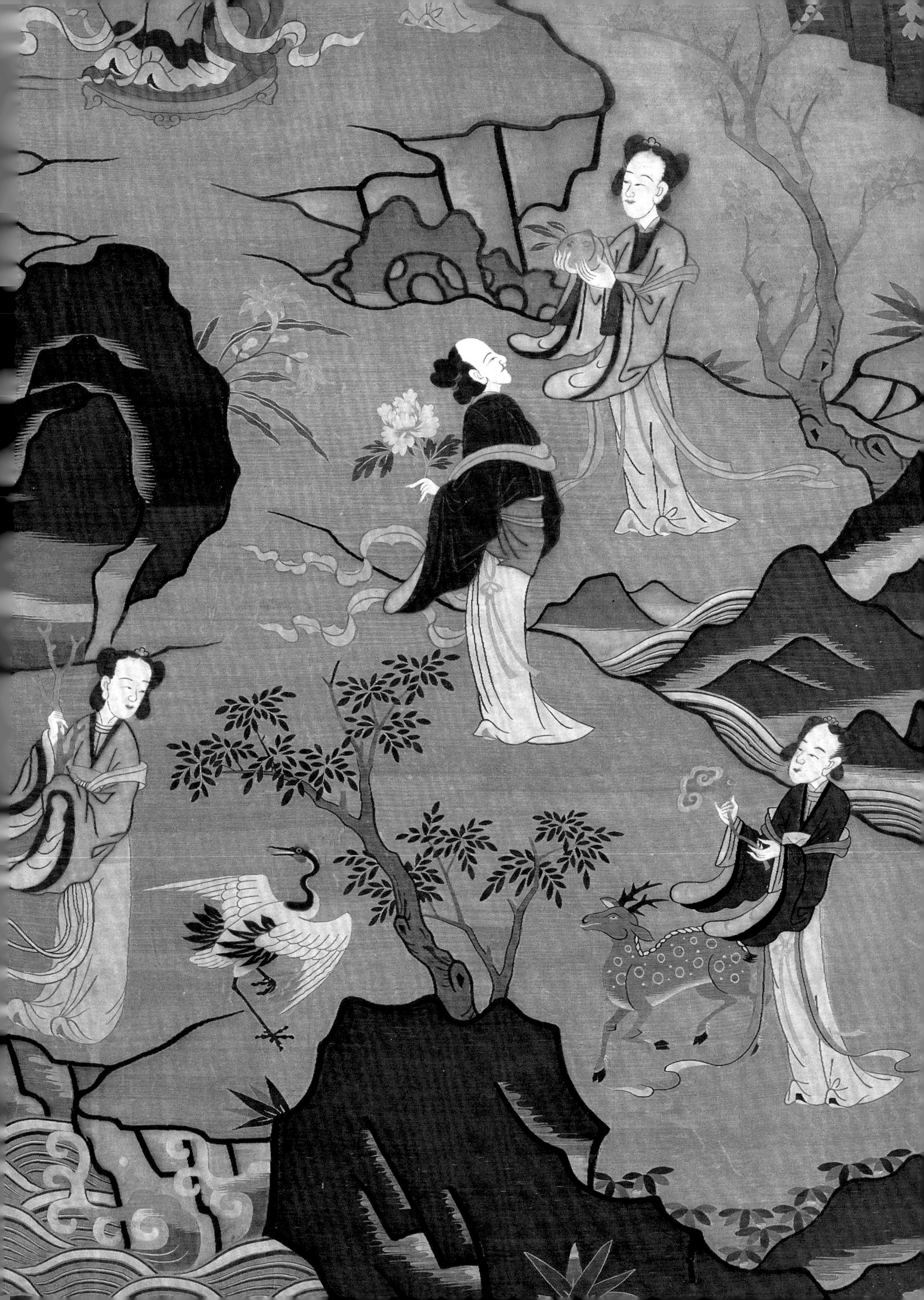

90

緙絲錦雞牡丹圖軸

清康熙

縱53厘米　橫87厘米

Pheasants and Peony, Silk Tapestry

Kangxi Period, Qing Dynasty

Hanging scroll

Length: 53cm　Width: 87cm

圖緙織兩隻錦雞棲息於山石溪流間，碩大飽滿的牡丹、清雅高潔的玉蘭和芳艷俏麗的海棠花競相盛開，寓意"玉堂富貴"。天空彩雲繚繞，地面點綴着靈芝、叢草。

此圖在緙工上主要有平緙、構緙、緙鱗、木梳戧、鳳尾戧、長短戧、子母經和搭梭等技法。設色主要使用金黃、大紅和粉紅等暖色，地子以片金緙織，烘托了畫面的富貴之氣。山石用冷色深藍、藍和淺藍色作三藍退暈處理，既表現了山石的立體感，又調和了主色調過於濃艷之弊，使畫面自然和順並有濃鬱的裝飾趣味。

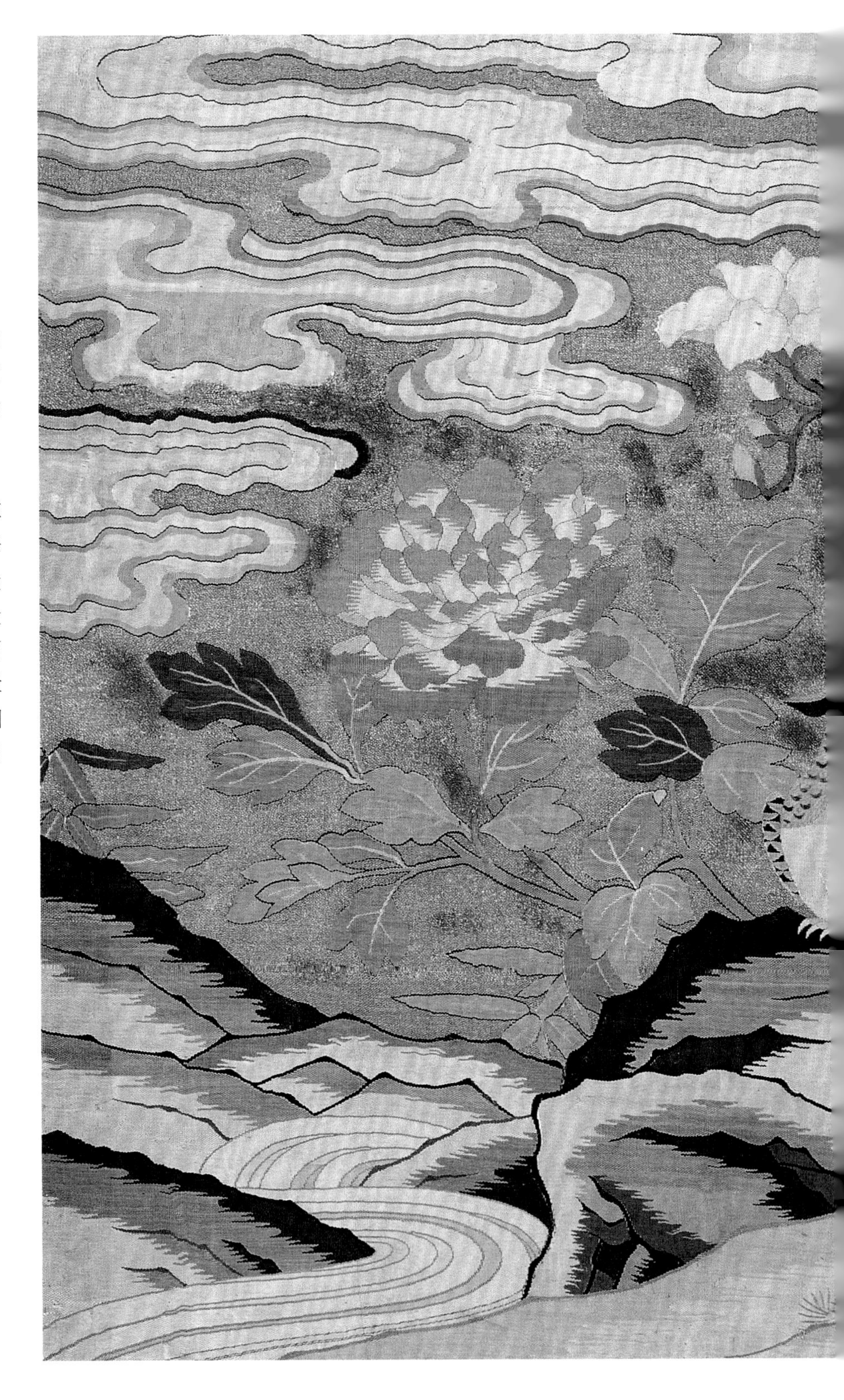

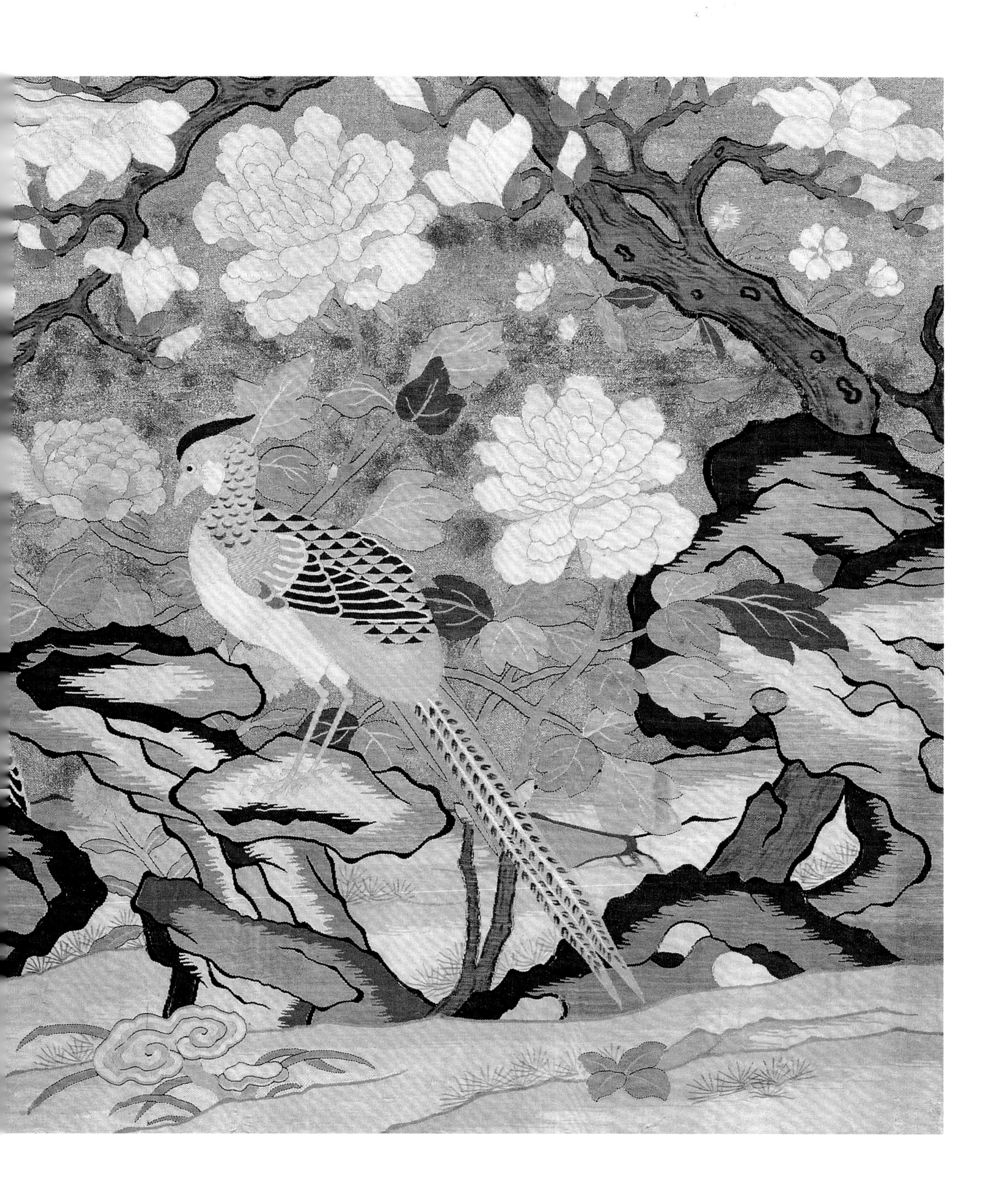

91

緙絲九龍通景圖軸
清康熙
縱416厘米　橫140厘米　四條屏
清宮舊藏

Nine Dragons among Clouds and Water, Silk Tapestry
Kangxi Period, Qing Dynasty
A set of 4 vertical scrolls
Length: 416cm　Width: 140cm
Qing Court collection

米色絲地緙織通景圖案，五彩祥雲中九龍騰身其間，洶湧的海水間置方勝、元寶、如意、珊瑚等雜寶。

九是極陽之數，九龍為皇權的象徵。此圖以平緙為主，兼用木梳戧、長短戧和搭梭等技法。龍的鬚、脊、爪以及海浪波紋等細密處以筆繪染。場景巨大，氣勢恢宏，彰顯着皇權的至尊。清宮陳設品。

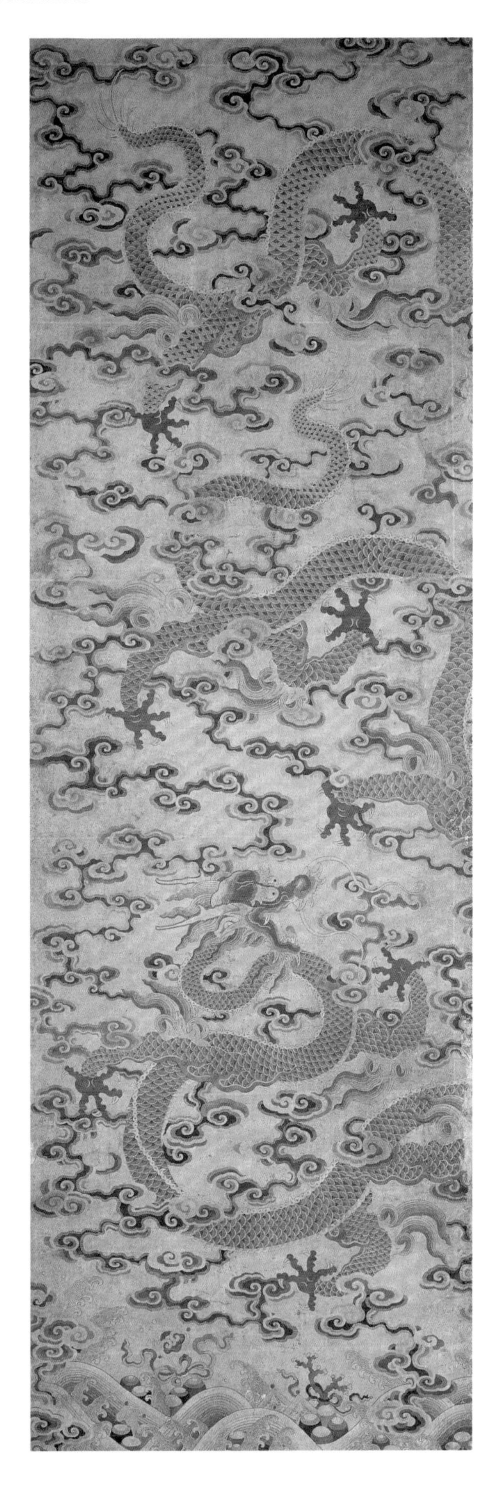
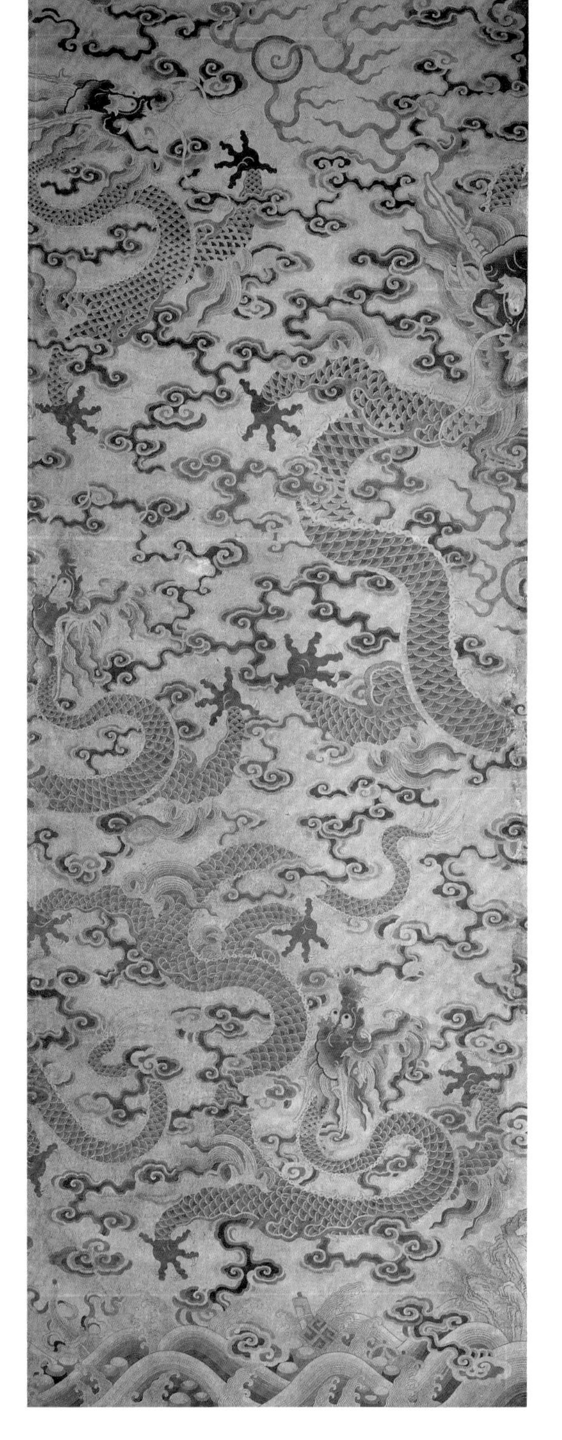

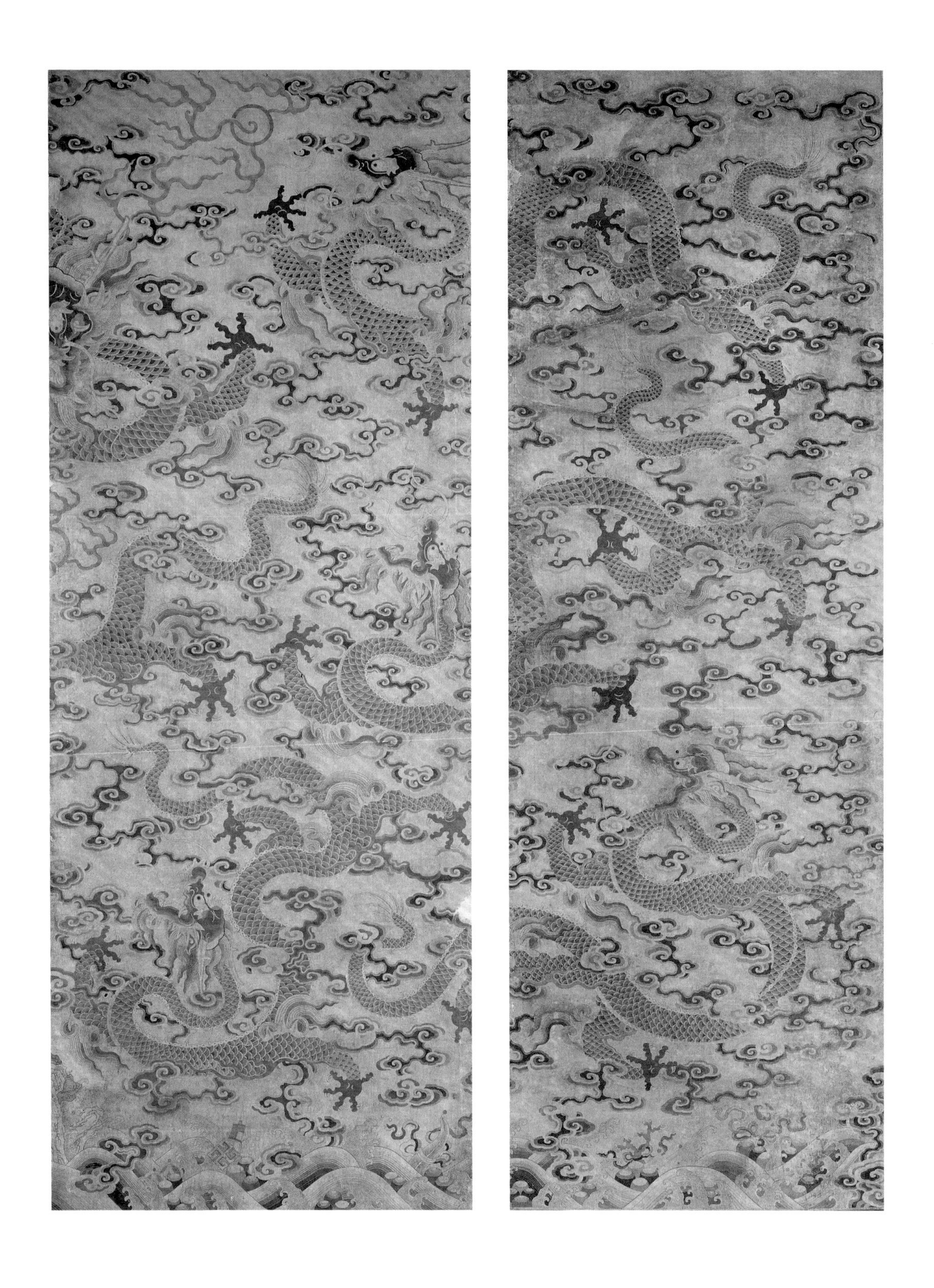

92

緙絲蘆雁圖軸

清康熙

縱104厘米　橫45厘米

Geese and Reeds, Silk Tapestry

Kangxi Period, Qing Dynasty

Hanging scroll

Length: 104cm　Width: 45cm

緗色地上緙織兩隻蘆雁，羽紋刻畫細膩、工麗，襯以挺拔的蘆葦、叢草。

此圖為二色間暈，用平緙、緙鱗、構緙、搭緙等技法。設色以綠色、棕色、湖色、緗色、墨綠等穩重的色彩為主。構圖簡潔，造型寫實與寫意兼備，兩隻蘆雁神態安詳，刻畫工細，而在微風吹拂下的蘆葦則是搖曳飄逸，頗具動感。此作設色淡雅，織工精細，反映出清康熙時期緙絲畫沉穩細膩的風格。

鑑藏印記：“皇六子和碩恭親王”印。

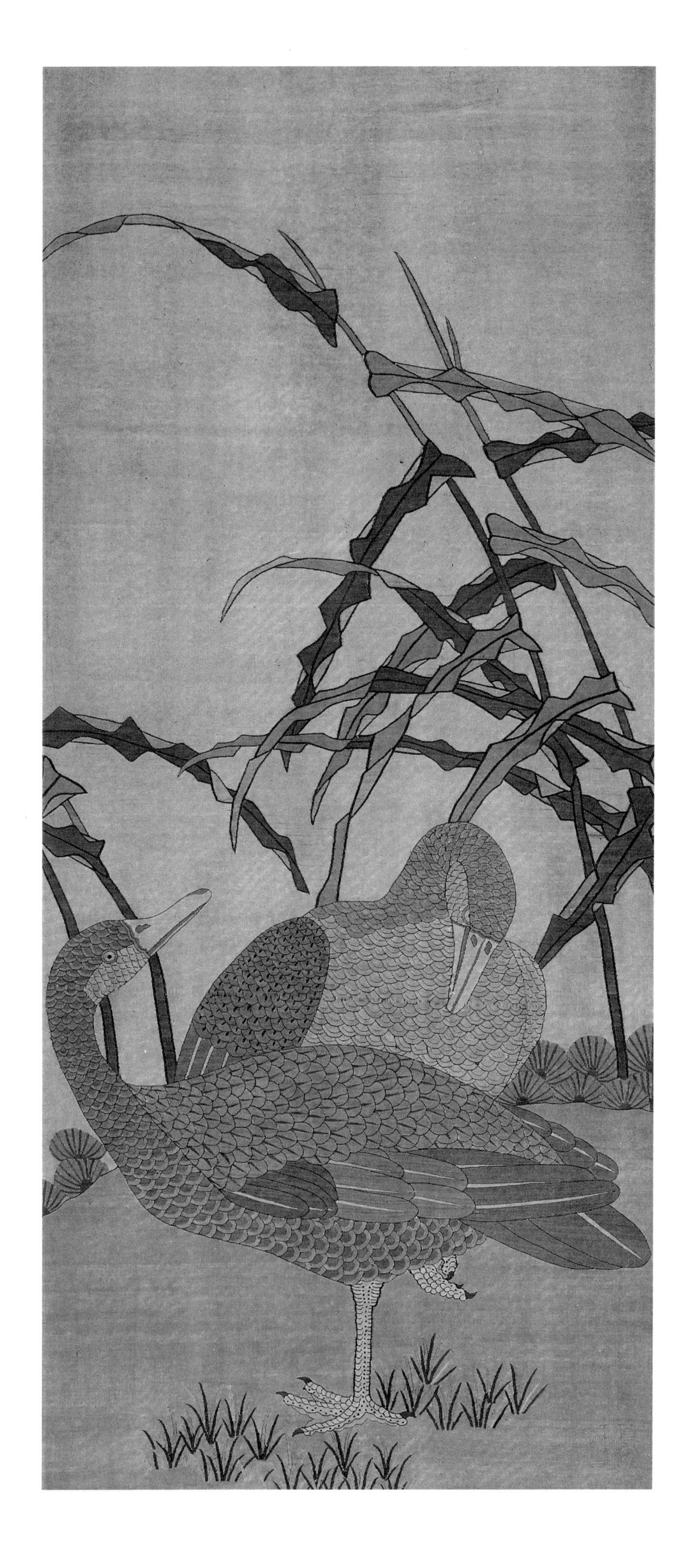

93

緙絲丁雲鵬款橘綠橙黃圖軸

清雍正

縱61厘米　橫32厘米

Two Figures Enjoying Lotus by Pond, after Ding Yunpeng's Original Painting, Silk Tapestry

Yongzheng Period, Qing Dynasty

Hanging scroll

Length: 61cm　Width. 32cm

圖緙織丁雲鵬繪畫，池塘岸邊、濃蔭綠樹間，兩人對坐亭內觀荷。緙款："橘綠橙黃圖　萬曆己卯（1579）孟夏丁雲鵬"。

丁雲鵬（1547—1628），字南羽，號聖華居士，明代休寧（今屬安徽）人。工畫，尤擅長人物、佛像。

此圖中的亭台、欄杆等，帶有明顯的界畫風格。在緙工上以二色間暈法，用平緙、搭緙、構緙，湖石運用長短戧以表現其玲瓏剔透的自然效果。緙織精細，設色淡雅和諧。

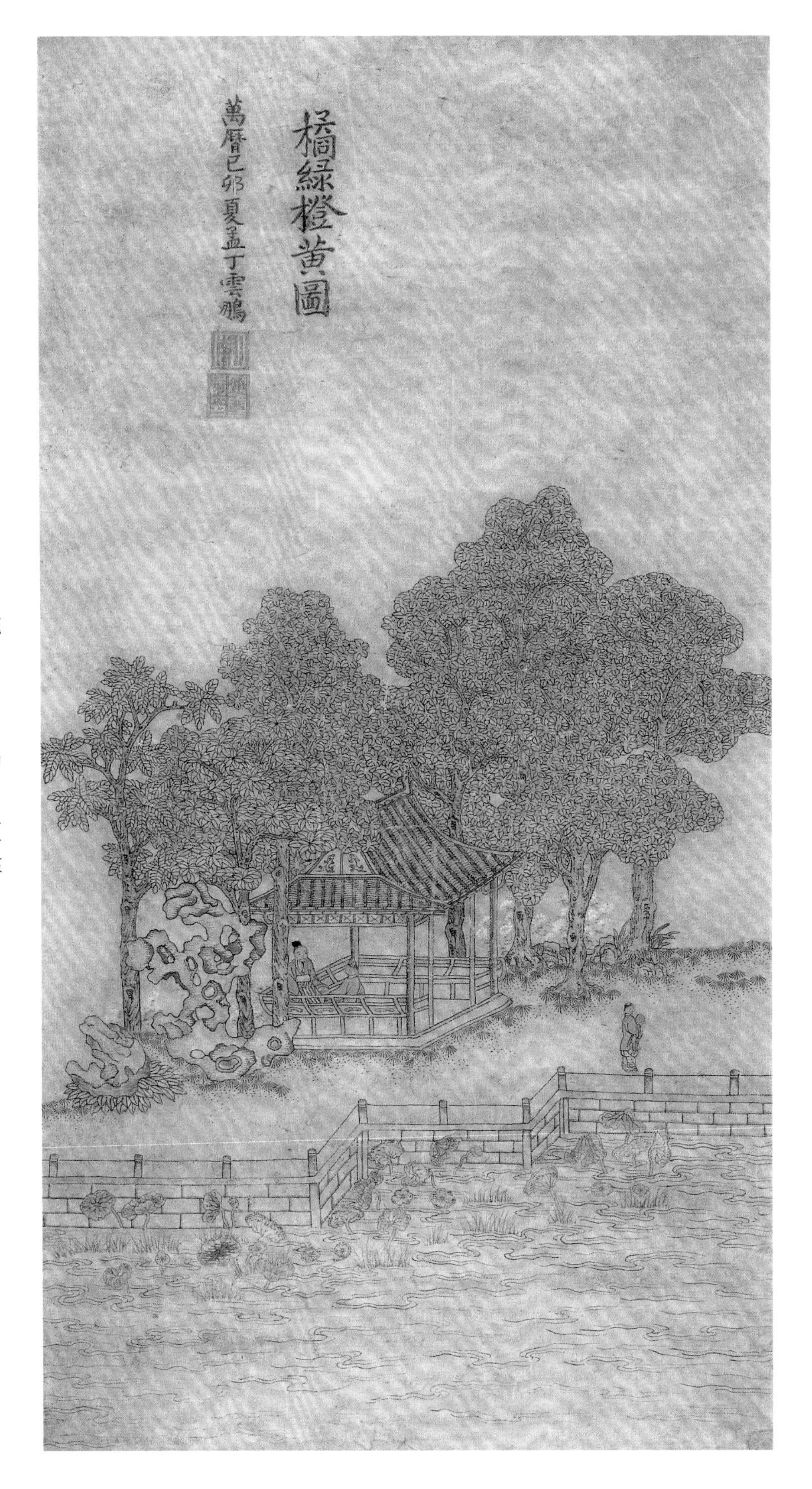

94

緙絲乾隆御筆朱竹圖軸

清乾隆
縱123厘米　橫43厘米
清宮舊藏

Bamboos and Rocks, after Emperor Qianlong's Handwriting, Silk Tapestry

Qianlong Period, Qing Dynasty
Hanging scroll
Length: 123cm　Width: 43cm
Qing Court collection

圖緙織清乾隆皇帝畫硃砂竹石圖，竹葉聚散有致，頗見功力。緙書：“竹可以墨為，亦可以硃為，批硃餘瀋偶一寫之，覺渭川淇澳近在几席間，所為在彼不在此也。　乾隆辛酉（1741）新秋作於抑齋”，“乾”、“隆”印。

此圖以平緙、搭緙、長短戧等常見技法，用色絲的深淺變化來表現山石的皴染，竹葉的偃仰向背，準確地傳達了原畫的神韻。

鑑藏印記：乾隆內府諸印。

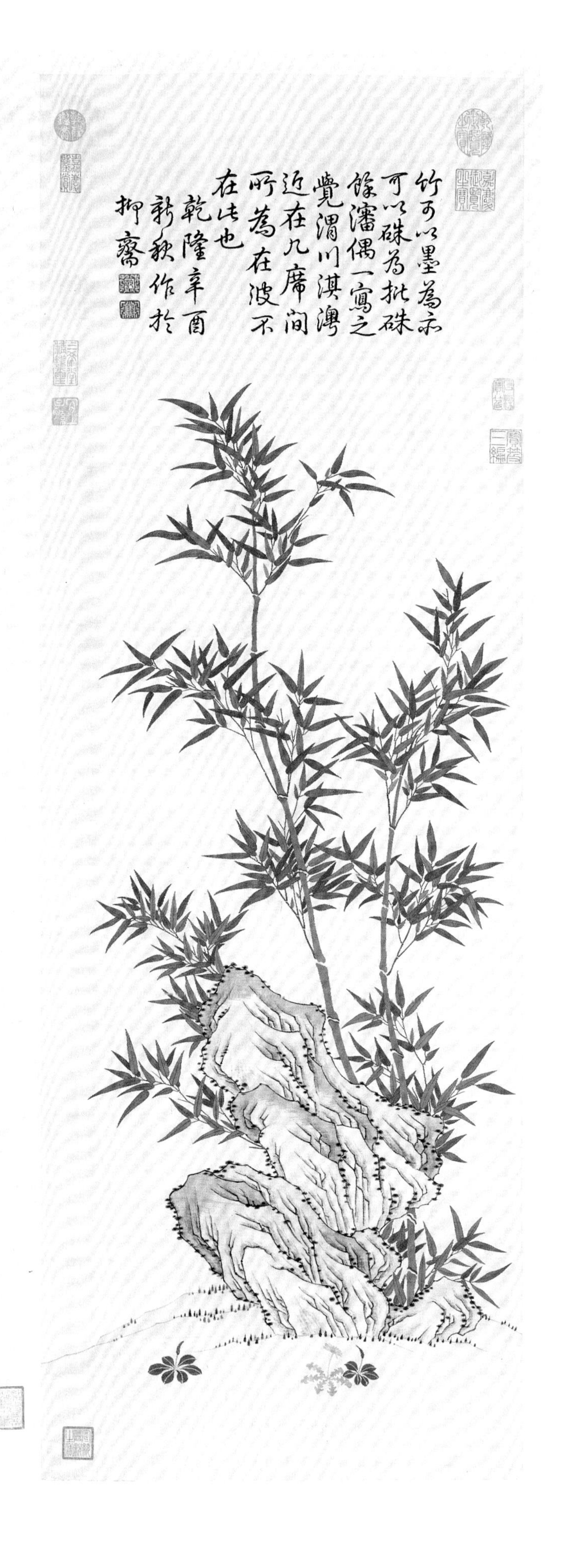

95

緙絲乾隆御筆漢柏圖軸

清乾隆
縱123厘米　橫43厘米
清宮舊藏

Hardy, Old Cypress, Original Painting by Emperor Qianlong, Silk Tapestry
Qianlong Period, Qing Dynasty
Hanging scroll
Length: 123cm　Width: 43cm
Qing Court collection

圖緙織清乾隆皇帝所畫一株蒼勁挺拔的柏樹。緙款：“岱廟東院，漢柏六株，森鬱庭宇，信數千年神物。其西北隅一株，尤為輪囷奇古，壬午(1762)初夏南巡迴蹕經此，默識其狀以歸，氈廬清暇點筆成圖，並系短句，御筆”，“乾”、“隆”印。為乾隆南巡過泰山岱廟時，據廟中漢柏寫成。

此圖為緙、繪結合之作，緙法簡單，有平緙、鳳尾戧、搭緙等。樹幹緙織出輪廓，再以色彩點染，用色不多，卻也傳神。

鑑藏印記：乾隆、嘉慶、宣統內府諸印。《石渠寶笈三編》著錄。

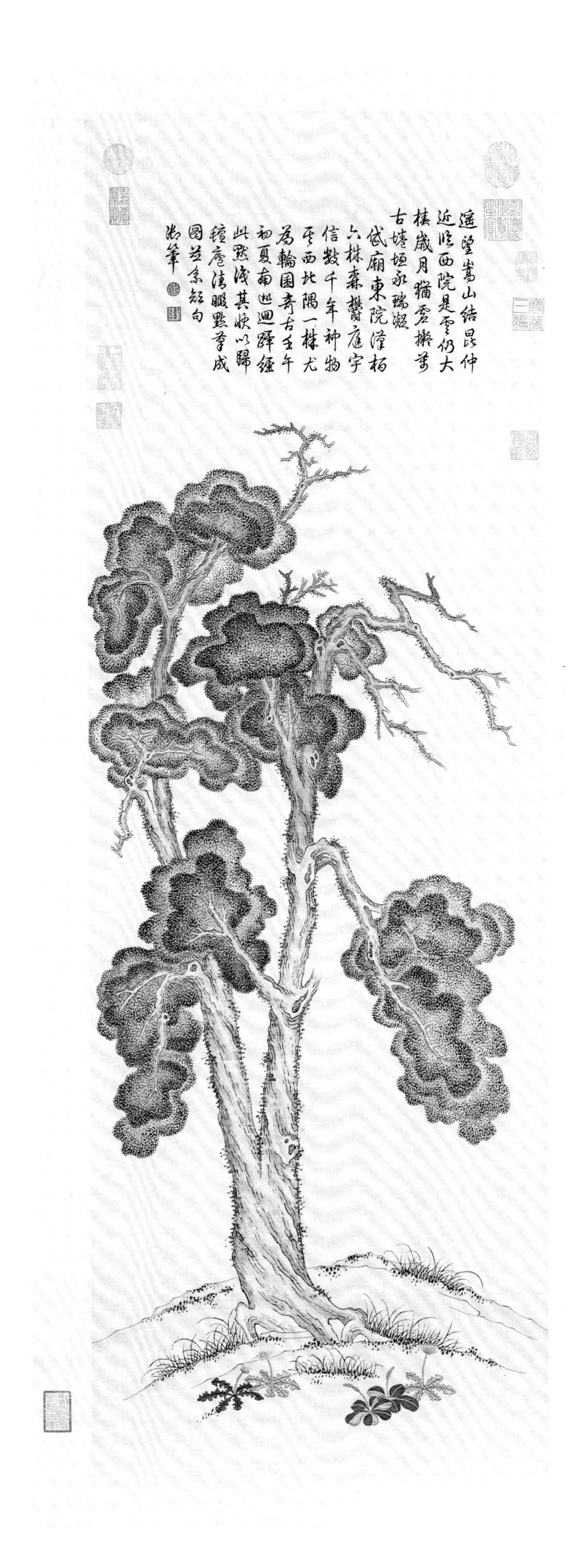

96

緙絲乾隆御製詩花卉圖冊

清乾隆
開縱36厘米　橫22厘米　八開
清宮舊藏

Poems of Flowers and Plants, Leaf Album, Made by the Order of Emperor Qianlong, Silk Tapestry

Qianlong Period, Qing Dynasty
Album of 8 leaves
Length: 36cm　Width: 22cm
Qing Court collection

冊每開緙織一種花卉，有玉蘭花、薔薇、芍藥、石榴、紫楝花、水仙花等，配以山石、鳥雀。緙織隸書乾隆御製詠花詩，"齊物"、"叢雲"、"涵虛朗鑑"、"愛竹學心虛"、"垂露"、"會心不遠"、"德充符"、"雲霞思"、"幾暇臨池"印。

此冊畫風既有傳統工筆重彩法，又有惲壽平的設色沒骨法，色彩豐富，又不失典雅，屬清代"院體"花鳥畫流行風格。緙工簡單，皆以平緙、構緙織成。枝葉的陰陽向背，着筆渲染，更顯生動、寫實。

鑑藏印記：乾隆、宣統內府諸印，"教育部點驗之章"。《石渠寶笈續編》著錄。

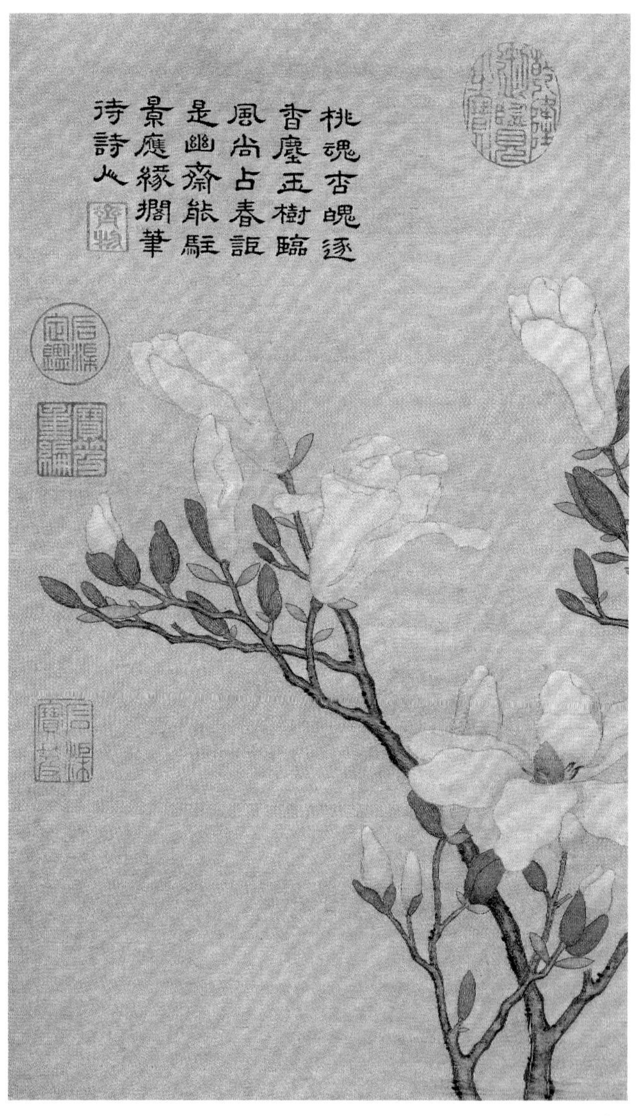

96.1

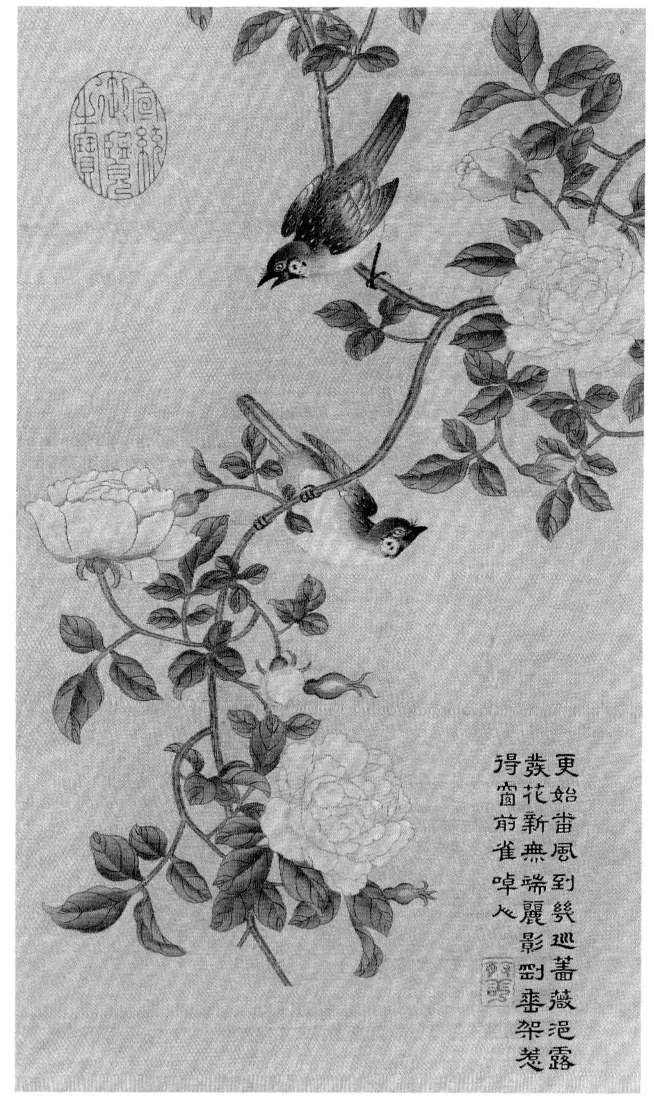

96.2

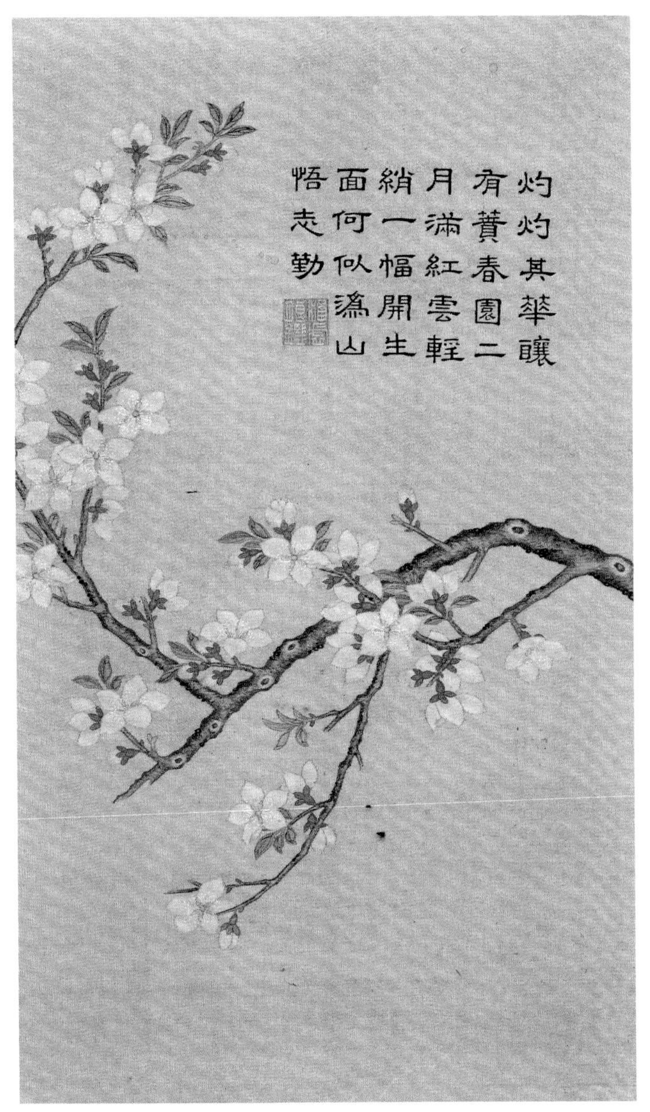
灼灼其華讓
有蕡春園二
月滿紅雲輕
綃一幅開生
面何似瀛山
悟志勤

96.3

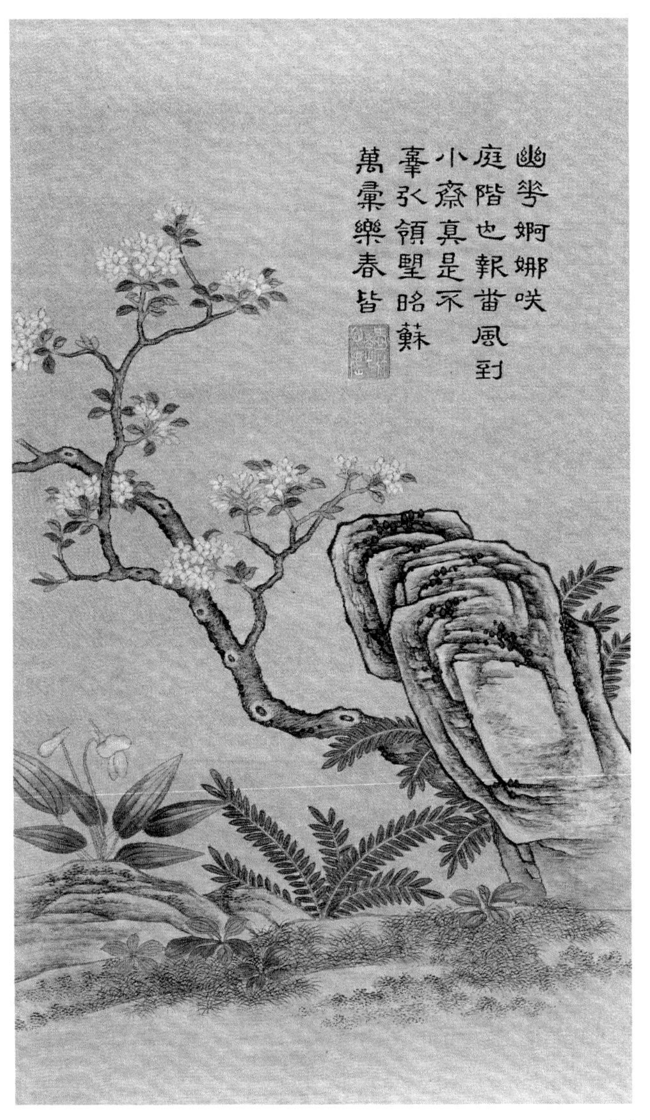
幽芳婀娜咲
庭階也報當風到
小齋真是不
辜弘領塈略蘇
萬彙樂春皆

96.4

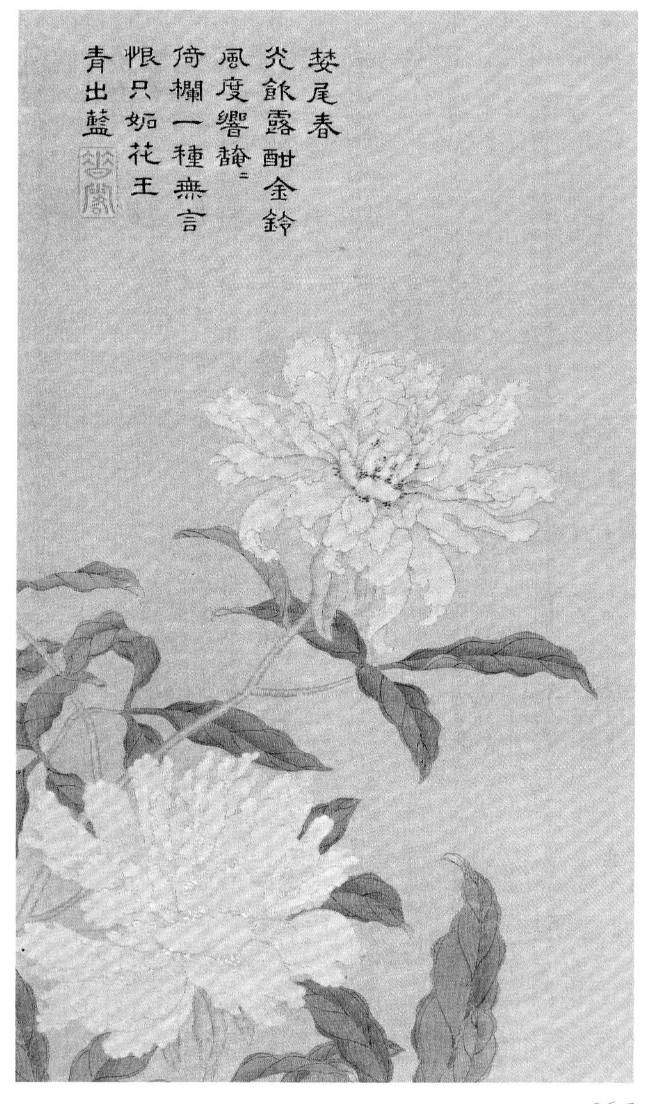
婪尾春
炎飲露酣金鈴
風度響韽韽
倚欄一種無言
恨只妒花王
青出藍

96.5

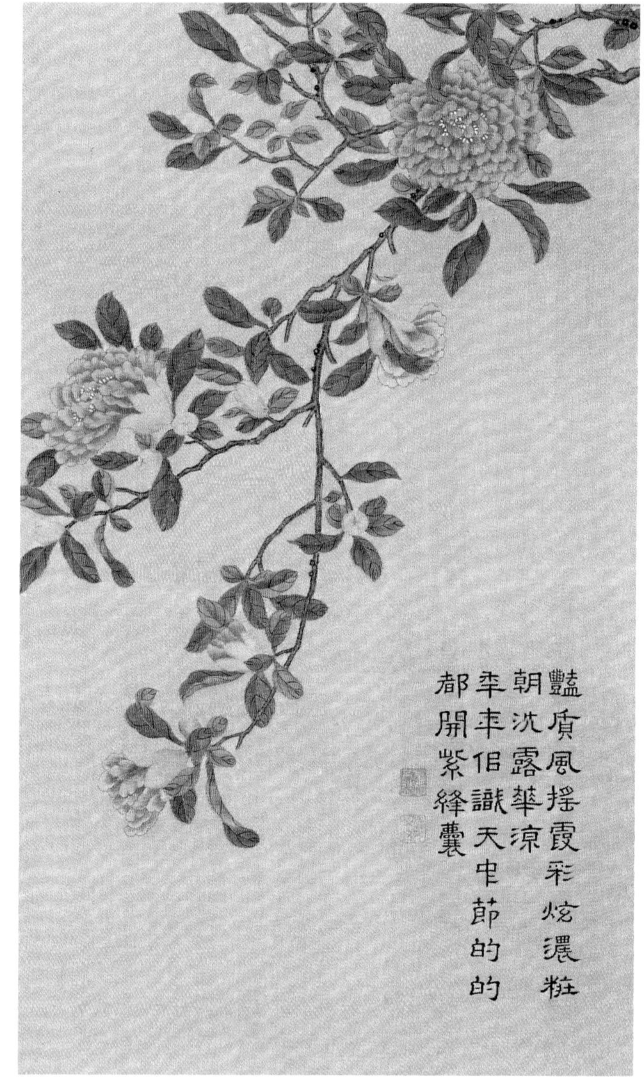
豔質風搖霞彩炫濃粧
朝沈露華涼
牽牛佀識天中節的的
都開紫絳囊

96.6

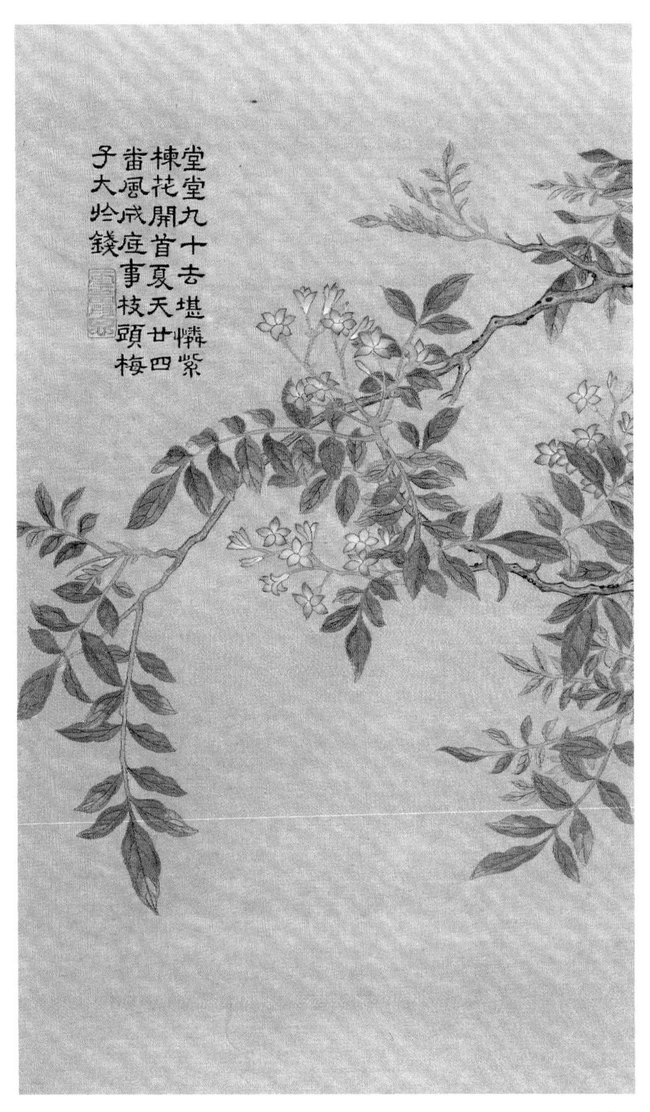
堂堂九十去堪憐紫
楝花開首夏天廿四
番風成底事枝頭梅
子大於錢

96.7

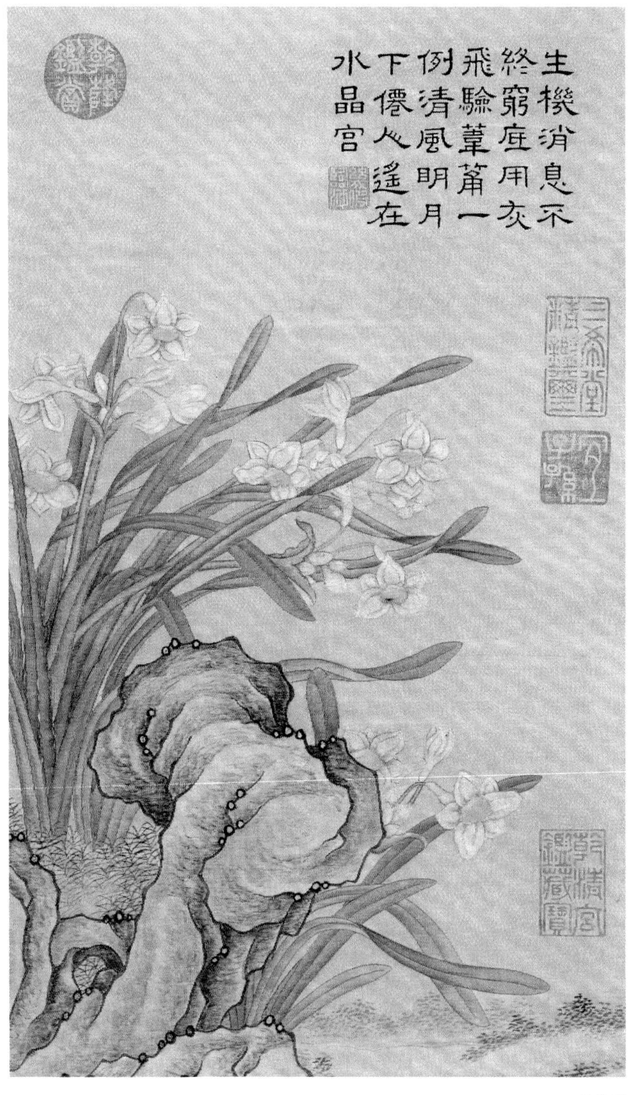
生機消息不
終窮底用灰
飛驗葦葭一
例清風明月
下僊人遙在
水晶宮

96.8

97

緙絲乾隆御製詩鷺立蘆汀圖軸

清乾隆
縱40厘米　橫67厘米
清宮舊藏

Poems of Egret Standing by the Reed Pond, Made by the Order of Emperor Qianlong, Silk Tapestry

Qianlong Period, Qing Dynasty
Hanging scroll
Length: 40cm　Width: 67cm
Qing Court collection

圖緙織蘆花汀洲，水草豐茂，一隻白鷺，躬身曲頸，似在捕食。緙織隸書乾隆御製詩："采采亞汀洲，為花豈自由。葦搖今夕雨，不異去年秋。藏鷺戀青葉，淩波顫白頭。吟看鷺隙影，縈落肯淹留。""乾"、"隆"印。

此圖緙、繪相得益彰。緙工上乘，以平緙、構緙、環緙、子母經為主。白鷺羽毛、水草等着筆渲染，以增加細部的表現力。

鑑藏印記：乾隆、宣統內府諸印。《石渠寶笈續編》著錄。

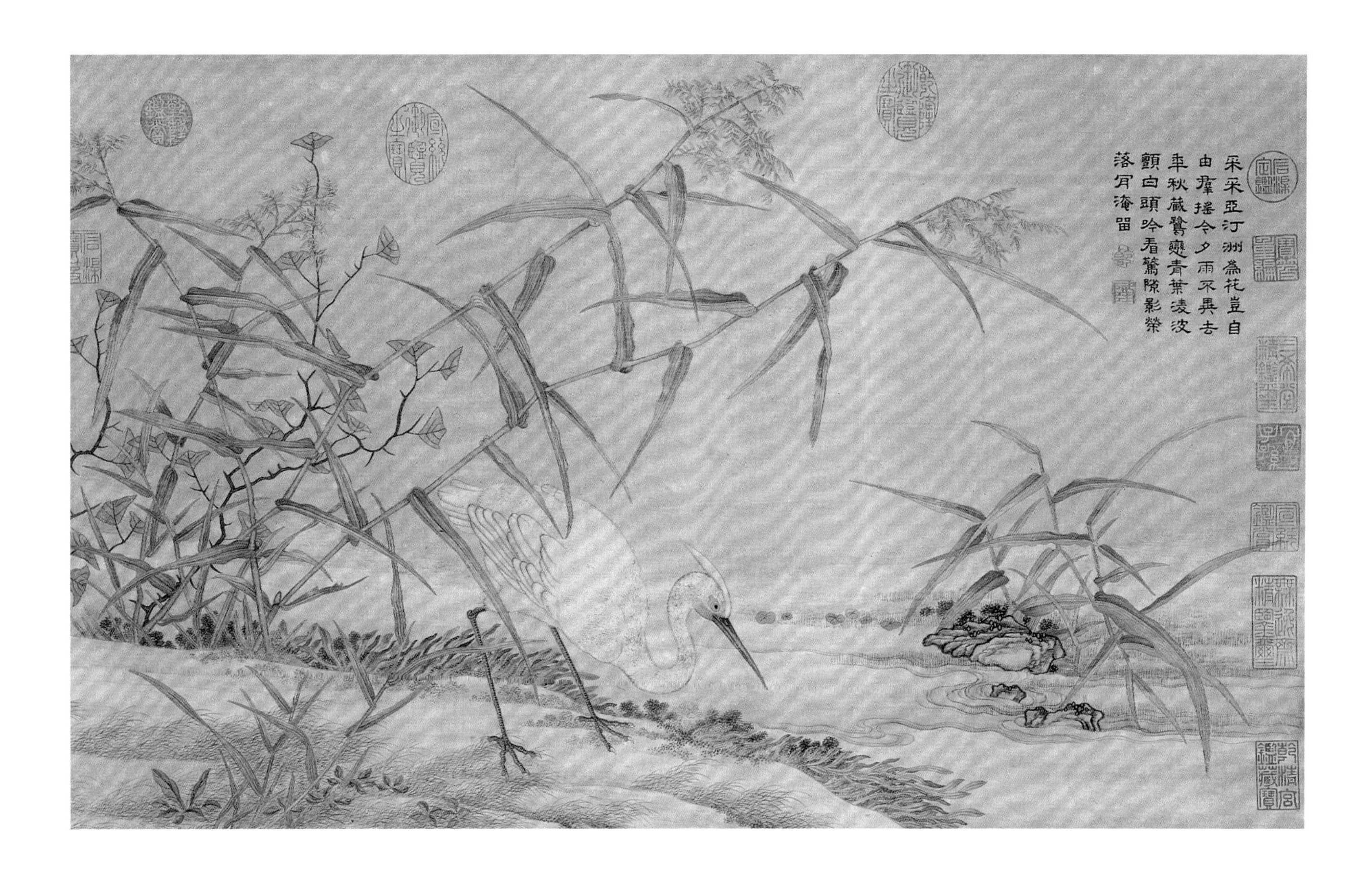

98

緙絲嬰戲圖軸
清乾隆
縱117厘米　橫66厘米
清宮舊藏

Children at Play, Silk Tapestry
Qianlong Period, Qing Dynasty
Hanging scroll
Length: 117cm　Width: 66cm
Qing Court collection

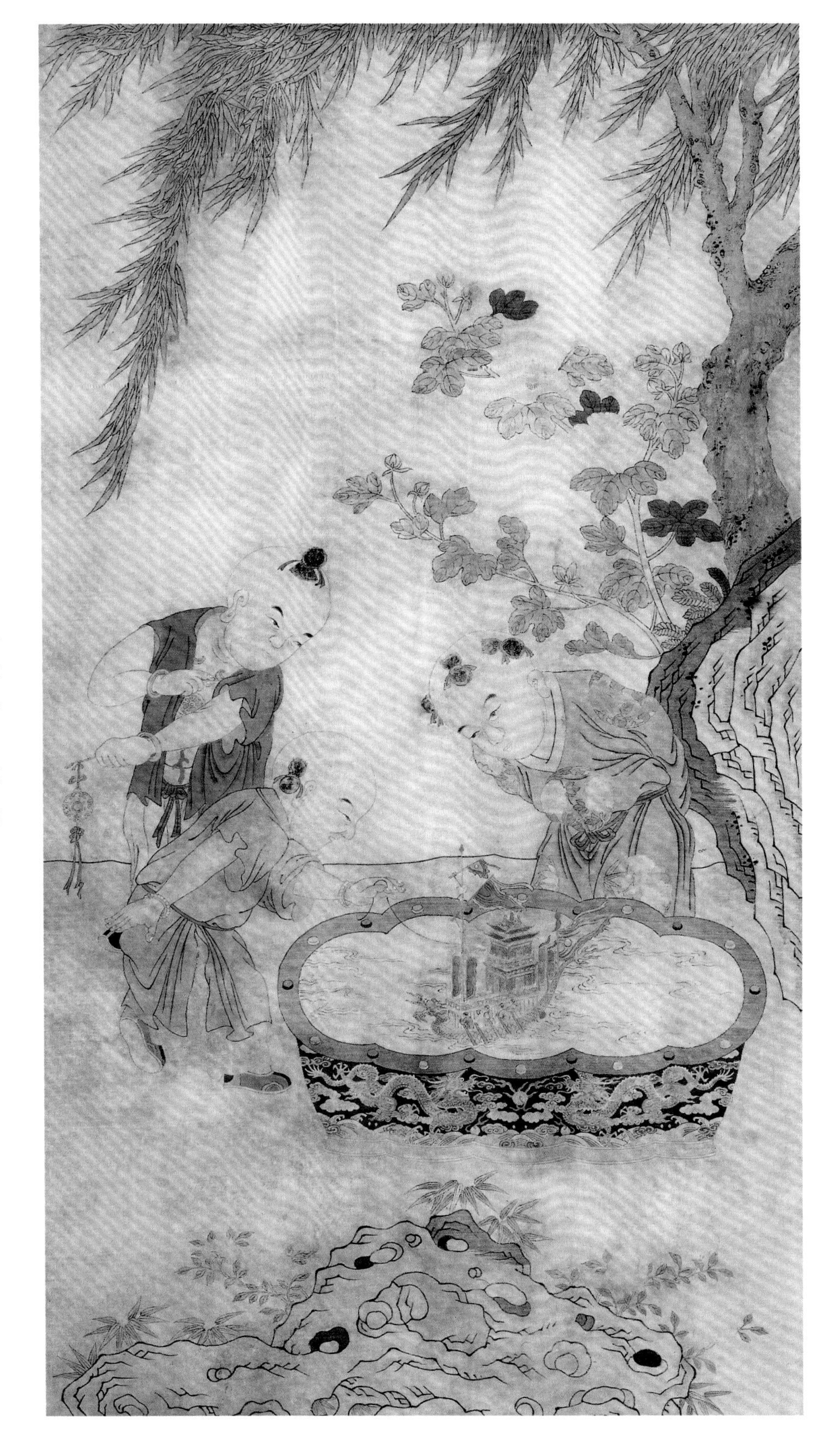

圖緙織柳蔭下三個童子在盆邊戲龍舟，一童子手牽綫，另二人旁觀。輕風拂柳，花芳草綠，情趣盎然。

嬰戲圖是中國繪畫的傳統題材，宋代即已盛行，以後各代均不乏佳作。此圖緙織技法簡單，以平緙、搭緙、長短戧為主，先構緙出物象的輪廓，再用平緙織出塊面顏色，並着筆渲染山石坡地。緙、繪結合，是乾隆以後緙絲畫的特點，既省工省力，又可通過筆墨渲染增強畫面效果。

99

緙絲周文王發粟圖軸

清乾隆

縱117厘米　橫44厘米

Emperor Wen of Zhou Dynasty Granting Millet to the People, Silk Tapestry

Qianlong Period, Qing Dynasty

Hanging scroll

Length: 117cm　Width: 44cm

圖緙織西周文王開倉發糧的場面，周文王坐在樹下看百姓領取糧食，老樹無葉，年景無穫，可此時院內院外百姓表情歡愉。

此圖用平緙、搭緙、木梳戧、長短戧、鳳尾戧等緙織，色調豐富。人物衣紋、房屋、樹木等大面積平塗設色，用平緙法；山石用長短戧、鳳尾戧表現暈色效果，即將深色緯綫與淺色緯綫相互穿插所產生的顏色變化，具有立體感。緙工非常精細，局部有着色。

鑑藏印記：乾隆、嘉慶內府諸印。《石渠寶笈續編》著錄。

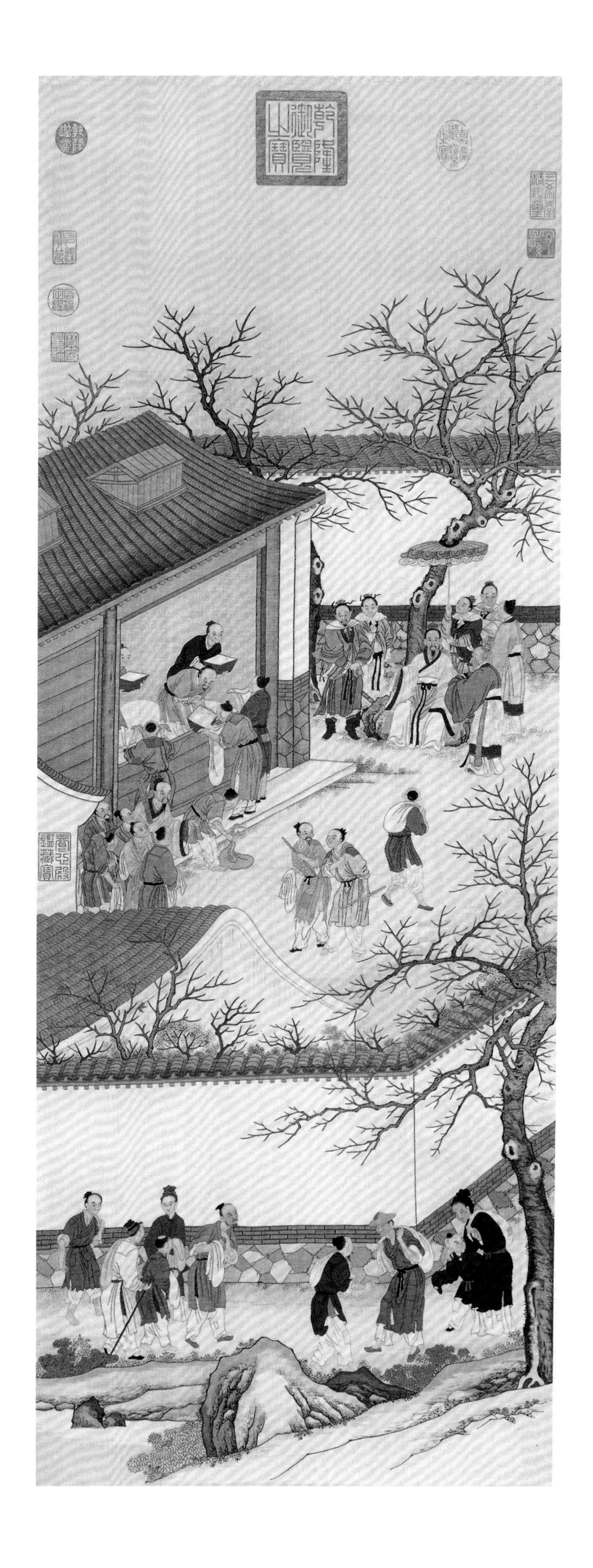

100

緙絲七夕圖軸
清乾隆
縱47厘米　橫32厘米

The Scenery of the Seventh Evening of the Seventh Month, Silk Tapestry
Qianlong Period, Qing Dynasty
Hanging scroll
Length: 47cm　Width: 32cm

圖緙織七夕節情景，樓台庭院內，婦女或憑欄遠眺，或手拿針綫、果品仰對空中作乞求狀。天上兩朵雲彩載着牛郎、織女，隔河相會。

七夕，又稱乞巧節，為農曆七月七日，相傳牛郎、織女在天河相會，民間婦女備針綫、果品乞求智巧。此圖為二色間暈，運用平緙、構緙、緙金等技法。大面積色塊，先以綫條勾勒然後填彩，樹幹、枝葉等處用色渲染，亭台樓閣有界畫特點，是一件緙、繪結合的佳作。

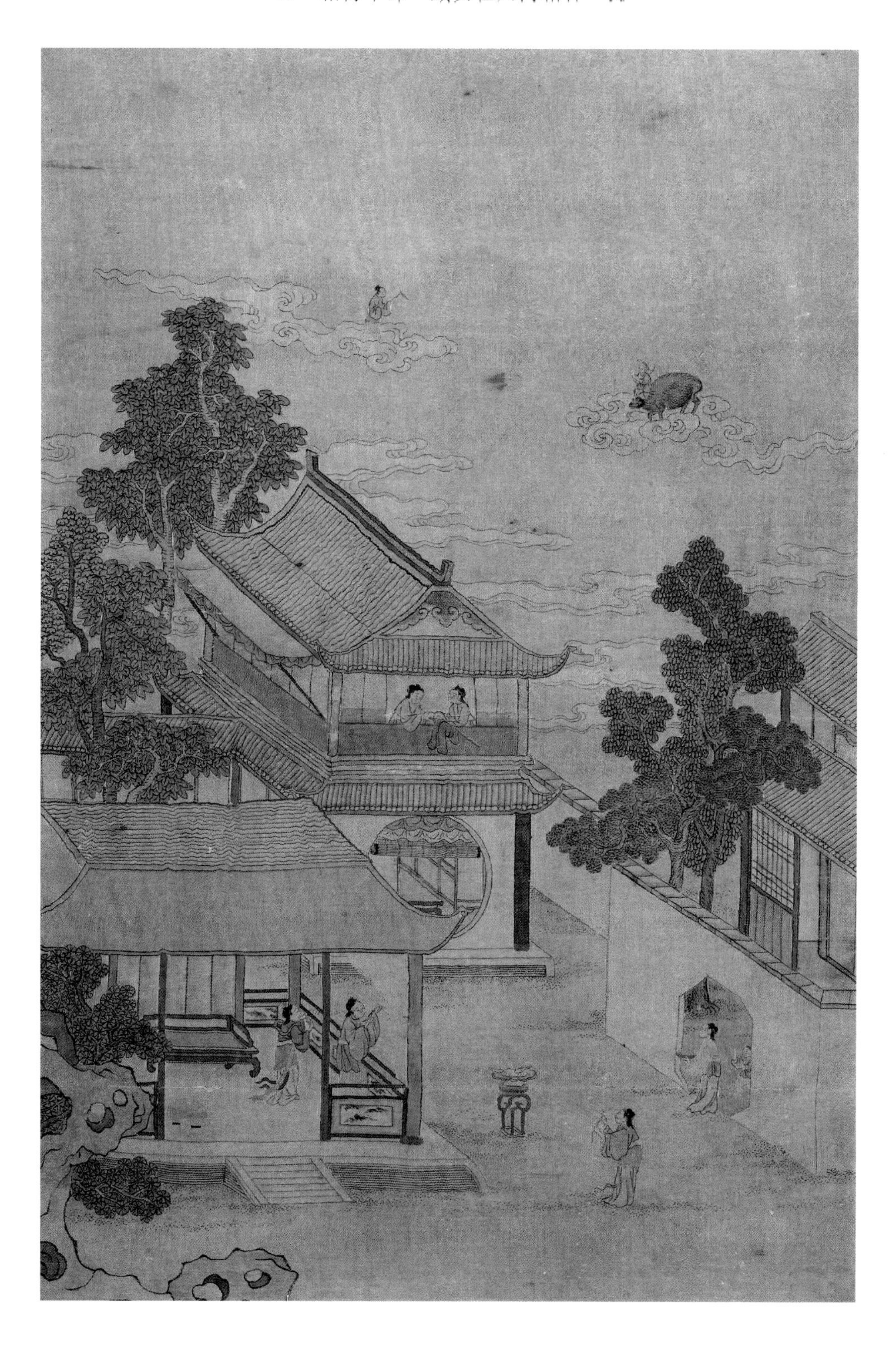

101

緙絲九老圖軸
清乾隆
縱180厘米　橫93厘米

Nine Aged Men, Silk Tapestry
Qianlong Period, Qing Dynasty
Hanging scroll
Length: 180cm　Width: 93cm

圖緙織會昌九老在山野溪流間相會的情景，或談詩論藝，或觀畫，或摘桃。其間點綴着象徵長壽的蒼松、翠柏、壽桃、鶴鹿等。

唐代會昌五年（845年），詩人白居易退居河南洛陽，與胡杲等人作尚齒會，飲酒作詩。九人最年長者李元爽136歲，最少者白居易74歲，人稱“會昌九老”。後世以此作祝壽題材。

此圖有明代畫家仇英工麗、細膩的畫風。在工藝上緙、繪結合，工筆處精織細緙，寫意處筆墨渲染。山石、松枝等以常見的平緙、搭緙輪廓，然後用筆皴染。細微處輔以繁複的技法，如山坡暈色用長短戧，鹿身用木梳戧，花卉桃實用構緙等。

鑑藏印記：“子清”等。

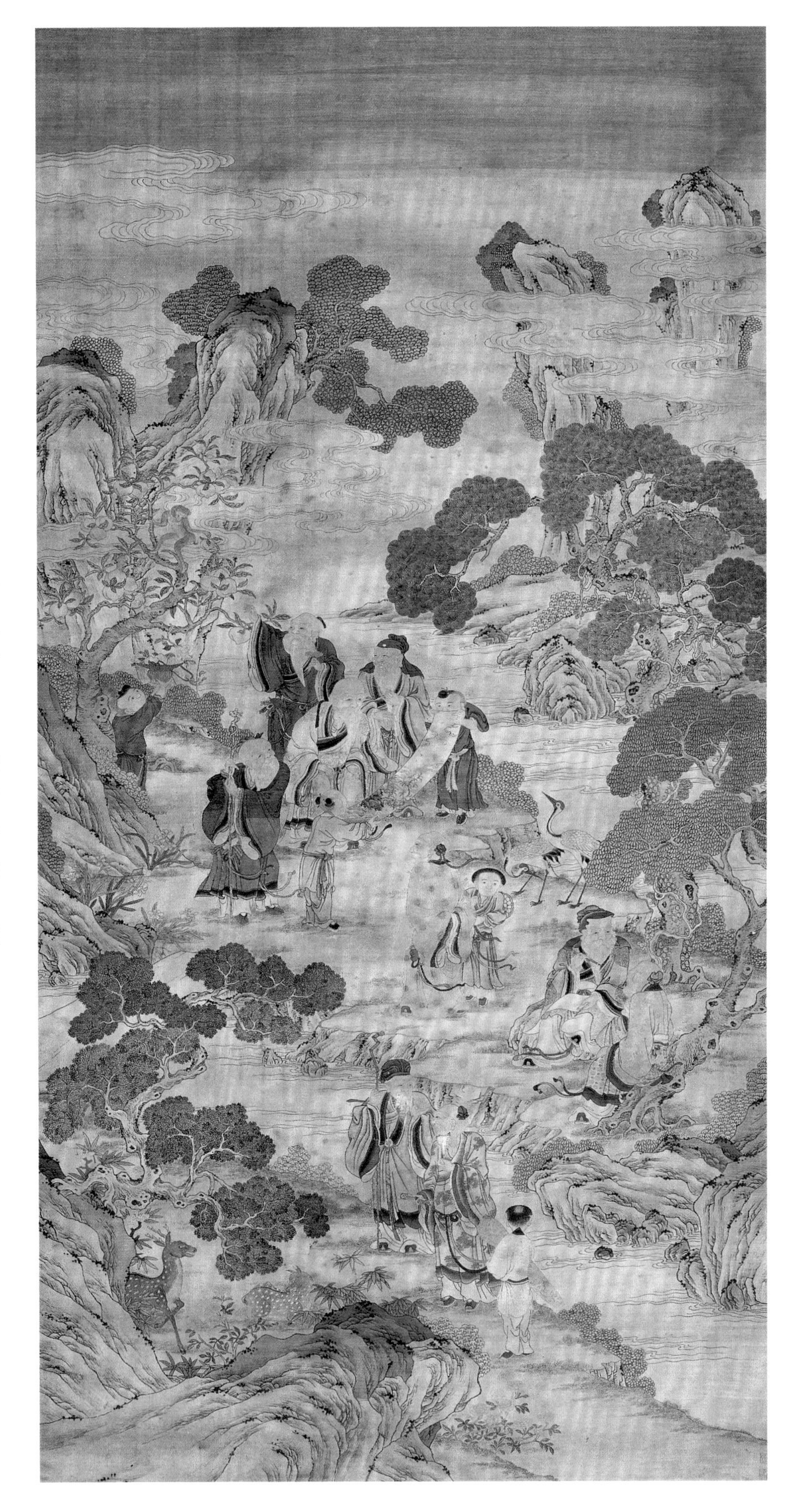

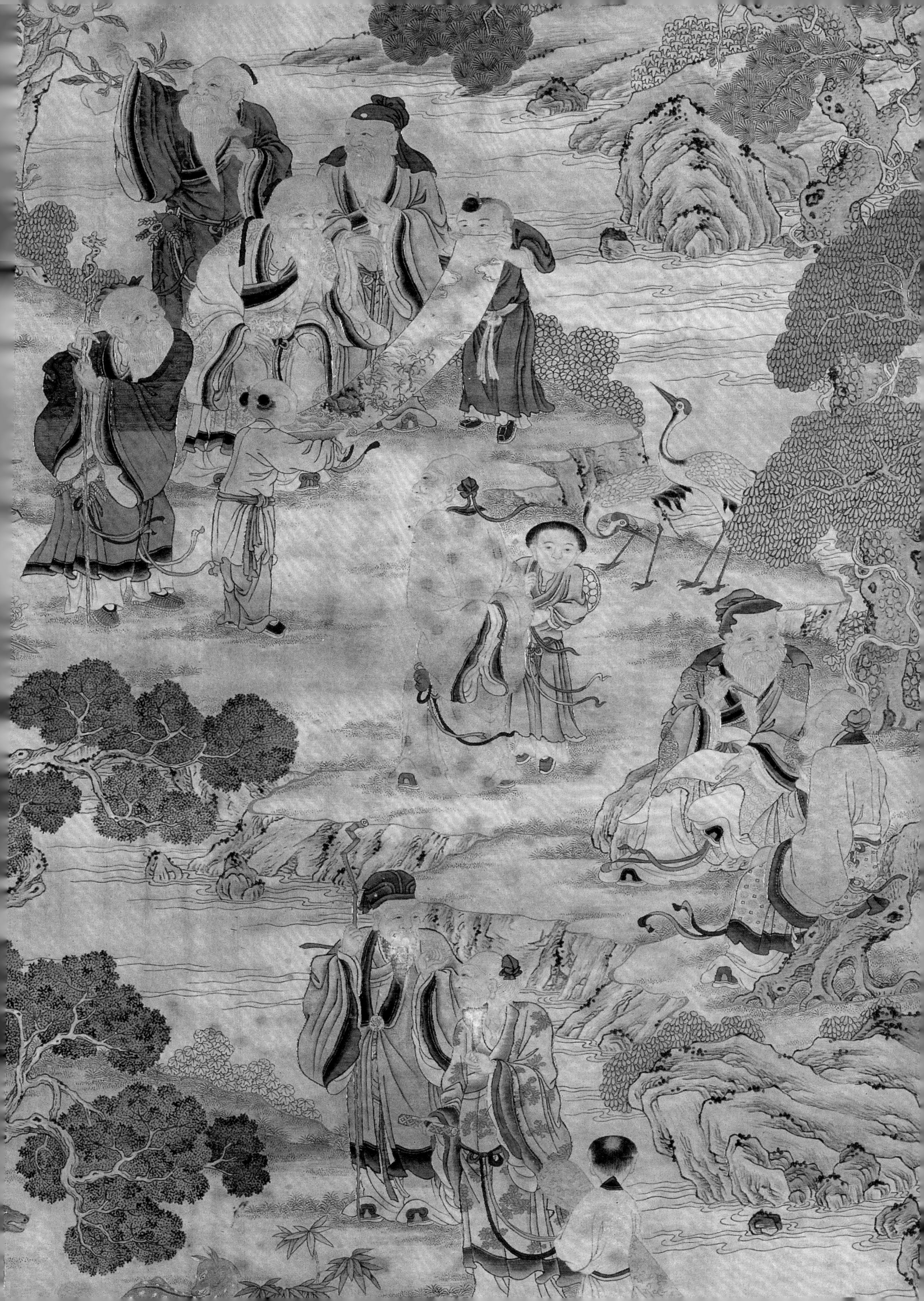

102

緙絲萬年如意圖軸
清乾隆
縱29厘米　橫85厘米

A Fish in Waves under the Sky with Colored Clouds, Silk Tapestry
Qianlong Period, Qing Dynasty
Hanging scroll
Length: 29cm　Width: 85cm

圖雙面緙織一條出水鯰魚，口中吐珠。天空飄浮五彩卍字雲，水中浪花翻捲，岸邊花草繁盛。寓意“萬年如意”。

雙面緙，即兩面緙織圖案，花紋、色彩一致。此圖緙工細緻，運用平緙、長短戧、構緙技法，設色淡雅、和諧，多用間暈法。兩面緙織不露綫頭，技術要求很高。為清代雙面緙佳作。

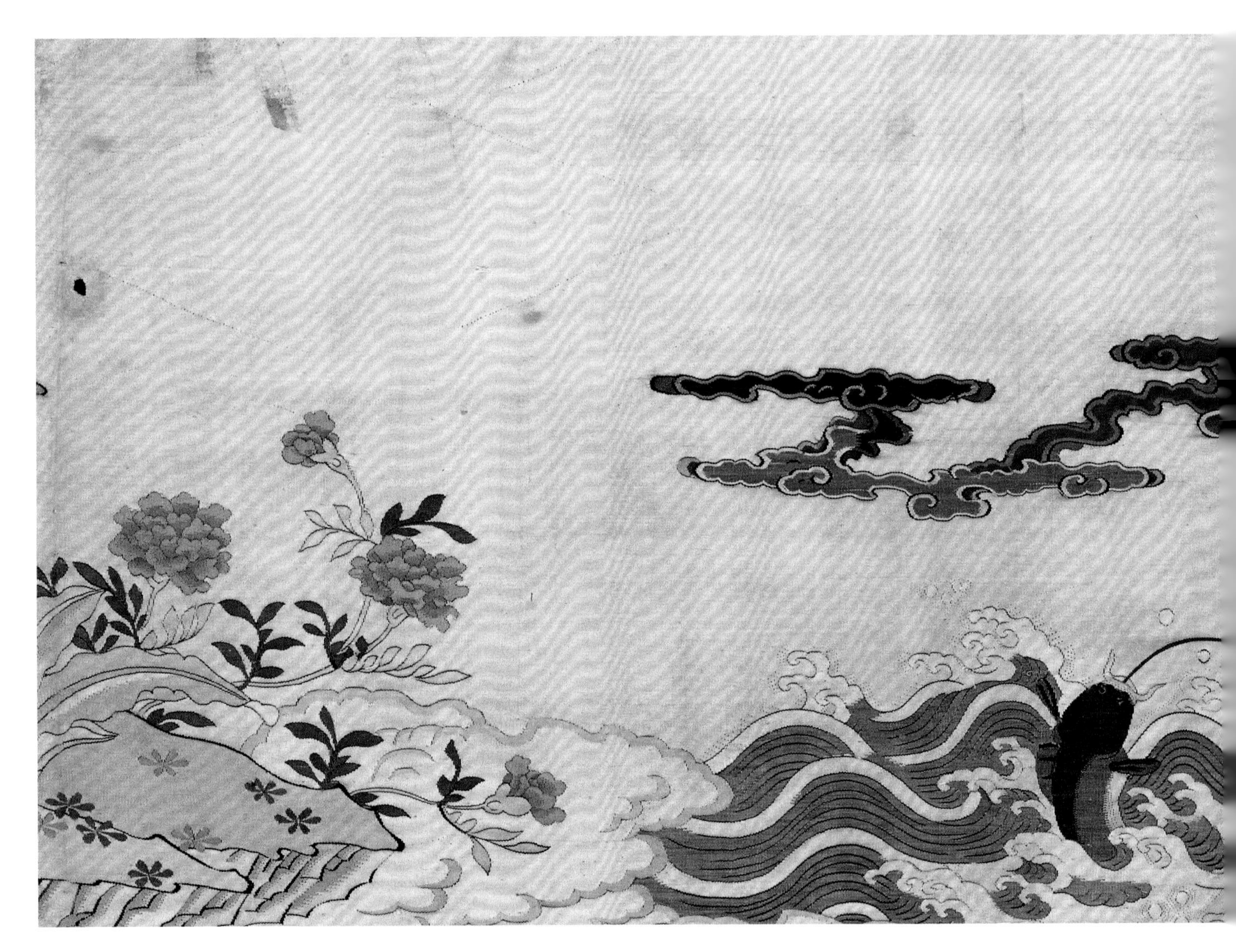

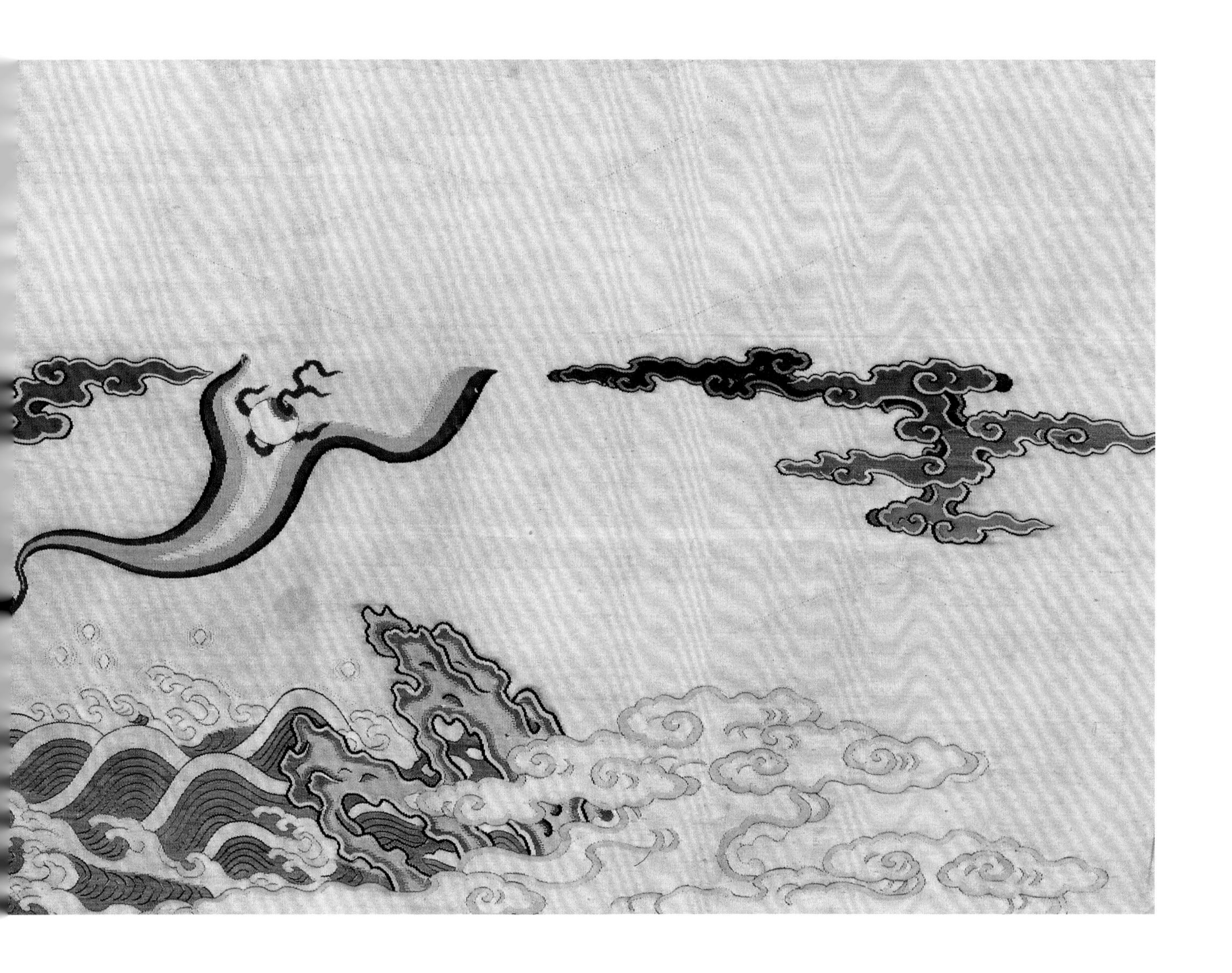

103

緙絲三多有慶圖卷

清乾隆
縱34厘米　橫417厘米

Hundred of Children in a Celebration, Silk Tapestry
Qianlong Period, Qing Dynasty
Handscroll
Length: 34cm　Width: 417cm

圖緙織全景式百子嬰戲場景，表現眾多童子或觀魚，或放風箏，或習字，或鬥蟋蟀，或抬石榴，或嬉戲玩耍，表情豐富，形態各異，氣氛喜慶熱烈。引首緙織隸書“三多有慶”。

此圖為工筆重彩畫法，設色艷麗。緙工為二至三色間暈與退暈相結合，施以平緙、搭緙、長短戧、構緙、緙金等技法。人物眾多，形象生動，色彩豐富，緙工繁複細膩，為一件精彩之作。

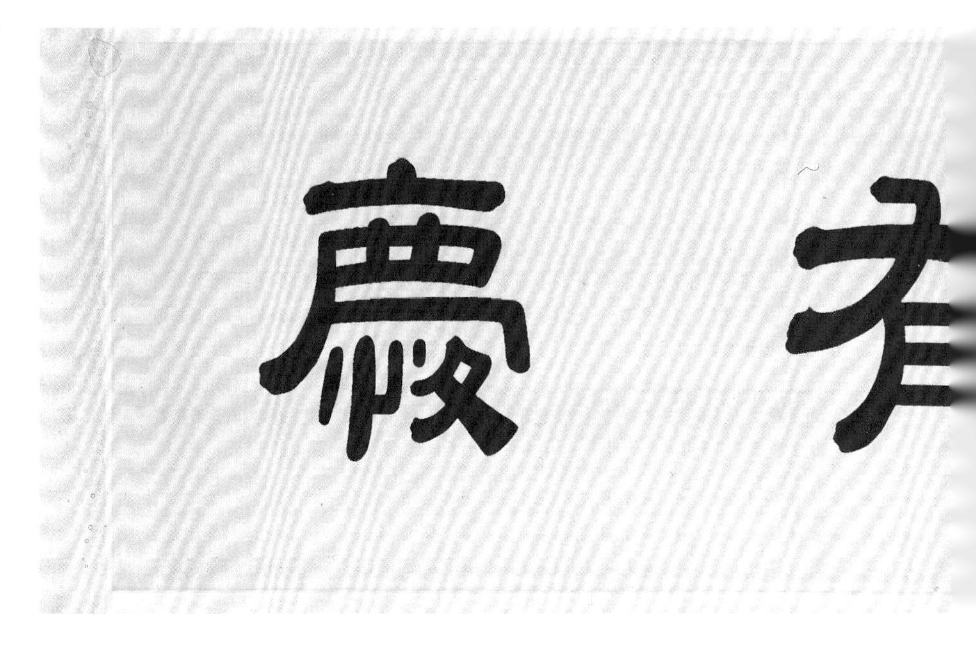

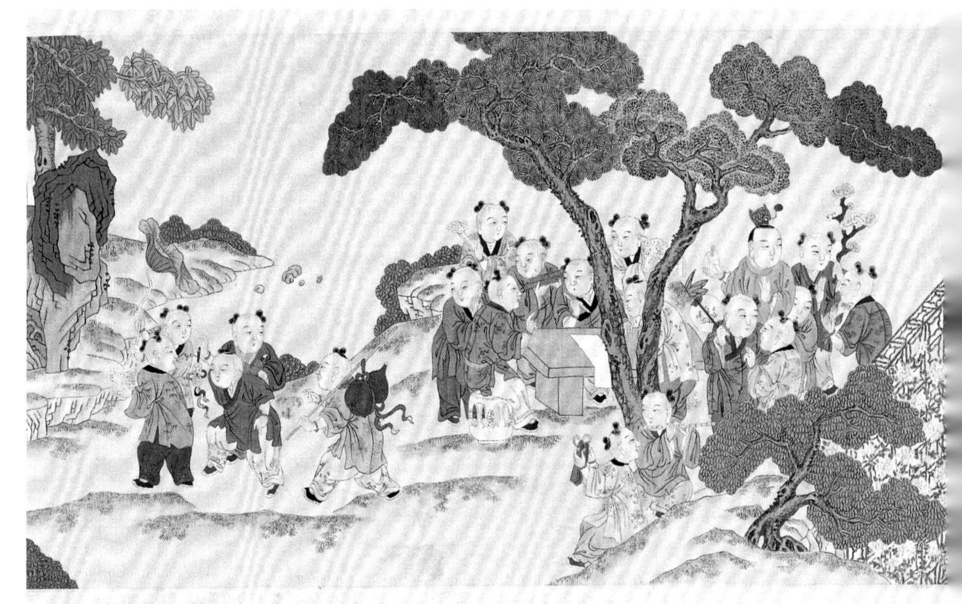

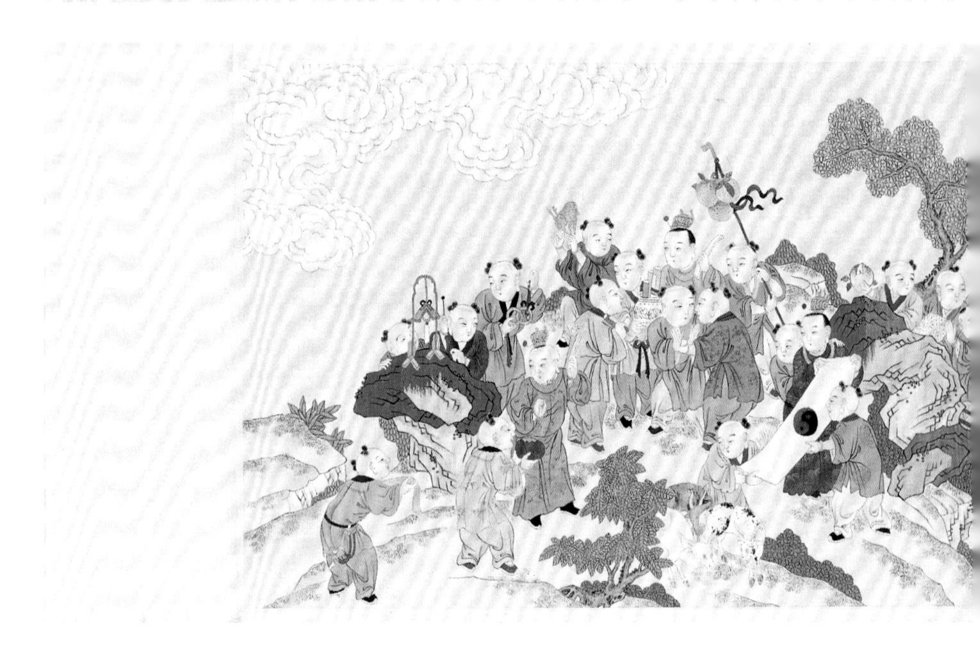

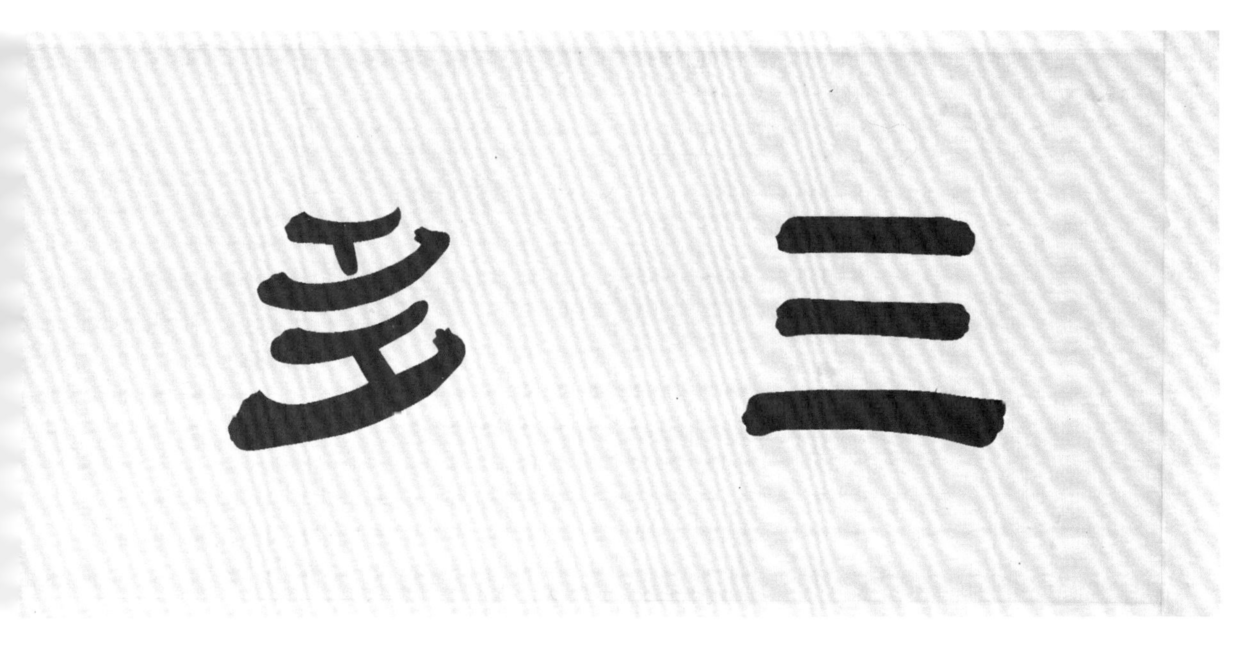

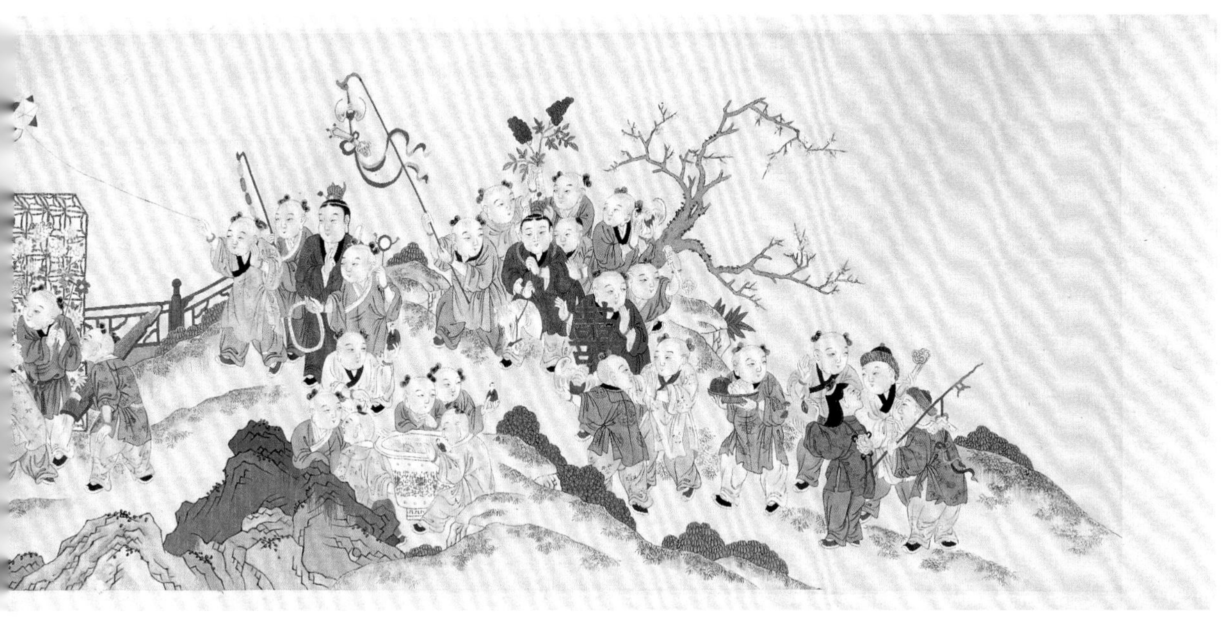

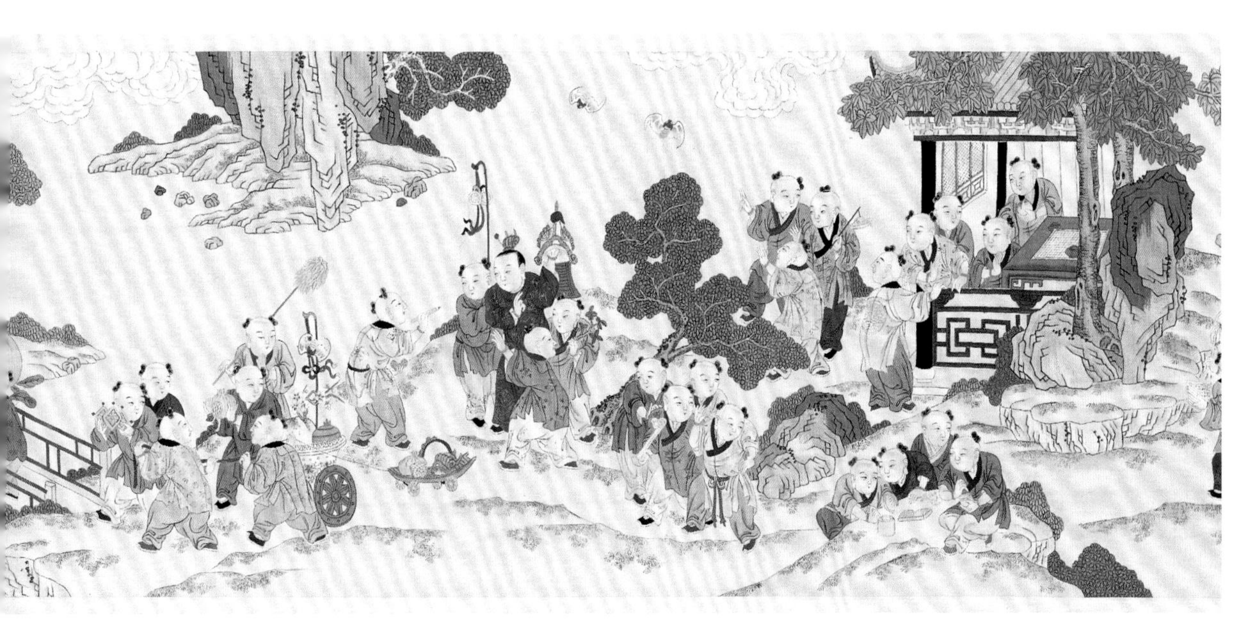

104

緙絲麗春雙禽圖軸

清乾隆

縱141厘米　橫46厘米

Two Birds and Lilac Blossoms, Silk Tapestry

Qianlong Period, Qing Dynasty

Hanging scroll

Length: 141cm　Width: 46cm

圖緙織一株花開繁盛的丁香樹，枝椏間有小鳥嬉戲，麗春花（虞美人）在樹石間婀娜綻放。

此圖為仿宋代“院體”花鳥畫風格，畫風工緻秀麗。為緙、繪結合之作。包心戧表現山石暈色，平緙、長短戧、構邊、搭緙花卉、樹木，以不同色階的絲綫表現花卉枝葉的陰陽向背。雙鳥羽毛細微處着筆繪製。

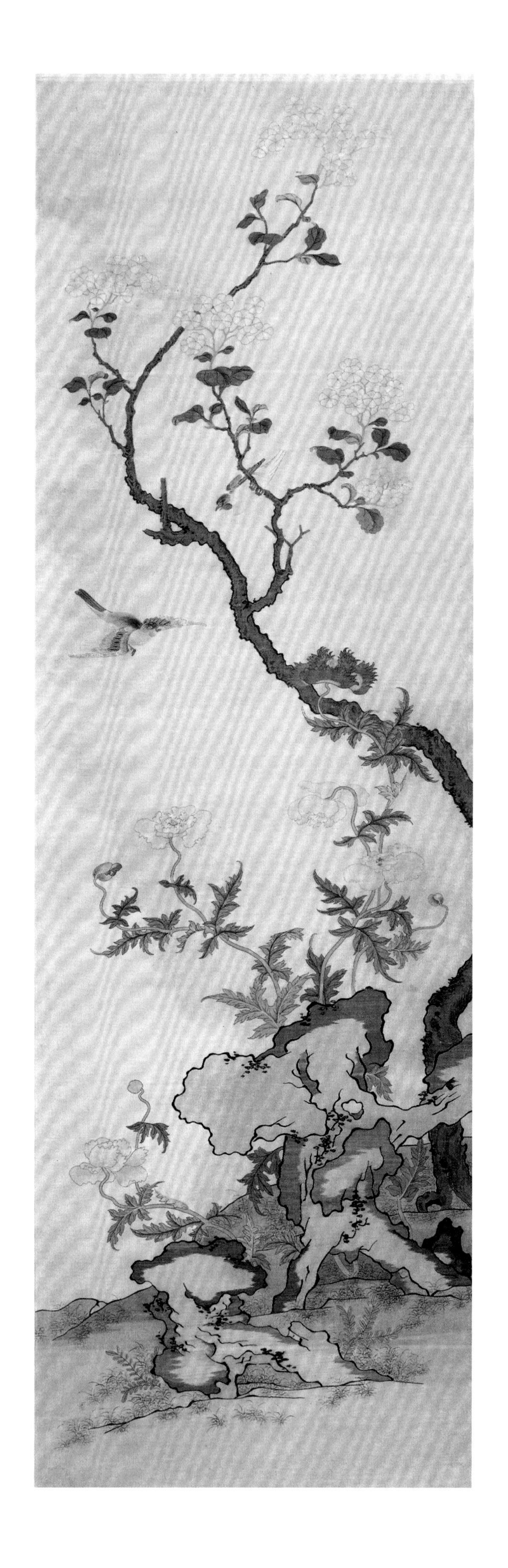

105

緙絲仙舟仕女圖軸

清乾隆
縱70厘米　橫102厘米
清宮舊藏

Two Traditional Chinese Ladies on an Immortal Boat, Silk Tapestry

Qianlong Period, Qing Dynasty
Hanging scroll
Length: 70cm　Width: 102cm
Qing Court collection

圖緙織兩女子駕一葉小舟蕩漾在波濤中，舟中載有仙桃、牡丹花、玉蘭花、酒缸等。崖壁陡直，老松橫生。

使物象細膩、逼真，緙不如繪；追求畫面的鮮艷、光澤感，則繪不如緙。此圖為緙、繪結合，以平緙為主，鳳尾戧、結、構緙穿插使用。仙舟平緙輪廓，用筆畫出紋理；人物用平緙，細微處如眉毛、鼻子、衣紋等，則用筆描繪。為乾隆時期緙絲畫精品。

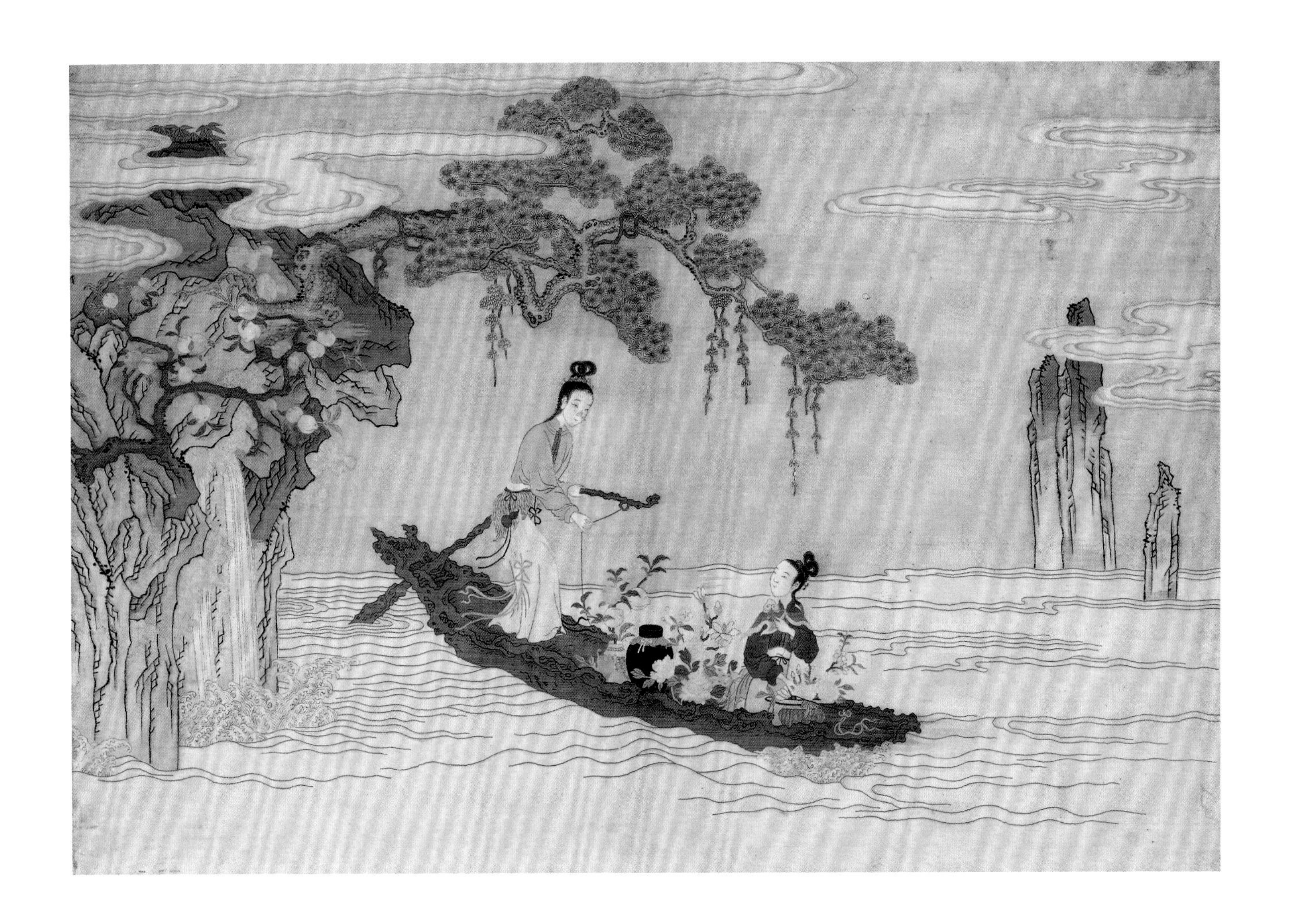

106

緙絲仕女圖軸
清乾隆
縱27厘米　橫27厘米

Traditional Chinese Lady, Silk Tapestry
Qianlong Period, Qing Dynasty
Hanging scroll
Length: 27cm　Width: 27cm

圖緙織一女子扶欄遠眺，身後梅樹枝椏盤曲，白花吐蕊。全畫以灰色為主色調，給人一種清冷惆悵之感。緙書“一林良景”，“青木”印。

此圖仕女形象纖弱、柔美，頗似費丹旭、改琦畫風。緙法上以平緙為主，摻有長短戧、構緙，色彩簡單。人物五官、頭髮等用筆繪出。

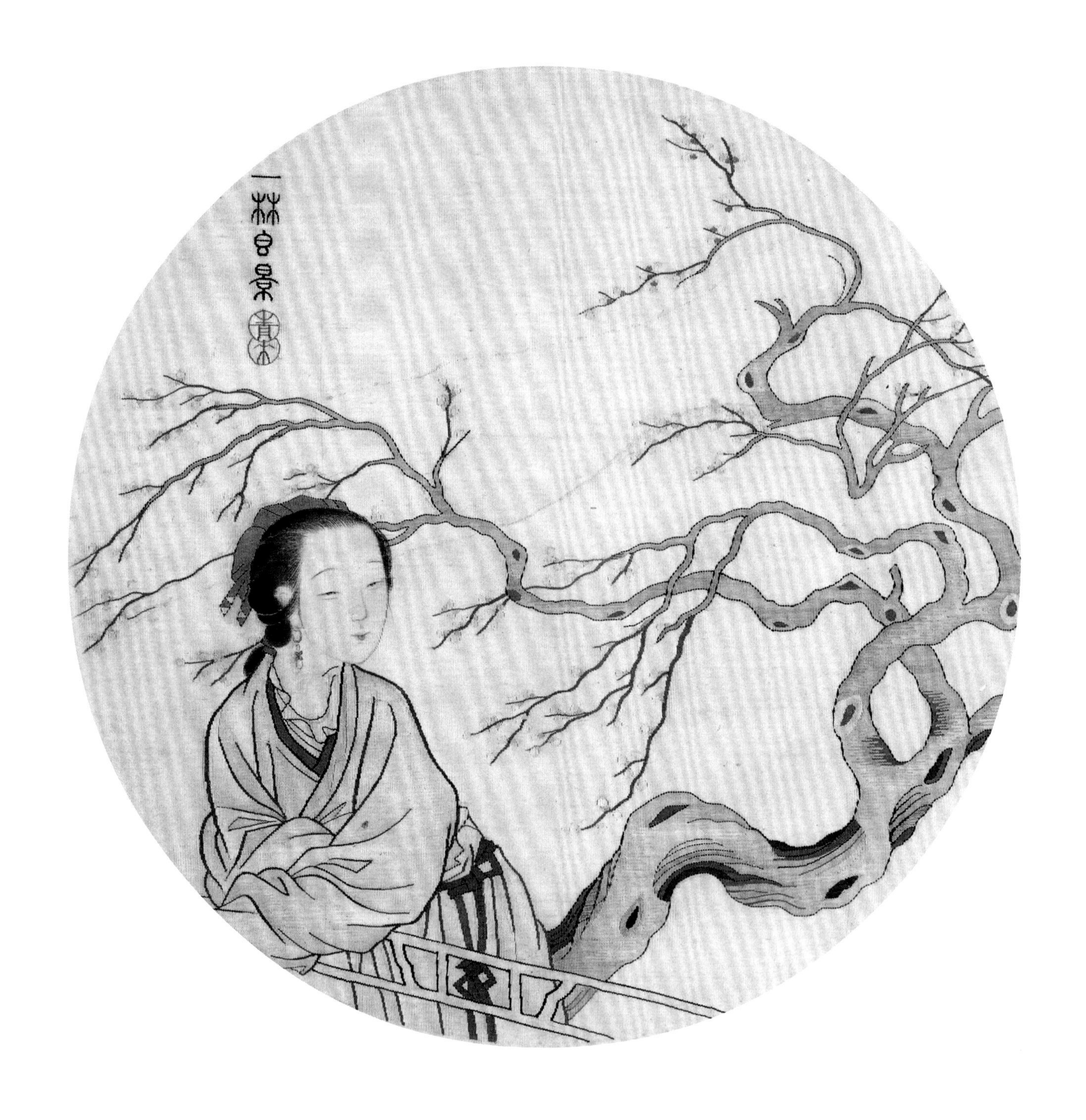

107

緙絲佛手雙鳥圖軸

清乾隆

縱167厘米　橫42厘米

Blossoms and Two Birds, Silk Tapestry

Qianlong Period, Qing Dynasty

Hanging scroll

Length: 167cm　Width: 42cm

圖緙織佛手垂枝，山茶花盛開，梅花綻放，兩鳥隔枝相望，啁啾歡鳴。樹下配竹石、水仙。

此圖設色淡雅，緙、繪結合。以平緙為主，塊面用平緙，樹葉以不同色綫平緙，表現出陰陽向背。葉脈和花緣用構緙勾勒出邊。花瓣用木梳戧、長短戧，表現出層次和色澤的變化。樹幹、鳥羽等用墨色暈染。

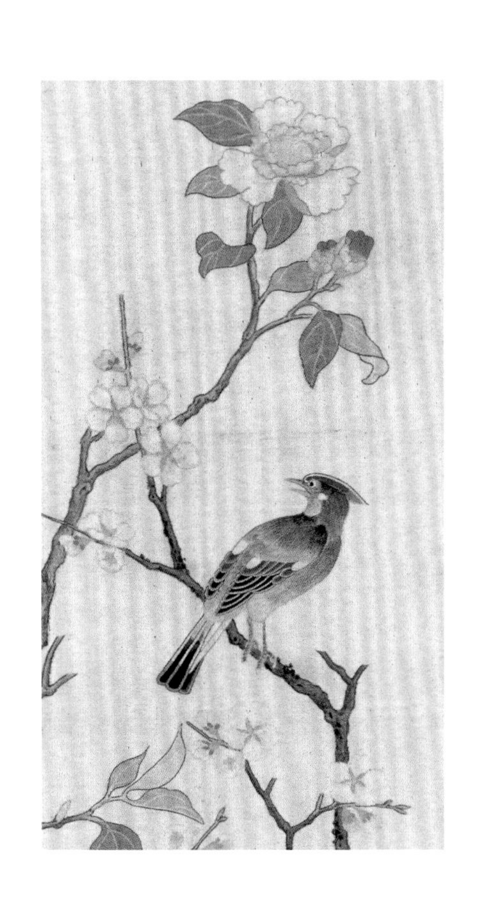

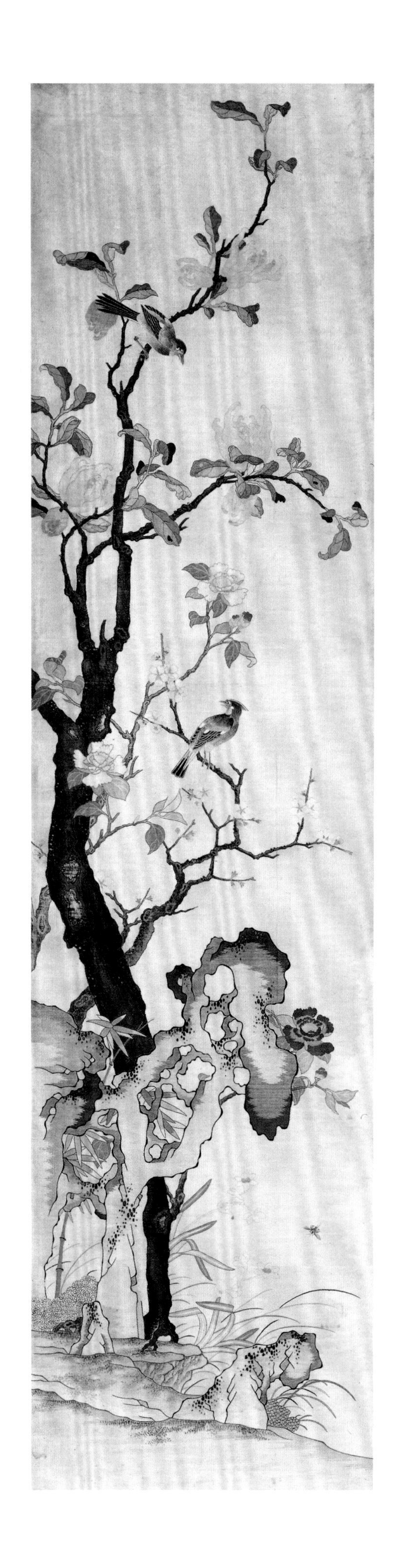

108

緙絲秋桃綬帶圖軸

清乾隆

縱198厘米　橫59厘米

Paradise Flycatcher in a Peach Tree, Silk Tapestry

Qianlong Period, Qing Dynasty

Hanging scroll

Length: 198cm　Width: 59cm

圖緙織一株結滿果實的桃樹，枝上棲一對綬帶鳥。樹下為盛開的菊花、海棠，坡石、溪流相映成趣。桃實、綬帶鳥、菊花均寓意長壽。

此圖具有明代吳門畫家陸治的"淡彩寫生"風格，工筆勾勒與設色沒骨相兼。緙法上講究靈巧多變，以平緙、搭緙為主，兼用長短戧、摜緙、木梳戧等。桃實尖和山石暈染用鳳尾戧；表現海棠花殘葉，則頻繁變換色絲小梭，以達到寫實逼真的效果；花朵、葉脈等用構緙勾勒，表現出工筆畫的筆法。清乾隆時期的緙絲畫已由明代的絢麗趨於嫻雅，緙法細膩，設色清麗，較常見三藍暈色技法，具有鮮明的時代特點。

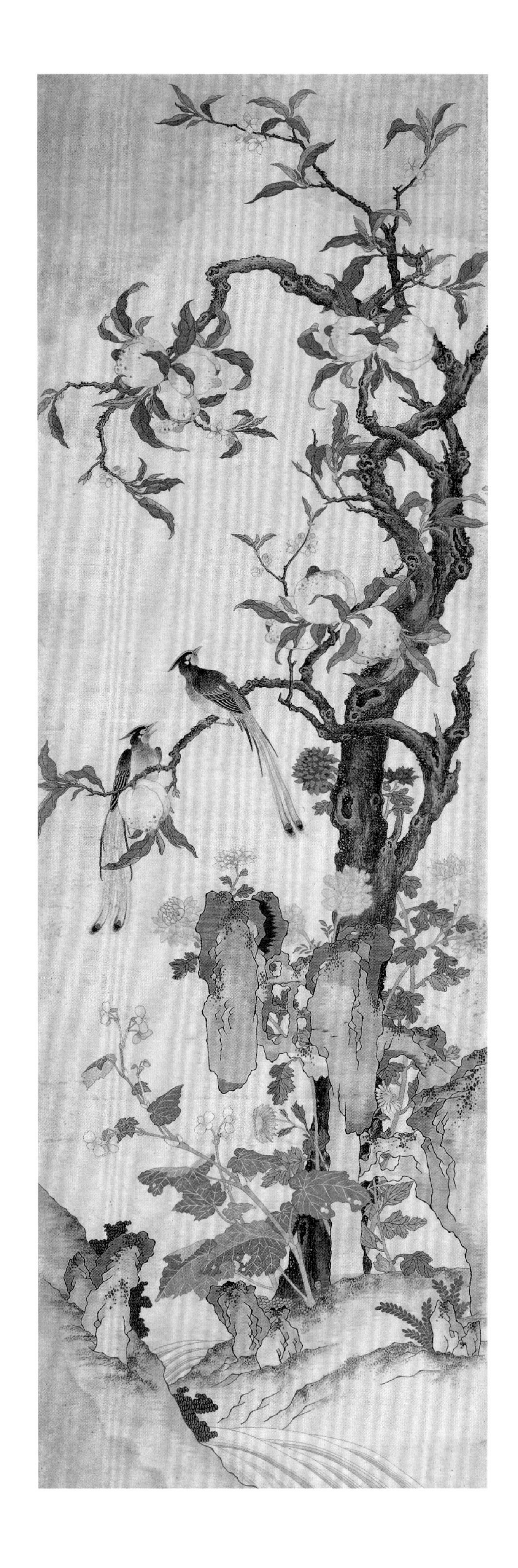

109

緙絲仇英後赤壁賦圖卷
清乾隆
縱30厘米　橫498厘米

The Second Part of Chi Bi Fu, Original by Qiu Ying, Silk Tapestry
Qianlong Period, Qing Dynasty
Handscroll
Length: 30cm　Width: 498cm

圖緙織仇英畫，分八段全景式描繪蘇軾《後赤壁賦》文意，有與客在赤壁下夜飲，登岸攀岩，在林間休息、遠眺，棄舟登岸，夢幻人生等情景。卷尾緙款："實父仇英"，"十州"葫蘆印。引首清乾隆皇帝行書："雲機仙製"，鈐"乾隆御筆"印。

仇英，字實父，號十洲，明代太倉（今江蘇太倉）人，善畫山水、人物，尤工摹古，為吳門四家之一。

此圖卷是故宮現存緙絲畫中最長者，為橫織，橫寬近五米的織機實屬少見，引首乾隆題字即是對此的讚頌。全圖用色絲二十餘種，採用平緙、長短戧、構緙、搭梭、摜緙等多種技法，人物、山石、樹木、建築等細部用筆渲染，勾中有皴。設色以石青、石綠、赭石為主，體現了仇英小青綠山水畫的風格。

鑑藏印記：乾隆、宣統內府諸印。《石渠寶笈續編》著錄。

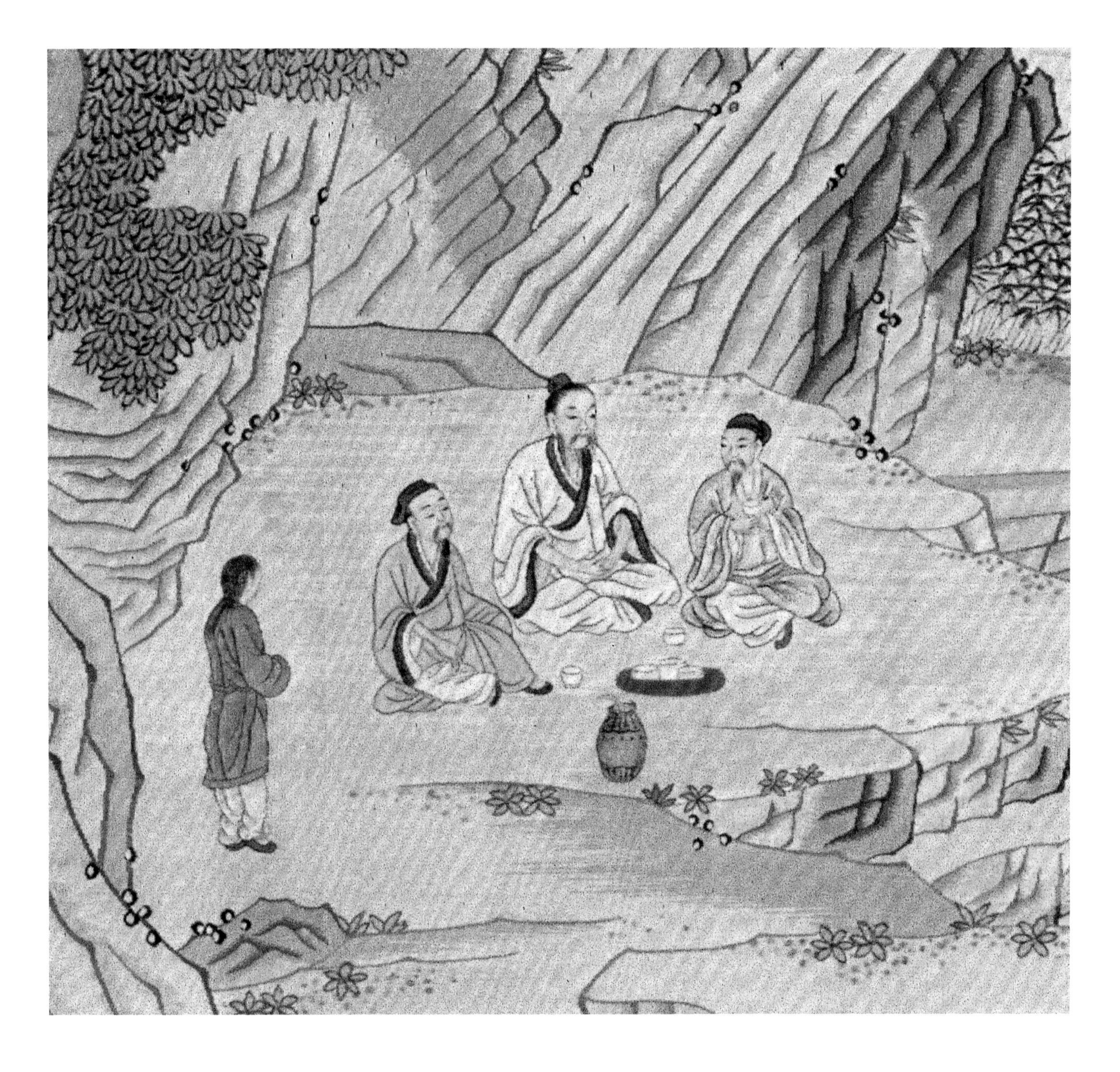

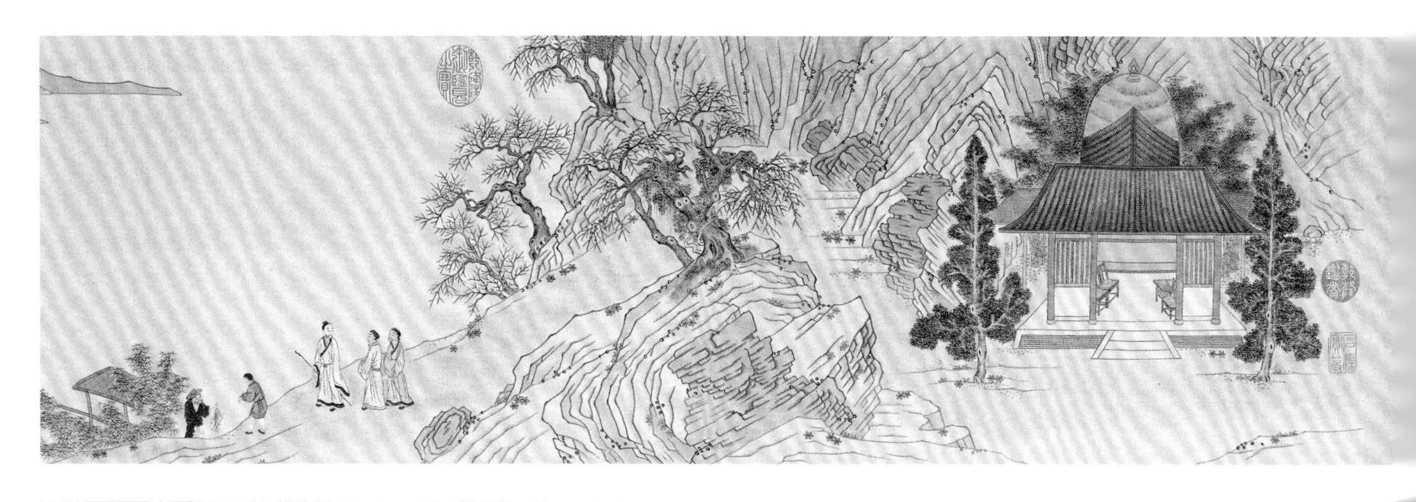

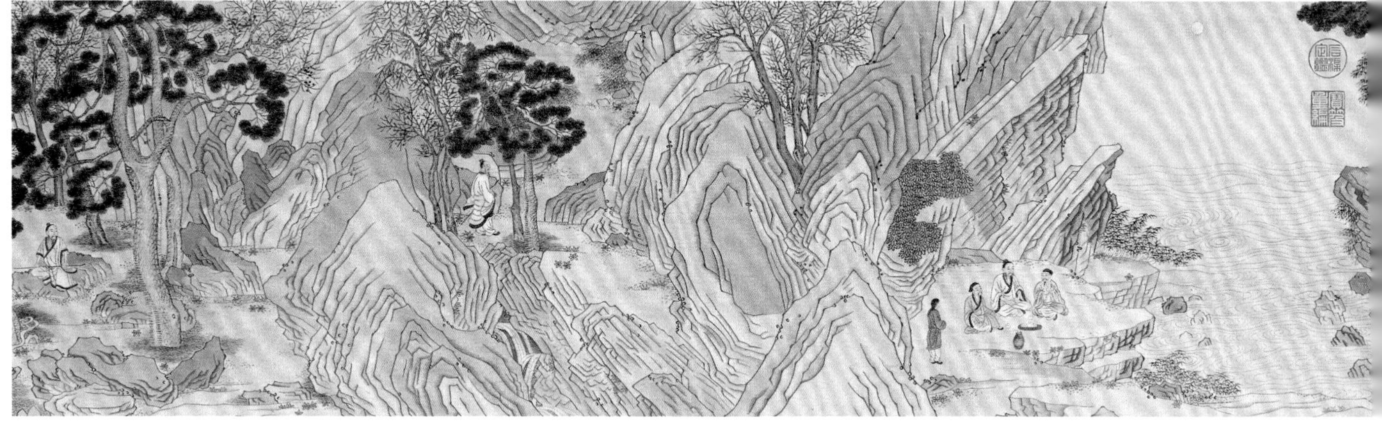

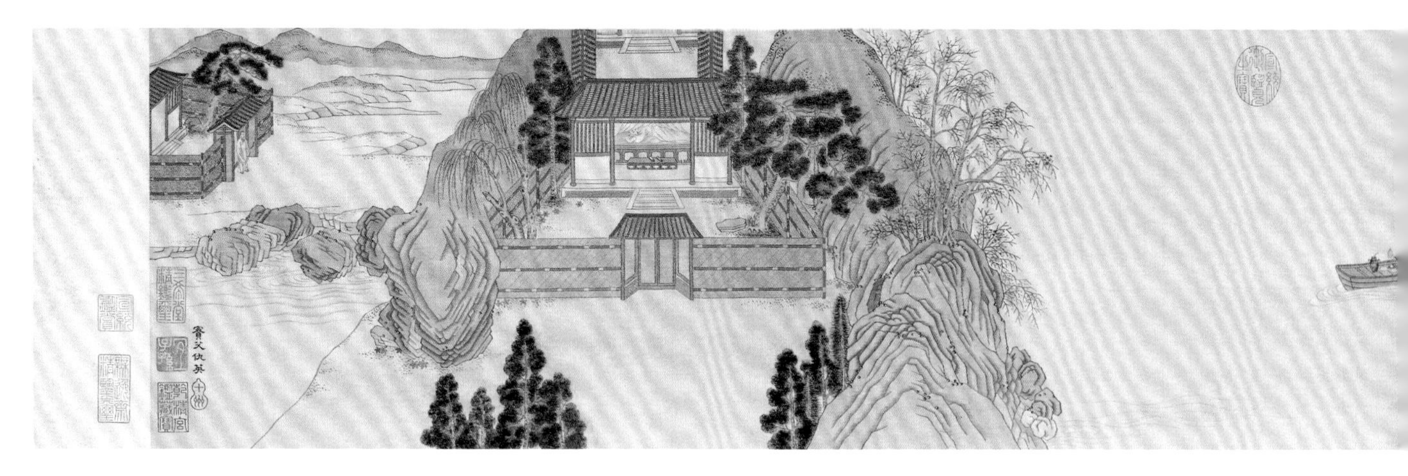
實父仇英

乾隆御筆

雲機仙製

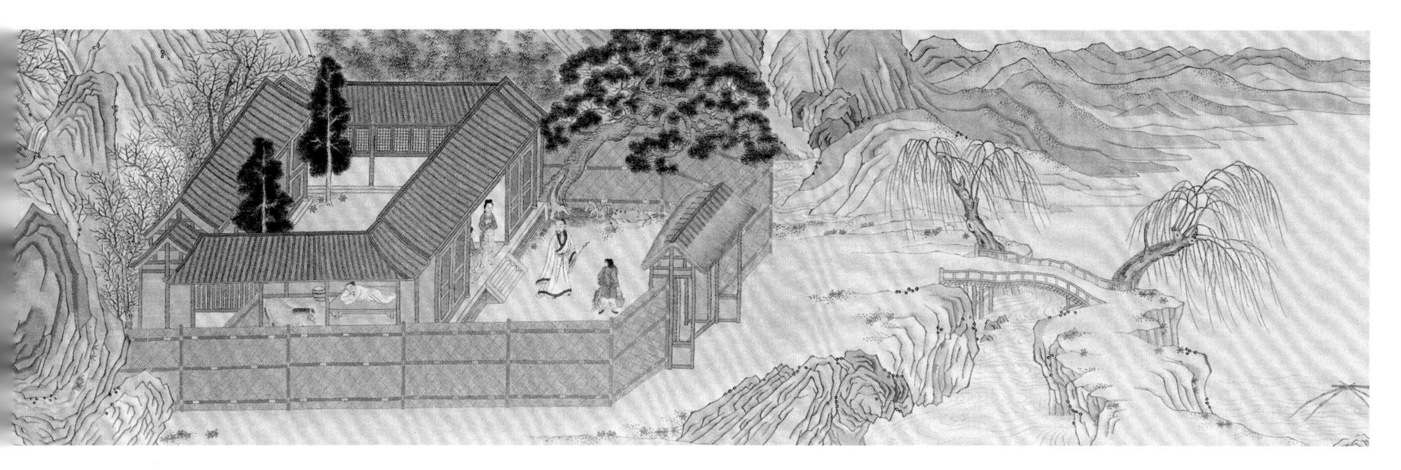

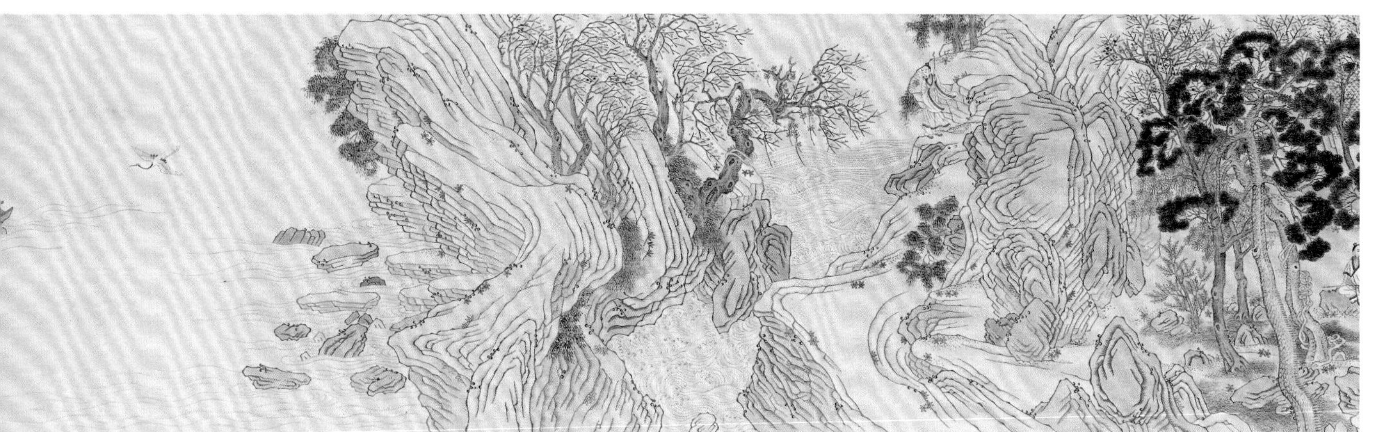

110

緙絲乾隆題贊釋迦牟尼像軸
清乾隆
縱206厘米　橫86厘米
清宮舊藏

Sakyamuni, Inscription by Emperor Qianlong, Silk Tapestry
Qianlong Period, Qing Dynasty
Hanging scroll
Length: 206cm　Width: 86cm
Qing Court collection

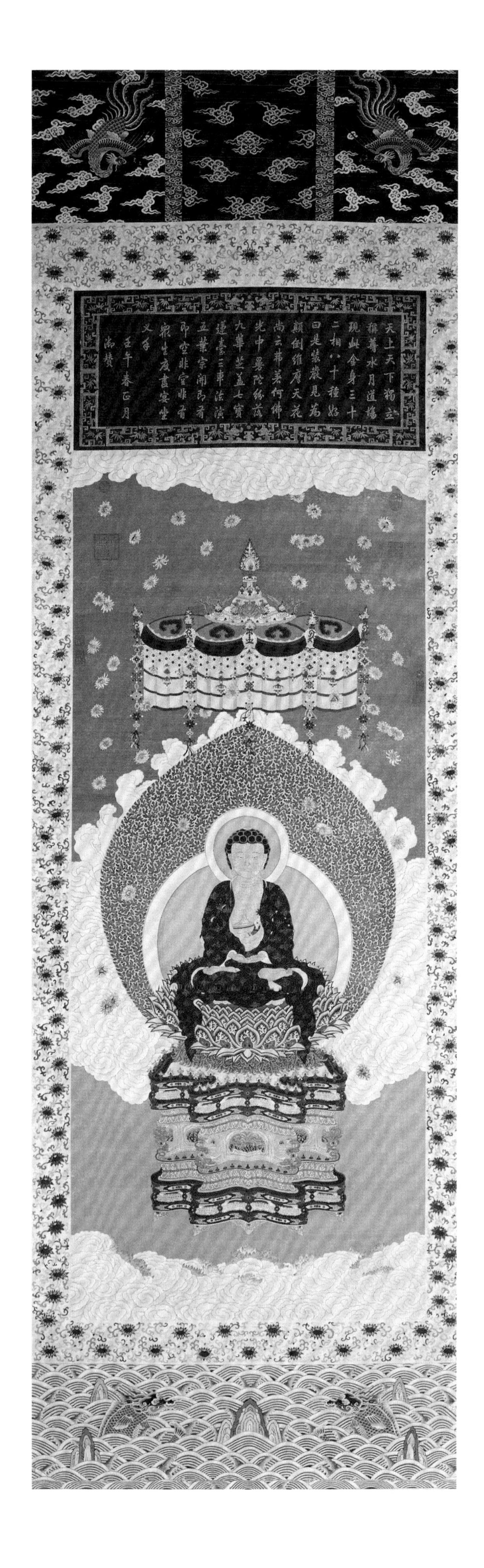

圖緙織九華芝蓋下，曼陀紛落，祥雲環繞，釋迦牟尼在背光的襯托下，面相祥和，結跏趺坐在七寶蓮花須彌座上，作禪定印。詩堂藍色地金綫緙織乾隆皇帝行書題讚，款署："壬午（1762）春正月　御讚"，"歡喜園"、"乾隆宸翰"印。纏枝蓮紋裱邊，雙鳳雲紋天頭，海水龍紋地頭。

此像以五彩絲綫和金綫緙織，運用平緙、長短戧、構緙、搭緙等技法，細部用筆着色、描金。色彩艷麗、豐富，多用暈色法表現色階的層次，使物象設色和潤。

鑑藏印記：乾隆、嘉慶、宣統內府諸印。《秘殿珠林續編》著錄。

111

緙絲阿彌陀佛極樂世界圖軸
清乾隆
縱33厘米　橫22厘米
清宮舊藏

Amitabha on the Pure Land, Silk Tapestry
Qianlong Period, Qing Dynasty
Hanging scroll
Length: 33cm　Width: 22cm
Qing Court collection

圖緙織阿彌陀佛西方淨土場面，中心是阿彌陀佛，兩旁為左右脅侍大勢至和觀音菩薩。頭上方主師、本尊、女尊、護法神、菩薩、空心母等齊聚，天空中伎樂天人穿翔起舞。前方寶池內花木穠麗，瑞鳥翔集，七寶築成諸佛所住的講堂、精舍等金碧輝煌，喇嘛、吉祥天母、六臂大黑天、閻魔等散佈其間。背面白綾籤墨書漢、滿、蒙、藏文：“利益緙絲阿彌陀佛極樂世界；番稱額巴克墨忒吉勝果忒；清稱墨渾阿庫額爾登額拂齊希伊塞樸真尼額爾呵巴；蒙古稱察克拉什烏格依格呼爾圖布漢努遜嘎斡第額倫。”

此圖運用了平緙、構緙、緙金、長短戧等，並輔以敷金、敷彩等繪畫技法。人物眾多，構圖繁複，而配色和諧，主次分明，詳略得宜，並無雍塞之感，顯示出乾隆時期緙絲技藝的純熟精湛。

《清內府藏刻絲書畫錄》著錄。

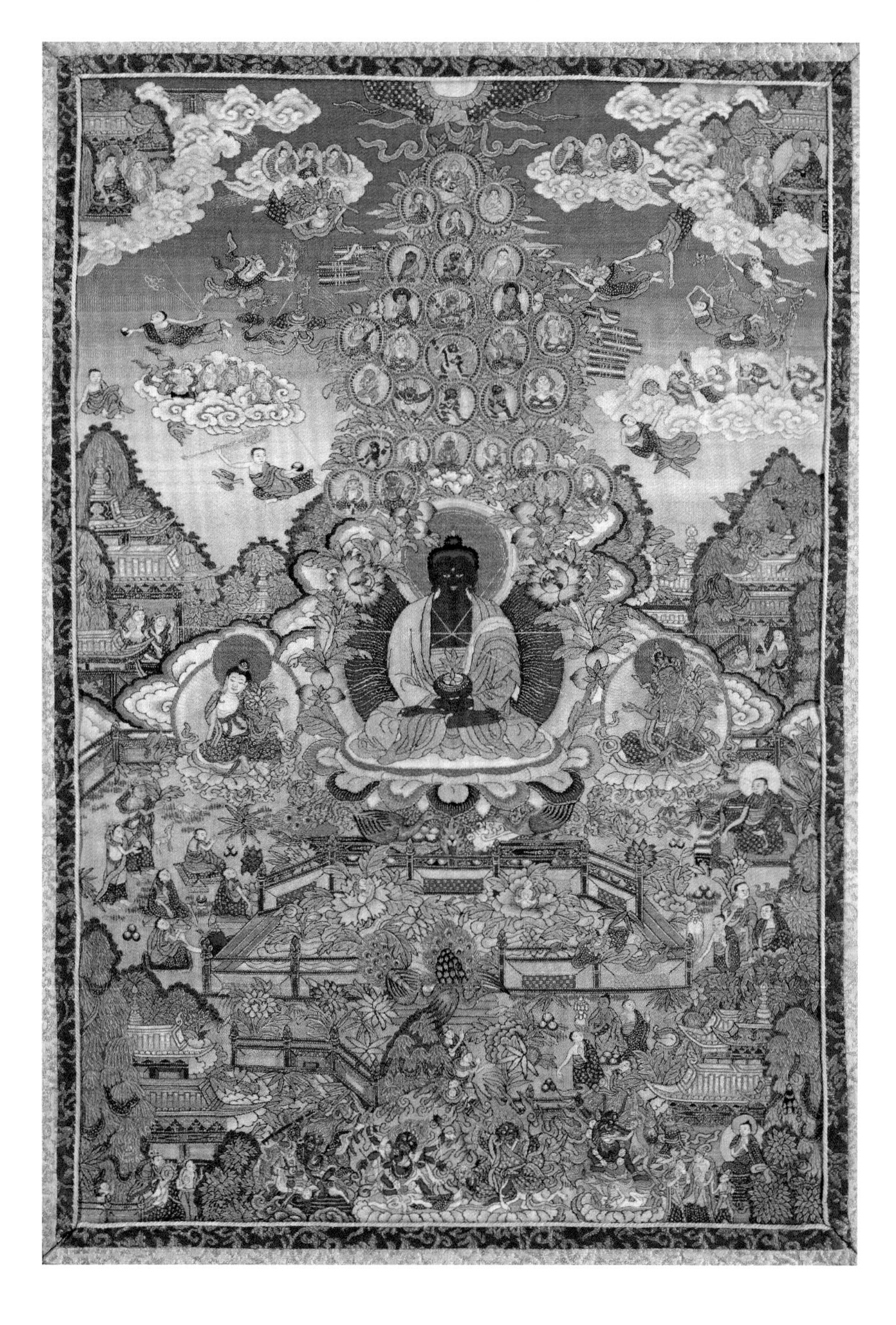

112

緙絲彌勒淨界圖軸

清乾隆

縱59厘米　橫34厘米

清宮舊藏

Maitreya on the Pure Land, Silk Tapestry

Qianlong Period, Qing Dynasty

Hanging scroll

Length: 59cm　Width: 34cm

Qing Court collection

藍色地緙織，中心為彌勒佛，左手托軍持，右手說法印，結跏趺坐。眾天神、菩薩環繞聆聽教法。間飾蓮花、祥雲、殿宇。裱邊為紅色壽字紋織金緞，外鑲綠色三果紋織金緞，銀鏨花嵌寶石軸頭。

此圖軸為藏傳佛教唐卡。以二至四色間暈與退暈結合，用平緙、構緙、摜緙、緙金、搭緙、長短戧等技法，局部用描金及敷色勾勒渲染。人物繁多，色彩濃烈，織工繁複，裝飾豪華考究。

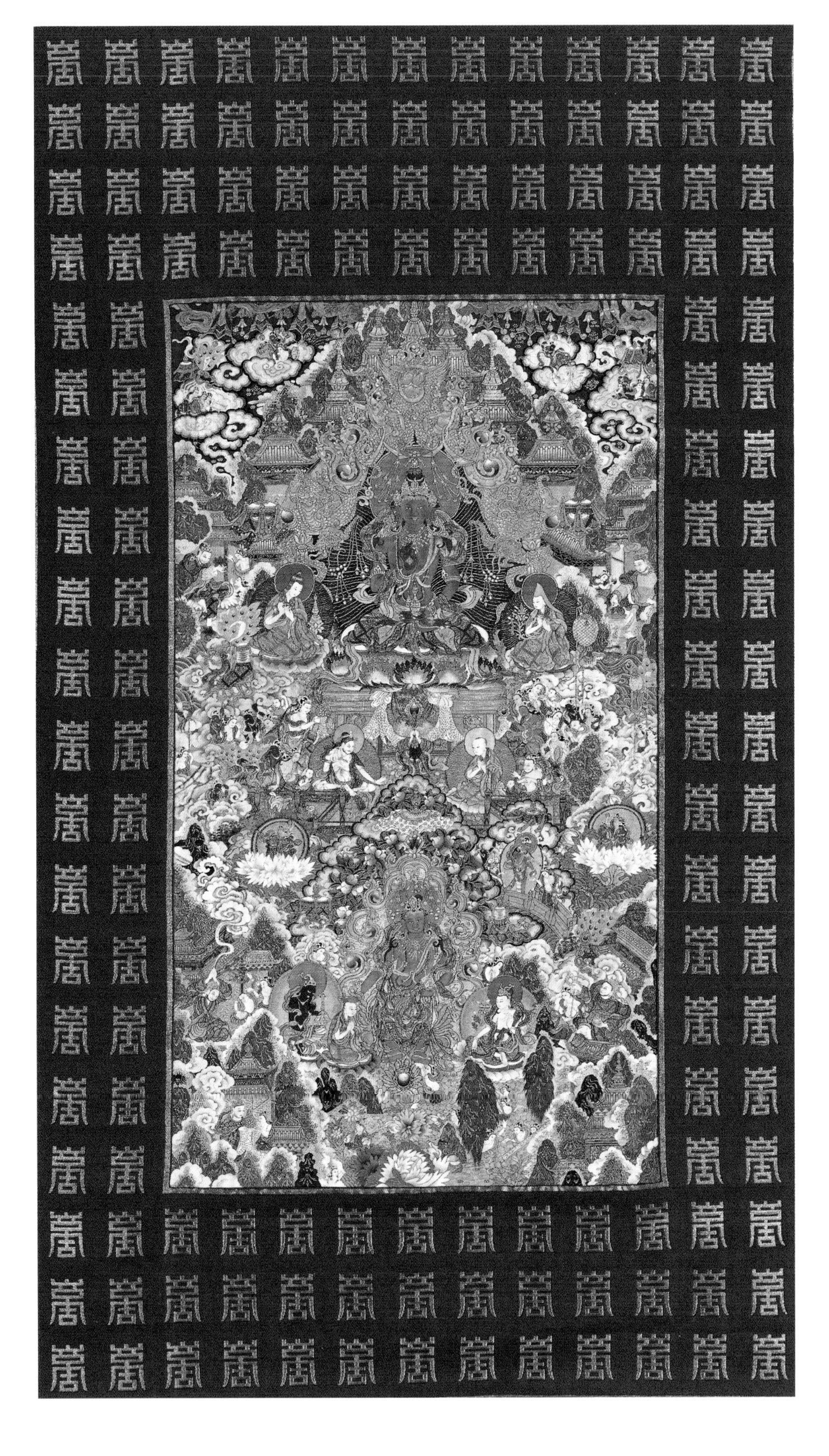

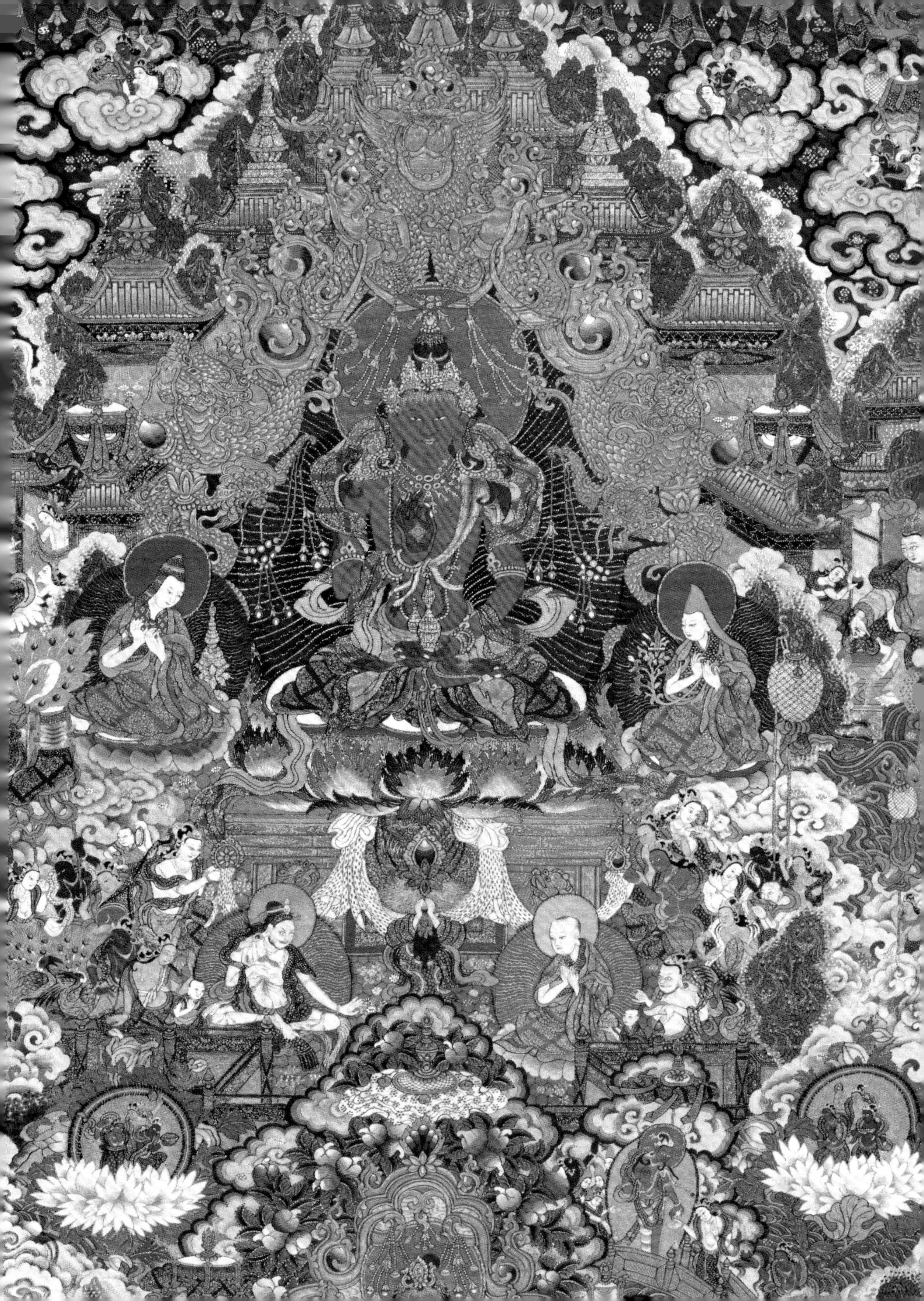

113

緙絲海屋添籌圖掛屏

清乾隆
縱114厘米　橫69厘米
清宮舊藏

Haiwu Tianchou—A Scenery of Blessing Three Elderly Men, Silk Tapestry
Qianlong Period, Qing Dynasty
Hanging panel
Length: 114cm　Width: 69cm
Qing Court collection

圖緙織岩石聳立，蒼松翠柏，小橋橫跨，眾人簇擁三位白髮老者。海水中浮現一座殿宇，一羣仙鶴正銜籌投擲。表現的是海屋添籌故事。

宋代蘇軾《東坡志林》載，有三位老人互問年齡，一位說，我不記得年齡，只記得少年時與盤古有舊；一位說，海水變桑田時我就下一籌，如今籌已滿十間屋。後世用"海屋添籌"作祝壽之意。

此圖用平緙、搭梭、長短戧等緙法。人物衣服的花紋圖案、面部五官等細部用筆繪出，設色柔和淡雅。是清代緙絲畫佳作。

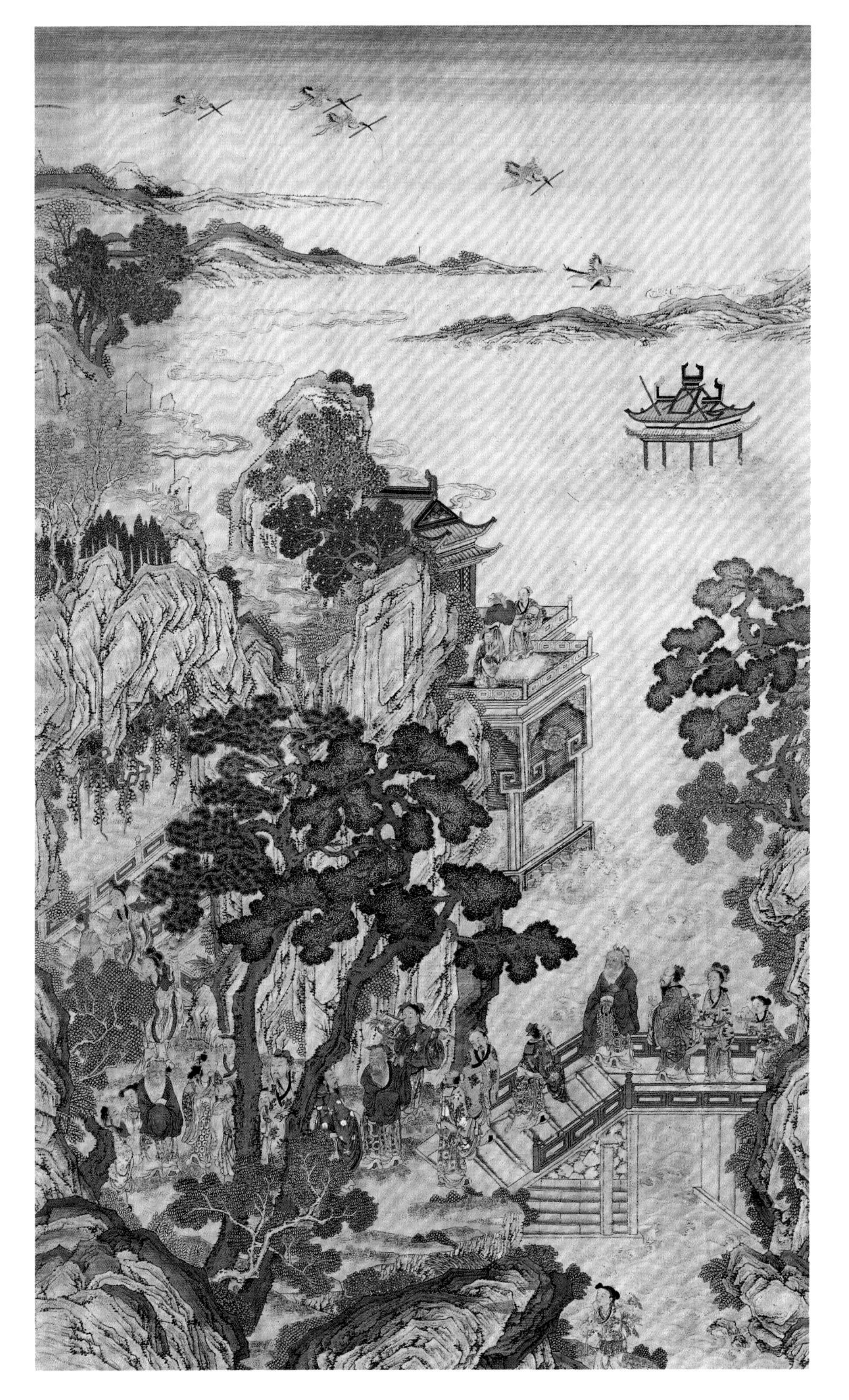

114

緙絲乾隆御題王穀祥哺雛圖掛屏

清乾隆
縱64厘米　橫36厘米
清宮舊藏

Feeding Nestling, with Imperial Inscription, after Wang Guxiang's Painting, Silk Tapestry

Qianlong Period, Qing Dynasty
Hanging panel
Length: 64cm　Width: 36cm
Qing Court collection

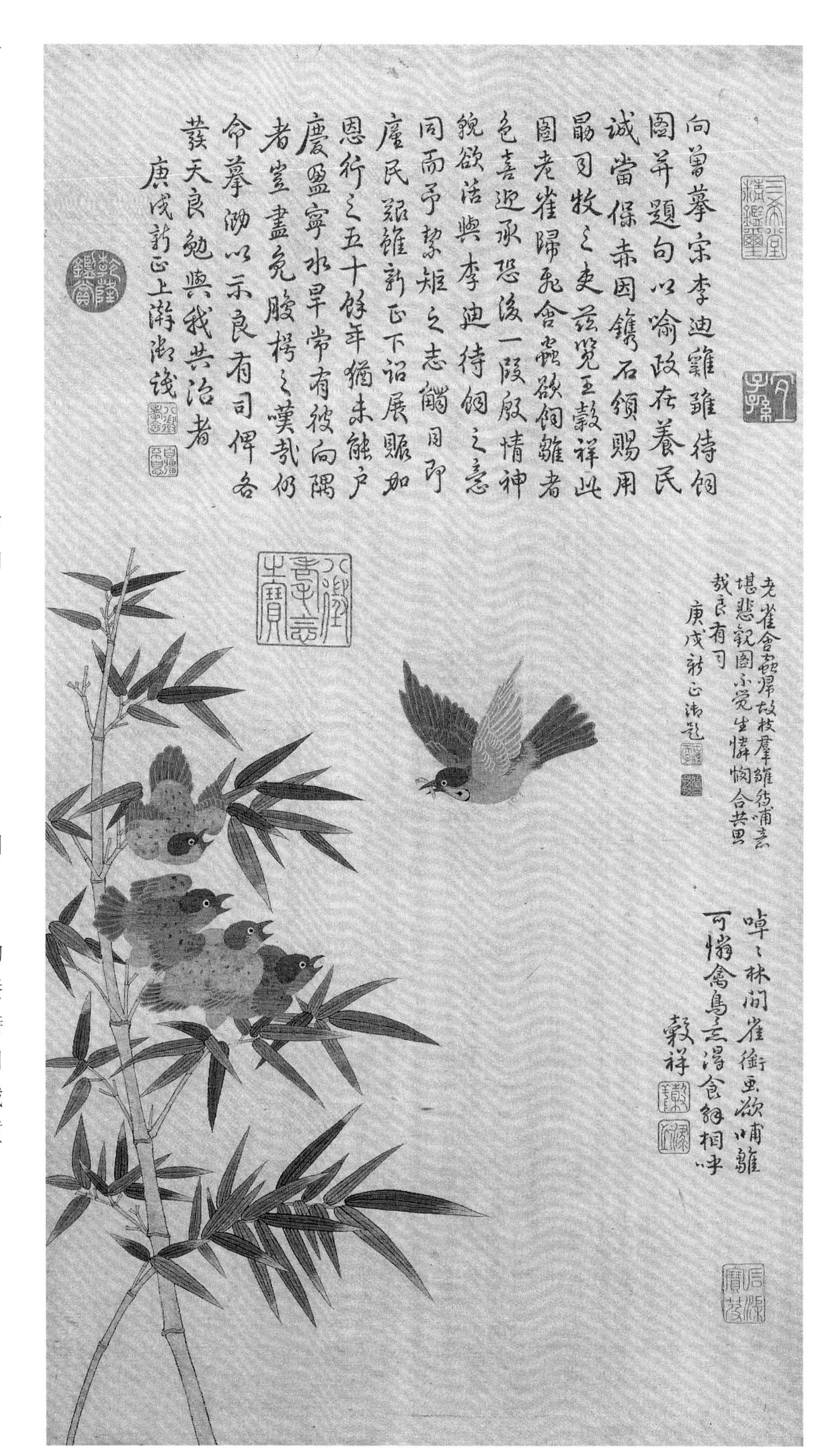

圖緙織王穀祥畫，老雀嘴銜蟲飛向竹枝間的幼雛，四隻幼雛大張着嘴，拍打翅膀，神態急切。王穀祥詩款，"穀祥"、"祿之"印。乾隆皇帝詩款："庚戌新正　御題"，"八徵耄念"、"自強不息"印。詩堂緙織乾隆跋語。另緙"乾隆鑑賞"、"八徵耄念之寶"、"三希堂精鑑璽"、"宜子孫"印。

王穀祥（1501—1568），字祿之，明代長洲（今江蘇蘇州）人。善畫花鳥。

緙織此圖及宋李迪《雞雛待飼圖》，均意在讓官員體會民間疾苦，"政在養民，誠當保赤"，"勿僅視為尋常詩畫"。以二色間暈與退暈相結合，用平緙、搭緙、構緙、木梳戧、鳳尾戧等技法緙織。為了表現雀羽的絨毛質感，還採用緙毛工藝，效果逼真。

115

緙絲金山全圖掛屏
清乾隆
縱114厘米　橫69厘米
清宮舊藏

A Full View of Mount Jinshan, Silk Tapestry
Qianlong Period, Qing Dynasty
Hanging screen
Length: 114cm　Width: 69cm
Qing Court collection

圖緙織煙波浩淼中金山兀立，山上寶塔高聳，山下寺院靜穆，江水中帆影點點。緙書：“金山全圖”。金山在今江蘇鎮江，是《白蛇傳》水漫金山情節的背景所在。

此圖為緙、繪結合之作，緙織技法並不繁複，只用平緙、搭緙和少量的構邊緙，用以勾勒物象輪廓和大面積色塊，但緙工極精緻、平細。細部用筆墨渲染，工麗細膩。

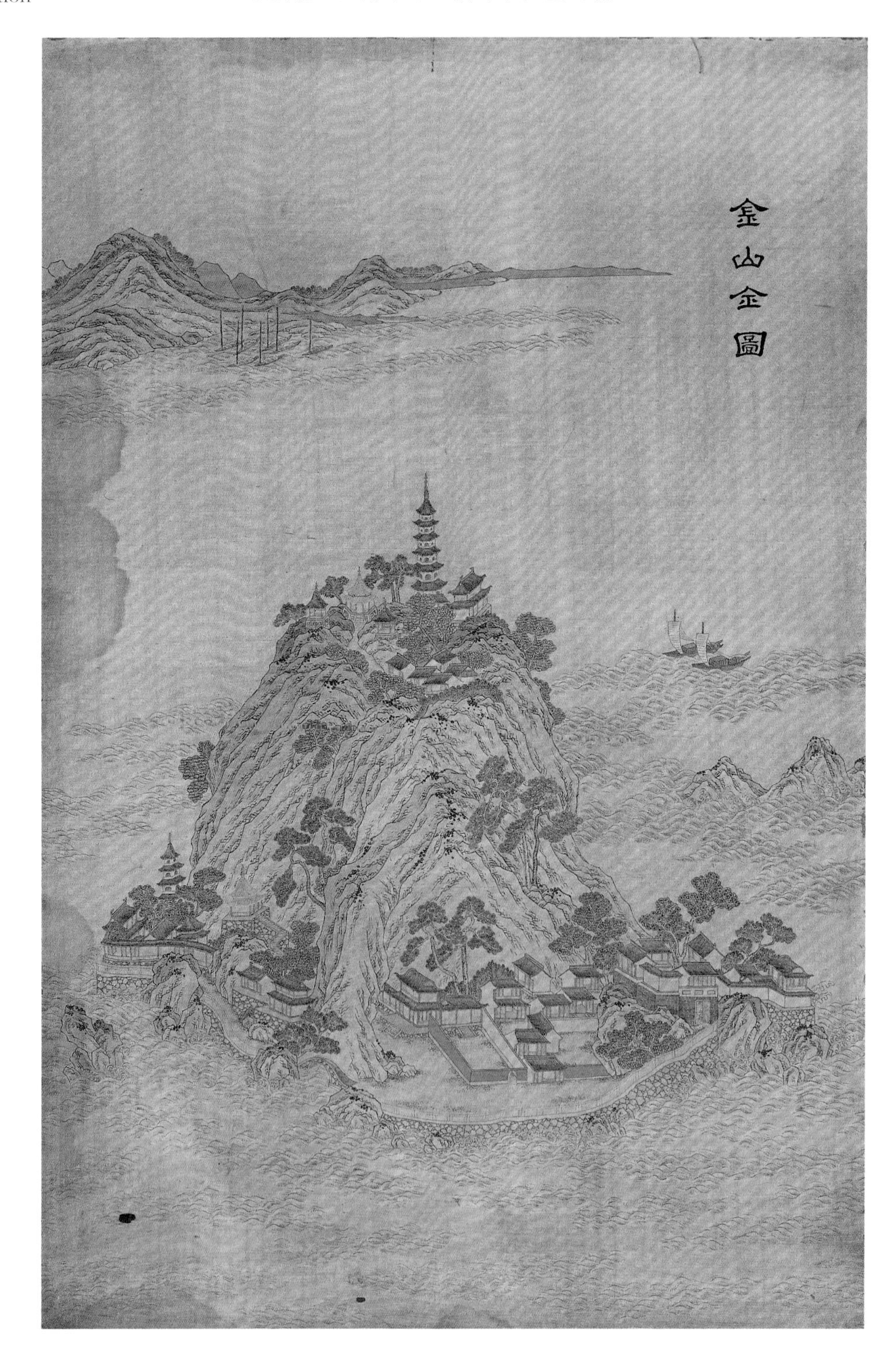

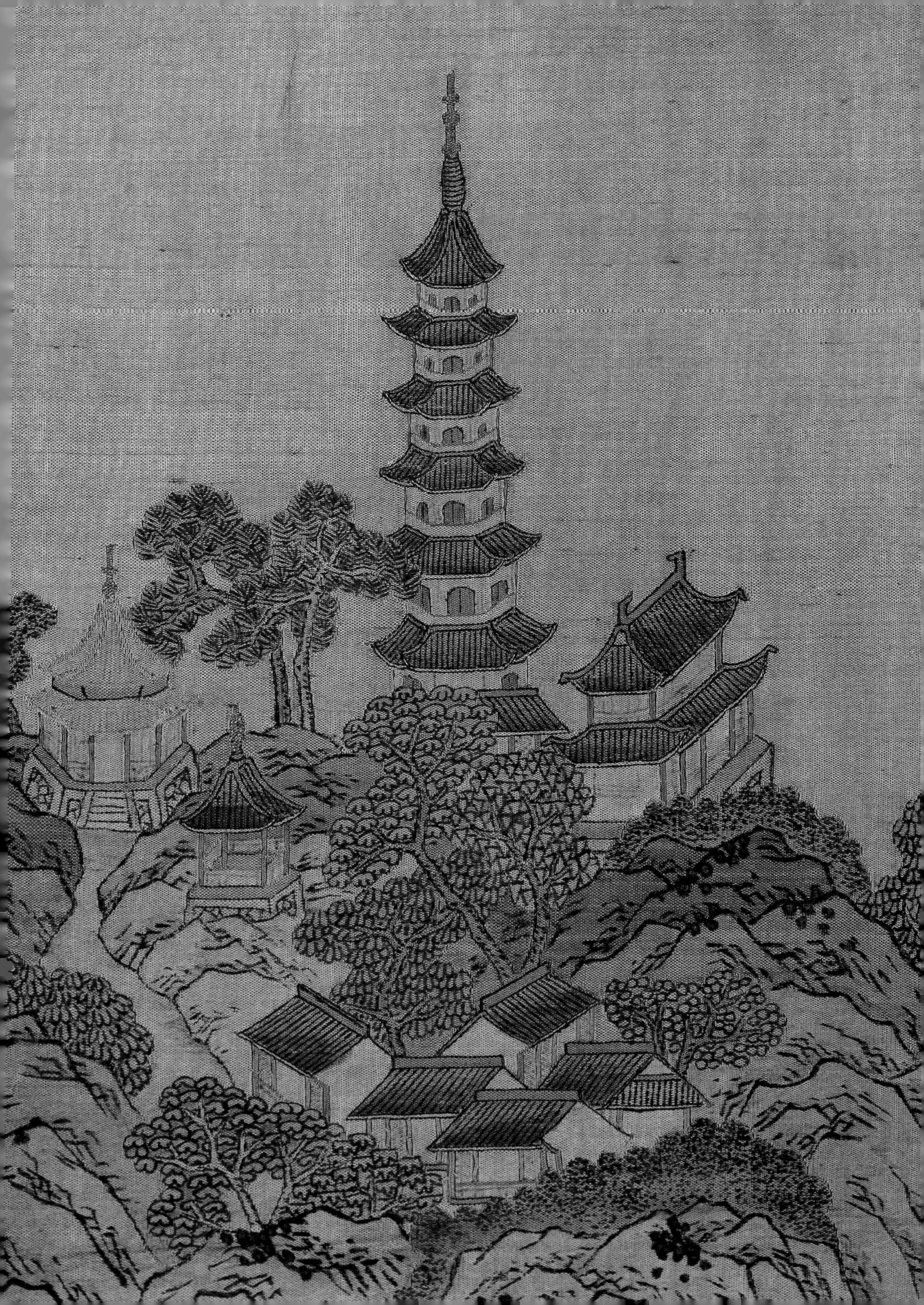

116

緙絲乾隆臨王羲之袁生帖軸

清乾隆
縱74厘米　橫24厘米
清宮舊藏

A Copy of Wang Xizhi's Calligraphy "Yuan Sheng Tie", Emperor Qianlong's
Handwriting, Silk Tapestry
Qianlong Period, Qing Dynasty
Hanging scroll
Length: 74cm　Width: 24cm
Qing Court collection

軸緙織乾隆皇帝臨王羲之草書《袁生帖》。款署："壬申（1752）三月望　御臨"，"乾隆宸翰"、"學古有獲"、"陶冶性靈"及"寶笈三編"、"石渠寶笈所藏"印。本色地，藍色字。

《袁生帖》是晉代王羲之的草書帖，真跡早佚，舊摹本曾藏清內府，今則未見流傳。刻本見《三希堂法帖》等。此軸臨書表現了原作的氣韻，亦體現出緙織技法的嫻熟和高超。

《石渠寶笈三編》、朱啟鈐《清內府藏刻絲書畫錄》著錄。

釋文：
得袁二謝書，具為慰。袁生暫至都，已還未。此生至到之懷，吾所（盡）也。

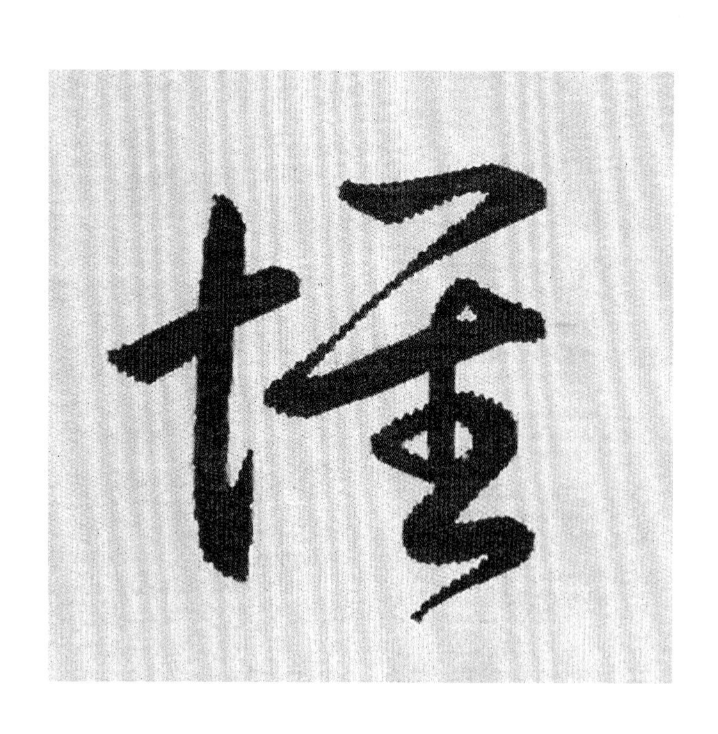

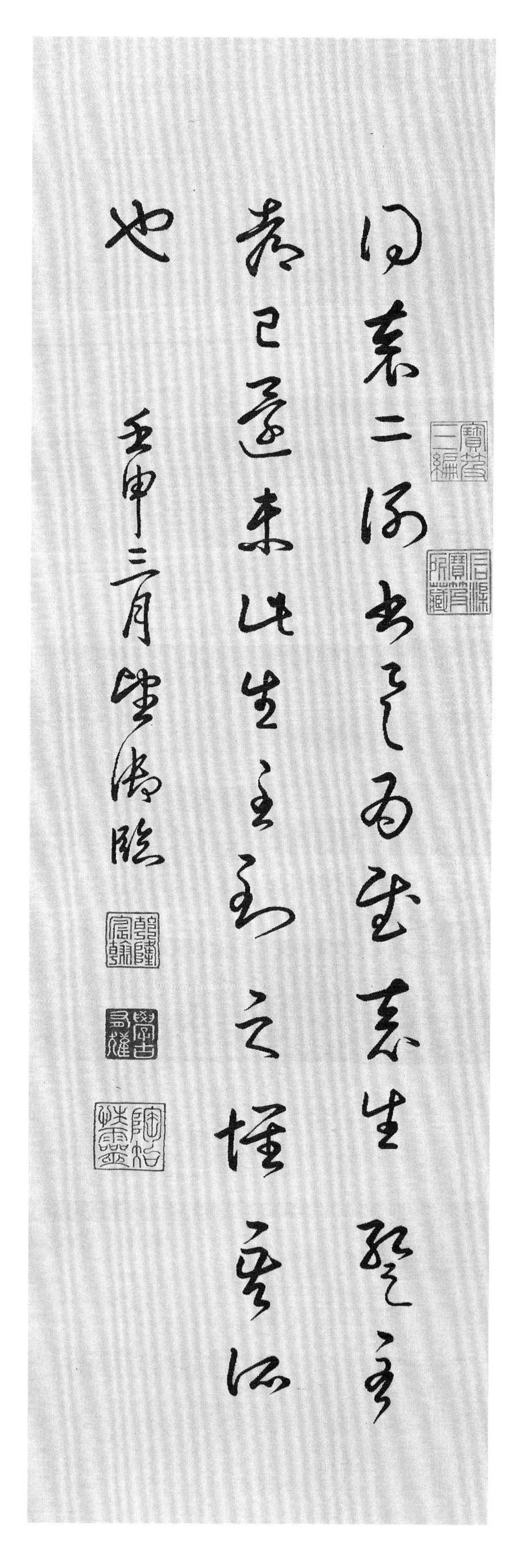

117

緙絲乾隆臨米芾元日帖軸
清乾隆
縱85厘米　橫39厘米
清宮舊藏

A Copy of Mi Fu's Calligraphy "Yuan Ri Tie", Emperor Qianlong's Handwriting, Silk Tapestry
Qianlong Period, Qing Dynasty
Hanging scroll
Length: 85cm　Width: 39cm
Qing Court collection

軸緙織乾隆皇帝草書臨米芾《元日帖》。款署："御臨米芾帖"，"所寶惟賢"、"乾隆御筆"印。緗色地，藍色字。

米芾（1051—1107），字元章，號海岳外史、襄陽漫士等，北宋襄陽（今屬湖北）人，善書法，為宋四家之一。

此軸盡力表現原書酣暢淋灕的筆法，豐富而多變化，點畫間的轉折和牽絲映帶有如墨書，極似原跡。

鑑藏印記："寶笈三編"、"石渠寶笈所藏"。《石渠寶笈三編》著錄。

釋文：
元日明窗焚香，西北向吾友，其永懷可知。展文皇，大令閱。不及他書，臨寫數本，不成，信真者在前，氣餤懾人也。　御臨米芾帖

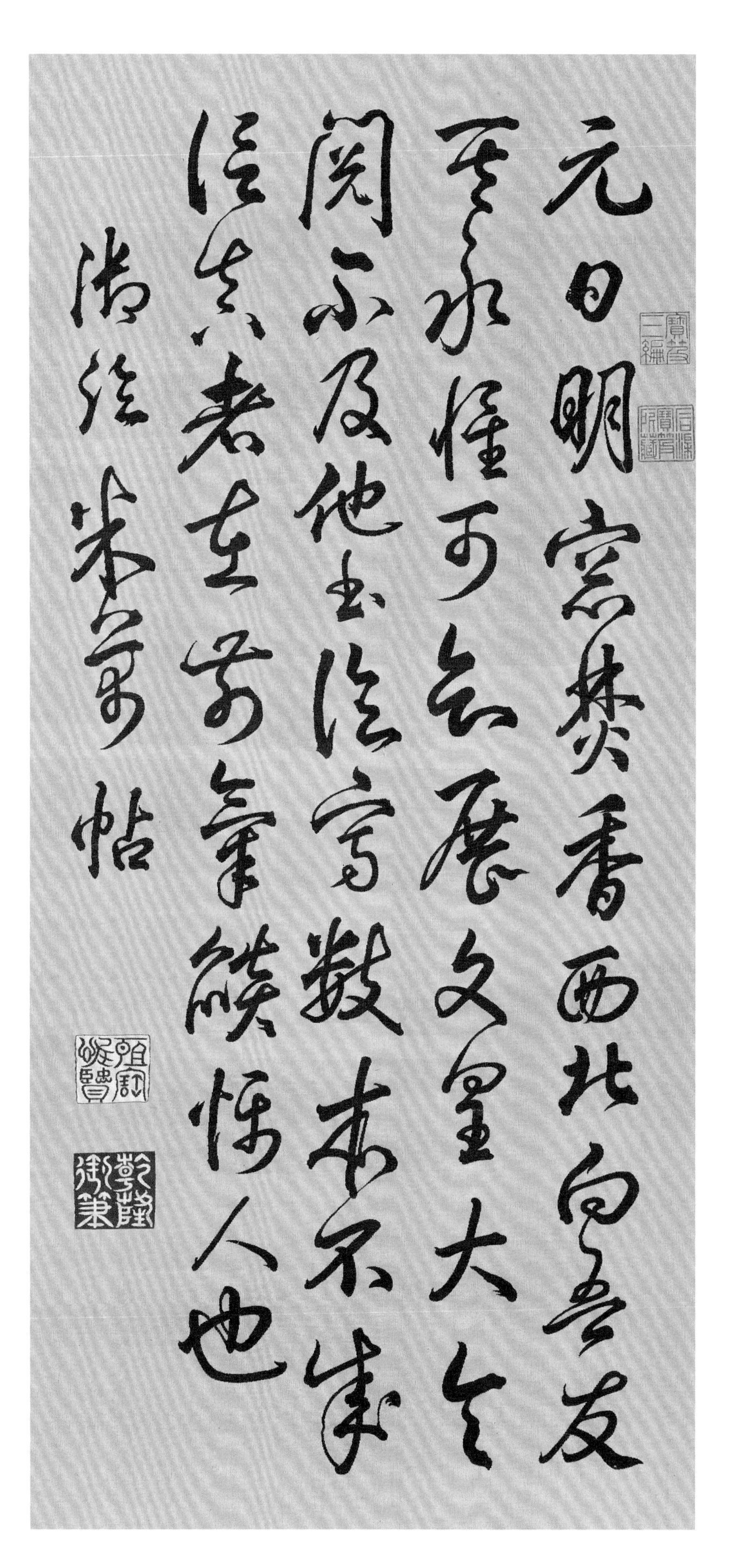

118

緙絲乾隆御筆八徵耄念之寶記卷

清乾隆
縱33厘米　橫164厘米
清宮舊藏

A Seal Inscription of "An Eighty-Year Old Man", Emperor Qianlong's Handwriting, Silk Tapestry
Qianlong Period, Qing Dynasty
Handscroll
Length: 33cm　Width: 164cm
Qing Court collection

乾隆皇帝年八旬時，依然"身體康強，一日萬機，未形智衰"，因刻"八徵耄念之寶"印用以自勉，因作此記。款署："乾隆庚戌（1790）新正　御筆"，"八徵耄念之寶"、"自強不息"、"向用五福"印。包首為緙絲五彩天鹿，配有朱漆福字紋盒。

此卷僅用平緙、搭緙等常用技法，技法雖簡單，但在幅面寬達一米多的緙織機上同時緙織幾十行字，難度很大。緙工精細，運梭靈巧，準確地反映了乾隆御筆書法的特點。

《石渠寶笈三編》、《清內府藏書畫錄》著錄。

八徵耄念之寶記

予年七十時用杜甫句鐫古稀
天子之寶而即繼之曰猶日孜孜
不敢怠於政也蒙
天眷佑年無大隕越於茲又浹
旬矣思有所以副八旬開袠之
慶鐫爲璽以殿諸御筆蓋莫若
洪範八徵之念且予夙立願八
十有五滿乾隆六十年之數即
當歸政今雖八十遠歸政之歲
尚有六年一日未息肩萬民恒
在懷庶徵之八可不念乎念庶
徵即所以念萬民曲禮八十曰
耄老而智衰之謂茲逮八十年
賴

説所謂皇極斂錫之志也亦即
近讀洪範著論所謂六極中不
能去其三曰憂之義也夫漢唐
以來古稀天子綫得六人之中
至八旬者綫得三而三帝之中
惟元世祖可稱賢其二則予所
鄙也（三代下諸帝登七十者僅六見予向所爲古稀説而六帝之中惟梁武帝宋高宗元世祖年登八十梁武帝自貽傾覆宋高宗忘恥偷安皆所素鄙惟元世祖乃創業大有爲之君然踐阼非早建號僅三十五年傳孫成宗其諸王世系元史雖多表可稽但計其世次諒順帝不過四傳亦不能如今五世同堂之盛是則予之仰荷 天眷丞爲深厚不特云稀且自古所未有如是而不祗承 鴻貺愛養黎元則予冒敢抑亦有所予忍也）即元
世祖亦未如予之五代同堂是
予沐
昊乾鴻貺爲獨深而予之所寅
承
錫羡當何如亦曰體
天愛民誠心勤政與洪範五之

119

緙絲乾隆御筆心經冊
清乾隆
開縱19厘米　橫18厘米　八開
清宮舊藏

Prajnaparamita-hrdaya-sutra (Heart Sutra), Emperor Qianlong's Handwriting, Silk Tapestry
Qianlong Period, Qing Dynasty
Album of 8 leaves
Length: 19cm　Width: 18cm
Qing Court collection

《心經》全稱《般若波羅密多心經》。款署：“乾隆十有八年（1753）歲次癸酉元旦　沐手敬書”，“乾隆宸翰”、“荑蕘堂”印。前後兩開緙雲龍紋，經首彩緙觀音大士像，“寫心”印；尾為

厄舍利子色不異空
空不異色色即是空
空即是色受想行識
亦復如是舍利子是
諸法空相不生不滅
不垢不淨不增不減
是故空中無色無受
想行識無眼耳鼻舌
身意無色聲香味觸
法無眼界乃至無意
識界無無明亦無無
明盡乃至無老死亦
無老死盡無苦集滅
道無智亦無得以無
所得故菩提薩埵依
般若波羅蜜多故心

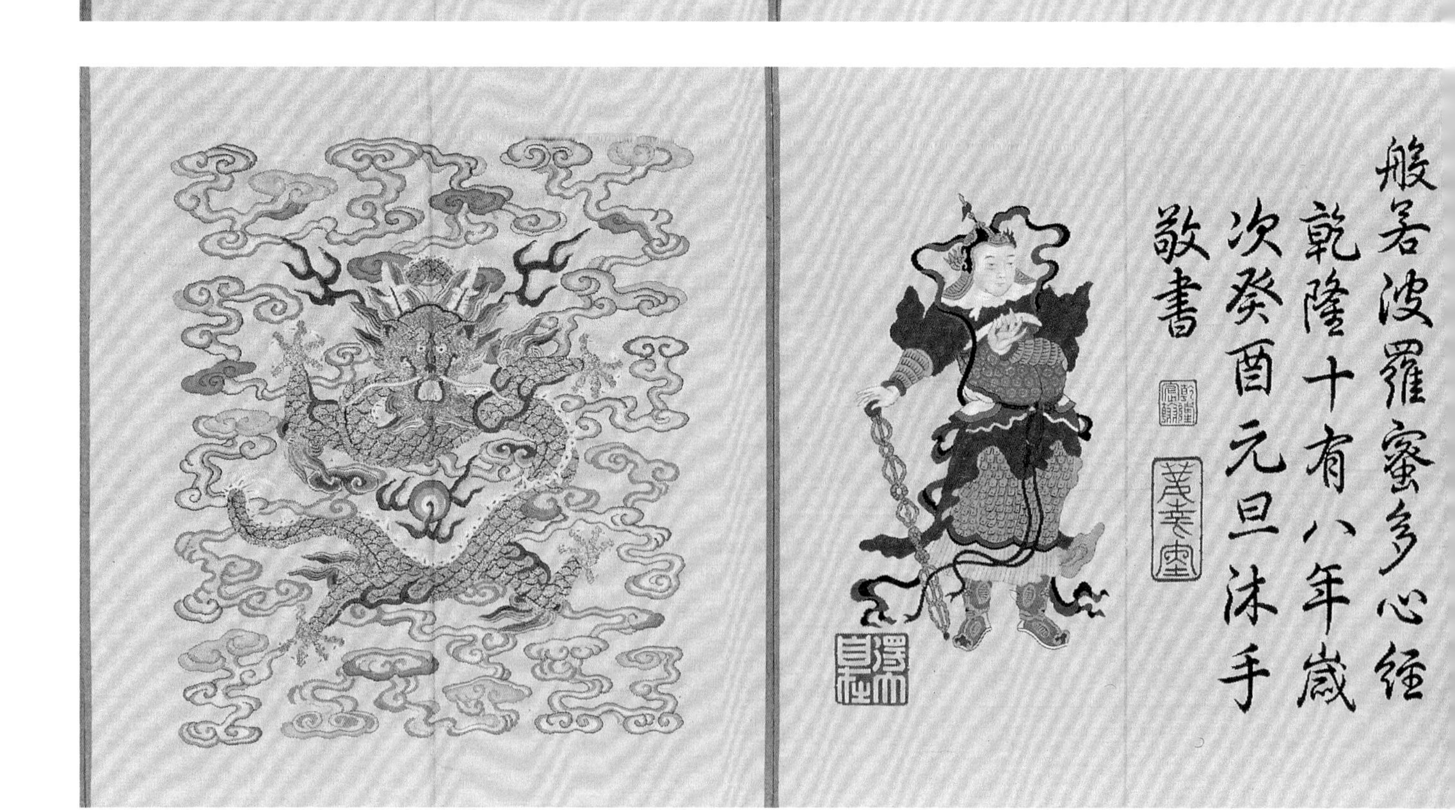

韋馱像，“得大自在”印。冊裝於紫檀雕雲龍紋匣內，蓋上嵌白玉雕“御筆心經”。

此冊書法保持了乾隆行書圓潤柔和、筆畫少頓挫的風格。圖、文以二至三色間暈與退暈相結合，用平緙、搭緙、構緙、緙鱗等技法。

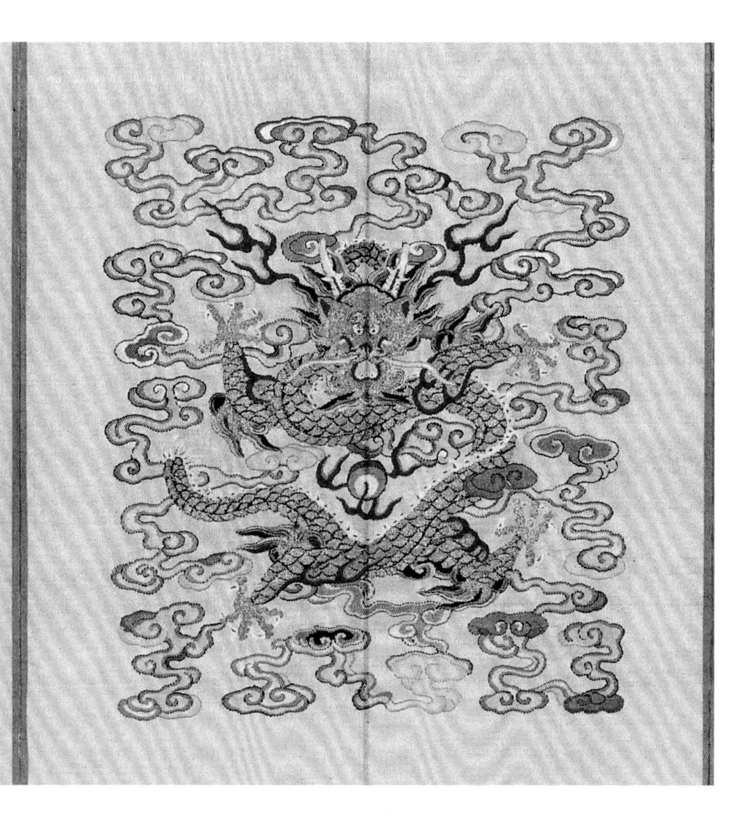

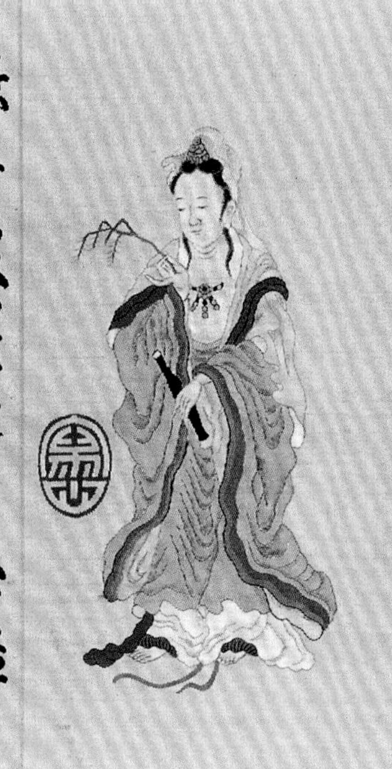

般若波羅蜜多心經
觀自在菩薩行深般
若波羅蜜多時照見

無罣礙無罣礙故無
有恐怖遠離顛倒夢
想究竟涅槃三世諸
佛依般若波羅蜜多
故得阿耨多羅三藐
三菩提故知般若波
羅蜜多是大神咒是
大明咒是無上咒是

無等等咒能除一切
苦真實不虛故說般
若波羅蜜多咒即說
咒曰
揭諦揭諦
波羅揭諦
波羅僧揭諦

120

緙絲福康安書乾隆御製寧壽宮銘卷

清乾隆
縱52厘米　橫136厘米
清宮舊藏

An Original Calligraphy about Ning Shou Gong by Fu Kang An, Made by Order of Emperor Qianlong

Qianlong Period, Qing Dynasty
Handscroll
Length: 52cm　Width: 136cm
Qing Court collection

寧壽宮位於紫禁城外東路，清康熙二十八年（1689）在原明代仁壽殿基址上修建。初為寧壽宮前殿，乾隆三十七年（1772）改造寧壽宮區，前殿稱皇極殿，後殿稱寧壽宮，仿盛京（瀋陽）清寧宮、北京坤寧宮之舊制，是乾隆帝歸政後的起居處。款署："臣福康安敬書"，"臣福康安"、"敬書"印。卷緙織錦紋地卍字蝠（福）壽紋邊框。

此卷緙工規整精緻，再現了原文書法風格。

鑑藏印記：乾隆內府諸印。《清內府藏刻絲書畫錄》著錄。

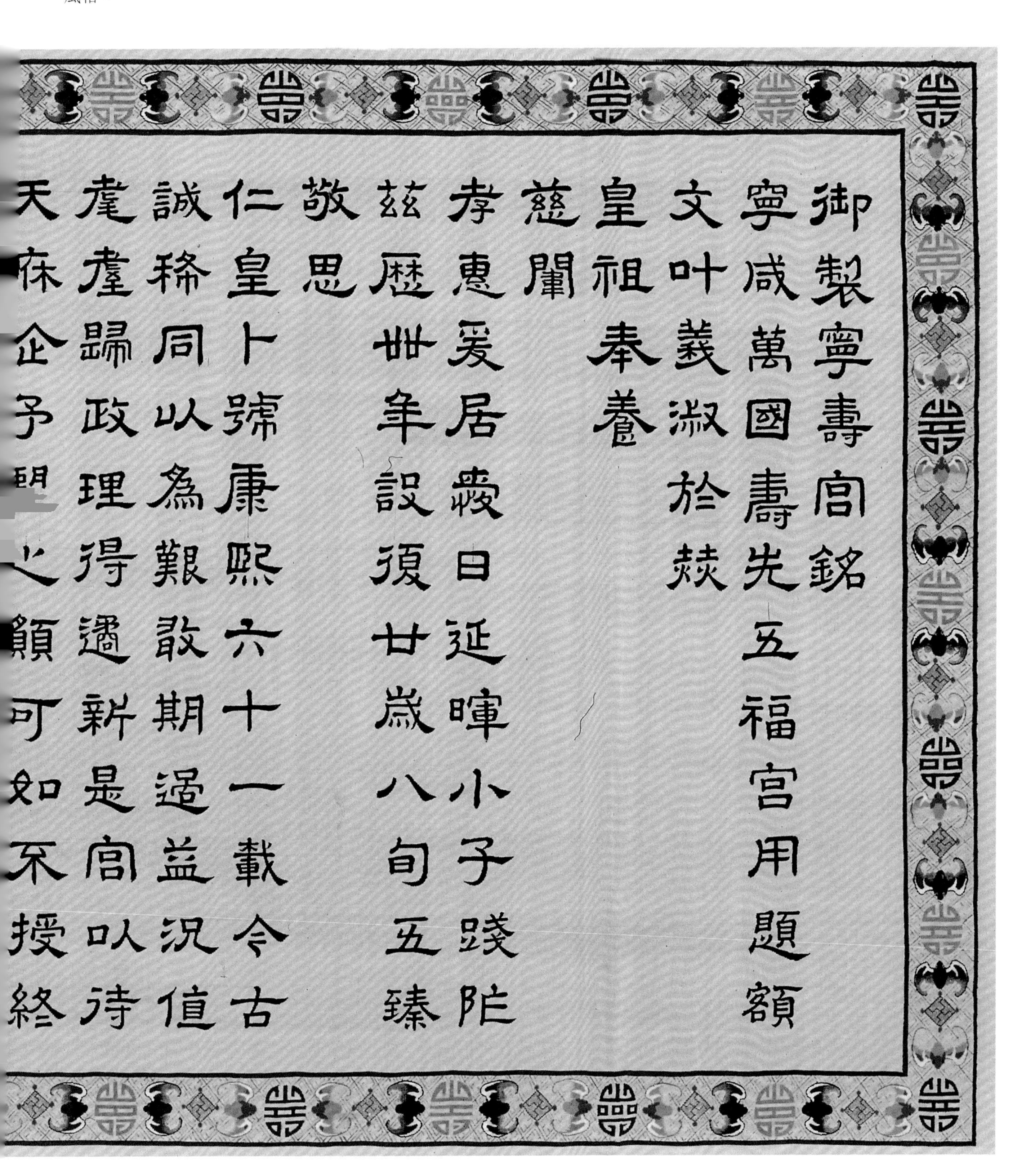

121

緙絲董誥書乾隆御製五福五代堂記卷

清乾隆

縱28厘米　橫116厘米

清宮舊藏

Notes of the Building of Wu Fu Wu Dai Tang Hall, Made by Order of Emperor Qianlong, Dong Gao's Calligraphy, Silk Tapestry

Qianlong Period, Qing Dynasty

Handscroll

Length: 28cm　Width: 116cm

Qing Court collection

乾隆皇帝晚年得玄孫，五代同堂之慶，在景福宮設五福五代堂，因作此記。款署："臣董誥敬書"，"臣董誥"、"內府供職"印。卷緙織蝠、桃、雲紋邊框。

董誥（1740—1818），字西京，號蔗林、柘林，浙江富陽人。乾隆進士，官大學士。善詩文、書法。

此卷僅採用平緙、搭緙技法，但嫻熟靈活的運梭深得書法筆意。

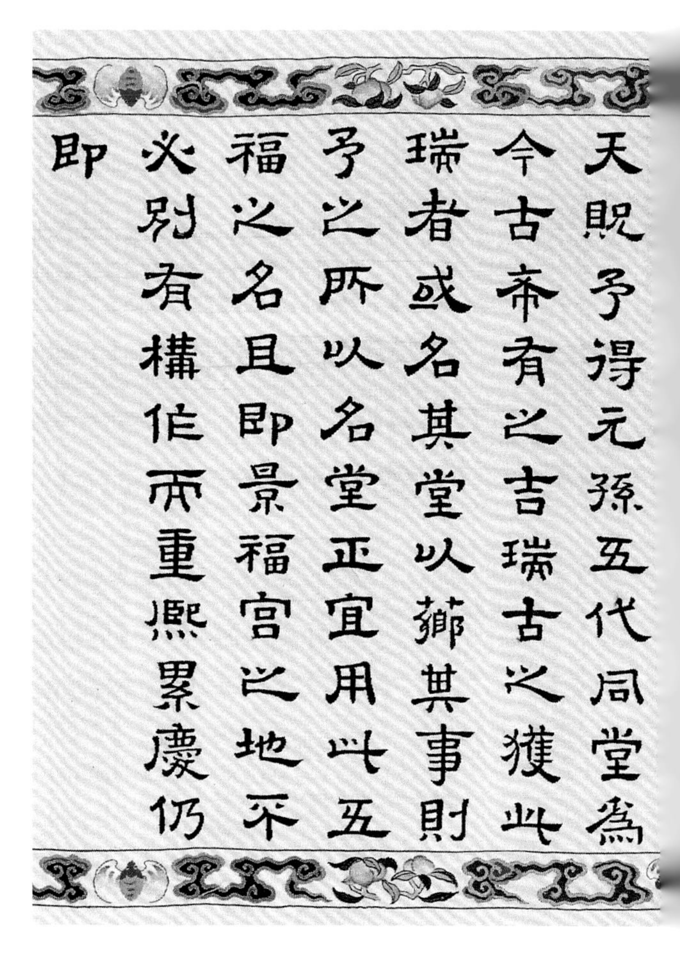

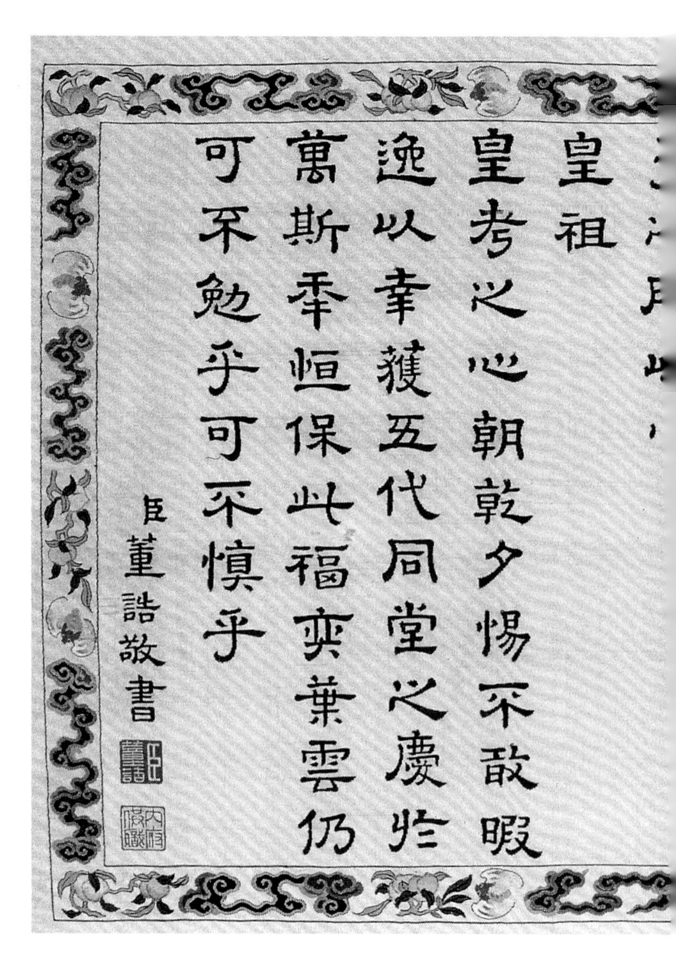

御製五福五代堂記

五福堂者

皇祖御筆賜

皇考之扁額也我

皇考敬謹摹泐

奎章於雍和宮圓明園胥用

此顏堂以垂永世丙申年予

葺寧壽宮內之景福宮以待

歸政後宴息娛老景福者

皇祖所定名以侍養

孝惠皇太后之所也予曾為

五福頌以書屏而未以五福

必別有構作而重熙累慶仍

即

皇祖

皇考垂裕後昆貽萬世無疆

之庥也若夫獲福必歸於好

德而好德尤在好其善以斂

錫厥庶民五章之中三致意

焉茲不複贅予子孫曾元讀

是記及堂中五福頌者應敬

思

皇祖

皇考所以承

天之福必在於敬

122

緙絲寶典福書冊
清乾隆
開縱29厘米　橫30厘米　17開
清宮舊藏

An Album of Seals and Scripts, Silk Tapestry
Qianlong Period, Qing Dynasty
Album of 17 leaves
Length: 29cm　Width: 30cm
Qing Court collection

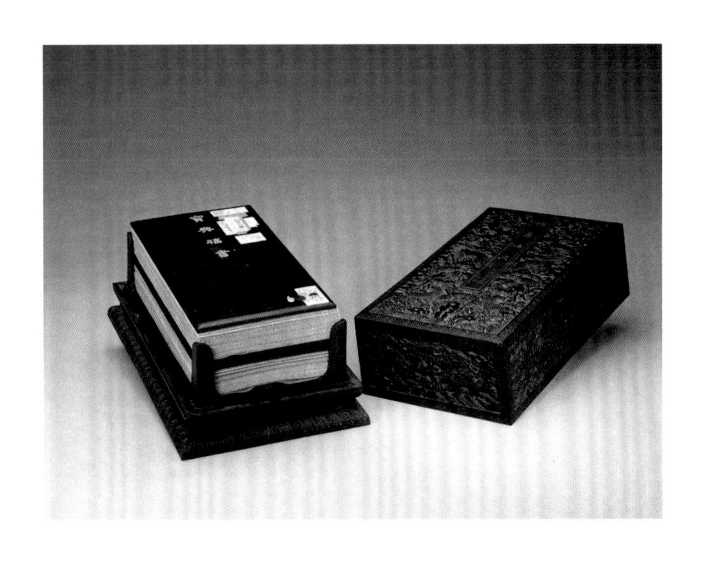

冊緙織、刺繡印譜，印文120方，為祝福語，每印中均有“福”字，楷書釋文。首開緙織隸書：“寶典福書”，末開緙隸書款：“萬壽八旬大慶　乾隆庚戌（1790）元旦　臣胡季堂恭進”，緙“臣胡季堂”、“敬摹”印。與《元音壽牒冊》共裝於木雕龍紋匣中，匣蓋上書：“福壽鴻文　臣胡季堂恭進”。每開緙蝠（福）、桃（壽）、雲和卍字紋邊框。

清乾隆五十五年，乾隆皇帝八十壽誕，和珅、金簡等大臣進獻了以壽山石、青田石刻製“寶典福書”、“元音壽牒”印章作壽禮，印文均由“福”、“壽”字組成。此冊即摹緙印譜製成。胡季堂，官太子少保、兵部尚書。白文印均為緙織，運用平緙、構緙、搭緙等技法。朱文印大部分為刺繡，均用切針。

鑑藏印記：“寶蘊樓藏”印。《清內府藏刻絲書畫錄》著錄。

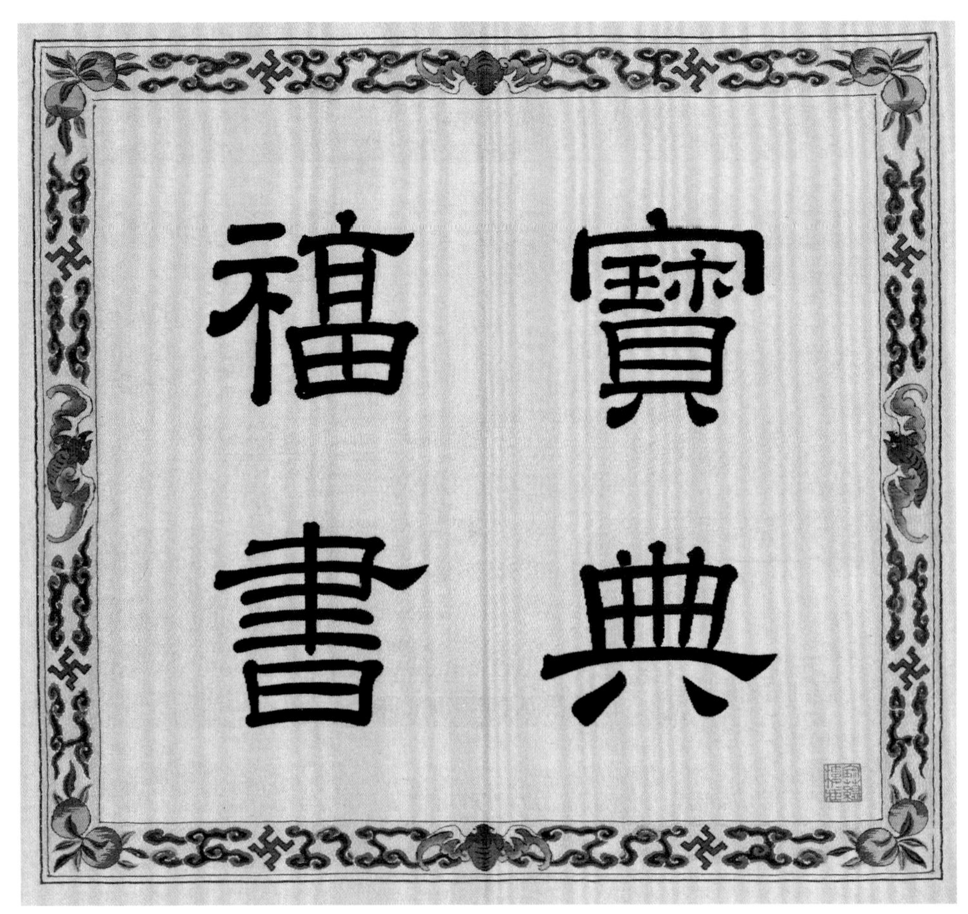

122.1

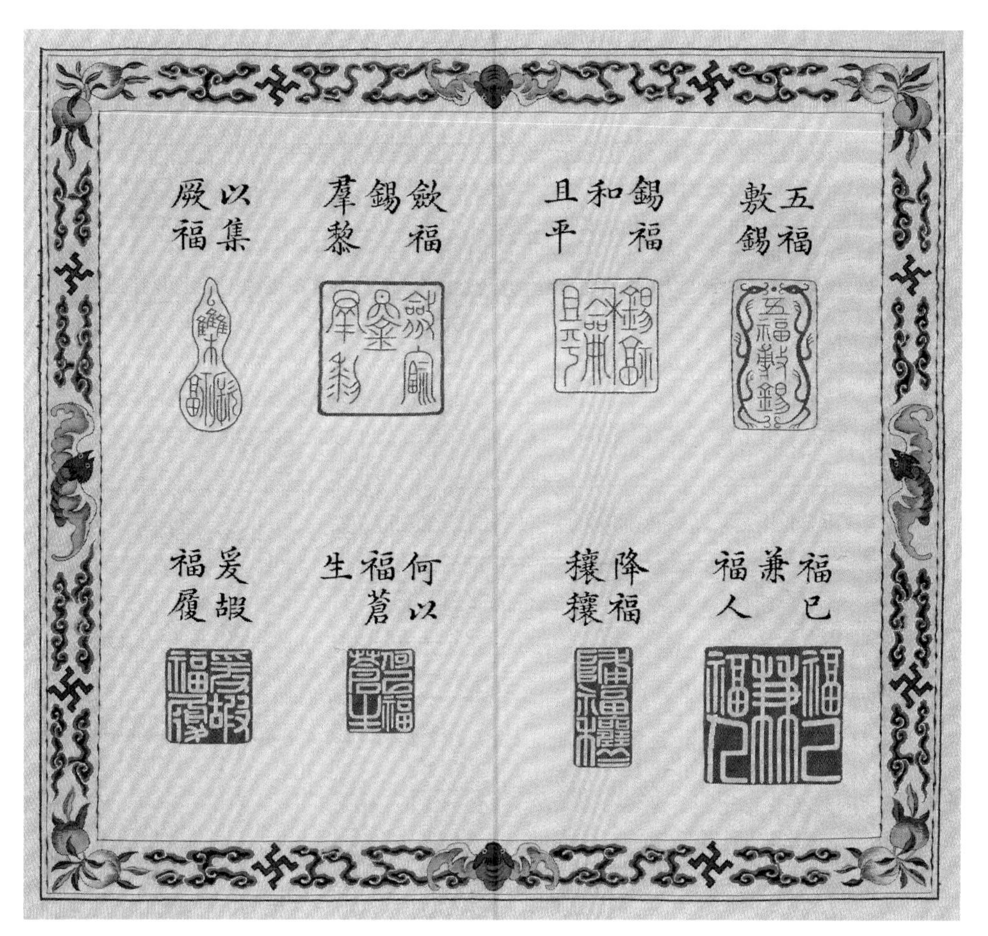
五福敷錫
錫福和且平
斂福錫羣黎
以集厥福
福已兼福人
降福穰穰
何以福蒼生
爰嘏福履

122.2

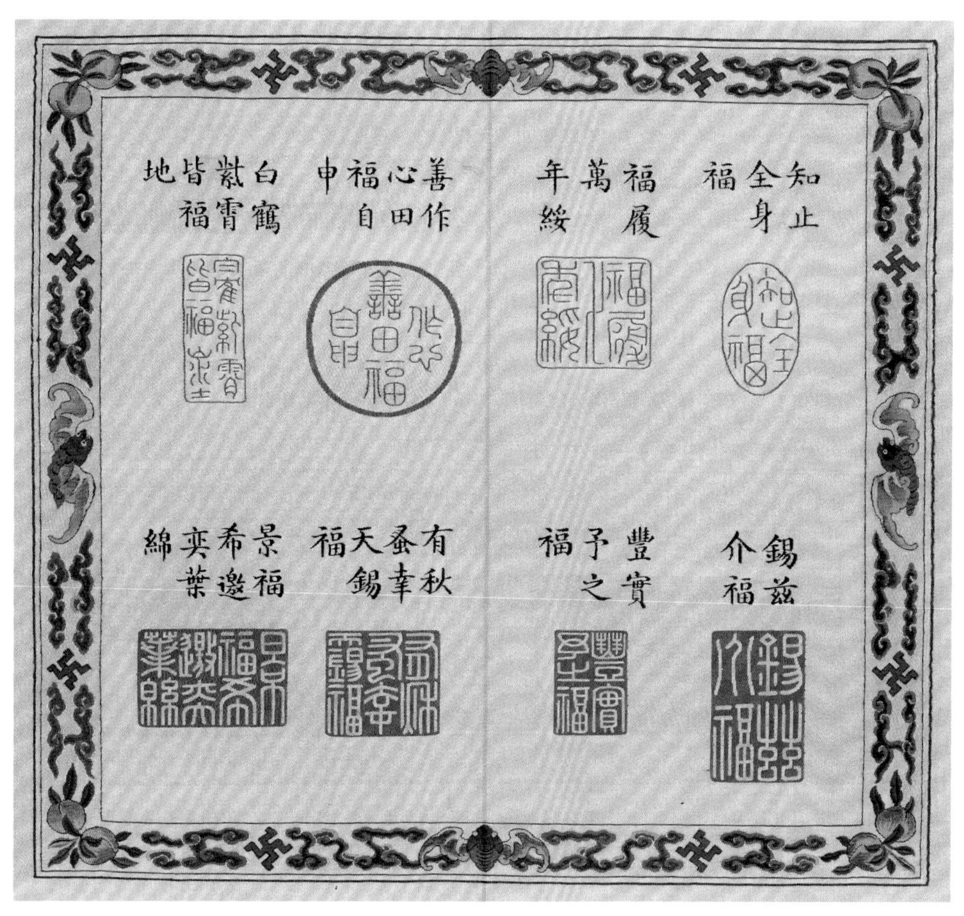
知止全身福
福履萬年綏
善作心田福自申
白鶴紫霄皆福地
錫茲介福
豐實予之福
有秋蚕幸天錫福
景福希邀奕葉綿

122.3

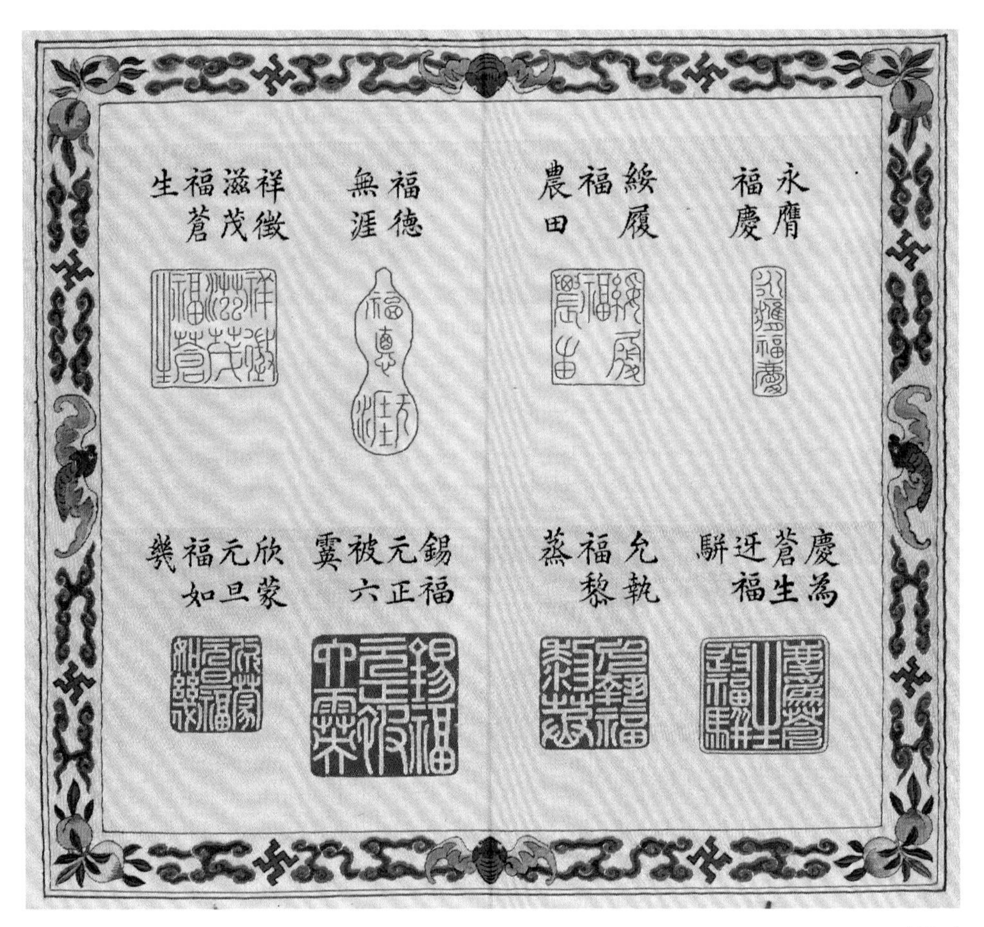
永膺福慶
綏履福農田
福德無涯
祥徵滋茂福蒼生
慶為蒼生迸福駢
允執福黎蒸
錫福元正被六霙
欣蒙元旦福如幾

122.4

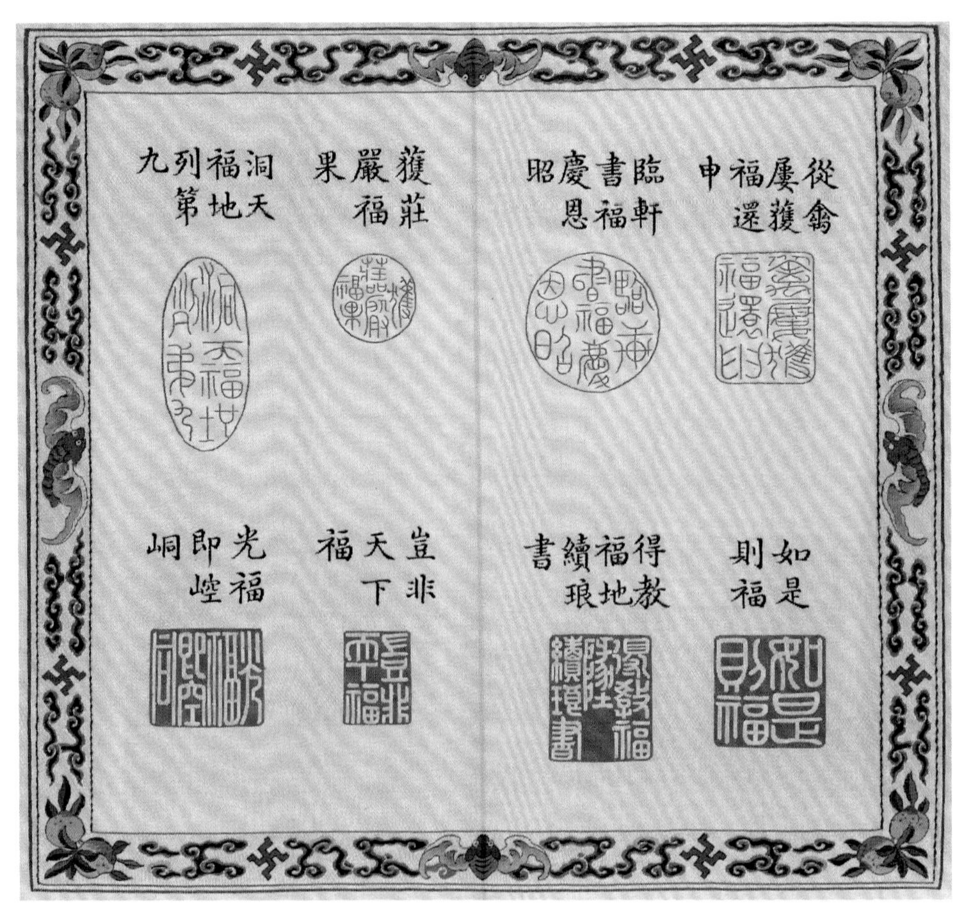
從僉屢獲福還申
臨軒書福慶恩昭
獲莊嚴福果
洞天福地列第九
如是則福
得教福地續琅書
豈非天下福
光福即崆峒

122.5

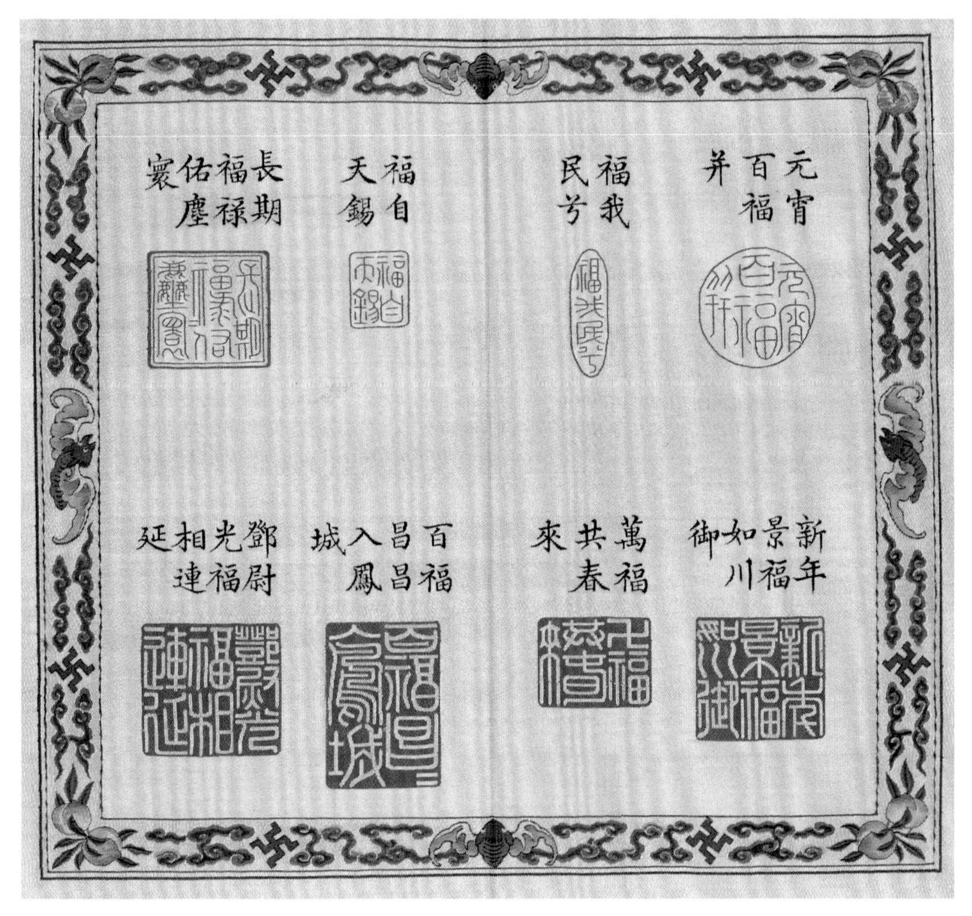
元宵百福并
福我民兮
福自天錫
長期福祿佑塵寰
新年景福如川御
萬福共春來
百福昌昌入鳳城
鄧尉光福相連延

122.6

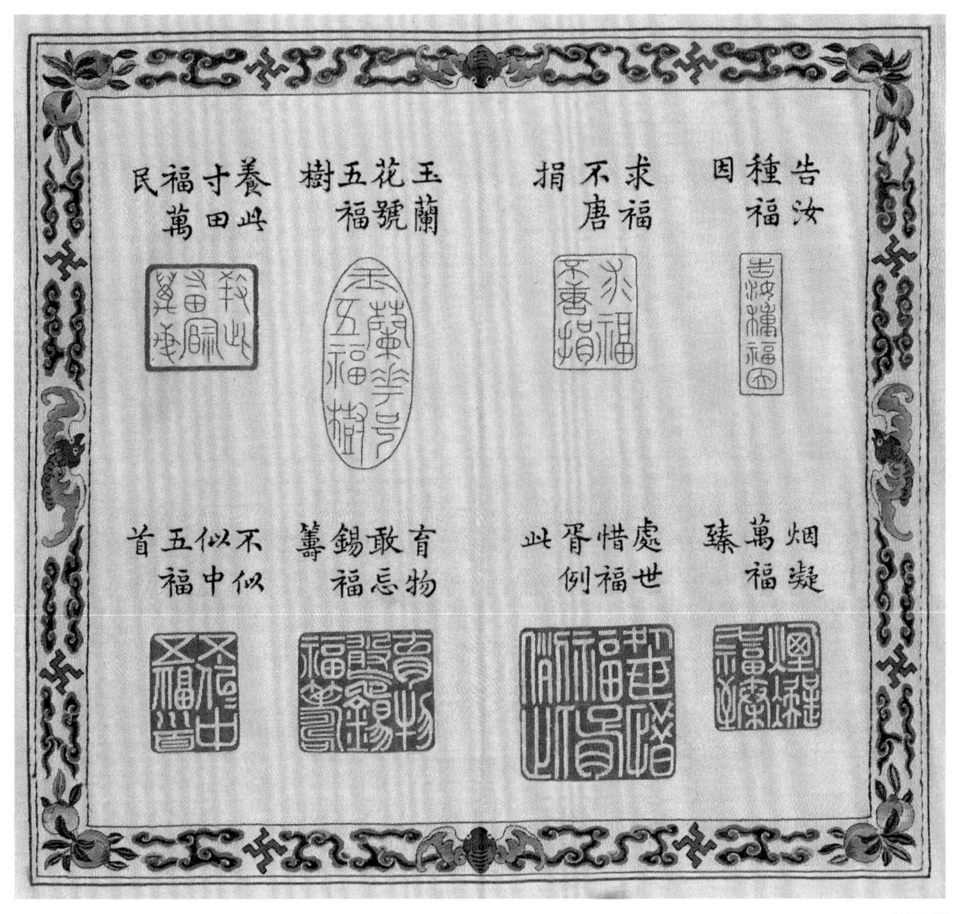
告汝種福因
求福不唐捐
玉蘭花號五福樹
養此寸田福萬民
烟凝萬福臻
處世惜福胥例此
育物敢忘錫福蕃
不似似中五福首

122.7

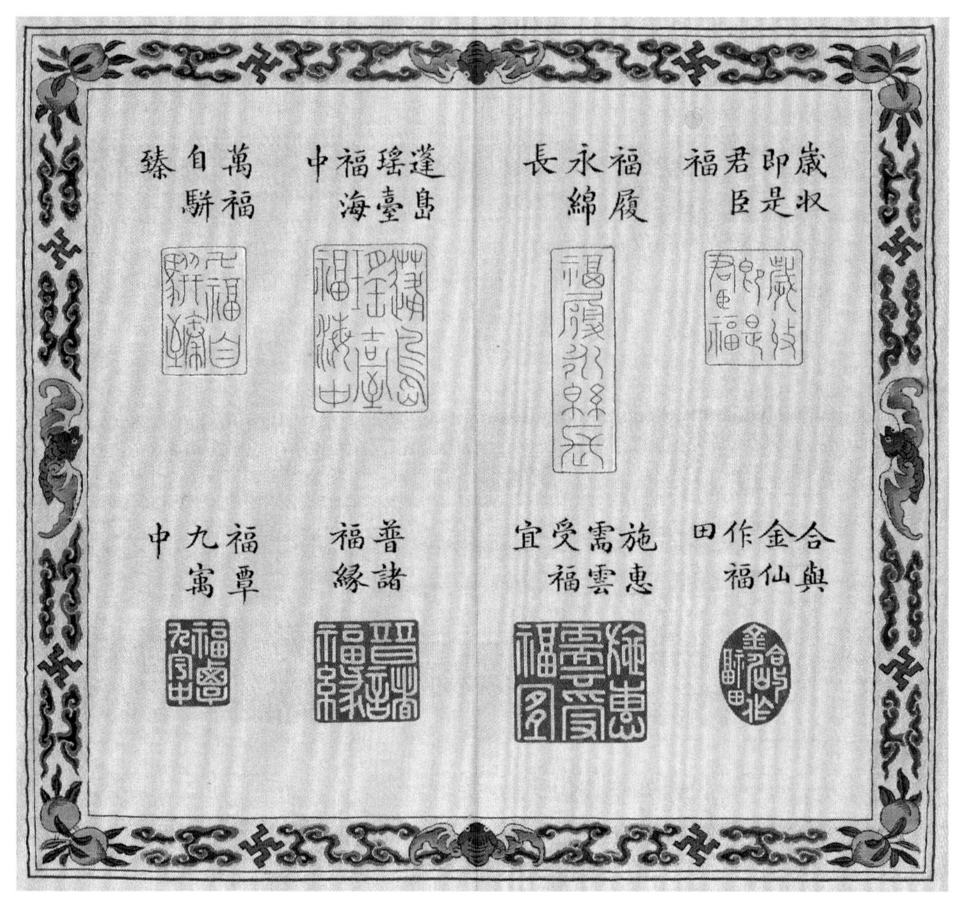
萬福自駢臻
蓬島瑤臺福海中
福履永綿長
歲収即是君臣福
福覃九寓中
普諸福緣
施惠需雲受福宜
合與金仙作福田

122.8

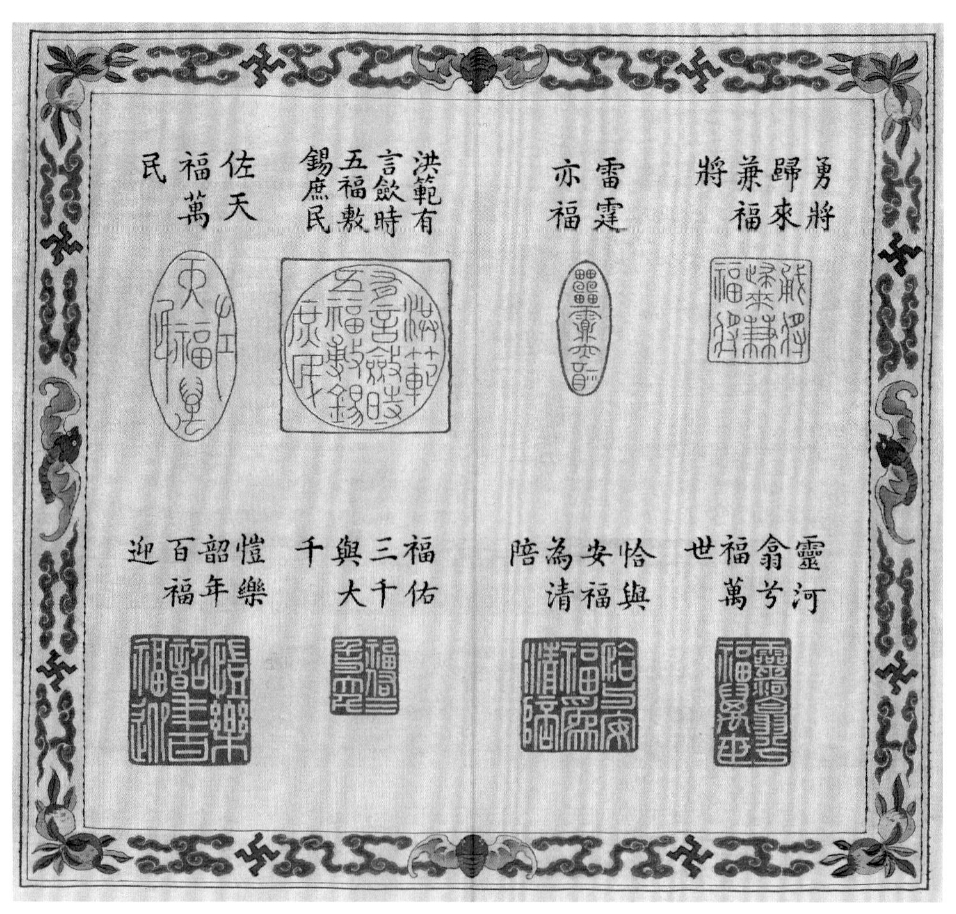
佐天福萬民
洪範有言斂時五福敷錫庶民
雷霆亦福
勇將歸來兼福將
愷樂部年百福迎
福佑三千與大千
恰與安福為清陪
靈河翁兮福萬世

122.9

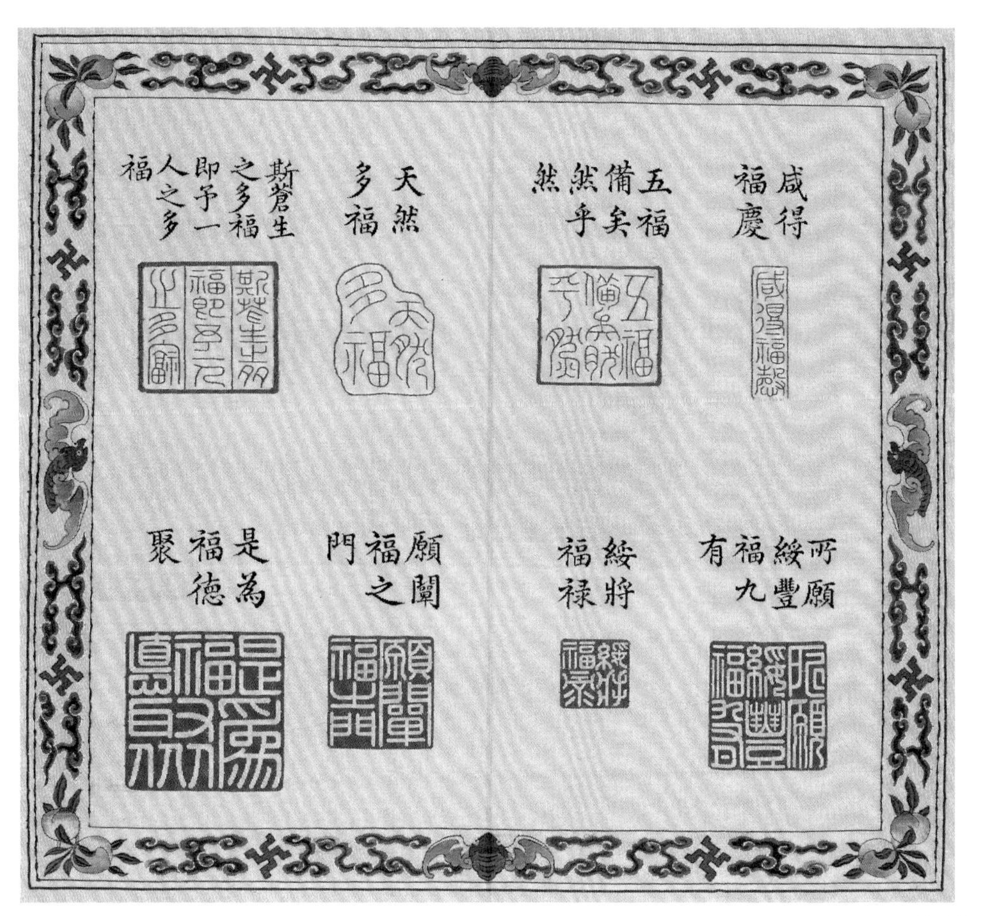
咸得福慶
五福備矣然乎然
天然多福
斯蒼生之多福即予一人之多福
所願綏豐福九有
綏將福祿
願闡福之門
是為福德聚

122.10

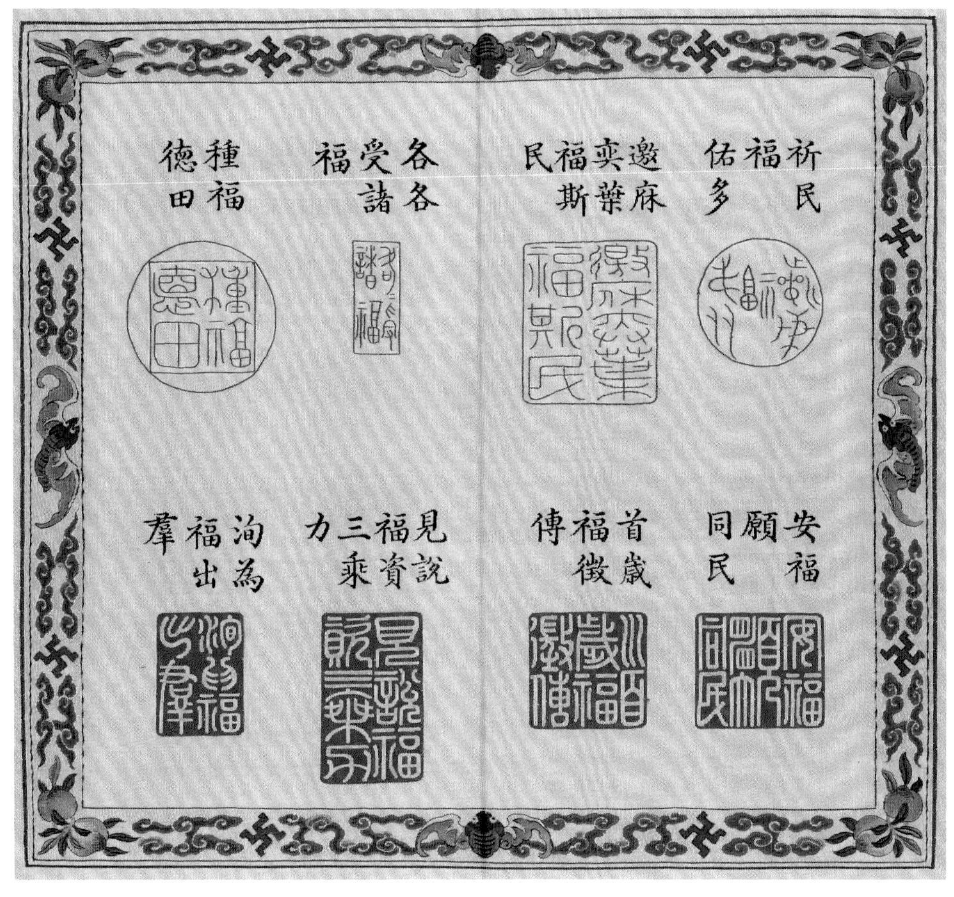
祈民福佑多
邀麻奕葉福斯民
各各受諸福
種福德田
安福願同民
首歲福徵傳
見說福資三乘力
洵為福出羣

122.11

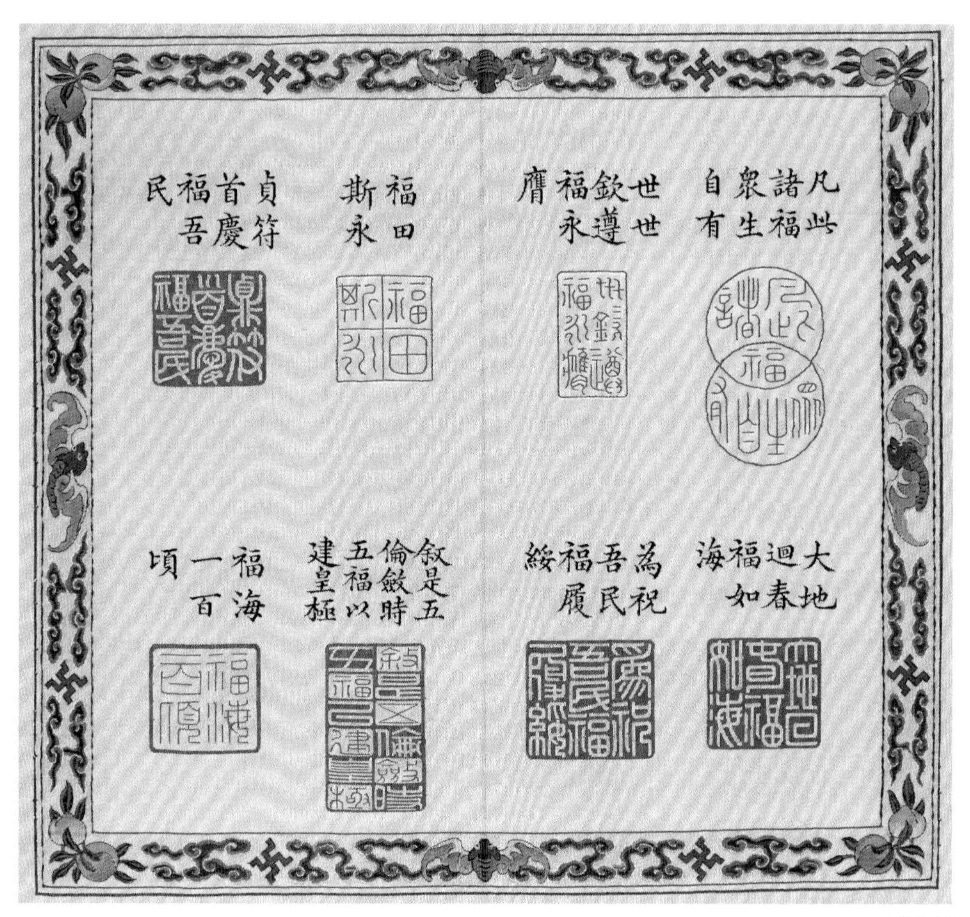
凡此諸福衆生自有
世世欽遵福永膺
福田斯永
貞符首慶福吾民
大地迴春福如海
為祝吾民福履綏
敘是五倫斂時五福以建皇極
福海一百頃

122.12

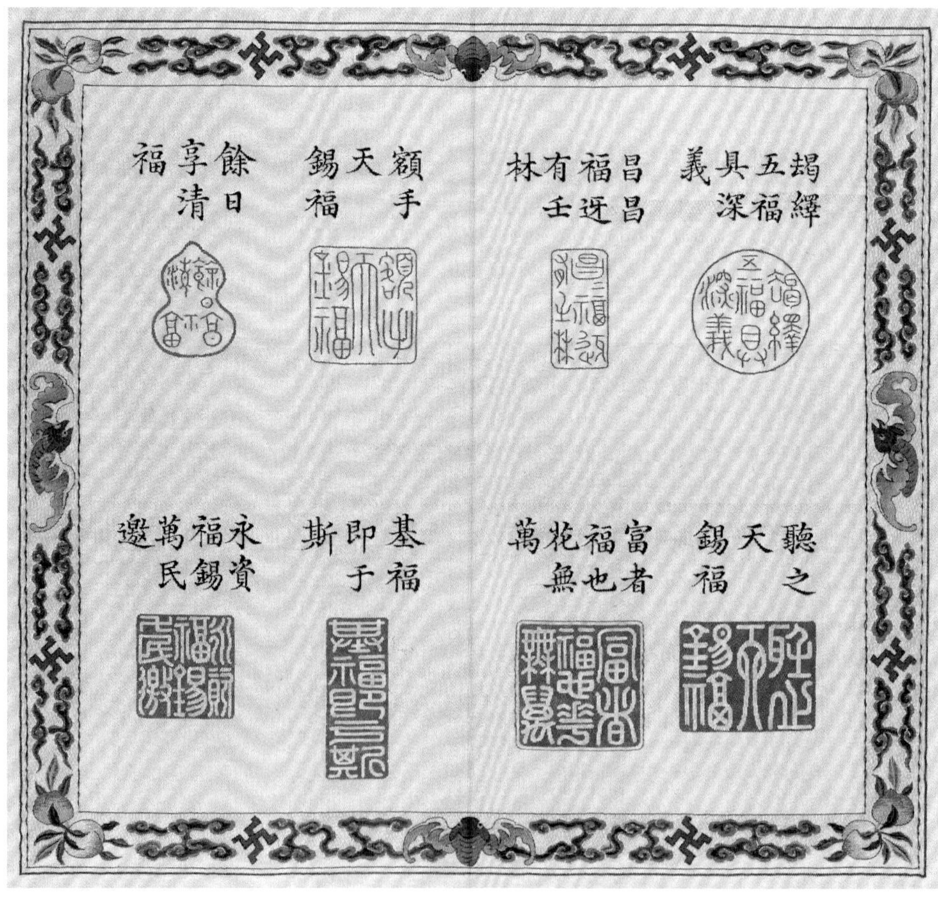
揭繹五福具深義
昌昌福迓有壬林
額手天錫福
餘日享清福
聽之天錫福
富者福也花無萬
基福即于斯
永賚福錫萬民邀

122.13

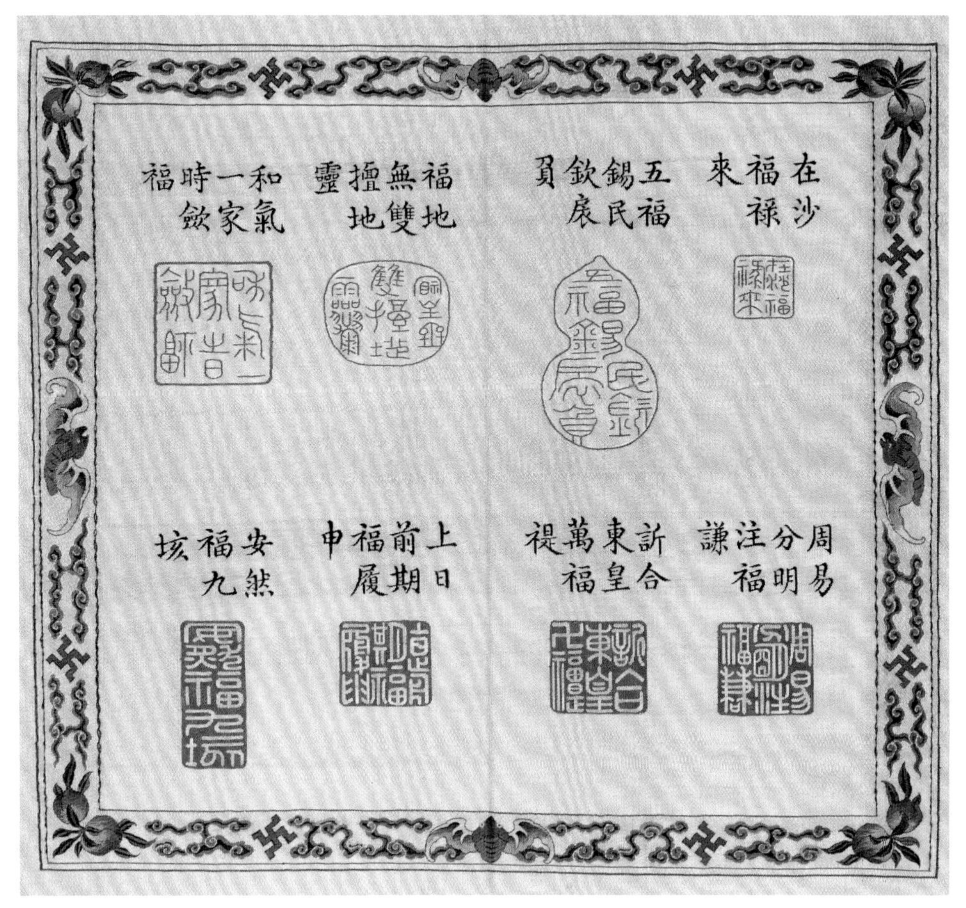

在沙福祿來
五福錫民欽辰貝
福地無雙擅地靈
和氣一家時歛福
周易分明注福謙
訢合東皇萬福禔
上日前期福履申
安然福九垓

122.14

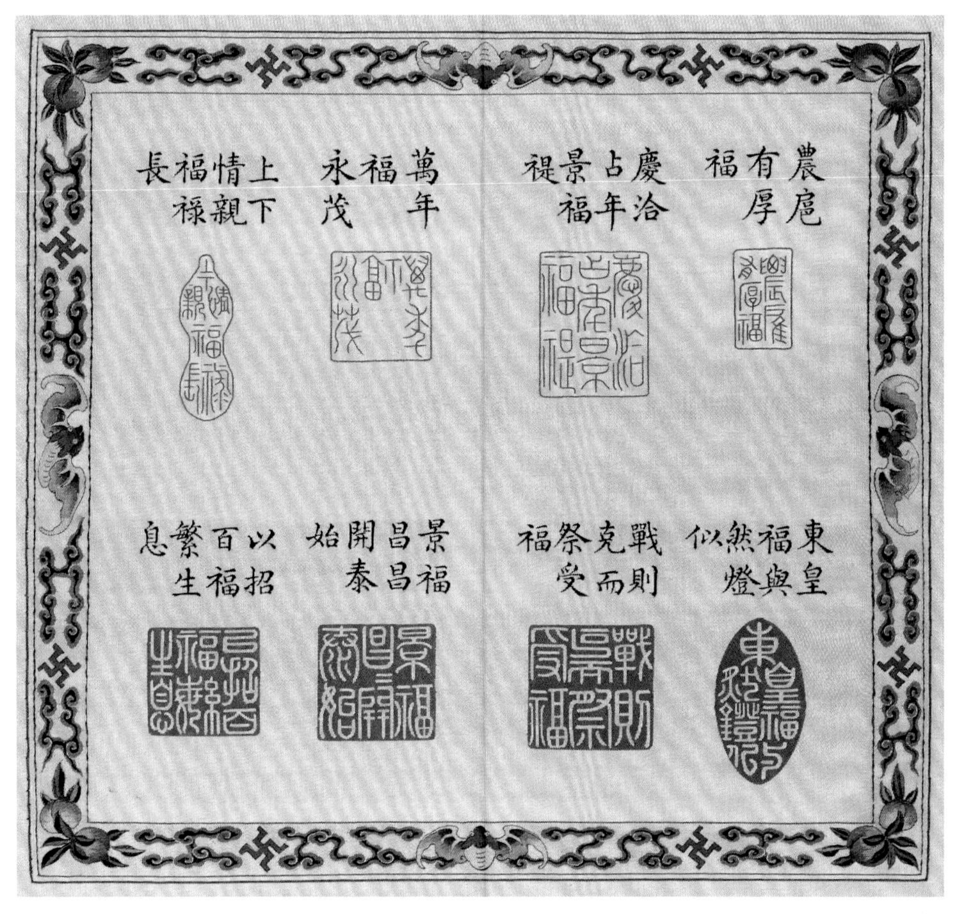

農扈有厚福
慶洽占年景福禔
萬年福永茂
上下情親福祿長
東皇福與然燈似
戰則克而祭受福
景福昌昌開泰始
以招百福繁生息

122.15

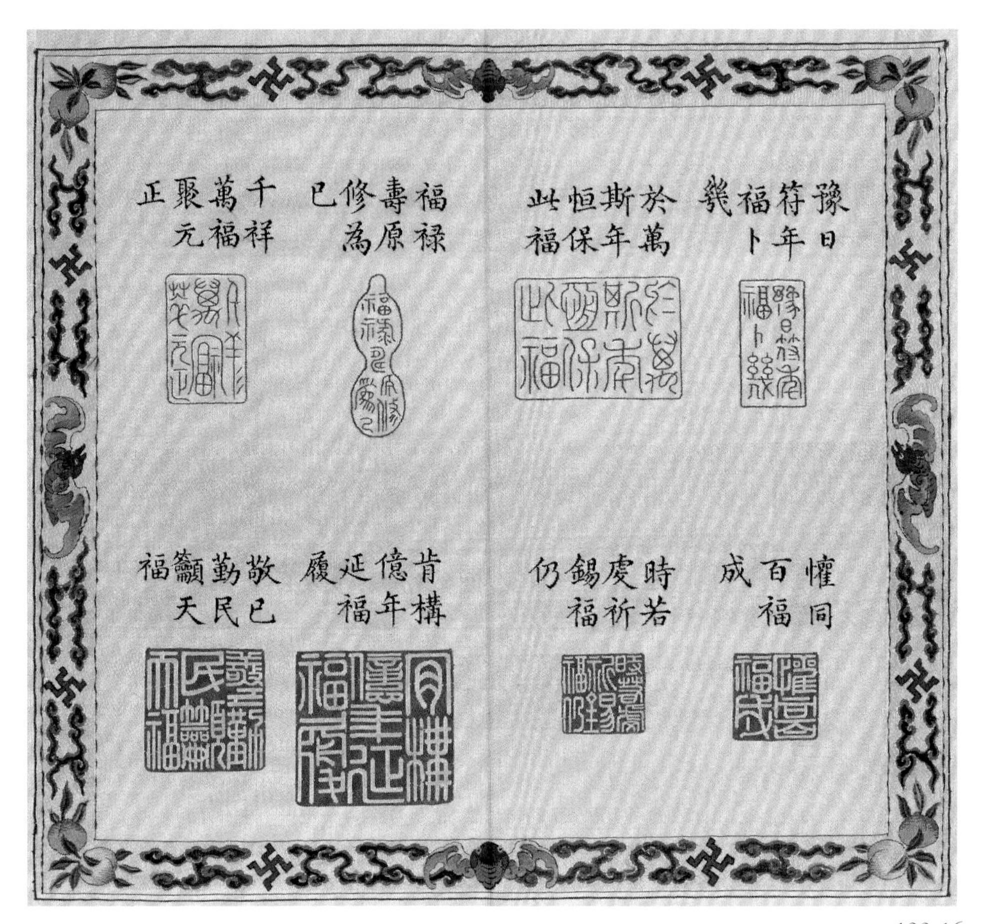
豫日符年福卜幾
於萬斯年恒保此福
福祿壽原修為已
千祥萬福聚元正
懽同百福成
時若慶祈錫福仍
肯構億年延福履
敬已勤民籲天福

122.16

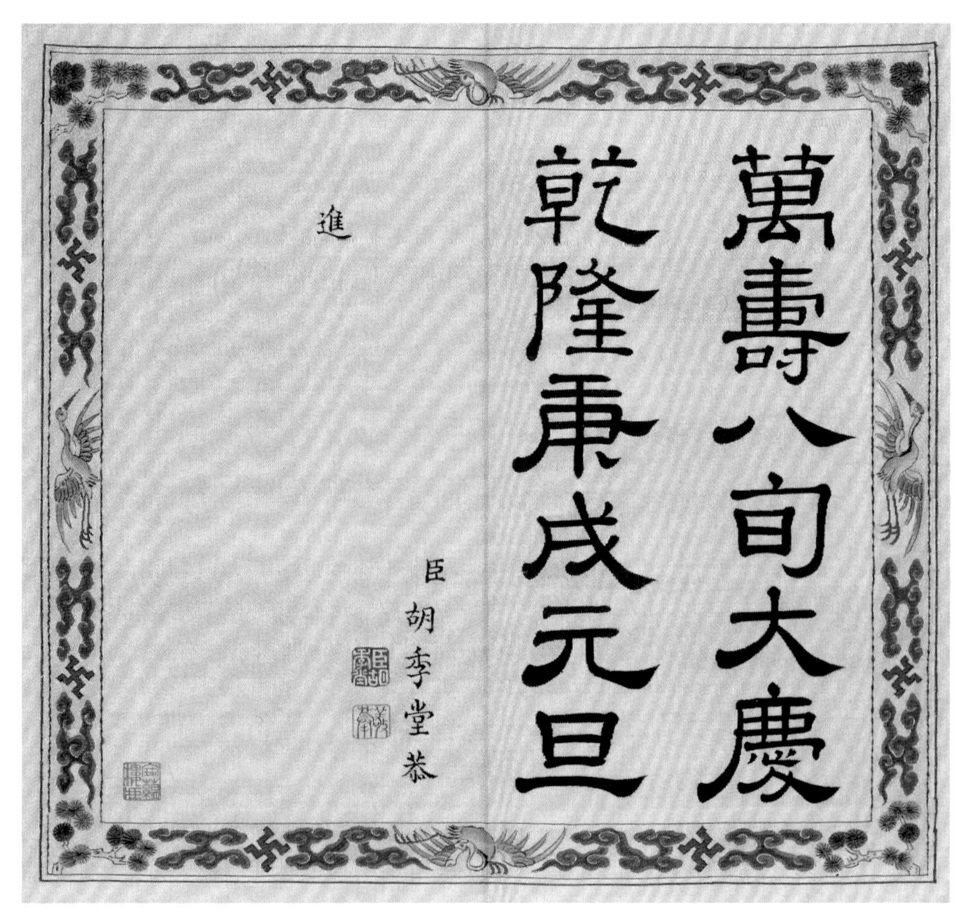
萬壽八旬大慶
乾隆庚戌元旦
臣胡季堂恭
進

122.17

123

緙絲歲朝圖軸
清嘉慶
縱70厘米　橫91厘米

Happy New Year, Silk Tapestry
Jiaqing Period, Qing Dynasty
Hanging scroll
Length: 70cm　Width: 91cm

圖緙織瓶、盆、盤等器，內插梅花、水仙、百合、柿子等，並配如意、爆竹。為清中晚期常見題材，寓意“事事如意，平安吉祥”。

此圖僅用構邊、平緙、搭梭等幾種常用技法緙織物象邊緣和色塊，暈色部分多以筆墨渲染，為清中期以後緙絲畫的特點。但其在花瓣、瓶身紋飾等處的構緙十分細緻精妙。

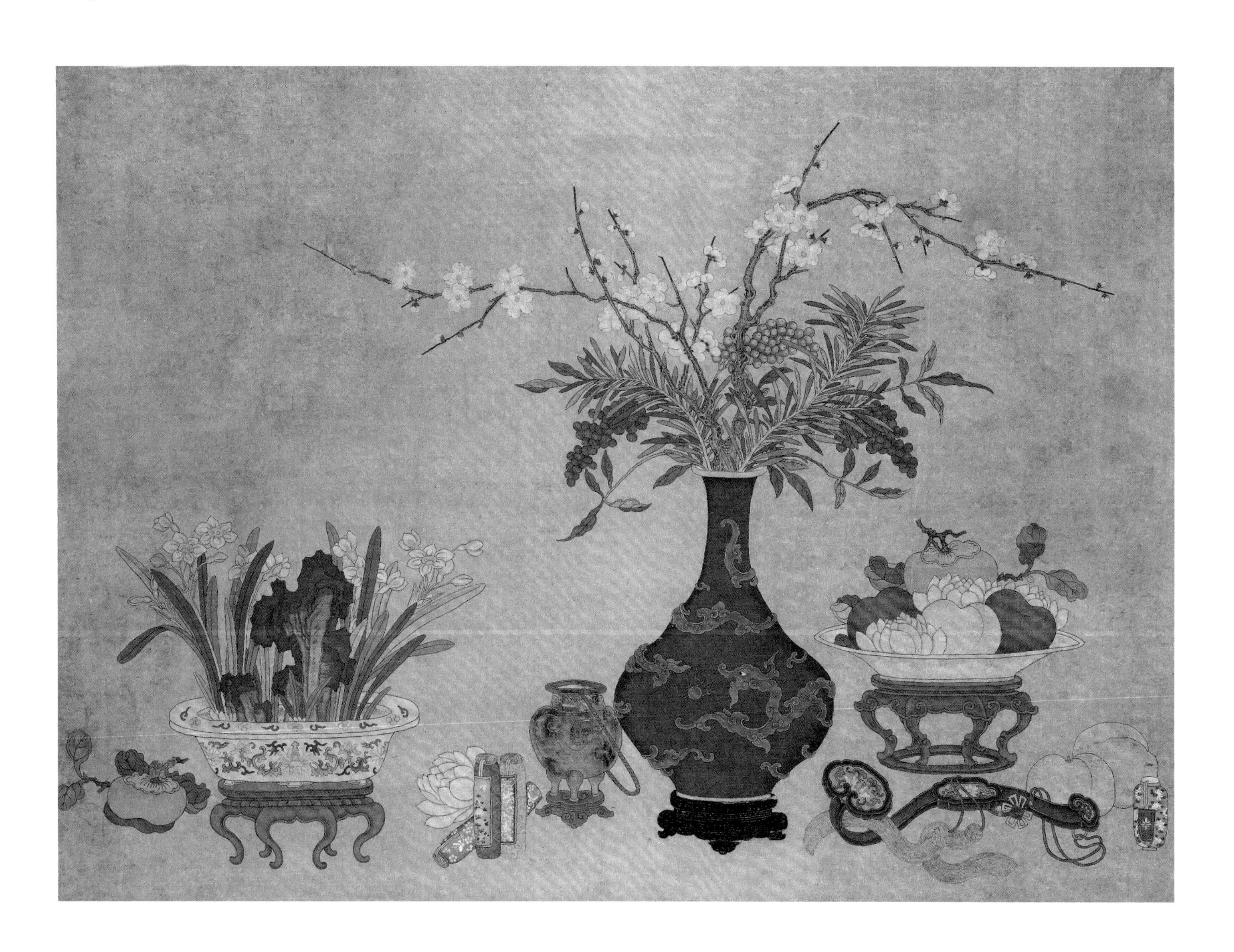

124

緙絲富貴長春圖軸

清道光

縱163厘米　橫84厘米

Paradise Flycatchers, Peonies, Trees and Rocks, Silk Tapestry

Daoguang Period, Qing Dynasty

Hanging scroll

Length: 163cm　Width: 84cm

圖緙織一株蒼勁的椿樹，枝上依偎着一對綬帶鳥，樹下為坡石，盛開的牡丹、百合等，寓意"富貴長春"。

此圖以二色間暈與退暈相結合，用平緙、搭緙、構緙等技法緙織，局部用石綠、赭石等色渲染。半緙半繪，工寫相兼。

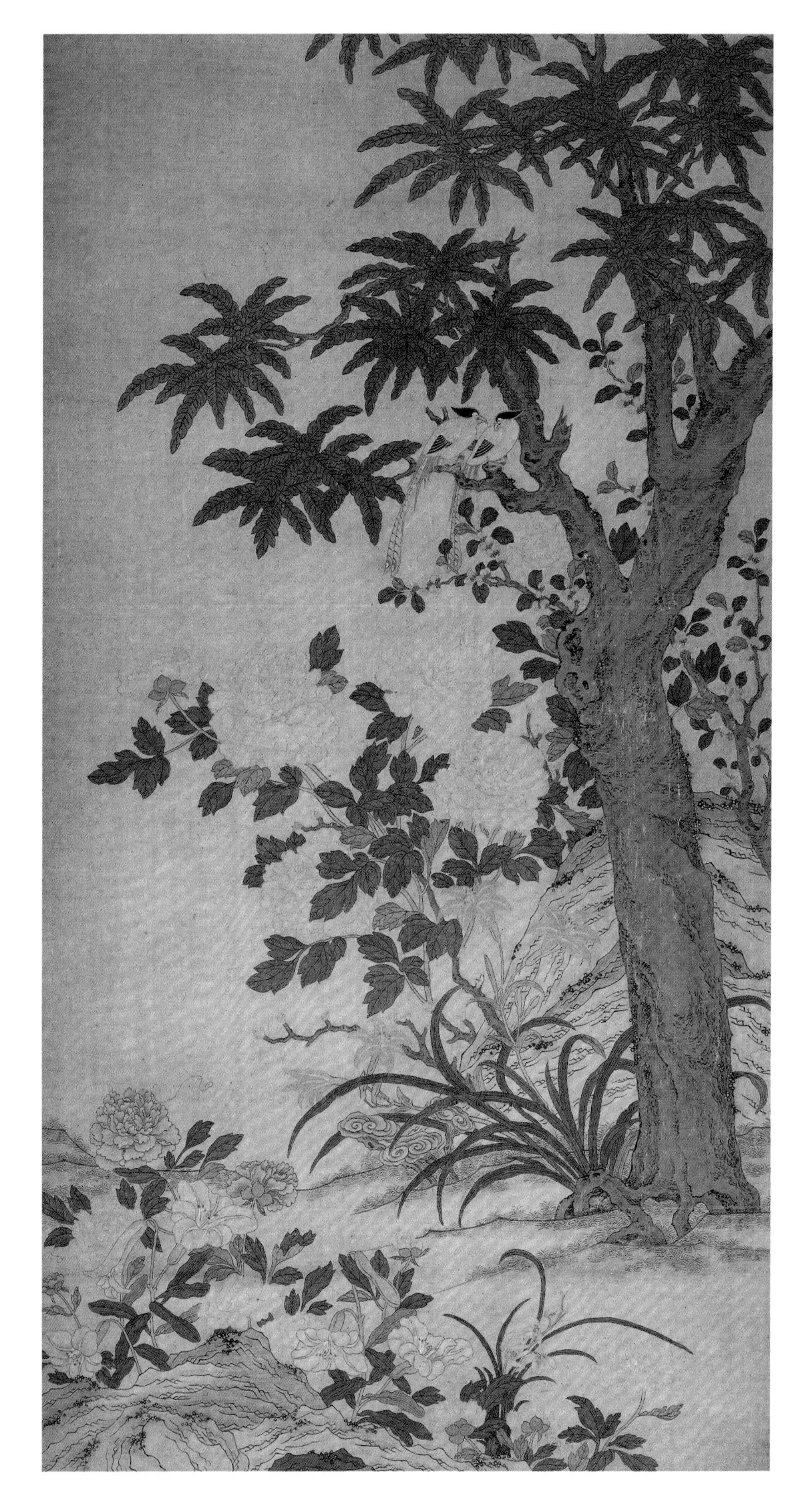

125

緙絲加繡青牛老子圖軸

清乾隆
縱329厘米　橫137厘米
清宮舊藏

Lao-zi (Lao-tze) Riding on an Ox, Silk Tapestry with Embroidery
Qianlong Period, Qing Dynasty
Hanging scroll
Length: 329cm　Width: 137cm
Qing Court collection

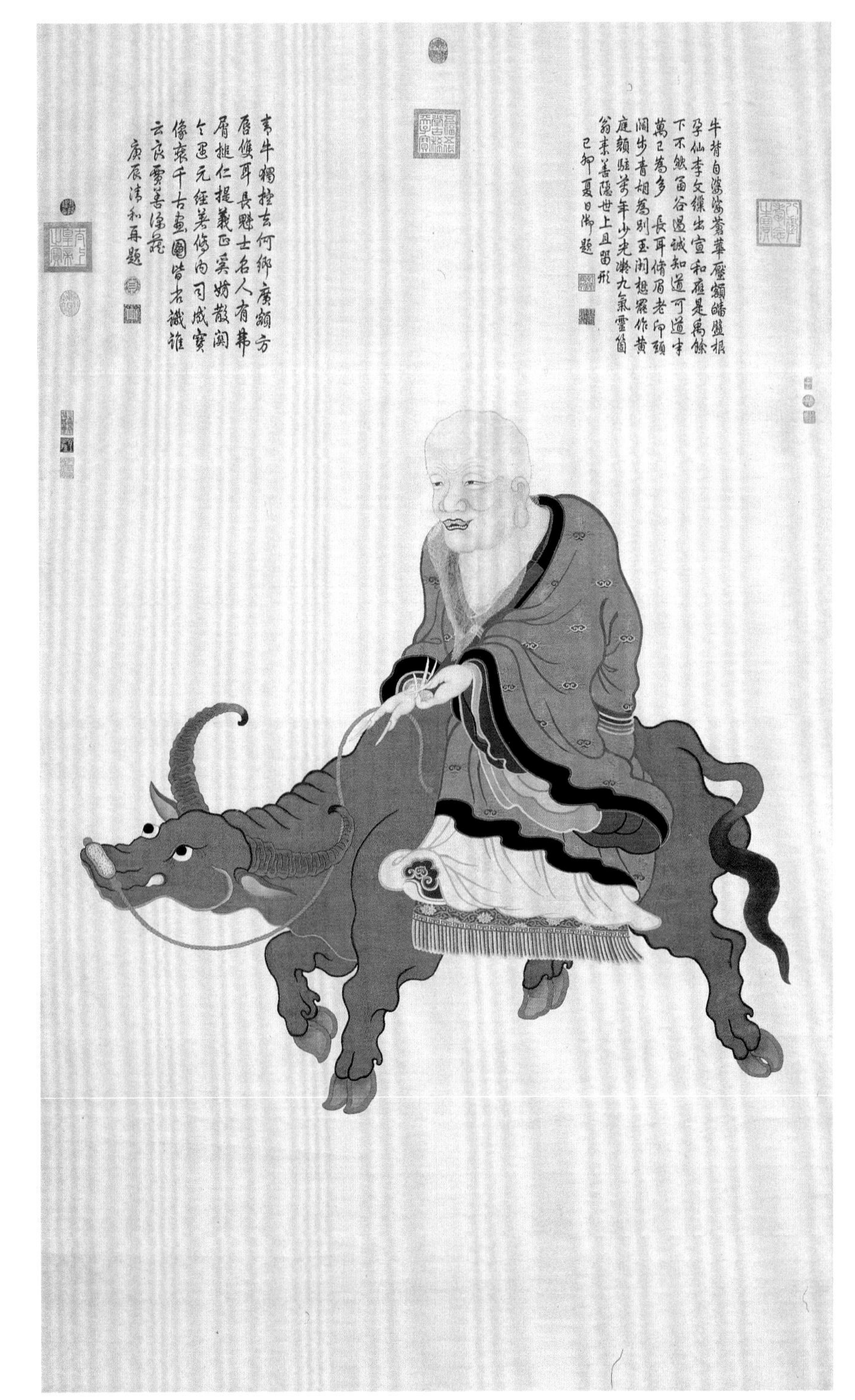

圖緙織鶴髮白髯的老子乘牛而行，乾隆御製詩二首，款署：“己卯（1759）夏日御題”，“庚辰（1760）清和再題”，“乾隆宸翰”、“乾”、“隆”等印。

漢代劉向《列仙傳》載：“老子西遊，（函谷）關令尹喜望見有紫氣浮關，而老子果乘青牛而過也。”後多用老子騎牛喻吉祥之兆。

此圖為工筆重彩，頗具宮廷畫家金廷標畫風。以平緙作塊面緙織，局部靈活施用構緙、長短戧和緙金。人物鬚髮用緝綫繡。牛毛、牛鼻等細部則用筆繪染。幅面巨大，緙絲、刺繡和繪染並用，是乾隆時期緙絲加繡的代表作。

鑑藏印記：乾隆、宣統內府等印。

126

緙絲加繡九陽消寒圖軸

清乾隆
縱213厘米　橫119厘米
清宮舊藏

Three Boys and Nine Rams, with Emperor Qianlong's poem, Silk Tapestry with Embroidery
Qianlong Period, Qing Dynasty
Hanging scroll
Length: 213cm　Width: 119cm
Qing Court collection

三個童子，一騎羊，兩步行。九隻公羊姿態各異。滿飾各色花卉、蒼松、竹石、祥雲等。氣氛喜慶祥和，寓意“三陽開泰、九九消寒”。詩堂乾隆御製詩一首：“九羊意寓九陽乎，因有消寒數九圖。子半迴春心可見，男三開泰義猶符。宋時刱作真稱巧，蘇匠仿為了弗殊。謾説今人不如古，以云返樸卻慚吾。　辛丑（1781）嘉平御題”。

此圖為緙絲、刺繡與繪畫合璧之作。底色背景為緙絲，以平緙、搭緙、構緙、摜緙、結等技法緙織坡石、流雲、樹幹。刺繡人物、羊、花草，以套針、搶針為基礎，細微之處輔以網針、扎針、打籽、釘針、釘金、施毛針、雞毛針、刻鱗針、擻和針、反搶針、緝綫繡、合色綫等多種針法，按物象肌理行針運絲，排列絲綫走向，針腳長短、疏密、曲直，力求寫實逼真，以精緻的繡工、柔雅的絲光突顯出其華美富麗之態。原藏寧壽宮。

鑑藏印記：“三希堂精鑑璽”、“宜子孫”、“石渠寶笈三編”、“古稀天子之寶”、“猶日孜孜”。《石渠寶笈三編》著錄。

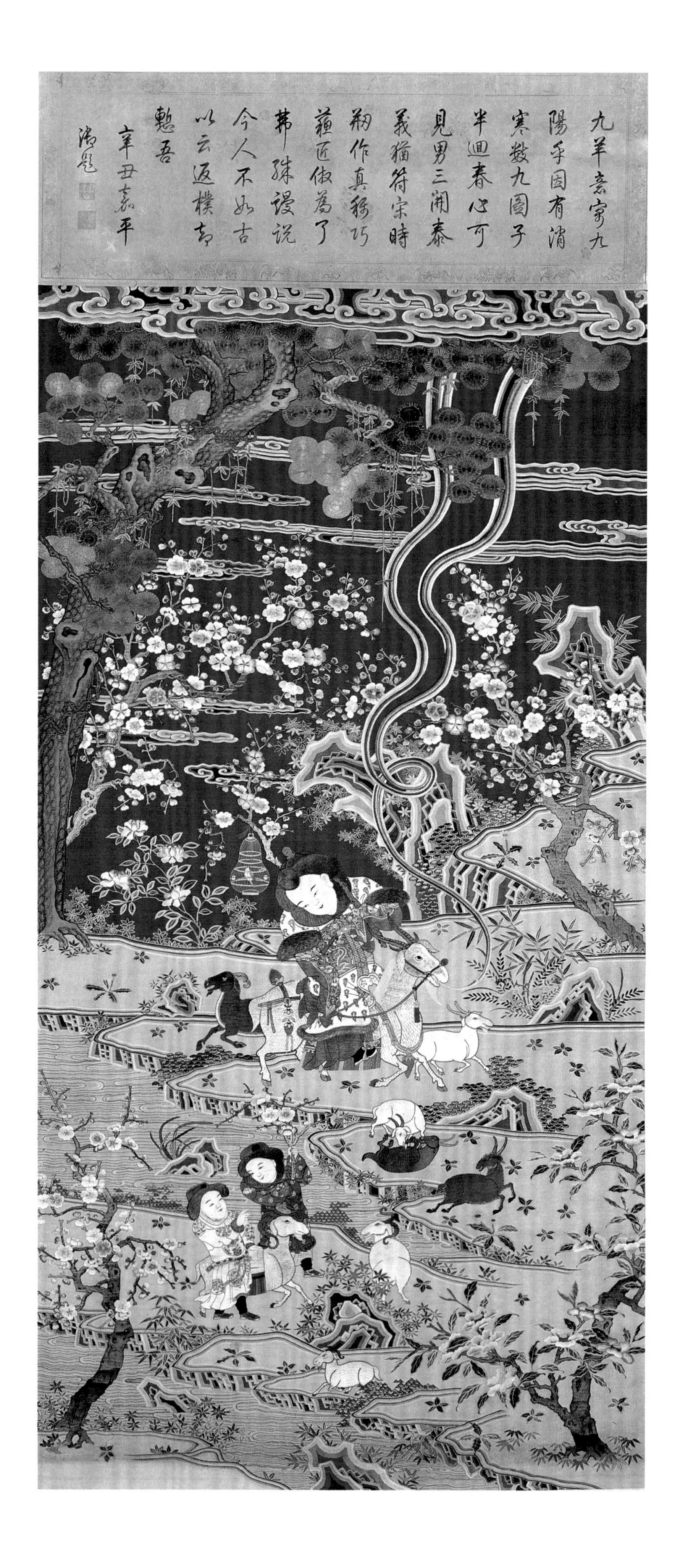

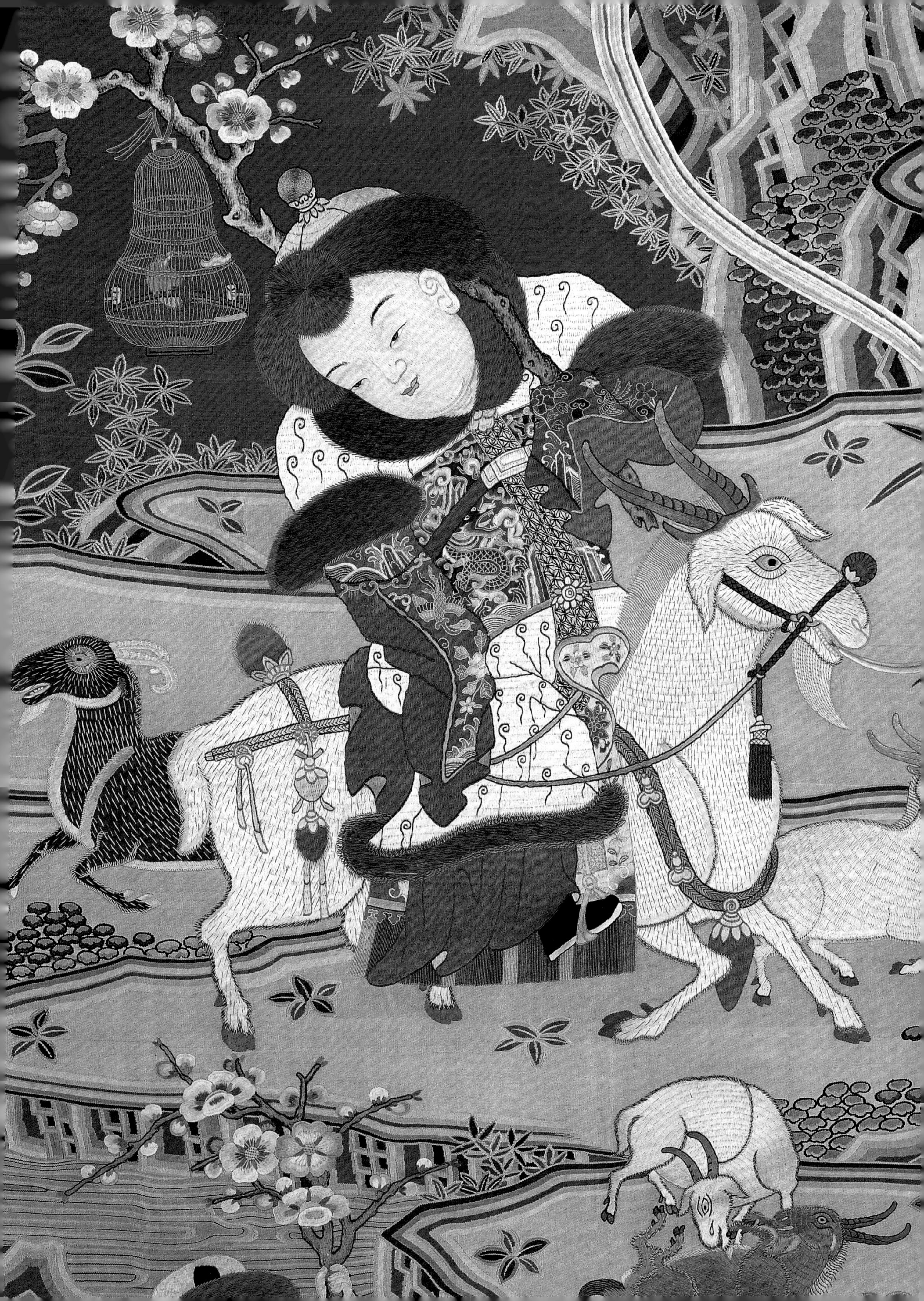

127

緙絲加繡三星圖軸

清乾隆
縱412厘米　橫135厘米
清宮舊藏

Three Deities of Fortune, Wealth and Longevity, with Emperor Qianlong's Inscriptions, Silk Tapestry with Embroidery
Qianlong Period, Qing Dynasty
Hanging scroll
Length: 412cm　Width: 135cm
Qing Court collection

圖表現福、祿、壽三星，配以遠山、蒼松、鶴鹿、牡丹、靈芝等。圖上緙乾隆御筆行書《三星圖頌》，款署："乾隆壬寅（1782）清和月　御筆"，詩堂"錫羨增齡"四字，緙"乾隆御覽"、"古稀天子之寶"、"三希堂精鑑璽"、"宜子孫"、"猶日孜孜"印。

此圖以二至四色間暈與退暈相結合，用平緙、長短戧、搭緙等技法緙織。在一些細微之處，如人物的衣紋、鶴鹿的軀體等，用釘金綫、散套針、施毛針等刺繡加以烘托。全圖使用色絲多達三十餘種，使紋樣色彩豐富飽滿、精美華麗。

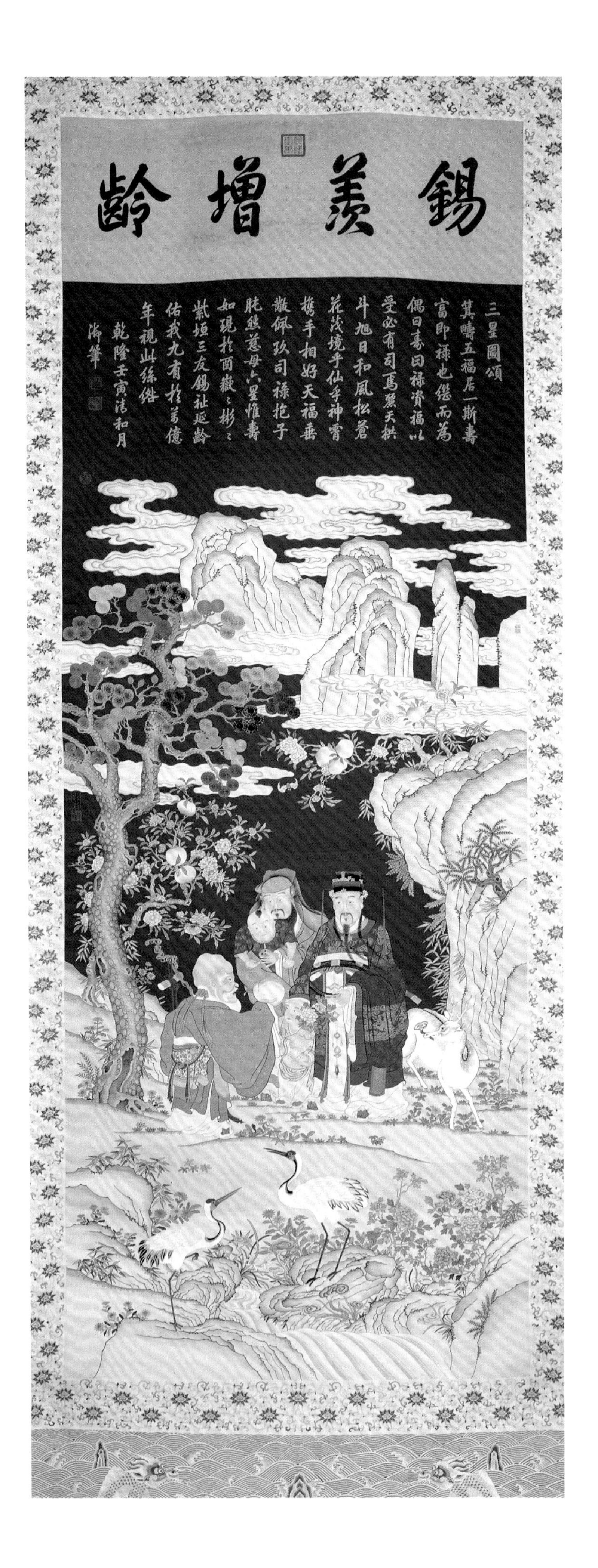

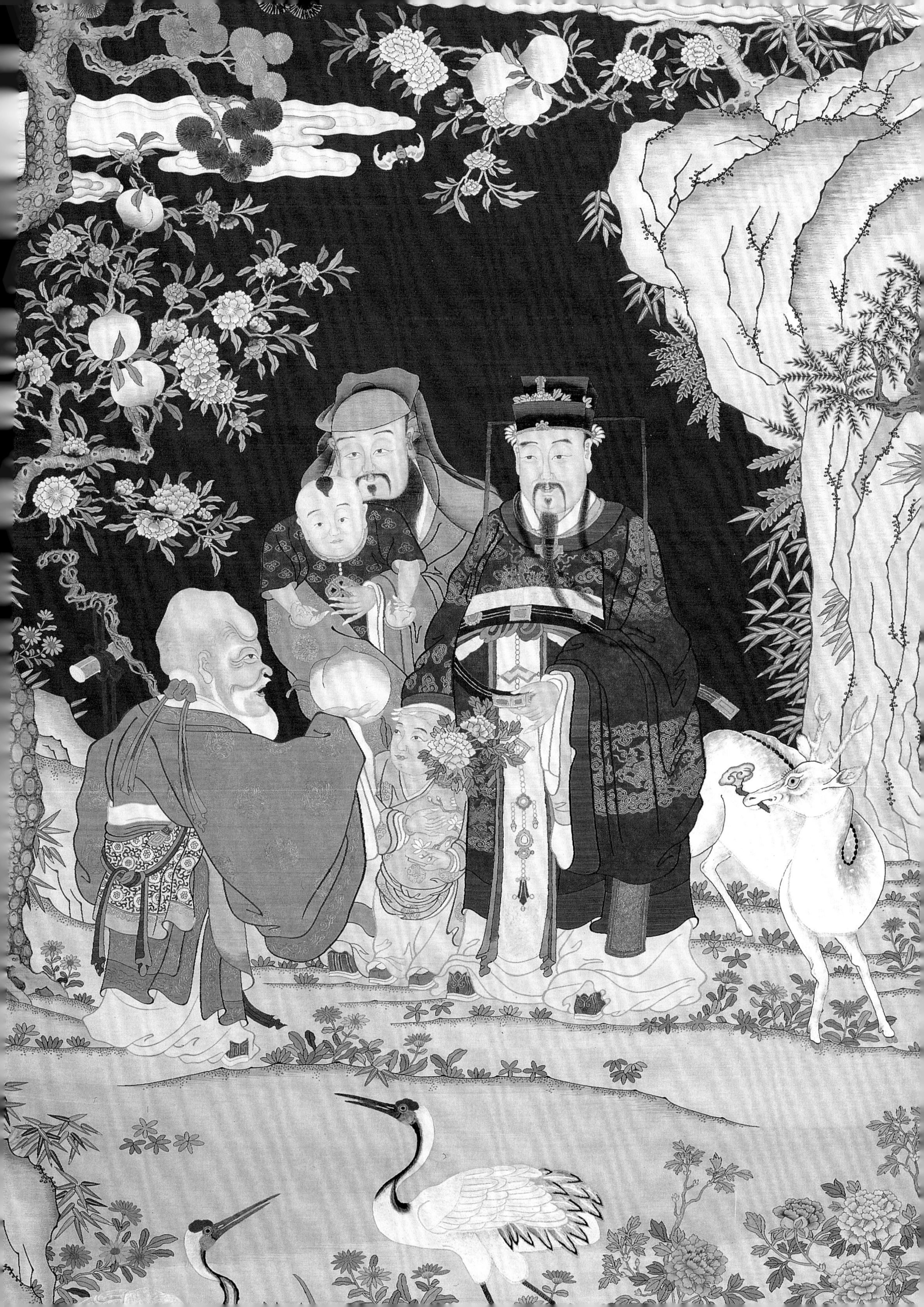

128

緙絲加繡觀音像軸

清乾隆
縱147厘米　橫60厘米
清宮舊藏

Avalokitesvara, Silk Tapestry with Embroidery
Qianlong Period, Qing Dynasty
Hanging scroll
Length: 147cm　Width: 60cm
Qing Court collection

千手觀音著天衣彩裙、珠寶瓔珞，立於五彩祥雲環繞的蓮台上，手持有日、月、戟、斧、鏡、甘露瓶、盾牌、金剛杵等各式法器，身後背光閃耀，頭上華蓋籠罩，供拜禮敬阿彌陀佛。

此圖緙、繡、繪多種手法綜合運用，運用平緙、緙金、構緙等技法緙織人物及衣飾。緙金與緙絲工藝相同，只是緯綫用金色絲綫。觀音披帛用緝綫繡，表現出輕紗的質感和透明效果。在緙、繡難以表現的細部，施以敷彩、敷金等繪畫手法。為乾隆時期緙絲加繡畫的代表作。

鑑藏印記：乾隆、宣統內府諸印。

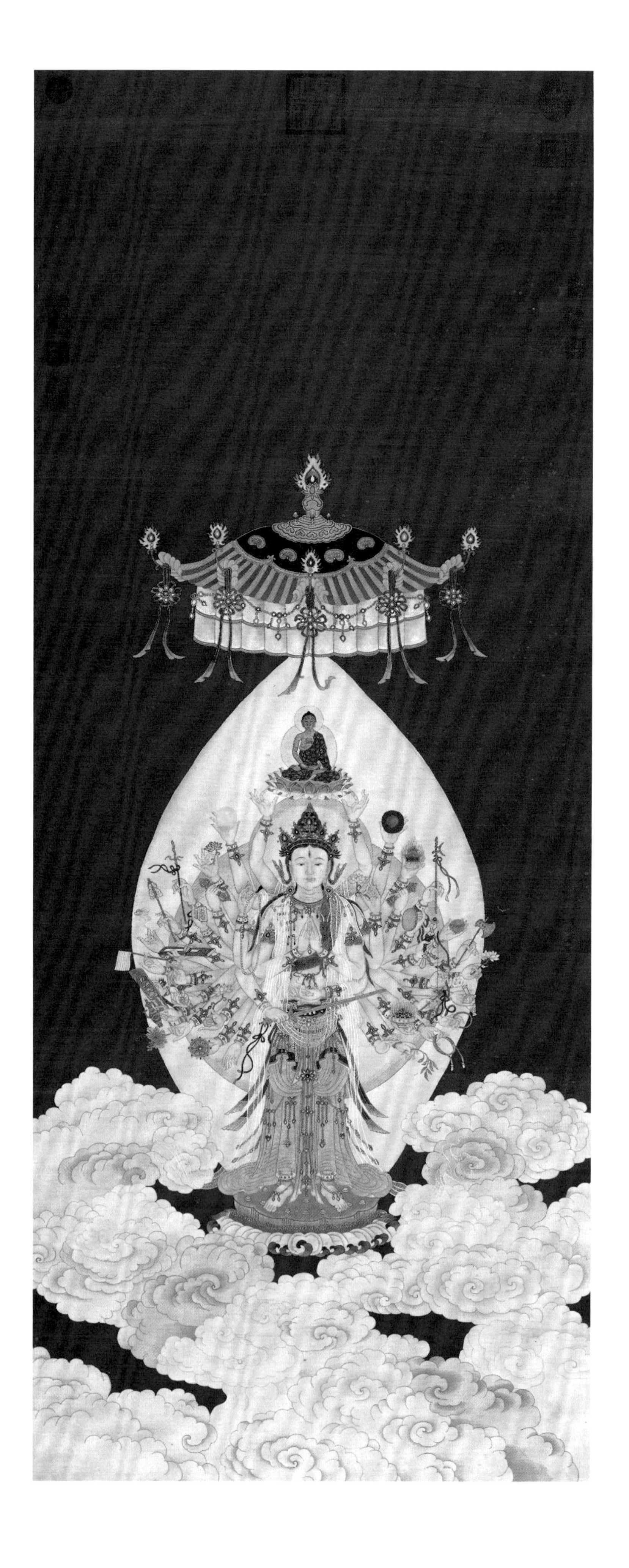

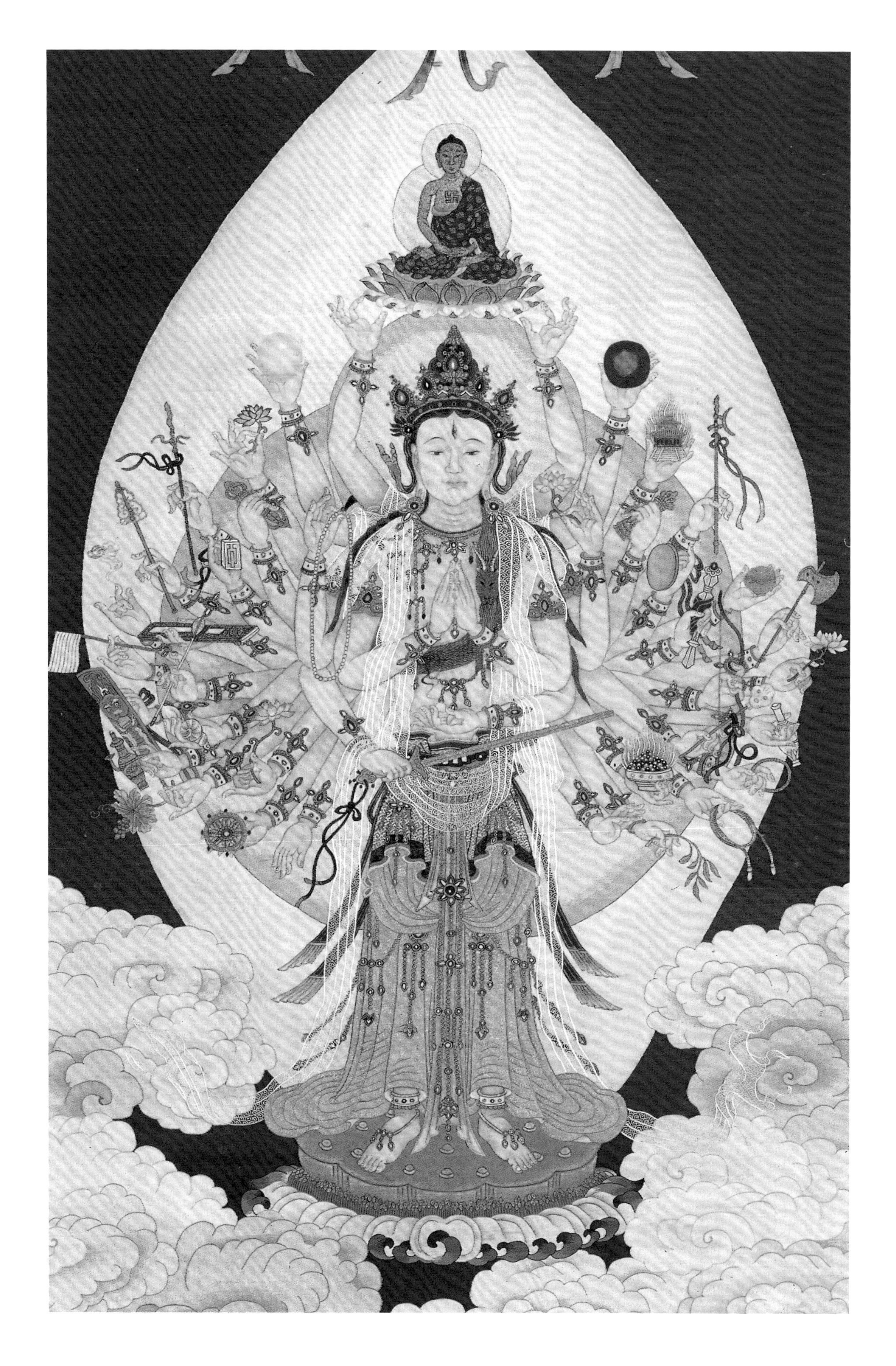

129

緙金加繡山莊人物圖掛屏
清乾隆
縱78厘米　橫118厘米
清宮舊藏

Figures at the Mountain Villa, Golden Thread Tapestry with Embroidery
Qianlong Period, Qing Dynasty
Hanging panel
Length: 78cm　Width: 118cm
Qing Court collection

羣山環繞的山莊內，花木茂盛，果實纍纍，水榭中一女子憑欄賞景，屋宇前一童子向一對老夫妻獻上如意。山腳下小橋流水，橋上人欣賞着山間美景。

此圖主景以金綫緙織，局部用其他色綫，技法主要有長短戧、包心戧、勾緙、平緙等。樹葉、花草、屋脊等用絲綫刺繡而成，人物面部則用筆繪出。畫面在藍色地襯托下，金光異彩，富麗堂皇，是清代少有的緙金畫作品。

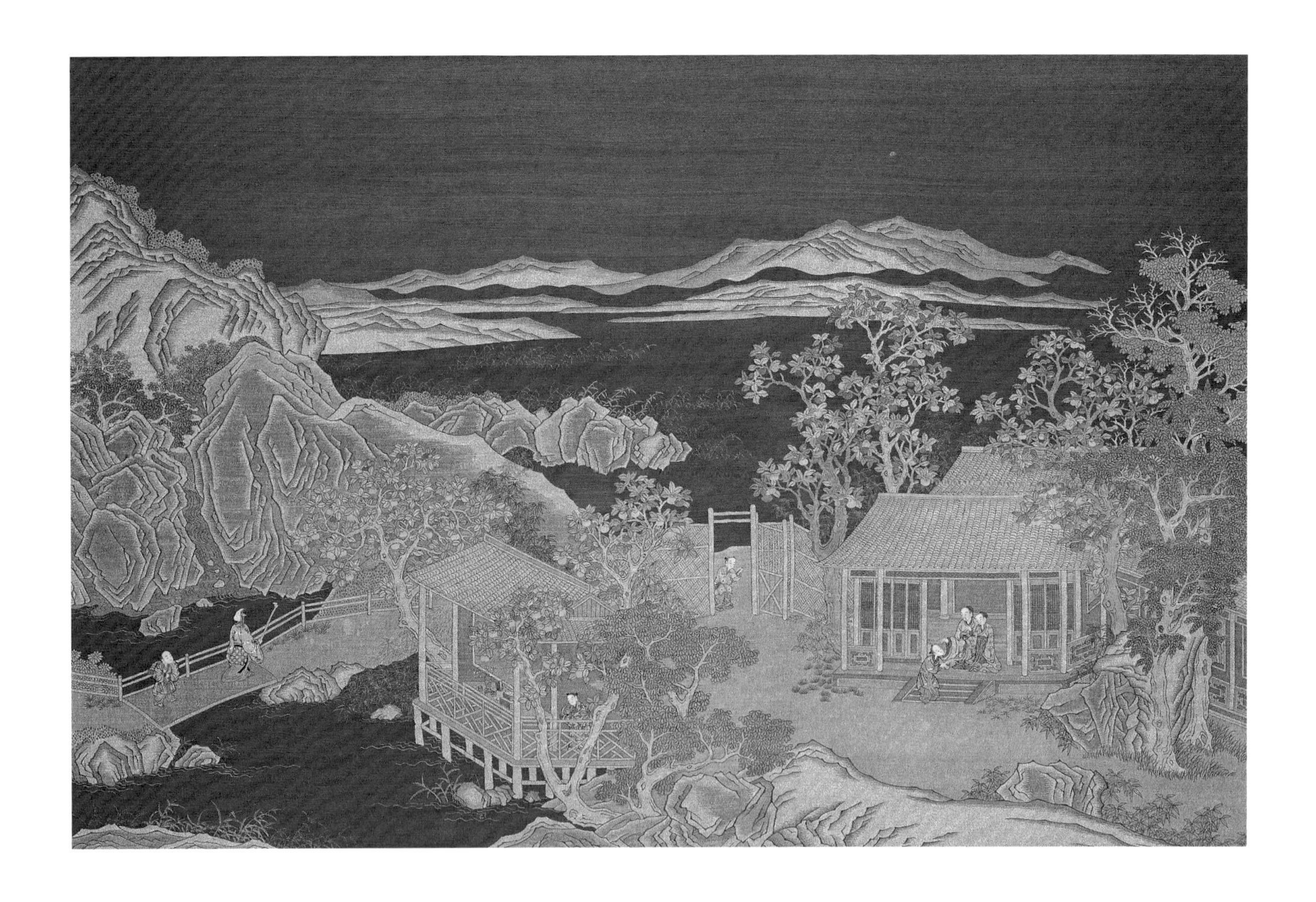

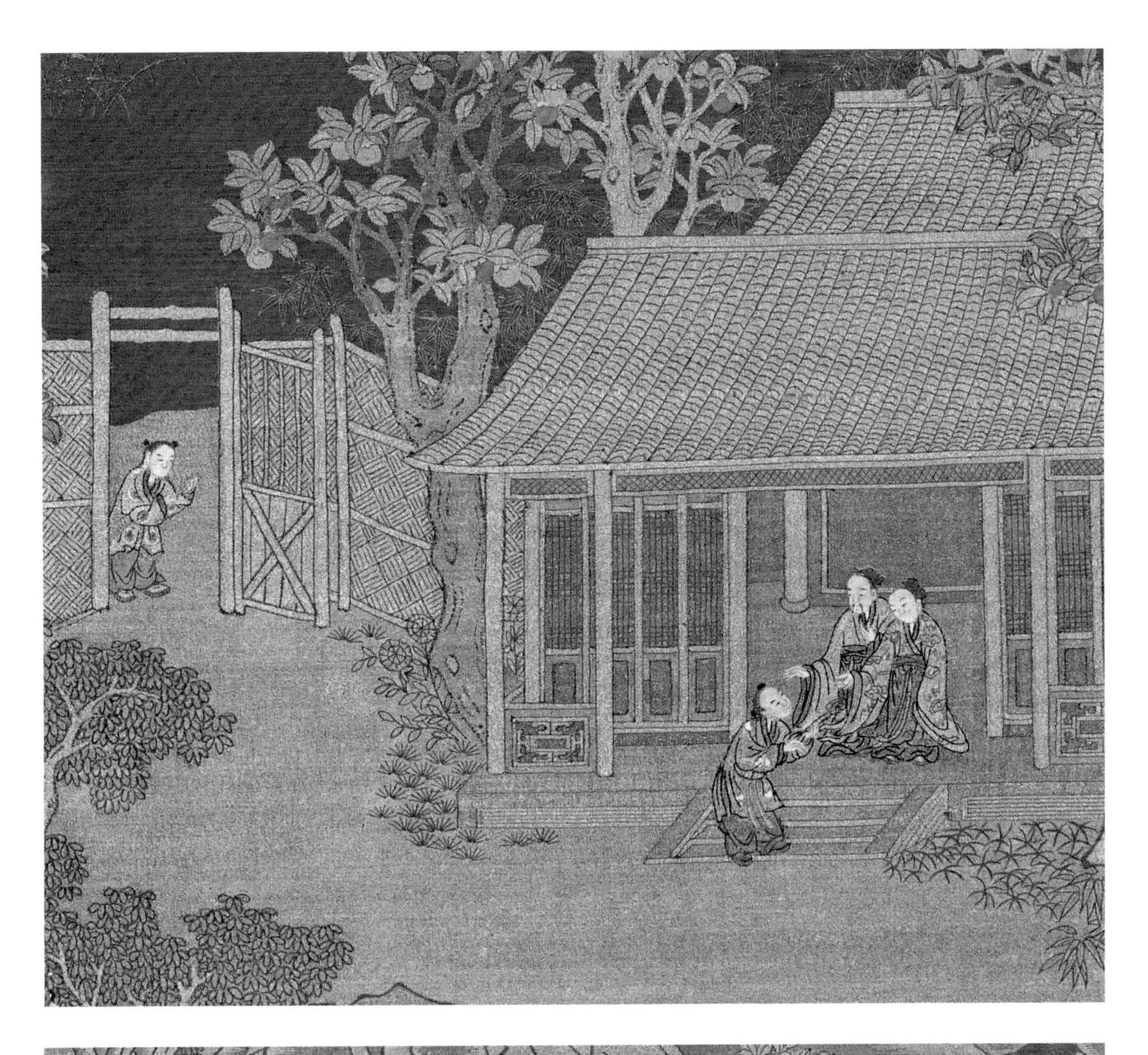

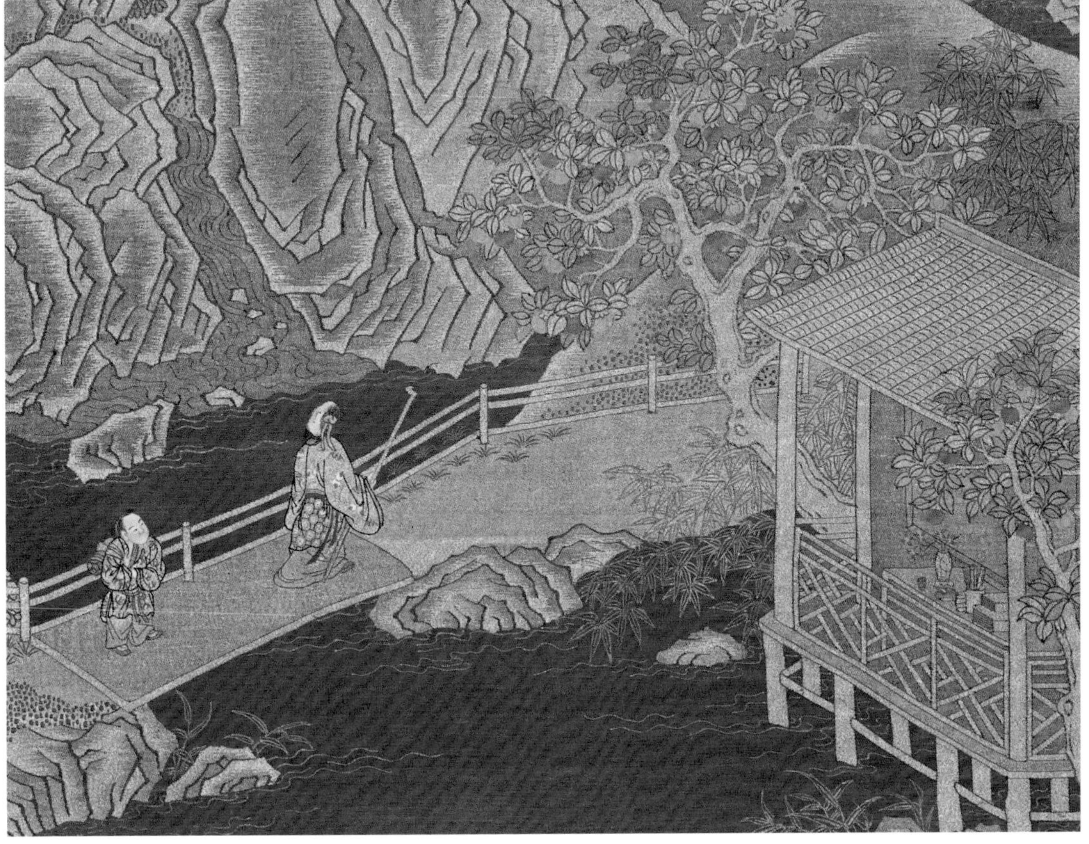

130

緙絲加繡白象圖鏡芯

清乾隆

縱93厘米　橫83厘米

White Elephant, Silk Tapestry with Embroidery

Qianlong Period, Qing Dynasty

Hanging panel

Length: 93cm　Width: 83cm

白象背馱花瓶，內插如意。周圍配以輪、螺、傘、蓋、蝙蝠、雲紋。迴紋邊框，外為纏枝蓮紋。象馱花瓶，寓意“太平有象”。圖上藍色地緙金乾隆御筆：“白象圖　丙寅（1746）仲春御題”，“太上皇帝之寶”、“八徵耄念之寶”、“乾隆宸翰”、“信天主人”印。

此圖為“鋪殿花”風格，構圖飽滿，畫法工整。在綠色緞地上用孔雀羽毛捻綫釘繡為圖案背景，平金繡雲紋和迴紋邊飾，緝綫繡勾勒白象輪廓及輪、螺、傘、蓋圖案，打籽繡象身。針法細緻，釘綫細密，打籽粒勻，使圖案具有浮雕感。緙金用平緙、搭緙等，平細工整。孔雀羽毛與各色絲綫交相輝映，流光溢彩。

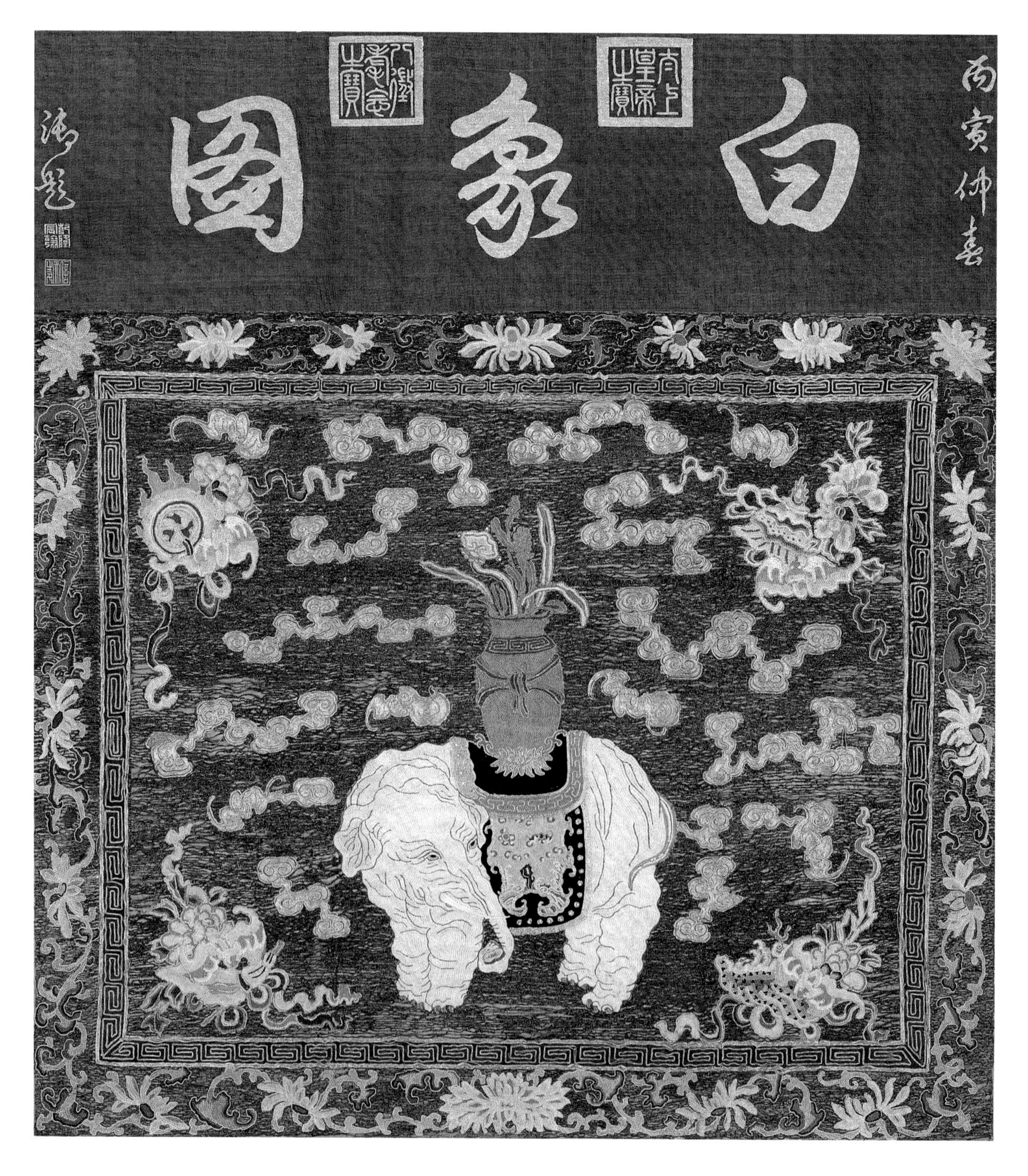

131

緙毛大吉葫蘆掛屏
清乾隆
縱102厘米　橫62厘米
清宮舊藏

Calabash with Characters Da Ji (Great Happiness), Woolen Tapestry
Qianlong Period, Qing Dynasty
Hanging panel
Length: 102cm　Width: 62cm
Qing Court collection

四個童子抬着一大葫蘆式瓶，瓶內插盛開的牡丹、芙蓉花，瓶身滿飾葫蘆紋，圓形開光內紅地緙金書："大吉"。瓶下是海水江崖，崖上飾靈芝、花卉。寓意"福祿萬代"。

緙毛是以毛綫緙織，技法與緙絲相同。此圖採用絲綫、捻金綫、捻絲毛綫緙織，技法雖不繁複，但在一件作品上用三種不同質地的材料緙織，並不多見。花葉採用捻絲毛綫緙織，用長短戧、平緙等技法暈色，突出花葉的質感。字用捻金綫緙織，細薄平齊，華麗奪目。葫蘆、童子、飄帶、海水等圖案，採用平緙、搭緙、合色綫等。

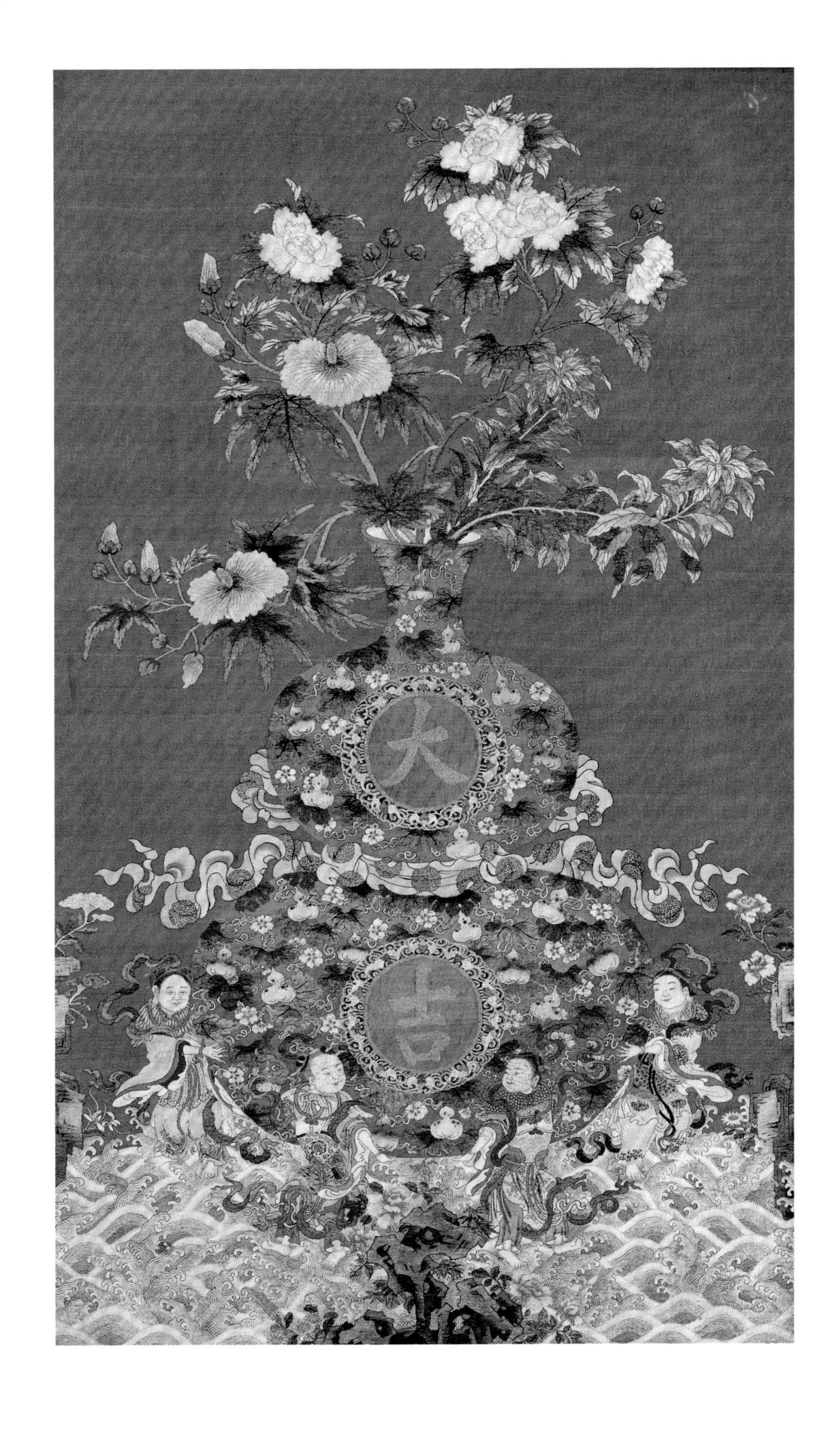

132

緙毛雞雛待飼圖掛屏

清乾隆
縱64厘米　橫36厘米
清宮舊藏

Two Chicks Awaiting Feeding, Original Painting by Li Di, Woolen Tapestry

Qianlong Period, Qing Dynasty
Hanging panel
Length: 64cm　Width: 36cm
Qing Court collection

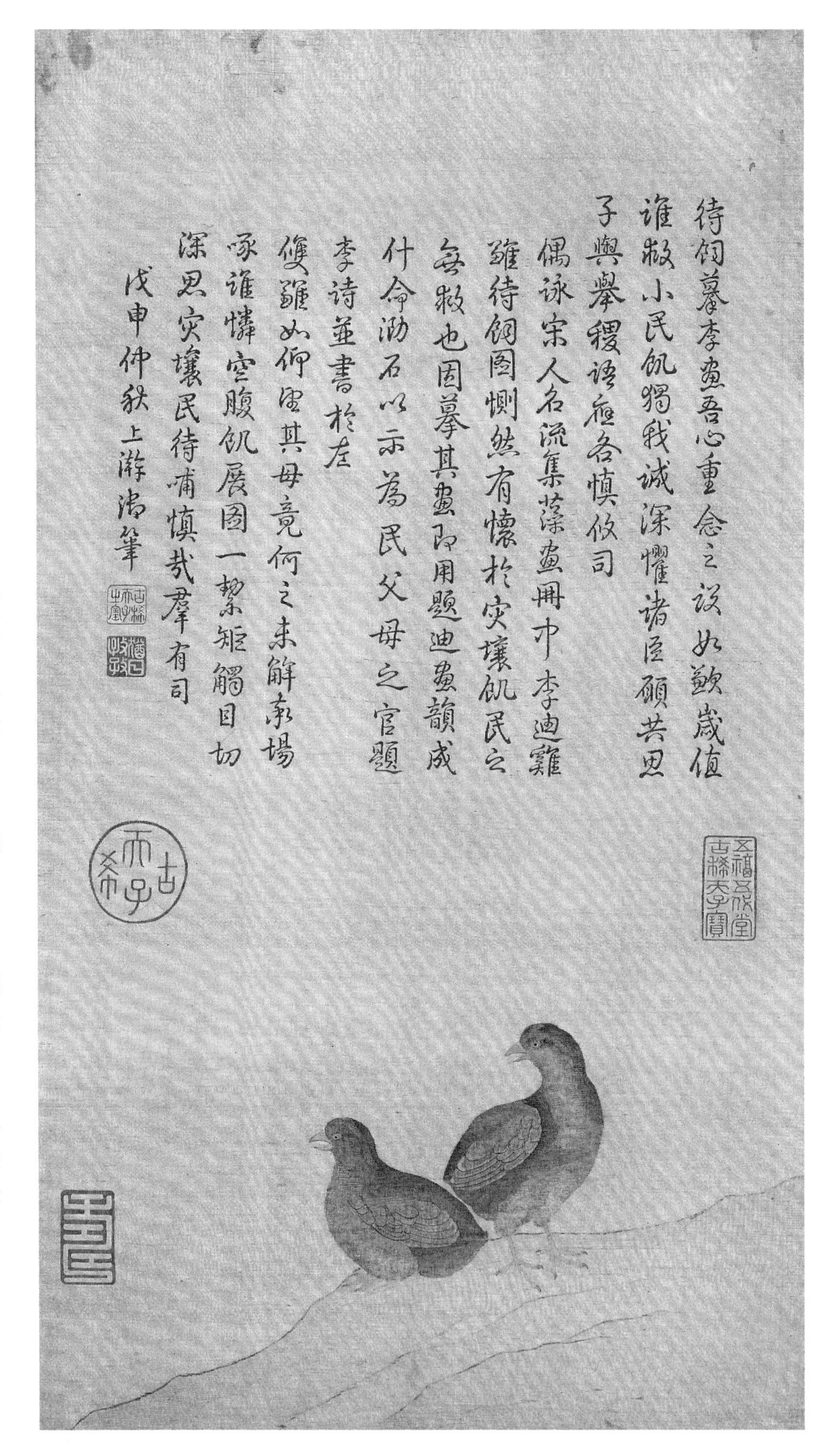

圖緙織李迪畫，兩隻雛雞似在焦急地等待母雞回來。圖上緙乾隆題詩文，款署：“偶詠宋人名流集藻畫冊中李迪《雞雛待飼圖》，惻然有懷於災壤饑民之無救也。因摹其畫，即用題迪畫韻成什命泐石，以示為民父母之官”，“戊申仲秋上澣　御筆”，“古稀天子之寶”、“猶日孜孜”印，另緙“五福五代堂古稀天子寶”、“古稀天子”、“壽”印。清乾隆五十三年（1788），湖北荊州發生洪災，詩文中“災壤饑民”即指此。此圖是為乾隆體會民間疾苦之作。

李迪，南宋河陽（今河南孟縣）人，供職於宮廷畫院。擅畫花鳥、竹石、走獸等。

此圖用絲毛合捻綫，以長短戧、平緙、搭梭等緙織暈色，表現出羽毛的層次和質感。書法以絲綫用平緙、搭緙織成。

《清內府藏緙絲書畫錄》著錄。

133

緙毛雉雞牡丹圖掛屏
清乾隆
縱64厘米　橫98厘米
清宮舊藏

Two Pheasants under Peonies, Woolen Tapestry
Qianlong Period, Qing Dynasty
Hanging panel
Length: 64cm　Width: 98cm
Qing Court collection

溪水旁牡丹花盛開，嬌嬈富貴的花姿，引來雙雙飛舞的彩蝶。花枝下一對依偎的雉雞，似在竊竊私語，熱烈中寓寧靜祥和。

此圖緙工獨特，打破了傳統的豎織豎用的方法，而是豎織橫用，山石、坡地、牡丹花等以長短戧緙織，使得原來的橫向條紋變成豎向。巧妙使用相近色毛綫，產生繪畫般的暈色效果，毛綫突起的絨質，更顯立體感。是清代緙毛畫精品。

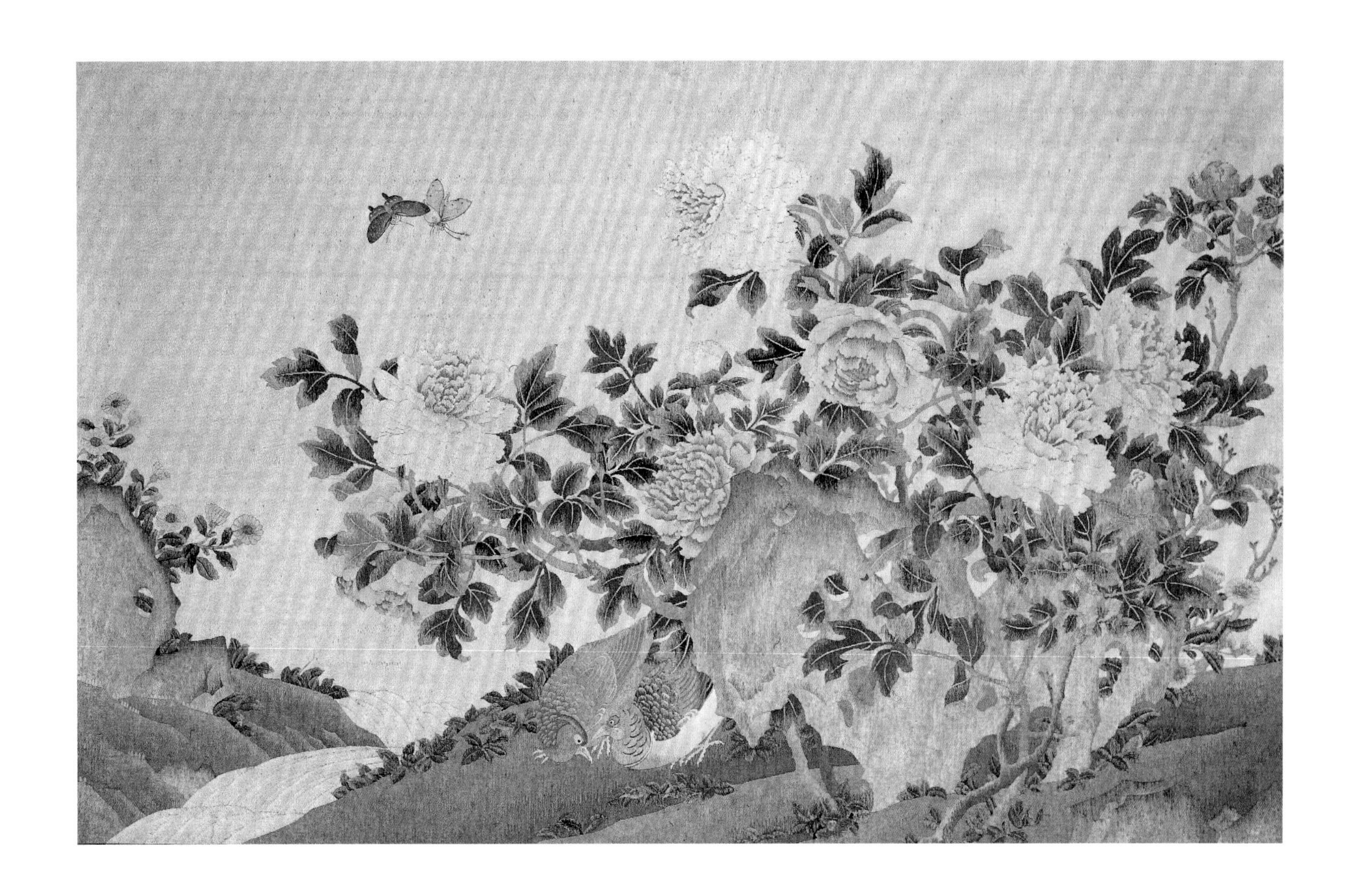

134

緙毛三星圖掛屏
清
縱64厘米　橫93厘米
清宮舊藏

Three Deities of Fortune, Wealth and Longevity, Woolen Tapestry
Qing Dynasty
Hanging panel
Length: 64cm　Width: 93cm
Qing Court collection

執杖捧桃的壽星居中，左右分立藍衣長袍的福星和頭戴官帽的祿星，二人展開一幅陰陽八卦圖卷。周圍蒼松掩映，飛瀑流泉，鶴翔鹿呦，點綴着牡丹、靈芝、壽桃、菊花、椿樹。此圖以平緙為主，兼施構緙、長短戧、木梳戧等，山石、枝葉、草木和鶴鹿等施以緙毛，表現其滯澀和高凸的效果，具有立體感。

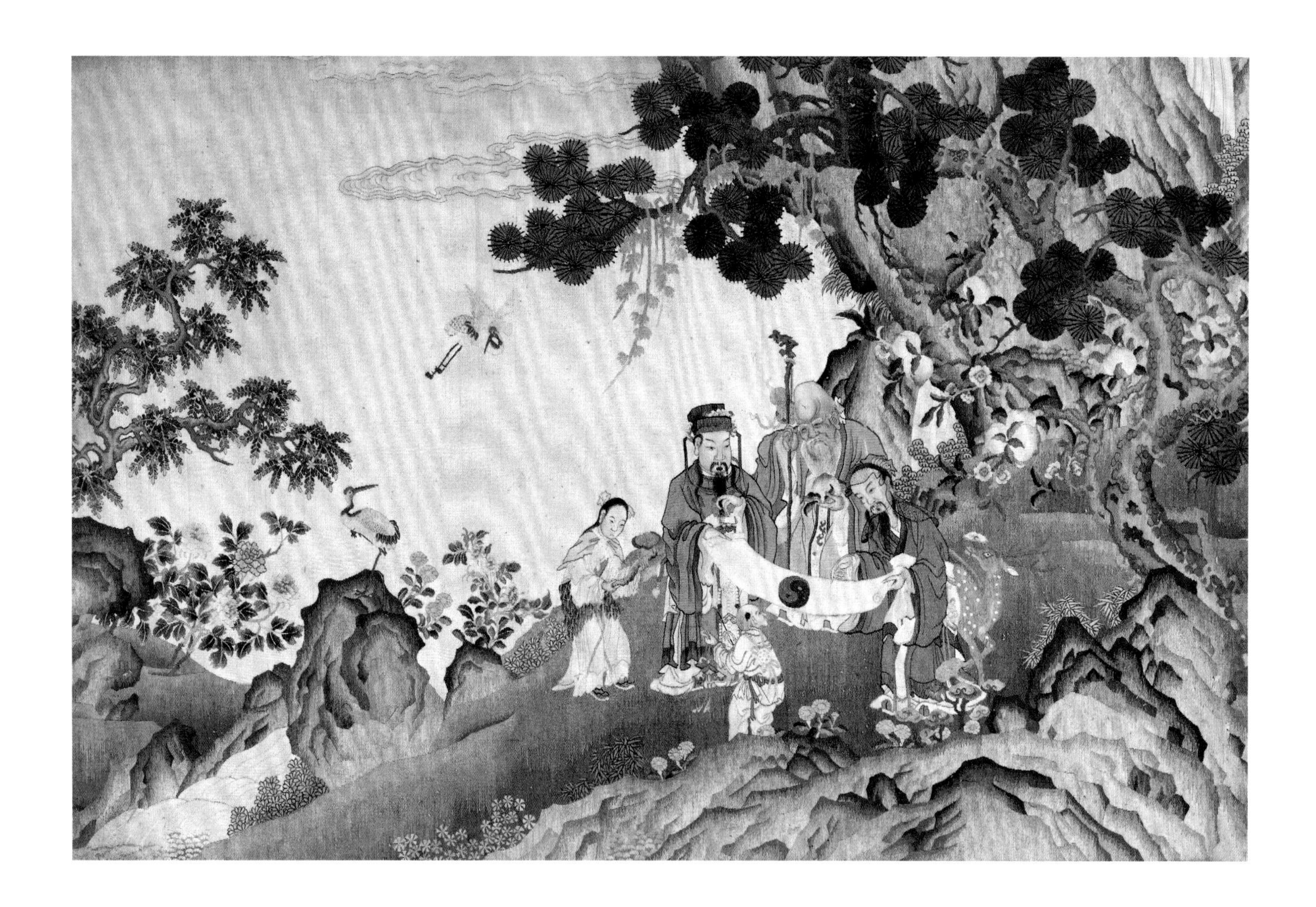

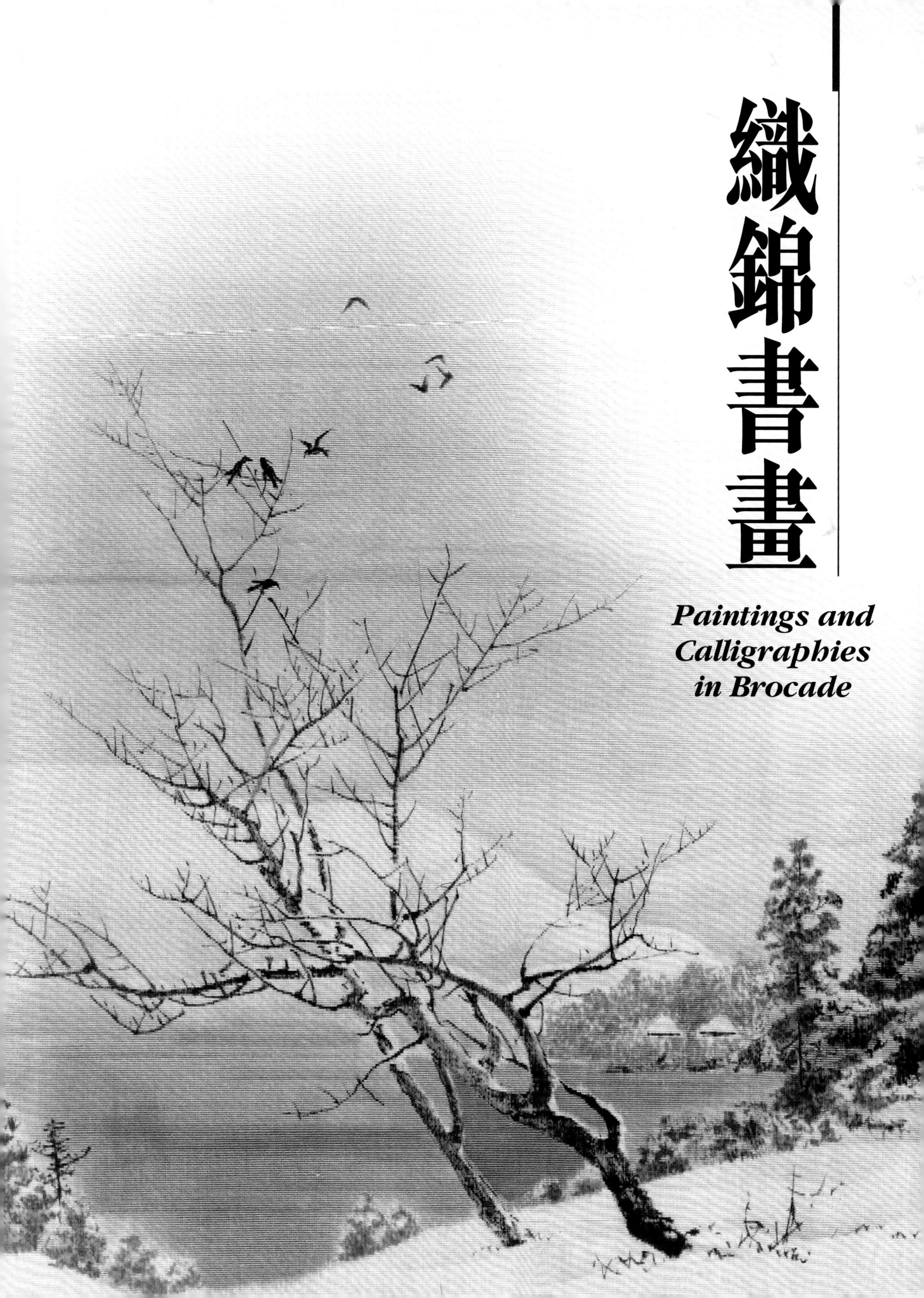

織錦書畫

Paintings and Calligraphies in Brocade

135

緞織司馬光家訓軸

明

縱128厘米　橫60厘米

The Admonition of Sima Guang's Family, Blue Satin

Ming Dynasty

Hanging scroll

Length: 128cm　Width: 60cm

五枚藍色緞地上以黃絲綫緯織行書司馬溫公家訓，尾織印二，鈐印一，均模糊不識。

司馬光（1019—1086），北宋史學家，著有《資治通鑑》。其家訓被後世作為治家教子的座右銘。

此軸緞地絲縷疏朗，提花字跡清晰，如書寫般自然流暢。織工細膩，裝飾質樸，代表了明代絲織提花工藝的水平。

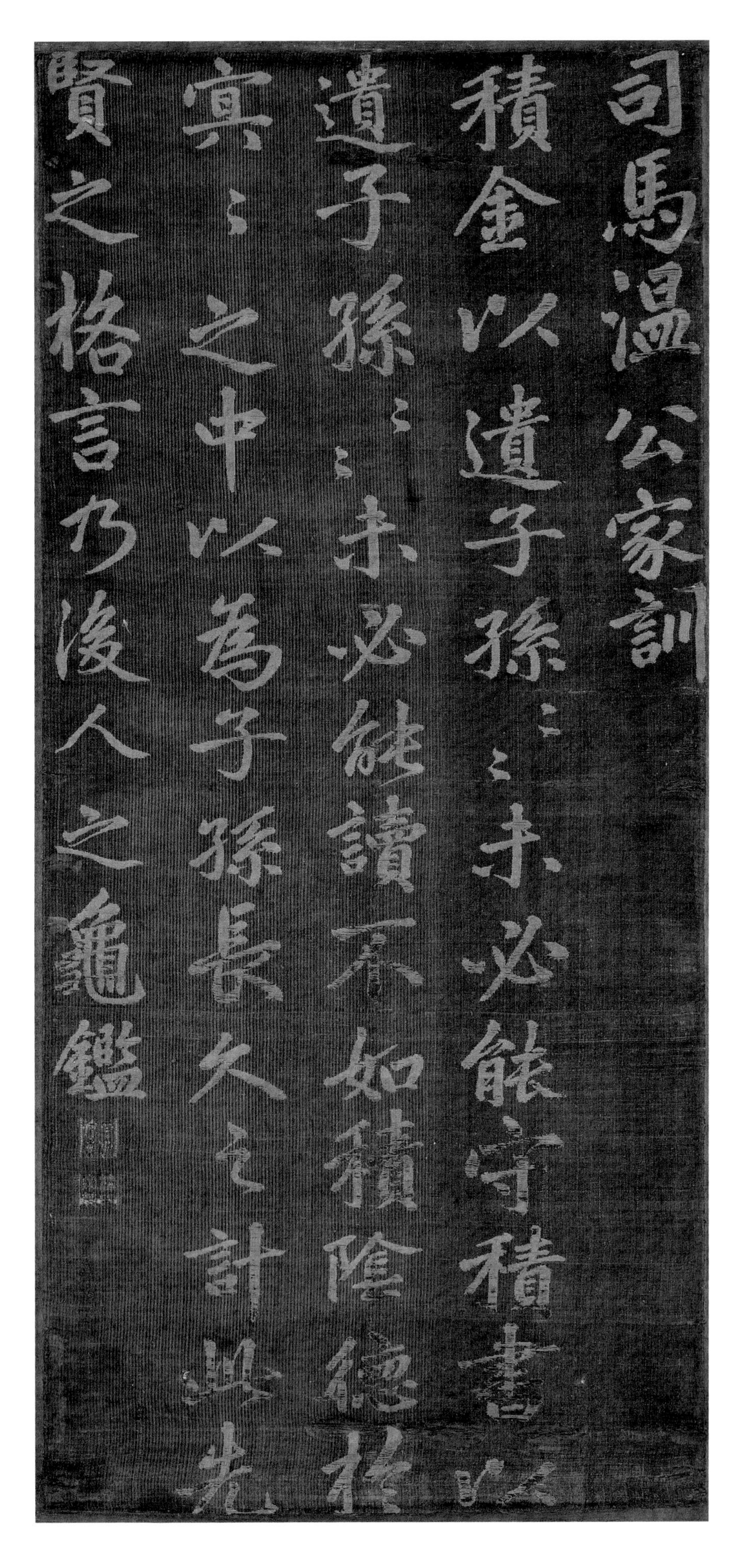

136

彩織極樂世界圖軸
清康熙
縱448厘米　橫197厘米
清宮舊藏

The Land of Ultimate Bliss, Original Painting by Ding Guanpeng, Multiplicate Brocade
Kangxi Period, Qing Dynasty
Hanging scroll
Length: 448cm　Width: 197cm
Qing Court collection

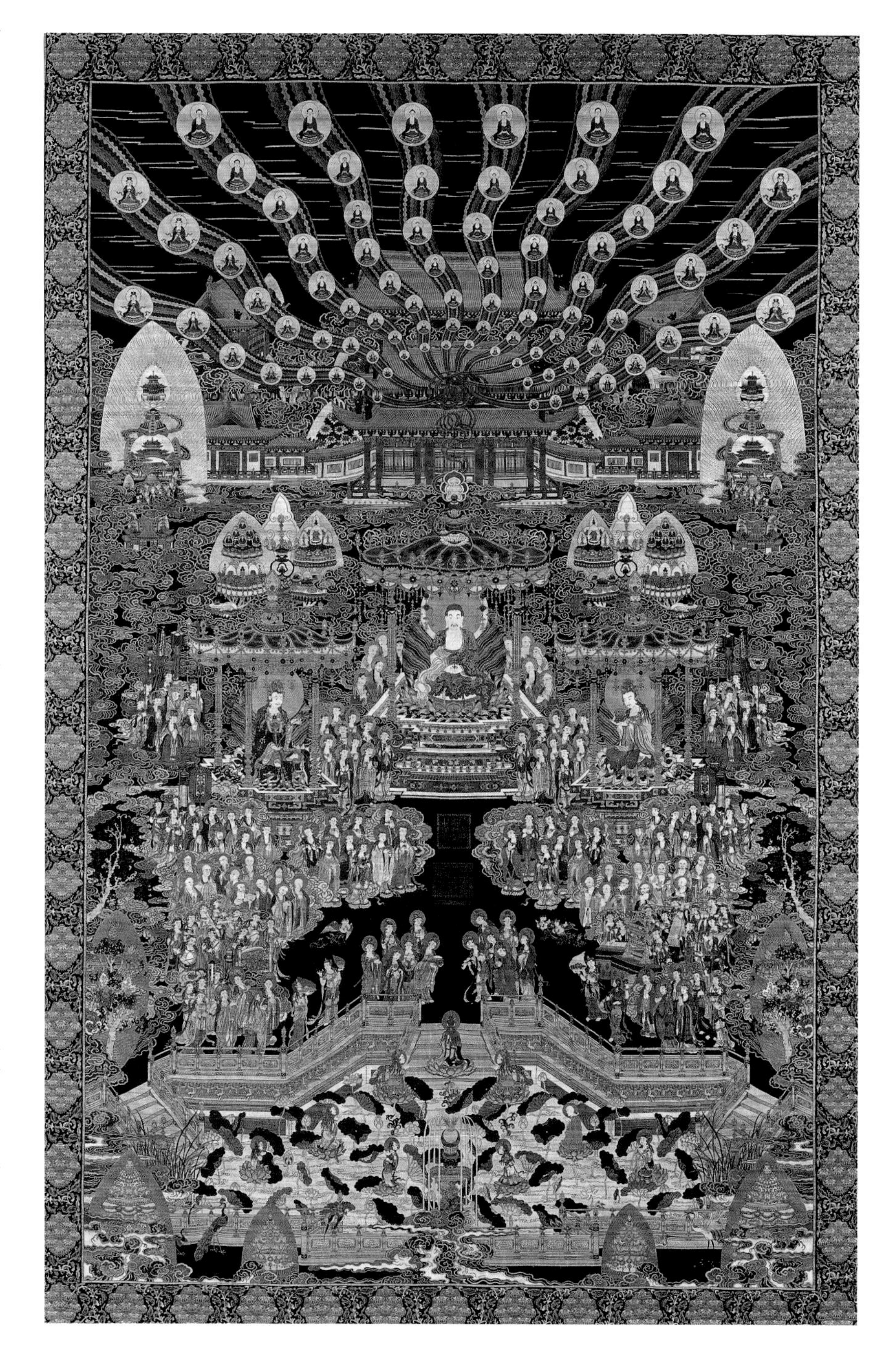

圖織丁觀鵬《西方極樂世界圖》，正中是結跏趺坐的阿彌陀佛，兩邊為觀音和大勢至菩薩，周圍是眾菩薩、羅漢、金剛、天神、伎樂。上方是十道佛光。下方是九品蓮花池，九朵蓮花上跪着從人間轉生的佛、菩薩、羅漢。

丁觀鵬，清安徽休寧（一説北京）人，雍正、乾隆時宮廷畫家，擅畫人物，尤工道釋畫。

彩織是以彩色緯綫（或經綫）用控梭、長跑梭等顯花方法織成的重錦畫。此圖織工細膩，以經綫作地，緯綫顯花，用色達十餘種，構圖繁密，場面宏大，人物眾多，為迄今最大幅的織錦畫。

《秘殿珠林續編》著錄。

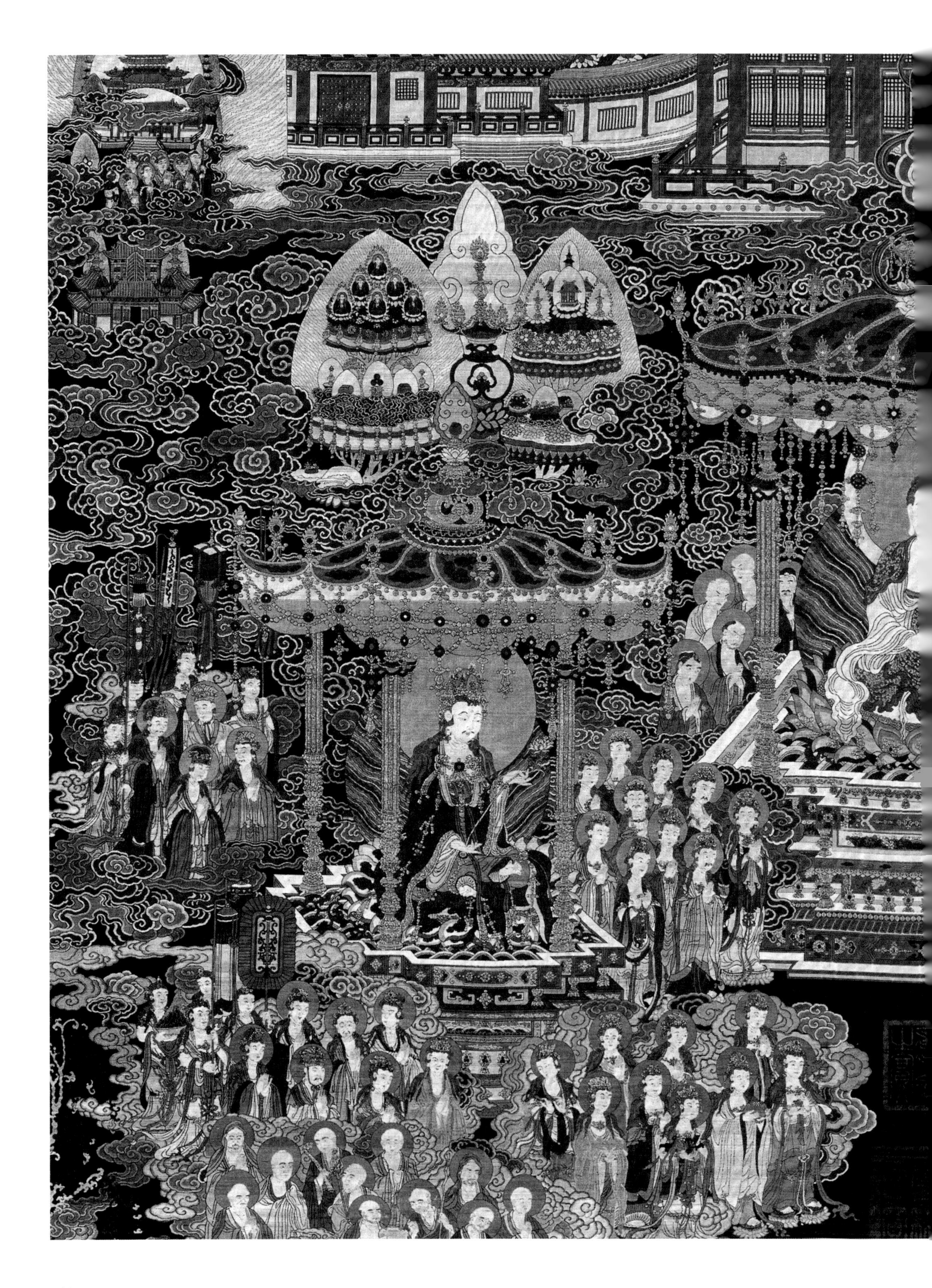

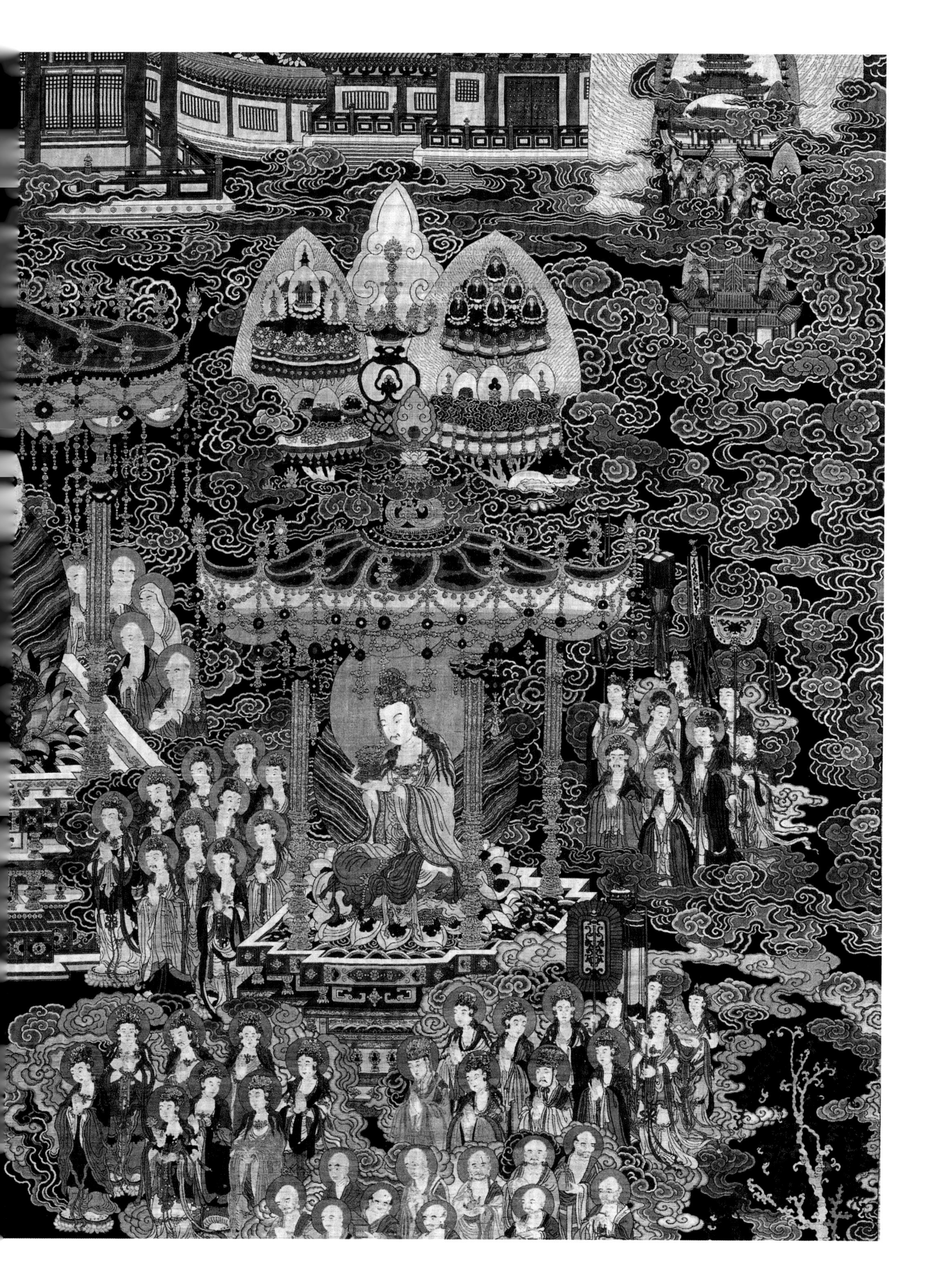

137

彩織花鳥圖卷
清雍正
縱59厘米　橫113厘米

Birds and Flowers, Greenish Brown Satin
Yongzheng Period, Qing Dynasty
Handscroll
Length: 59cm　Width: 113cm

緗色緞地上彩織湖石、牡丹、荷花、鷺鷥、鴛鴦、燕子等，畫面熱烈、生動。

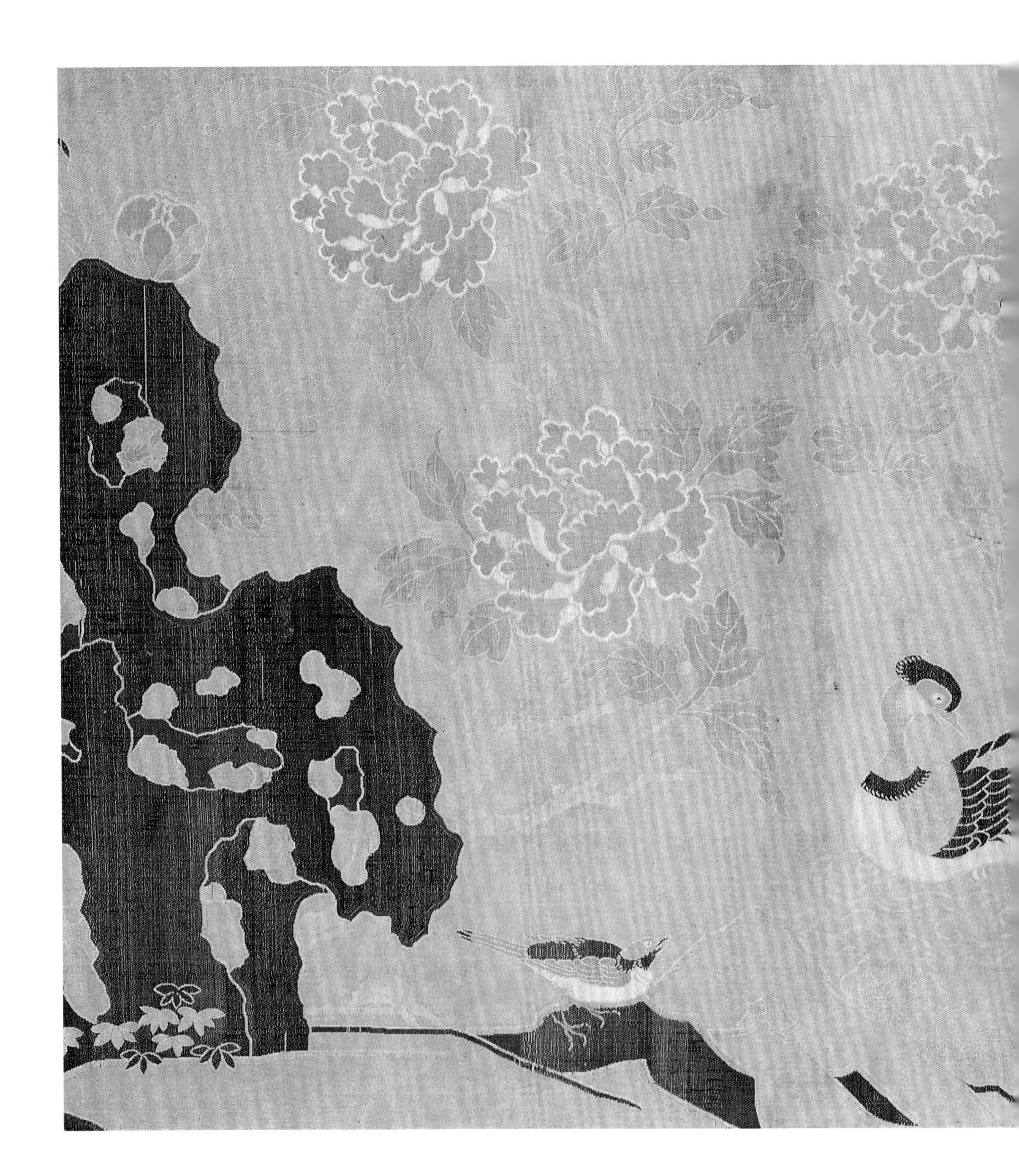

此圖用二色間暈裝飾，以緞紋地顯斜紋花的挖梭法織成，橫卷縱織一次成型，緯綫作地，經綫顯花。質地疏朗，提花清晰，設色沉穩莊重，具有清代早期絲織工藝的顯著特點。

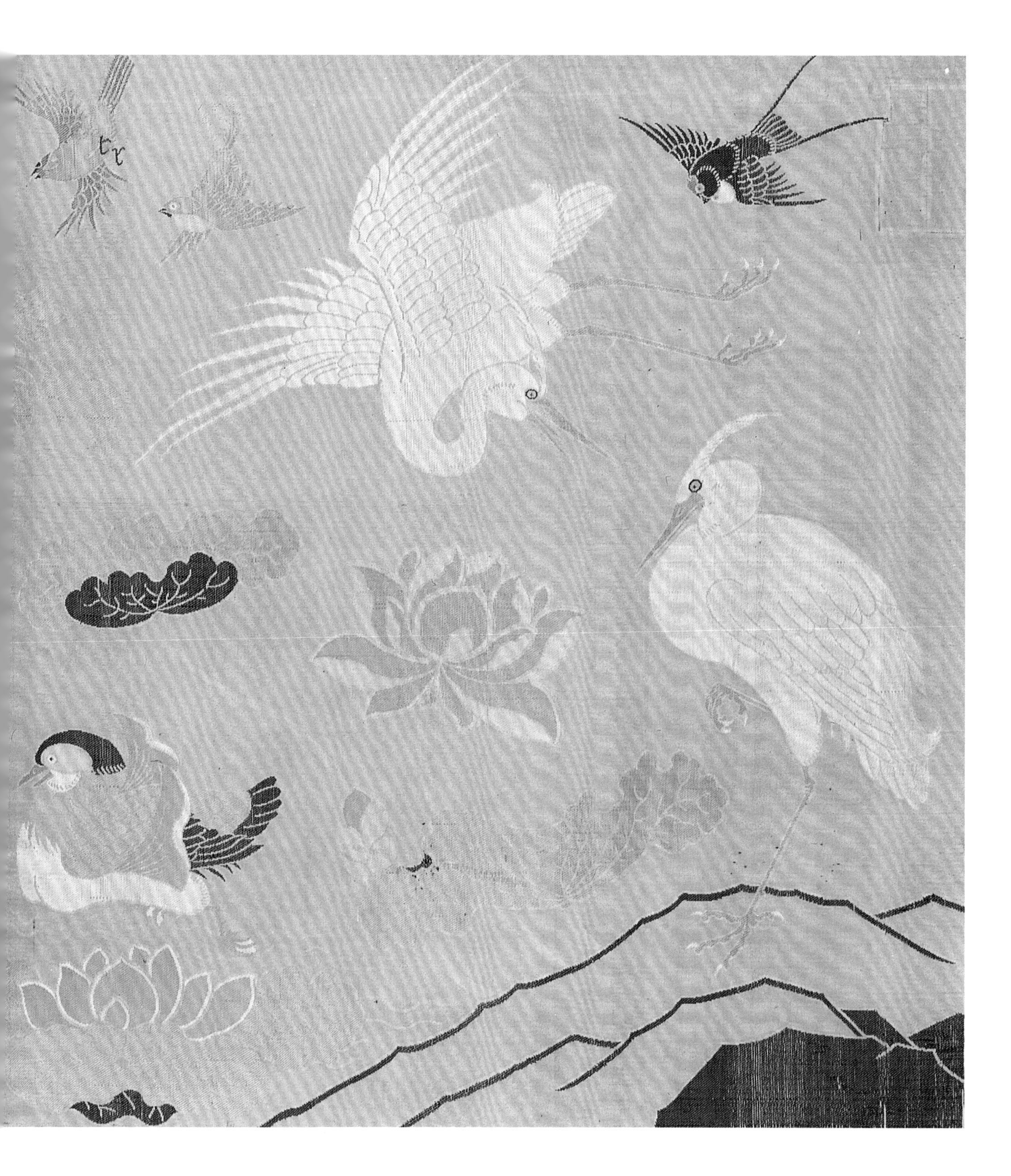

138

織錦樓閣圖軸

清乾隆
縱83厘米　橫109厘米

Building and Pavilion in Fairyland, Brocade

Qianlong Period, Qing Dynasty
Hanging scroll
Length: 83cm　Width: 109cm

圖織仙境中梵宇樓閣，祥雲繚繞，海水浩淼，樓閣巍峨，兩旁游龍、天鹿和金獅成對峙立，四周滿佈折枝壽桃紋和內填梅花、牡丹、玉蘭、龍鳳的龜背紋。

織錦是以經綫或緯綫提花的絲織品，其花紋有多少種顏色，就是幾重錦，故較厚實。織錦畫較為少見。此圖以緯綫顯花，圖案寓意吉祥，構圖莊重，而金綫的施用則在沉穩的色調中增添了富麗堂皇的效果。

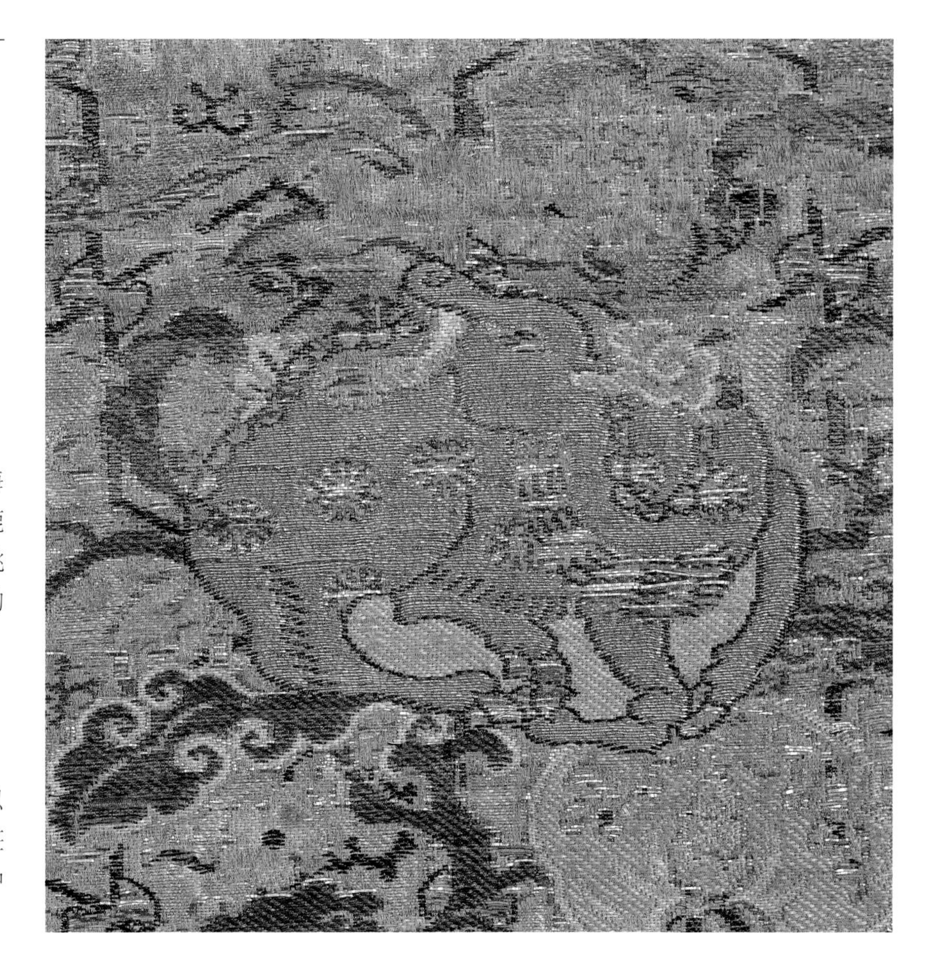

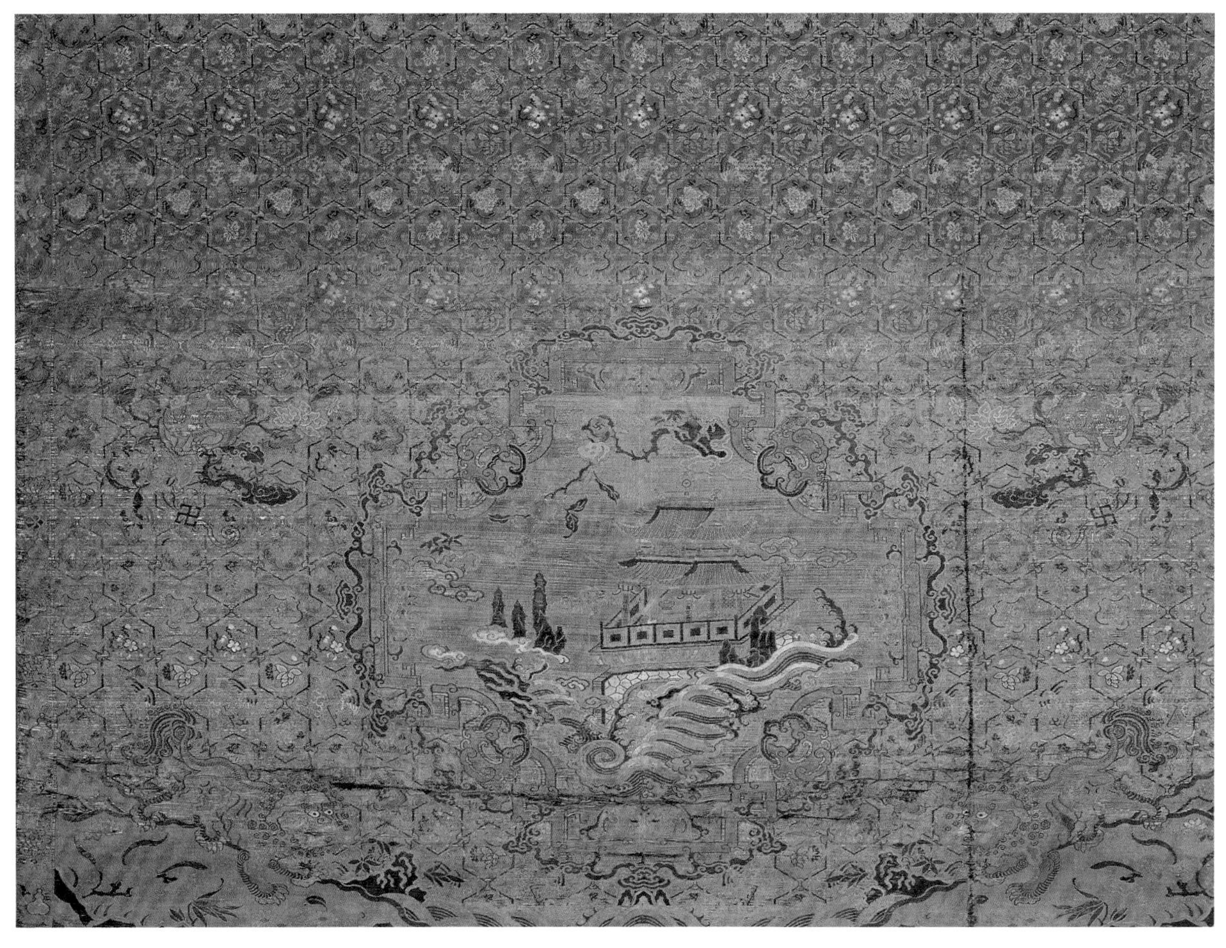

139

織錦百子獻壽圖軸

清乾隆
縱144厘米　橫70厘米

Hundred Boys Presenting Birthday Presents, Brocade
Qianlong Period, Qing Dynasty
Hanging scroll
Length: 144cm　Width: 70cm

圖為三兩成對童子，或拿荷花，或抱圓盒，或執如意、磬，配襯有桃樹、蝙蝠、鶴鹿等。以兩排童子為花紋循環單位。詩堂墨筆篆書：“受天百祿”，上款：“恭介作公花甲雙壽”，下款“癸未正月（1883）　袁樊謹祝王禔題”，“王禔私印”印。

此圖以緯綫顯花，為裝飾性圖案。詩堂題字為後配，用為壽禮。

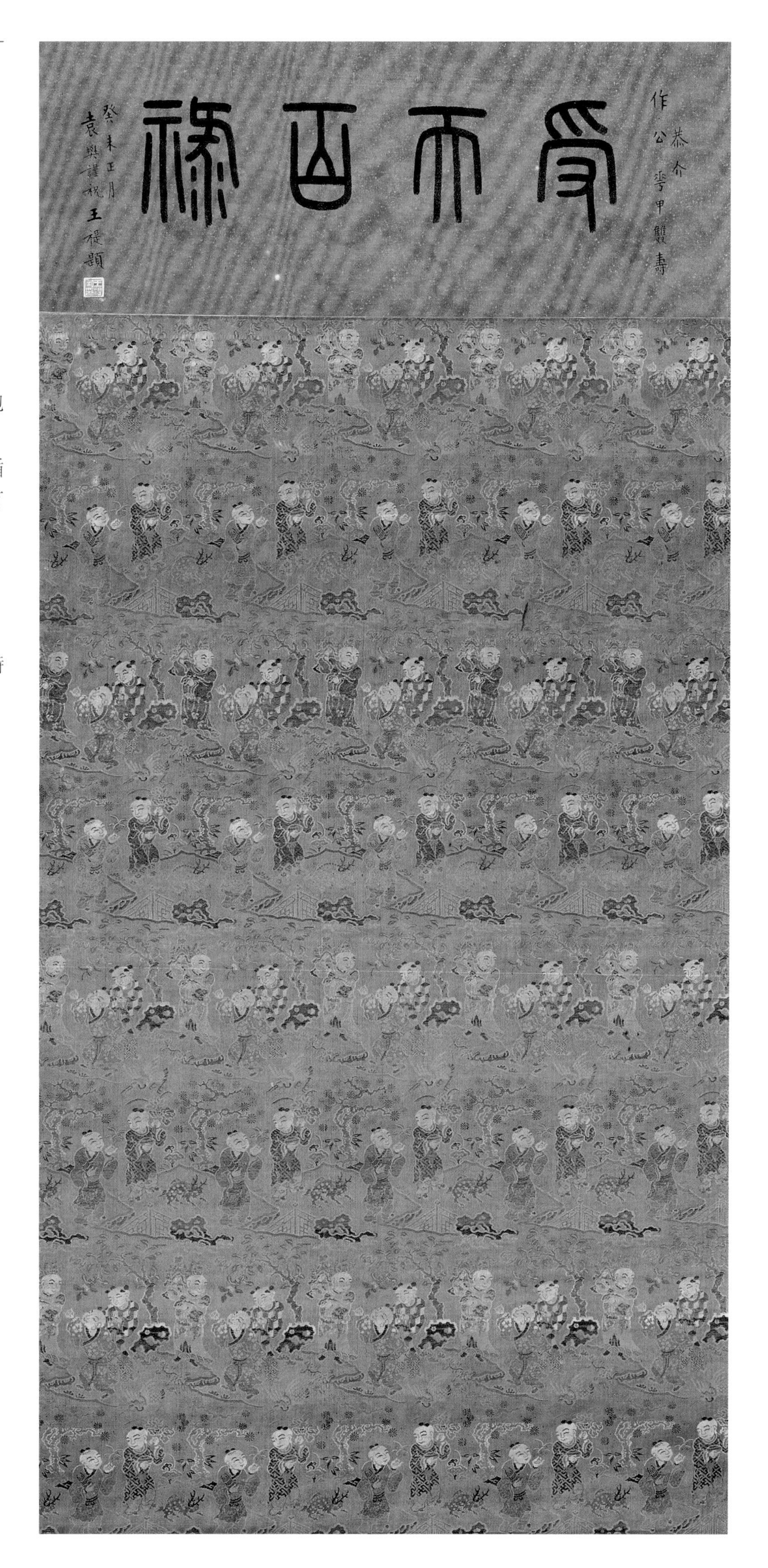

140

漳絨沈銓孔雀圖軸
清乾隆
縱115厘米　橫64厘米

Peacocks, after Shen Quan, Zhangzhou Velvet
Qianlong Period, Qing Dynasty
Hanging scroll
Length: 115cm　Width: 64cm

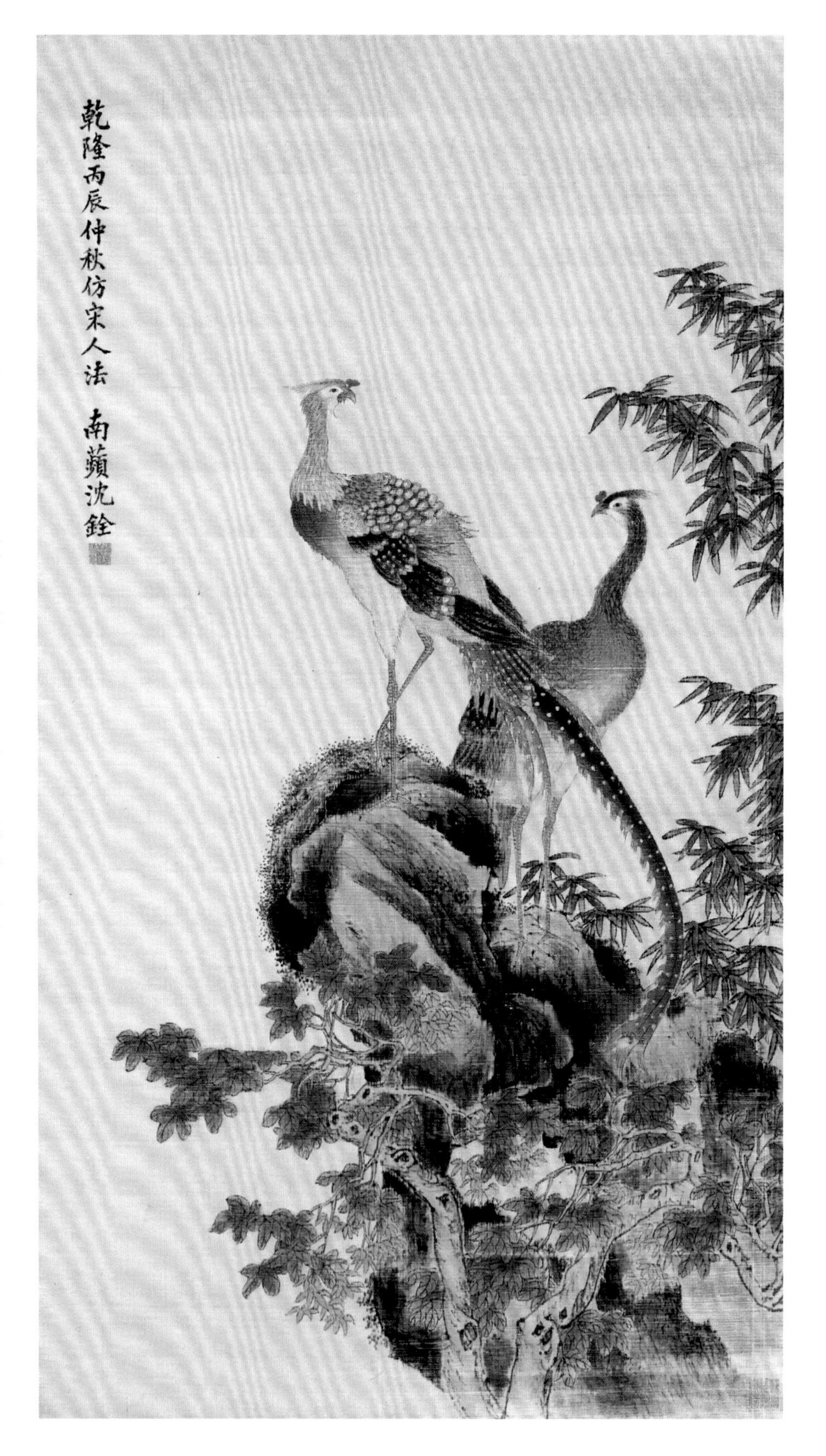

圖為兩隻孔雀昂然立於石上，梧桐樹枝繁葉茂，配襯竹枝。款署：“乾隆丙辰（1736）仲秋仿宋人法　南蘋沈銓”，鈐“福壽”印。右下角鈐“蘇州福壽織局”印。

沈銓（1682—約1760），字衡之，號南蘋，清吳興（今浙江湖州）人。花鳥畫家。曾東渡日本，對日本繪畫影響很大，同時也吸收了日本傳統繪畫的優長，以精密妍麗見長。

漳絨是產於福建漳州的絲織工藝，有花、素兩類，素者表面全為絨圈，花者則是將部分絨圈割斷成絨毛，形成花紋，具有富明暗、立體感強等特點。此圖中花紋均為割絨而成，絨毛細密簇立，花、地光度反差明顯，物象具有立體感，視覺效果強烈。

141

漳絨山水圖軸
清
縱62厘米　橫60厘米
清宮舊藏

Landscape, Zhangzhou Velvet
Qing Dynasty
Hanging scroll
Length: 62cm　Width: 60cm
Qing Court collection

圖為雪景山水，兩株高大的松柏，鬱鬱葱葱，白雪覆蓋的竹叢，未封的河流，隱隱的遠山。一羣寒鴉或棲枯枝，或盤旋鴰噪。

此圖為清末嶺南畫派風格。嶺南畫派是清末廣東地區繪畫流派，代表人物為高劍父（1879—1951）、高奇峯（1888—1933）兄弟。他們曾留學日本，畫風受到東洋繪畫的影響，在傳統筆墨的基礎上，吸收外來的明暗暈染法和焦點透視法，創出寫生山水新畫風。

此圖先按圖紋割出絨毛，再用筆墨渲染，割絨處在光綫折射下產生強烈質感。割絨精妙細緻，層次清晰，準確表達了嶺南畫派的風格。

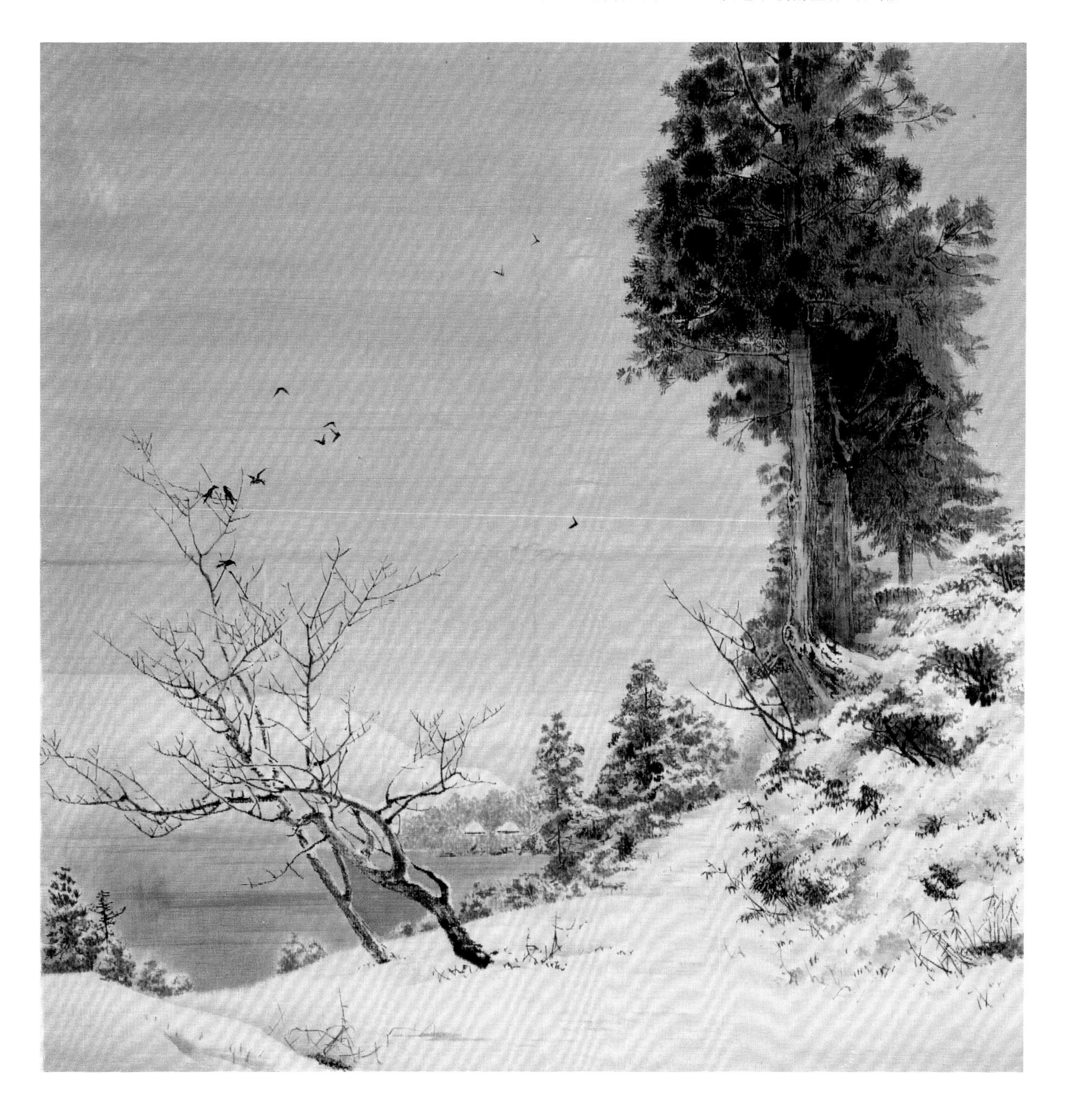

142

漳絨漁樵耕讀圖屏

清嘉慶
條縱108厘米　橫25厘米　四條屏

Figures of Fisherman, Woodcutter, Farmer and Scholar in Landscapes, Zhangzhou Velvet

Jiaqing Period, Qing Dynasty
A set of 4 vertical scroll
Length: 108cm　Width: 25cm

條屏為山水圖，第一幅：戴笠披蓑、攜網提簍的漁翁躑躅於溪橋之上，遠方帆影點點。第二幅：揹負柴禾的樵夫在迂曲的山徑上蹣跚前行，林木蒼翠之中掩映茅屋草舍。第三幅：蜿蜒山路上，肩扛鋤頭的農人快步疾行，路邊山石崢嶸，泉流淙淙。第四幅：深澗林木蔥鬱，一介書生騎驢過橋，怡然自得。組成漁、樵、耕、讀四景。

此圖是在絨毛上着墨色繪製而成，花紋部分絨毛細密簇立，地子絨圈粗闊平服，對比鮮明，具有獨特的效果。

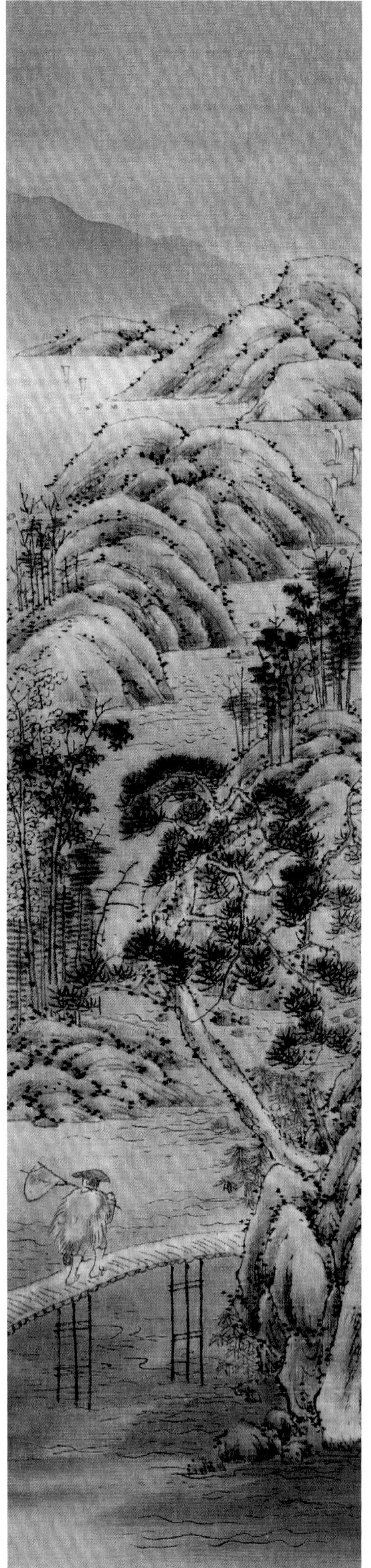

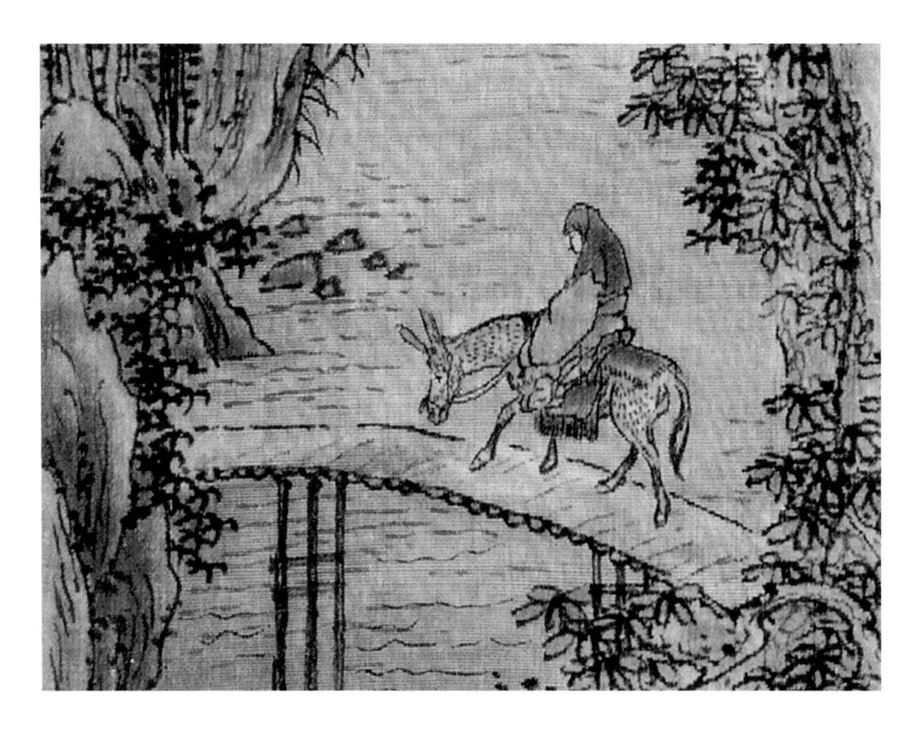

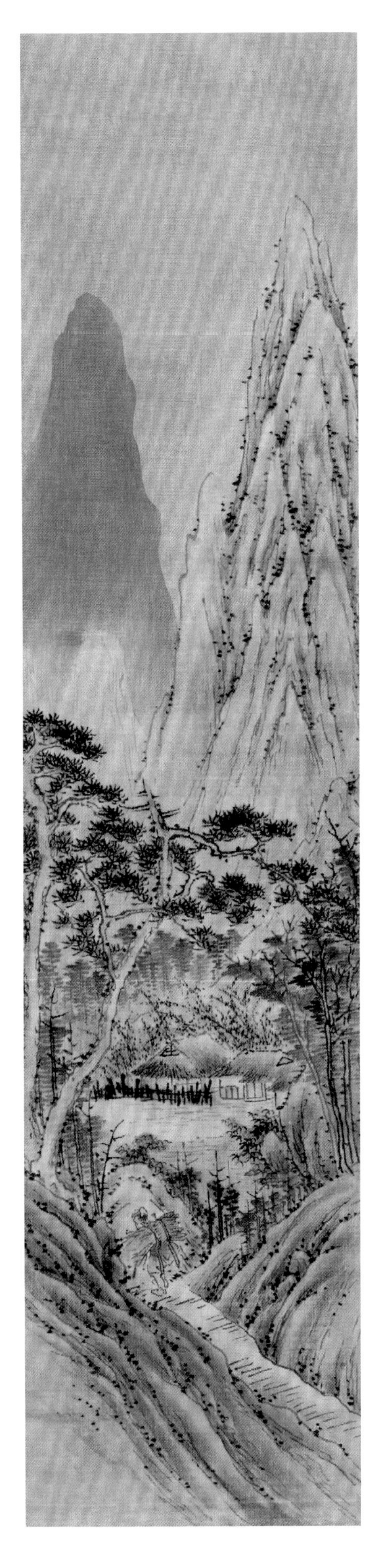

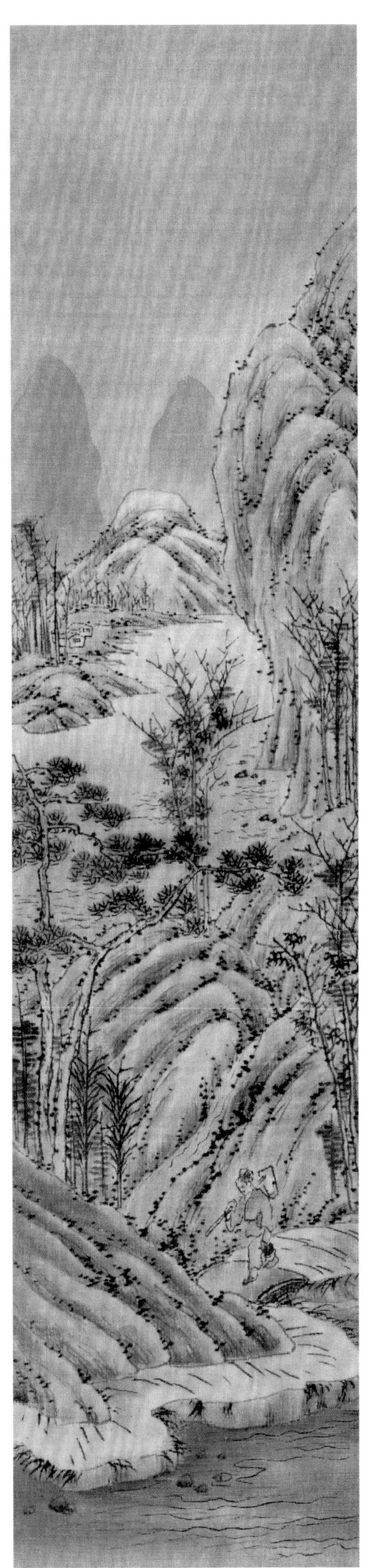

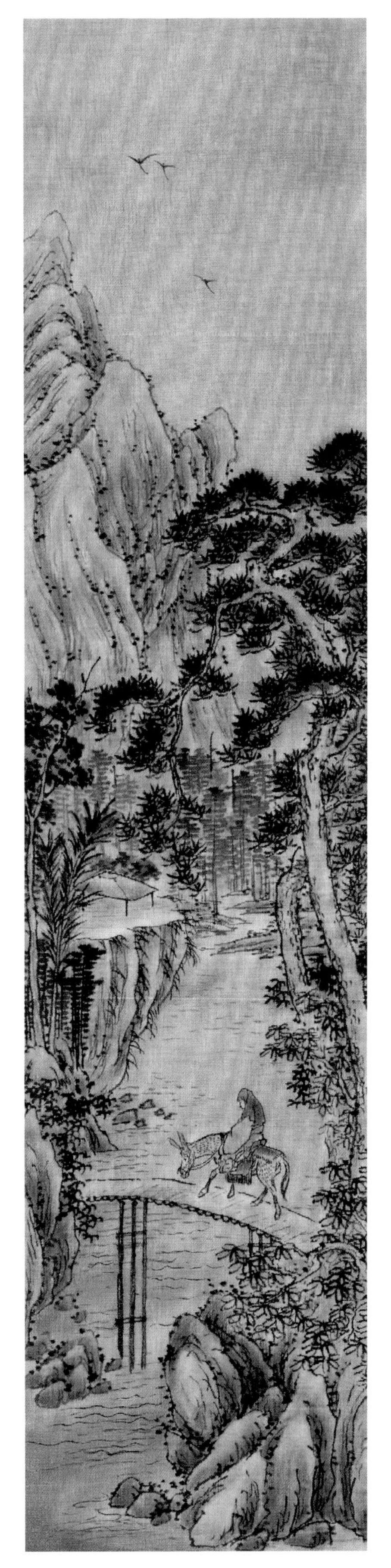

143

漳絨余兆熊款鄧尉圖卷

清

縱61厘米　橫601厘米

A Splendid View of Mount Deng Wei, after Yu Zhaoxiong, Zhangzhou Velvet

Qing Dynasty

Handscroll

Length: 61cm　Width: 601cm

圖為江蘇吳縣鄧尉山景，起首為虎山河，河水深遠，山勢平緩，山間有寺。過虎山橋為光福鎮，滿佈民居，湖中漁民在捕魚。光福山上有玉帝閣、光福塔，對岸遠山有武廟墩。過竹行橋，可看到太湖、菱塘岸，山上林木茂密，掩映着還元閣。最後是鄧尉山主峯。圖中書有景名。卷尾題款：“四等商勳余兆熊製”。

此圖按圖紋割成絨毛，其上再用筆墨渲染，似水墨畫的效果，是故宮所藏最大幅的漳絨畫。

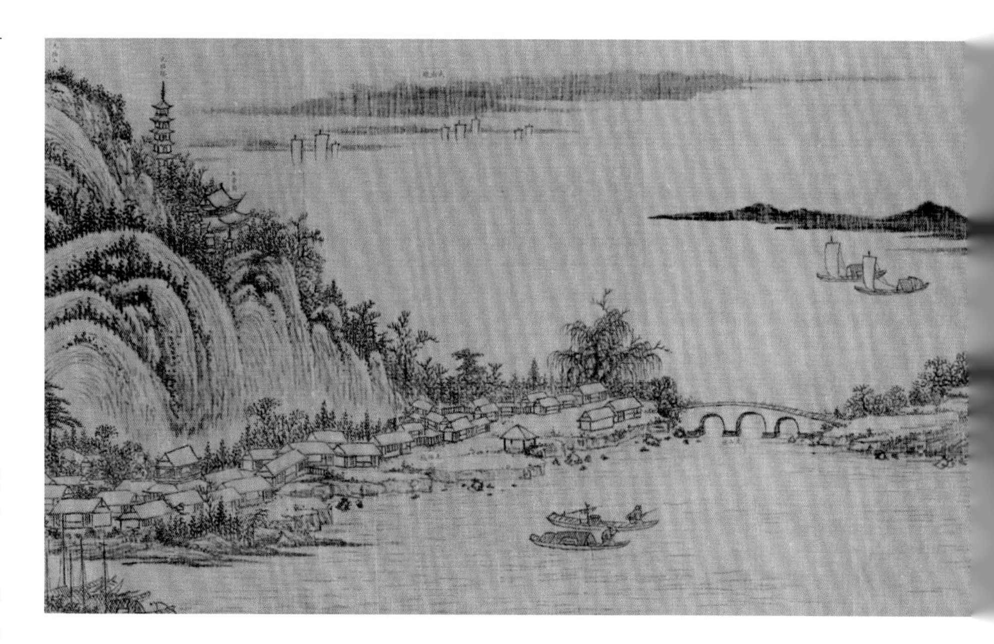

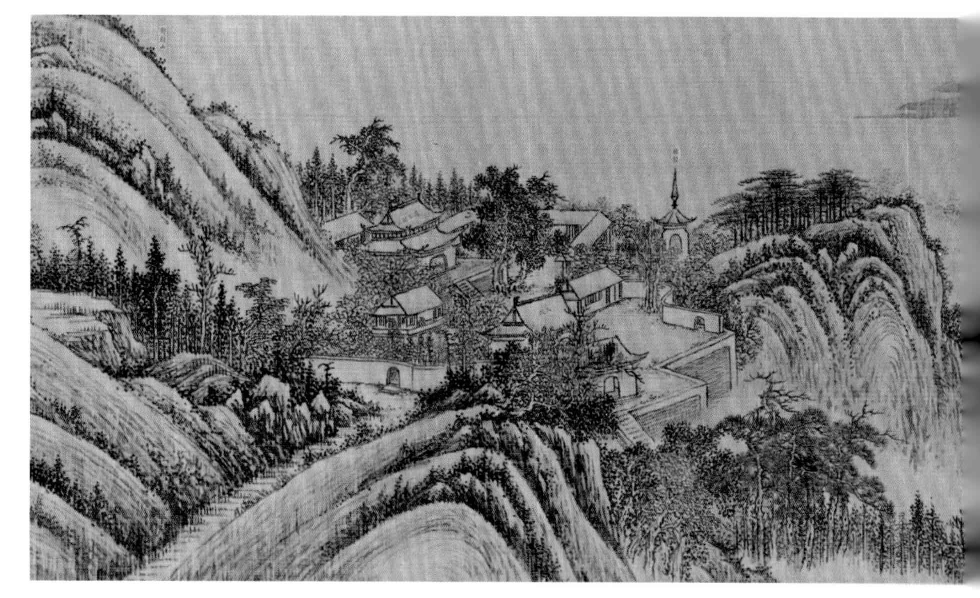

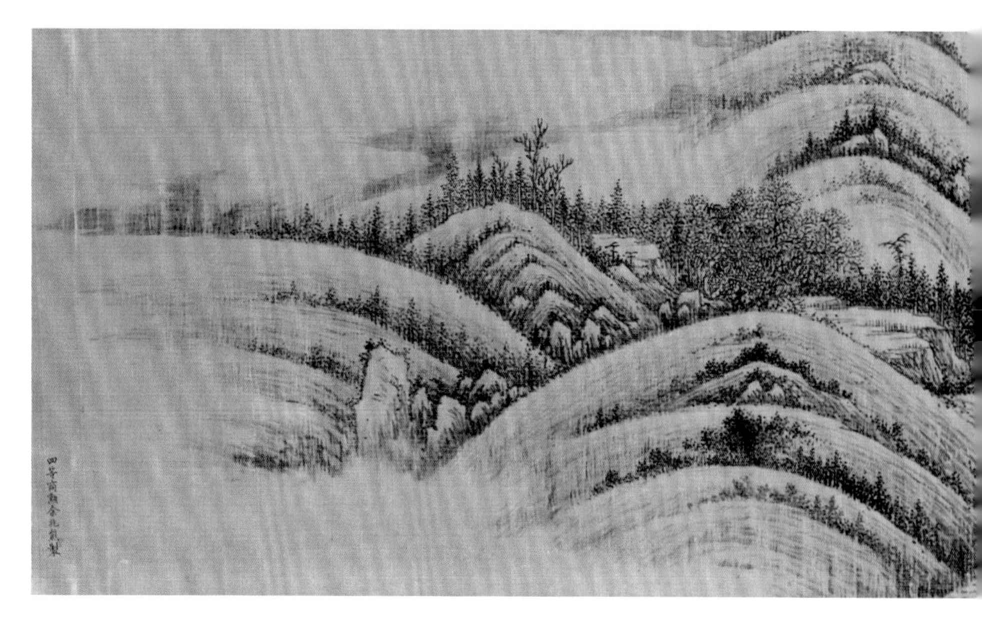

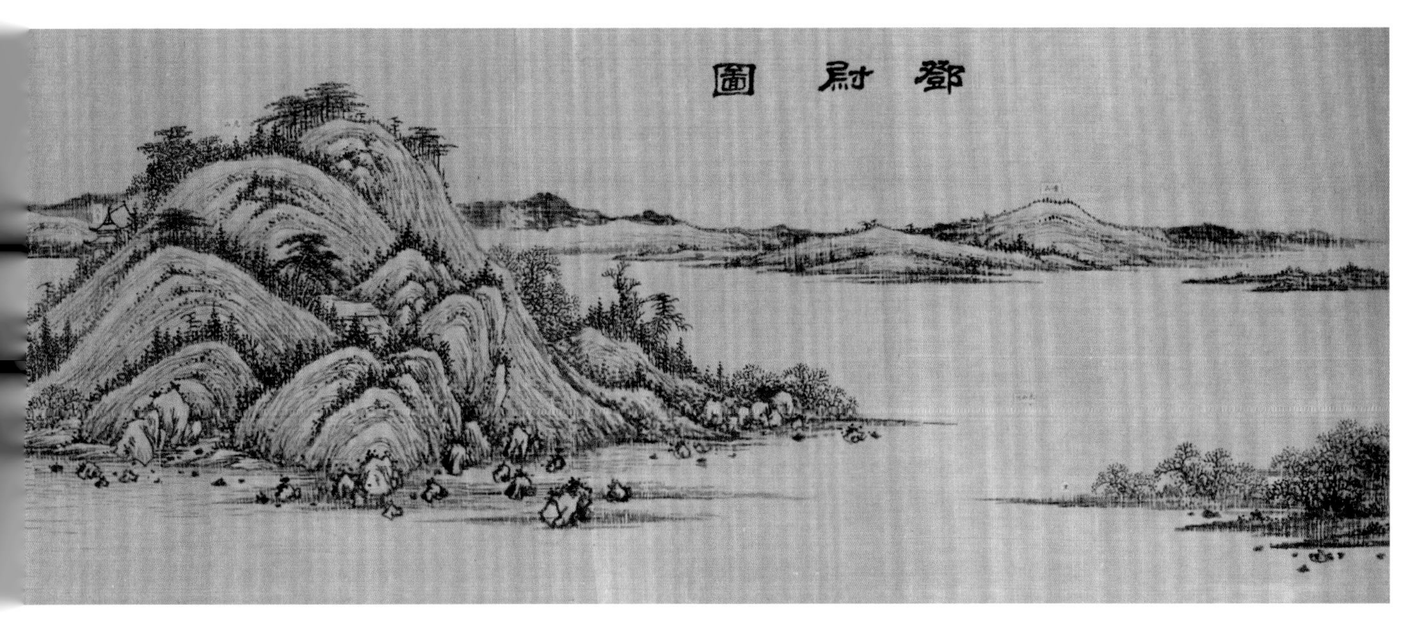
鄧尉圖

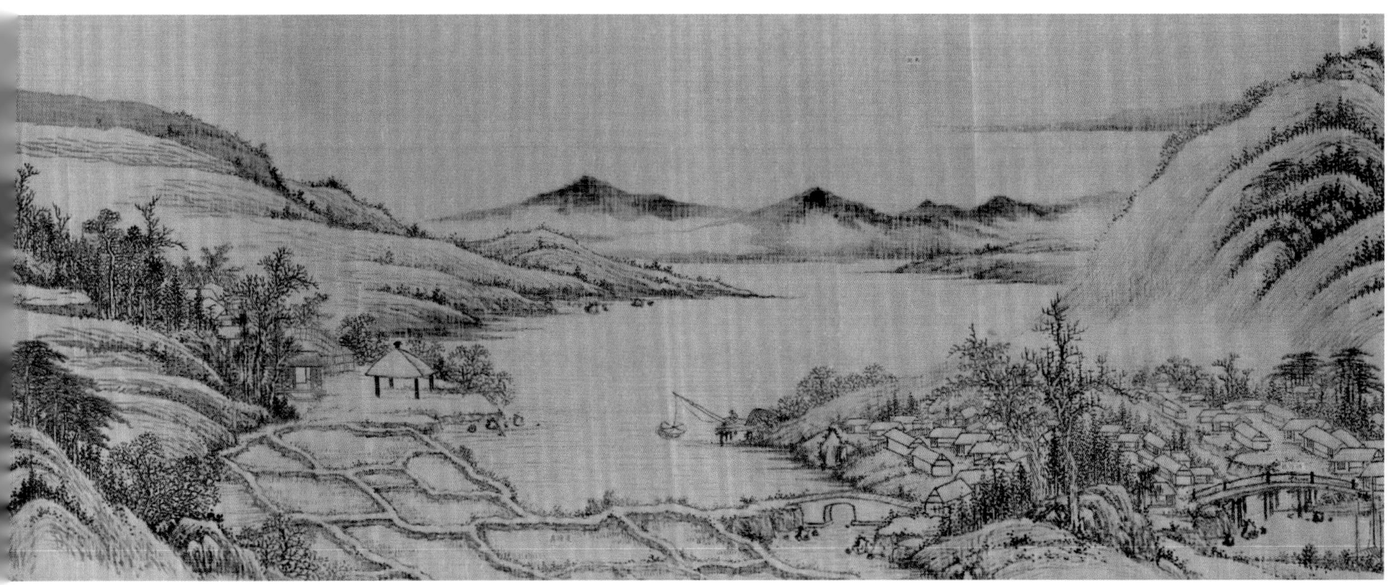

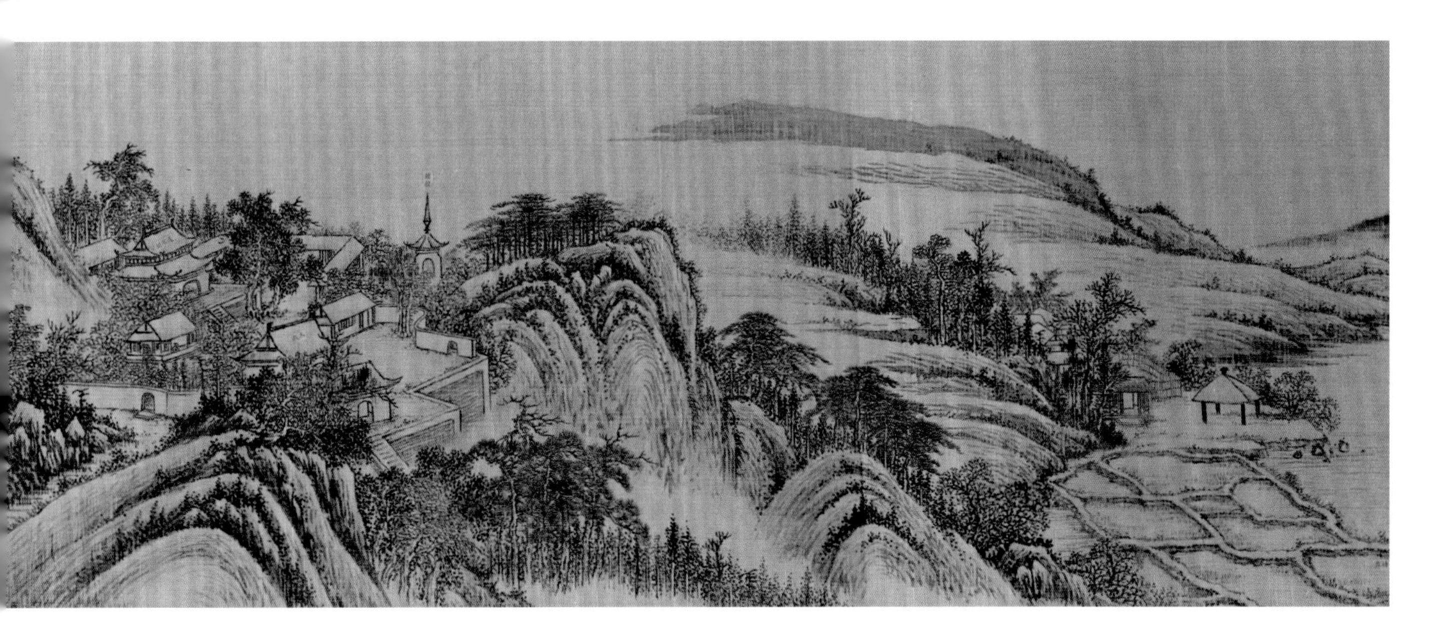

144

刮絨花鳥圖冊

清乾隆
開縱34厘米　橫24厘米　12開

Flowers, Birds and Landscape, Guarong Velvet

Qianlong Period, Qing Dynasty
Album, each album with 12 leaves
Each leaf: length: 34cm　Width: 24cm

圖為虞美人、桃花、月季、海棠、石竹、杜鵑、竹子、芍藥、菊花等花卉，配雀鳥、蝴蝶、湖石等。

刮絨是以劈絲細薄的絲絨，按照預設的圖案鋪黏並敷彩而成。此冊有明代女畫家文俶花鳥畫風格，屬設色沒骨法，清新雅致，敷色鮮艷，工筆細膩。畫面質感強，絲理走向明顯，色澤光亮。

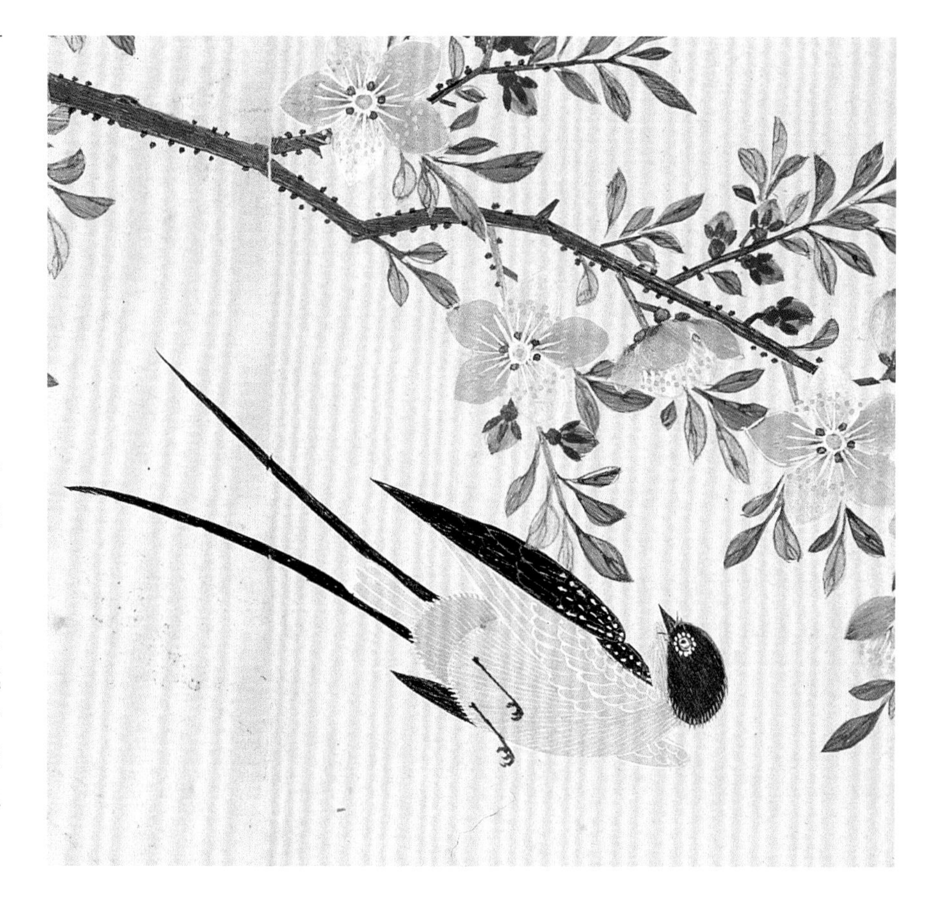

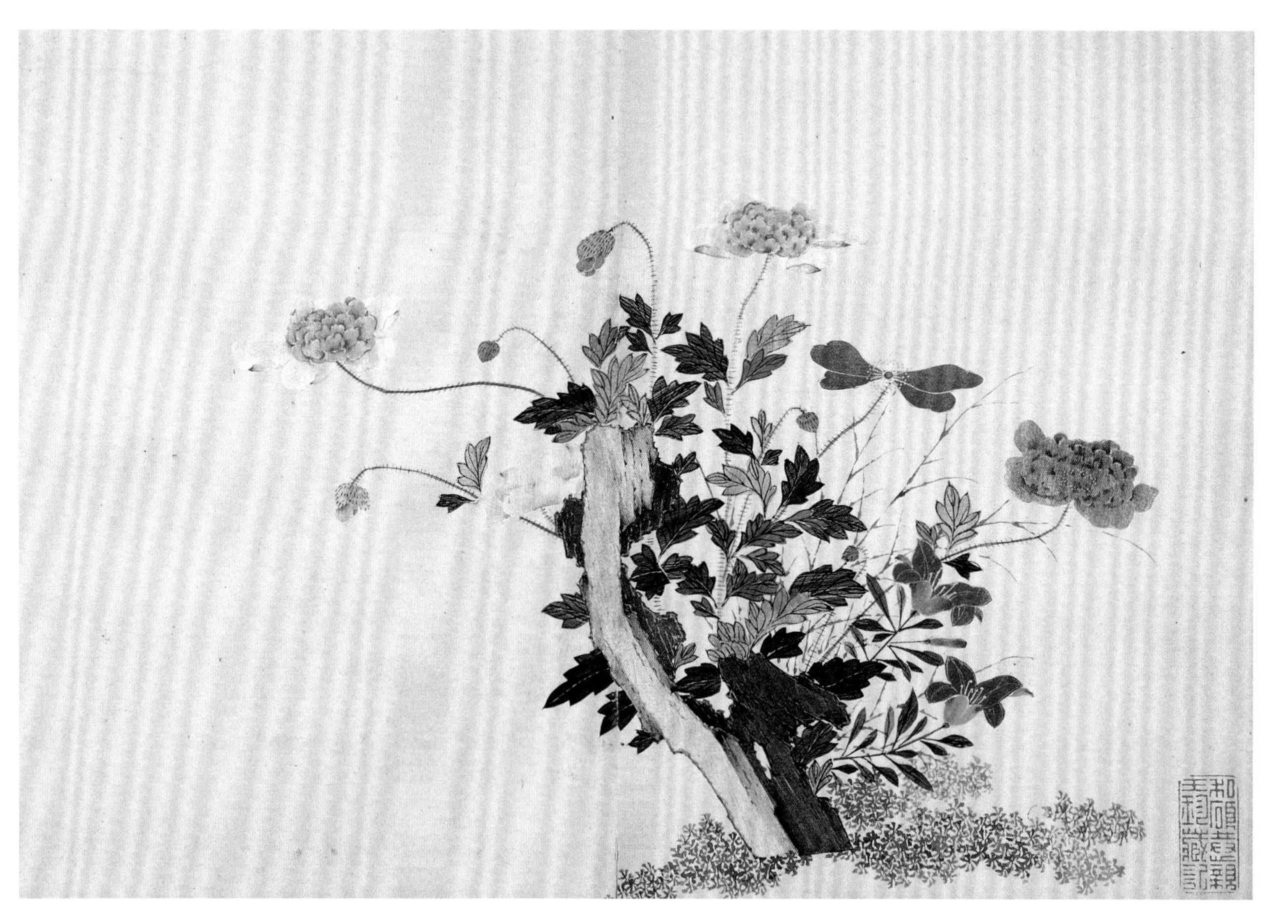

144.1

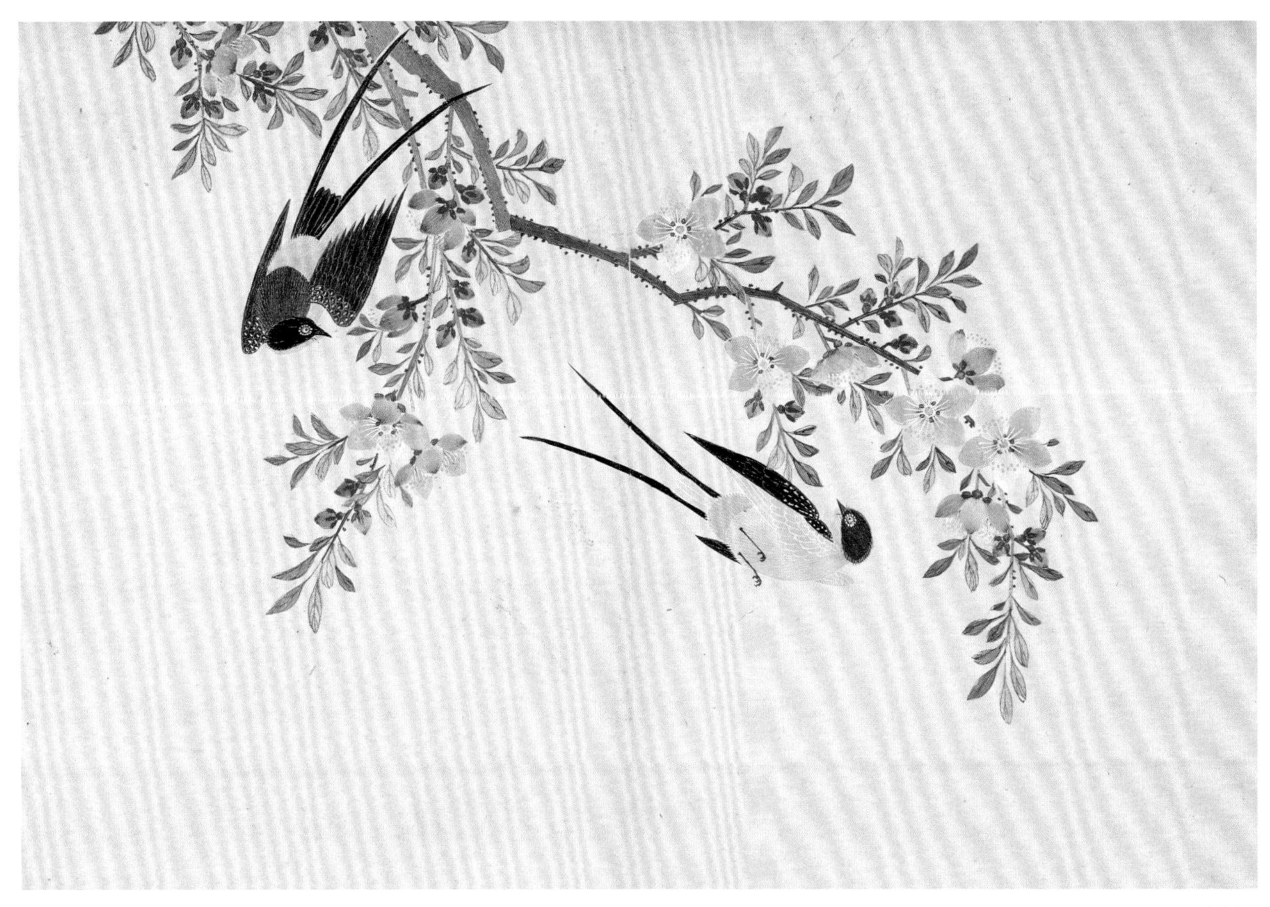

144.2

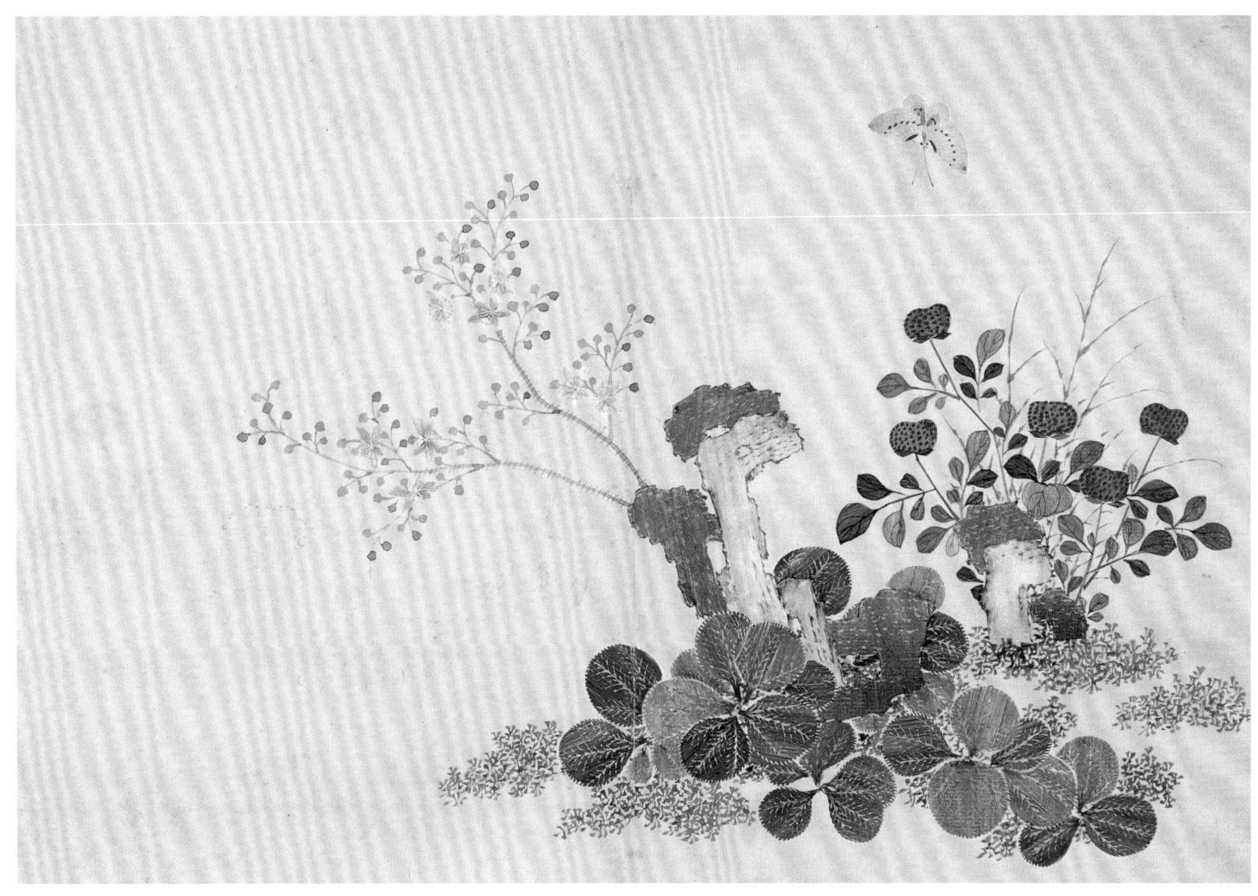

144.3

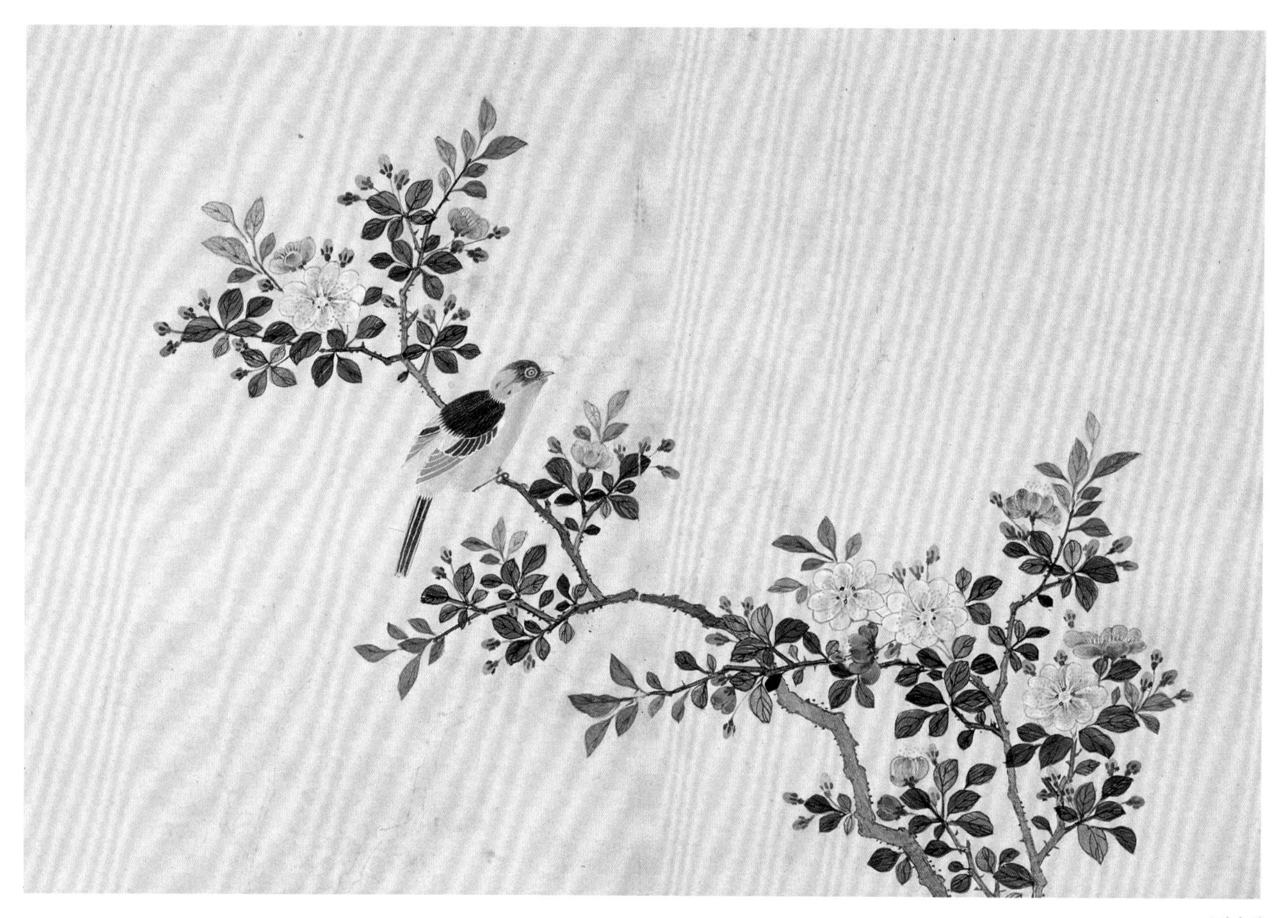

144.4

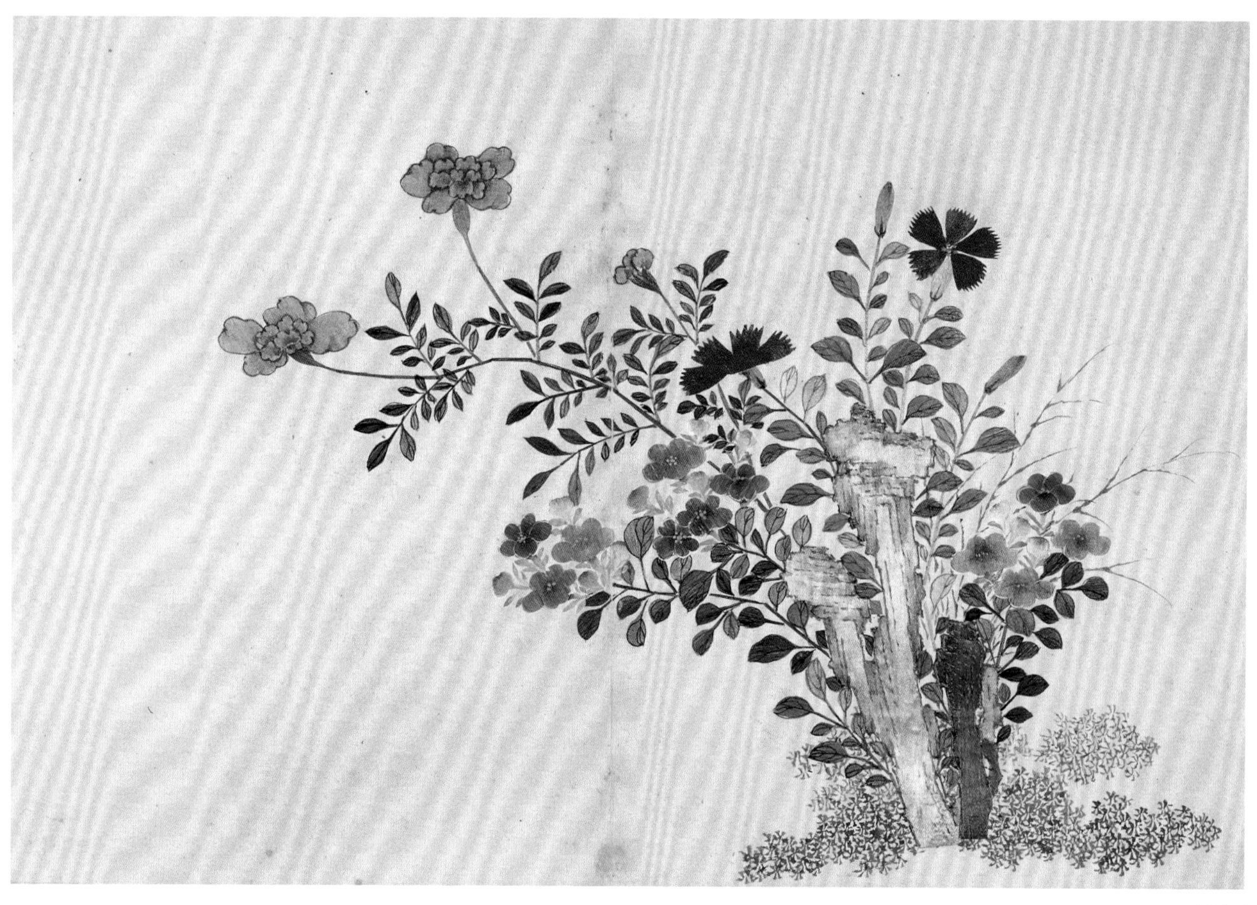

144.5

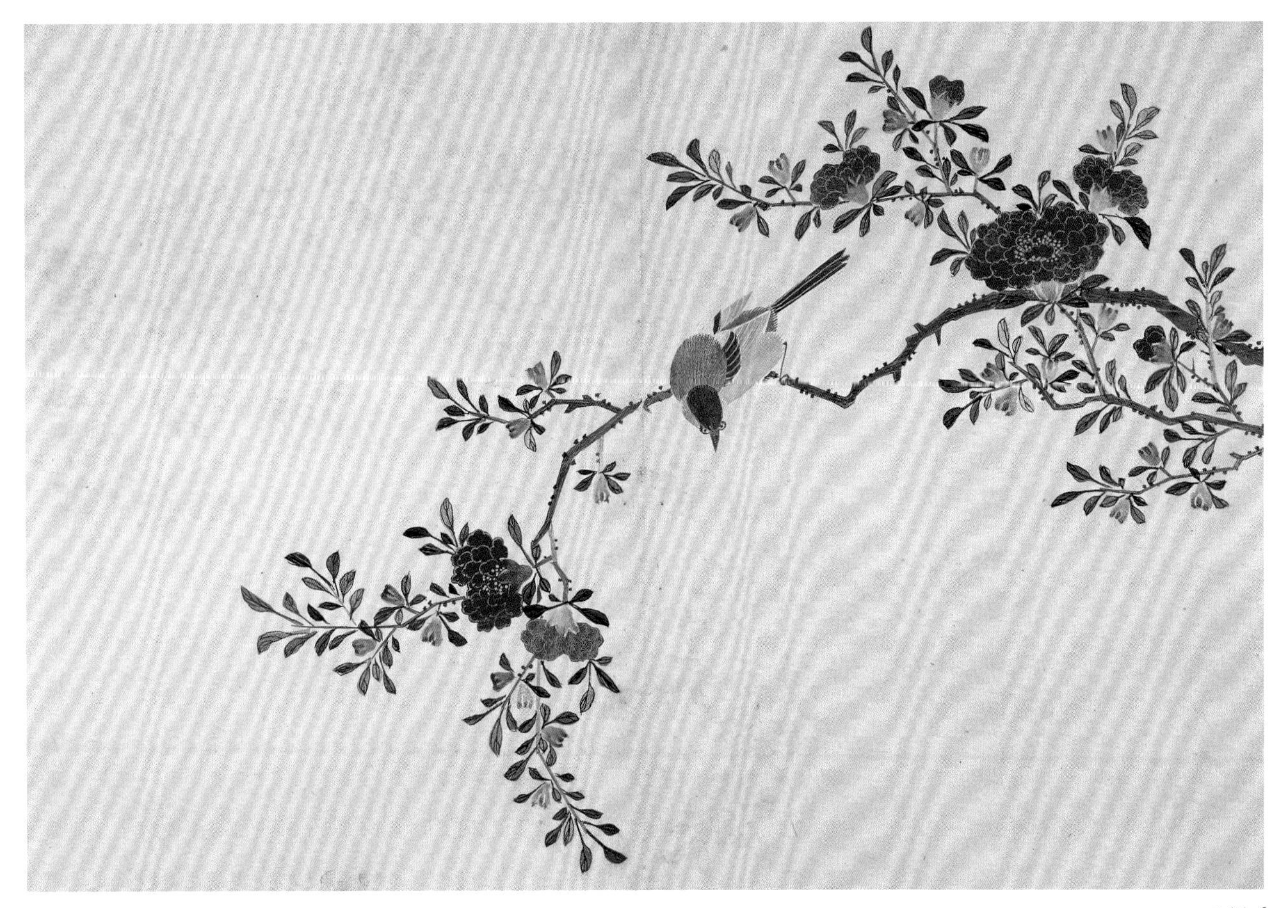

144.6

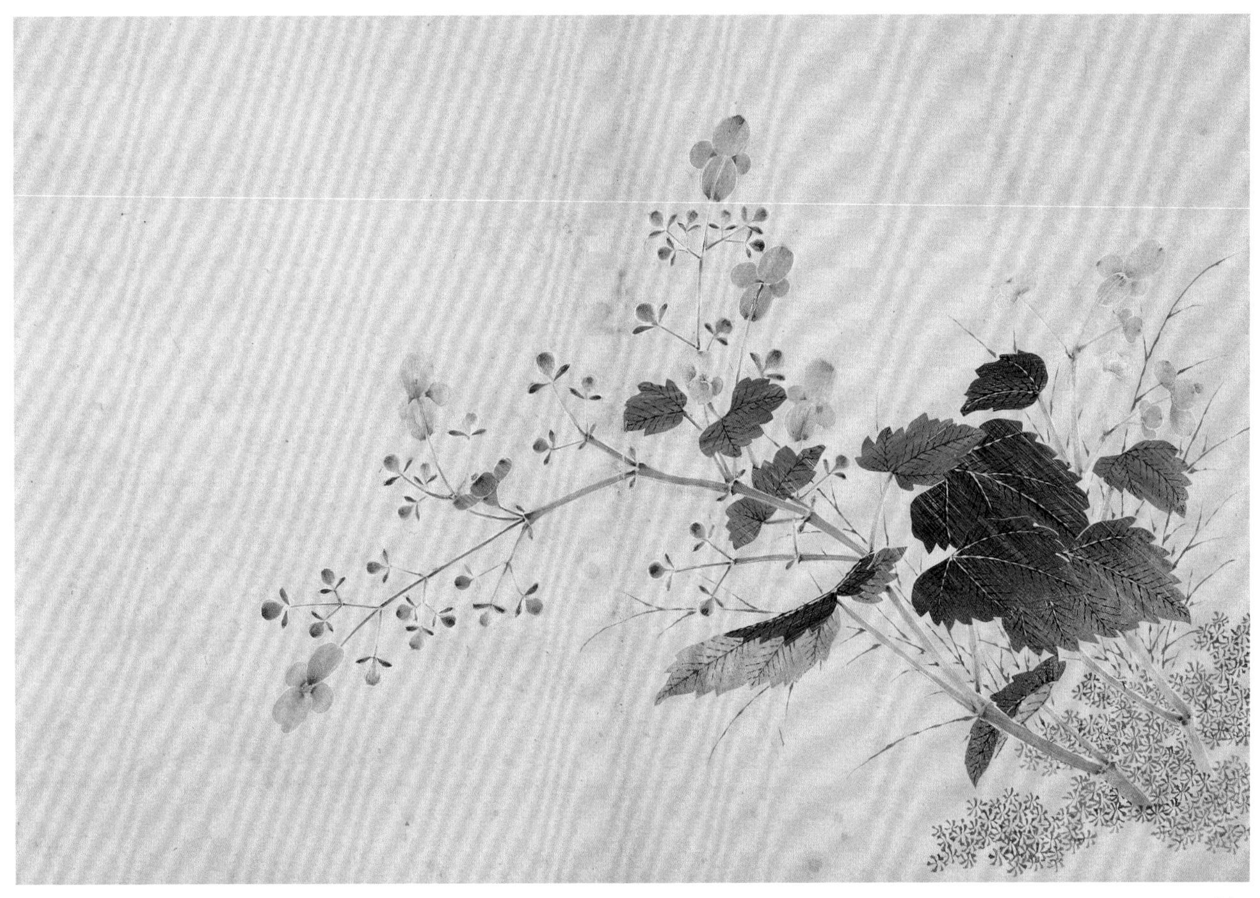

144.7

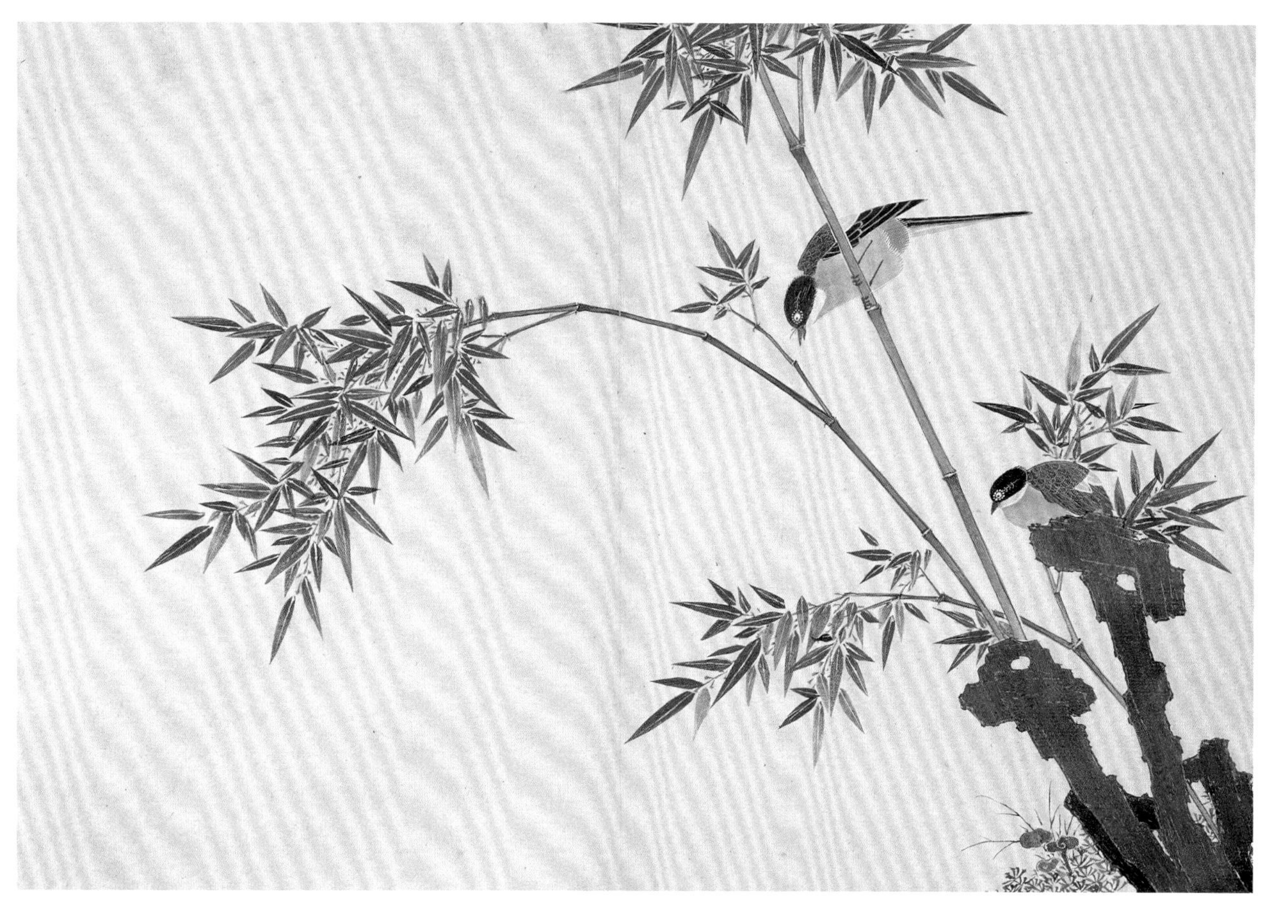

144.8

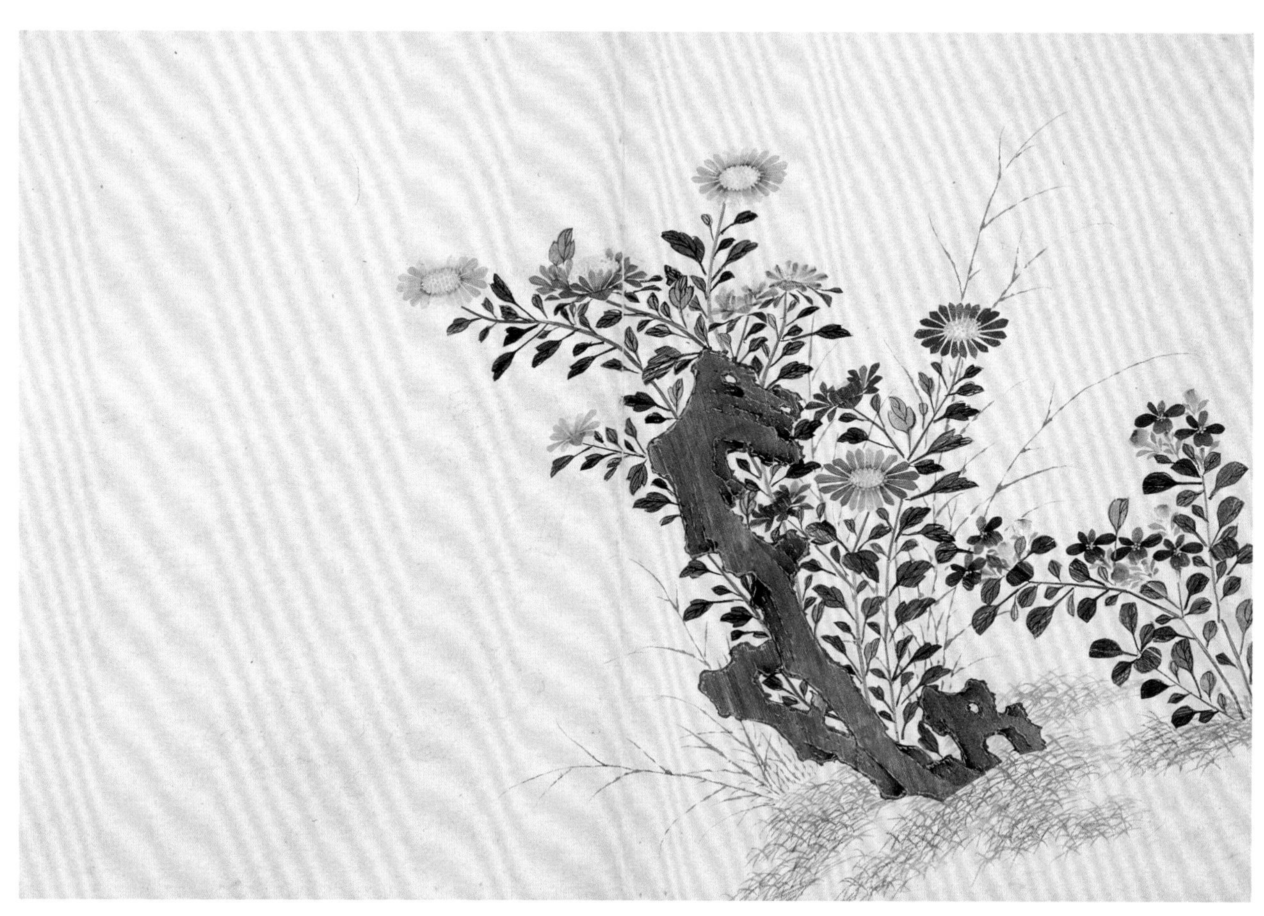

144.9

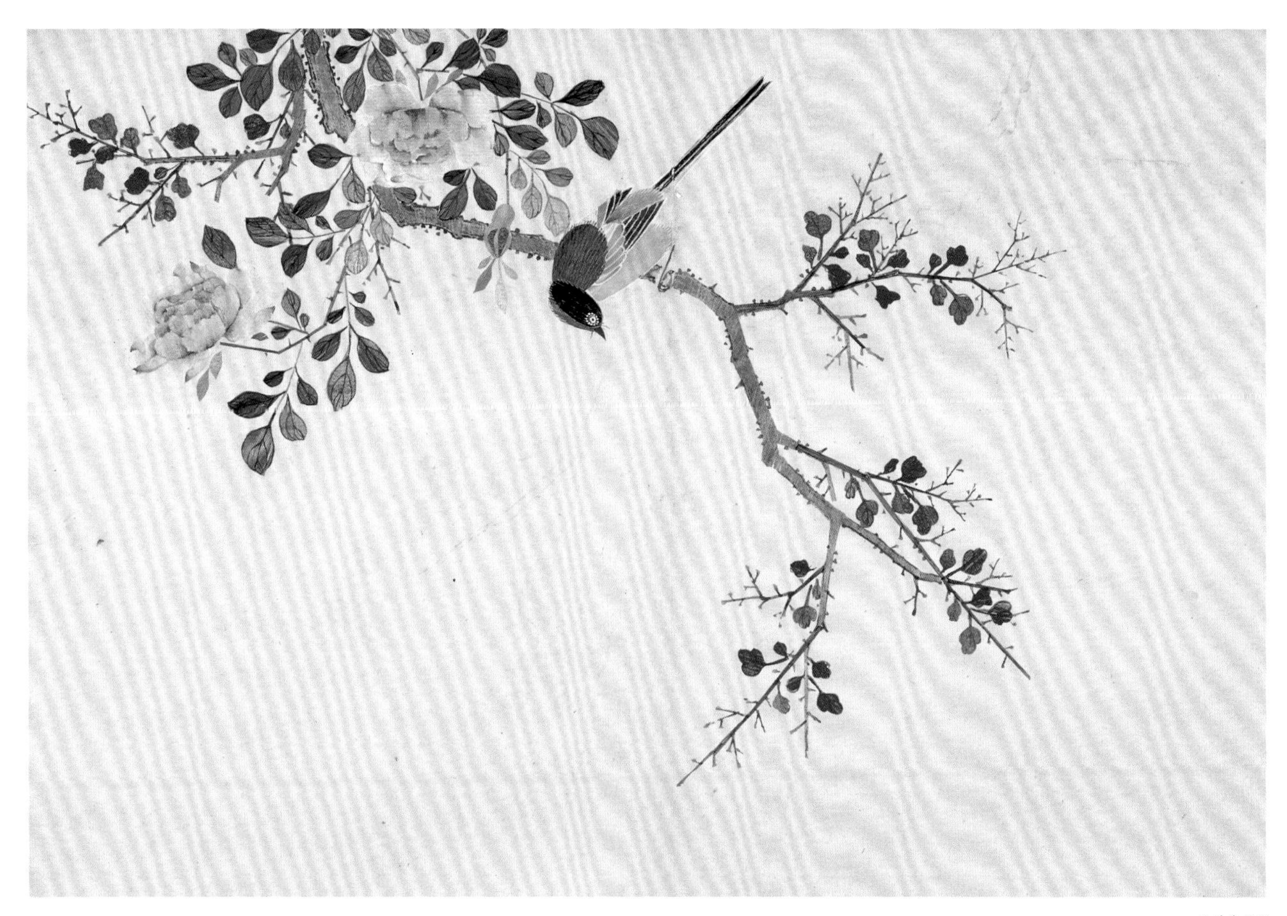

144.10

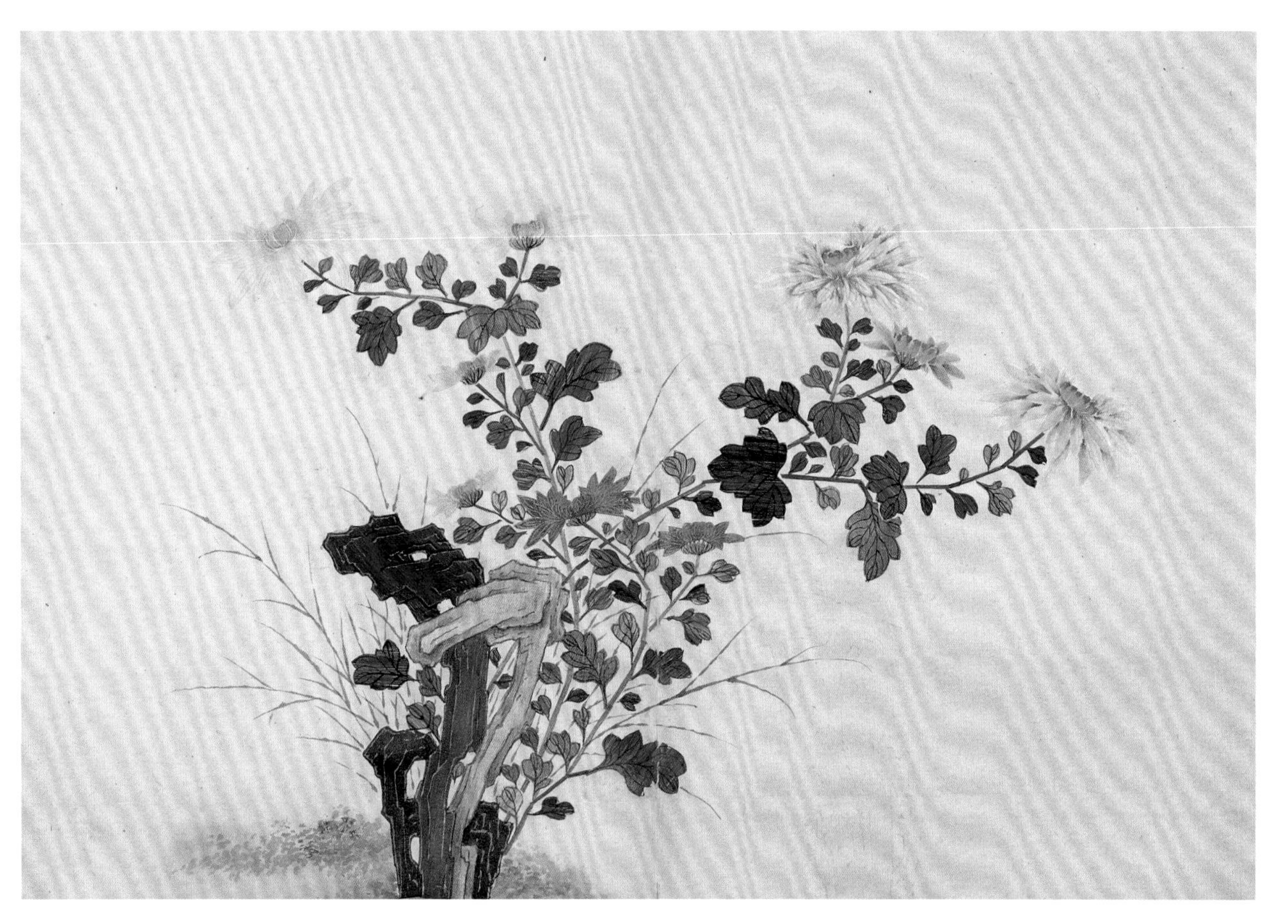

144.11

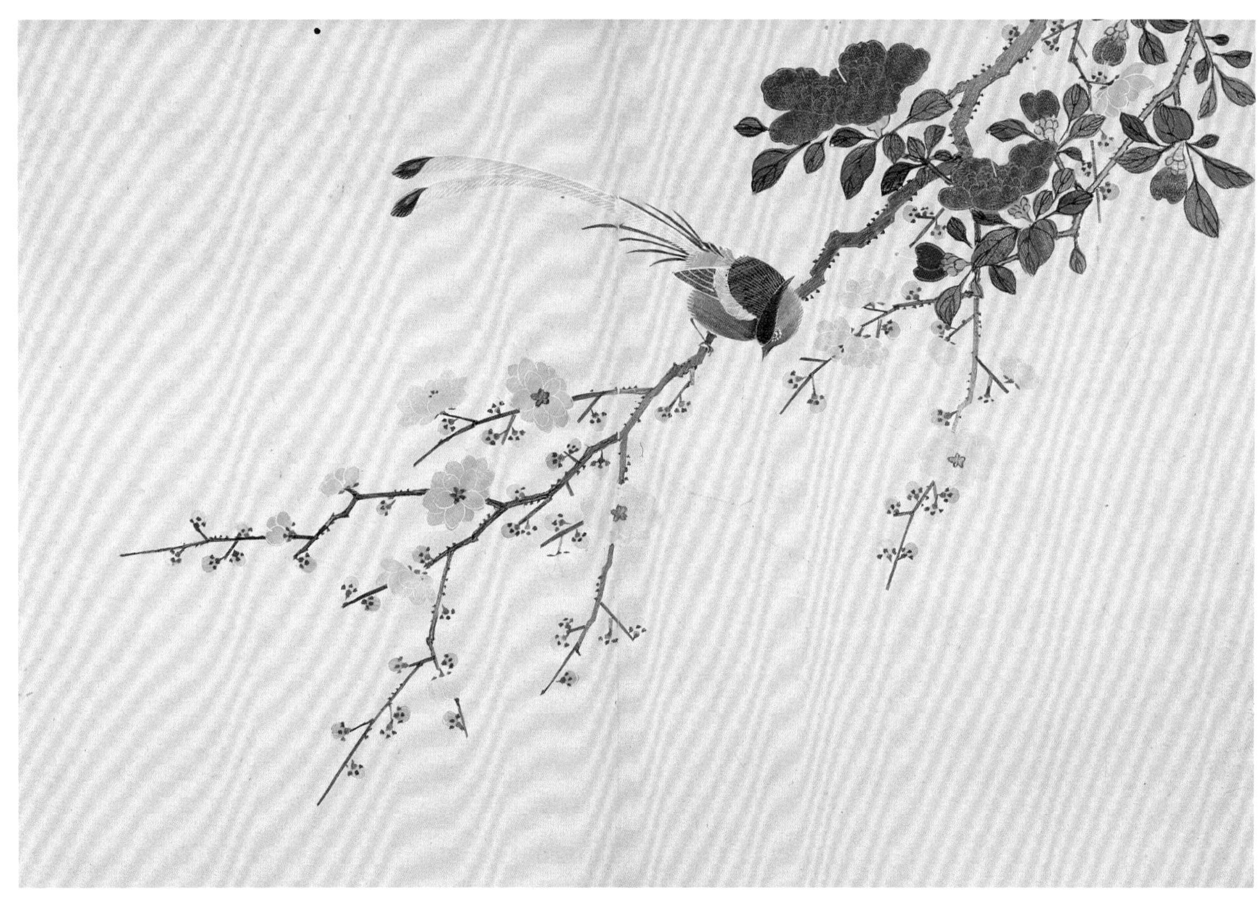

144.12